Felice Meer

PILGERN IN BILDERN

Eine Comiczeichnerin auf Abwegen

Für Antje

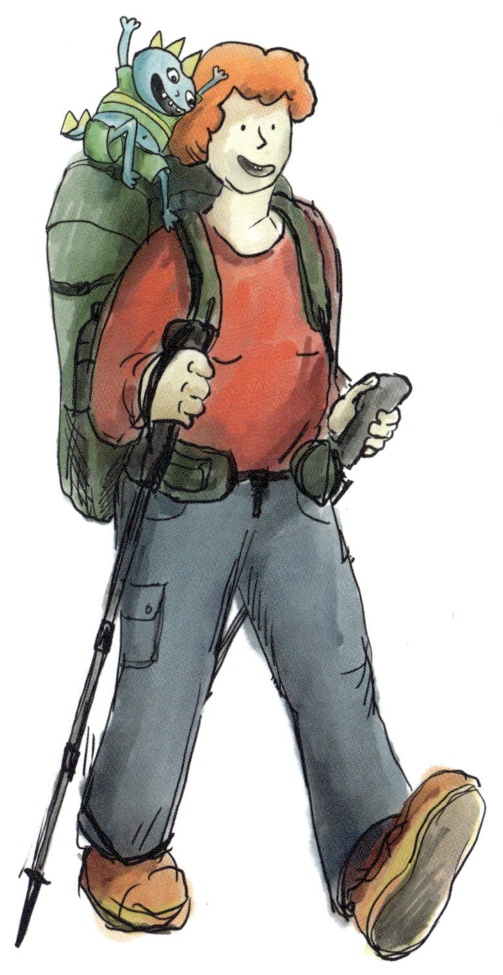

Felice Meer

PILGERN IN BILDERN

Eine Comiczeichnerin auf Abwegen

Edition White Fox im Verlag Monika Fuchs

INHALT

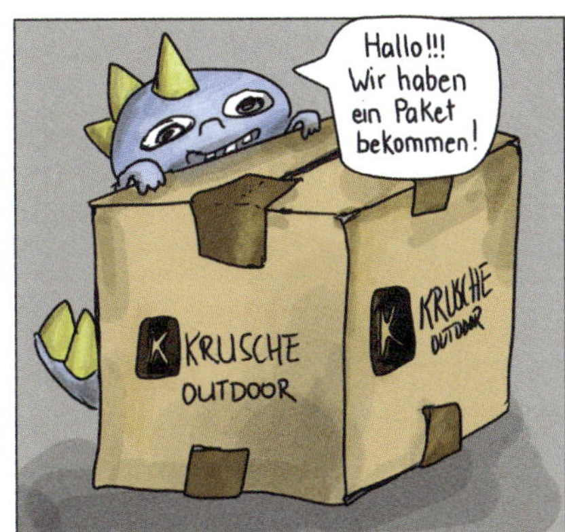

Hallo!!! Wir haben ein Paket bekommen!
KRUSCHE OUTDOOR
KRUSCHE OUTDOOR

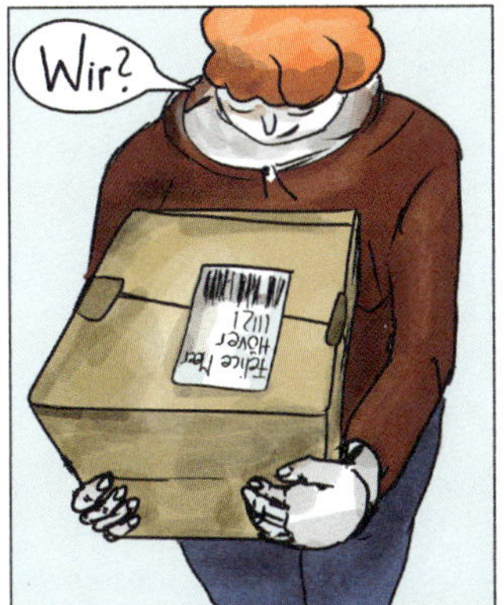

Wir?

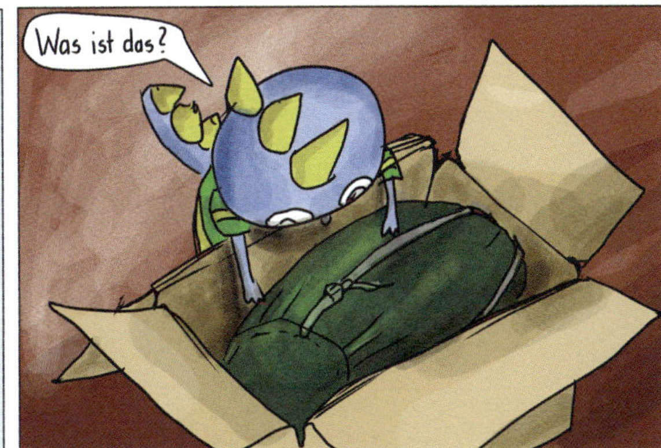

Was ist das?

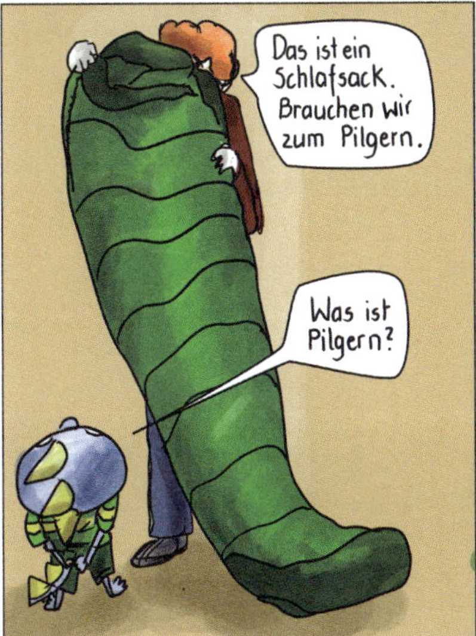

Das ist ein Schlafsack. Brauchen wir zum Pilgern.
Was ist Pilgern?

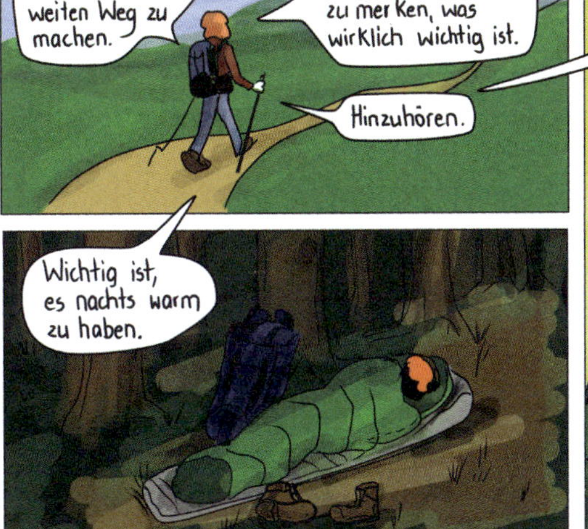

Pilgern heißt, sich zu Fuß auf einen weiten Weg zu machen.
Dabei den Alltag hinter sich zu lassen, zu merken, was wirklich wichtig ist.
Hinzuhören.
Wichtig ist, es nachts warm zu haben.

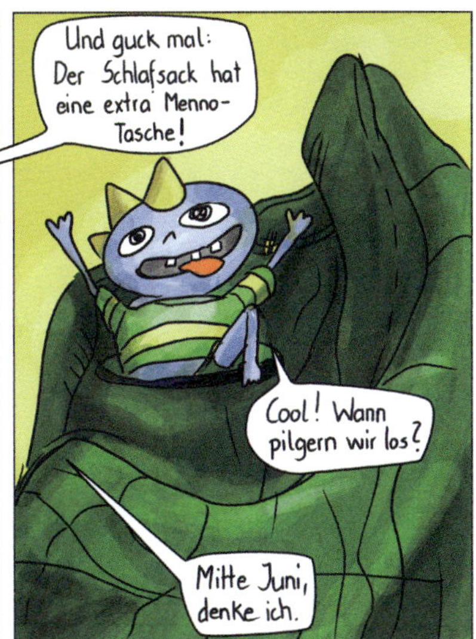

Und guck mal: Der Schlafsack hat eine extra Menno-Tasche!
Cool! Wann pilgern wir los?
Mitte Juni, denke ich.

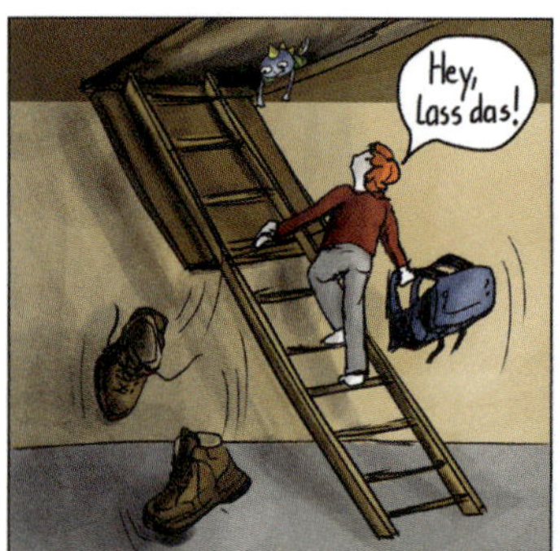
Hey, lass das!

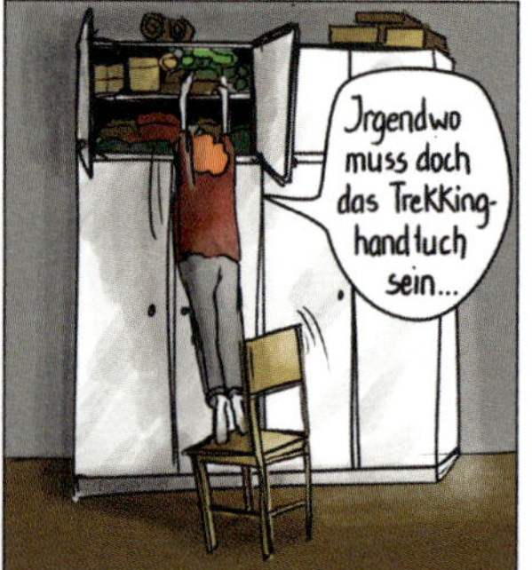
Irgendwo muss doch das Trekking-handtuch sein...

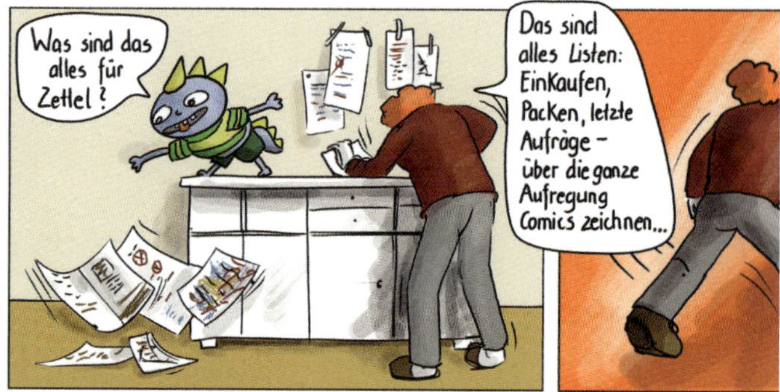
Was sind das alles für Zettel?
Das sind alles Listen: Einkaufen, Packen, letzte Aufräge – über die ganze Aufregung Comics zeichnen...

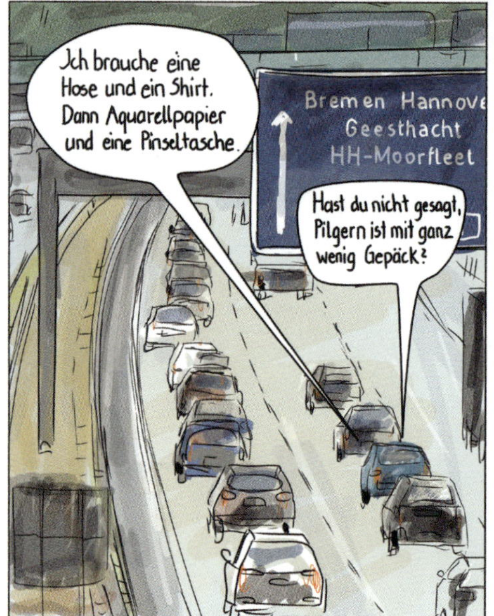
Bremen Hannove
Geesthacht
HH-Moorfleet
Ich brauche eine Hose und ein Shirt. Dann Aquarellpapier und eine Pinseltasche.
Hast du nicht gesagt, Pilgern ist mit ganz wenig Gepäck?

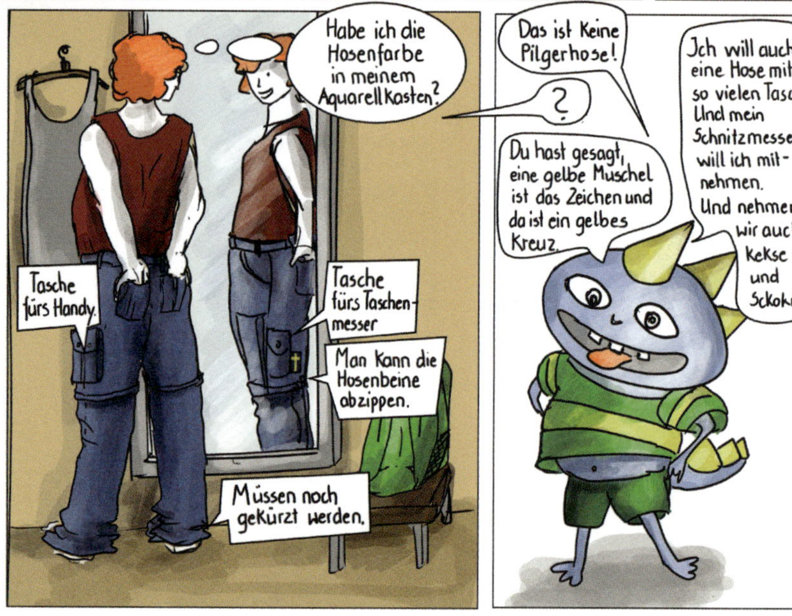
Habe ich die Hosenfarbe in meinem Aquarellkasten?
?
Tasche fürs Handy.
Tasche fürs Taschen-messer
Man kann die Hosenbeine abzippen.
Müssen noch gekürzt werden.
Das ist keine Pilgerhose!
Du hast gesagt, eine gelbe Muschel ist das Zeichen und da ist ein gelbes Kreuz.
Ich will auch eine Hose mit so vielen Taschen. Und mein Schnitzmesser will ich mit-nehmen. Und nehmen wir auch Kekse mit und Schoki?

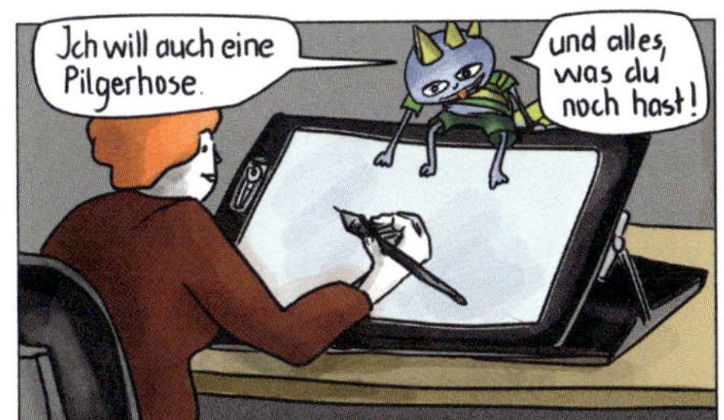

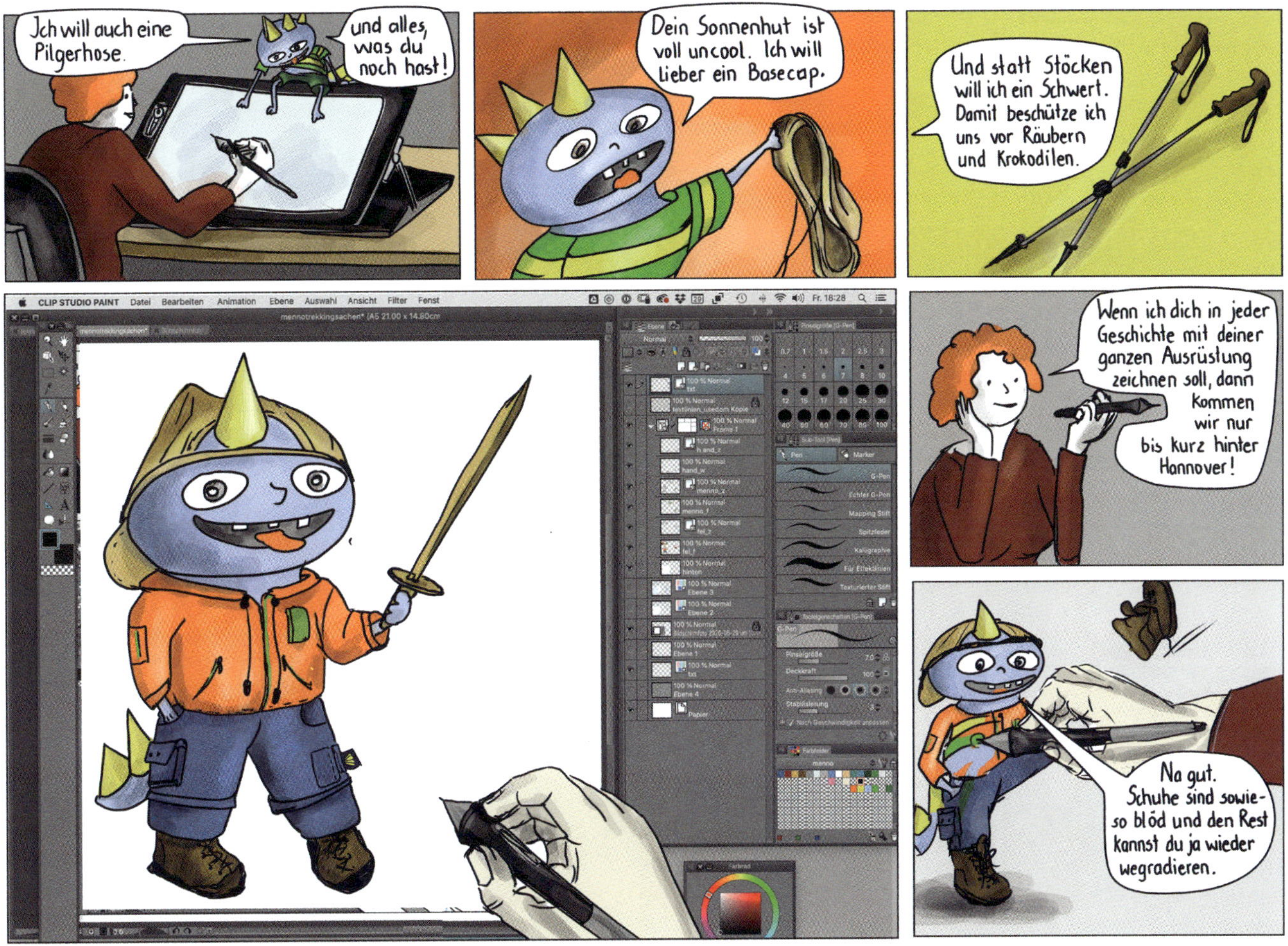

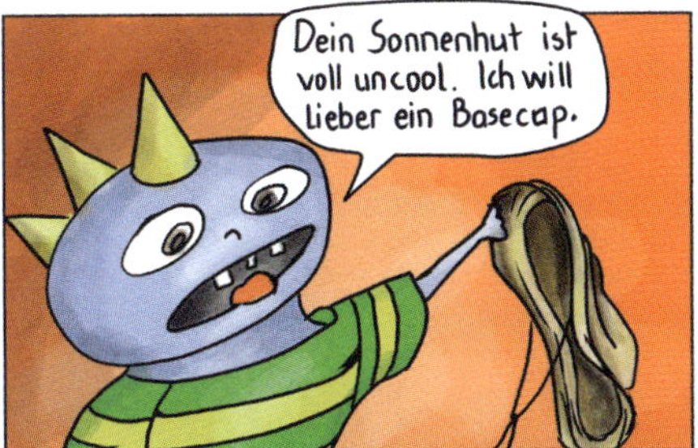

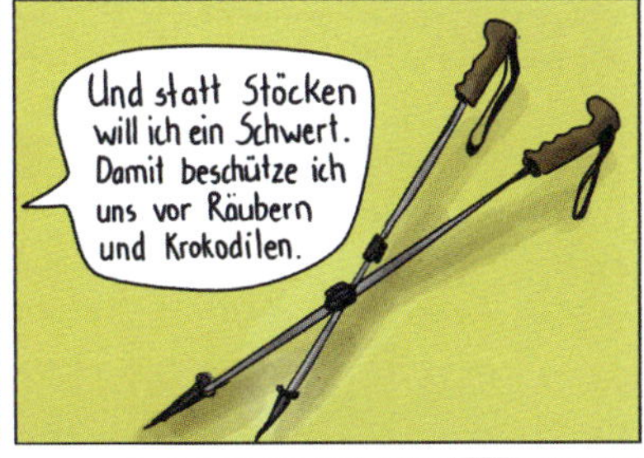

CLIP STUDIO PAINT Datei Bearbeiten Animation Ebene Auswahl Ansicht Filter Fenst

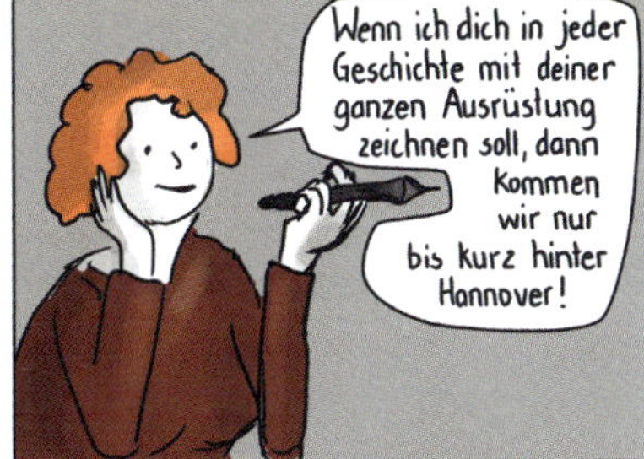

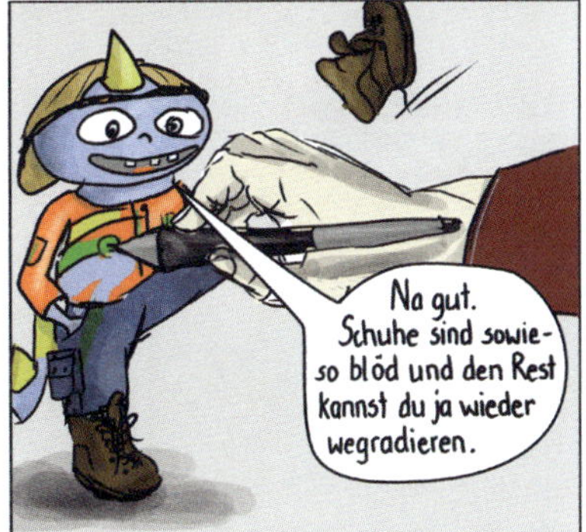

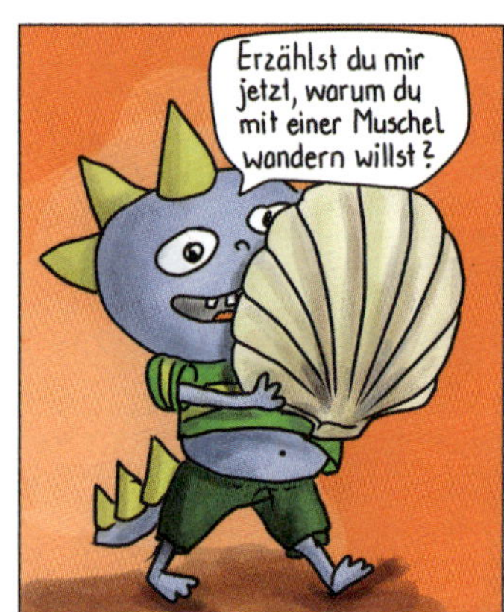
Erzählst du mir jetzt, warum du mit einer Muschel wandern willst?

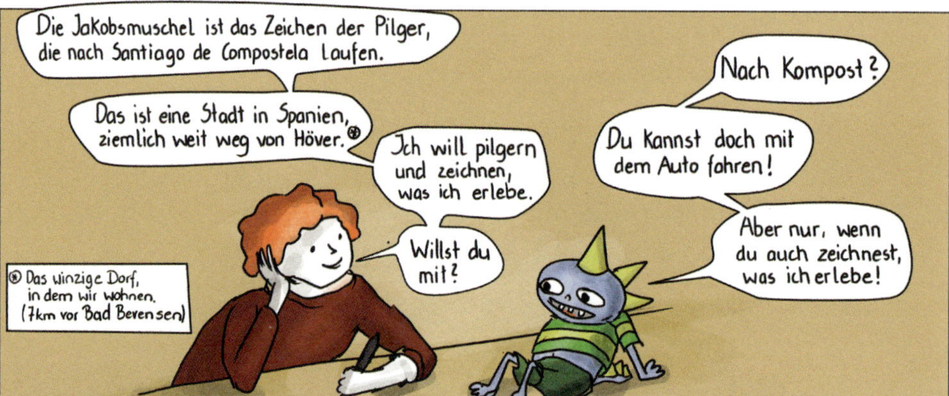
Die Jakobsmuschel ist das Zeichen der Pilger, die nach Santiago de Compostela laufen.
Nach Kompost?
Das ist eine Stadt in Spanien, ziemlich weit weg von Höver.⊛
Ich will pilgern und zeichnen, was ich erlebe.
Du kannst doch mit dem Auto fahren!
Willst du mit?
Aber nur, wenn du auch zeichnest, was ich erlebe!
⊛ Das winzige Dorf, in dem wir wohnen. (7km vor Bad Bevensen)

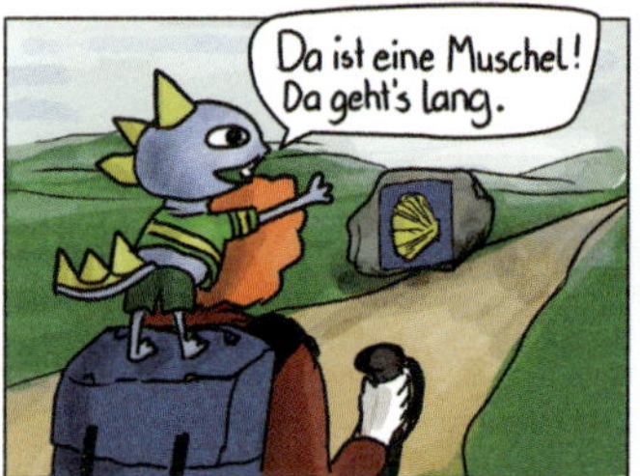
Da ist eine Muschel! Da geht's lang.

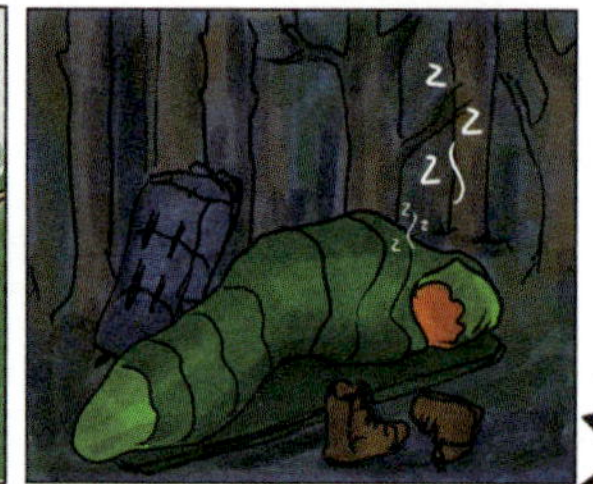

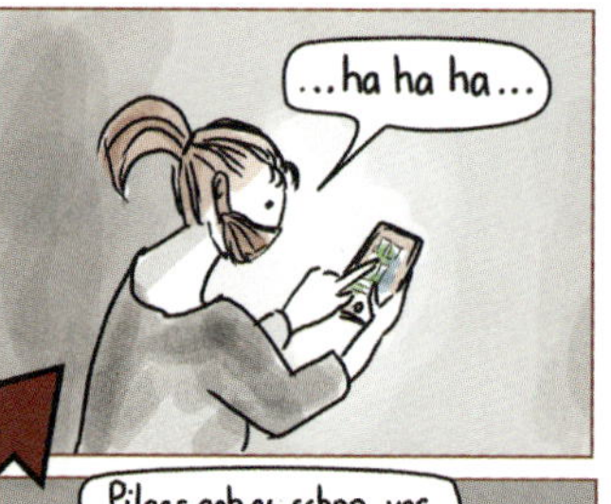
...ha ha ha...

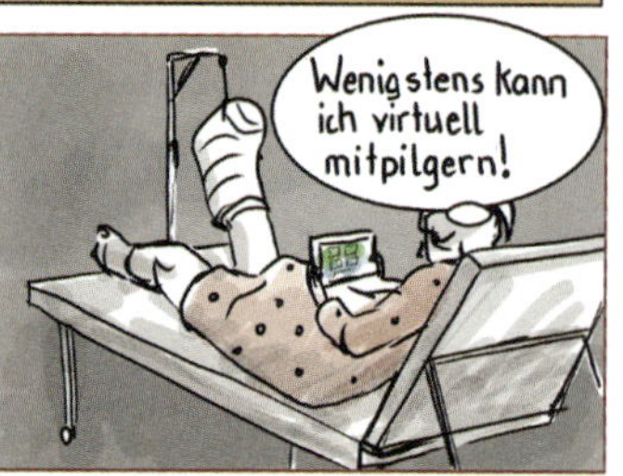
Wenigstens kann ich virtuell mitpilgern!

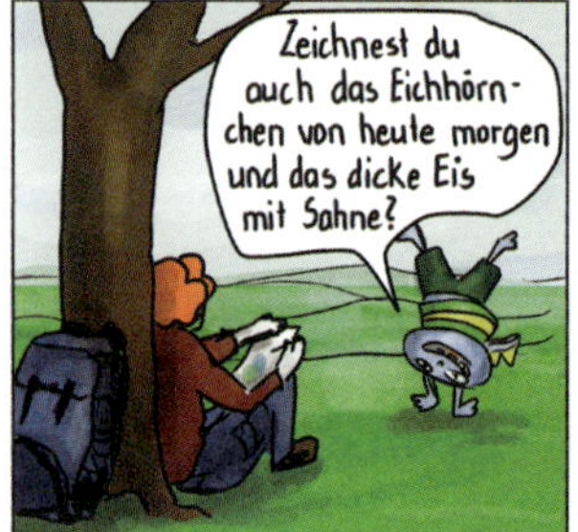
Zeichnest du auch das Eichhörnchen von heute morgen und das dicke Eis mit Sahne?

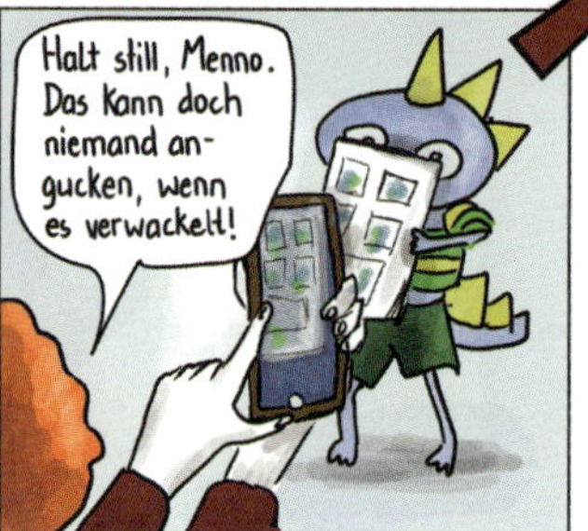
Halt still, Menno. Das kann doch niemand angucken, wenn es verwackelt!

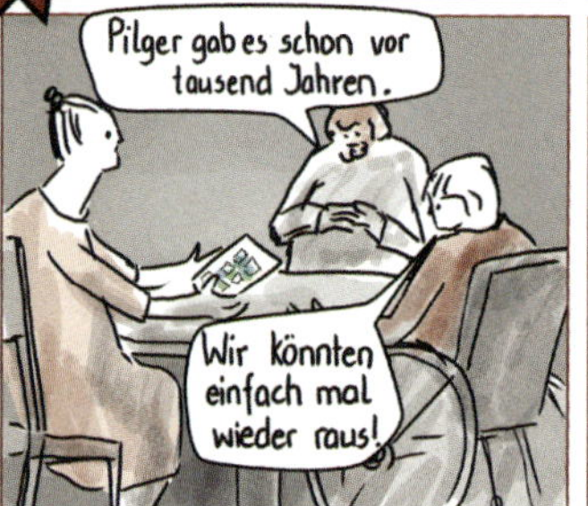
Pilger gab es schon vor tausend Jahren.
Wir könnten einfach mal wieder raus!

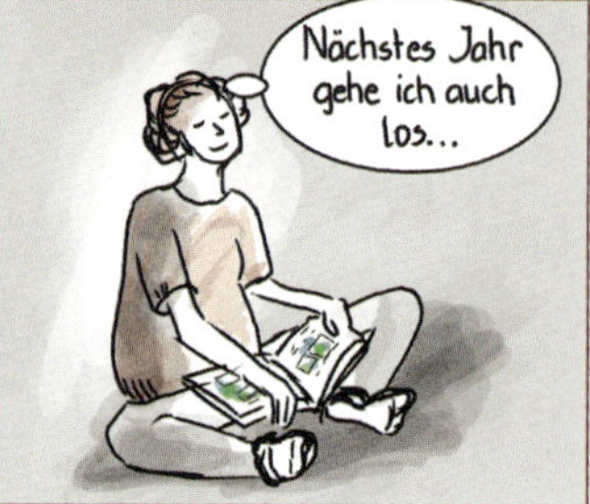
Nächstes Jahr gehe ich auch los...

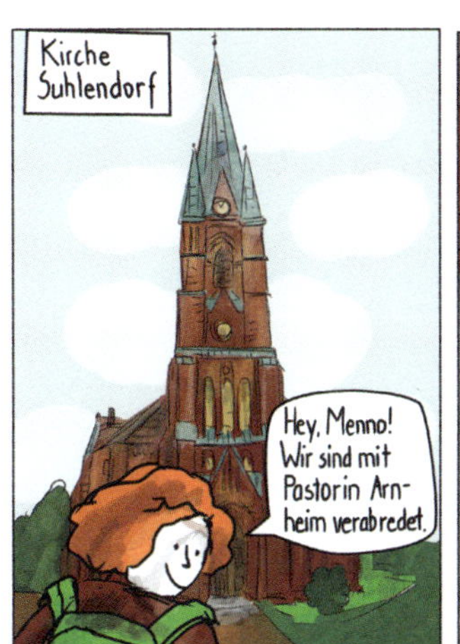
Kirche Suhlendorf
Hey, Menno! Wir sind mit Pastorin Arnheim verabredet.

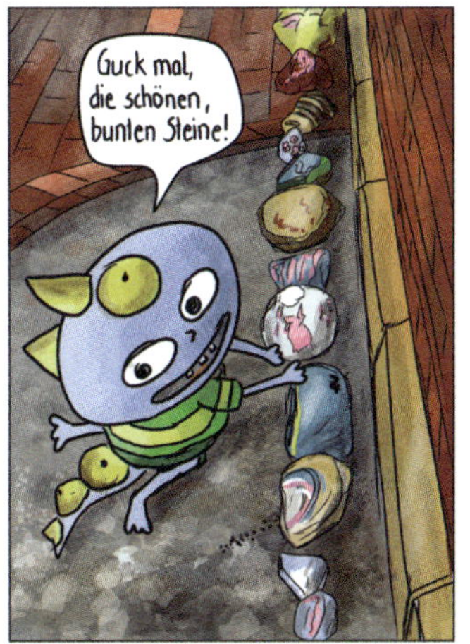
Guck mal, die schönen, bunten Steine!

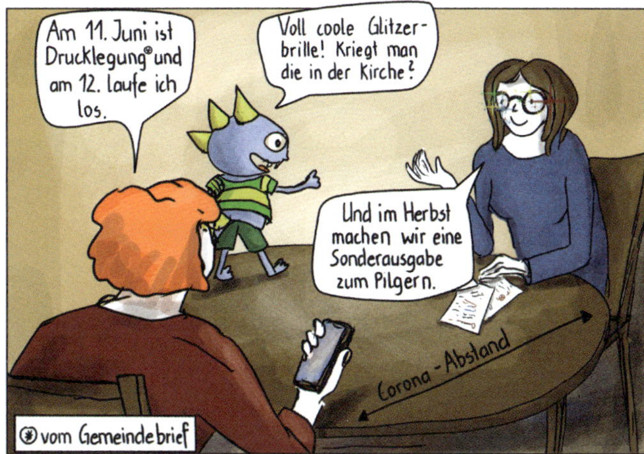
Am 11. Juni ist Drucklegung* und am 12. laufe ich los.
Voll coole Glitzerbrille! Kriegt man die in der Kirche?
Und im Herbst machen wir eine Sonderausgabe zum Pilgern.
Corona-Abstand
* vom Gemeindebrief

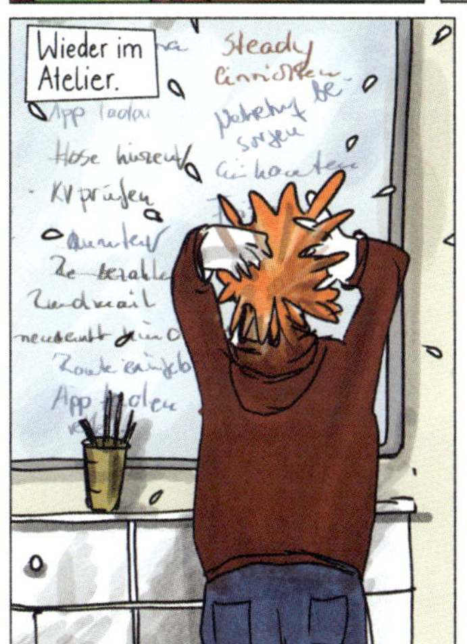
Wieder im Atelier.

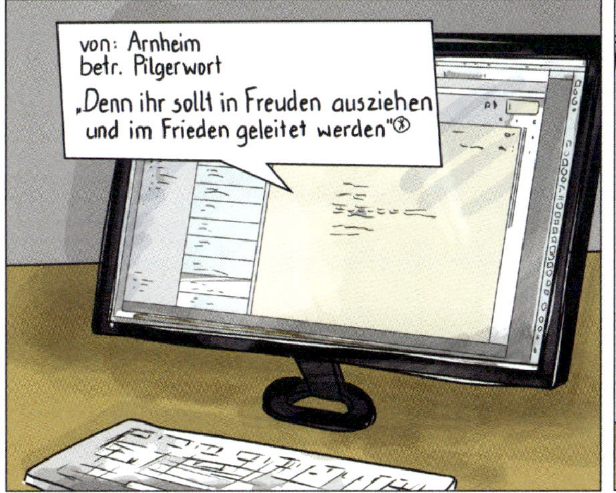
von: Arnheim
betr. Pilgerwort
„Denn ihr sollt in Freuden ausziehen und im Frieden geleitet werden"*

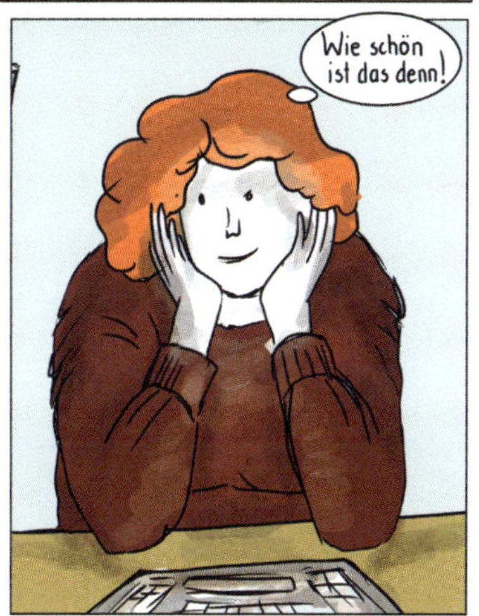
Wie schön ist das denn!

*Jesaja 55,12

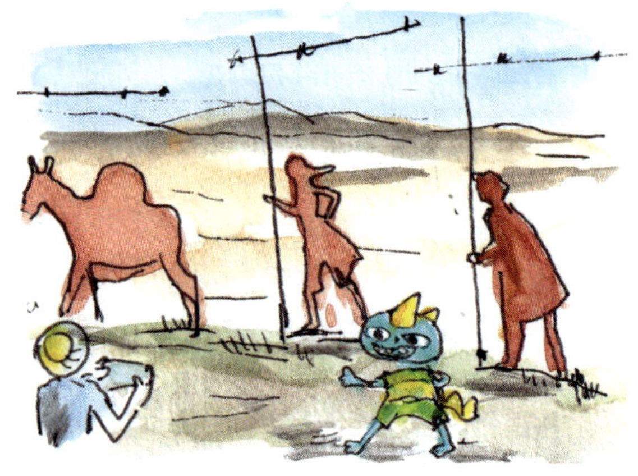

BAD BEVENSEN – SANTIAGO DE COMPOSTELA

2020
4 Monate
ca. 3200 km

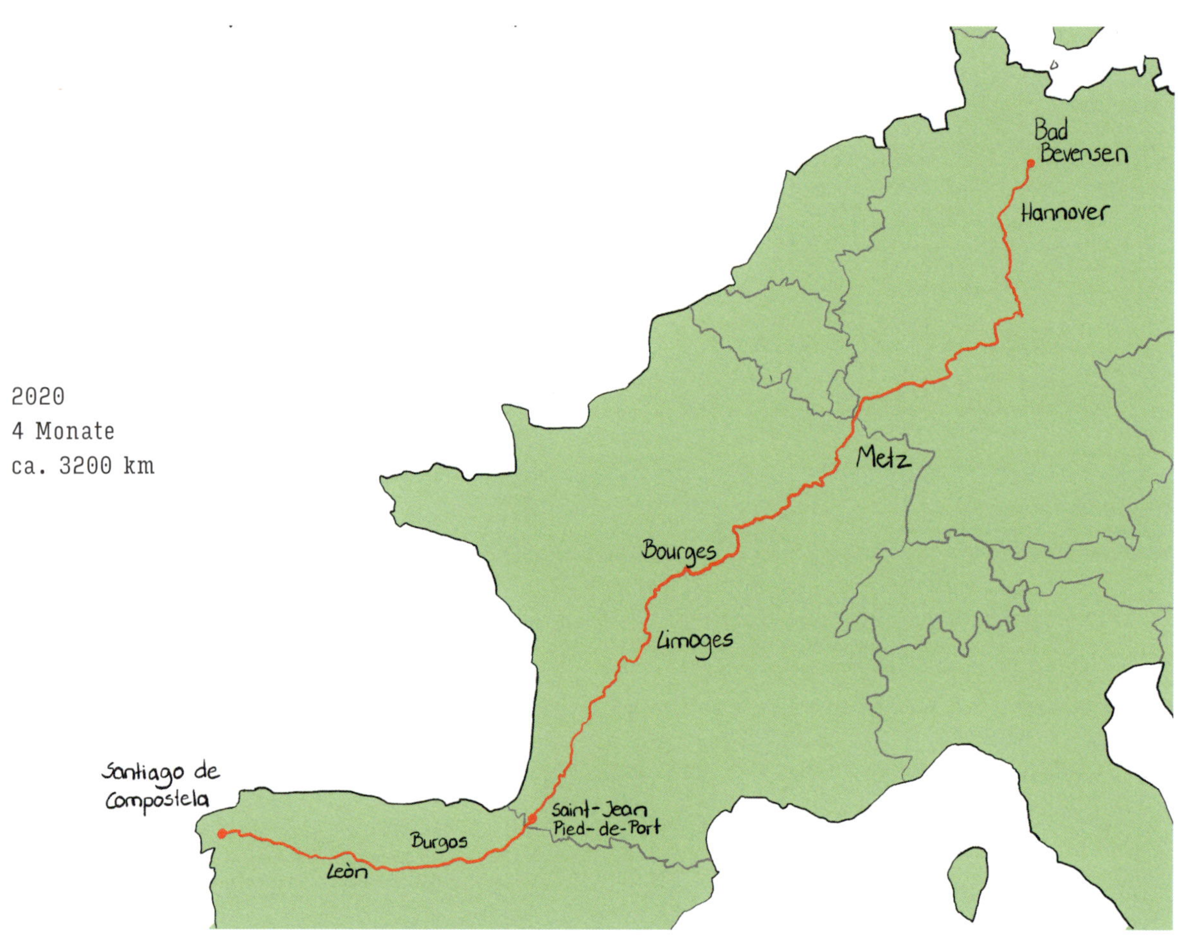

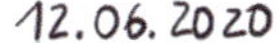

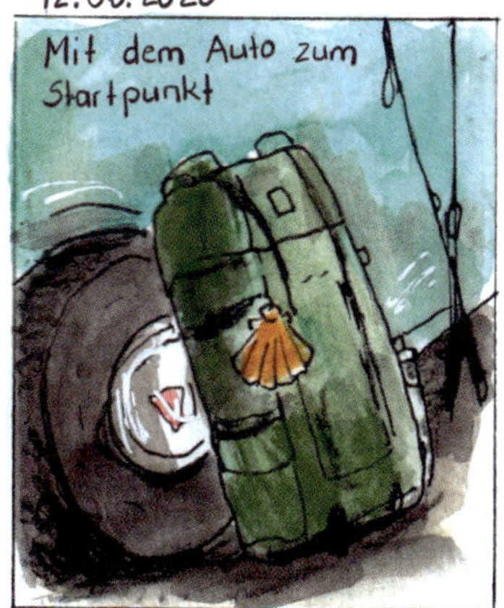

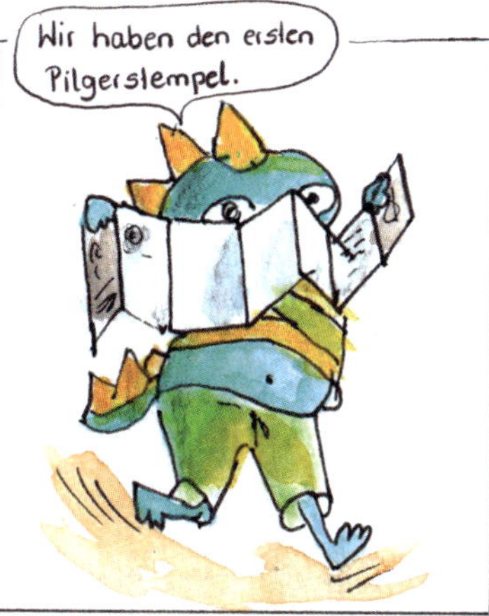

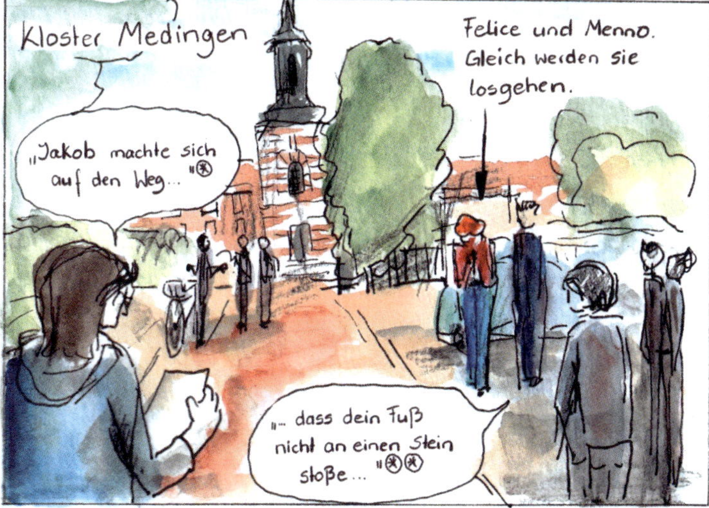

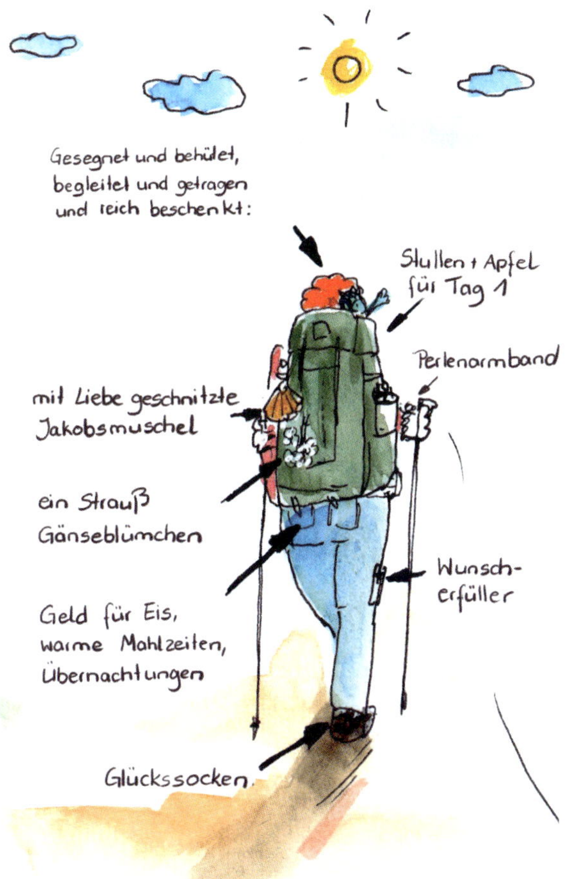

* 1. Mose 28, ** Psalm 21

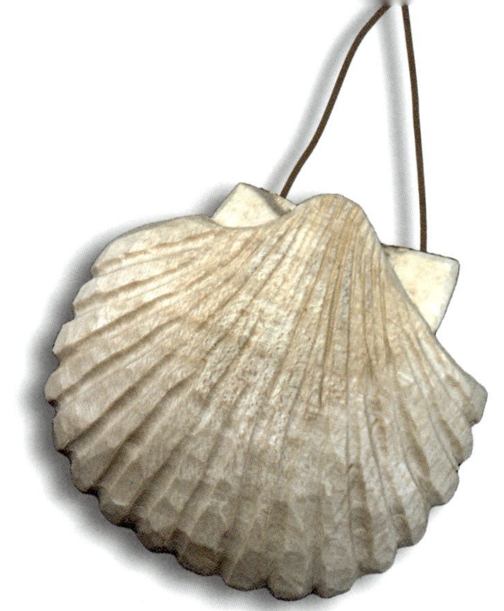

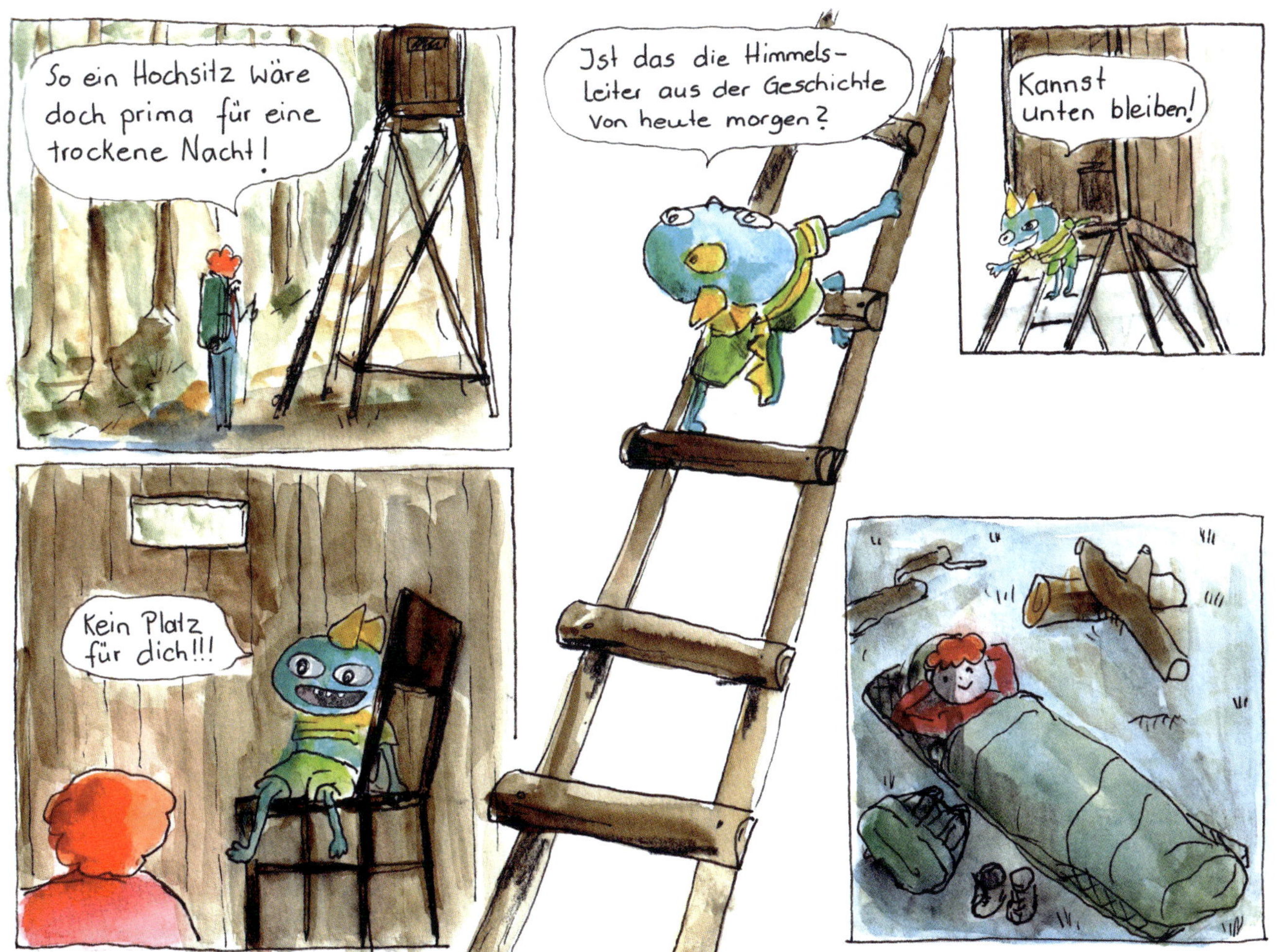
So ein Hochsitz wäre doch prima für eine trockene Nacht!
Jst das die Himmels-leiter aus der Geschichte von heute morgen?
Kannst unten bleiben!
Kein Platz für dich!!!

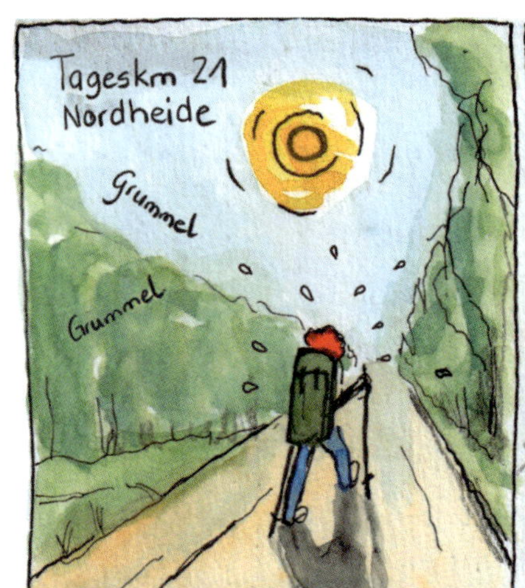
Tageskm 21
Nordheide
Grummel
Grummel

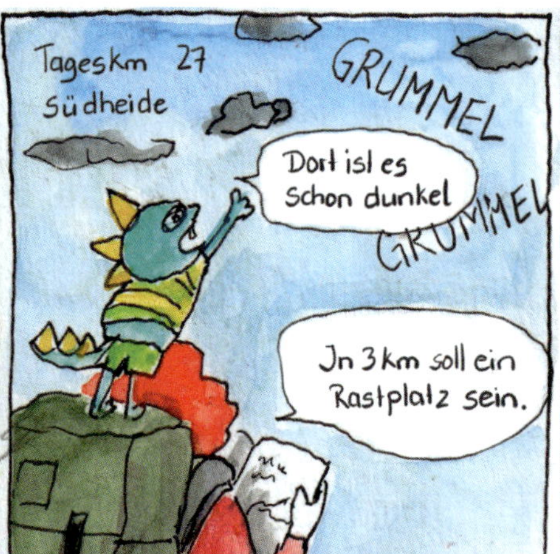
Tageskm 27
Südheide
GRUMMEL
Dort ist es schon dunkel
GRUMMEL
Jn 3 km soll ein Rastplatz sein.

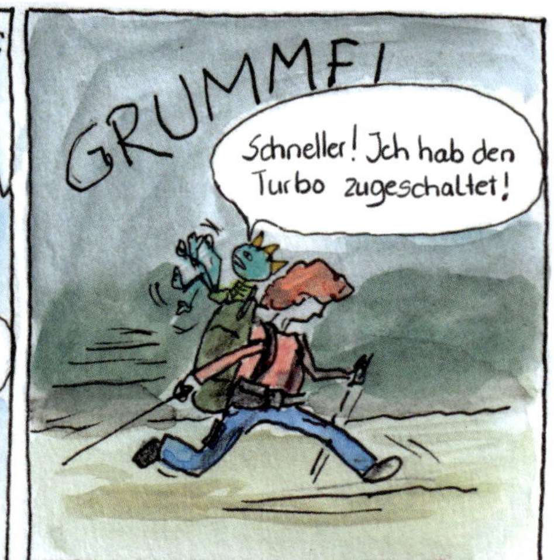
GRUMMEL
Schneller! Jch hab den Turbo zugeschaltet!

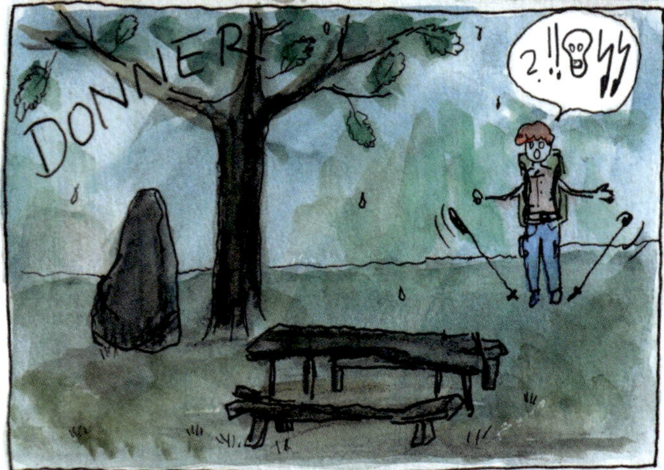
DONNER
?!!

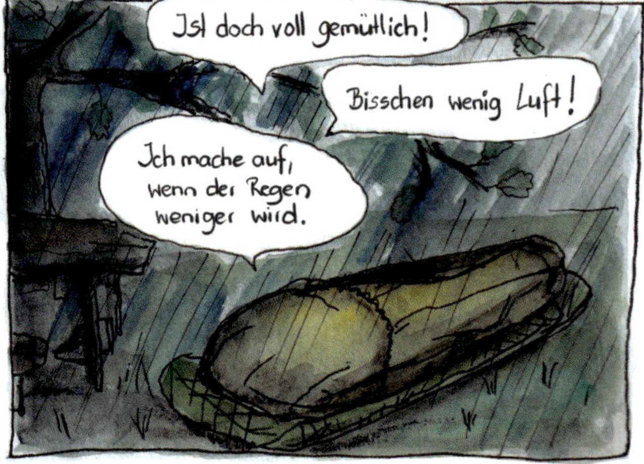
Jst doch voll gemütlich!
Bisschen wenig Luft!
Jch mache auf, wenn der Regen weniger wird.

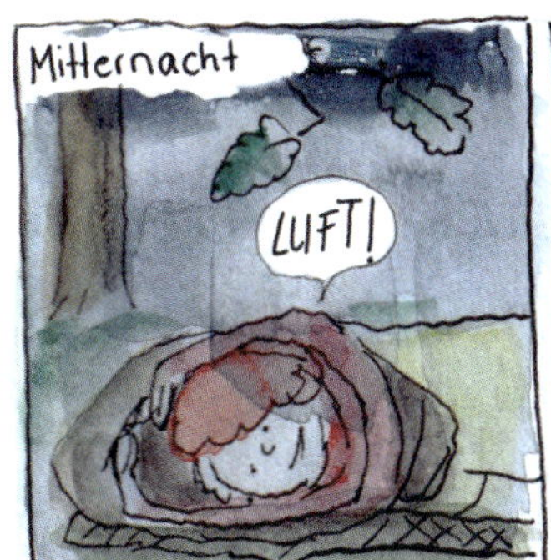
Mitternacht
LUFT!

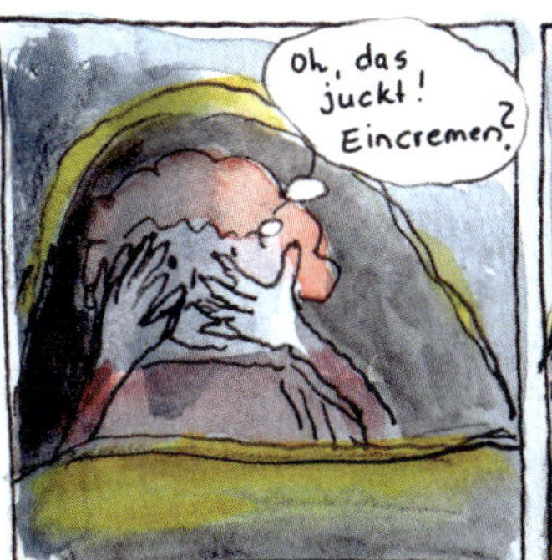
Oh, das juckt! Eincremen?

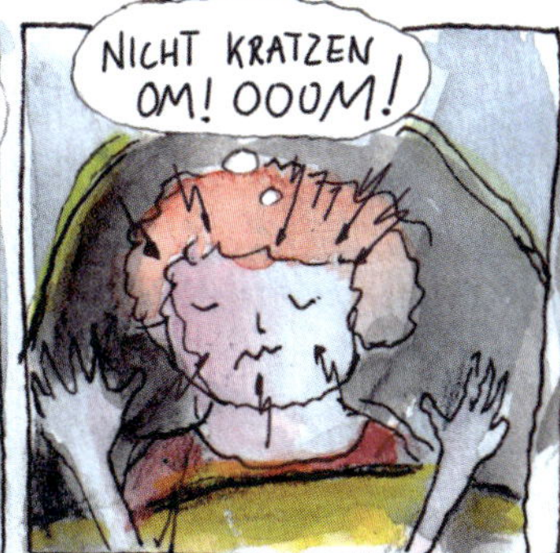
NICHT KRATZEN
OM! OOOM!

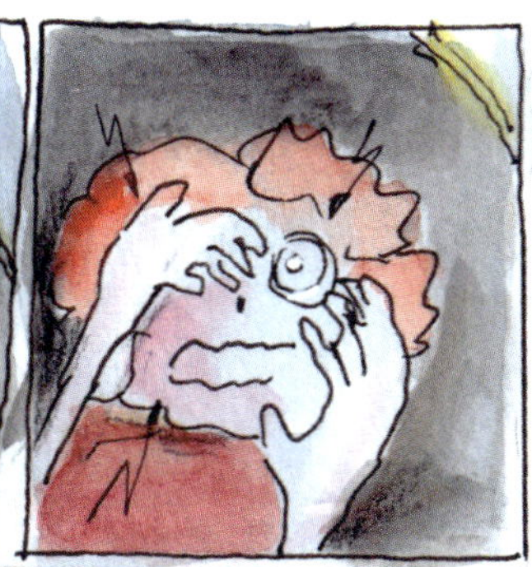

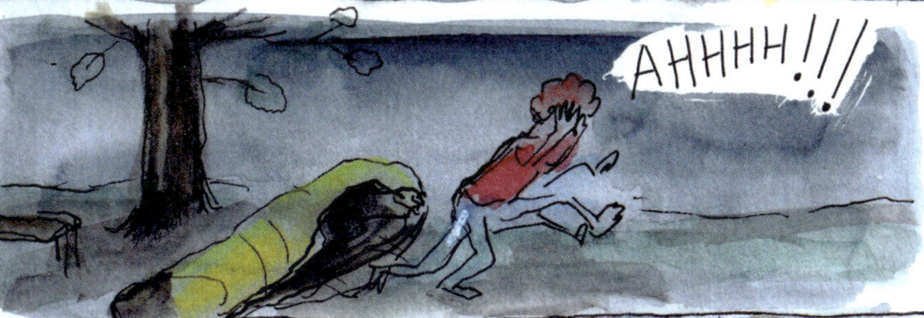
AHHHH!!!

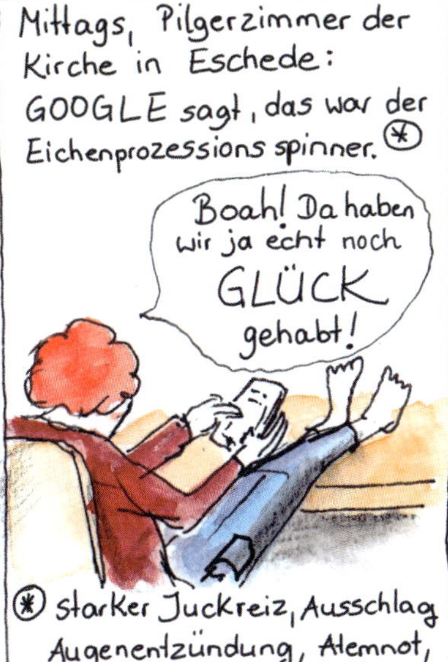
Mittags, Pilgerzimmer der Kirche in Eschede:
GOOGLE sagt, das war der Eichenprozessions spinner. ⊛
Boah! Da haben wir ja echt noch GLÜCK gehabt!
⊛ starker Juckreiz, Ausschlag Augenentzündung, Atemnot, Fieber, Allergischer Schock

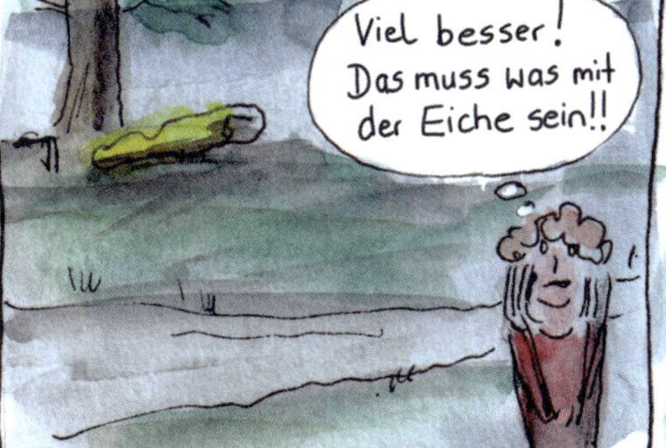
Viel besser! Das muss was mit der Eiche sein!!

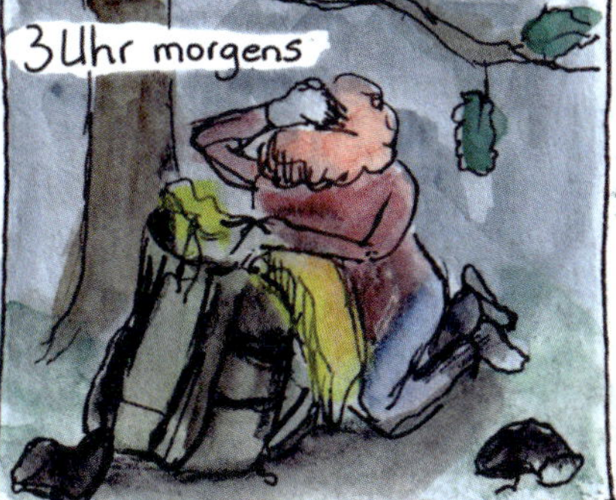
3 Uhr morgens

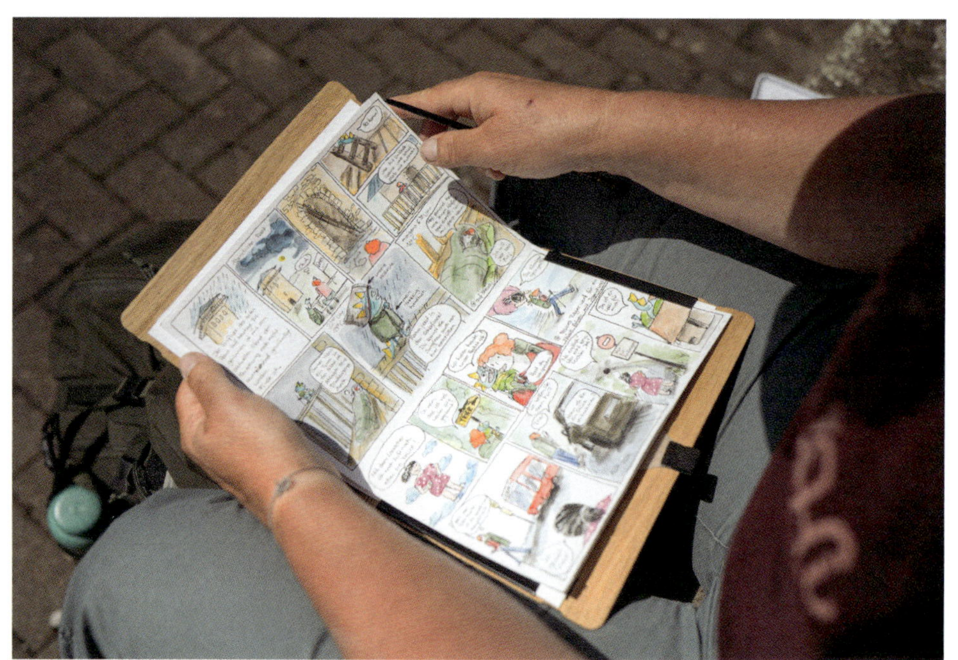

Schon schön bunt.

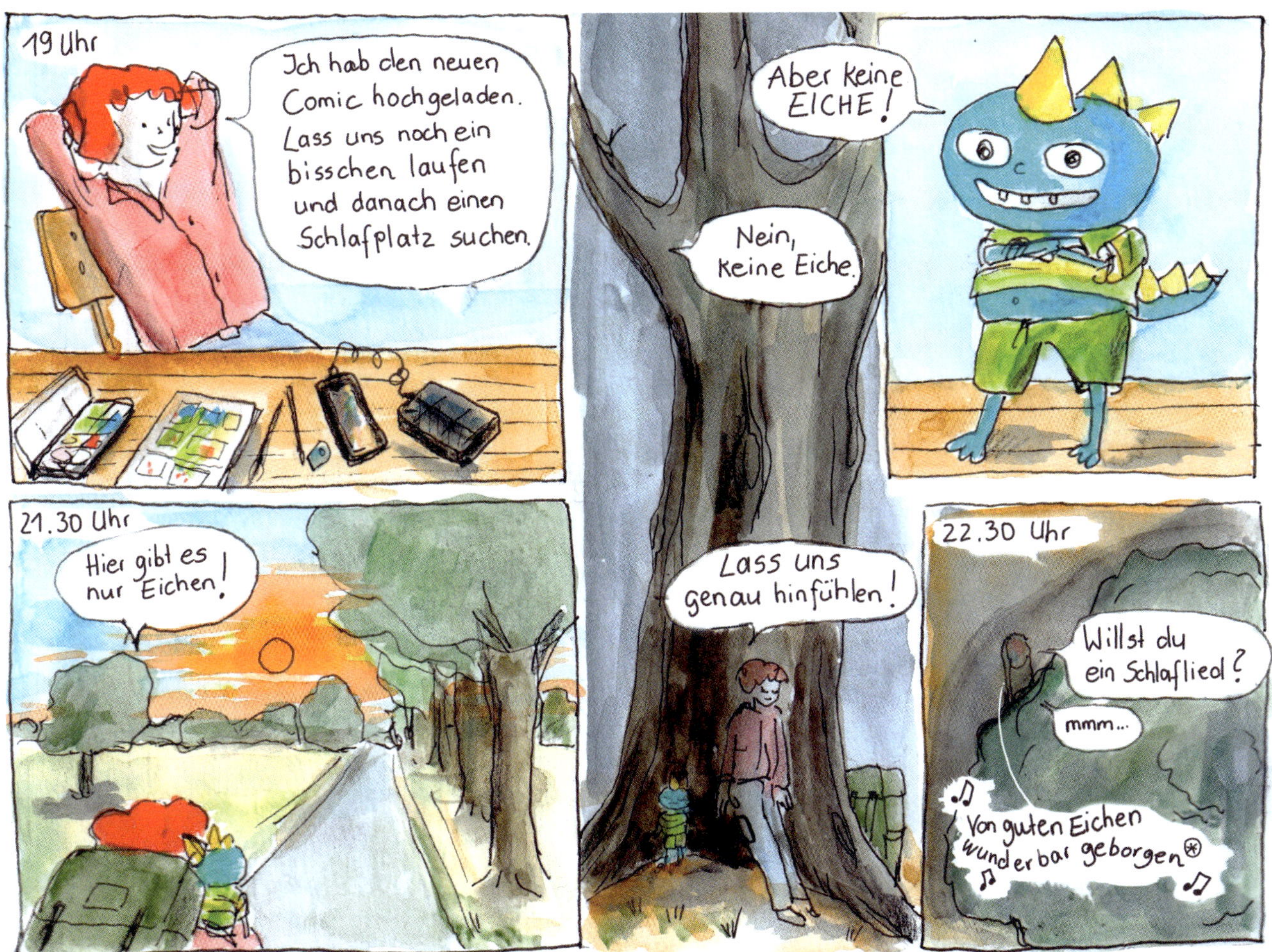

*angelehnt an EG 65 (EG: Evangelisches Gesangbuch)

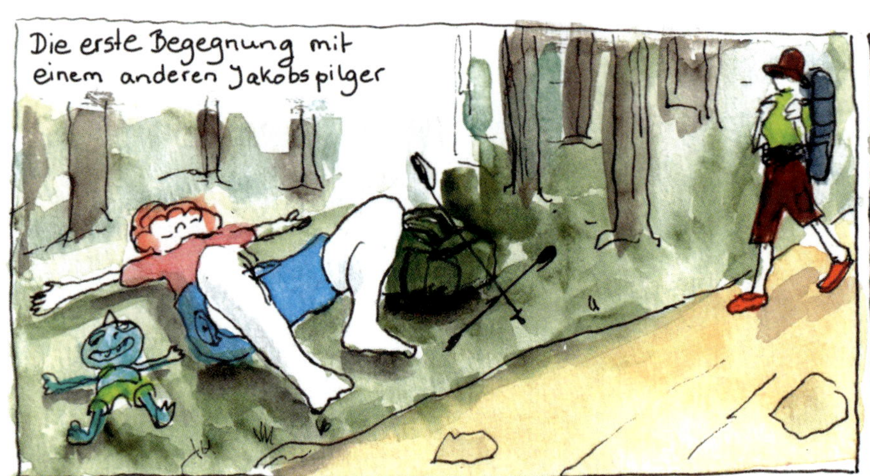
Die erste Begegnung mit
einem anderen Jakobspilger

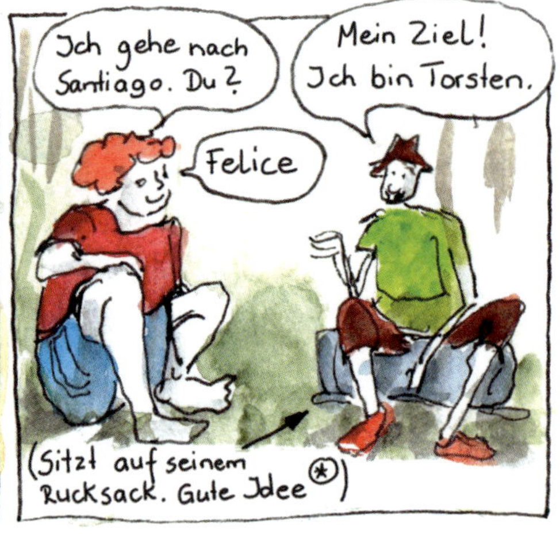
Jch gehe nach
Santiago. Du?
Felice
Mein Ziel!
Jch bin Torsten.
(Sitzt auf seinem
Rucksack. Gute Jdee ✻)

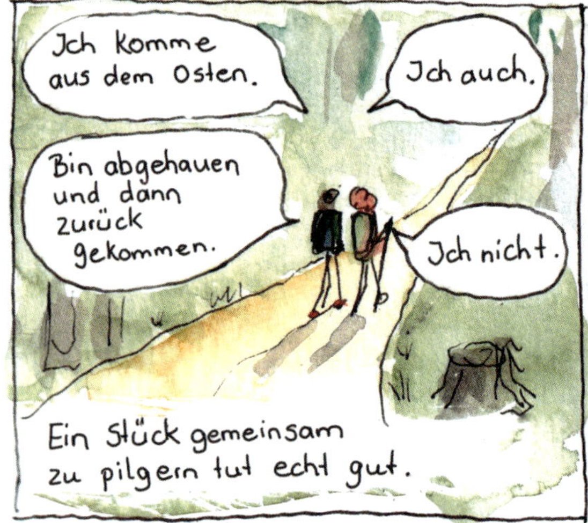
Jch komme
aus dem Osten.
Jch auch.
Bin abgehauen
und dann
zurück
gekommen.
Jch nicht.
Ein Stück gemeinsam
zu pilgern tut echt gut.

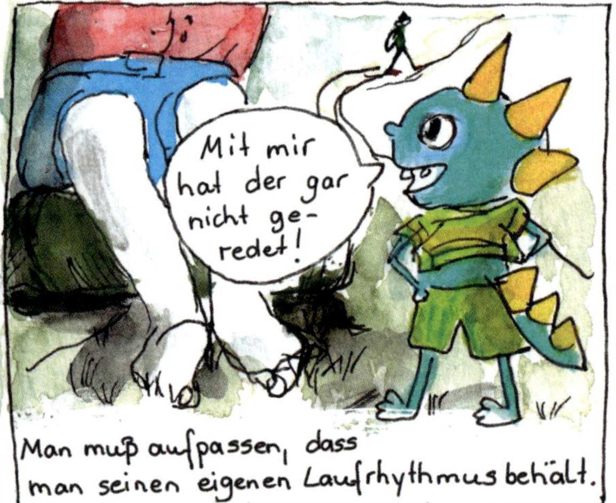
Mit mir
hat der gar
nicht ge-
redet!
Man muß aufpassen, dass
man seinen eigenen Laufrhythmus behält.

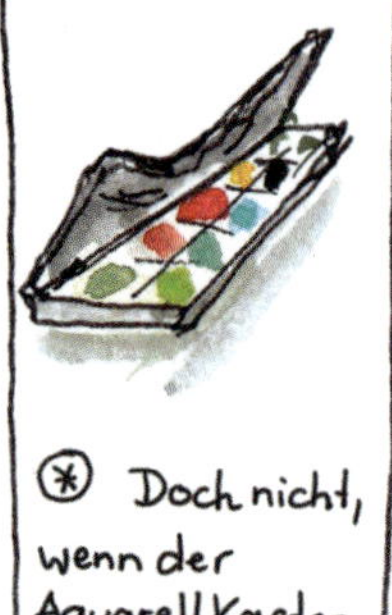
✻ Doch nicht,
wenn der
Aquarellkasten
vorn drin ist.

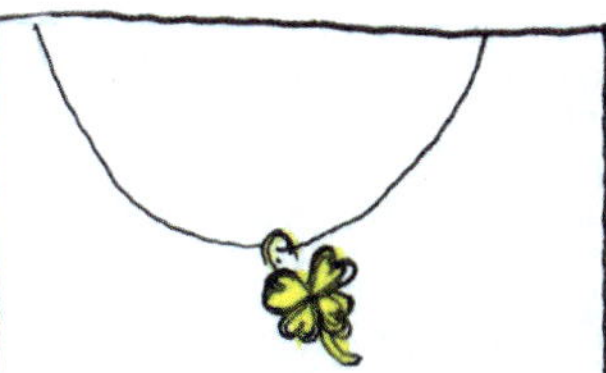
Beim Loslaufen habe ich von guten Freunden diesen winzigen goldenen Glücksbringer bekommen.

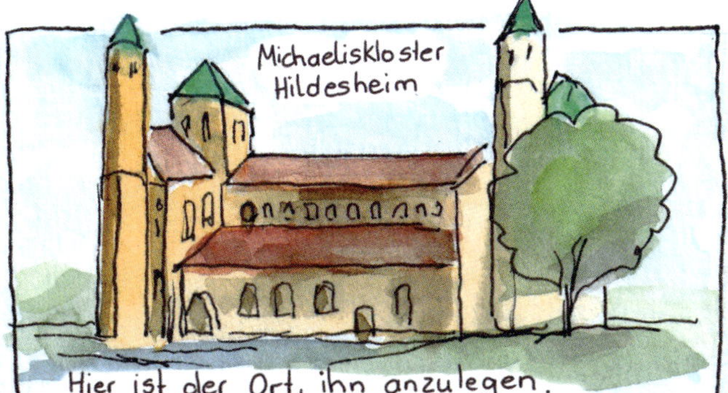
Michaeliskloster Hildesheim
Hier ist der Ort, ihn anzulegen.

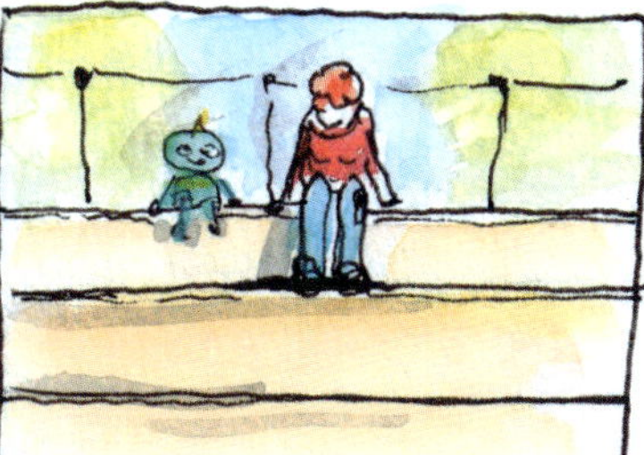
Ganz oben aufs Chorpodest haben wir uns gesetzt.

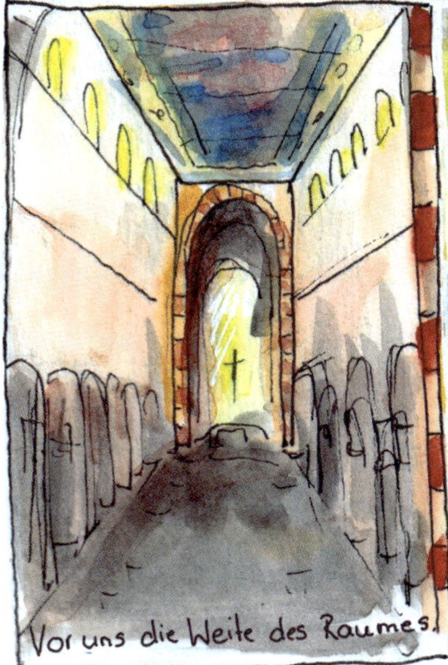
Vor uns die Weite des Raumes.

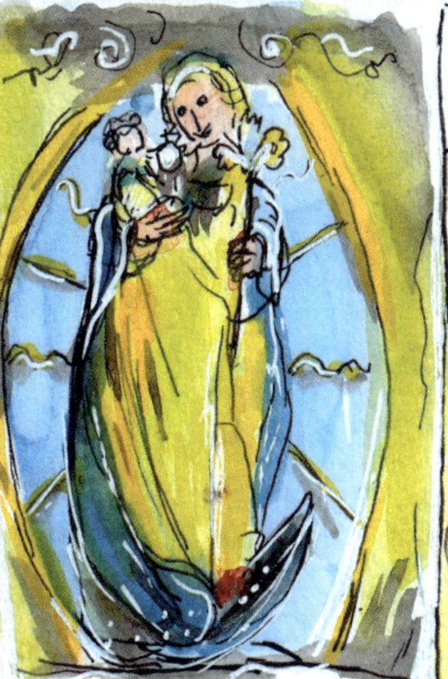
Hinter uns ein Marienaltar.

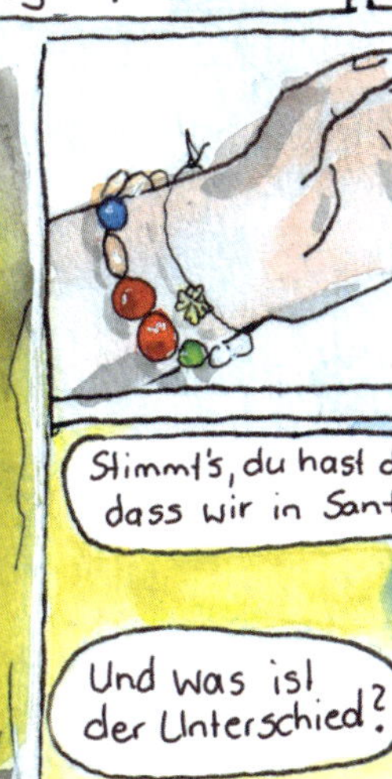
Wenn sich das Band löst, geht der Wunsch in Erfüllung. Das steht in der Bedienungsanleitung.
Stimmt's, du hast dir gewünscht, dass wir in Santiago ankommen
Nö. DAS ist ja unsere Absicht.
Und was ist der Unterschied?
Mmh. Jch glaube, Wünschen ist eher wie Beten.
Und was hast du dir gebetet?

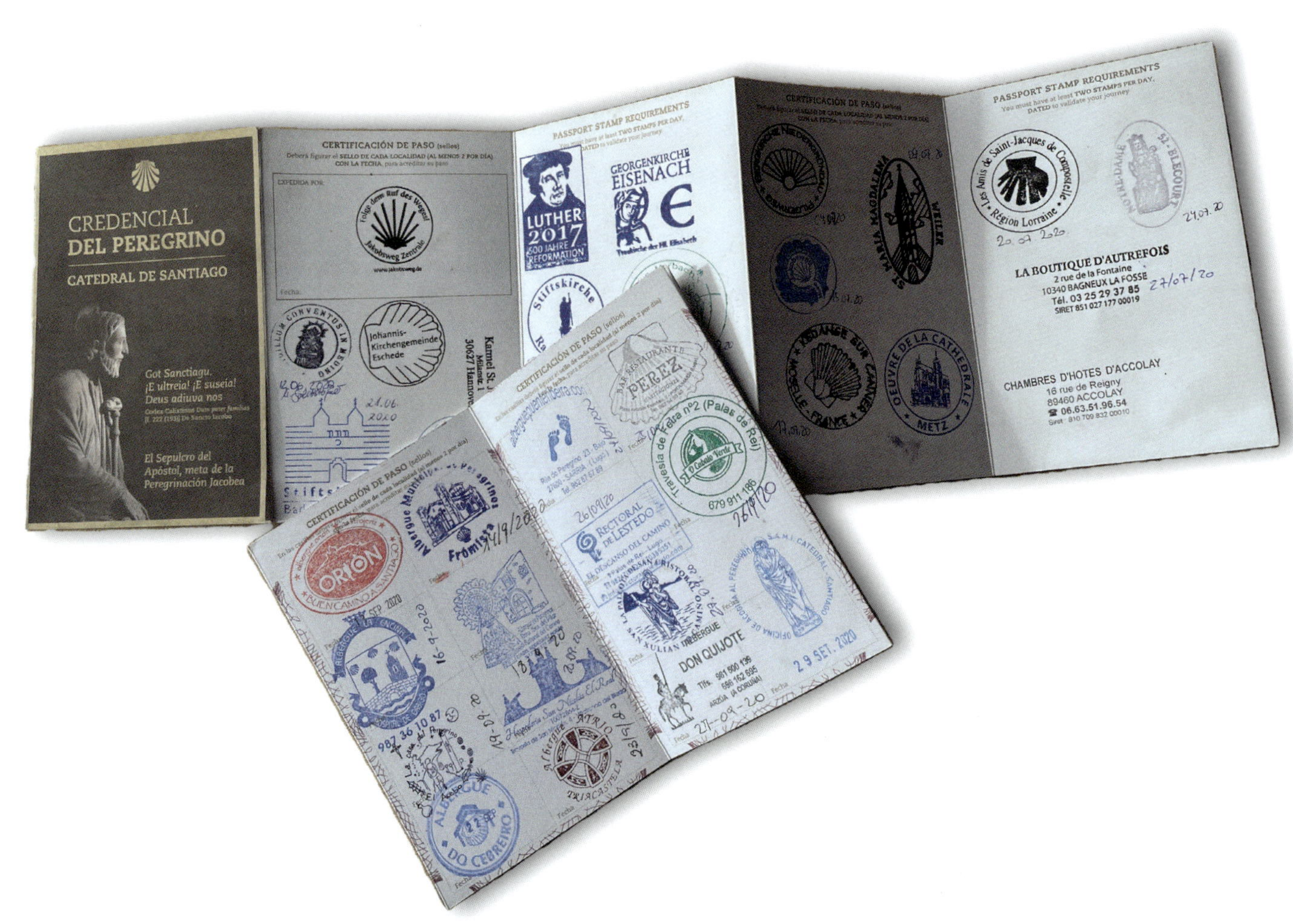
CREDENCIAL
DEL PEREGRINO
CATEDRAL DE SANTIAGO
Got Sanctiagu.
¡E ultreia! ¡E suseia!
Deus adiuva nos
El Sepulcro del
Apóstol, meta de la
Peregrinación Jacobea
CERTIFICACIÓN DE PASO (sellos)
PASSPORT STAMP REQUIREMENTS
GEORGENKIRCHE
EISENACH
LUTHER
2017
500 JAHRE
REFORMATION
Johannis-
Kirchengemeinde
Eschede
Les Amis de Saint-Jacques de Compostelle
Région Lorraine
LA BOUTIQUE D'AUTREFOIS
2 rue de la Fontaine
10340 BAGNEUX LA FOSSE
Tél. 03 25 29 37 85
CHAMBRES D'HOTES D'ACCOLAY
16 rue de Reigny
89460 ACCOLAY
06.63.51.96.54
OEUVRE DE LA CATHEDRALE
METZ
ST. MARIA MAGDALENA
ORION
BUENCAMINO A SANTIAGO
RECTORAL
DE LESTEDO
DON QUIJOTE
DO CEBREIRO
TRIACASTELA
Frómista
PEREZ

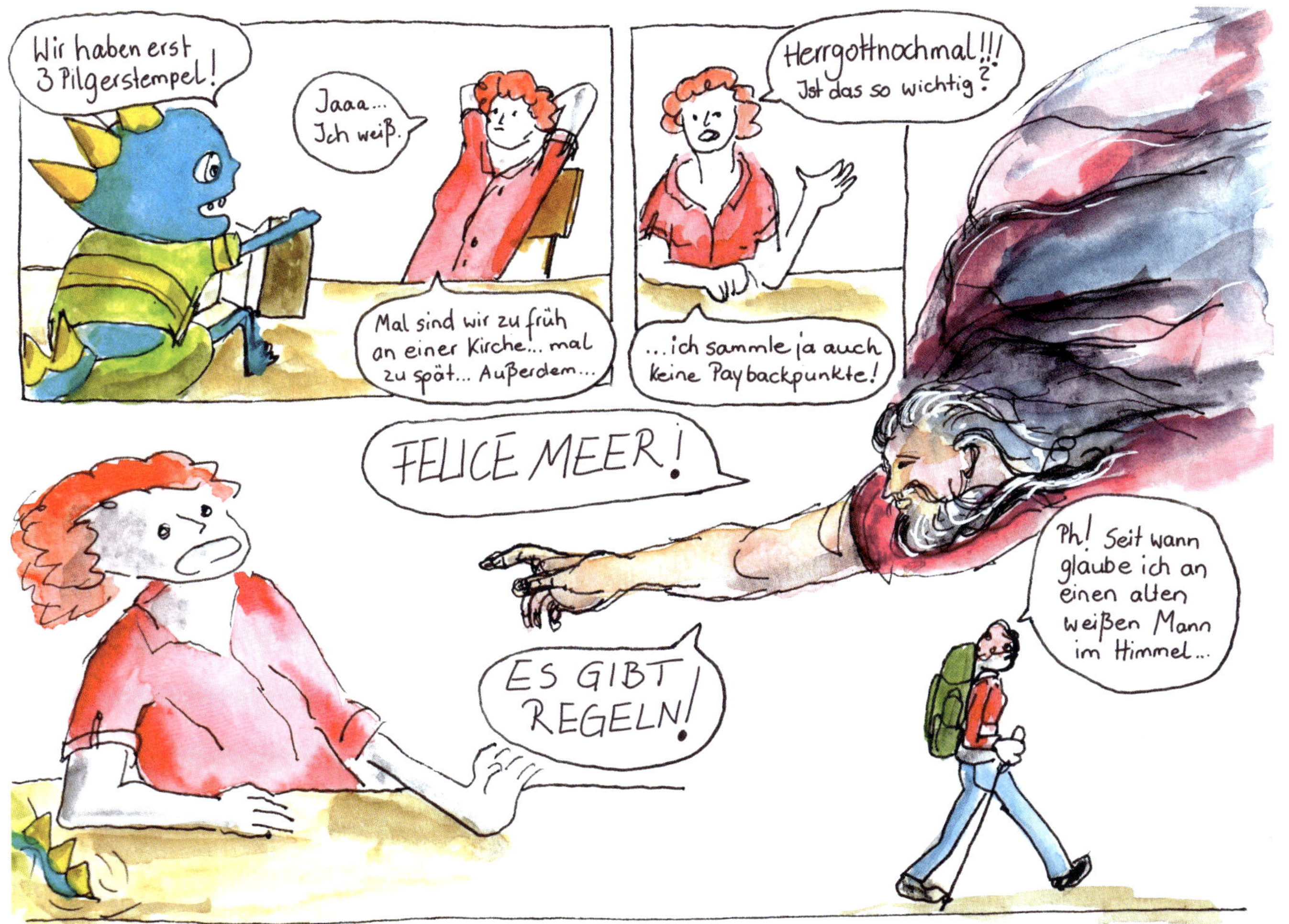
Wir haben erst 3 Pilgerstempel!
Jaaa... Jch weiß.
Mal sind wir zu früh an einer Kirche... mal zu spät... Außerdem...
Herrgottnochmal!!! Jst das so wichtig?
...ich sammle ja auch keine Paybackpunkte!
FELICE MEER!
ES GIBT REGELN!
Ph! Seit wann glaube ich an einen alten weißen Mann im Himmel...

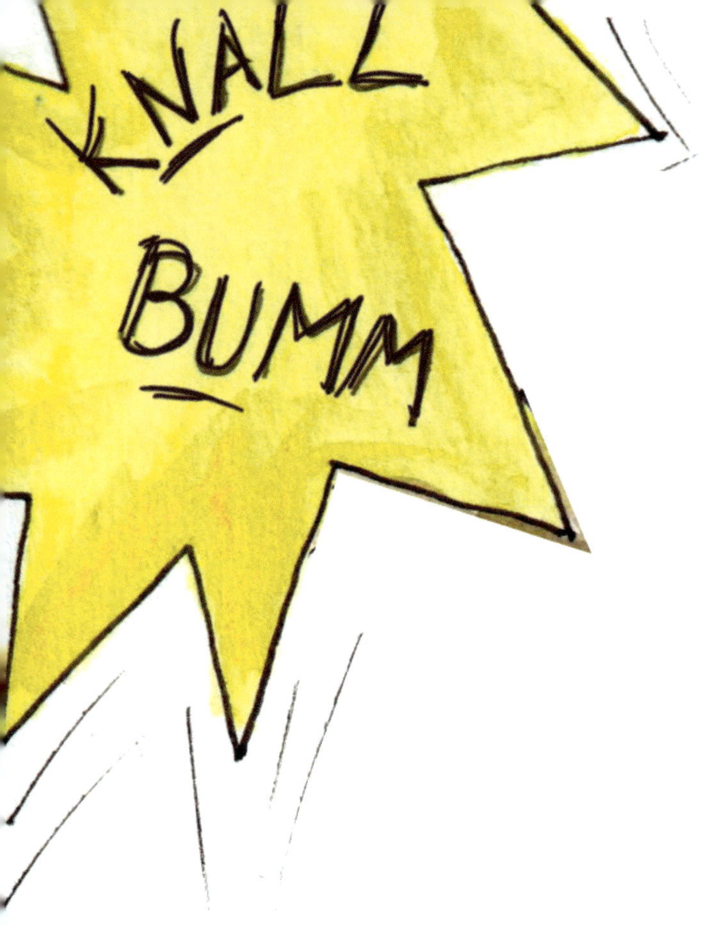
KNALL
BUMM

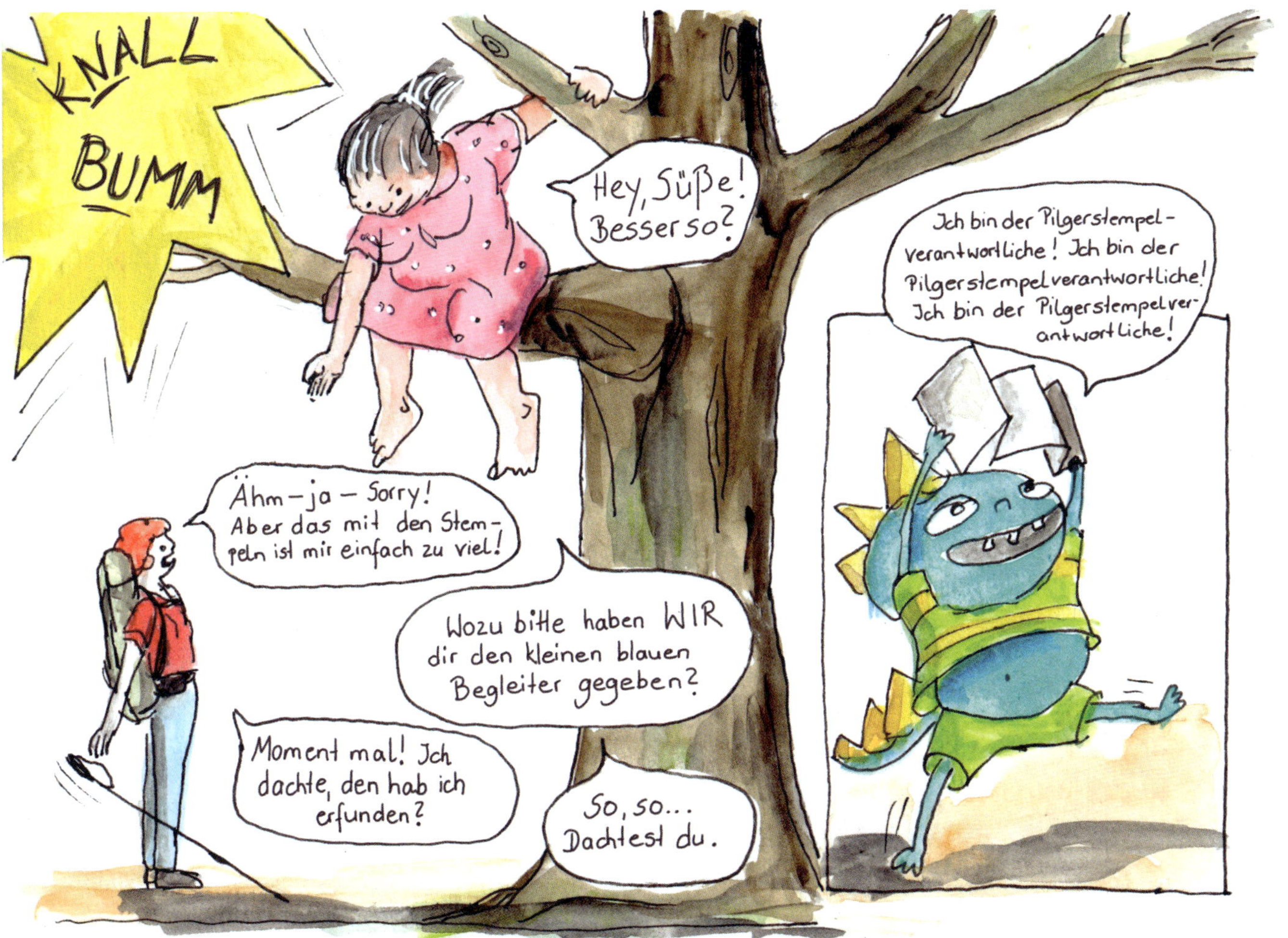
KNALL
BUMM
Hey, Süße! Besser so?
Jch bin der Pilgerstempel-verantwortliche! Jch bin der Pilgerstempelverantwortliche! Jch bin der Pilgerstempelverantwortliche!
Ähm – ja – Sorry! Aber das mit den Stempeln ist mir einfach zu viel!
Wozu bitte haben WIR dir den kleinen blauen Begleiter gegeben?
Moment mal! Jch dachte, den hab ich erfunden?
So, so… Dachtest du.

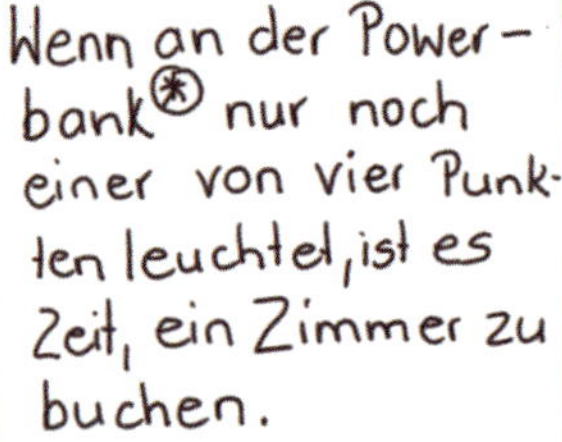
Wenn an der Power-bank* nur noch einer von vier Punkten leuchtet, ist es Zeit, ein Zimmer zu buchen.
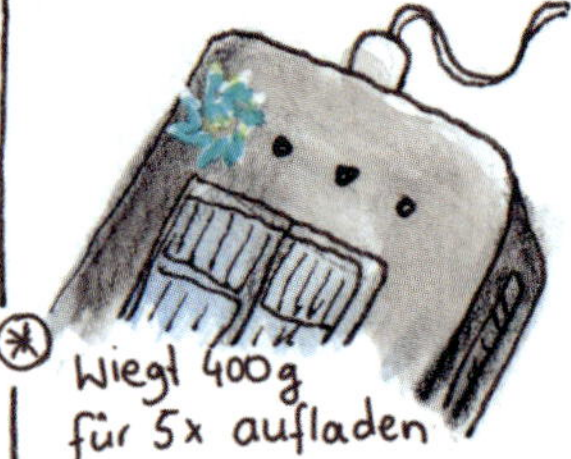
* Wiegt 400g für 5x aufladen
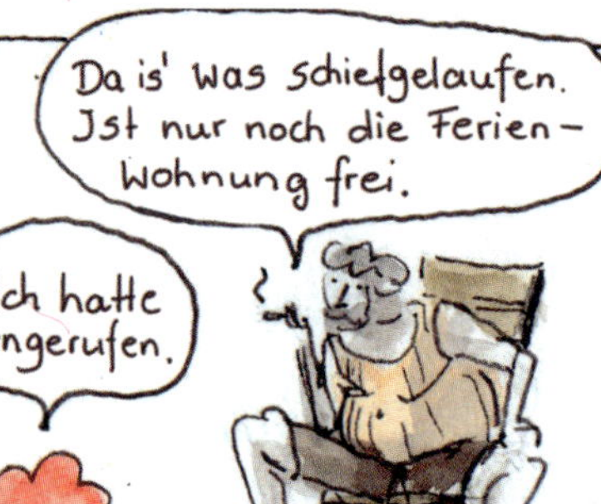
Ich hatte angerufen.
Da is' was schiefgelaufen. Jst nur noch die Ferien-wohnung frei.
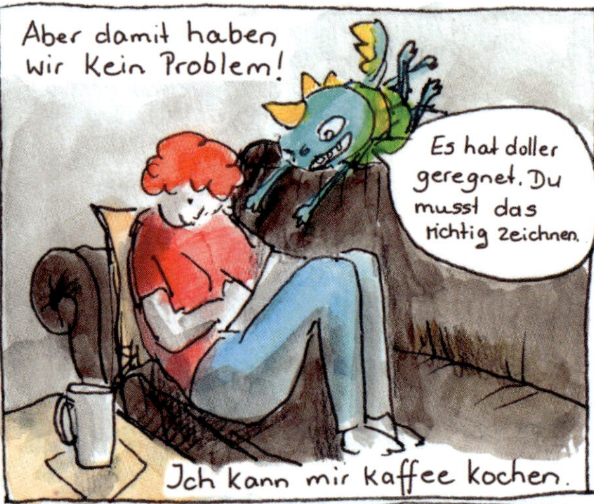
Aber damit haben wir kein Problem!
Es hat doller geregnet. Du musst das richtig zeichnen.
Jch kann mir kaffee kochen.
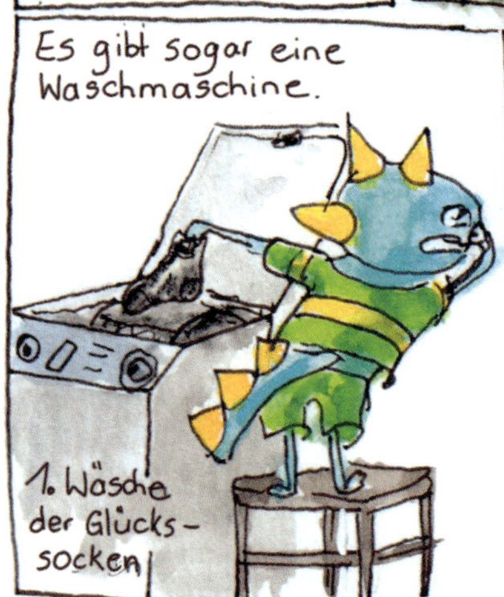
Es gibt sogar eine Waschmaschine.
1. Wäsche der Glücks-socken
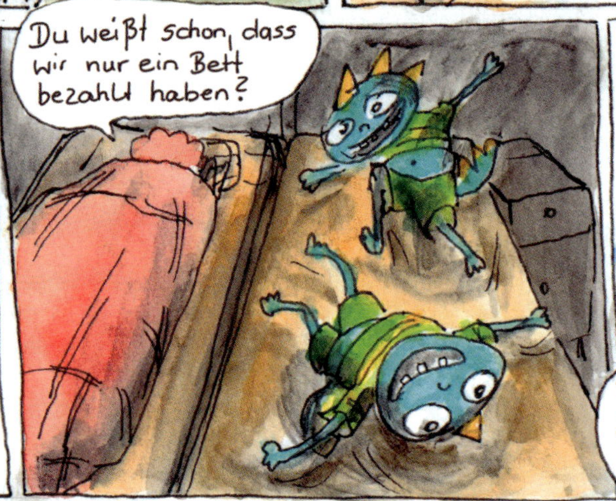
Du weißt schon, dass wir nur ein Bett bezahlt haben?
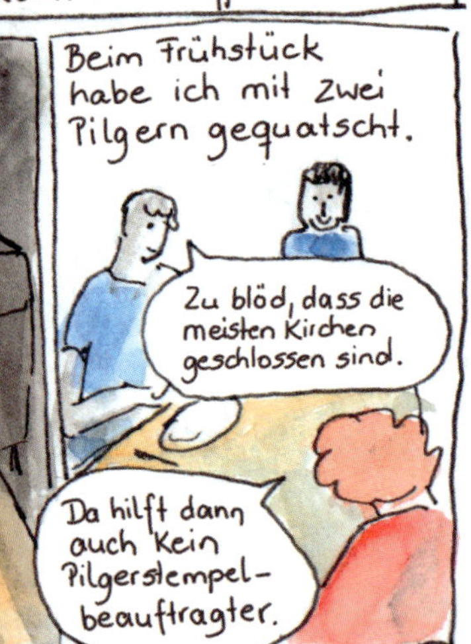
Beim Frühstück habe ich mit zwei Pilgern gequatscht.
Zu blöd, dass die meisten Kirchen geschlossen sind.
Da hilft dann auch kein Pilgerstempel-beauftragter.

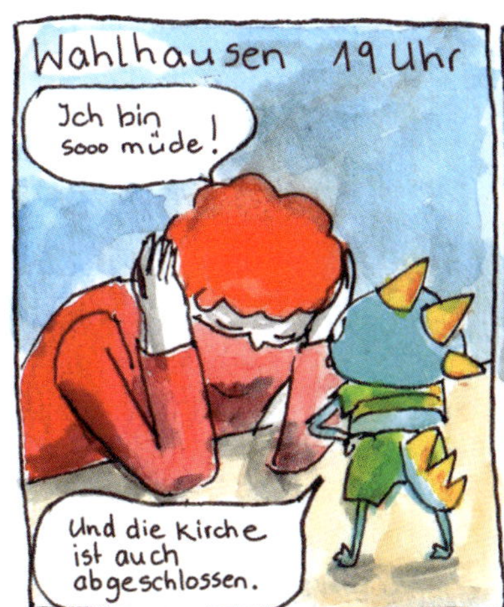
Wahlhausen 19 Uhr
Jch bin sooo müde!
Und die Kirche ist auch abgeschlossen.

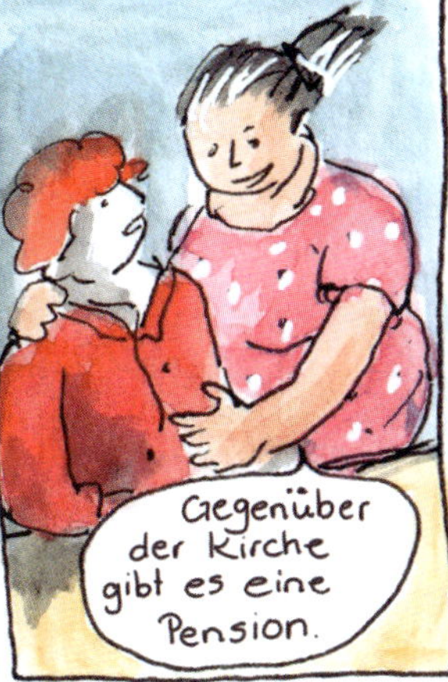
Gegenüber der Kirche gibt es eine Pension.

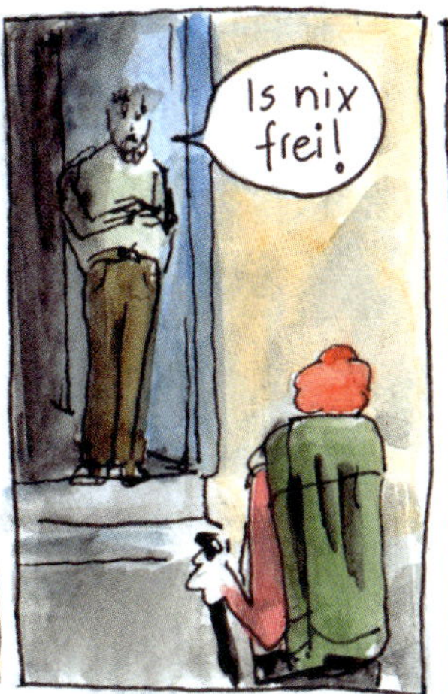
Is nix frei!

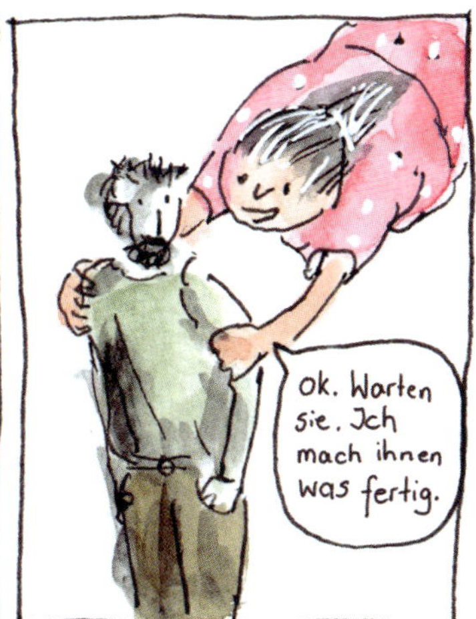
Ok. Warten sie. Jch mach ihnen was fertig.

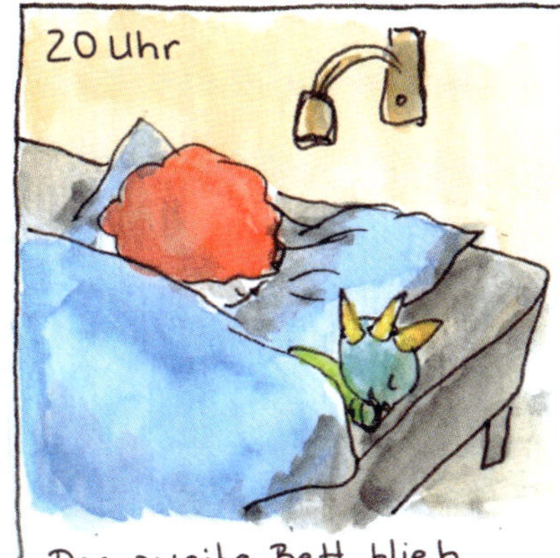
20 Uhr
Das zweite Bett blieb ganz unberührt.

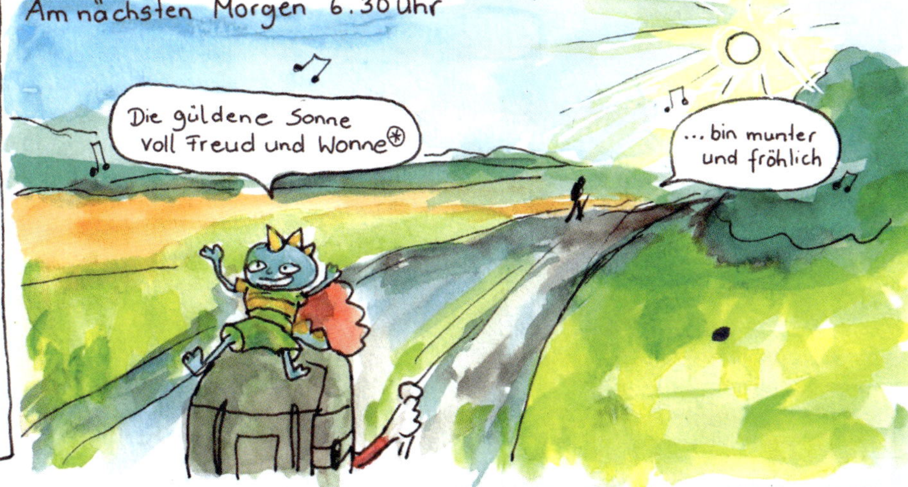
Am nächsten Morgen 6.30 Uhr
Die güldene Sonne voll Freud und Wonne*
... bin munter und fröhlich

*EG 449

Die schönsten Plätze, wo wir bis jetzt übernachtet haben:

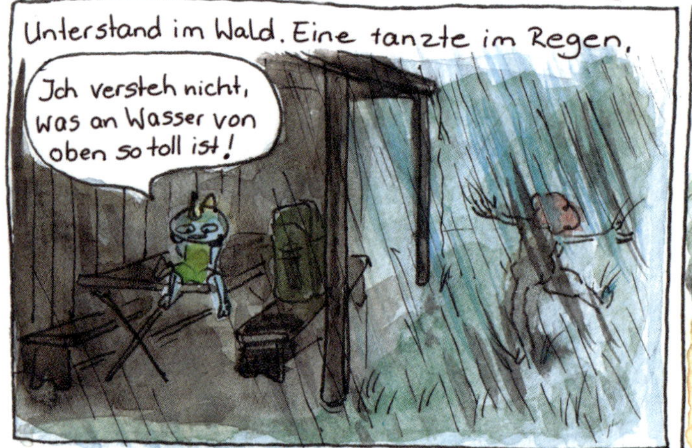

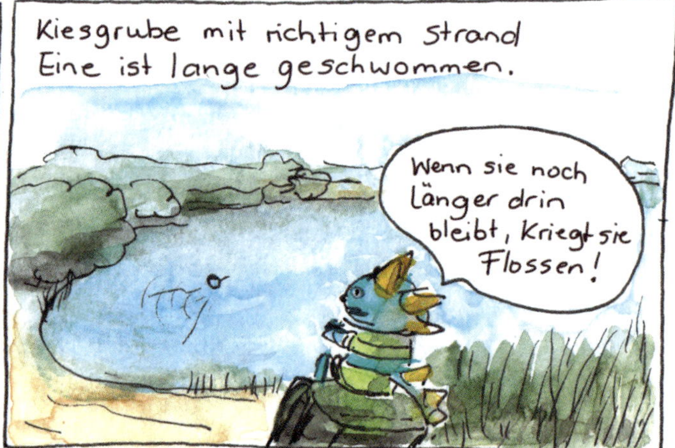

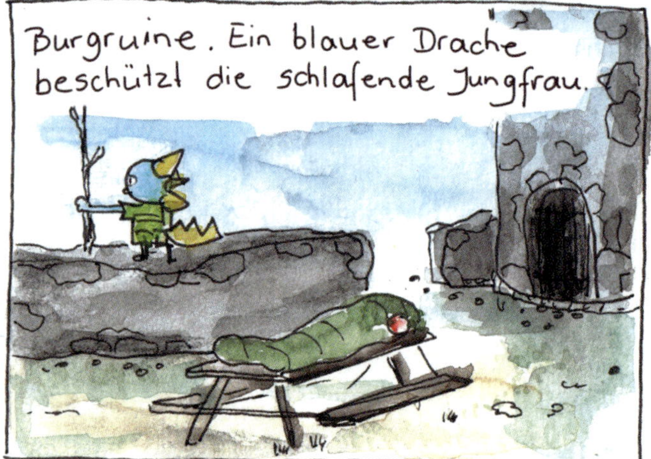

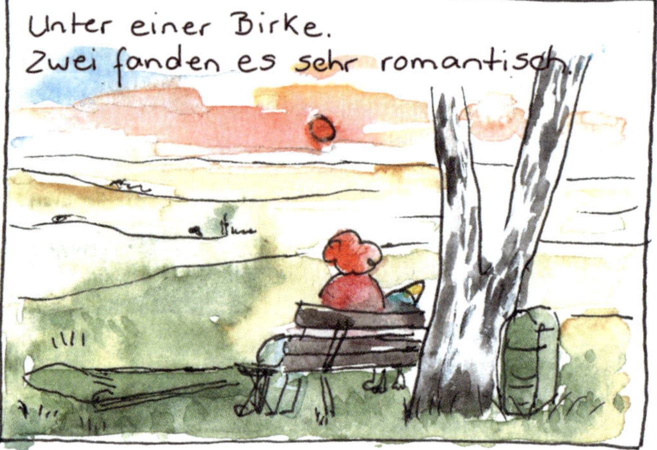

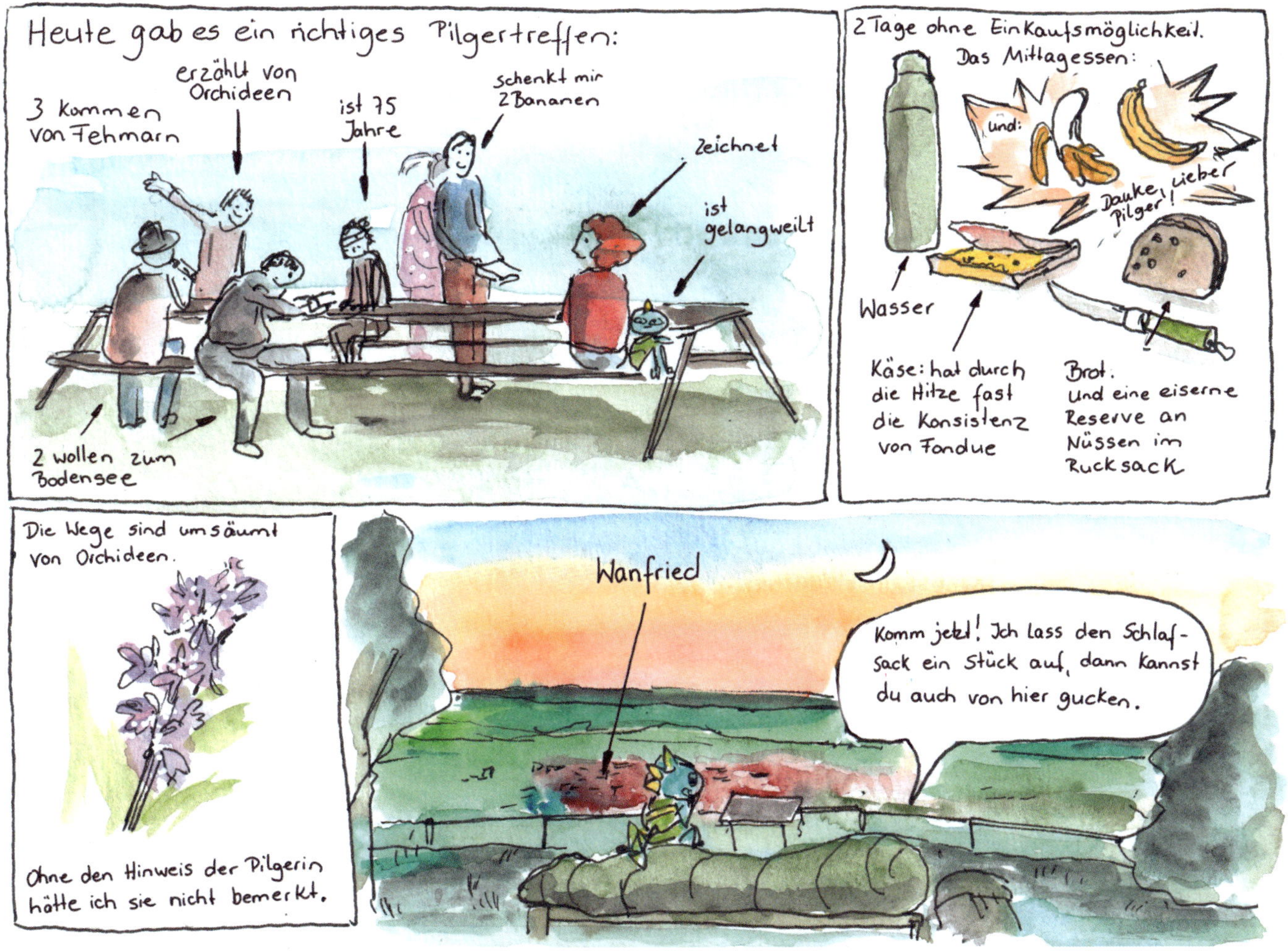

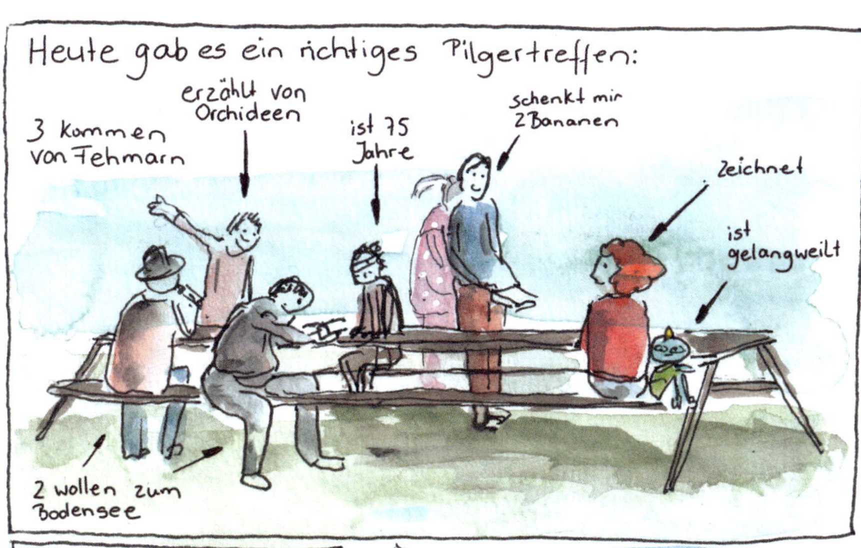

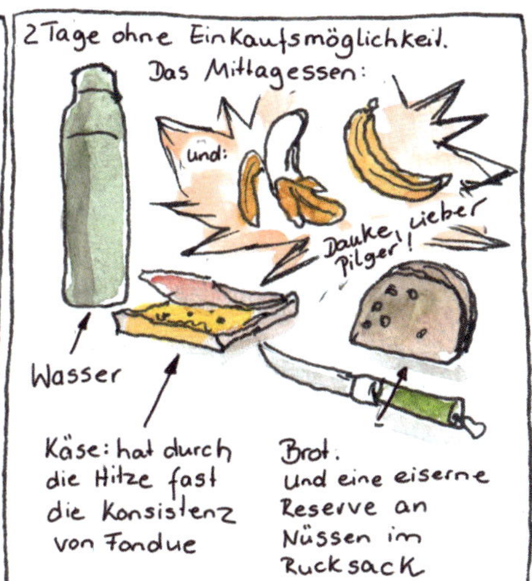

Die Wege sind umsäumt von Orchideen.

Ohne den Hinweis der Pilgerin hätte ich sie nicht bemerkt.

Wanfried

Komm jetzt! Ich lass den Schlafsack ein Stück auf, dann kannst du auch von hier gucken.

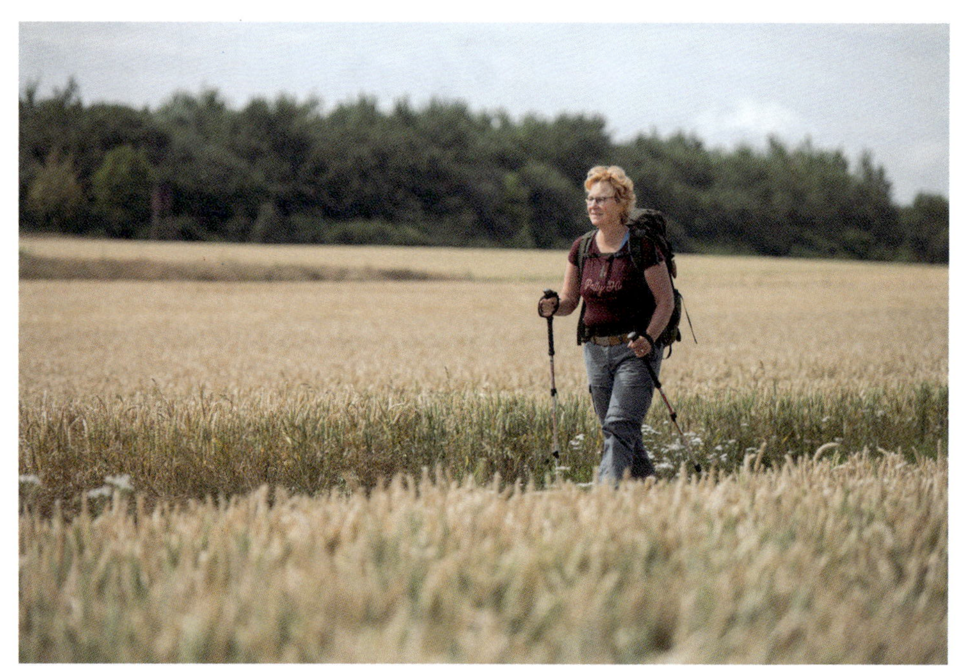

Sommer

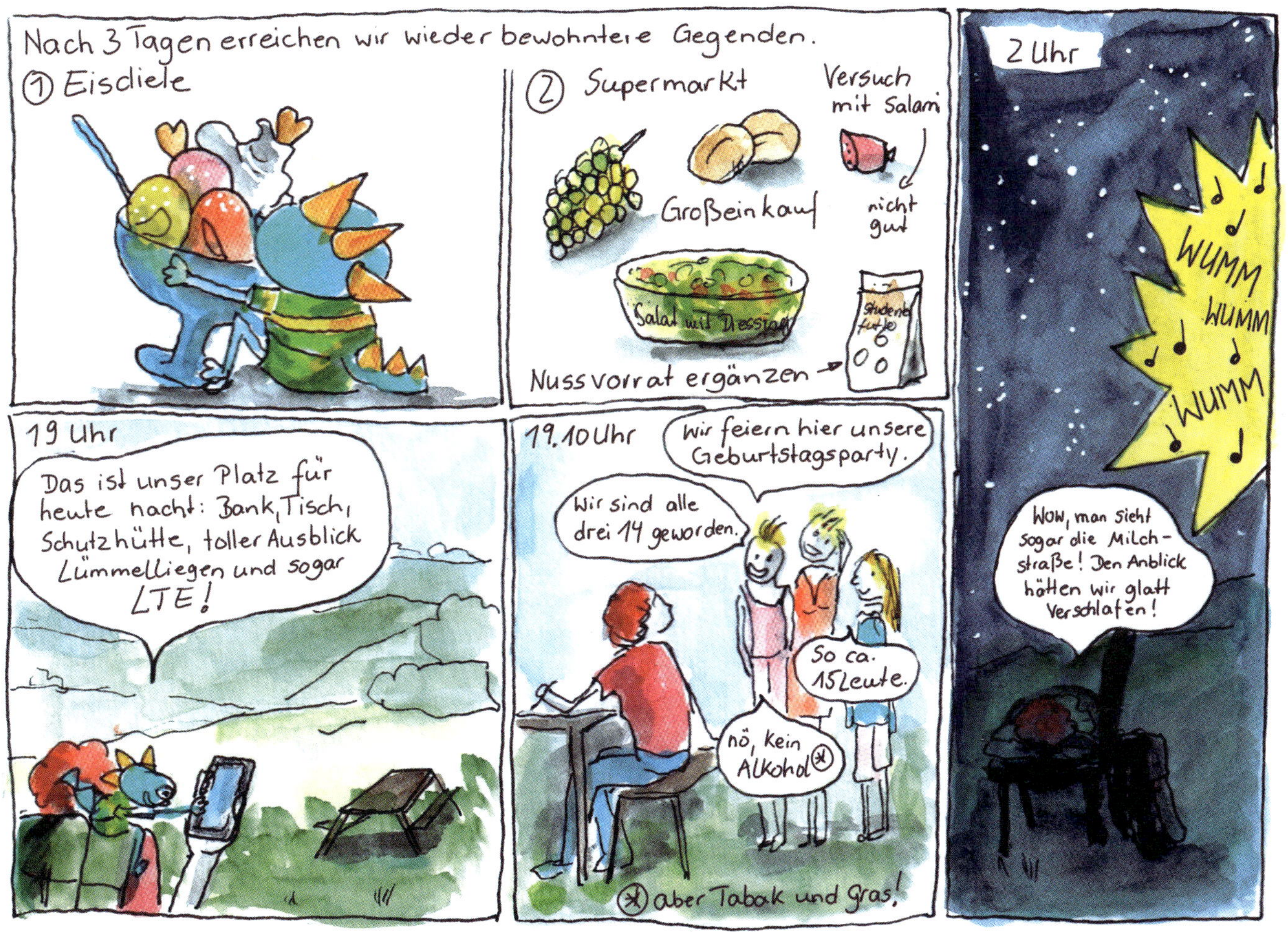
Nach 3 Tagen erreichen wir wieder bewohntere Gegenden.
① Eisdiele
② Supermarkt
Versuch mit Salami
nicht gut
Großeinkauf
Salat mit Dressing
Studentenfutter
Nussvorrat ergänzen
2 Uhr
WUMM WUMM WUMM
WOW, man sieht sogar die Milchstraße! Den Anblick hätten wir glatt verschlafen!
19 Uhr
Das ist unser Platz für heute nacht: Bank, Tisch, Schutzhütte, toller Ausblick Lümmelliegen und sogar LTE!
19.10 Uhr
Wir feiern hier unsere Geburtstagsparty.
Wir sind alle drei 14 geworden.
So ca. 15 Leute.
nö, kein Alkohol *
* aber Tabak und Gras!

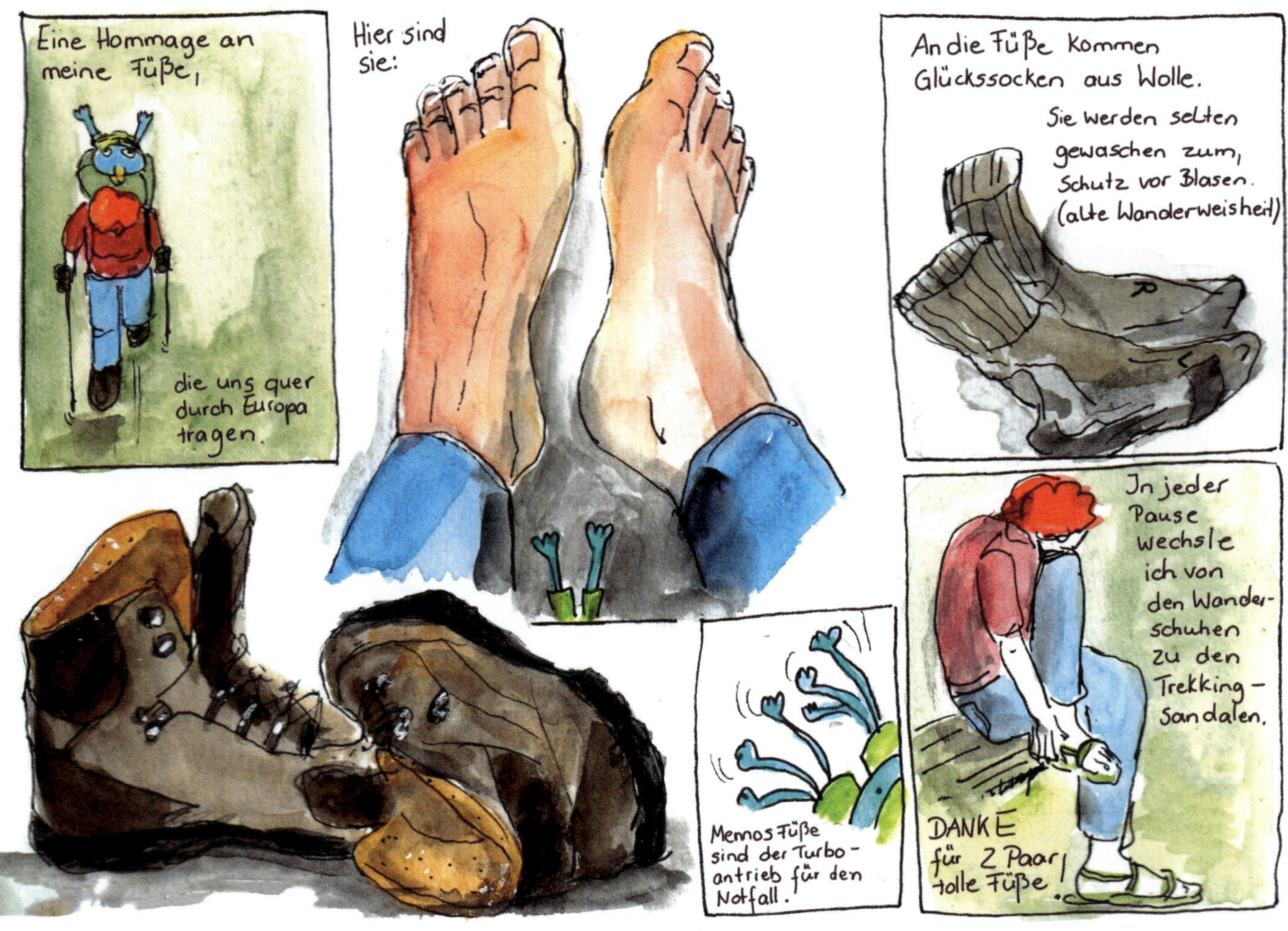

Eine Hommage an meine Füße,
die uns quer durch Europa tragen.
Hier sind sie:
An die Füße kommen Glückssocken aus Wolle.
Sie werden selten gewaschen zum Schutz vor Blasen. (alte Wanderweisheit)
Jn jeder Pause wechsle ich von den Wanderschuhen zu den Trekking-Sandalen.
DANKE für 2 Paar tolle Füße!
Mennos Füße sind der Turboantrieb für den Notfall.

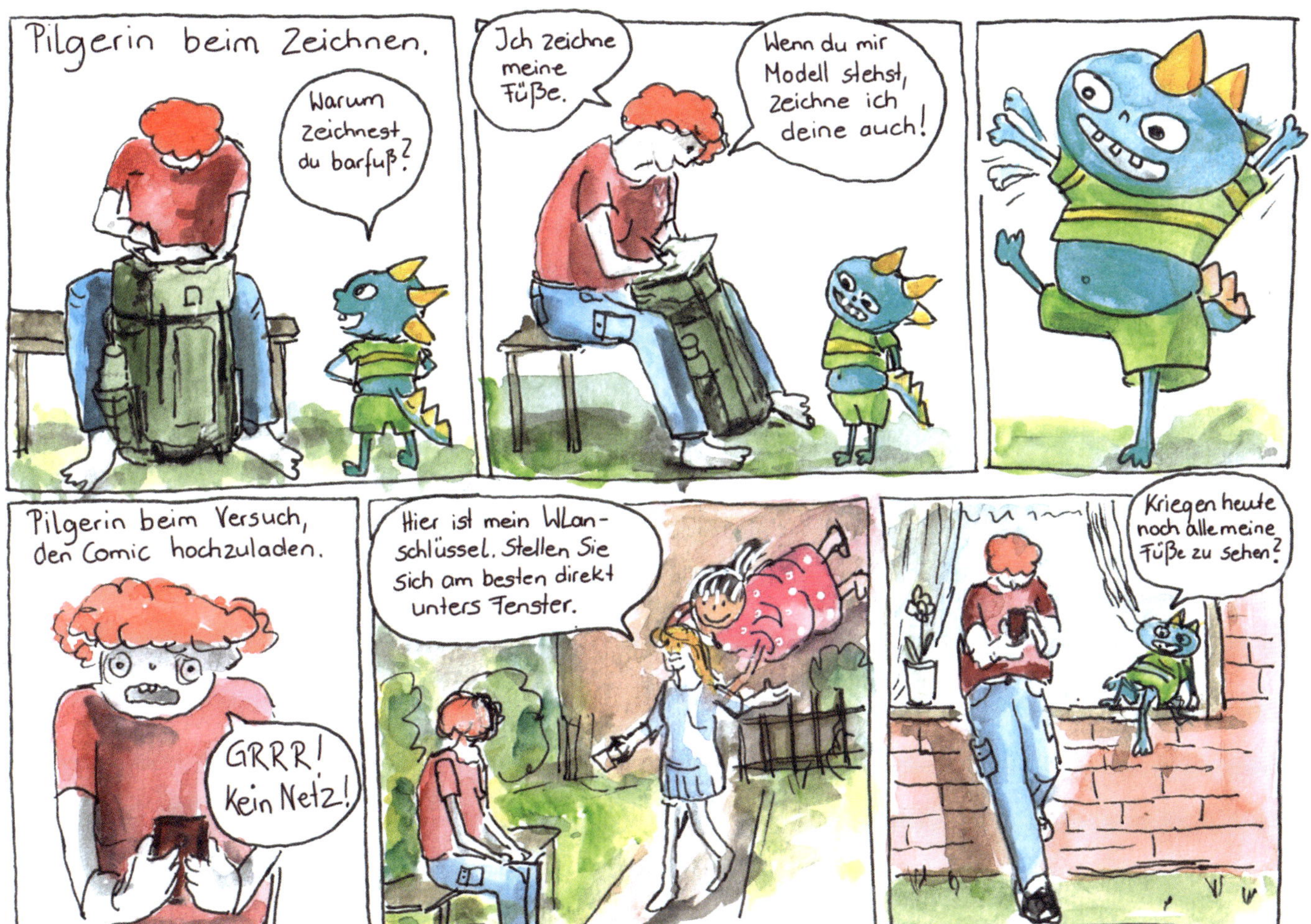
Pilgerin beim Zeichnen.
Warum zeichnest du barfuß?
Ich zeichne meine Füße.
Wenn du mir Modell stehst, zeichne ich deine auch!
Pilgerin beim Versuch, den Comic hochzuladen.
GRRR! Kein Netz!
Hier ist mein WLan-schlüssel. Stellen Sie sich am besten direkt unters Fenster.
Kriegen heute noch alle meine Füße zu sehen?

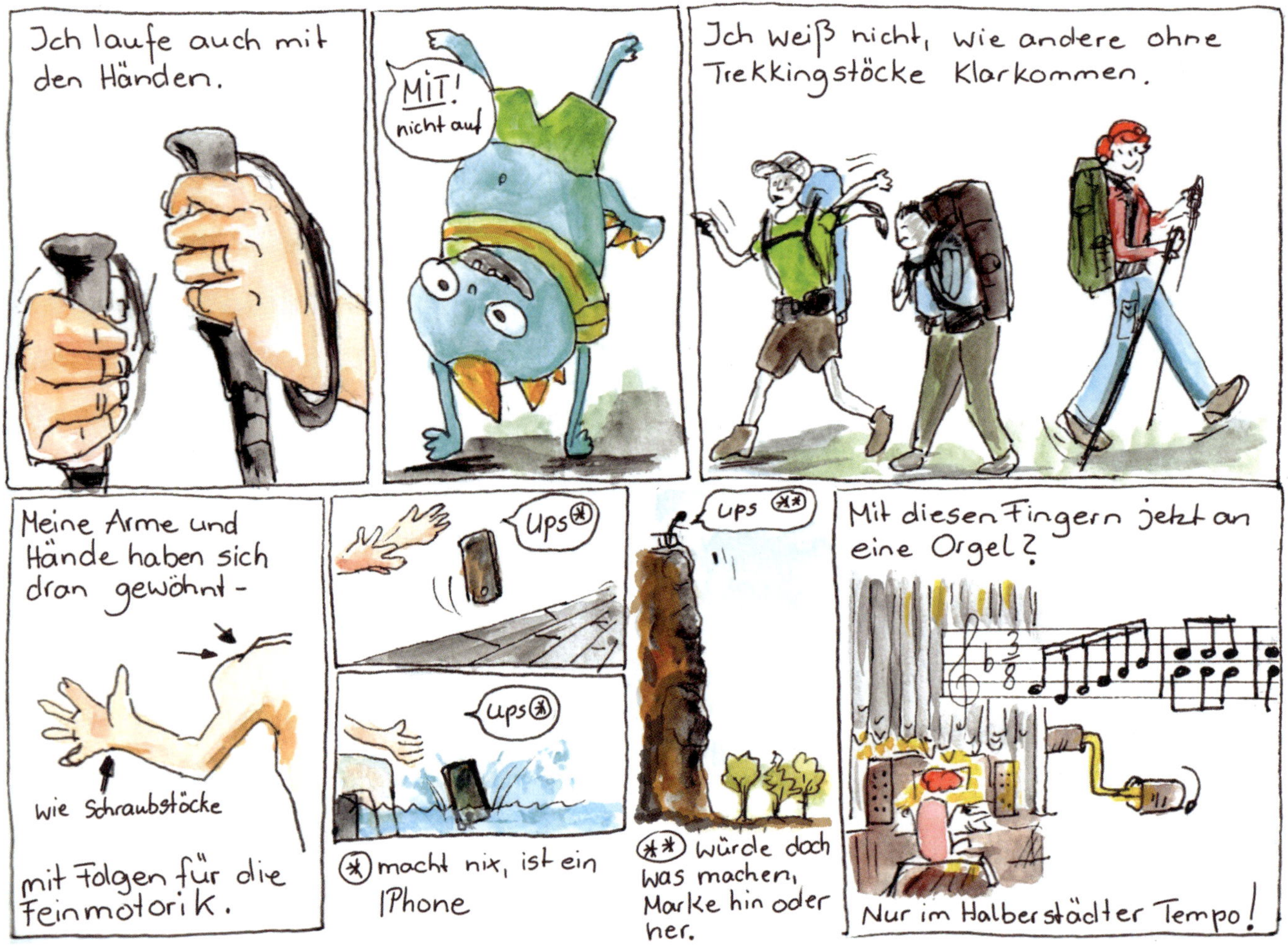

Jch laufe auch mit den Händen.

MIT!
nicht auf

Jch weiß nicht, wie andere ohne Trekkingstöcke klarkommen.

Meine Arme und Hände haben sich dran gewöhnt –

wie Schraubstöcke

mit Folgen für die Feinmotorik.

Ups (*)

Ups (*)

(*) macht nix, ist ein iPhone

Ups (**)

(**) würde doch was machen, Marke hin oder her.

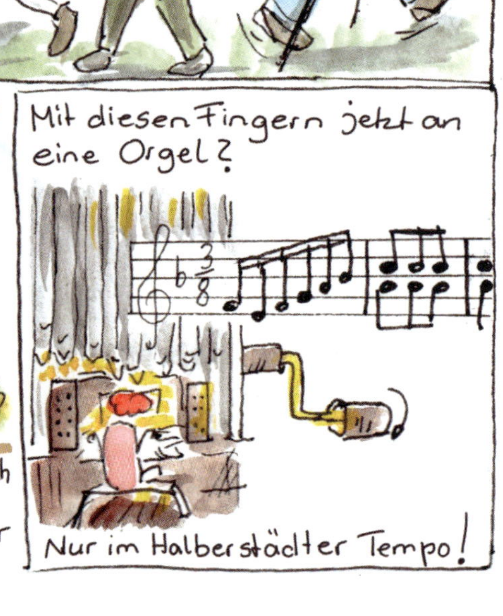

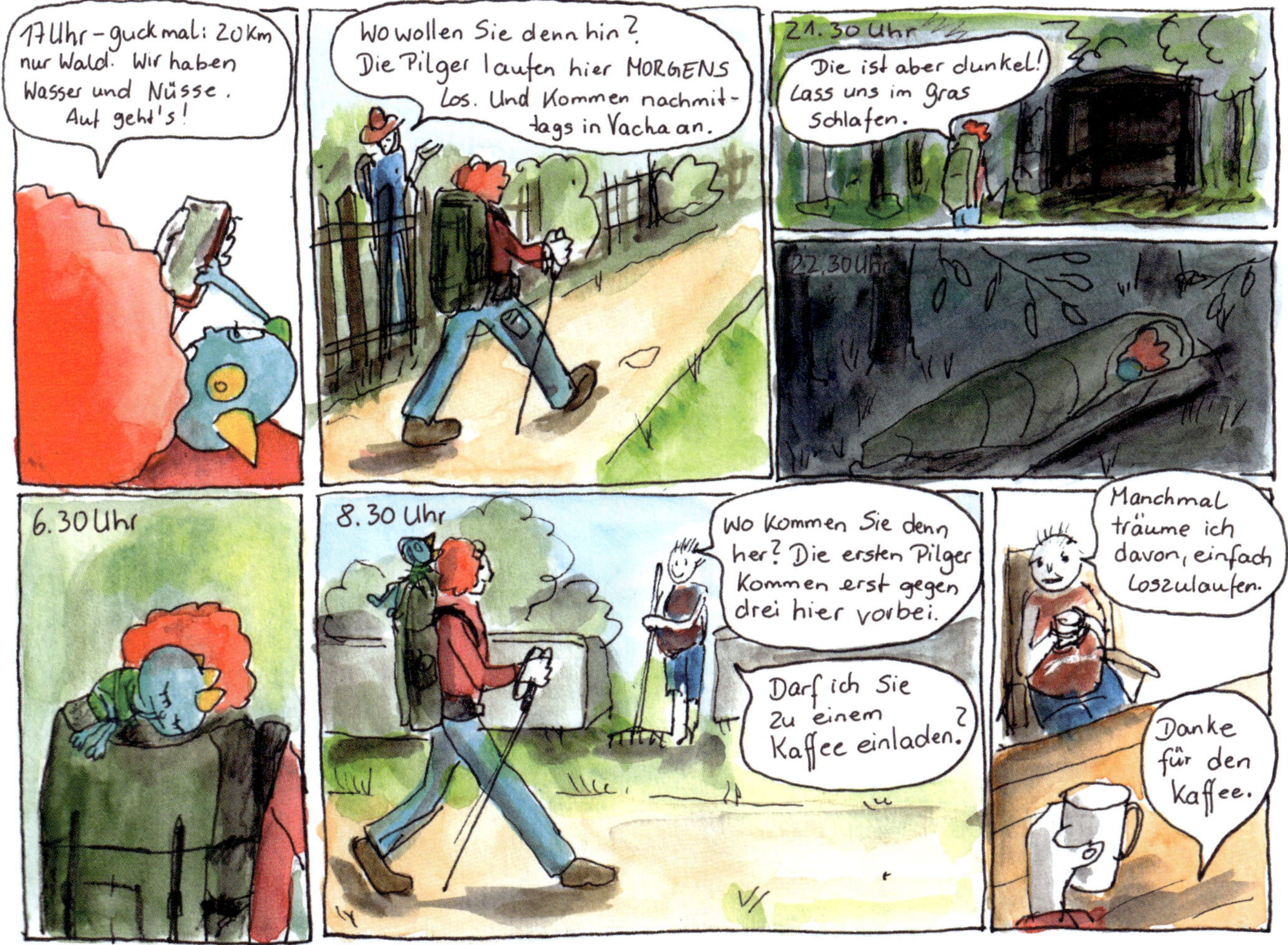
17 Uhr – guck mal: 20 Km nur Wald. Wir haben Wasser und Nüsse. Auf geht's!
Wo wollen Sie denn hin? Die Pilger laufen hier MORGENS los. Und kommen nachmittags in Vacha an.
21.30 Uhr
Die ist aber dunkel! Lass uns im Gras schlafen.
22.30 Uhr
6.30 Uhr
8.30 Uhr
Wo kommen Sie denn her? Die ersten Pilger kommen erst gegen drei hier vorbei.
Darf ich Sie zu einem Kaffee einladen?
Manchmal träume ich davon, einfach loszulaufen.
Danke für den Kaffee.

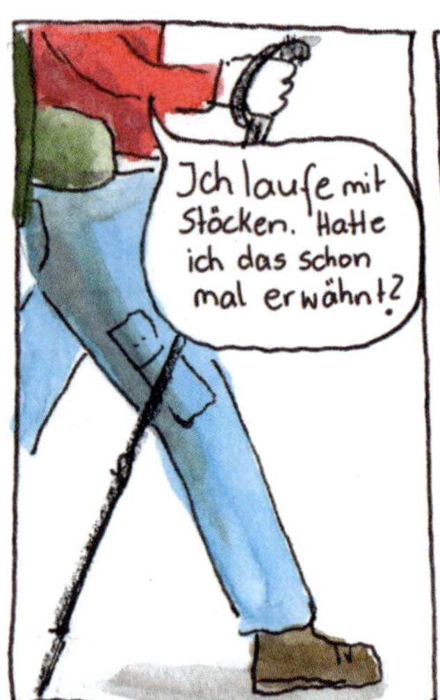

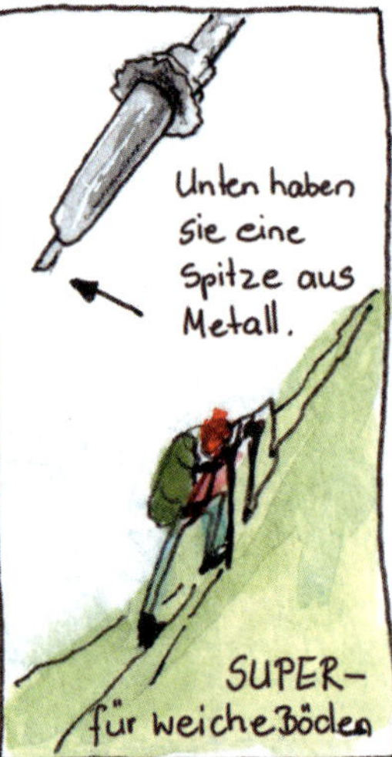

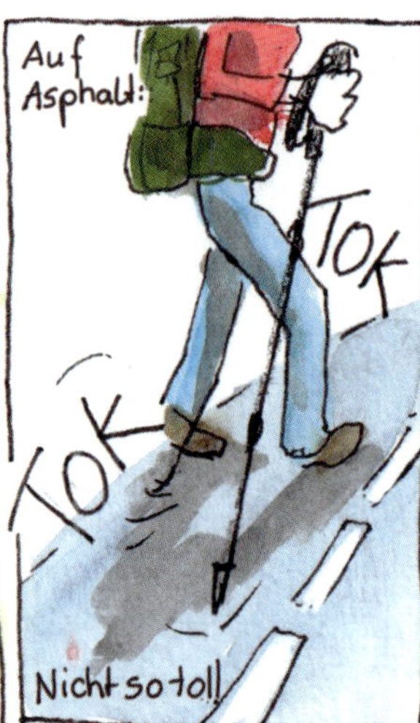

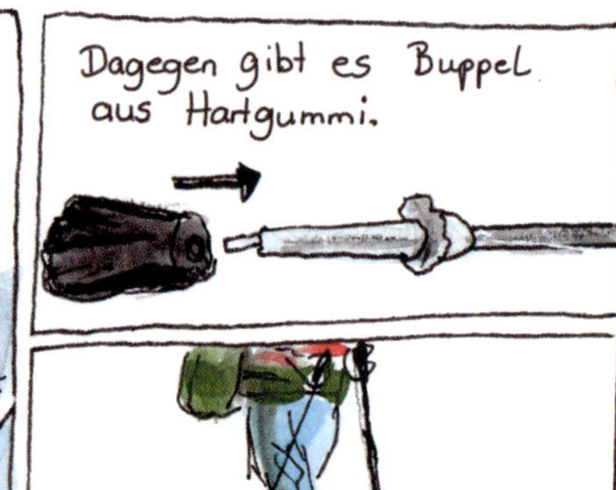

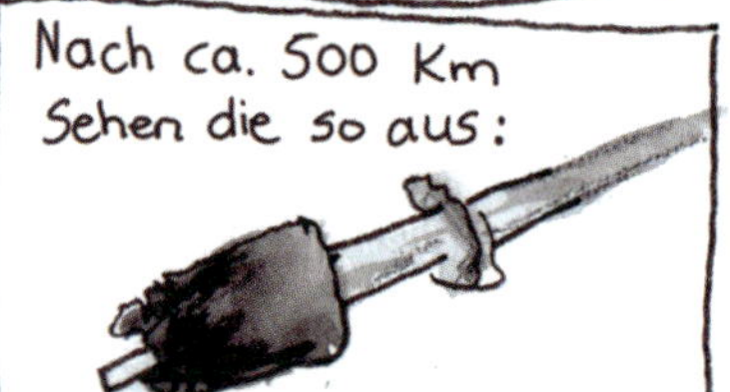

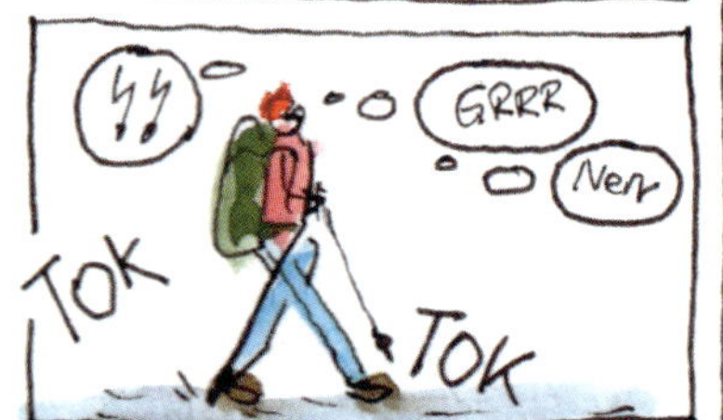

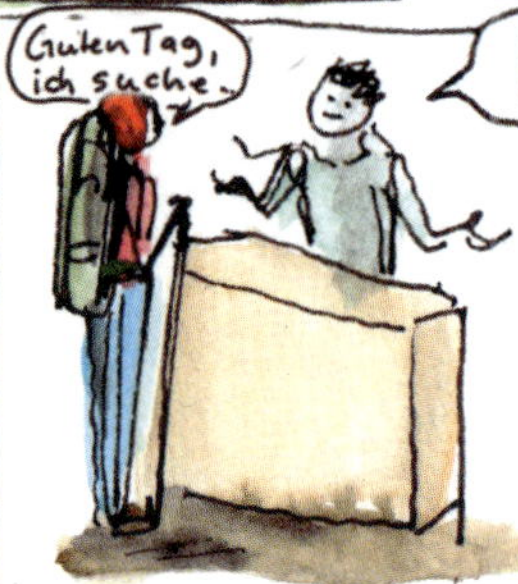

(*) Ostdeutsch. Kann ungefähr heißen:

- Entschuldigung, sind gerade aus.
- Gibt's nicht.
- Hat es hier noch nie gegeben.
- WAT IS DAT DENN FÜR NE BESCHEUERTE FRAGE?!!

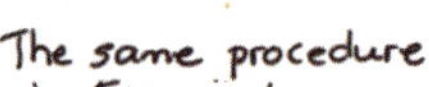

The same procedure
in Eisenach
in Oberellern
in Vacha
in Geisa
in Hühnfeld

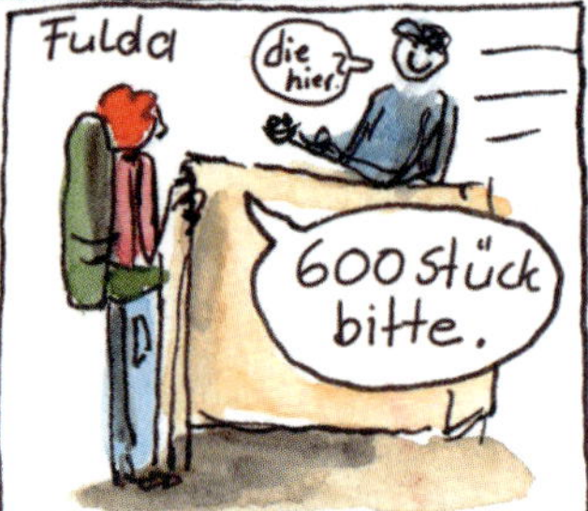

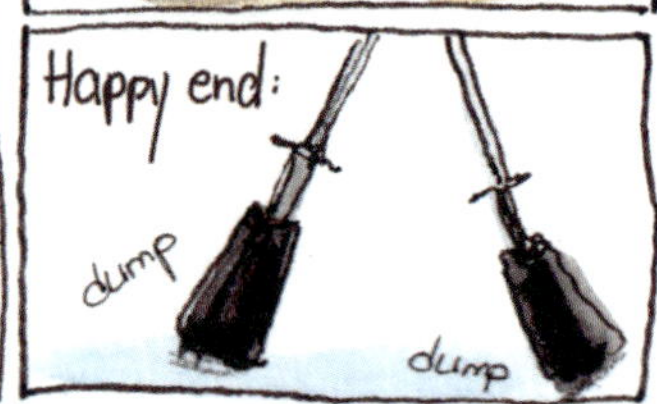

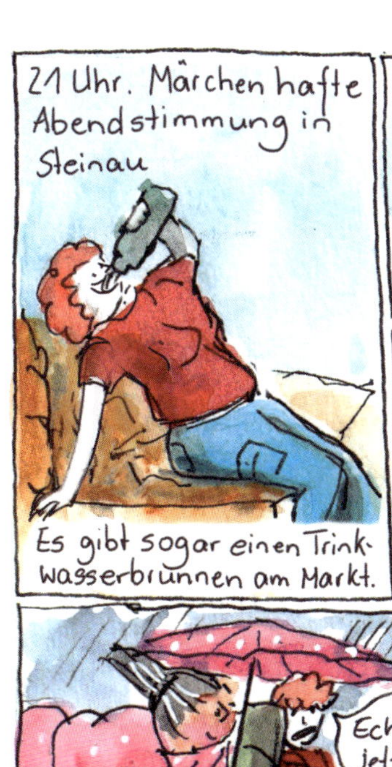

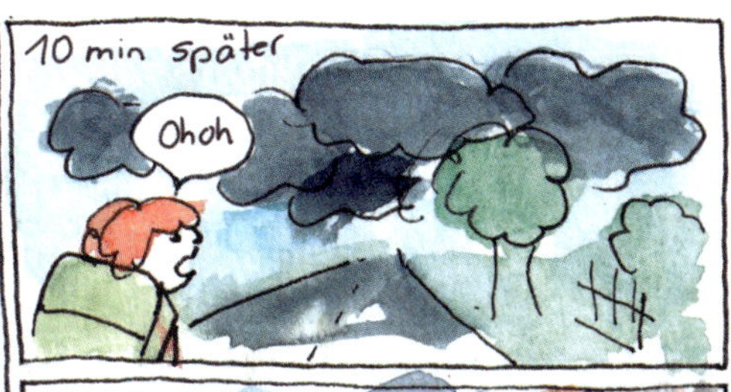

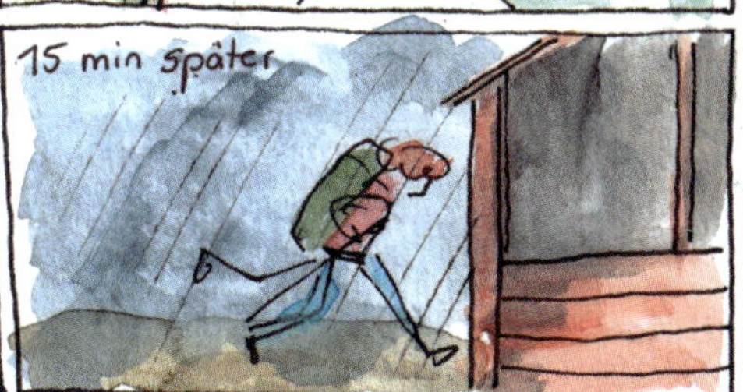

Der Moment für eine Pilgerunterkunft. Ich rufe beim Katholischen Pfarrer an.

... Pilgerin... vom Regen überrascht... mit Schlafsack und Isomatte... ... Nein?... Oh. Sie meinen bei der ev. Kirche? Können Sie mir die Nummer geben?.... ....ja klar, kann ich auch googeln ...

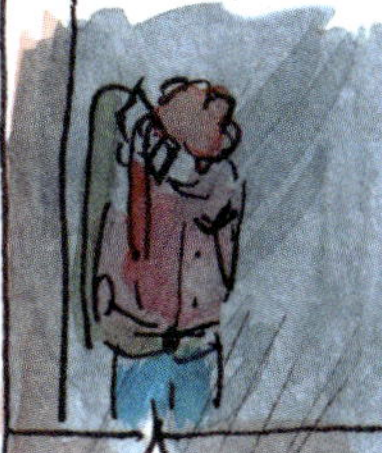

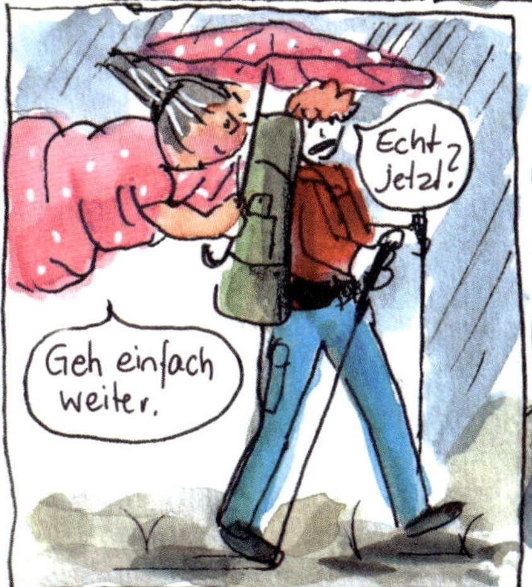

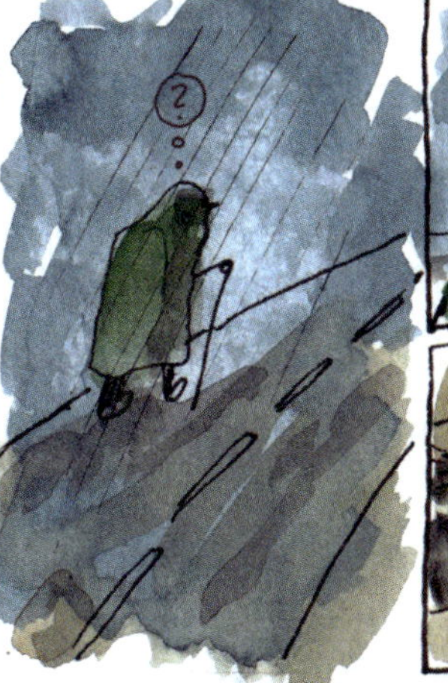

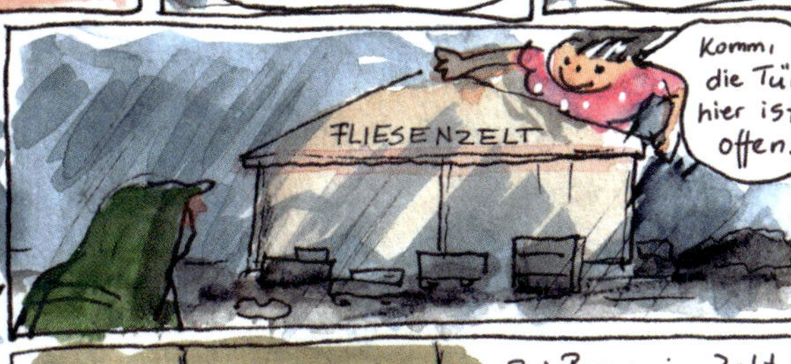

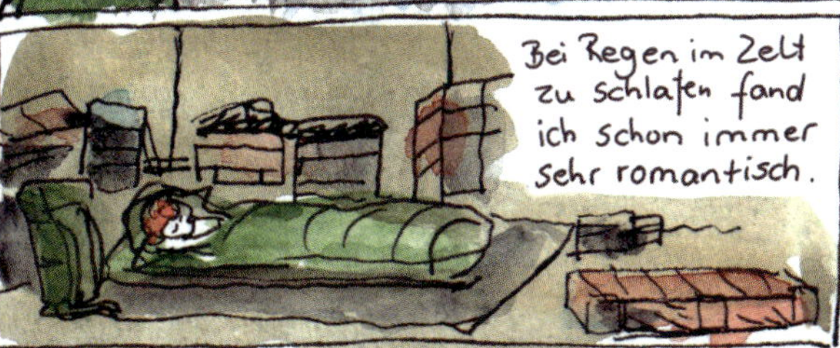

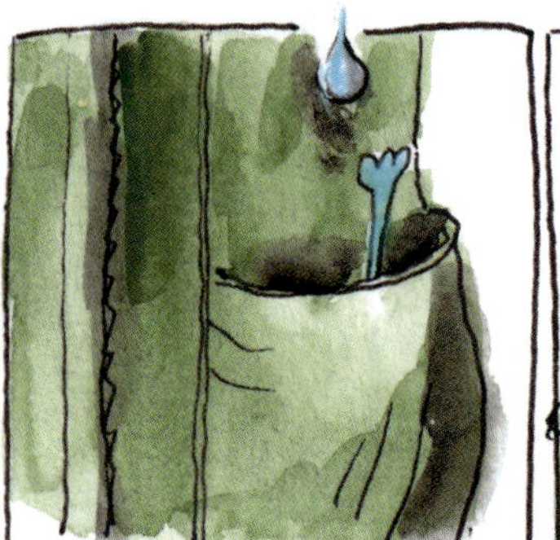
Wenn es nass wird, verschwindet Menno in der Seitentasche vom Rucksack.

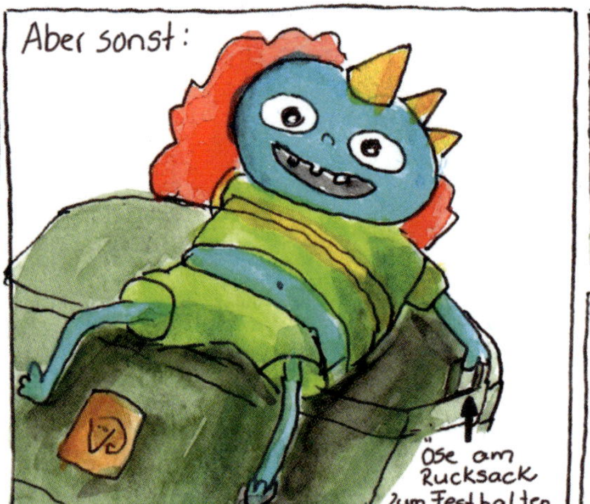
Aber sonst:
Öse am Rucksack zum Festhalten

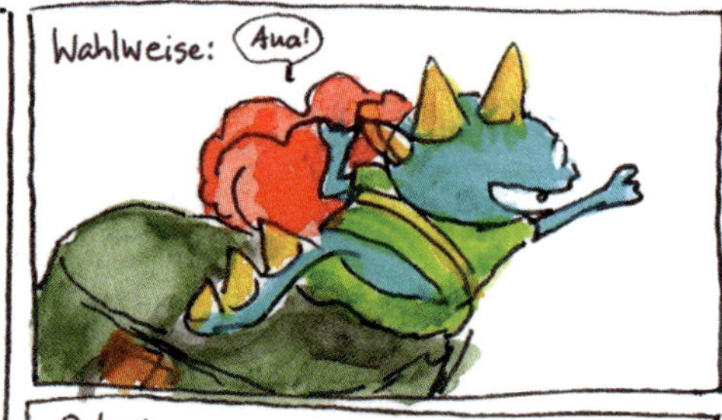
Wahlweise:
Aua!

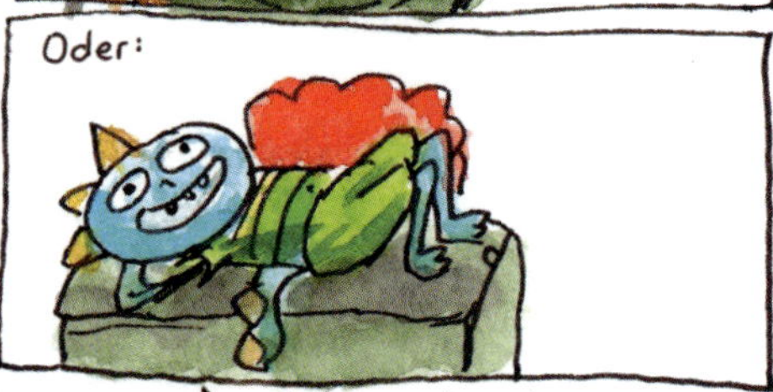
Oder:

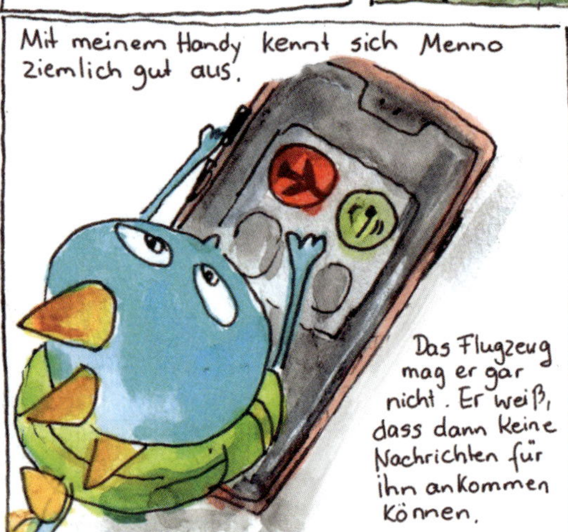
Mit meinem Handy kennt sich Menno ziemlich gut aus.
Das Flugzeug mag er gar nicht. Er weiß, dass dann keine Nachrichten für ihn ankommen können.

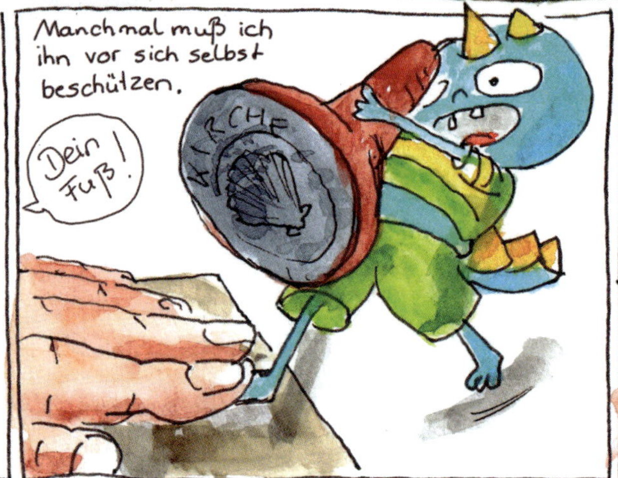
Manchmal muß ich ihn vor sich selbst beschützen.
Dein Fuß!
KIRCHE

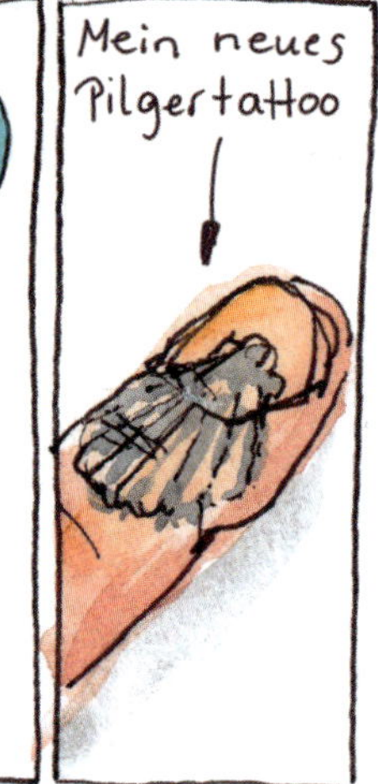
Mein neues Pilgertattoo

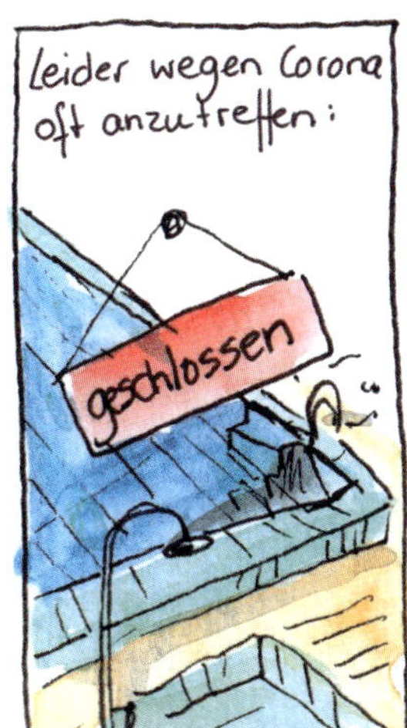
Leider wegen Corona oft anzutreffen:
geschlossen

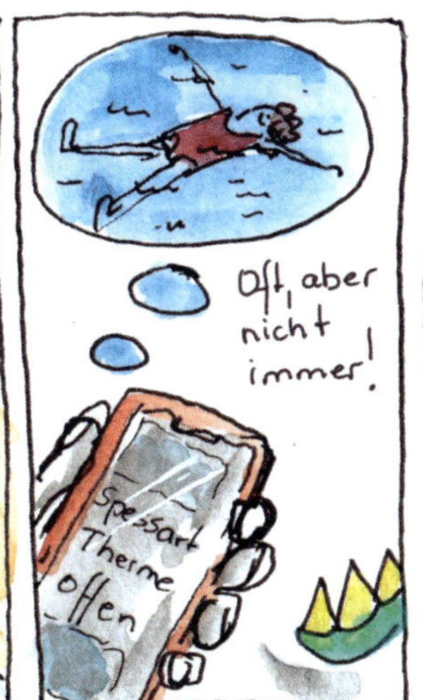
Oft, aber nicht immer!
Spessart Therme offen

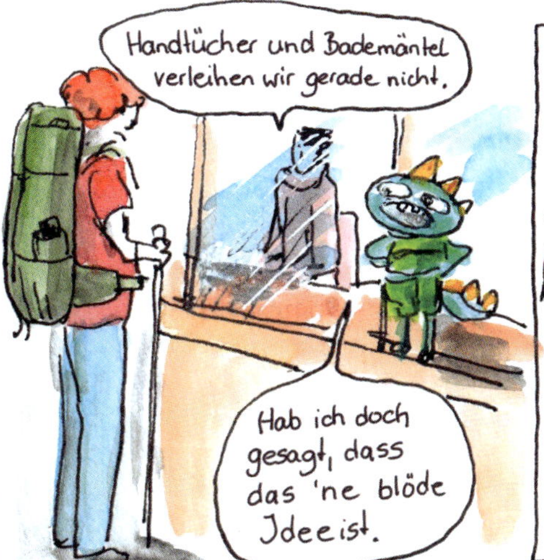
Handtücher und Bademäntel verleihen wir gerade nicht.
Hab ich doch gesagt, dass das 'ne blöde Idee ist.

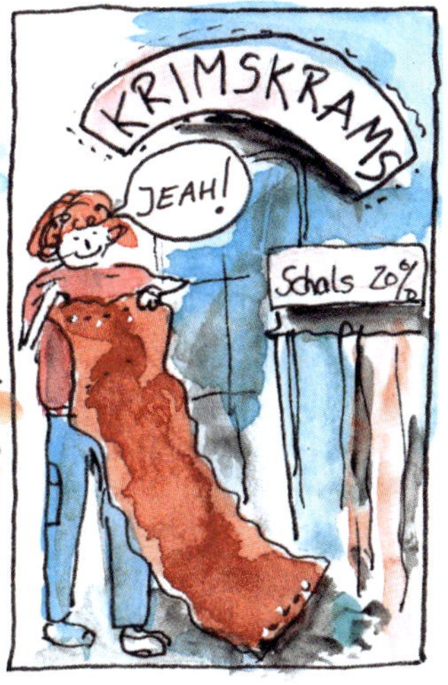
KRIMSKRAMS
JEAH!
Schals 20%

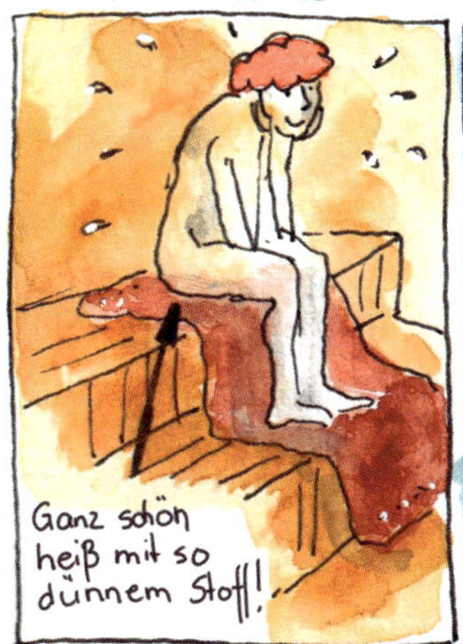
Ganz schön heiß mit so dünnem Stoff!

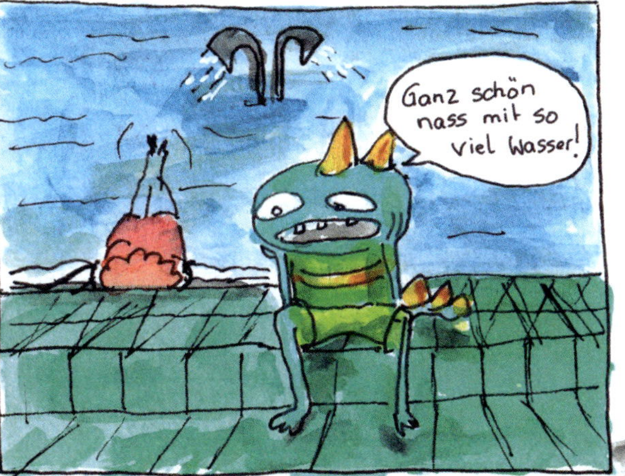
Ganz schön nass mit so viel Wasser!

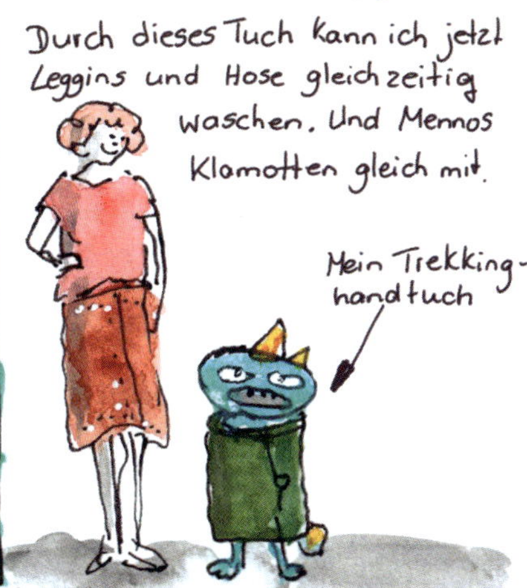
Durch dieses Tuch kann ich jetzt Leggins und Hose gleichzeitig waschen. Und Mennos Klamotten gleich mit.
Mein Trekking-handtuch

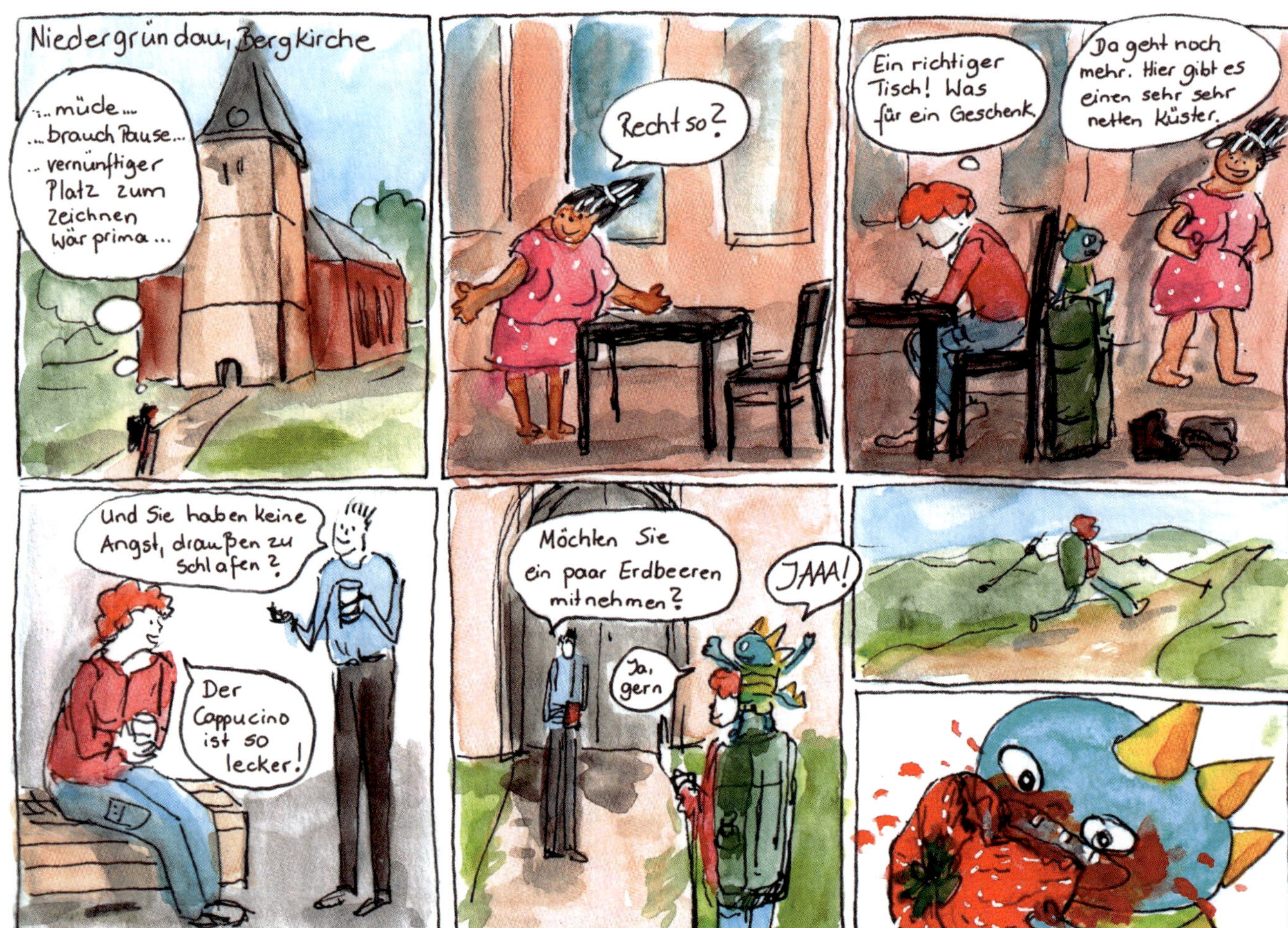

Niedergründau, Bergkirche
...müde...
...brauch Pause...
...vernünftiger Platz zum Zeichnen wär prima...
Recht so?
Ein richtiger Tisch! Was für ein Geschenk.
Da geht noch mehr. Hier gibt es einen sehr sehr netten Küster.
Und Sie haben keine Angst, draußen zu schlafen?
Der Cappucino ist so lecker!
Möchten Sie ein paar Erdbeeren mitnehmen?
JAAA!
Ja, gern

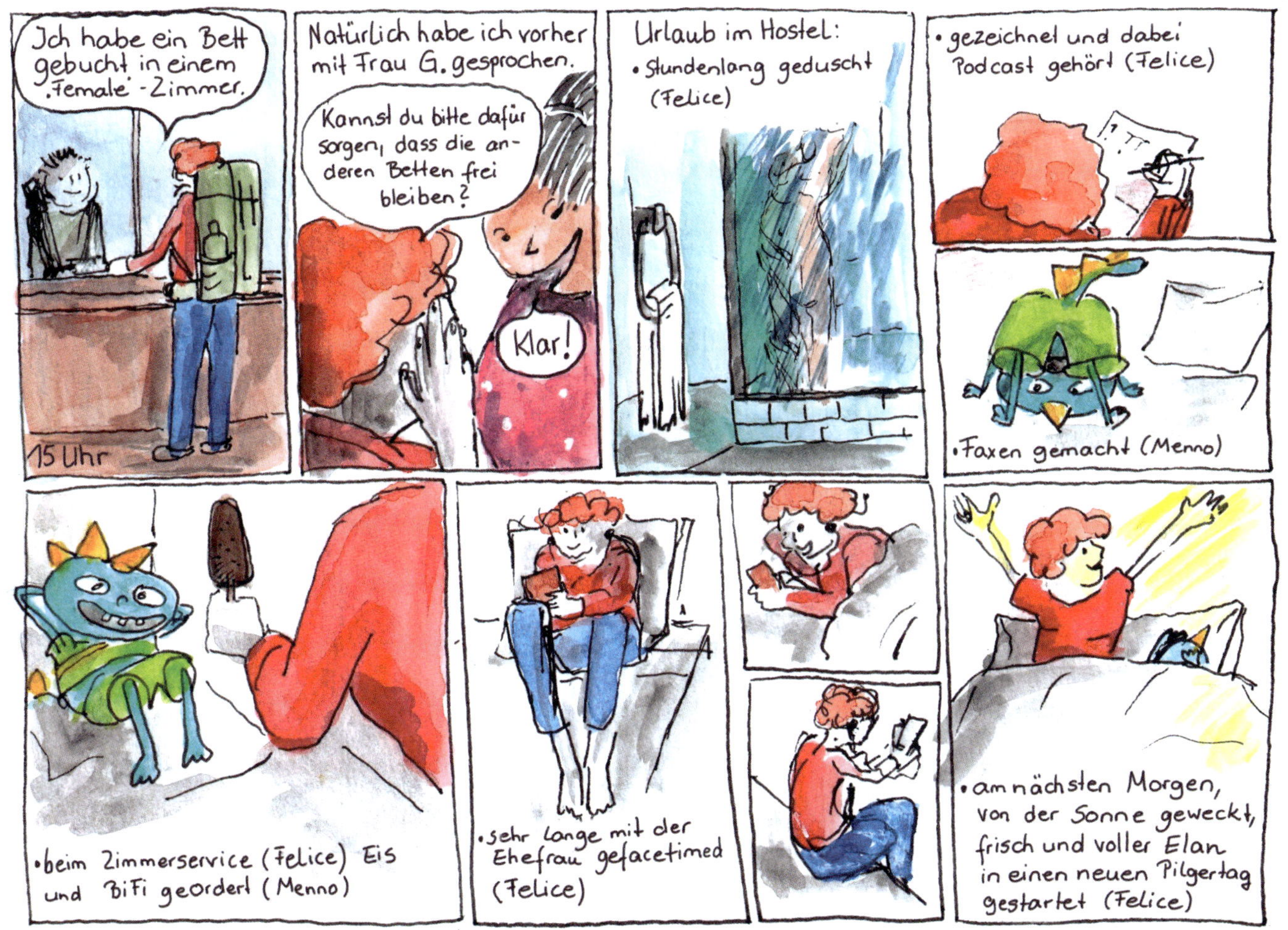

Ich habe ein Bett gebucht in einem „Female"-Zimmer.
15 Uhr
Natürlich habe ich vorher mit Frau G. gesprochen.
Kannst du bitte dafür sorgen, dass die anderen Betten frei bleiben?
Klar!
Urlaub im Hostel:
• stundenlang geduscht (Felice)
• gezeichnet und dabei Podcast gehört (Felice)
• Faxen gemacht (Menno)
• beim Zimmerservice (Felice) Eis und BiFi geordert (Menno)
• sehr lange mit der Ehefrau gefacetimed (Felice)
• am nächsten Morgen, von der Sonne geweckt, frisch und voller Elan in einen neuen Pilgertag gestartet (Felice)

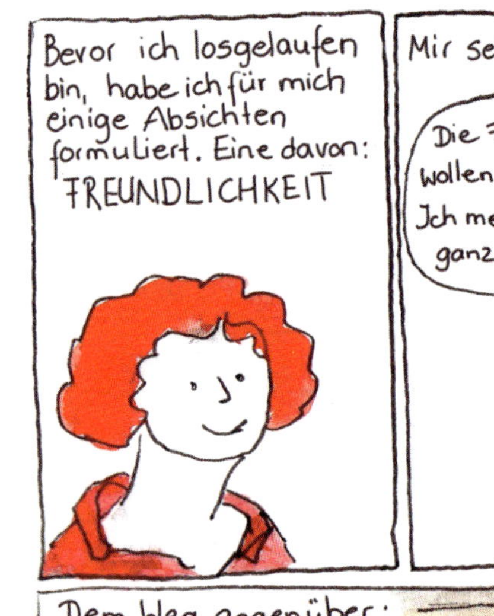
Bevor ich losgelaufen bin, habe ich für mich einige Absichten formuliert. Eine davon:
FREUNDLICHKEIT

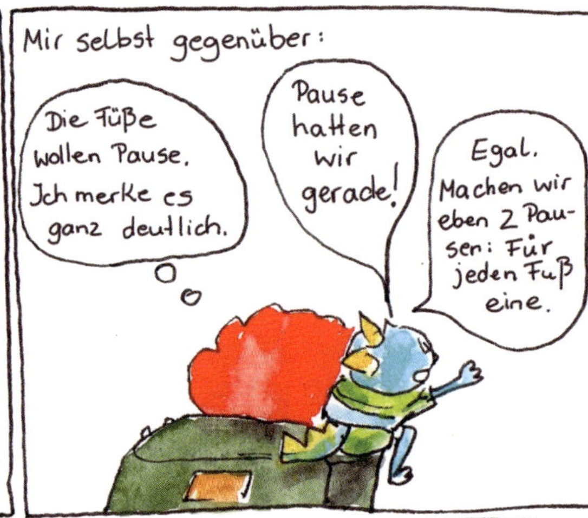
Mir selbst gegenüber:
Die Füße wollen Pause. Ich merke es ganz deutlich.
Pause hatten wir gerade!
Egal. Machen wir eben 2 Pausen: Für jeden Fuß eine.

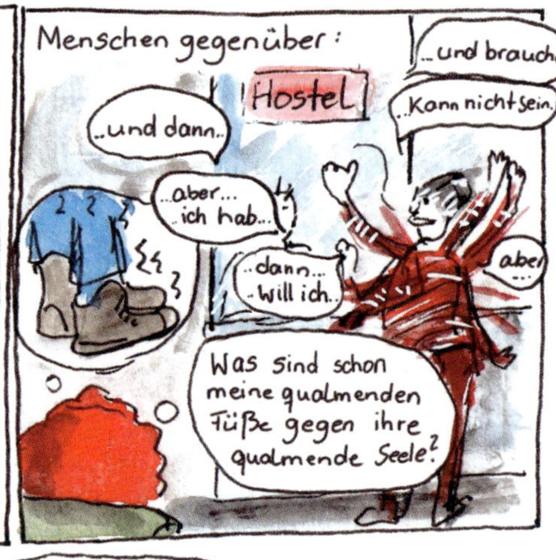
Menschen gegenüber:
..und brauche
..Kann nicht sein.
Hostel
..und dann..
..aber... ..ich hab...
..dann... ..will ich..
aber ...
Was sind schon meine qualmenden Füße gegen ihre qualmende Seele?

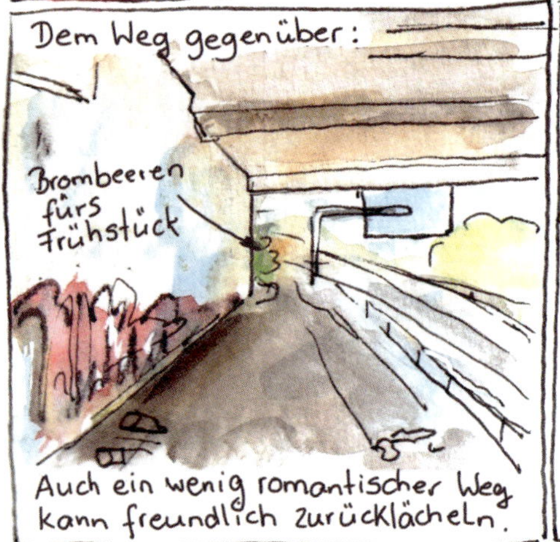
Dem Weg gegenüber:
Brombeeren fürs Frühstück
Auch ein wenig romantischer Weg kann freundlich zurücklächeln.

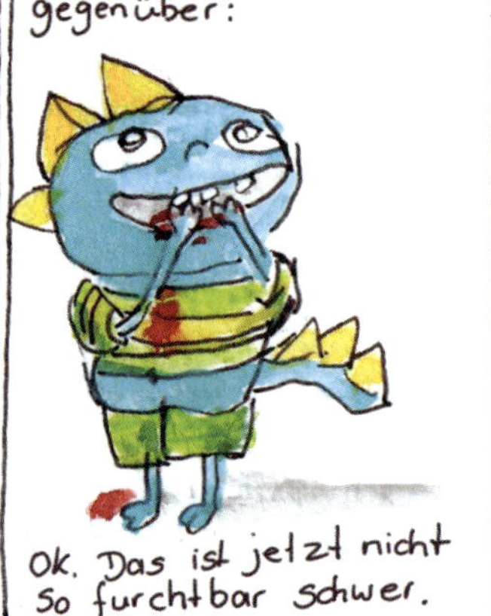
Einem Erdbeerenklauer gegenüber:
Ok. Das ist jetzt nicht so furchtbar schwer.

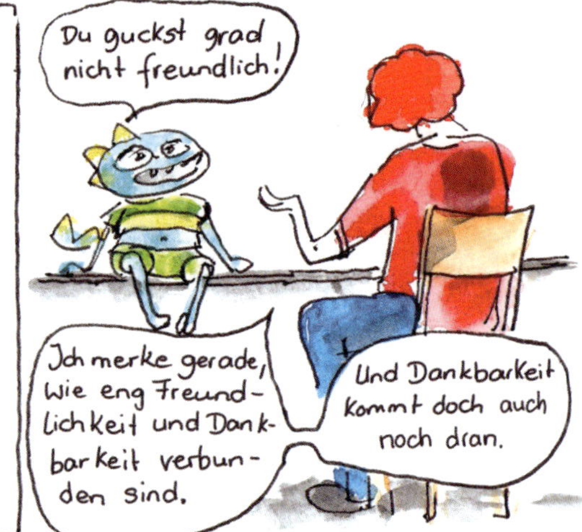
Du guckst grad nicht freundlich!
Ich merke gerade, wie eng Freundlichkeit und Dankbarkeit verbunden sind.
Und Dankbarkeit kommt doch auch noch dran.

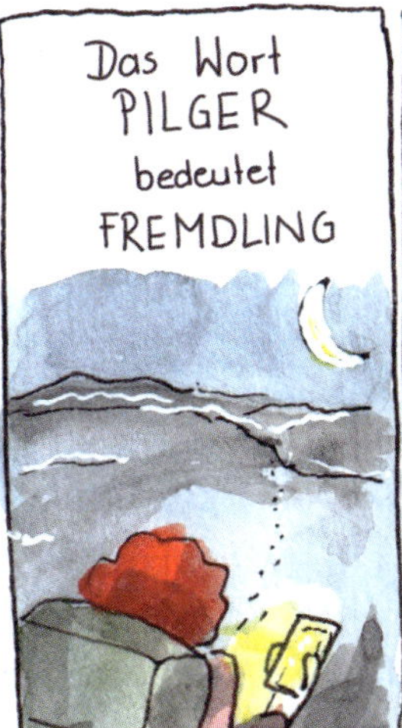

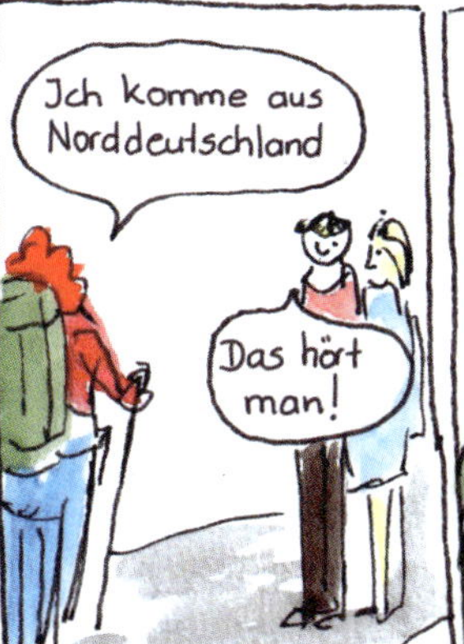

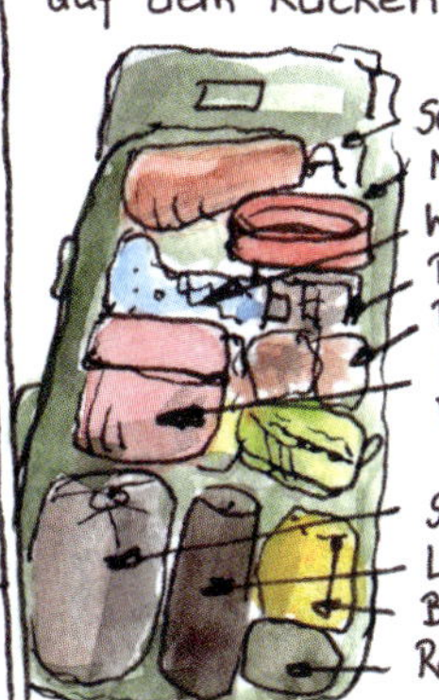

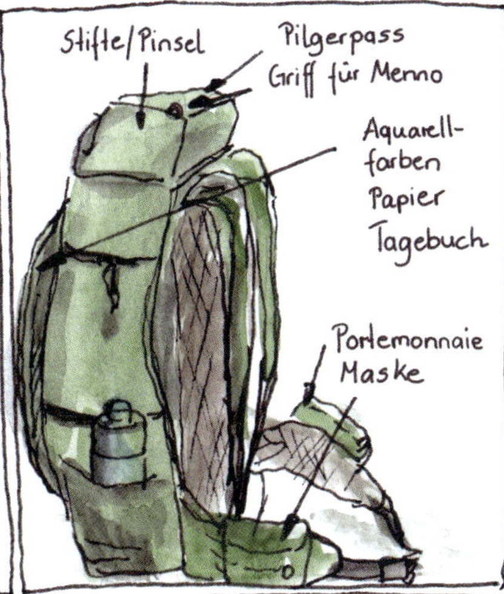

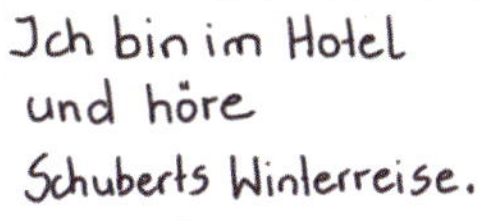

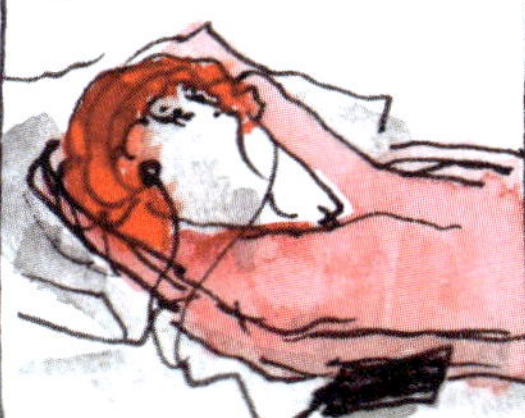

Fremd bin ich ausge-zogen – fremd zieh ich wieder ein.

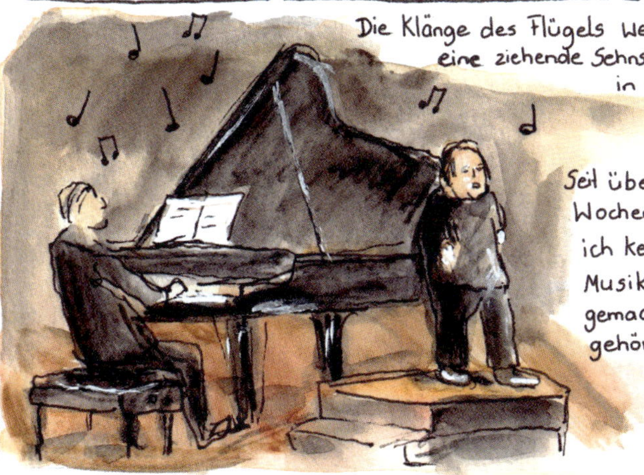

Und Antje tickert mir auf Instagram:

(*) !

(*) damit du mögest sehen:
An dich hab' ich gedacht.

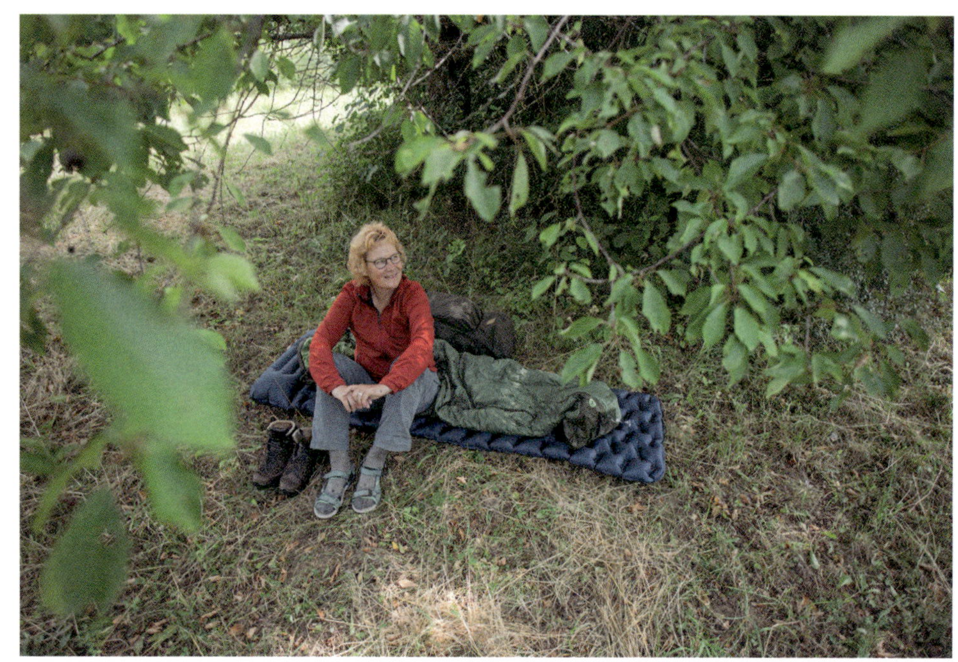

Pause

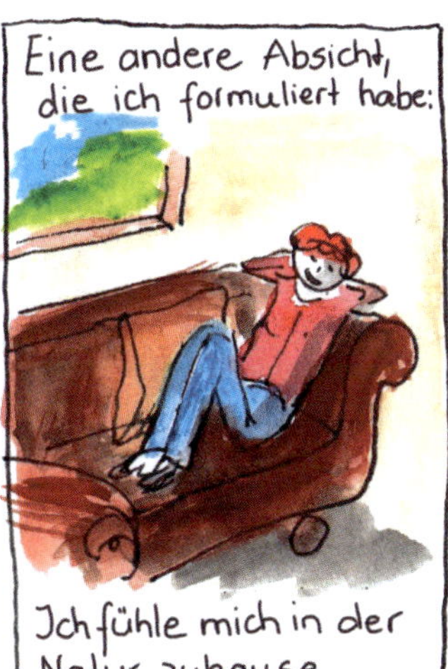
Eine andere Absicht, die ich formuliert habe:
Ich fühle mich in der Natur zuhause.

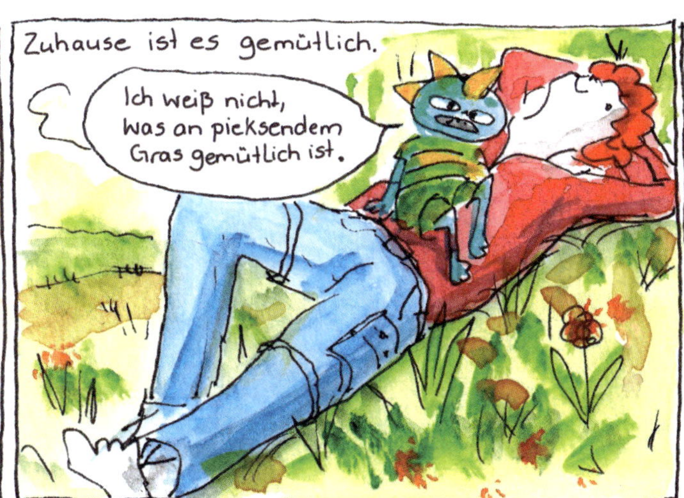
Zuhause ist es gemütlich.
Ich weiß nicht, was an pieksendem Gras gemütlich ist.

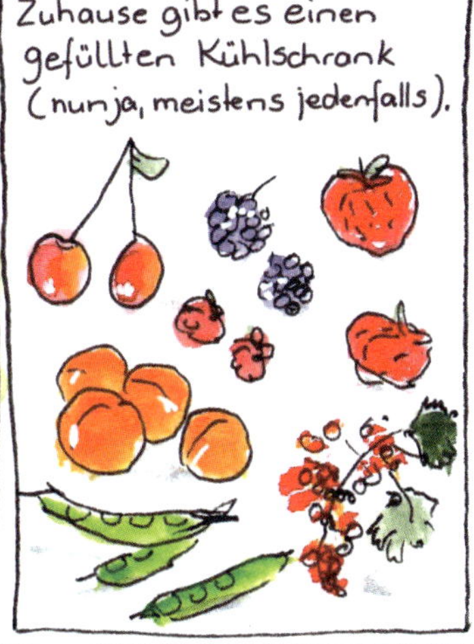
Zuhause gibt es einen gefüllten Kühlschrank (nun ja, meistens jedenfalls).

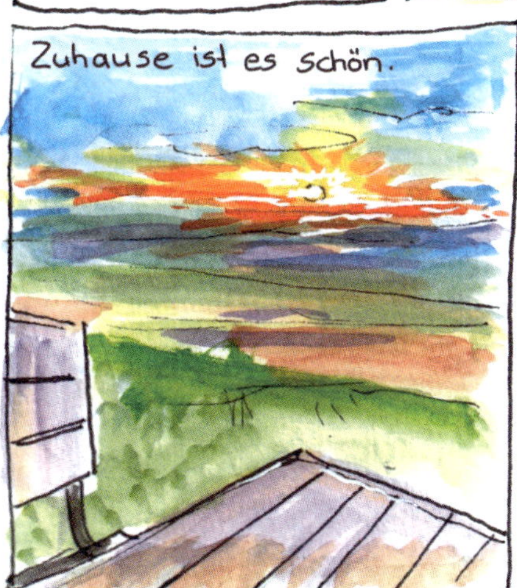
Zuhause ist es schön.

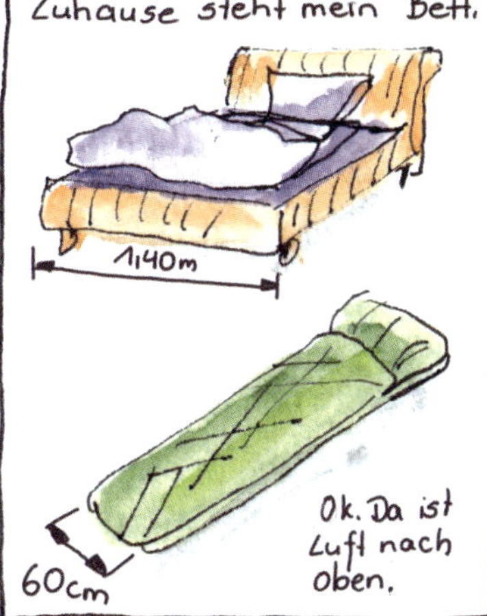
Zuhause steht mein Bett.
1,40m
60cm
Ok. Da ist Luft nach oben.

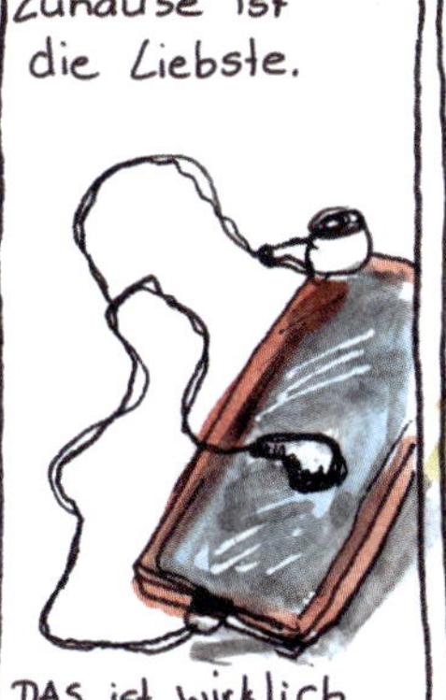
Zuhause ist die Liebste.

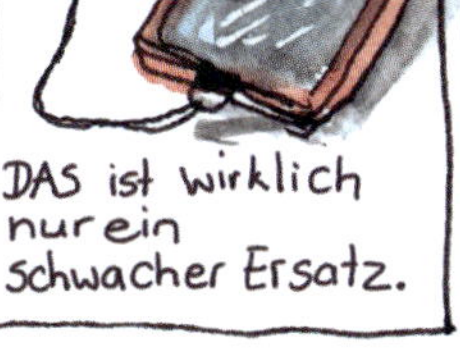
DAS ist wirklich nur ein schwacher Ersatz.

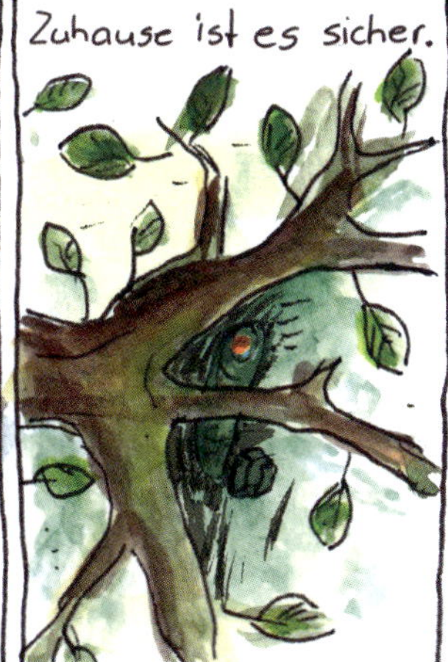
Zuhause ist es sicher.

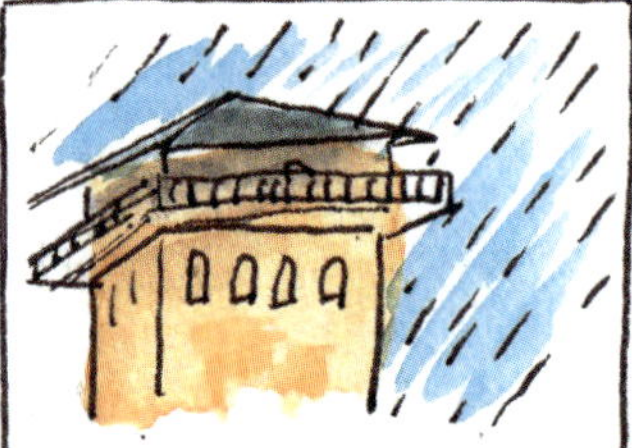

Der Einfluss des alten Roms auf heutige Pilgerinnen wird in den aktuellen Papers bei weitem nicht die Aufmerksamkeit gewidmet, die er verdient. Finde ich.

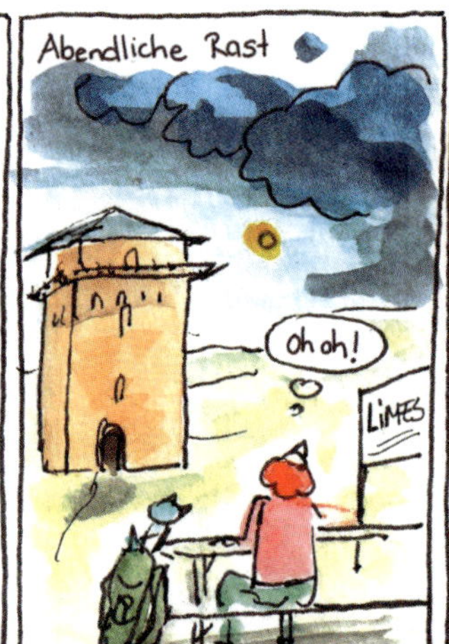

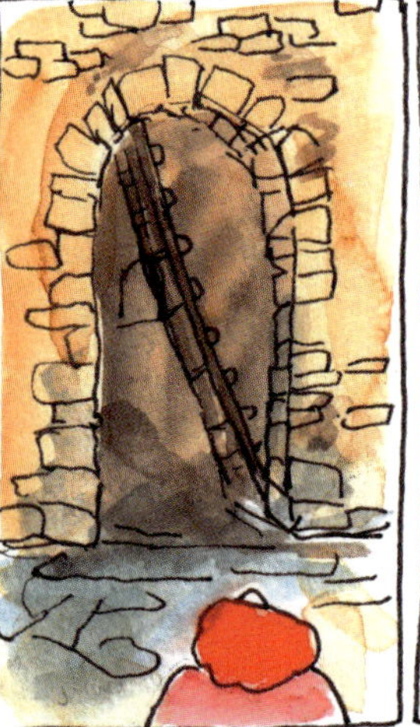

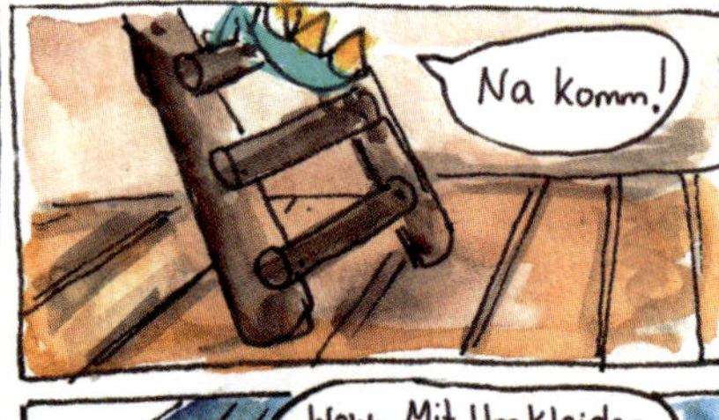

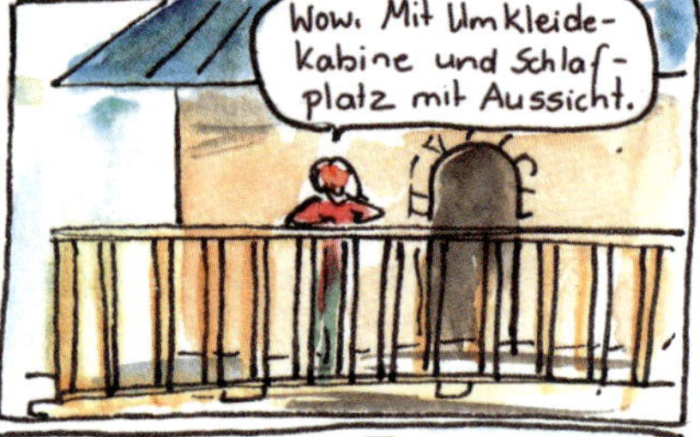

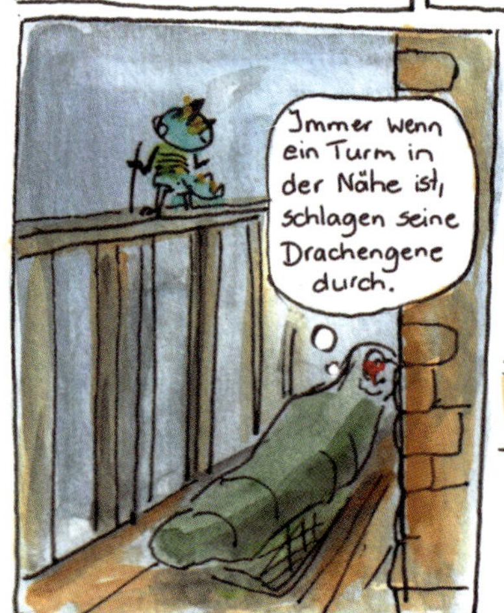

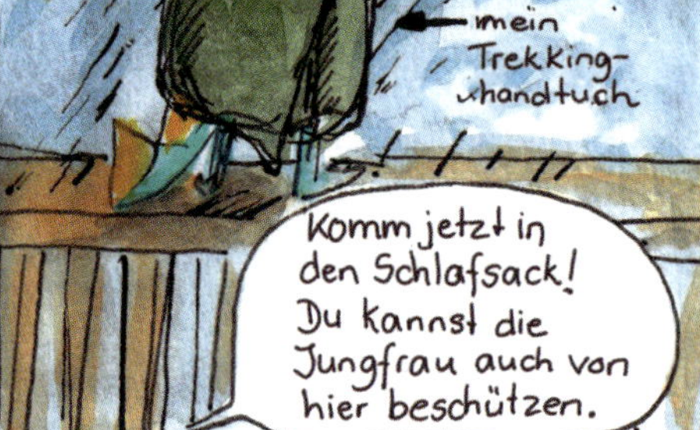

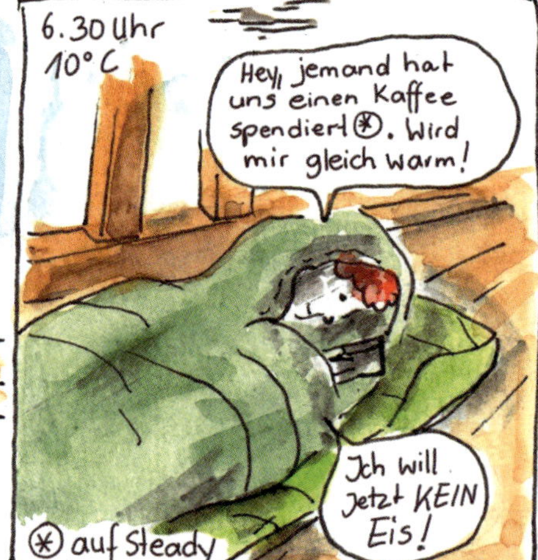

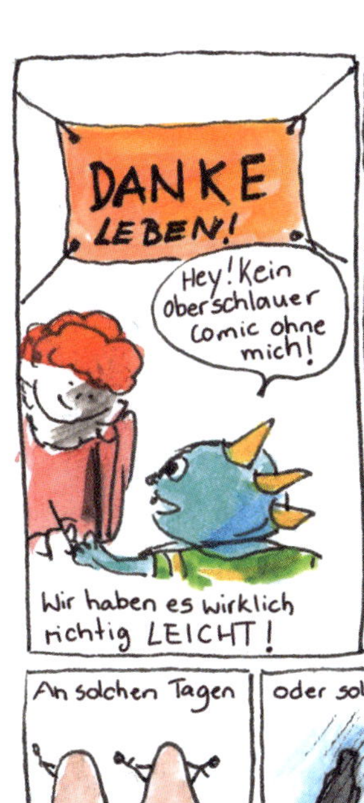

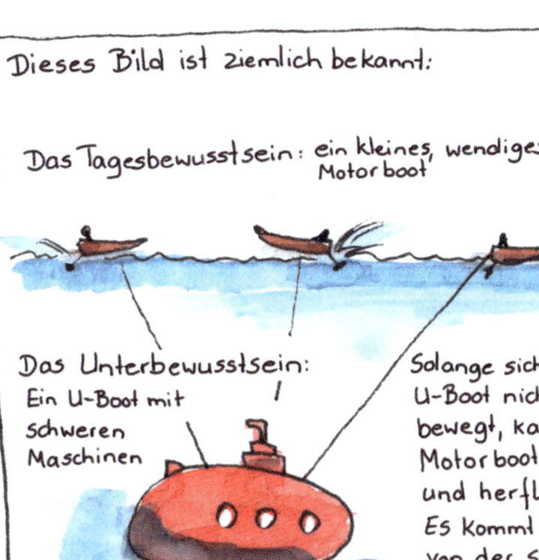

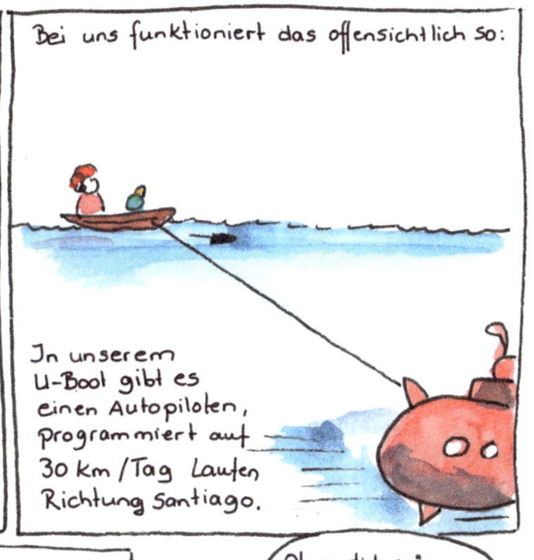

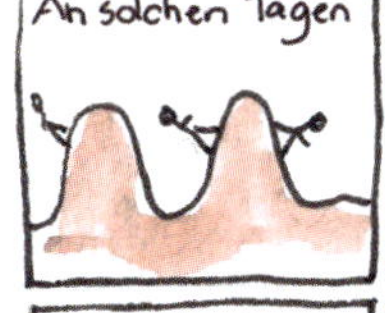

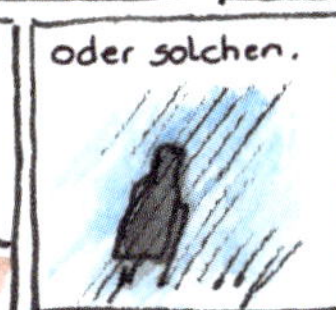

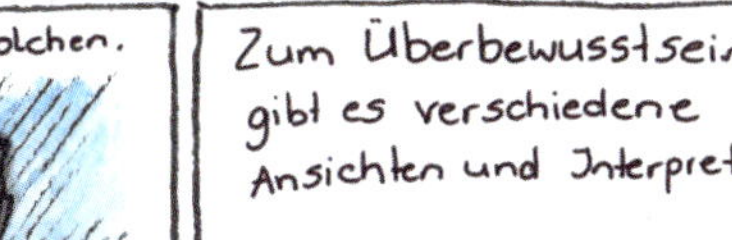

Zum Überbewusstsein gibt es verschiedene Ansichten und Interpretationen.

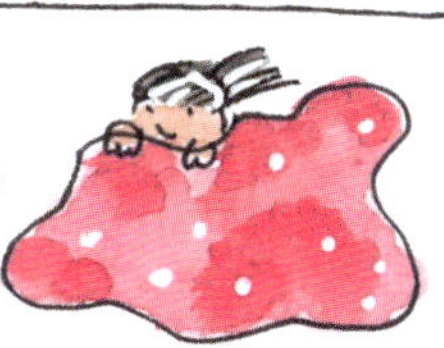

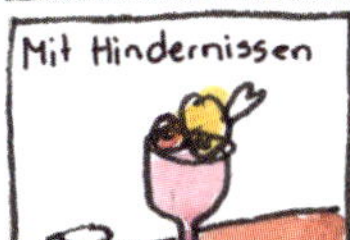

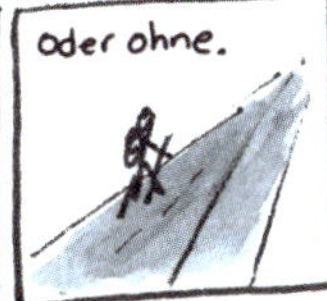

Ich muss einfach nur lauschen.

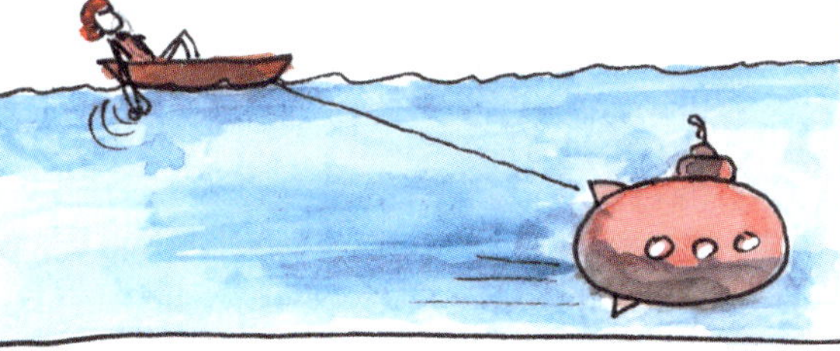

Zuverlässig sorgt das U-Boot für durchschnittlich 30 Tageskilometer. Heute nur 23 km wegen des Regens? Macht nix, dafür waren es gestern 37 km. Es kann gut rechnen, unser U-Boot!

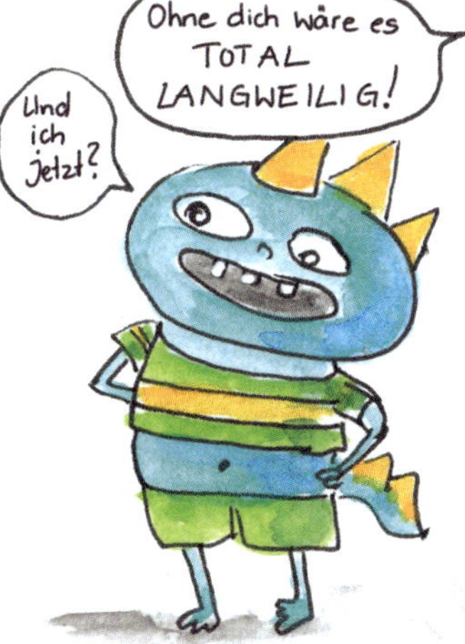

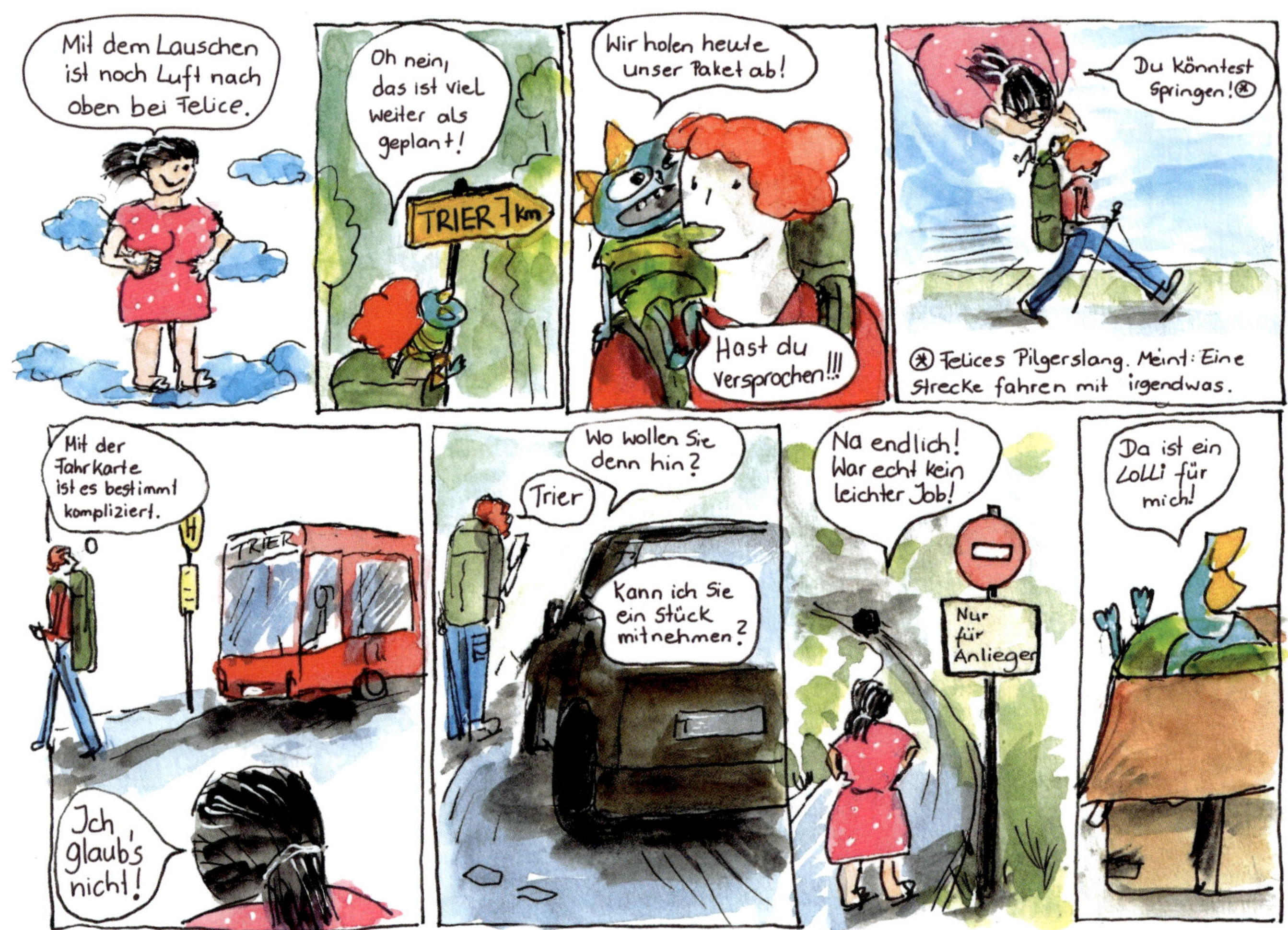
Mit dem Lauschen ist noch Luft nach oben bei Felice.
Oh nein, das ist viel weiter als geplant!
TRIER 7 km
Wir holen heute unser Paket ab!
Hast du versprochen!!!
Du könntest Springen!*
* Felices Pilgerslang. Meint: Eine Strecke fahren mit irgendwas.
Mit der Fahrkarte ist es bestimmt kompliziert.
TRIER
Ich glaub's nicht!
Wo wollen Sie denn hin?
Trier
Kann ich Sie ein Stück mitnehmen?
Na endlich! War echt kein leichter Job!
Nur für Anlieger
Da ist ein Lolli für mich!

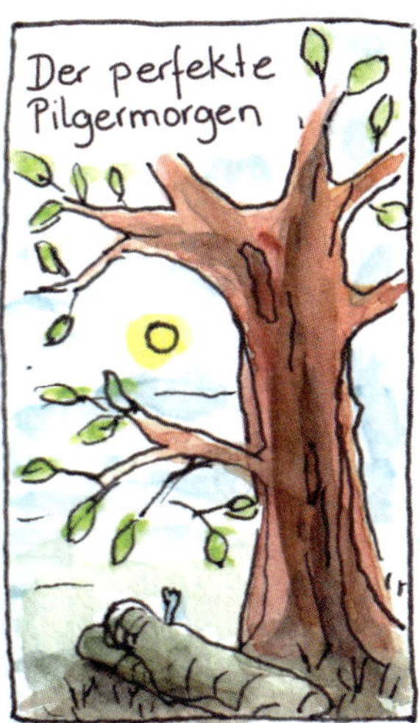
Der perfekte Pilgermorgen

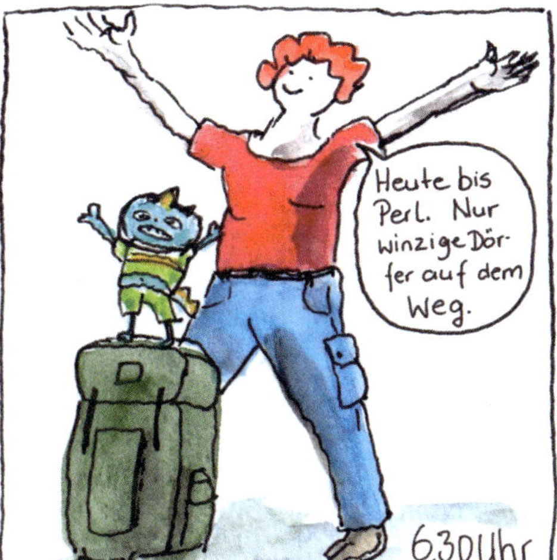
Heute bis Perl. Nur winzige Dörfer auf dem Weg.
6.30 Uhr

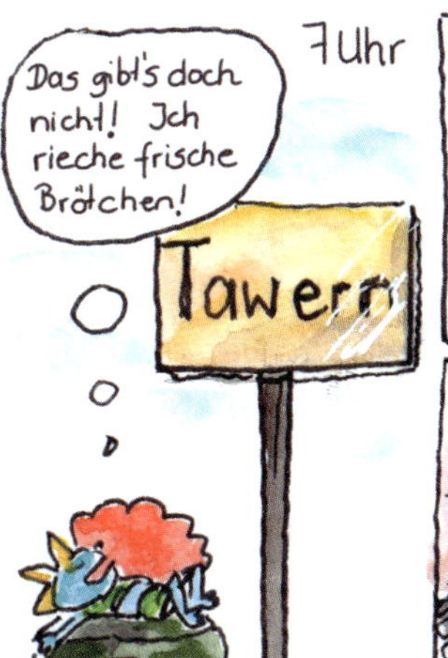
7 Uhr
Das gibt's doch nicht! Jch rieche frische Brötchen!
Tawern

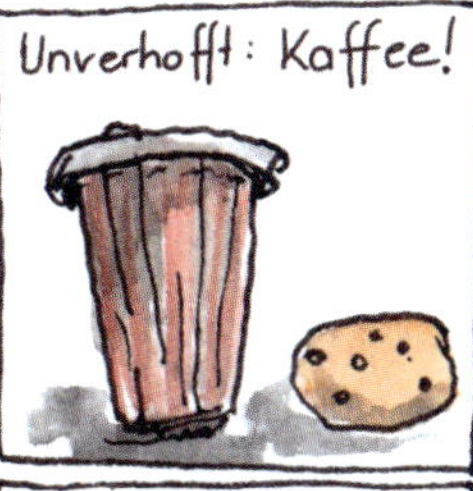
Unverhofft: Kaffee!

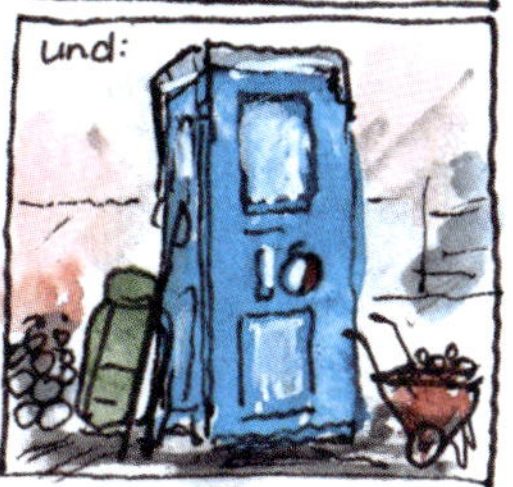
und:

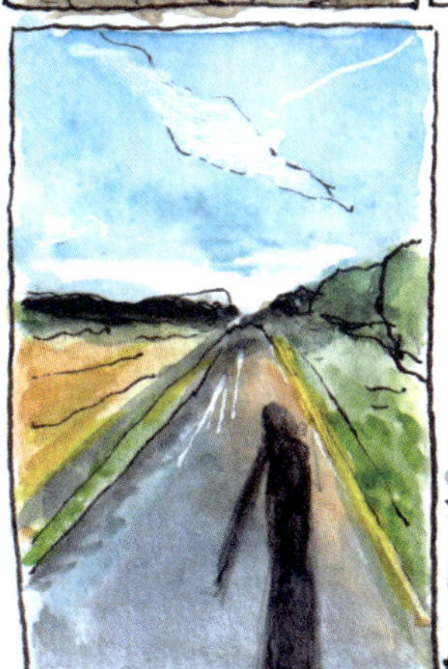

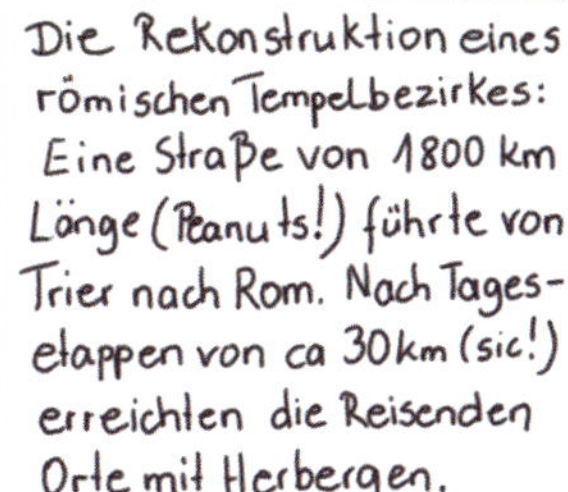
Die Rekonstruktion eines römischen Tempelbezirkes: Eine Straße von 1800 km Länge (Peanuts!) führte von Trier nach Rom. Nach Tagesetappen von ca 30 km (sic!) erreichten die Reisenden Orte mit Herbergen.

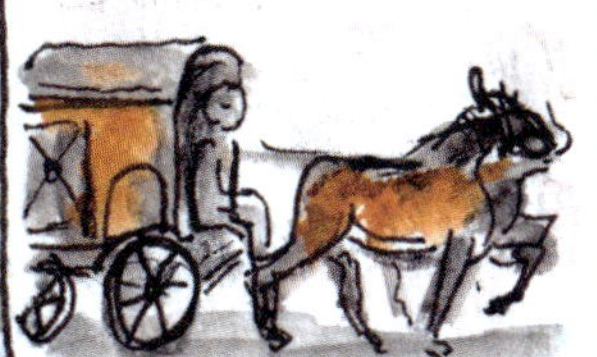

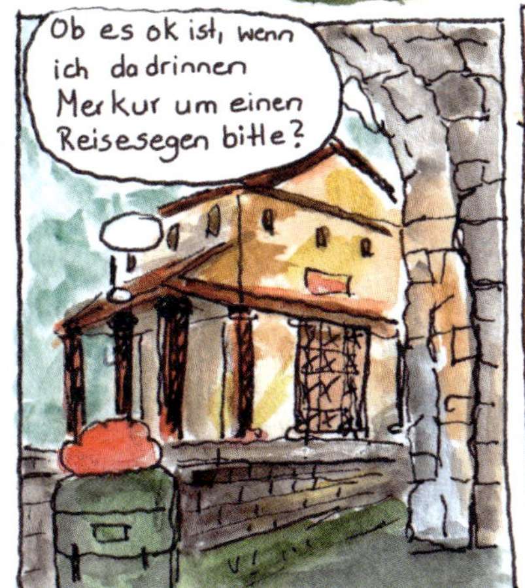
Ob es ok ist, wenn ich da drinnen Merkur um einen Reisesegen bitte?

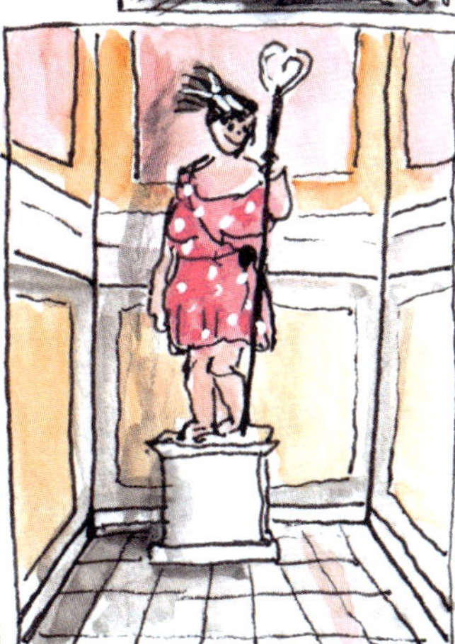

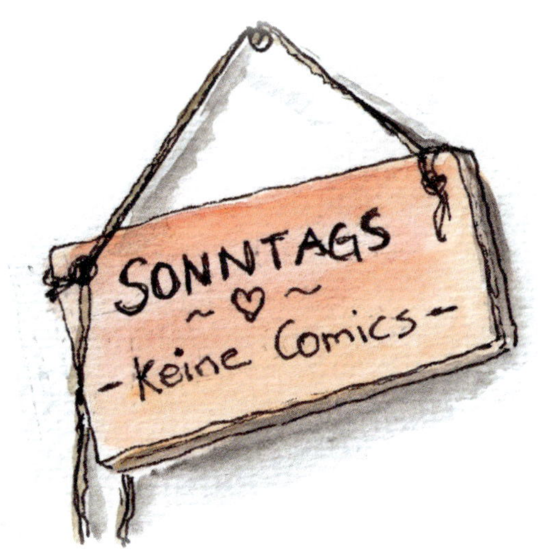
SONNTAGS
~ ♡ ~
- Keine Comics -

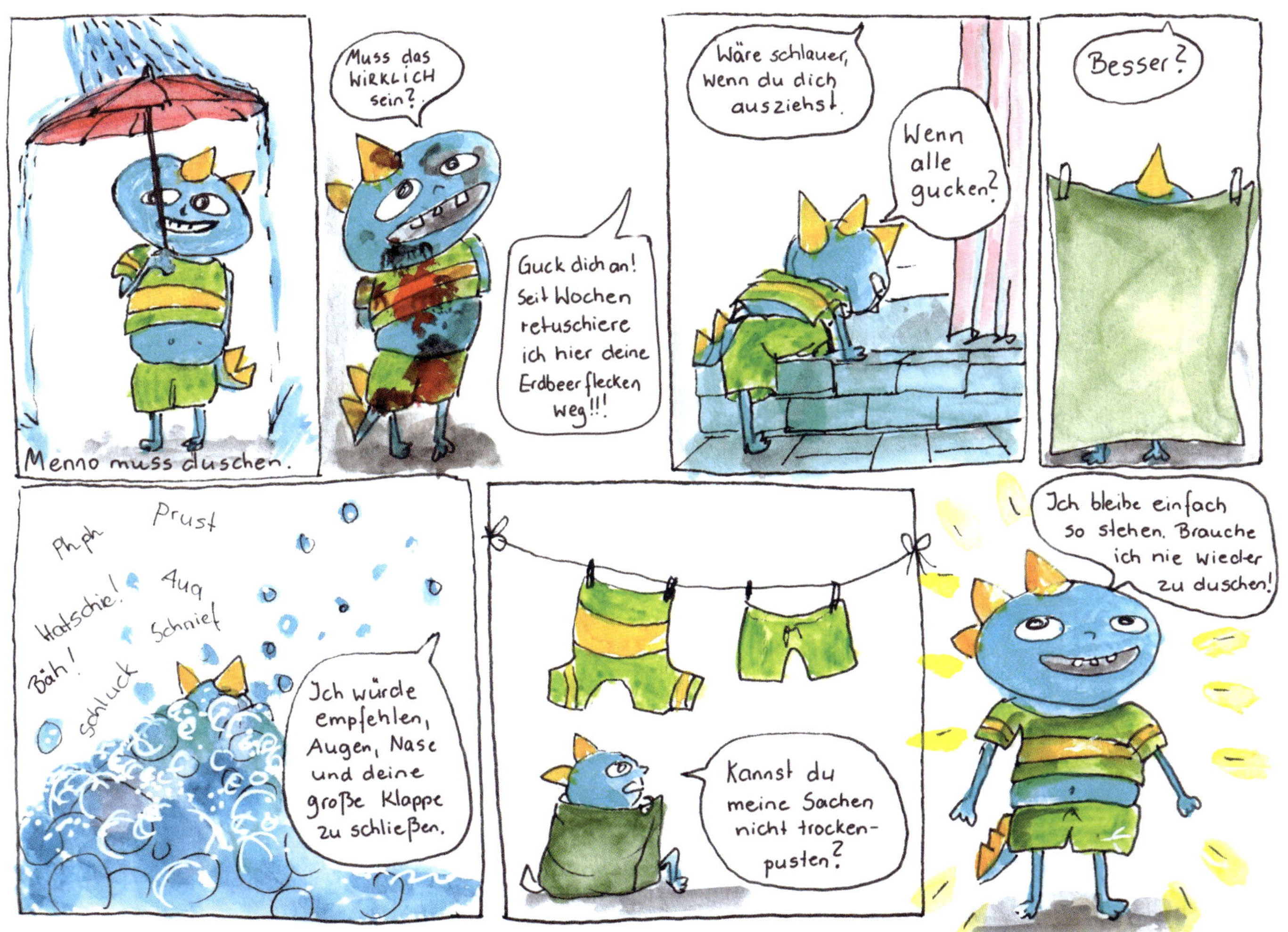

Menno muss duschen.
Muss das WIRKLICH sein?
Guck dich an! Seit Wochen retuschiere ich hier deine Erdbeerflecken weg!!!
Wäre schlauer, wenn du dich ausziehst.
Wenn alle gucken?
Besser?
Ph.ph
Prust
Hatschie!
Aua
Bäh!
Schnief
schluck
Ich würde empfehlen, Augen, Nase und deine große Klappe zu schließen.
Kannst du meine Sachen nicht trockenpusten?
Ich bleibe einfach so stehen. Brauche ich nie wieder zu duschen!

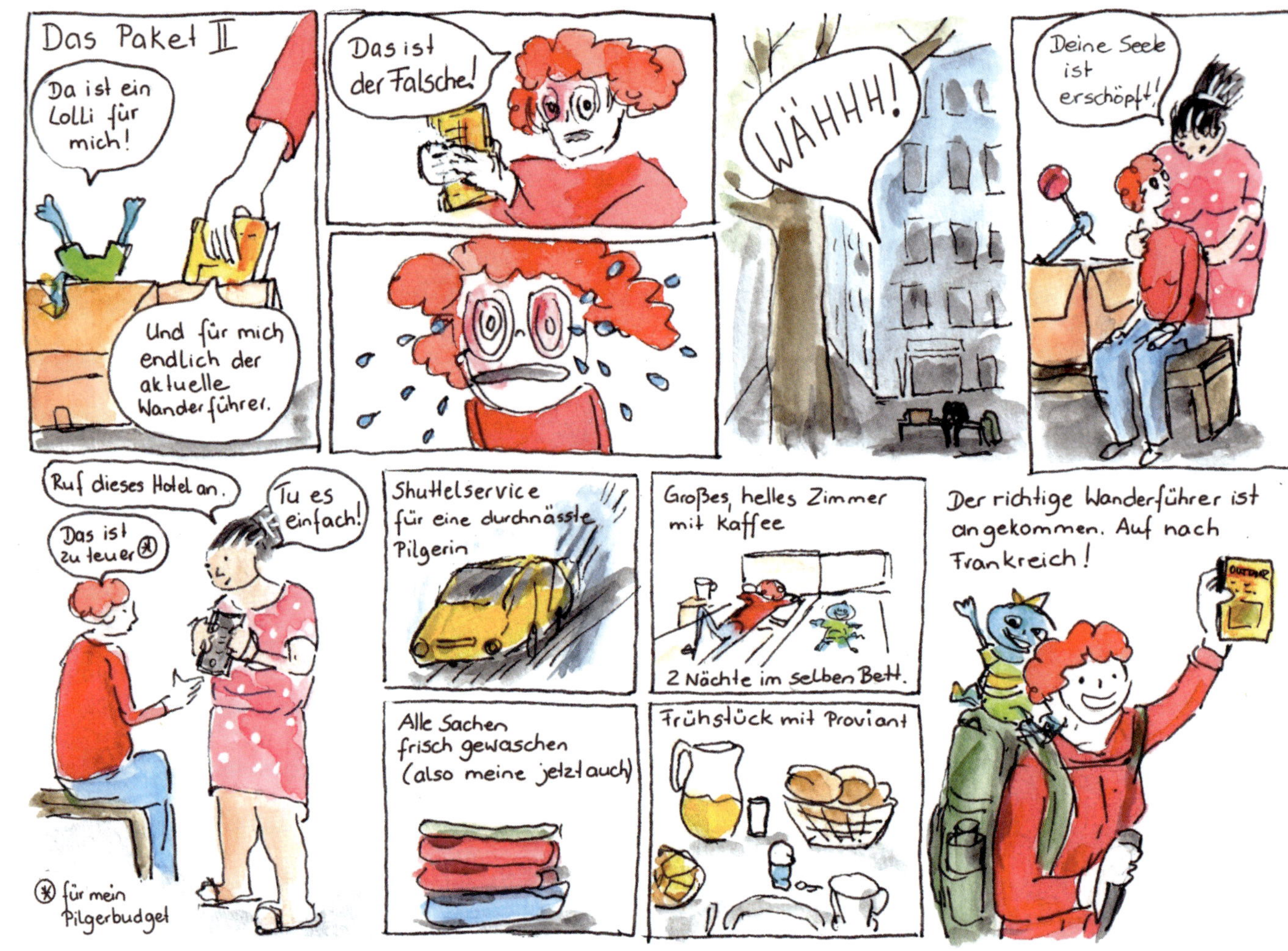

Das Paket II
Da ist ein Lolli für mich!
Und für mich endlich der aktuelle Wanderführer.
Das ist der Falsche!
WÄHHH!
Deine Seele ist erschöpft!
Ruf dieses Hotel an.
Das ist zu teuer ✻
Tu es einfach!
✻ für mein Pilgerbudget
Shuttelservice für eine durchnässte Pilgerin
Großes, helles Zimmer mit Kaffee
2 Nächte im selben Bett.
Alle Sachen frisch gewaschen (also meine jetzt auch)
Frühstück mit Proviant
Der richtige Wanderführer ist angekommen. Auf nach Frankreich!

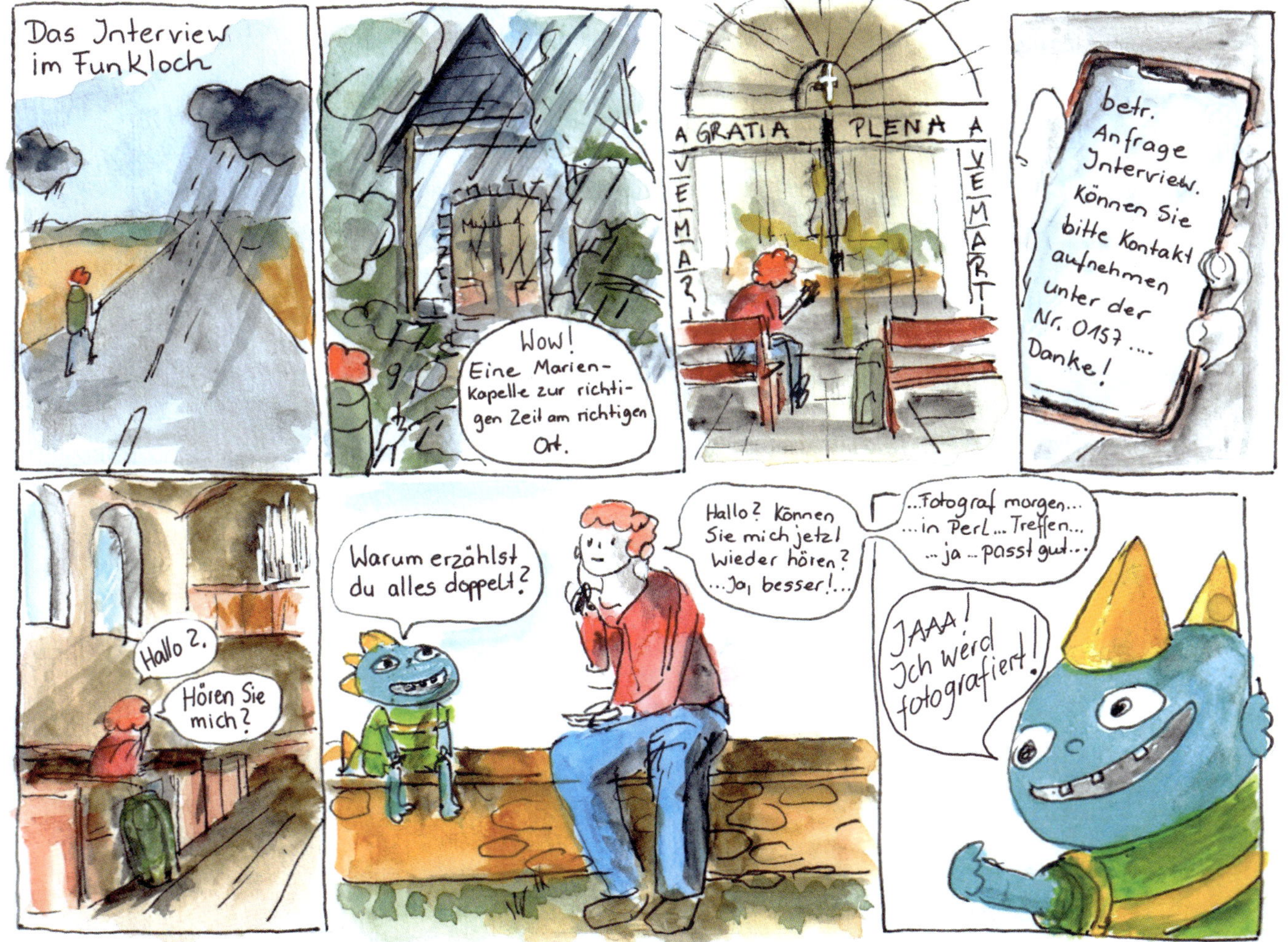
Das Interview im Funkloch
Wow! Eine Marien-kapelle zur richti-gen Zeit am richtigen Ort.
A GRATIA PLENA A
VE MARIA
VE MARIA
betr. Anfrage Interview. Können Sie bitte Kontakt aufnehmen unter der Nr. 0157 .... Danke!
Hallo?.
Hören Sie mich?
Warum erzählst du alles doppelt?
Hallo? Können Sie mich jetzt wieder hören? ...Ja, besser!...
...Fotograf morgen... ...in Perl... Treffen... ...ja... passt gut...
JAAA! Ich werd fotografiert!

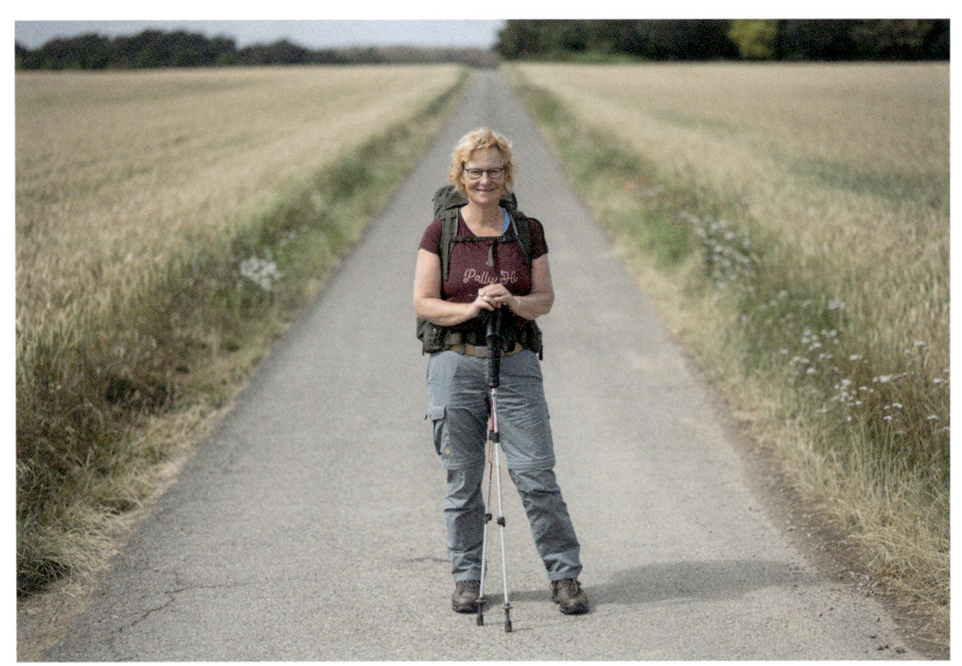

Endlose Weite

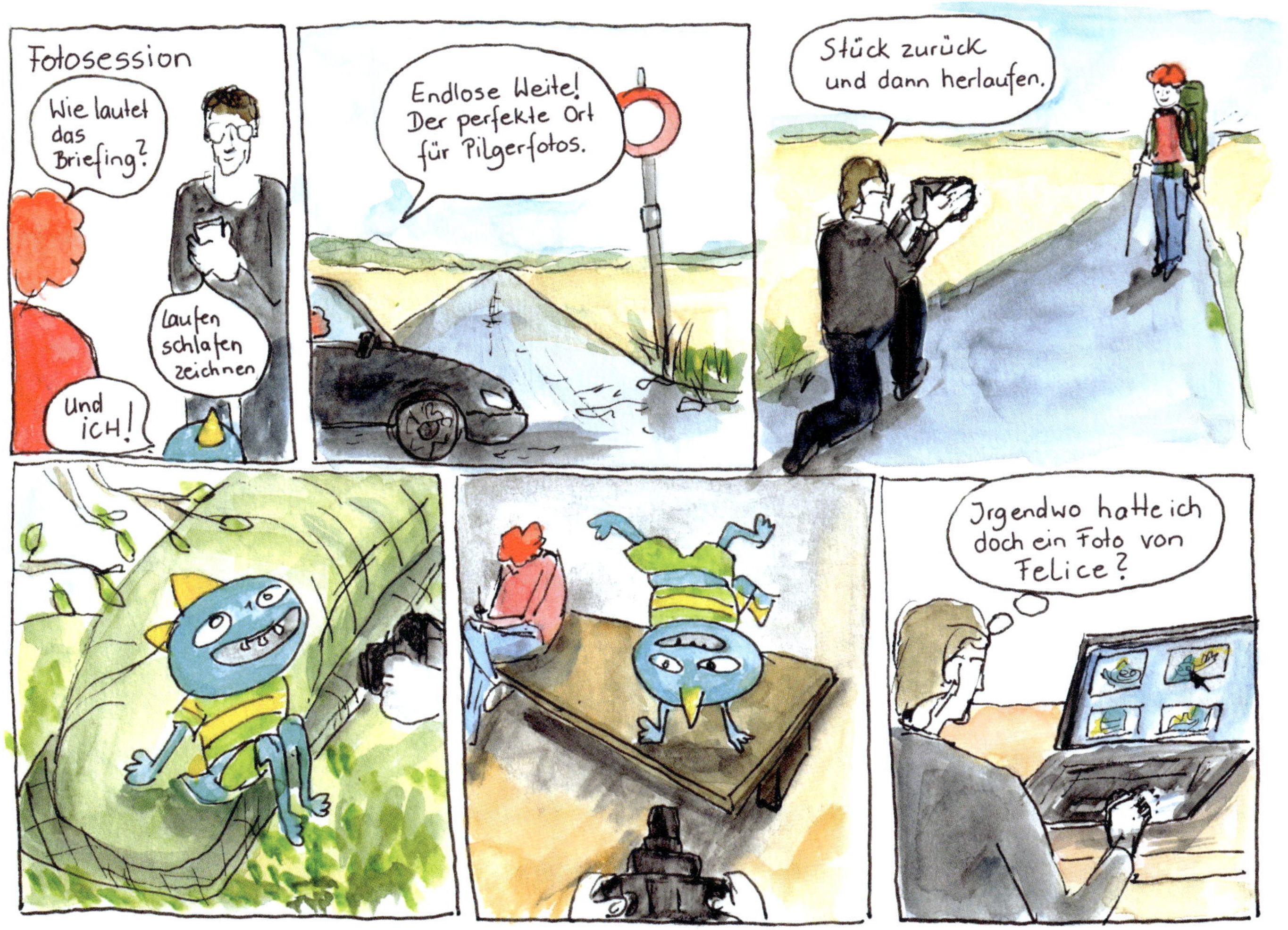
Fotosession
Wie lautet das Briefing?
Laufen schlafen zeichnen
Und ICH!
Endlose Weite! Der perfekte Ort für Pilgerfotos.
Stück zurück und dann herlaufen.
Irgendwo hatte ich doch ein Foto von Felice?

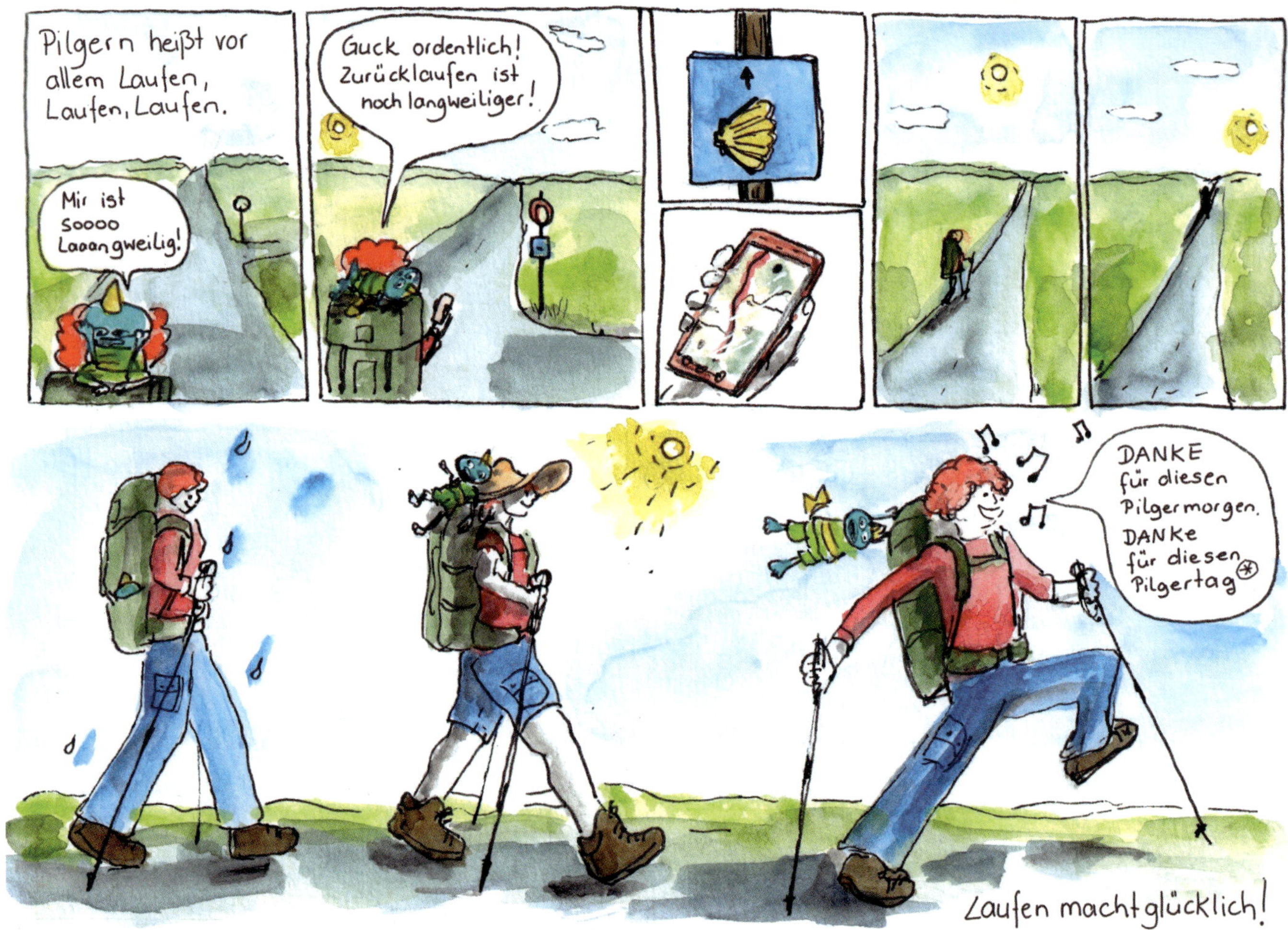
Pilgern heißt vor allem Laufen, Laufen, Laufen.
Mir ist soooo Laaangweilig!
Guck ordentlich! Zurücklaufen ist noch langweiliger!
DANKE für diesen Pilgermorgen. DANKE für diesen Pilgertag*
Laufen macht glücklich!

*EG 334

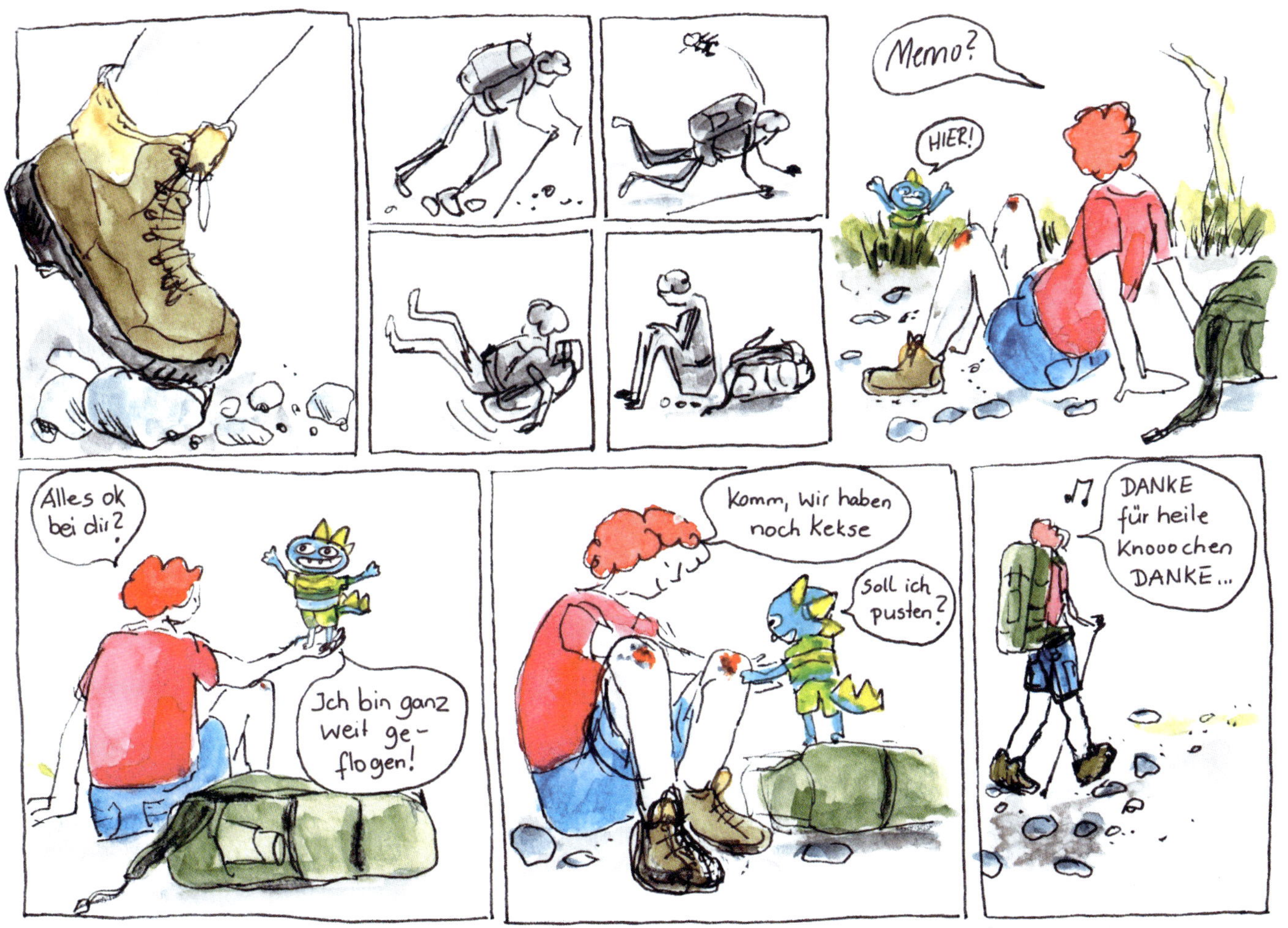
Menno?
HIER!
Alles ok bei dir?
Jch bin ganz weit ge- flogen!
Komm, wir haben noch Kekse
Soll ich pusten?
DANKE für heile Knooochen DANKE...

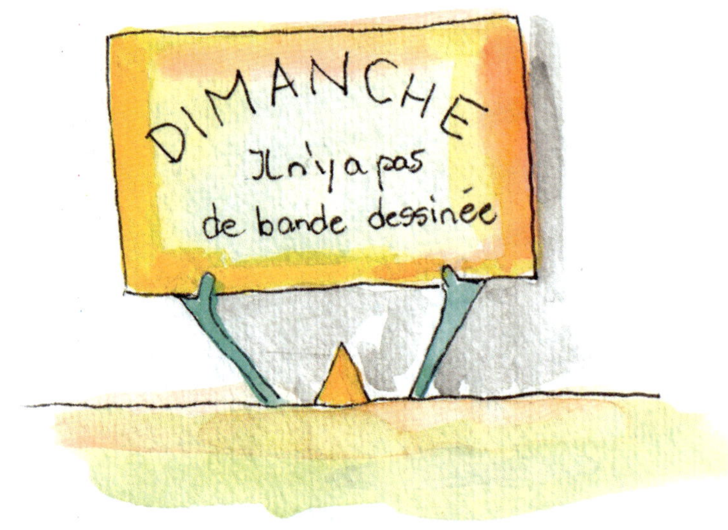

Sonntags gibt es keine Comics.

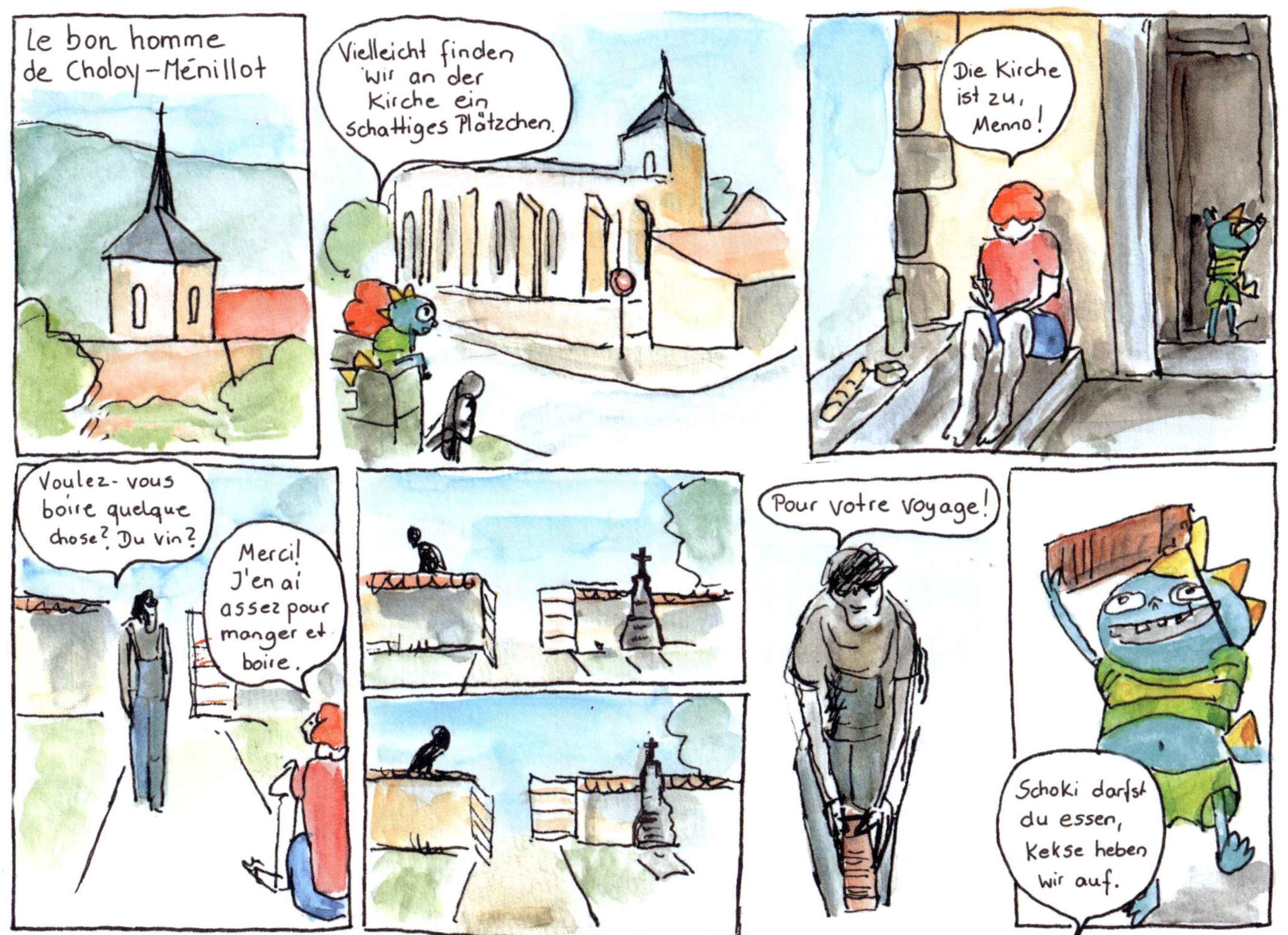

Der gute Mensch von Choloy-Ménillot | Möchten Sie etwas zu trinken, Wein vielleicht? | Danke, ich habe genug zu essen und zu trinken. | Für Ihre Reise.

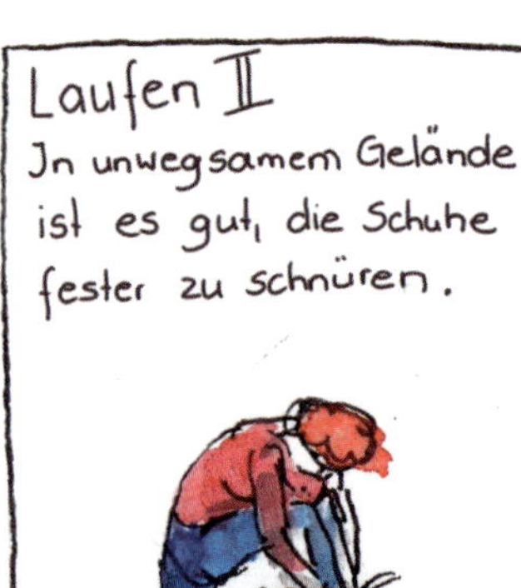
Laufen II
Jn unwegsamem Gelände ist es gut, die Schuhe fester zu schnüren.

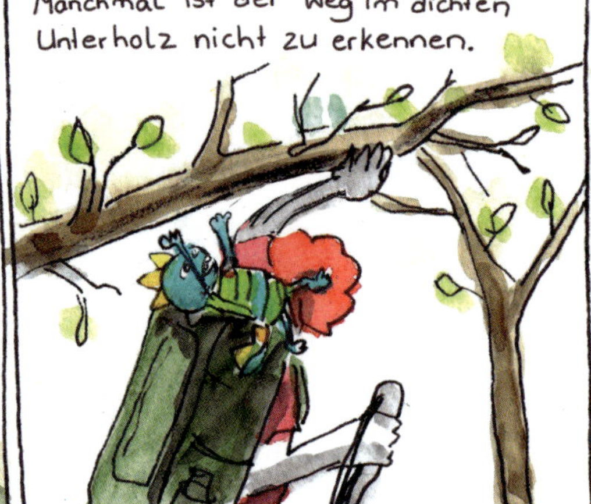
Manchmal ist der Weg im dichten Unterholz nicht zu erkennen.

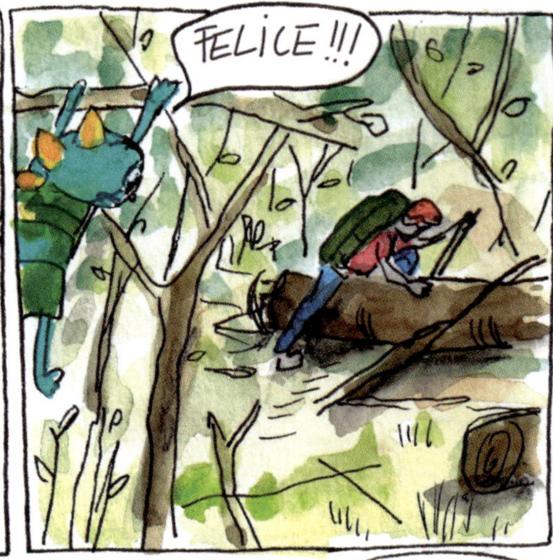
FELICE!!!

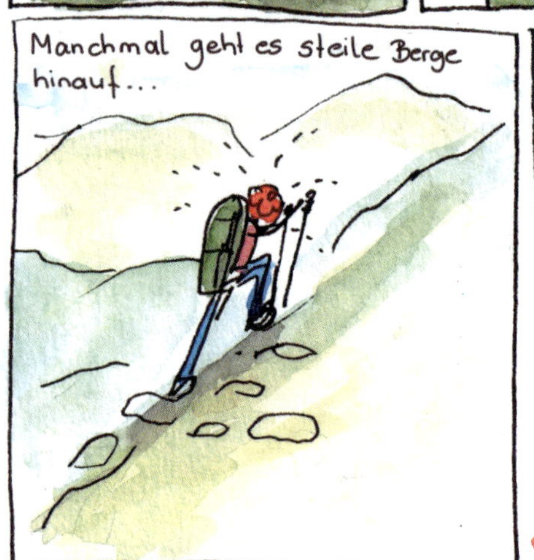
Manchmal geht es steile Berge hinauf...

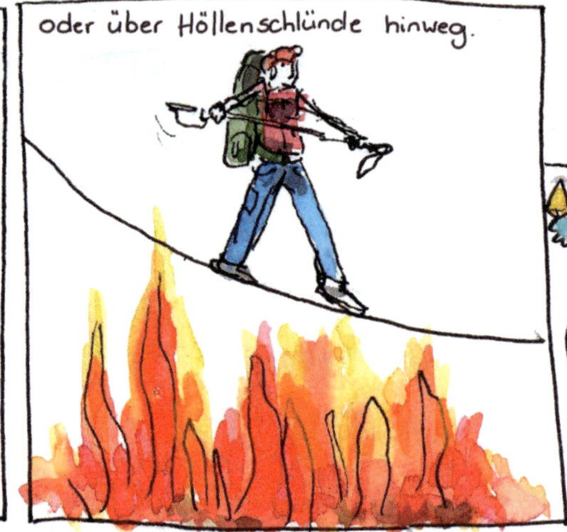
oder über Höllenschlünde hinweg.

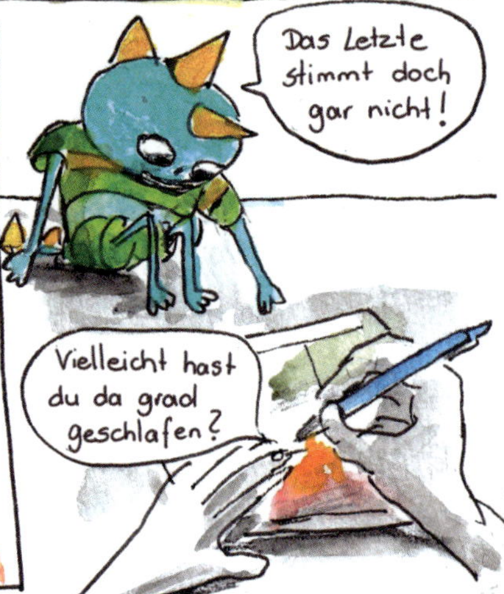
Das Letzte stimmt doch gar nicht!
Vielleicht hast du da grad geschlafen?

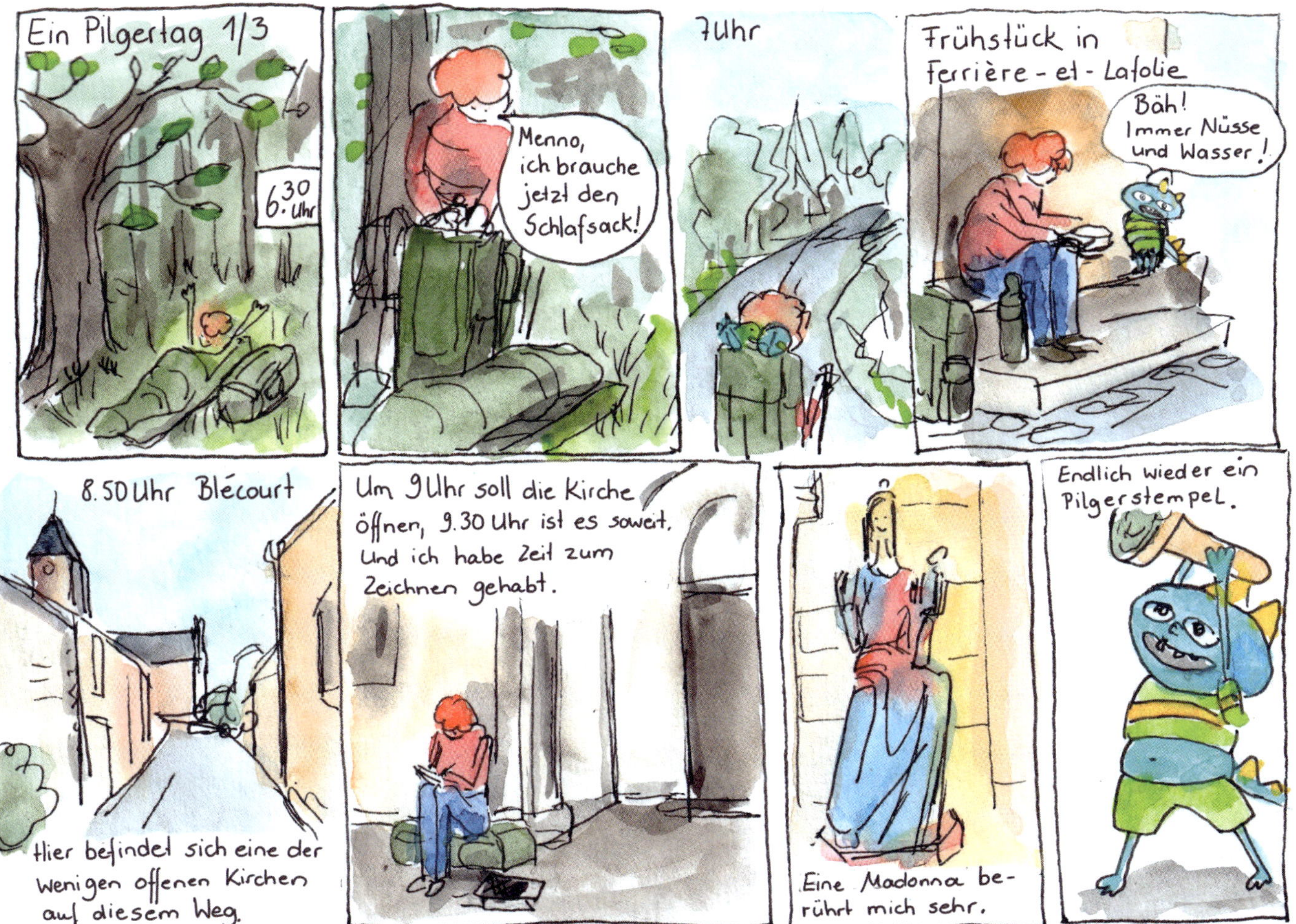

Ein Pilgertag 1/3
6.30 Uhr
Menno, ich brauche jetzt den Schlafsack!
7 Uhr
Frühstück in Ferrière-et-Lafolie
Bäh! Immer Nüsse und Wasser!
8.50 Uhr Blécourt
Hier befindet sich eine der wenigen offenen Kirchen auf diesem Weg.
Um 9 Uhr soll die Kirche öffnen, 9.30 Uhr ist es soweit. Und ich habe Zeit zum Zeichnen gehabt.
Eine Madonna berührt mich sehr.
Endlich wieder ein Pilgerstempel.

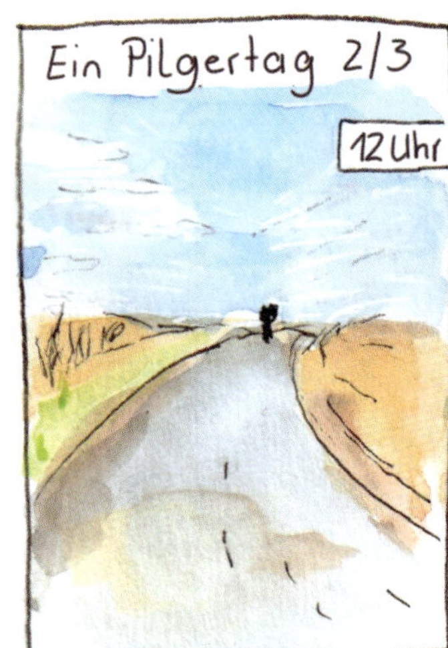
Ein Pilgertag 2/3
12 Uhr

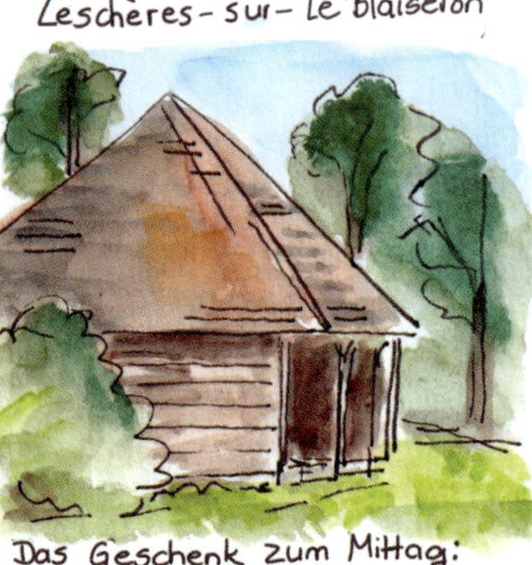
Leschères-sur-Le Blaiseron
Das Geschenk zum Mittag:
Ein ehemaliges Waschhaus

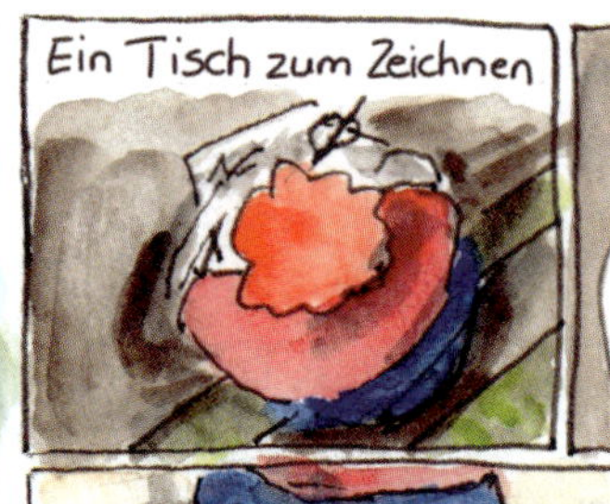
Ein Tisch zum Zeichnen
3 Reiscracker + 4 Miniwürstchen nennst du Mittag?
Du hattest auch keine Lust auf den Umweg zum Supermarkt gestern.

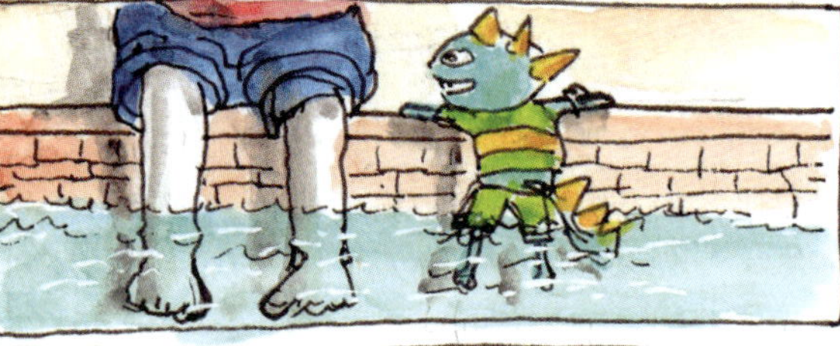

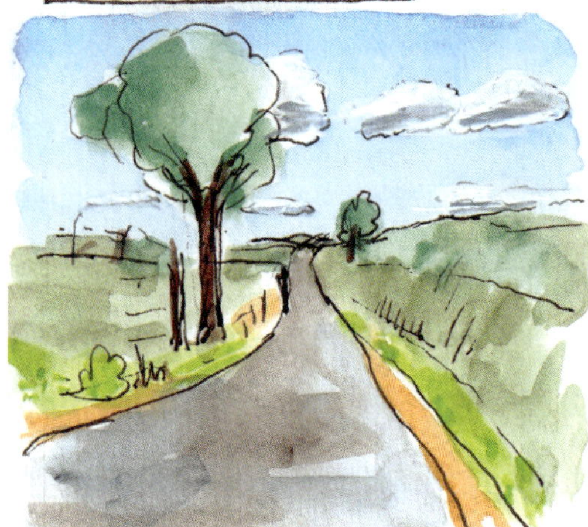

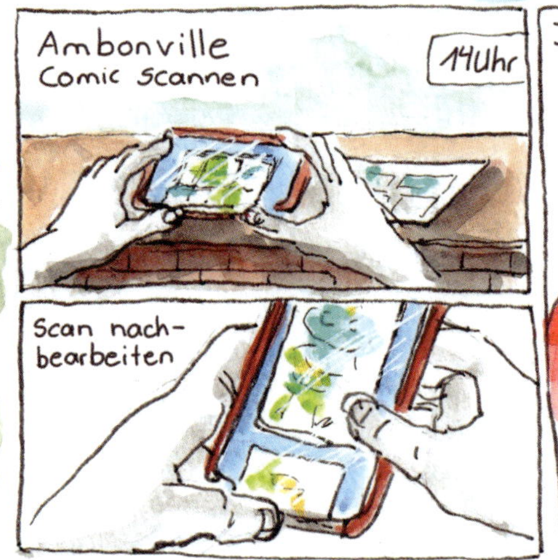
Ambonville
Comic scannen
14 Uhr
Scan nachbearbeiten

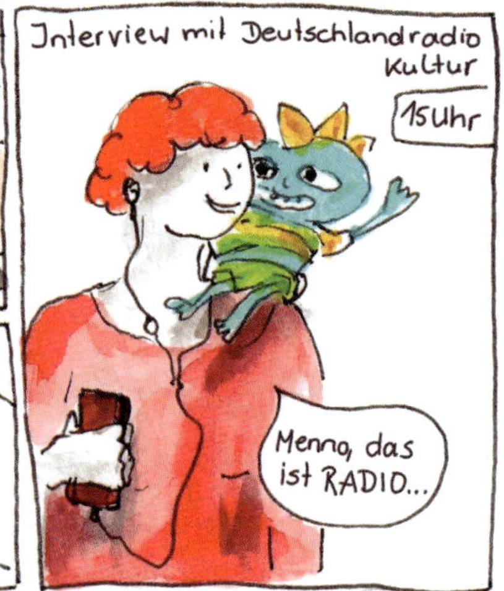
Interview mit Deutschlandradio Kultur
15 Uhr
Menno, das ist RADIO...

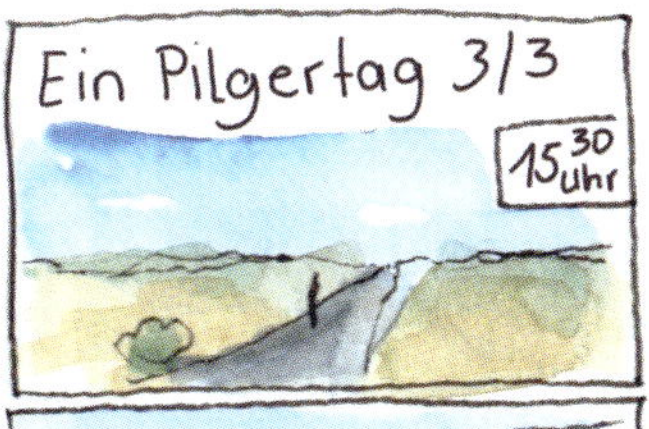

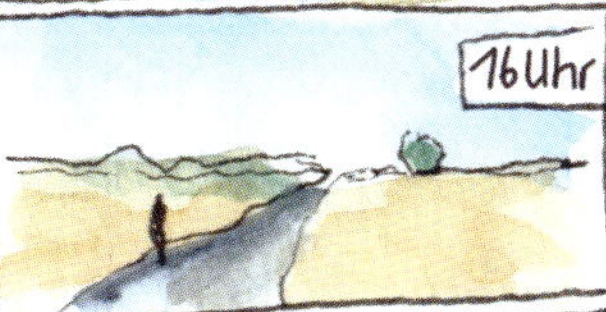

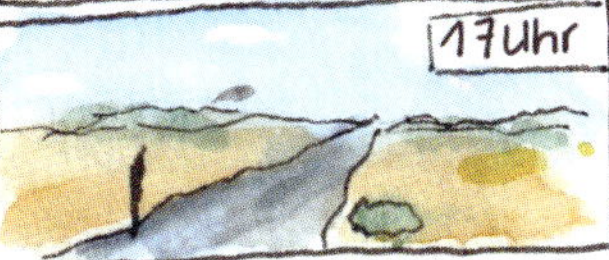

Eine der Herausforderungen beim Pilgern: Endlos scheinende Straßen an endlos scheinenden Feldern und Wiesen und Wäldern vorbei. Laufen, Laufen, Laufen und es ändert sich einfach NIX.

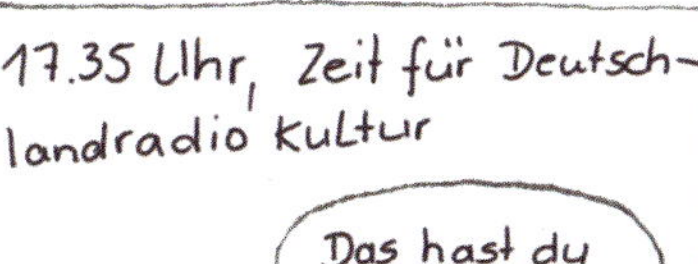

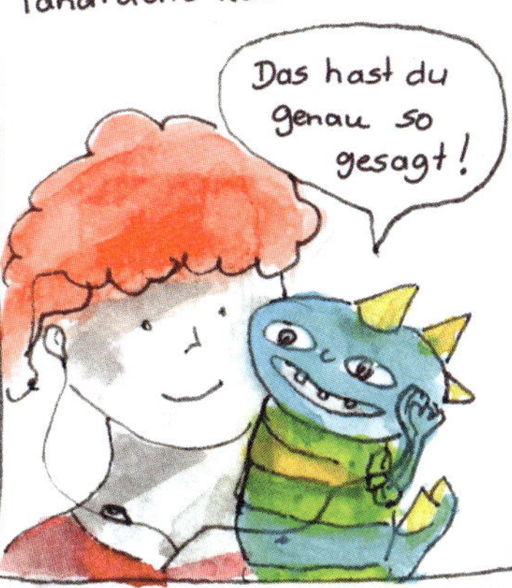

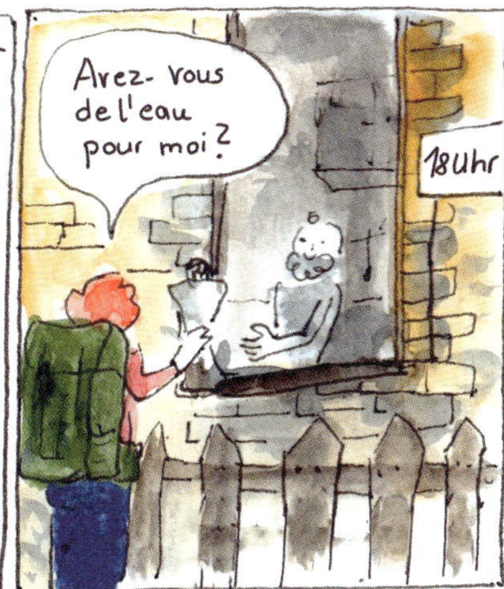

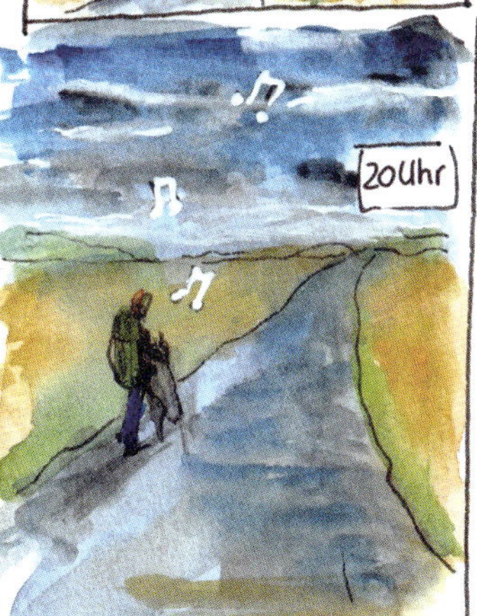

Biernes 21.30 Uhr

Jetzt kommen nur Felder. Wir müssen uns hier einen Platz zum Schlafen suchen.

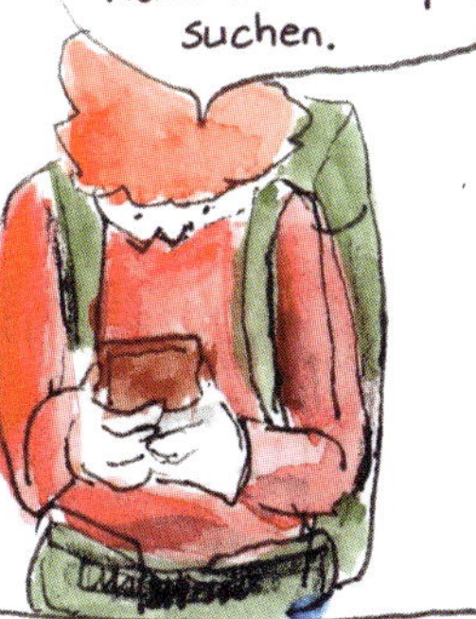

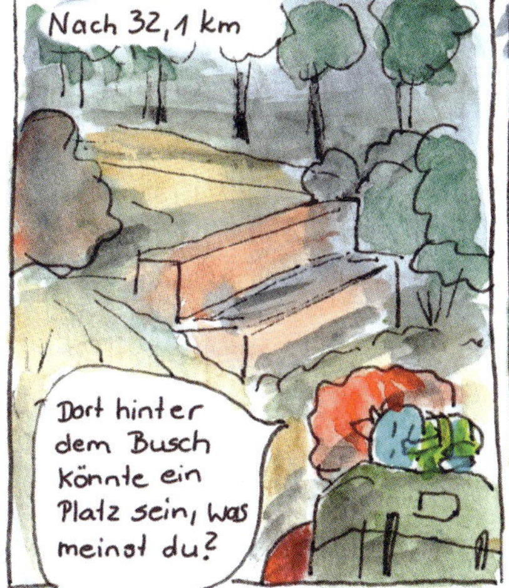

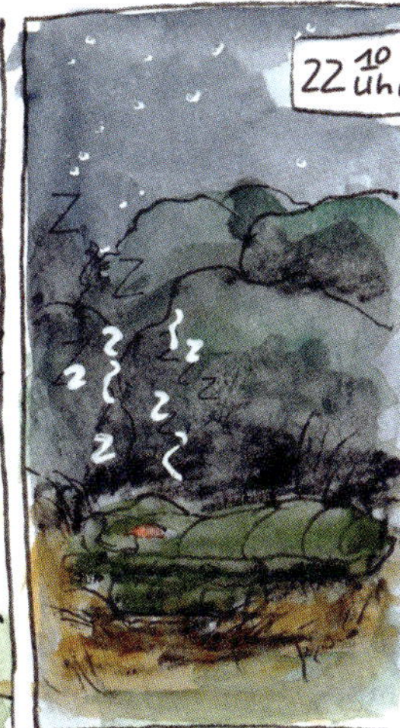

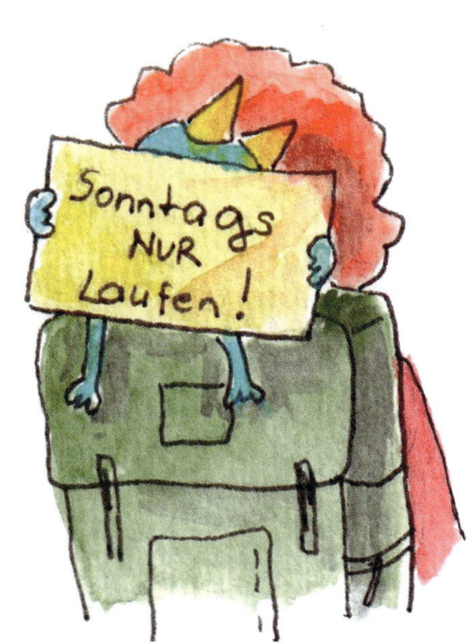
Sonntags
NUR
Laufen!

Mennos Geschichte

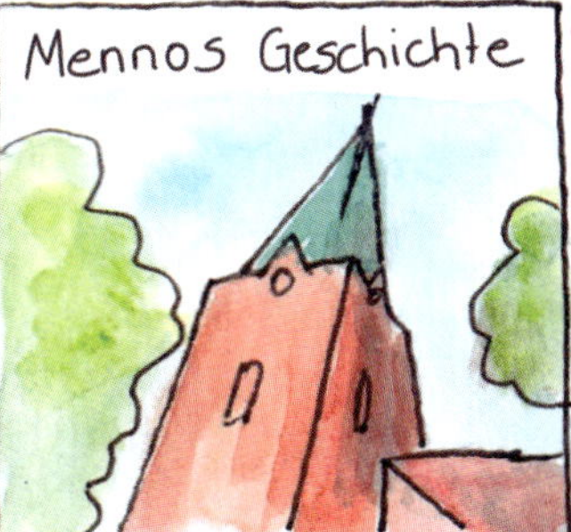

Es begab sich aber zu der Zeit, da Felice ihr Atelier in Bad Bevensen hatte …

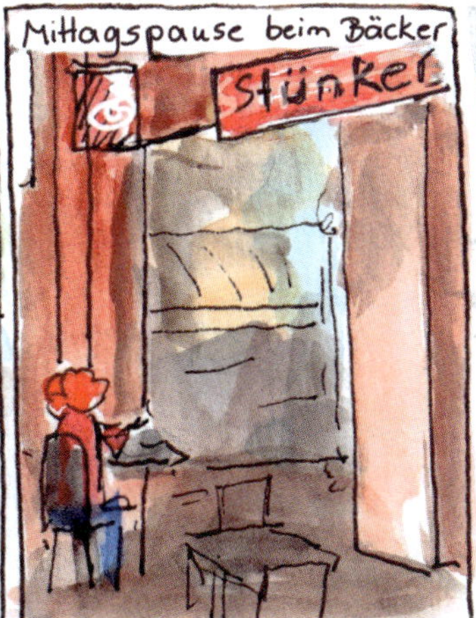

Dieses Drachenei gegen dein Master-passwort!

Ein maskierter Fremder (sicher ein Zeitreisender – wir schreiben das Jahr 2019) machte mir ein Angebot, dass ich nicht ablehnen konnte.

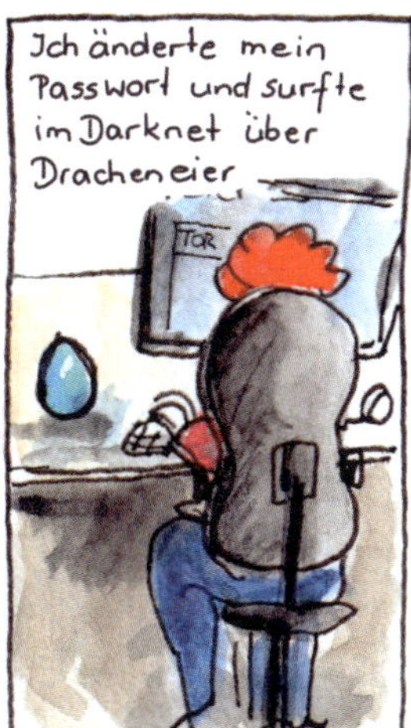

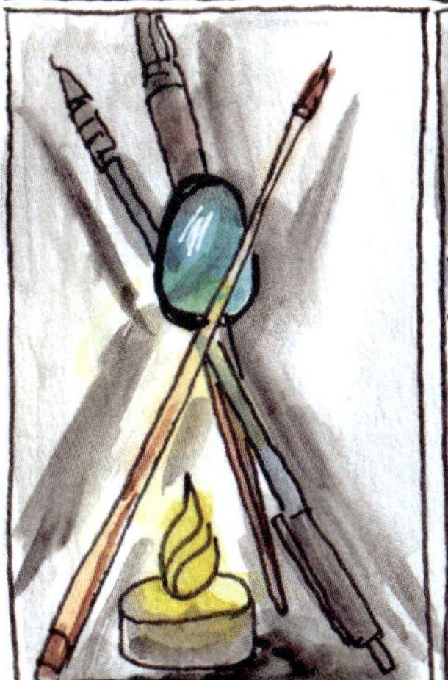

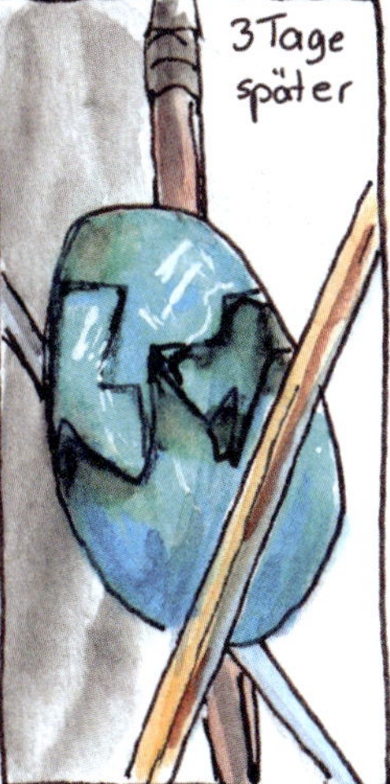

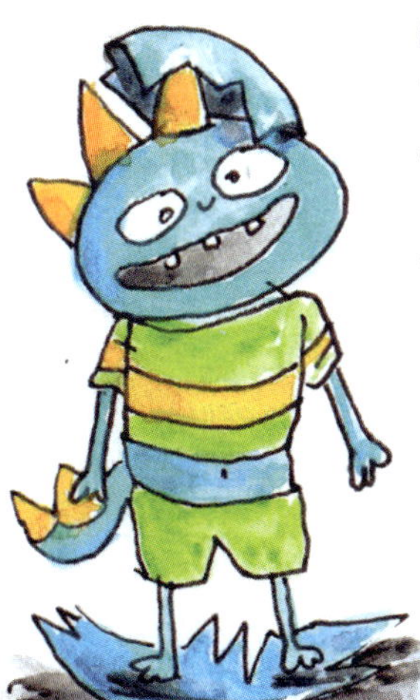

Ein kleiner Halbdrache ist geschlüpft. Genauer: Es ist ein Blauer 3-zähniger Größenwandler. Fliegen und Feuer spucken kann er (gottseidank!) nicht. Aber er kann seine Größe verändern. Zwischen 5 und 50 cm groß habe ich ihn mittlerweile erlebt.

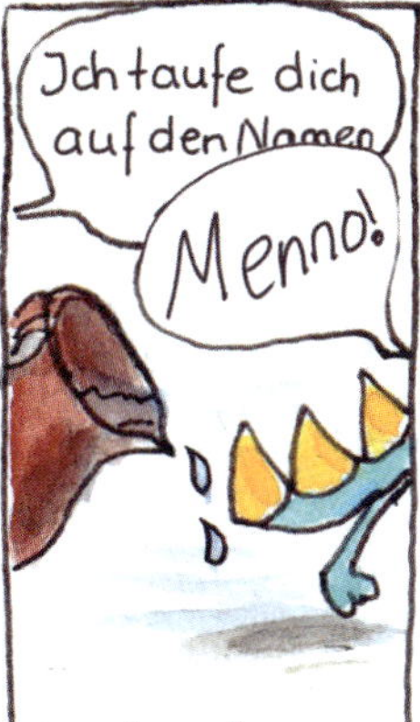

Er ist extrem wasserscheu!

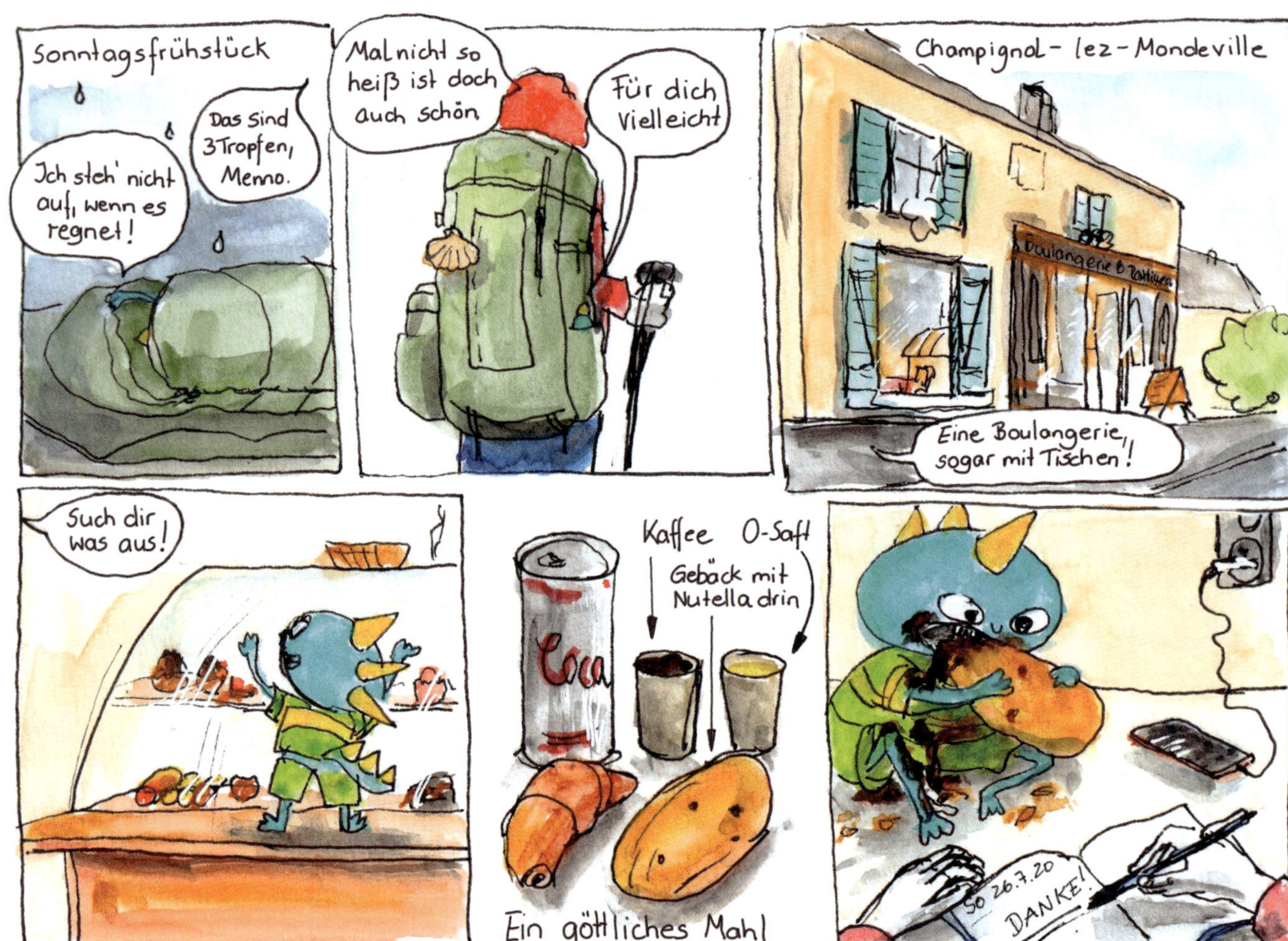
Sonntagsfrühstück
Das sind 3 Tropfen, Menno.
Jch steh' nicht auf, wenn es regnet!
Mal nicht so heiß ist doch auch schön
Für dich vielleicht
Champignol-lez-Mondeville
Boulangerie & Patisserie
Eine Boulangerie, sogar mit Tischen!
Such dir was aus!
Kaffee
O-Saft
Gebäck mit Nutella drin
Coca
Ein göttliches Mahl
So 26.7.20
DANKE!

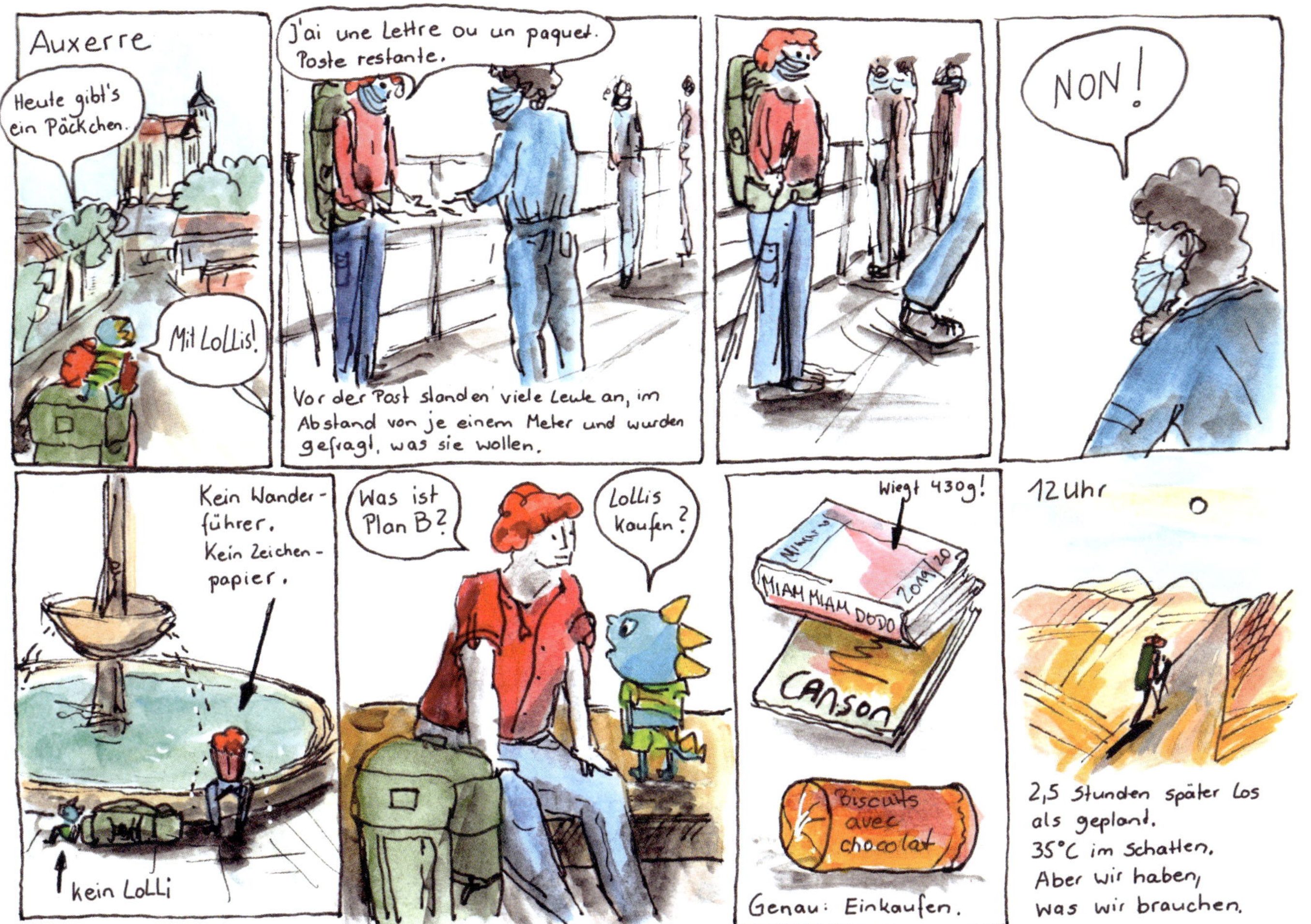

Ich habe einen Brief oder ein Päckchen, postlagernd. | Nein!

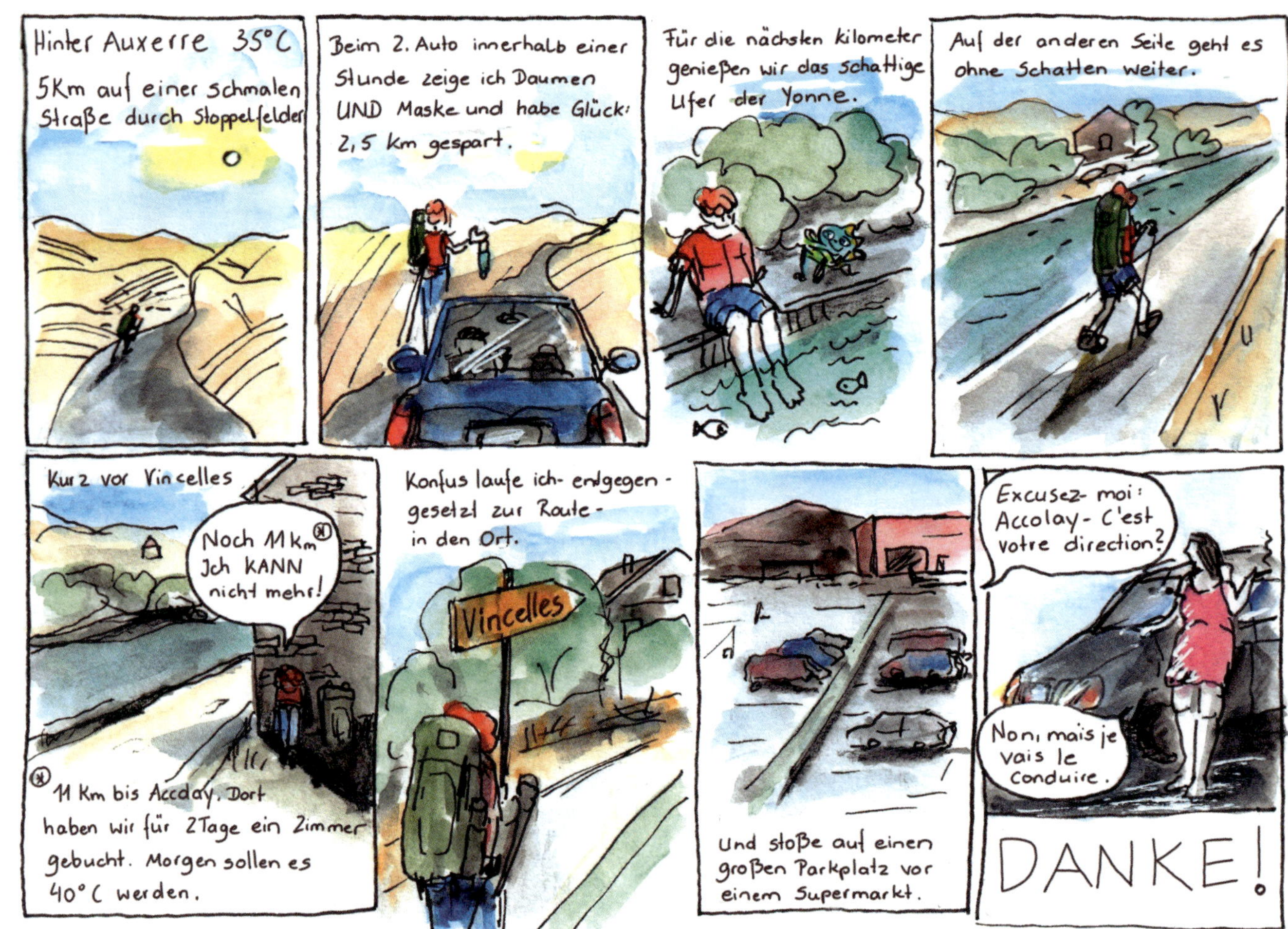

Entschuldigen Sie, Accolay – ist das Ihre Richtung? | Nein, aber ich fahre Sie.

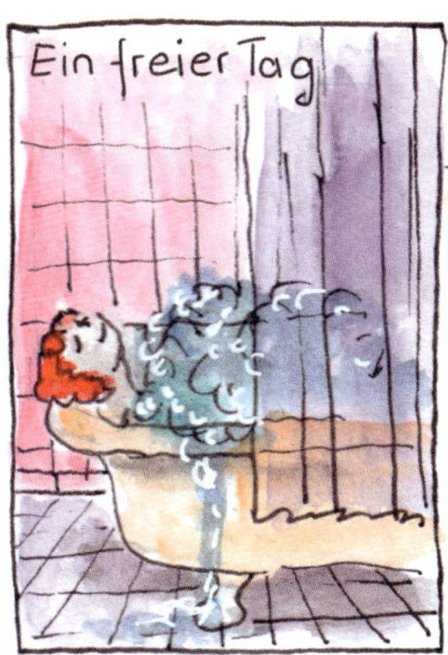
Ein freier Tag

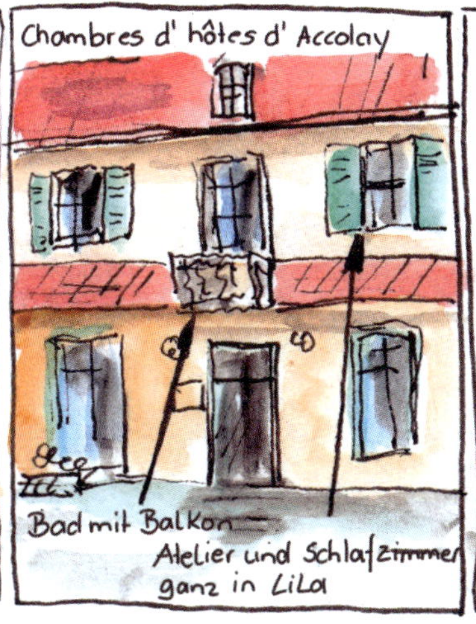
Chambres d' hôtes d' Accolay
Bad mit Balkon
Atelier und Schlafzimmer
ganz in LiLa

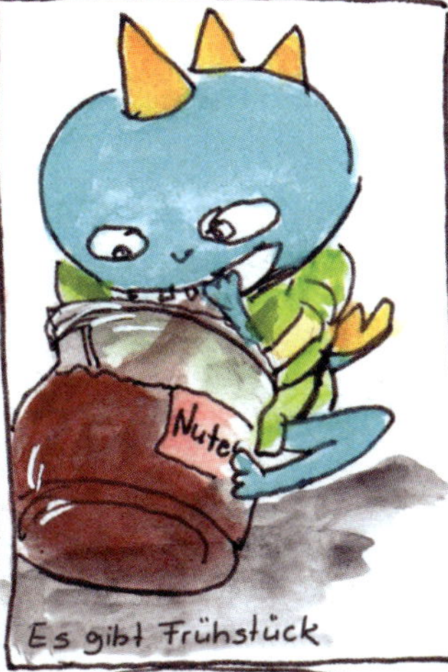
Nutel
Es gibt Frühstück

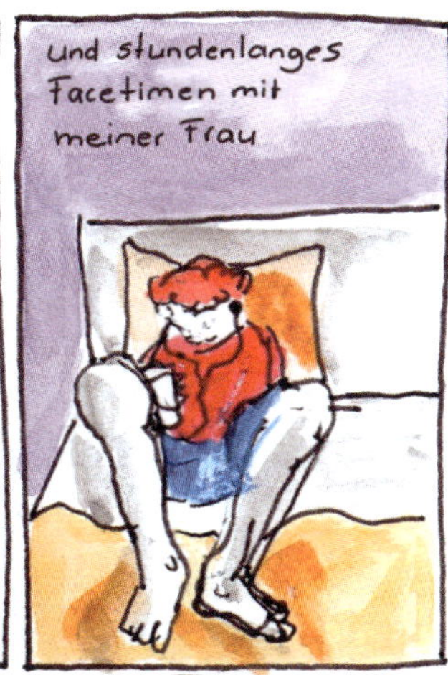
und stundenlanges Facetimen mit meiner Frau

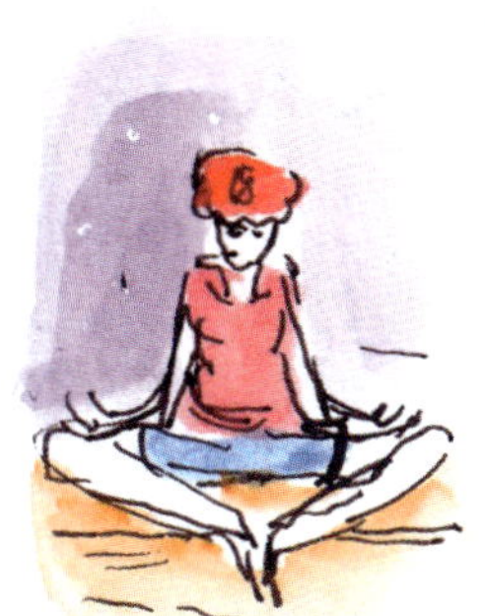
Zeit, um den Sinn meiner Reise zu prüfen.

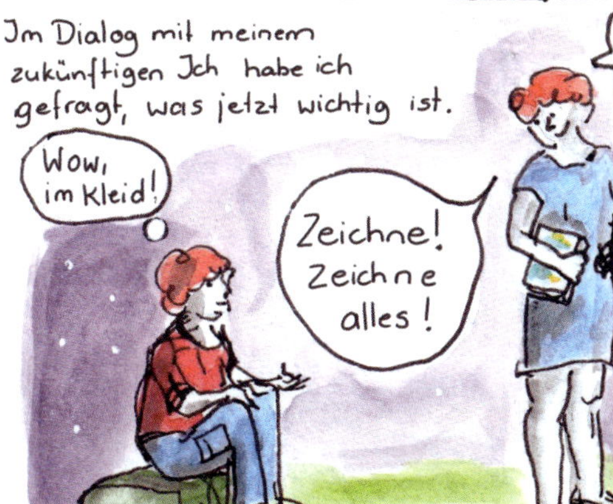
Jm Dialog mit meinem zukünftigen Jch habe ich gefragt, was jetzt wichtig ist.
Wow, im Kleid!
Zeichne! Zeichne alles!
Lauf weiter. Du wirst das schaffen. Wichtiger sind jetzt deine Comics.
Die selbe Botschaft lese ich in dem Psalm 9.2, der mich aktuell begleitet: „... erzähle alle deine Wunder." Zeichnen ist meine Art, zu erzählen.

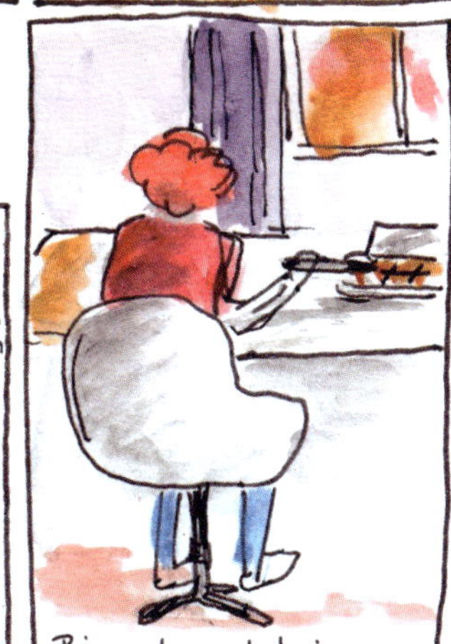
Bin schon dabei.

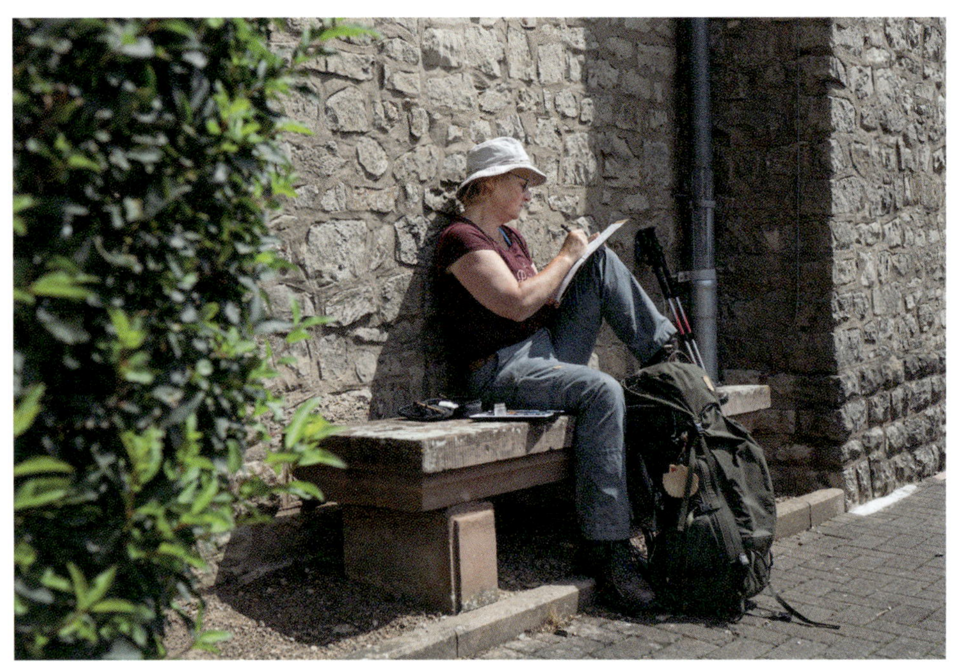

Zeichenpause

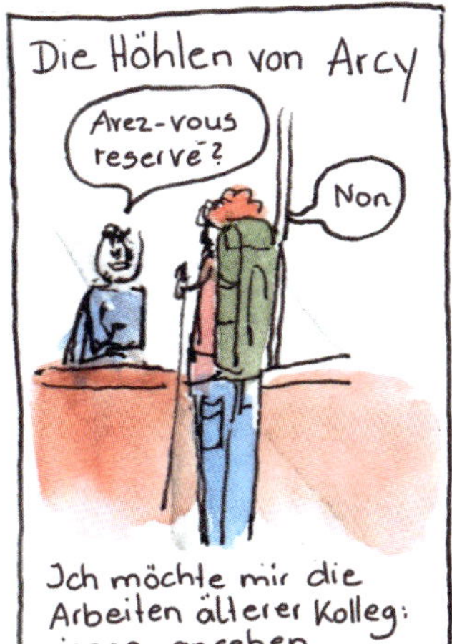

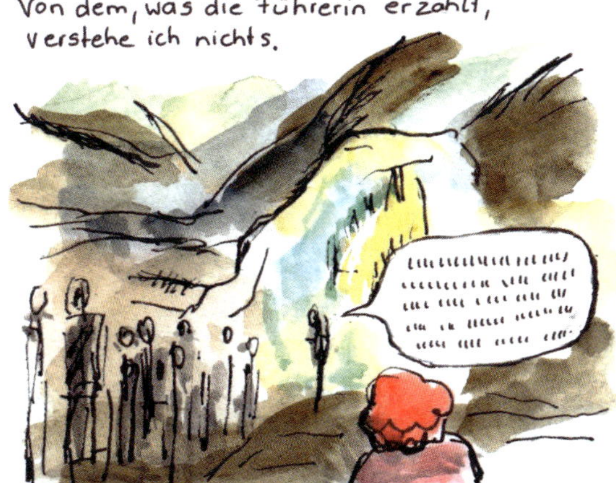

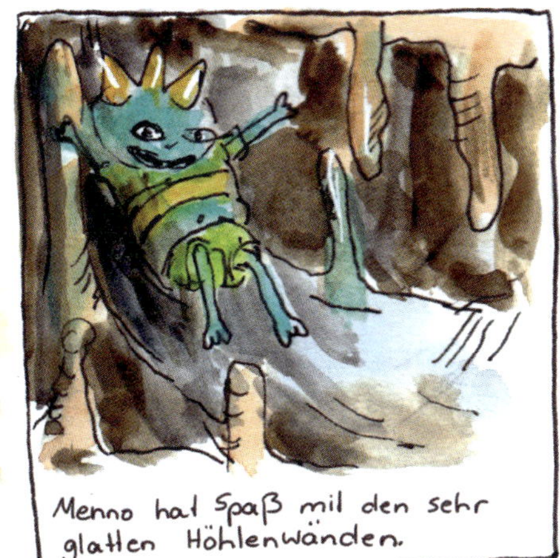

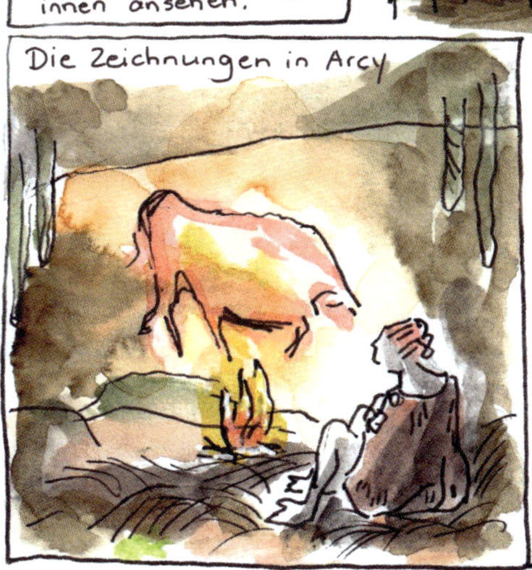

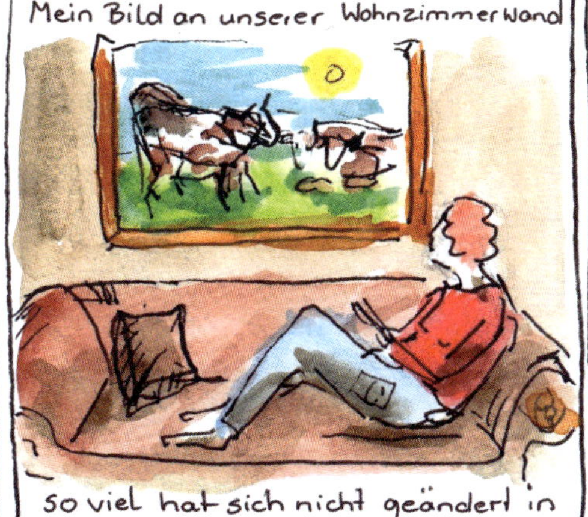

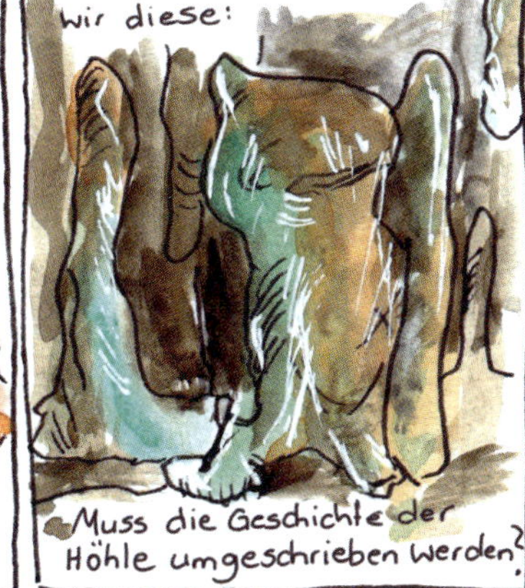

Haben Sie reserviert?| Nein.

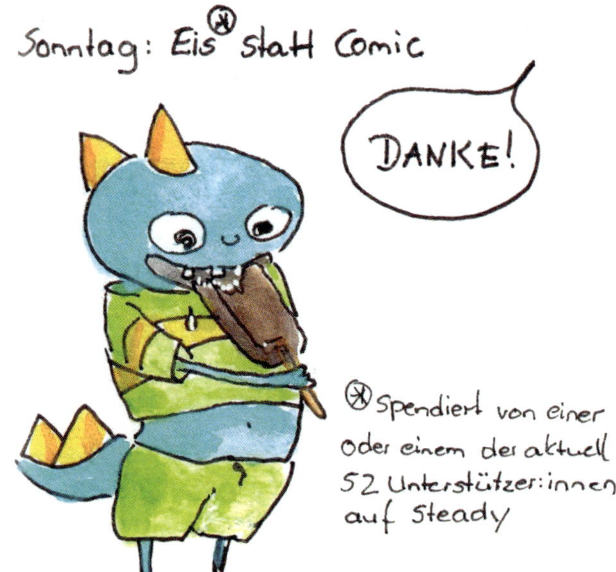
Sonntag: Eis* statt Comic
DANKE!
* Spendiert von einer oder einem der aktuell 52 Unterstützer:innen auf Steady

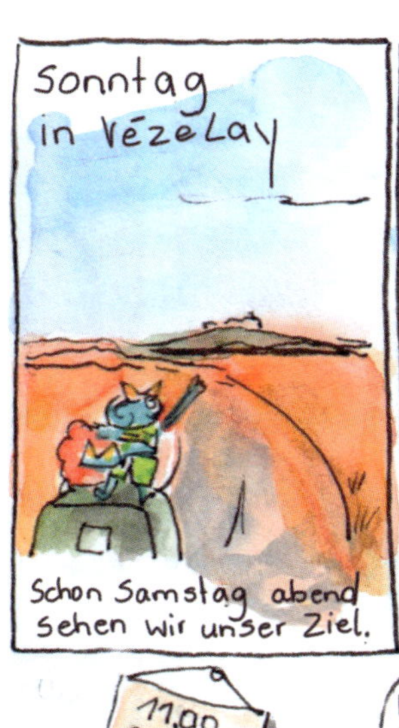

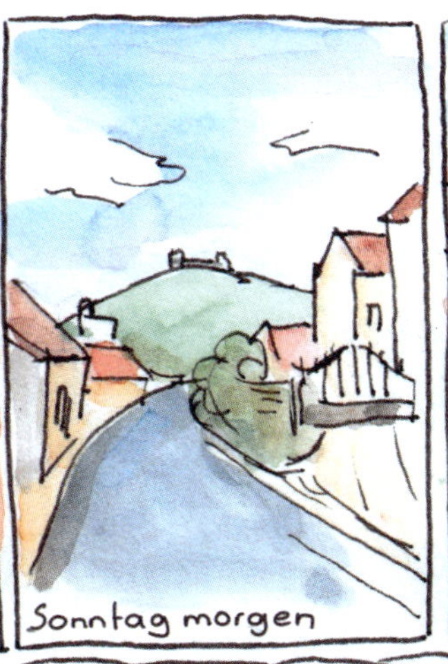

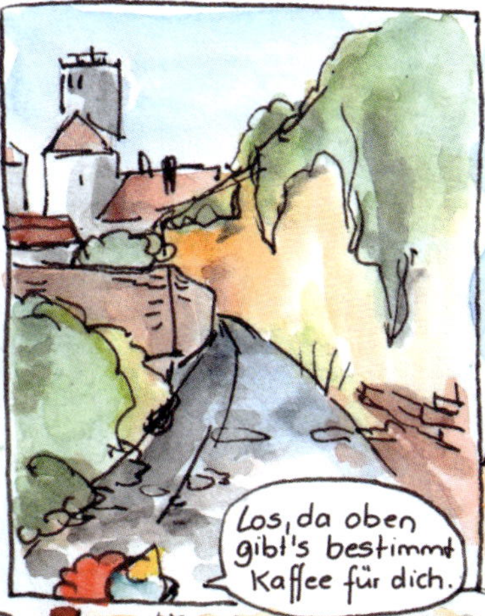

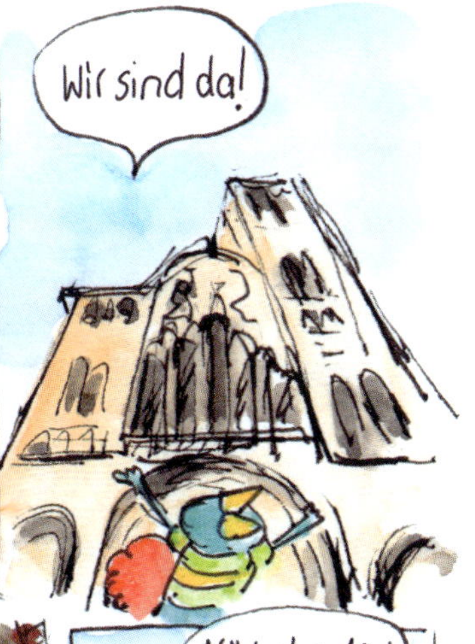

Das Abendmahl im Gottesdienst zu feiern, ist für mich persönlich ein wichtiges Ritual. Jm katholischen Gottesdienst bin ich offiziell davon aus mehreren Gründen ausgeschlossen.

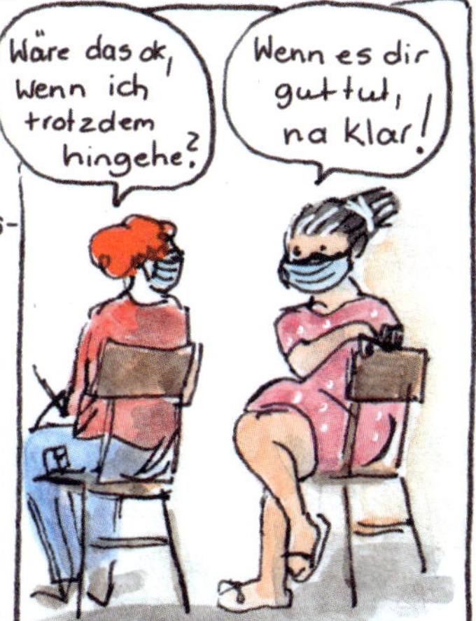

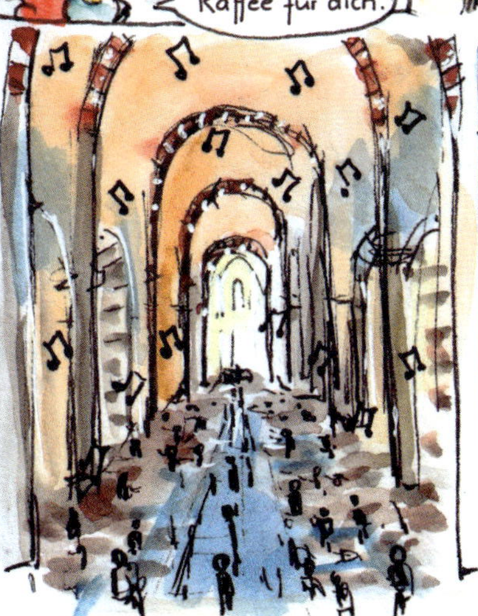

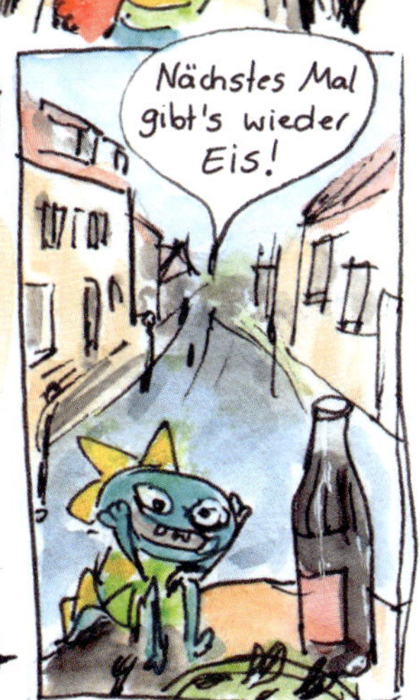

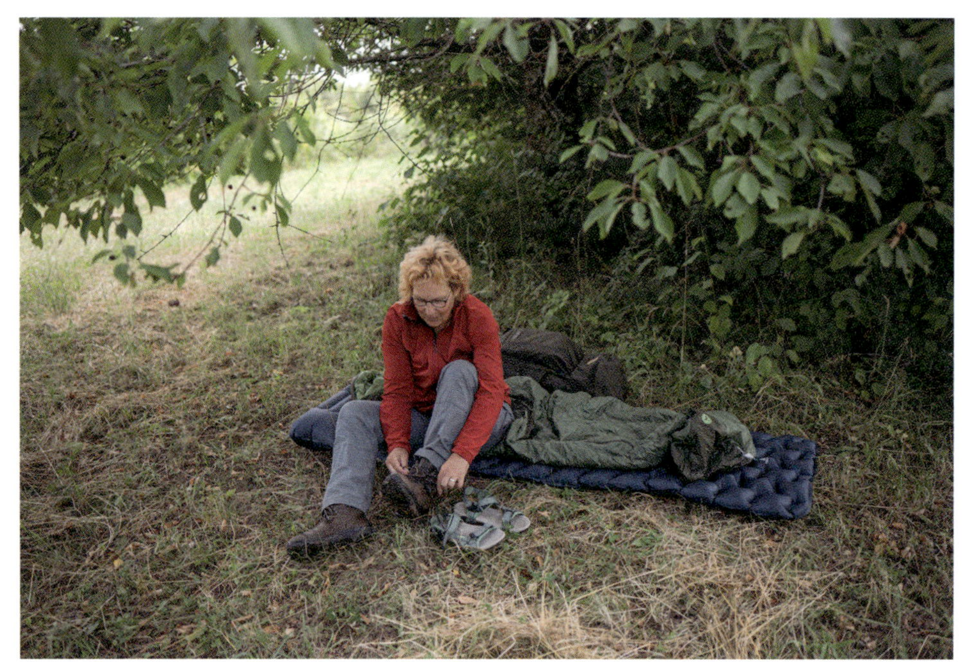

Weiter geht's.

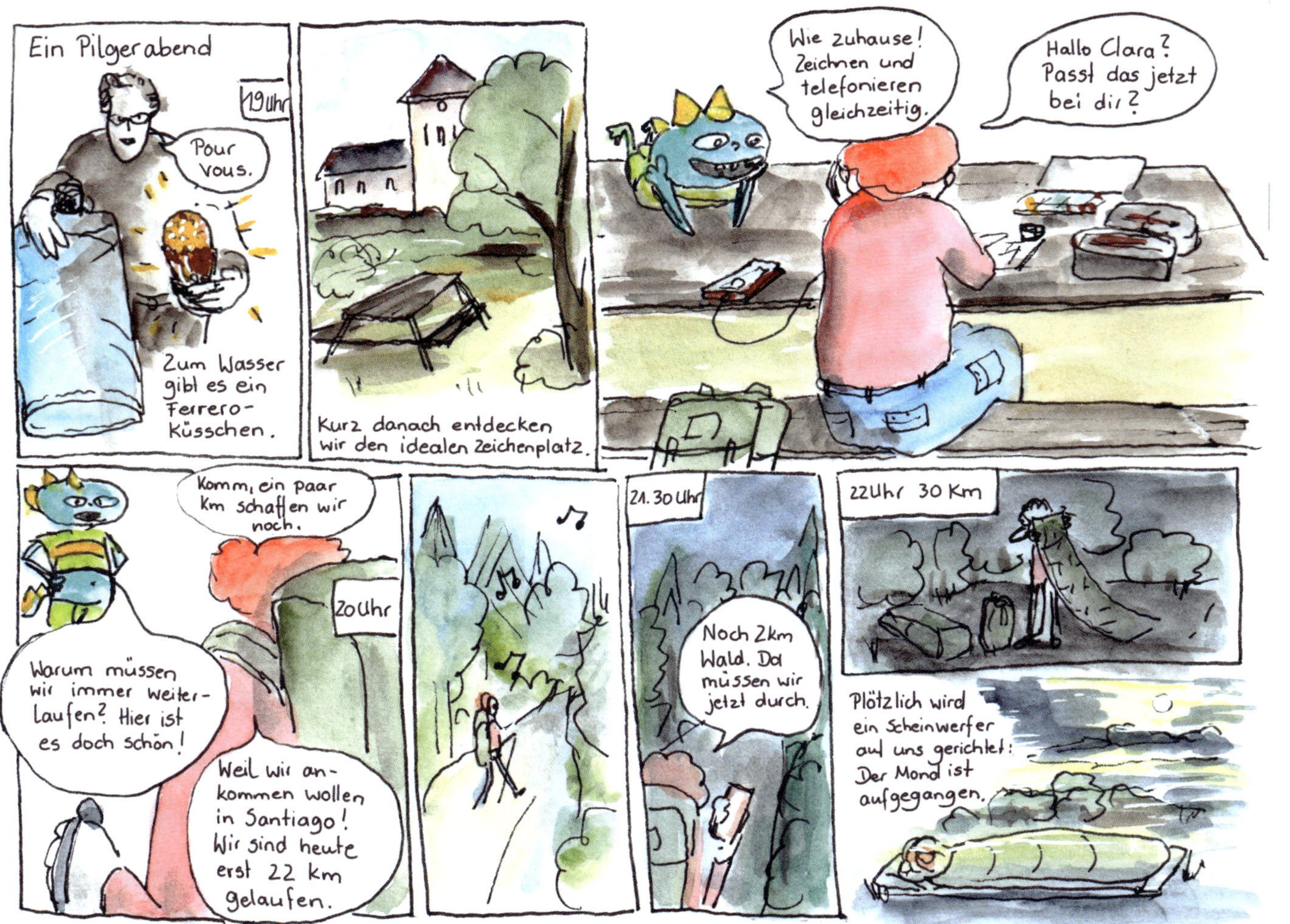
Ein Pilgerabend
19 Uhr
Pour vous.
Zum Wasser gibt es ein Ferrero-Küsschen.
Kurz danach entdecken wir den idealen Zeichenplatz.
Wie zuhause! Zeichnen und telefonieren gleichzeitig.
Hallo Clara? Passt das jetzt bei dir?
Komm, ein paar Km schaffen wir noch.
20 Uhr
Warum müssen wir immer weiterlaufen? Hier ist es doch schön!
Weil wir ankommen wollen in Santiago! Wir sind heute erst 22 km gelaufen.
21.30 Uhr
Noch 2km Wald. Da müssen wir jetzt durch.
22 Uhr 30 Km
Plötzlich wird ein Scheinwerfer auf uns gerichtet: Der Mond ist aufgegangen.

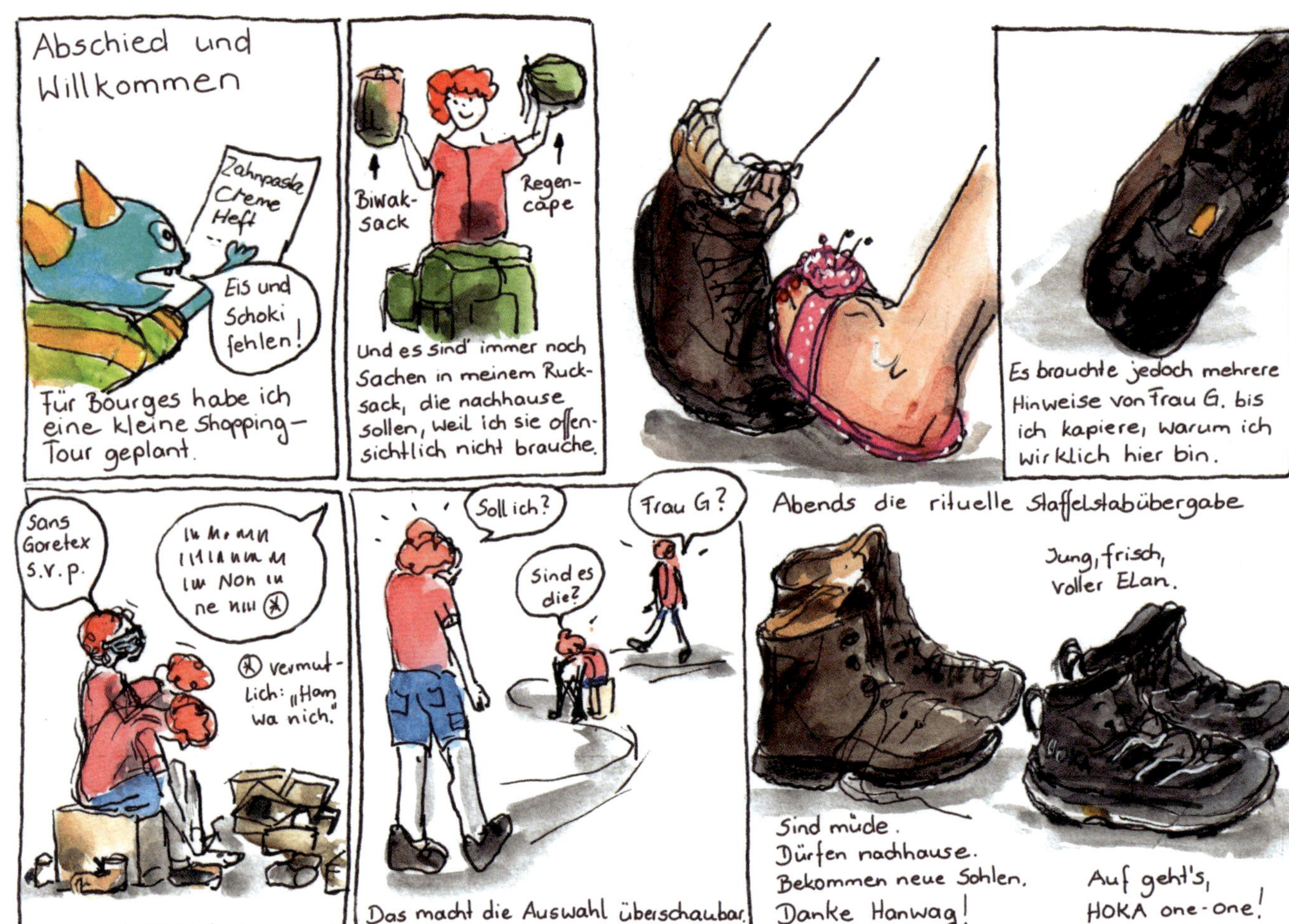
Abschied und Willkommen
Zahnpasta
Creme
Heft
Eis und Schoki fehlen!
Für Bourges habe ich eine kleine Shopping-Tour geplant.
Biwak-sack
Regen-cape
Und es sind immer noch Sachen in meinem Rucksack, die nachhause sollen, weil ich sie offensichtlich nicht brauche.
Es brauchte jedoch mehrere Hinweise von Frau G. bis ich kapiere, warum ich wirklich hier bin.
Sans Goretex s.v.p.
Non
vermutlich: „Ham wa nich."
Soll ich?
Sind es die?
Frau G?
Das macht die Auswahl überschaubar.
Abends die rituelle Staffelstabübergabe
Jung, frisch, voller Elan.
Sind müde.
Dürfen nachhause.
Bekommen neue Sohlen.
Danke Hanwag!
Auf geht's,
HOKA one-one!

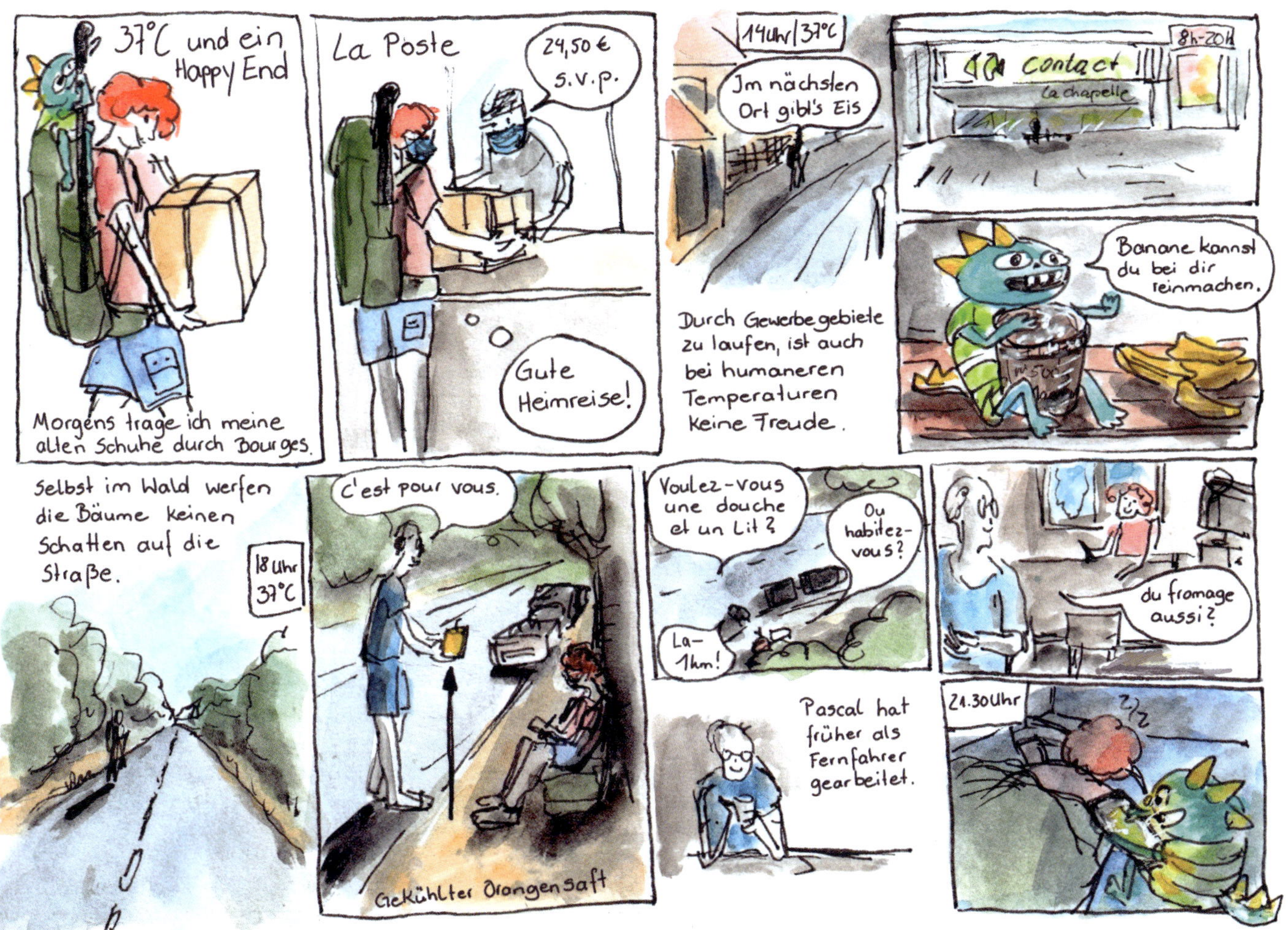

Das ist für Sie. | Möchten Sie eine Dusche und ein Bett? | Wo wohnen Sie? | Dort – 1km! | Auch Käse?

Sonntag keine Comics,
aber sehr gute Ideen!

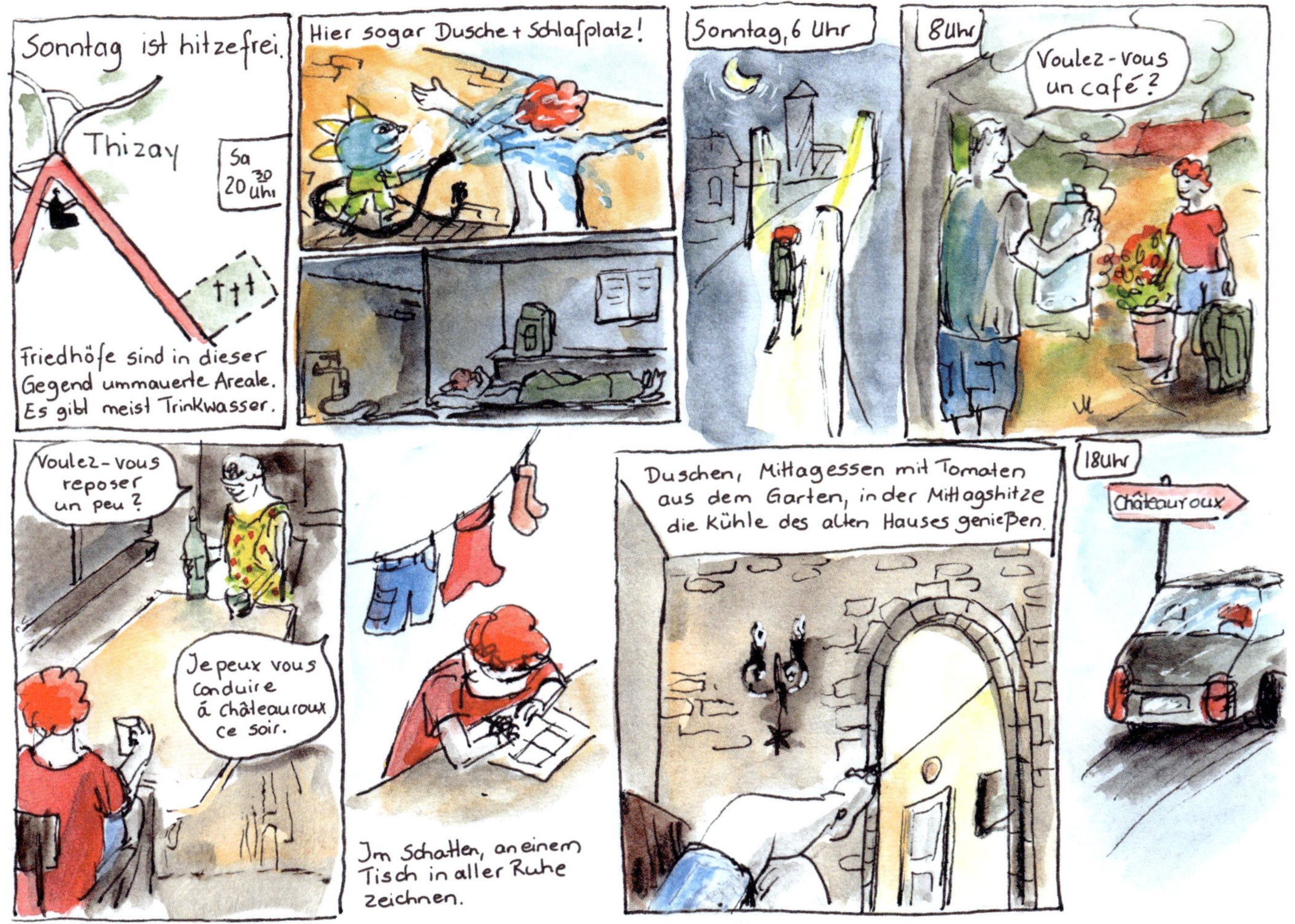

Möchten Sie einen Kaffee? | Möchten Sie sich ein wenig erholen? | Ich kann Sie nach Châteauroux fahren heute abend.

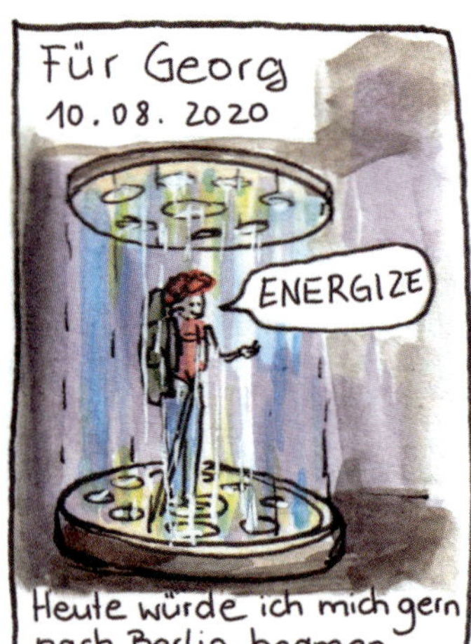

Vor 30 Jahren war es ein ebenso heißer Tag wie heute. Seit 10 Tagen gab es die D-Mark. Jch hatte mir vom ersten Westgeld ein tolles Shirt gekauft, das ich nicht anziehen konnte.

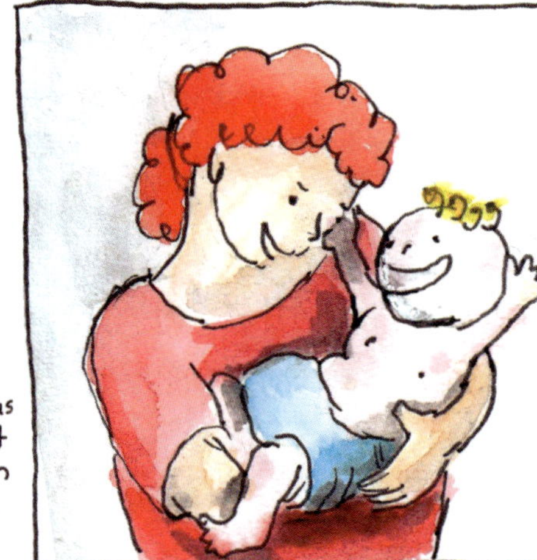

Dann wurde das bis dahin schönste, süßeste und klügste Baby der Welt geboren.
Mein erstes Kind:
GEORG

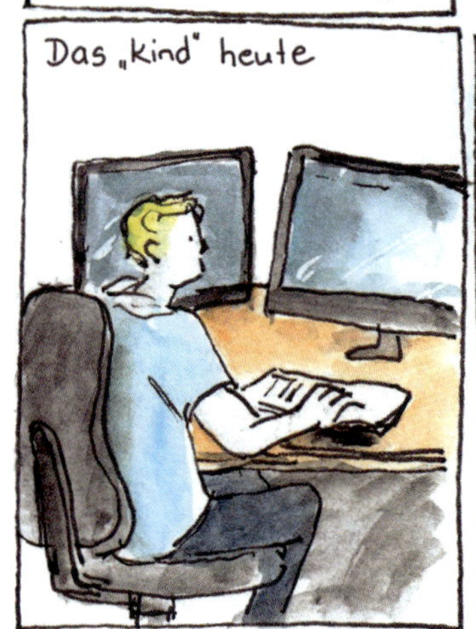

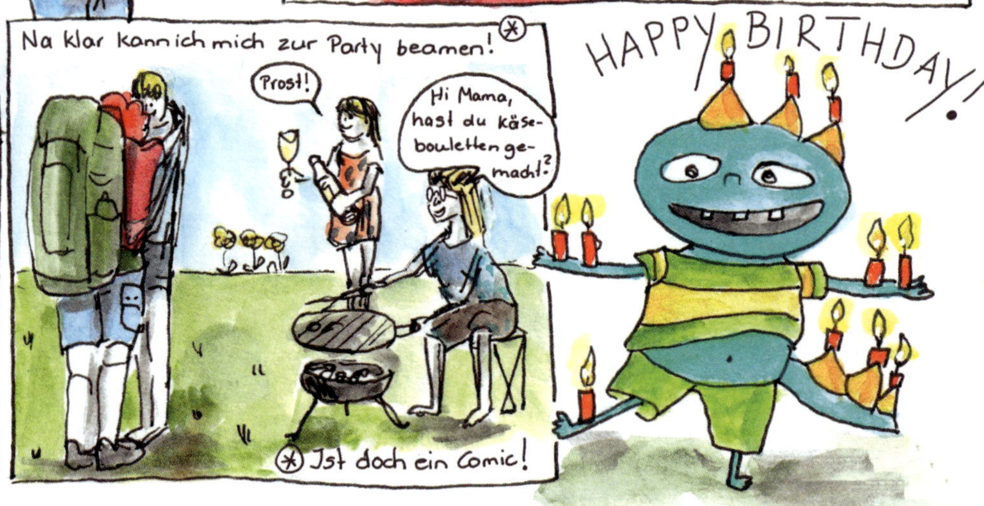

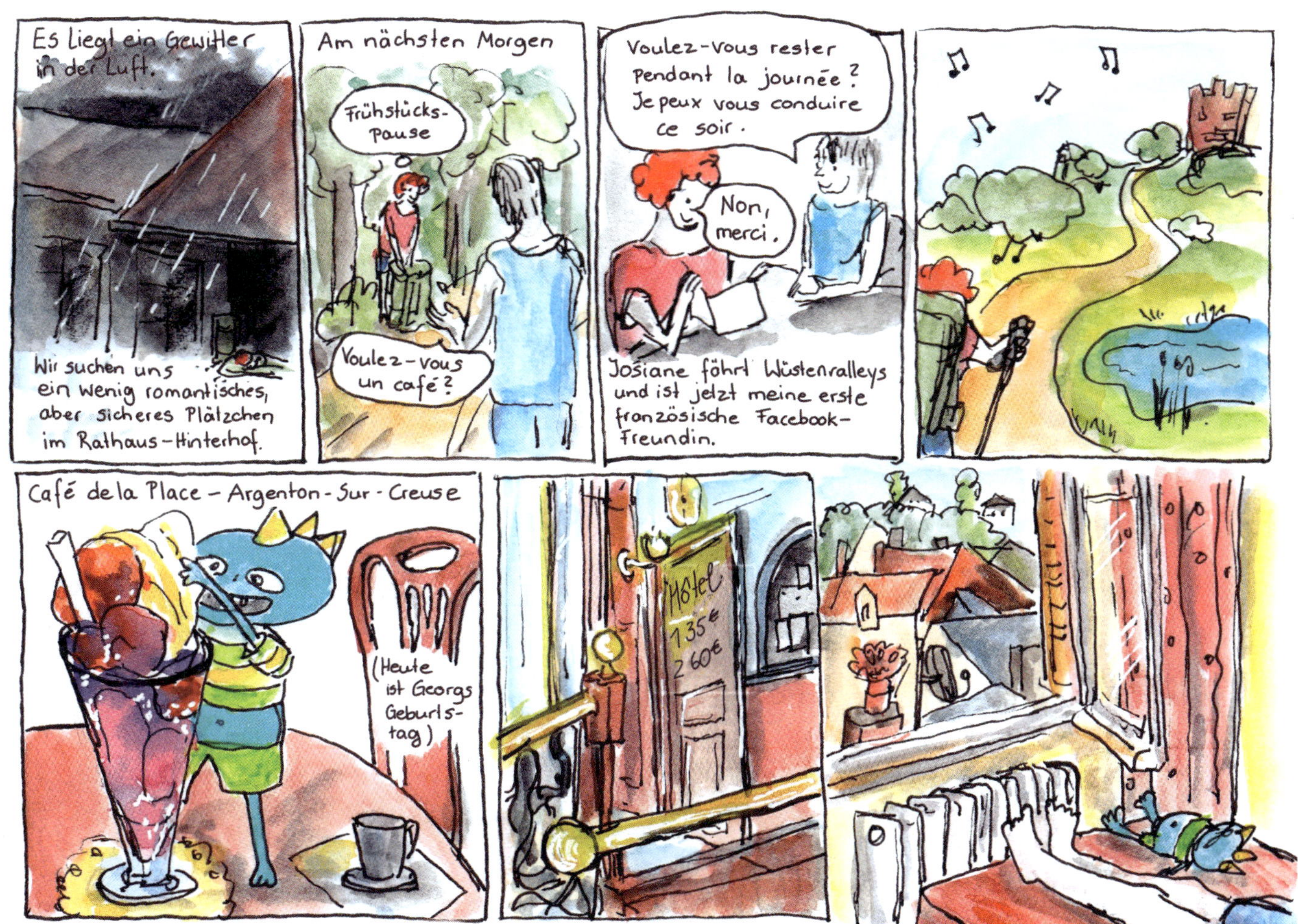

Möchten Sie einen Kaffee? | Möchten Sie den Tag über hierbleiben? Ich kann Sie abends fahren. | Nein, danke.

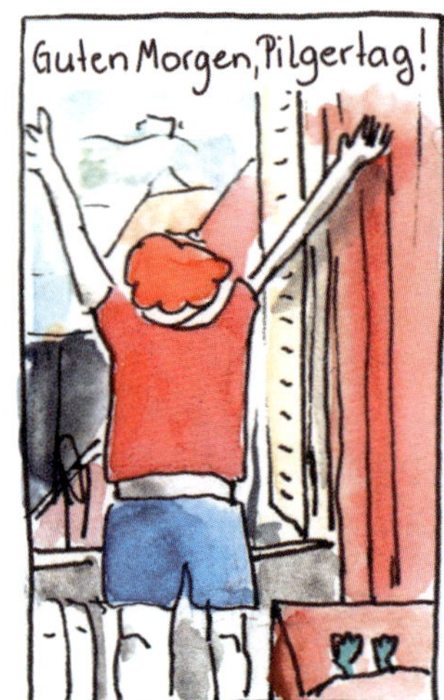
Guten Morgen, Pilgertag!

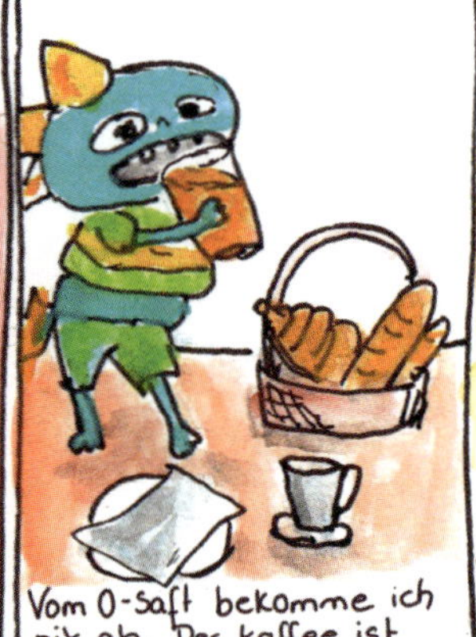
Vom O-Saft bekomme ich nix ab. Der Kaffee ist winzig. Es ist toll, den Tag in einer französischen Bar zu beginnen.

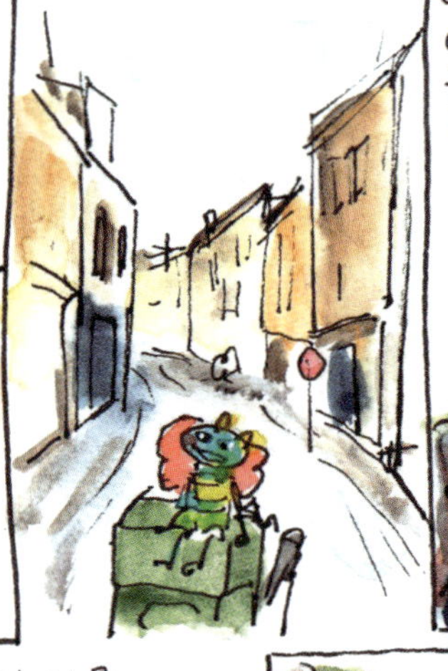
Gargilesse ist ein wichtiger Ort auf der Via Lemovicensis. Hier treffen Nordroute (die wir gewählt haben) und Südroute aufeinander.
Auf dem Weg dorthin beweisen meine neuen Schuhe ihre Bergtauglichkeit.

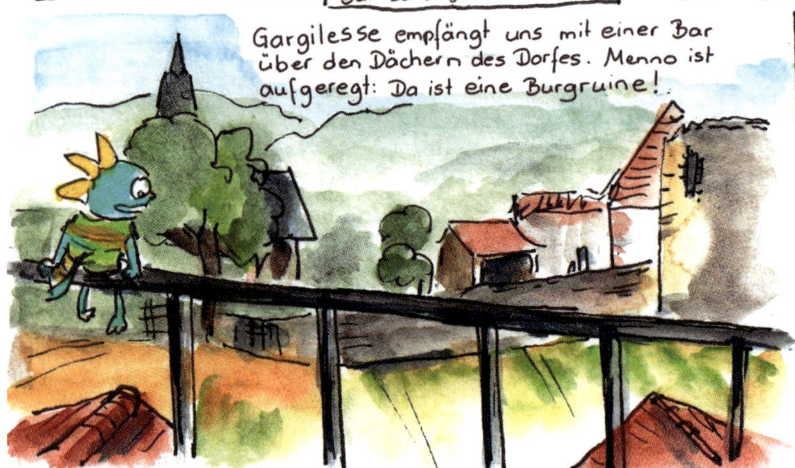
Gargilesse empfängt uns mit einer Bar über den Dächern des Dorfes. Menno ist aufgeregt: Da ist eine Burgruine!

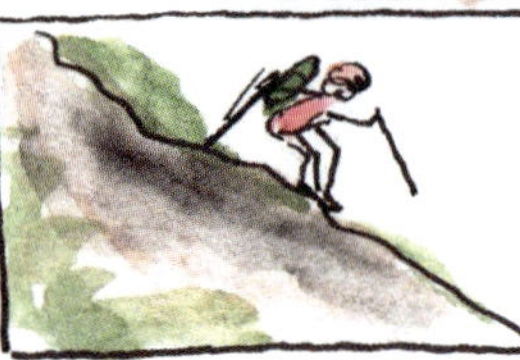
Nach HOCH kommt immer RUNTER. Und umgekehrt, Pilgerweisheit von Felice,

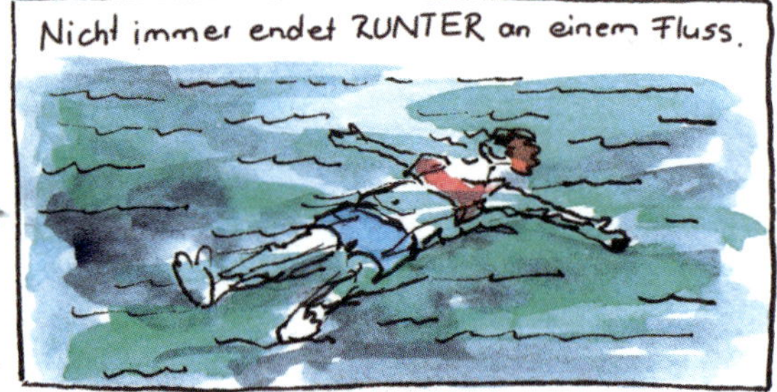
Nicht immer endet RUNTER an einem Fluss.

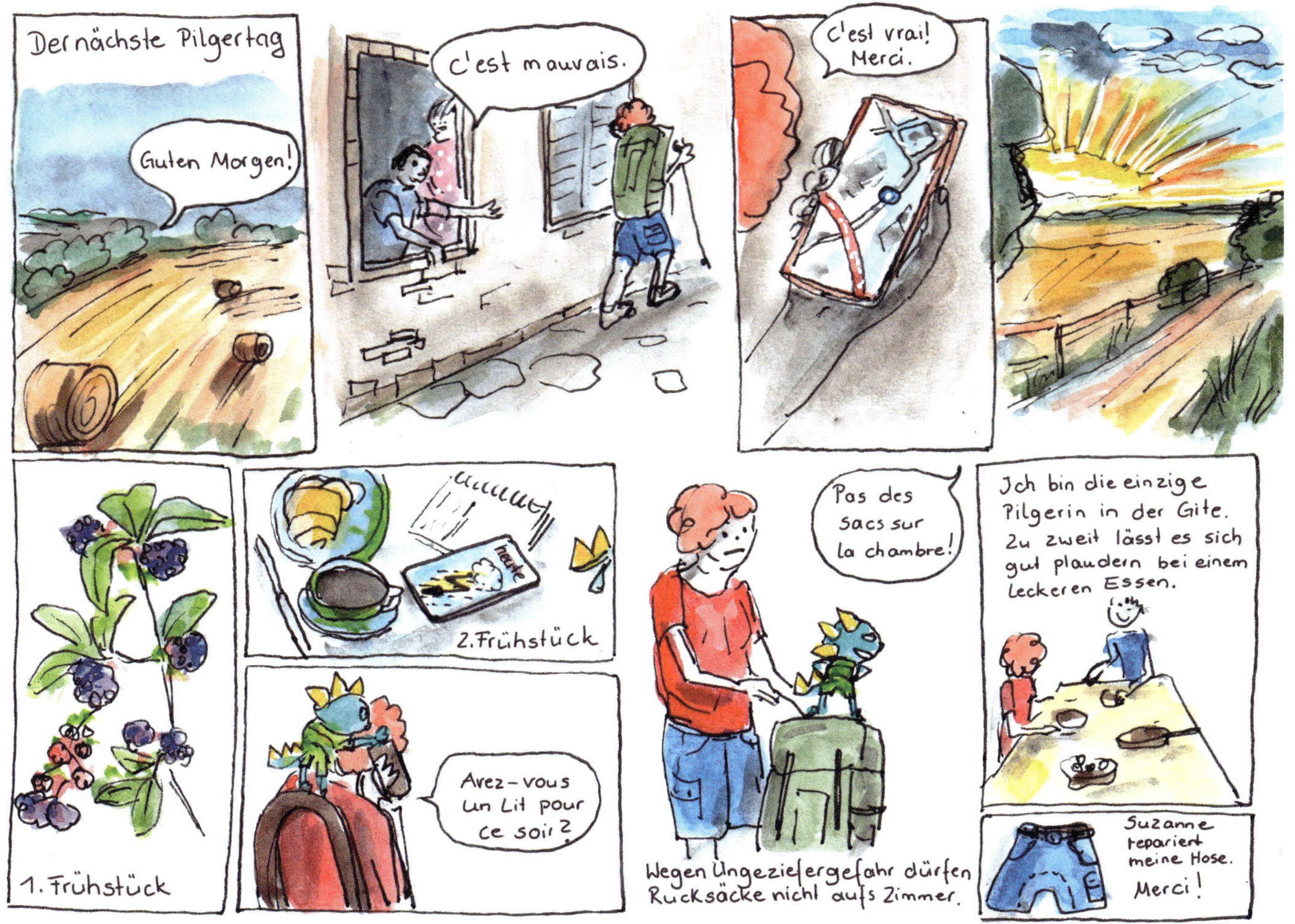

Das ist falsch. | Stimmt, danke. | Haben Sie ein Bett für heute abend? | Keine Rucksäcke auf dem Zimmer.

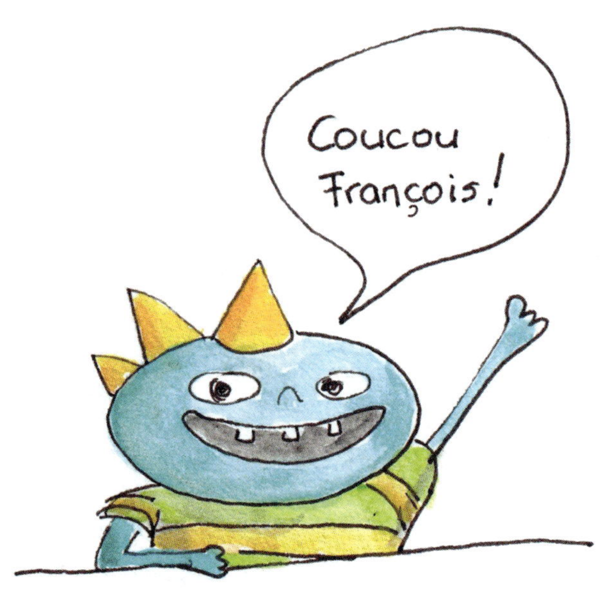
Coucou François!

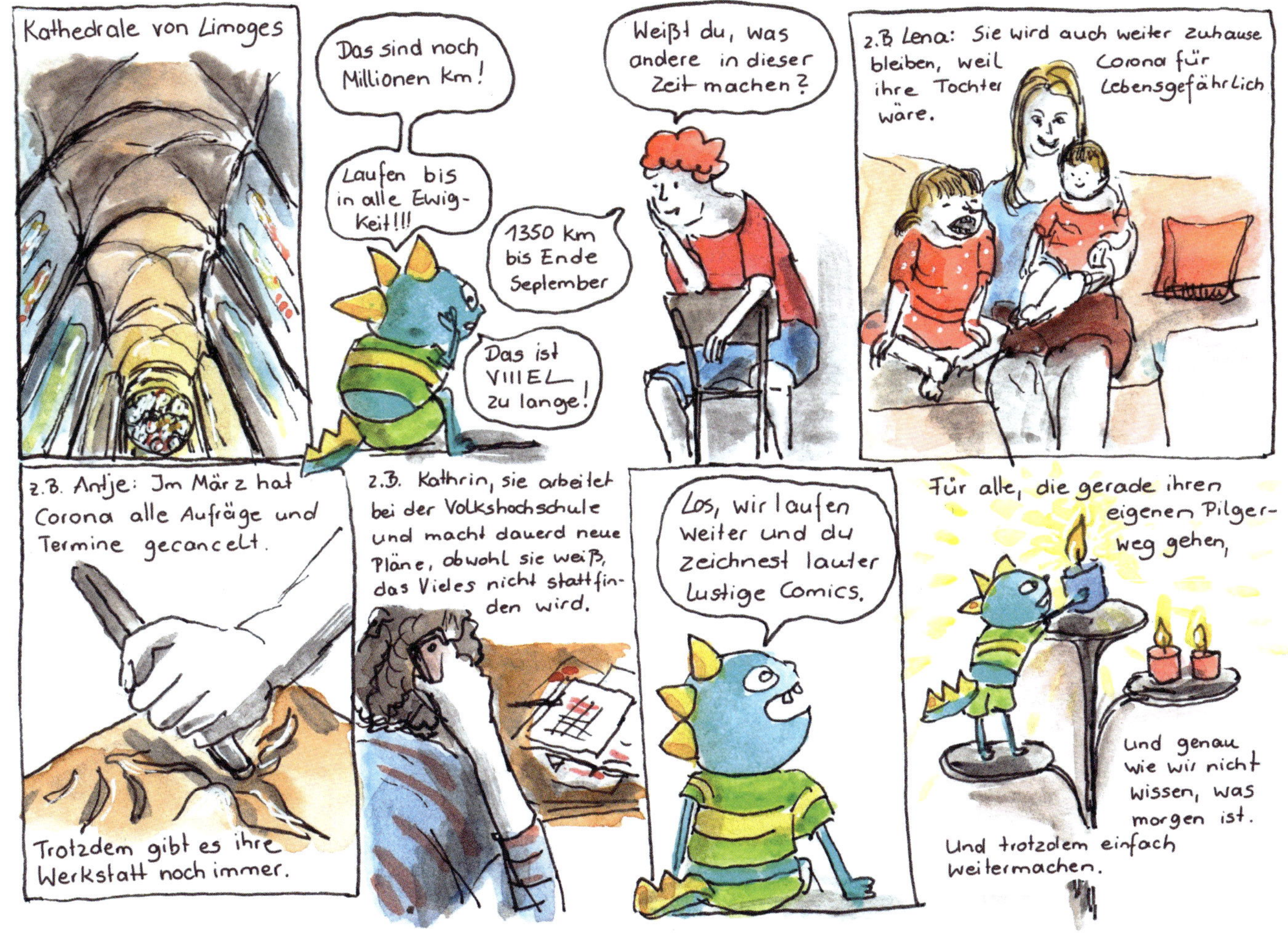

Kathedrale von Limoges
Das sind noch Millionen km!
Laufen bis in alle Ewigkeit!!!
1350 km bis Ende September
Das ist VIIIEL zu lange!
Weißt du, was andere in dieser Zeit machen?
z.B Lena: Sie wird auch weiter zuhause bleiben, weil ihre Tochter Corona für Lebensgefährlich wäre.
z.B. Antje: Im März hat Corona alle Aufträge und Termine gecancelt.
Trotzdem gibt es ihre Werkstatt noch immer.
z.B. Kathrin, sie arbeitet bei der Volkshochschule und macht dauerd neue Pläne, obwohl sie weiß, das Vieles nicht stattfinden wird.
Los, wir laufen weiter und du zeichnest lauter lustige Comics.
Für alle, die gerade ihren eigenen Pilgerweg gehen,
und genau wie wir nicht wissen, was morgen ist.
Und trotzdem einfach weitermachen.

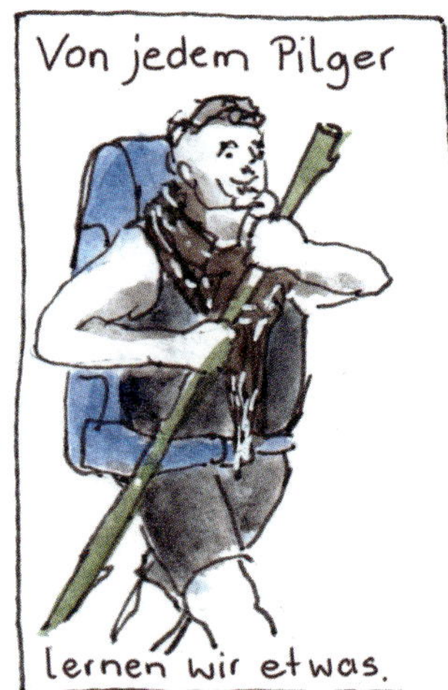

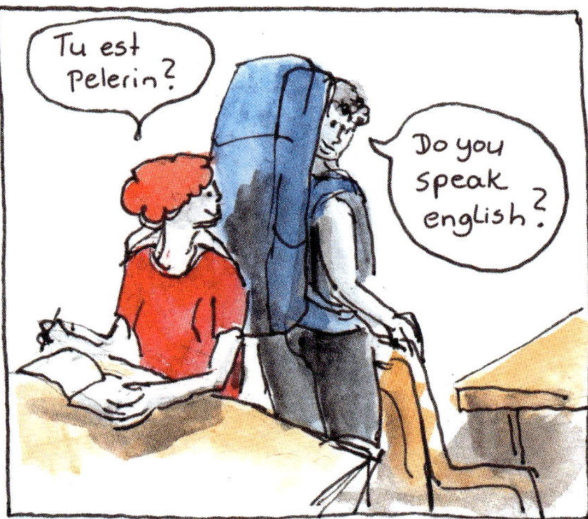

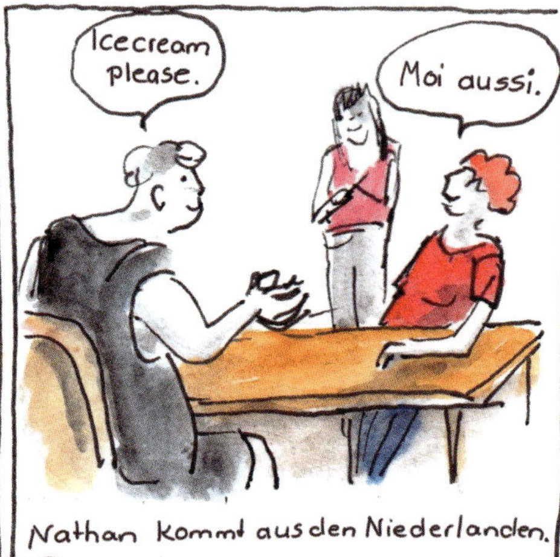

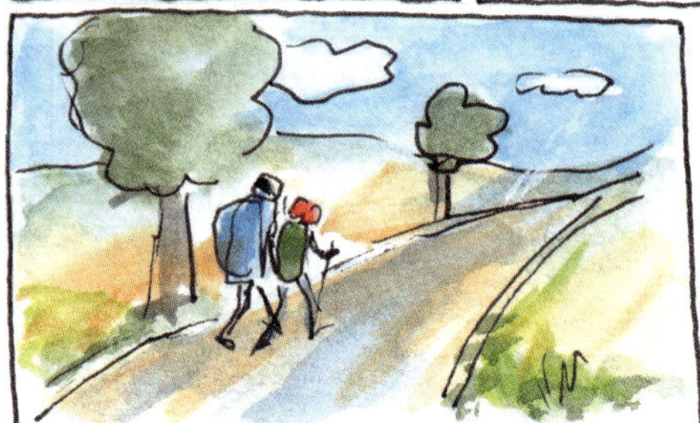

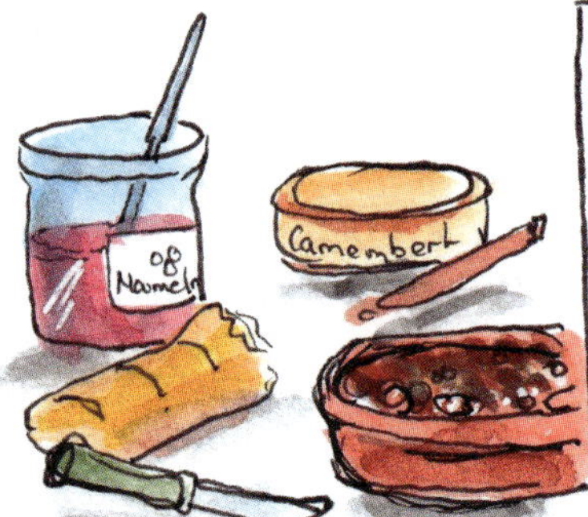

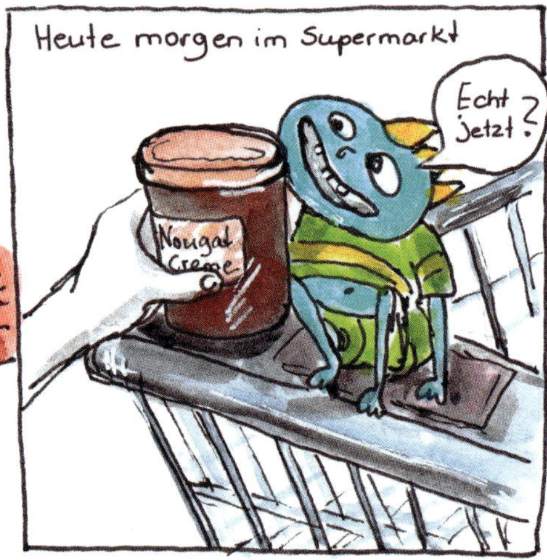

Bist du Pilger? | Sprichst du englisch? | Eis bitte. | Ich auch.

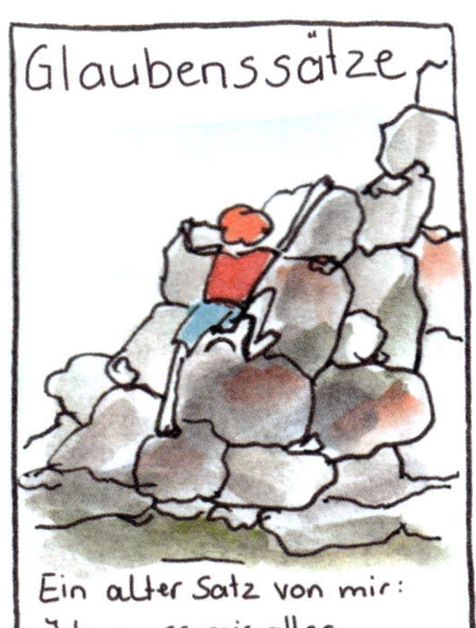
Glaubenssätze
Ein alter Satz von mir:
„Ich muss mir alles hart erarbeiten."

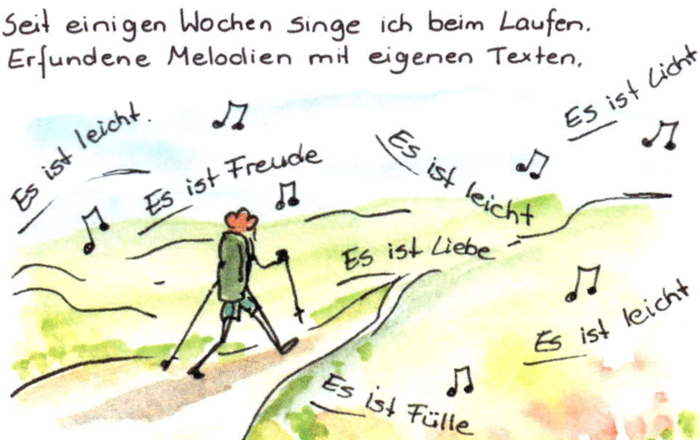
Seit einigen Wochen singe ich beim Laufen. Erfundene Melodien mit eigenen Texten.
Es ist leicht.
Es ist Freude
Es ist leicht
Es ist Licht
Es ist Liebe
Es ist leicht
Es ist Fülle
Es läuft sich leichter beim Singen.

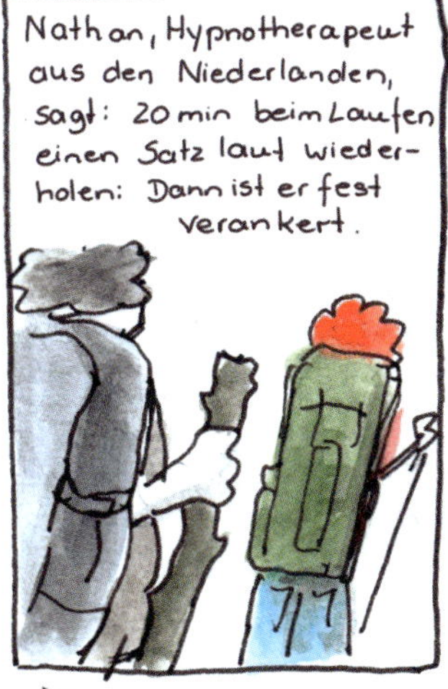
Nathan, Hypnotherapeut aus den Niederlanden, sagt: 20 min beim Laufen einen Satz laut wiederholen: Dann ist er fest verankert.

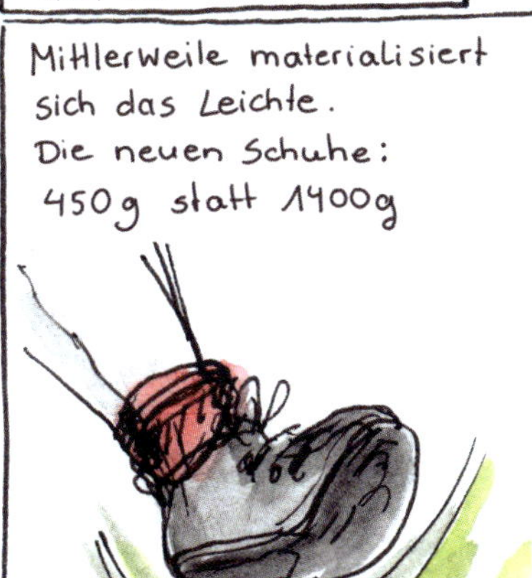
Mittlerweile materialisiert sich das Leichte.
Die neuen Schuhe: 450 g statt 1400 g

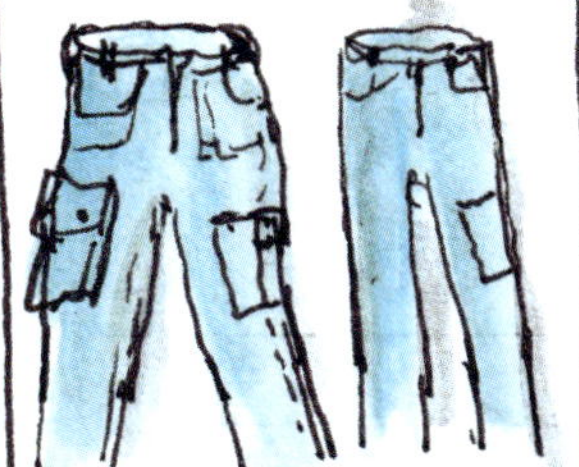
Die neue Hose: Nur halb so schwer wie die alte.
Weder Hose noch Schuhe hätte ich mir ausgesucht vor der Reise.

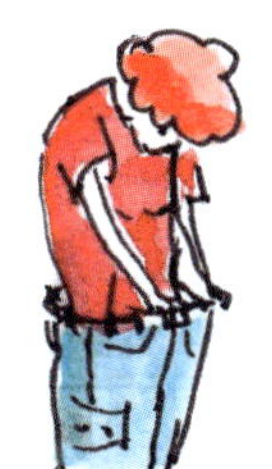
Ich selbst werde auch leichter.
Obwohl ich jeweils die kalorienhaltigsten Gerichte wähle.

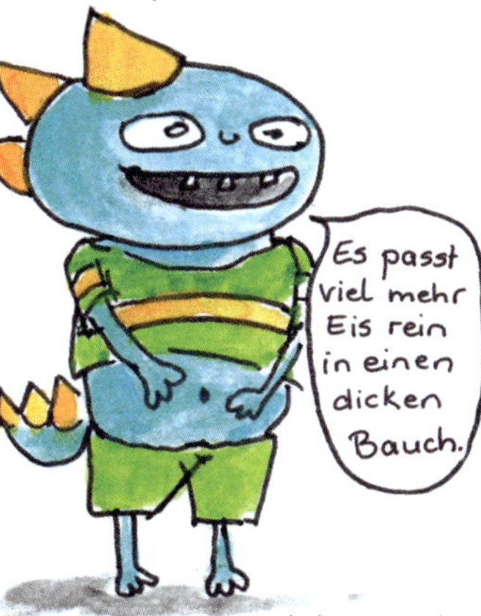
Es passt viel mehr Eis rein in einen dicken Bauch.
Nur einer bleibt rund.

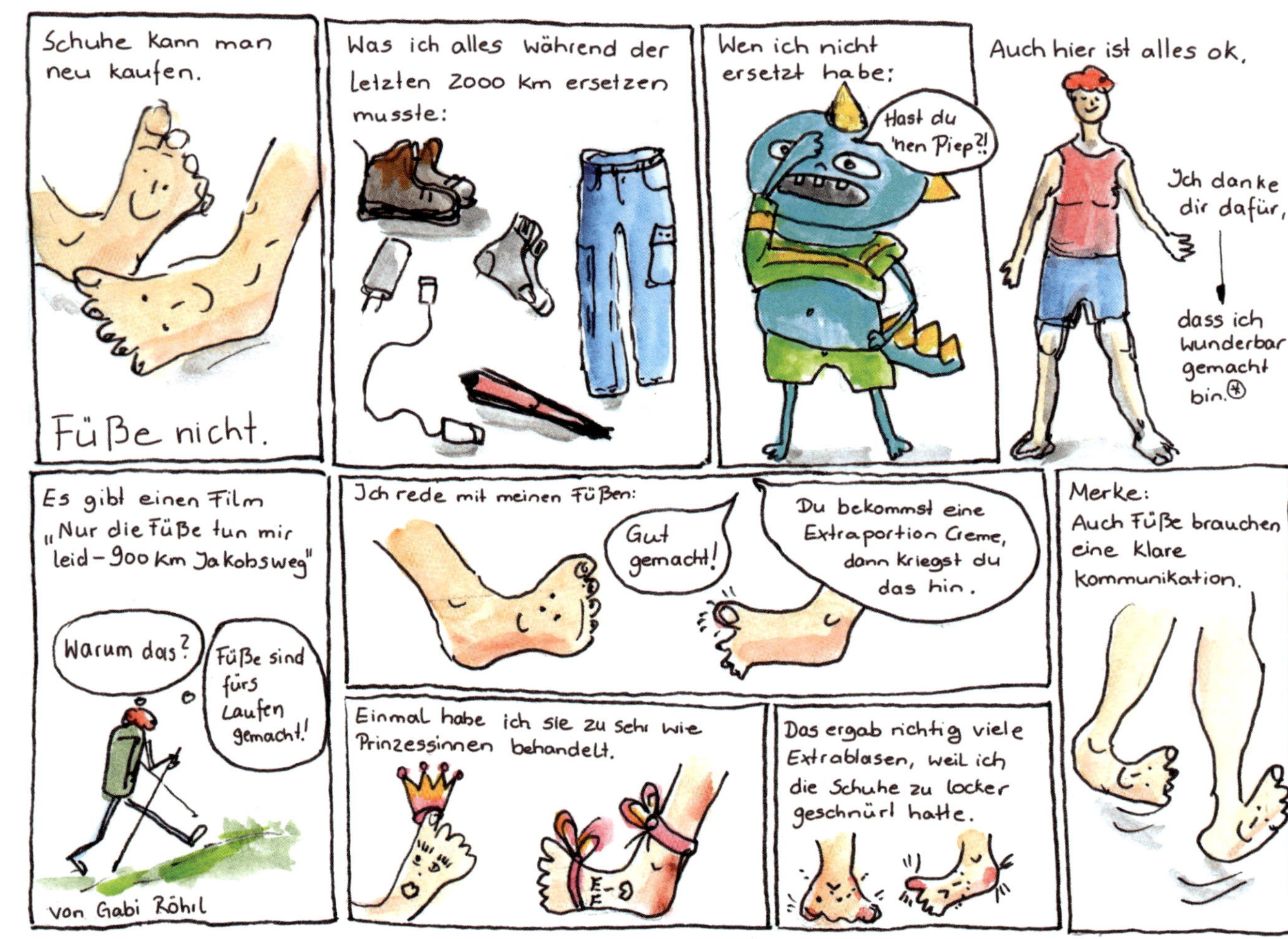

Schuhe kann man neu kaufen.
Füße nicht.
Was ich alles während der letzten 2000 km ersetzen musste:
Wen ich nicht ersetzt habe:
Hast du 'nen Piep?!
Auch hier ist alles ok.
Ich danke dir dafür,
dass ich wunderbar gemacht bin.*
Es gibt einen Film „Nur die Füße tun mir leid – 900 km Jakobsweg"
Warum das?
Füße sind fürs Laufen gemacht!
von Gabi Röhrl
Ich rede mit meinen Füßen:
Gut gemacht!
Du bekommst eine Extraportion Creme, dann kriegst du das hin.
Einmal habe ich sie zu sehr wie Prinzessinnen behandelt.
Das ergab richtig viele Extrablasen, weil ich die Schuhe zu locker geschnürt hatte.
Merke:
Auch Füße brauchen eine klare Kommunikation.

*Psalm 139

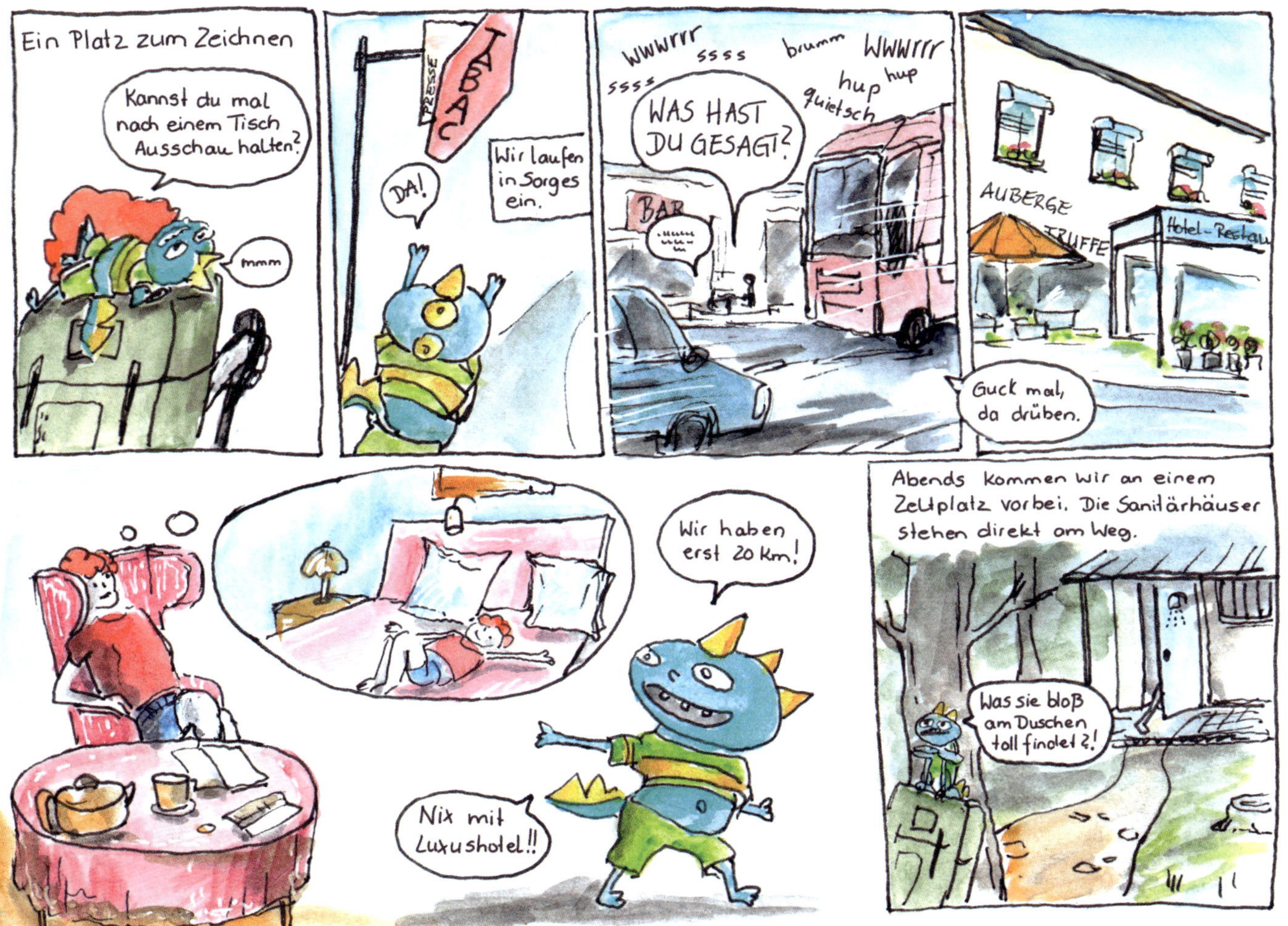
Ein Platz zum Zeichnen
Kannst du mal nach einem Tisch Ausschau halten?
mmm
TABAC
PRESSE
DA!
Wir laufen in Sorges ein.
WWWrrr
ssss
brumm
WWWrrr
ssss
hup
hup
quietsch
WAS HAST DU GESAGT?
BAR
AUBERGE
TRUFFE
Hotel-Restau
Guck mal, da drüben.
Wir haben erst 20 km!
Nix mit Luxushotel!!
Abends kommen wir an einem Zeltplatz vorbei. Die Sanitärhäuser stehen direkt am Weg.
Was sie bloß am Duschen toll findet?!

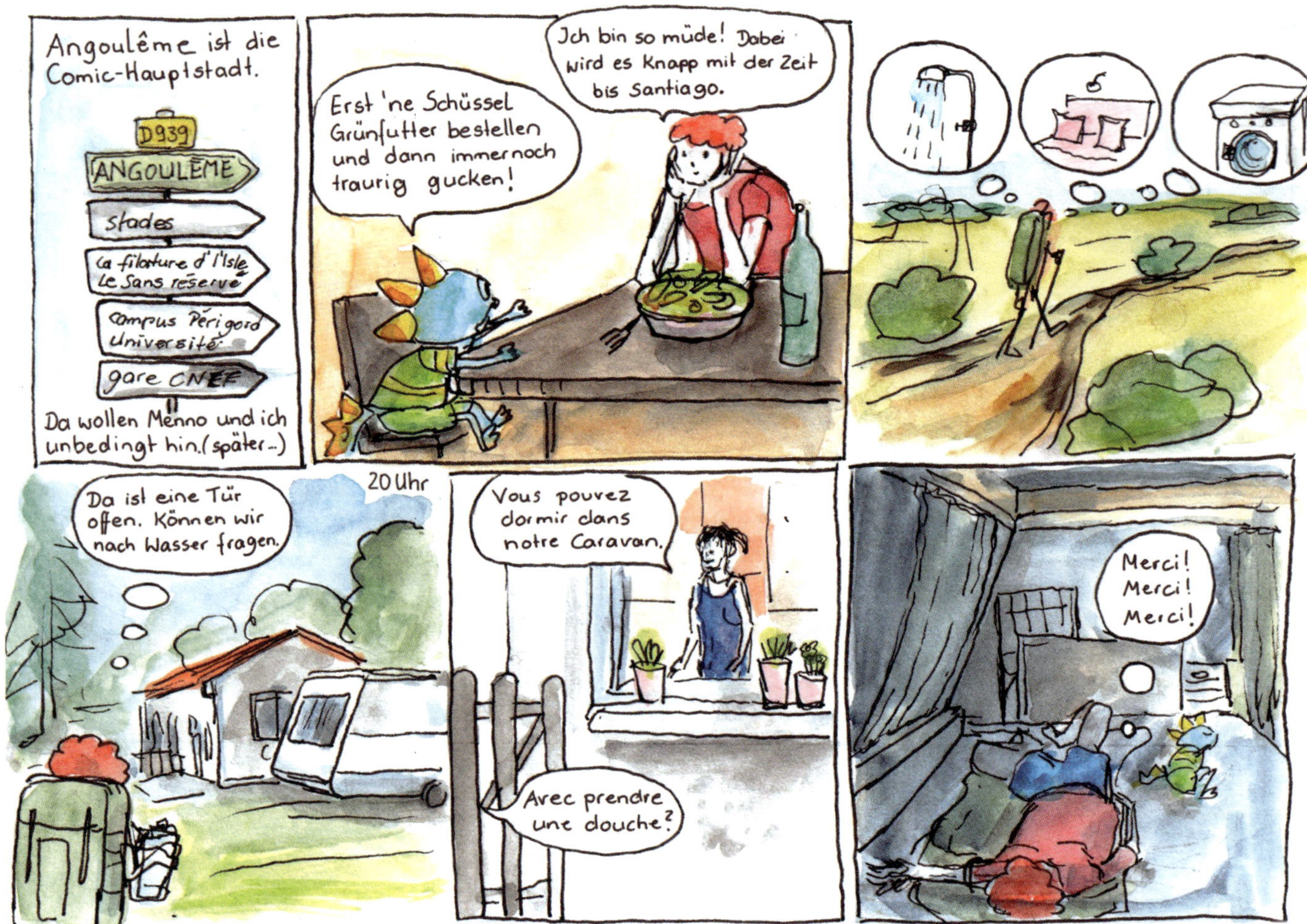

Sie können in unserem Wohnwagen schlafen. | Mit duschen? | Danke! Danke! Danke!

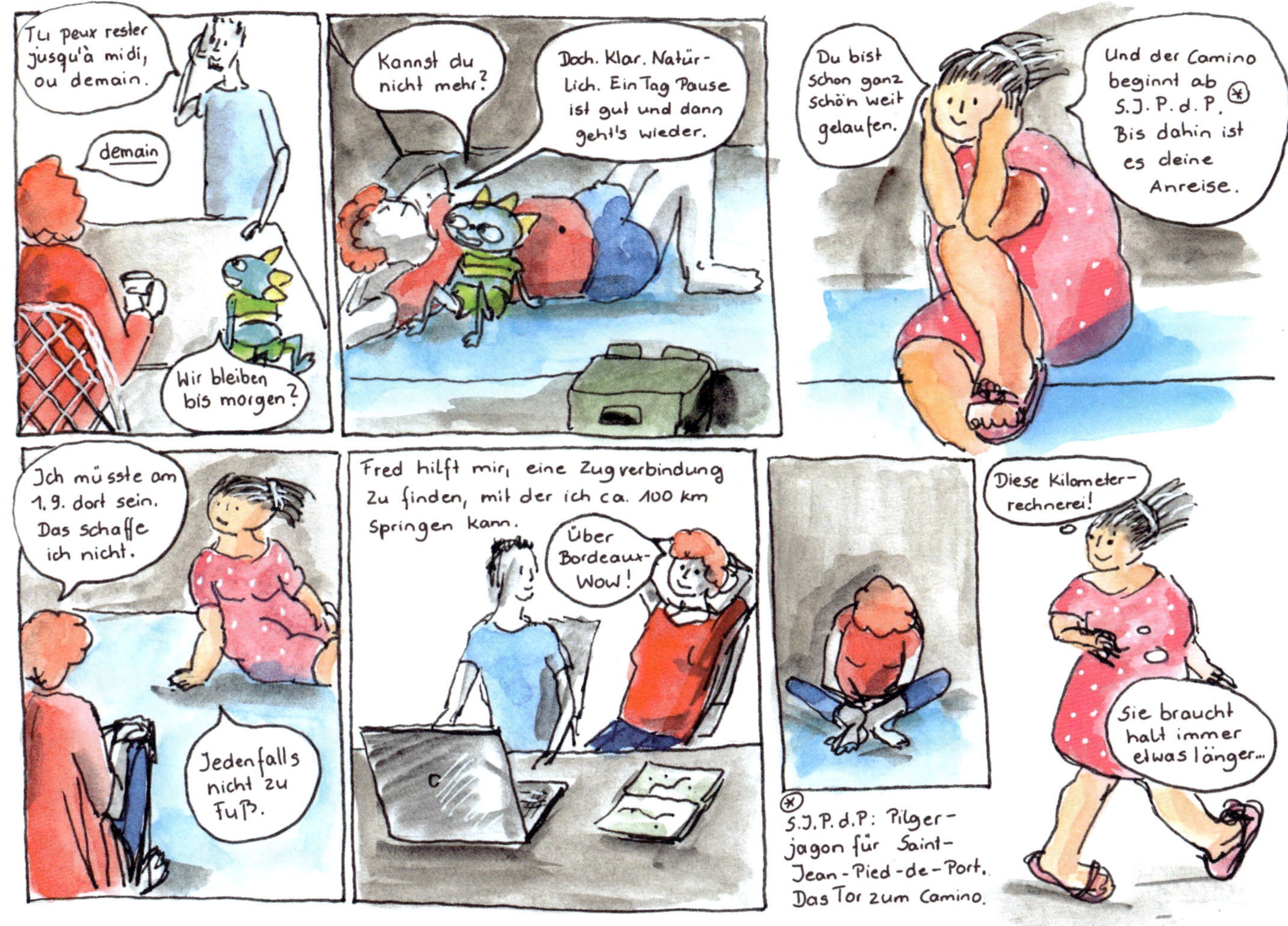

Du könntest bis mittag oder bis morgen bleiben. | Morgen.

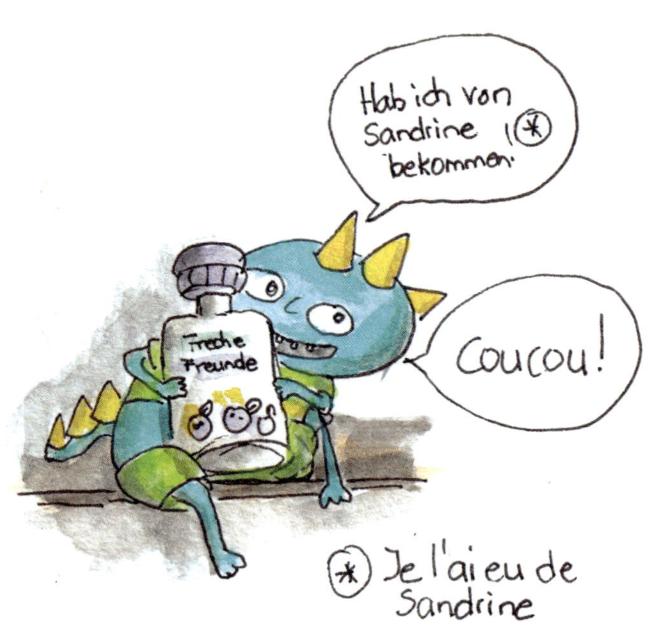
Hab ich von Sandrine (*) bekommen.
Freche Freunde
Coucou!
(*) Je l'ai eu de Sandrine

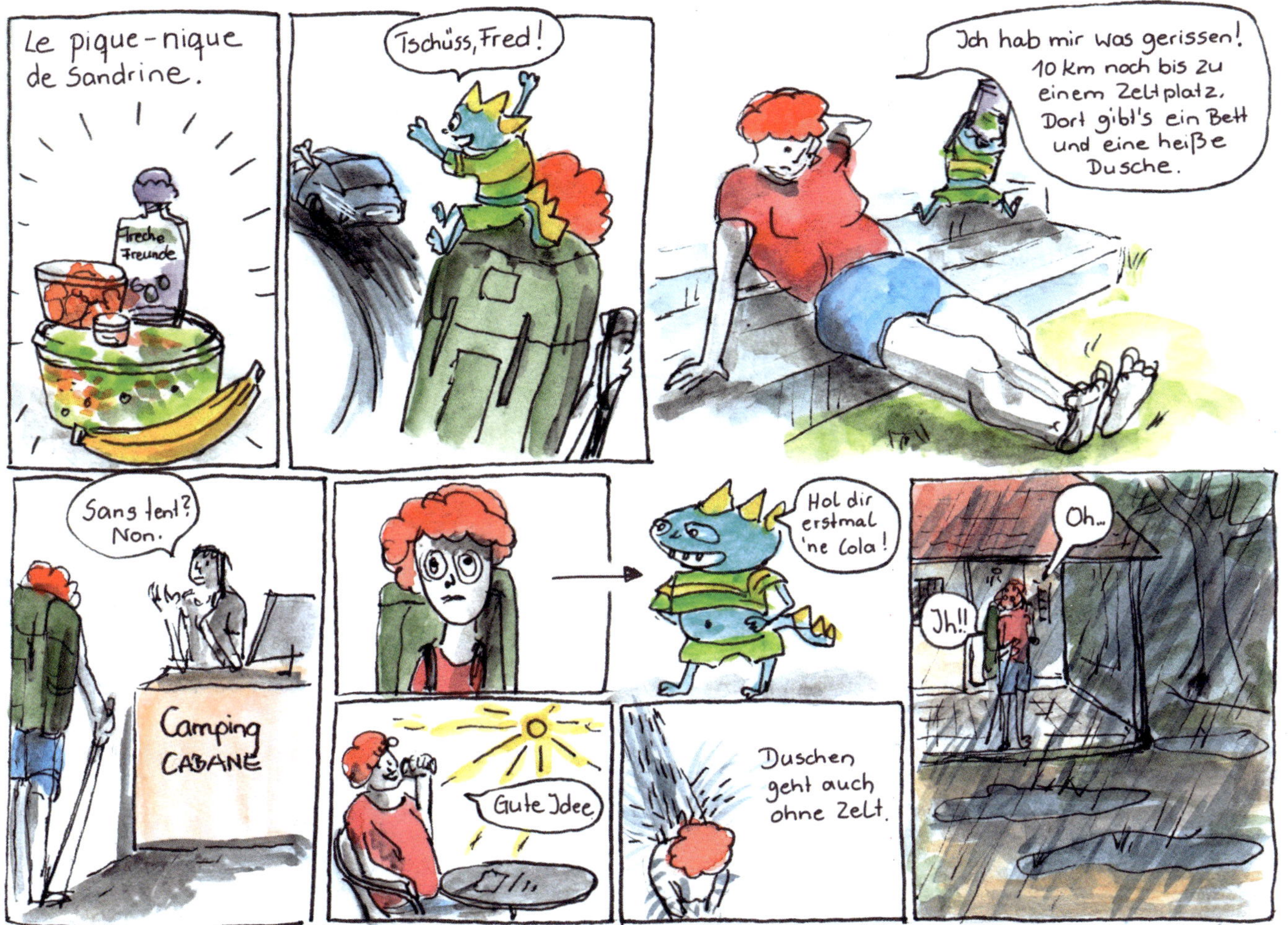
Le pique-nique de Sandrine.
Freche Freunde
Tschüss, Fred!
Jch hab mir was gerissen! 10 km noch bis zu einem Zeltplatz. Dort gibt's ein Bett und eine heiße Dusche.
Sans tent? Non.
Camping CABANE
Hol dir erstmal 'ne Cola!
Gute Jdee
Duschen geht auch ohne Zelt.
Oh..
Jh!!

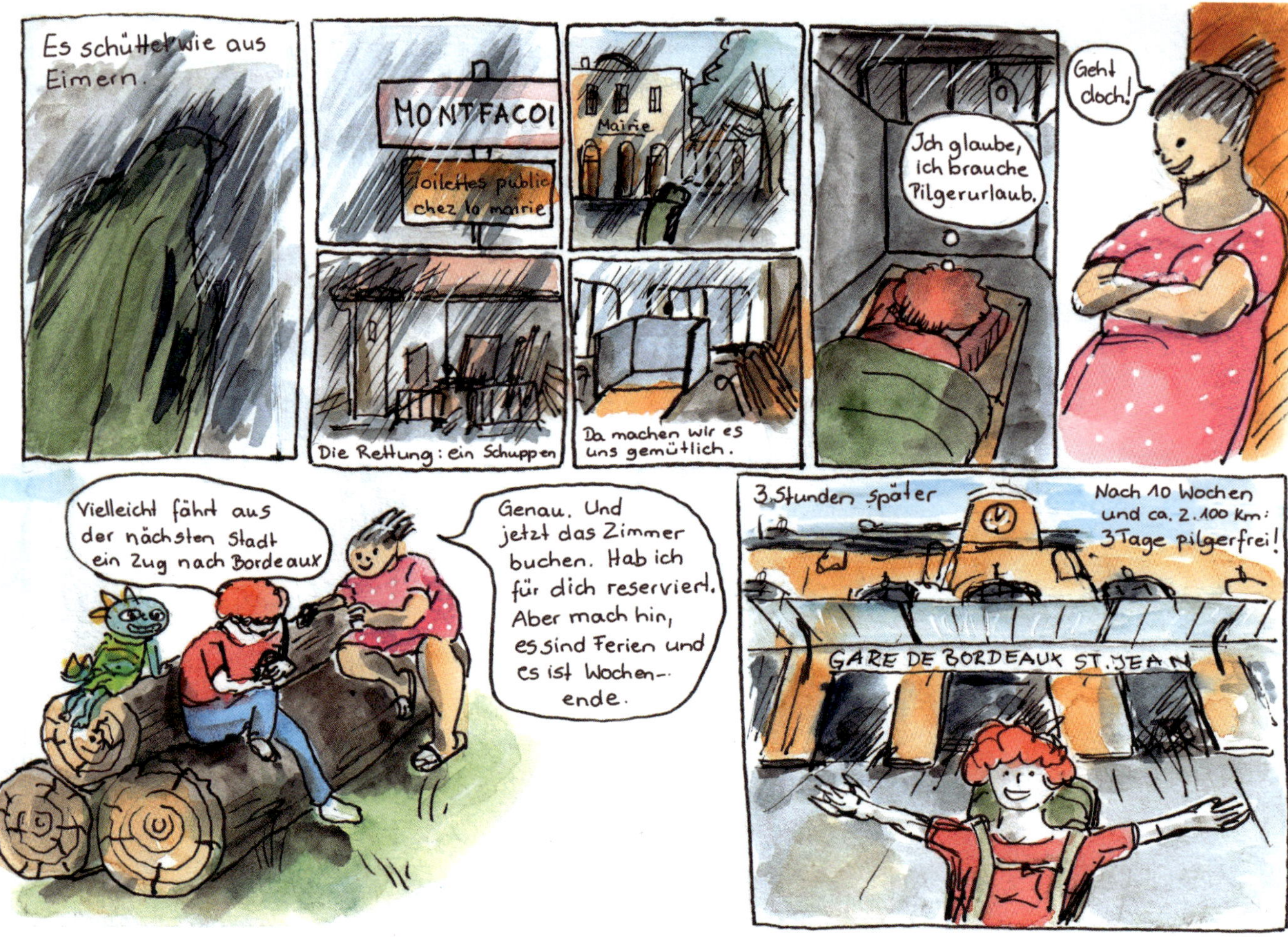
Es schüttet wie aus Eimern.
MONTFACO
Toilettes public chez la mairie
Mairie
Die Rettung: ein Schuppen
Da machen wir es uns gemütlich.
Jch glaube, ich brauche Pilgerurlaub.
Geht doch!
Vielleicht fährt aus der nächsten Stadt ein Zug nach Bordeaux
Genau. Und jetzt das Zimmer buchen. Hab ich für dich reserviert. Aber mach hin, es sind Ferien und es ist Wochen-ende.
3 Stunden später
Nach 10 Wochen und ca. 2.100 Km: 3 Tage pilgerfrei!
GARE DE BORDEAUX ST. JEAN

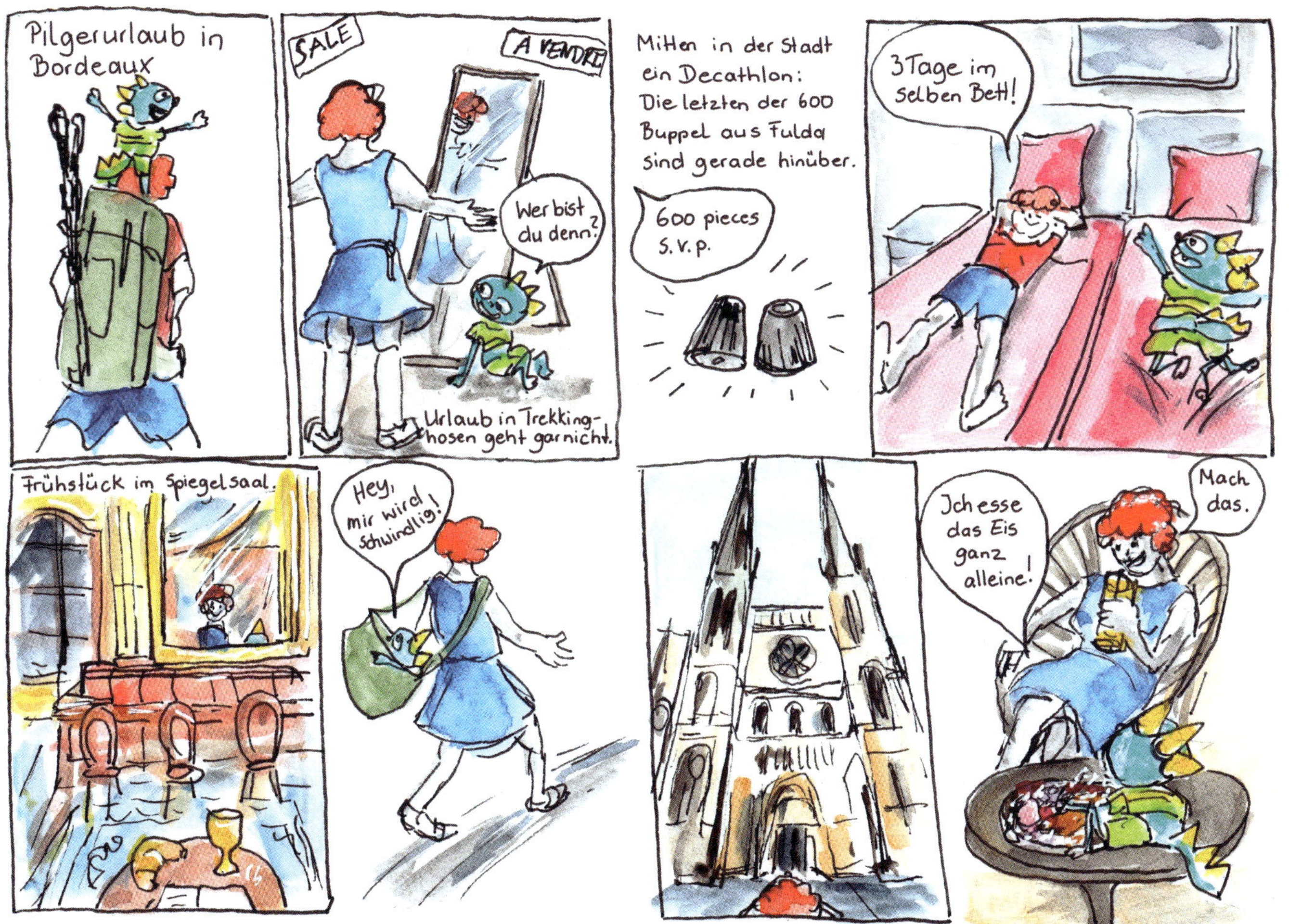
Pilgerurlaub in Bordeaux
SALE
A VENDRE
Wer bist du denn?
Urlaub in Trekking-hosen geht garnicht.
Mitten in der Stadt ein Decathlon: Die letzten der 600 Buppel aus Fulda sind gerade hinüber.
600 pieces s.v.p.
3 Tage im selben Bett!
Frühstück im Spiegelsaal.
Hey, mir wird schwindlig!
Ich esse das Eis ganz alleine!
Mach das.

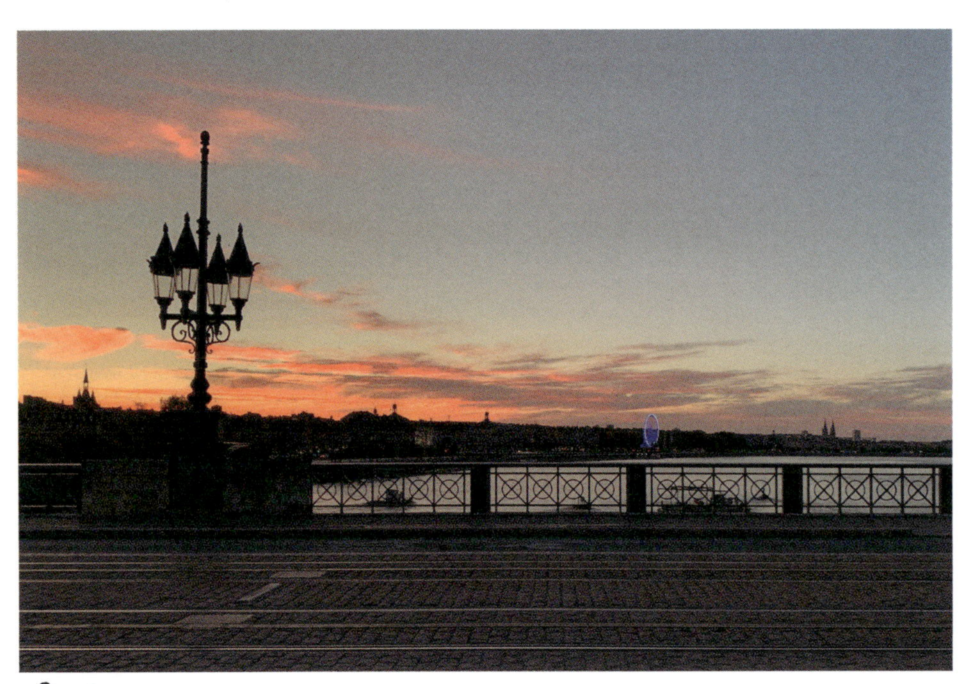

Bordeaux

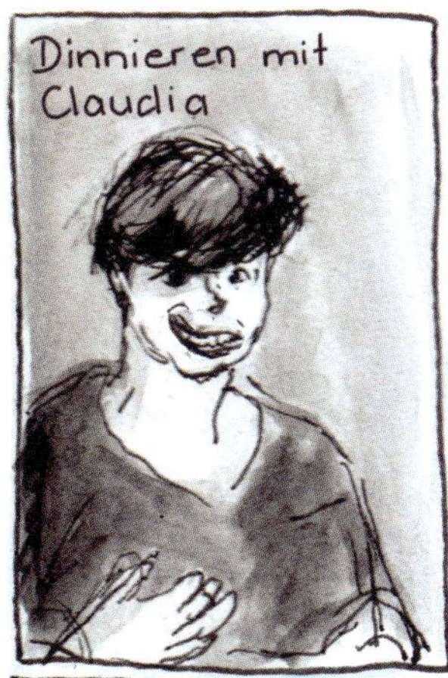

Von Claudias Frau habe ich 50€ bekommen, verbunden mit dem Auftrag, ein gutes französisches Menü, inklusive Wein zu genießen. Für mich, die ich gut mit Nüssen und Baguette zurechtkomme, eine echte Herausforderung und ein Abenteuer. Aber wo, wenn nicht in Bordeaux.

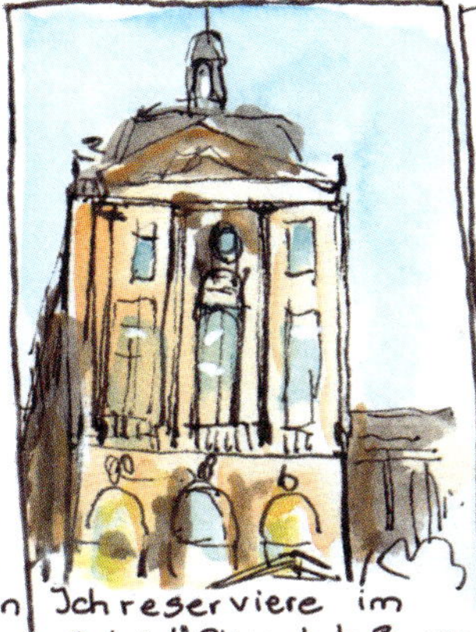

Ich reserviere im „Gabriel", Place de la Bourse.

Abends bitte ich sie, sich zu mir zu setzen. Mit ihrer offenen Art ist es einfach für mich, meine Hemmungen in der ungewohnten Umgebung zu überwinden.

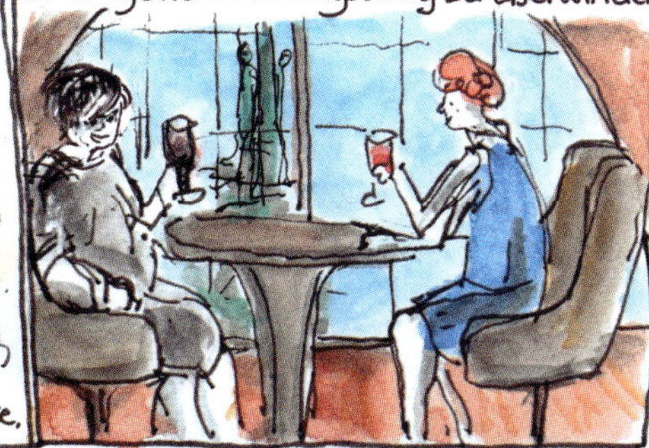

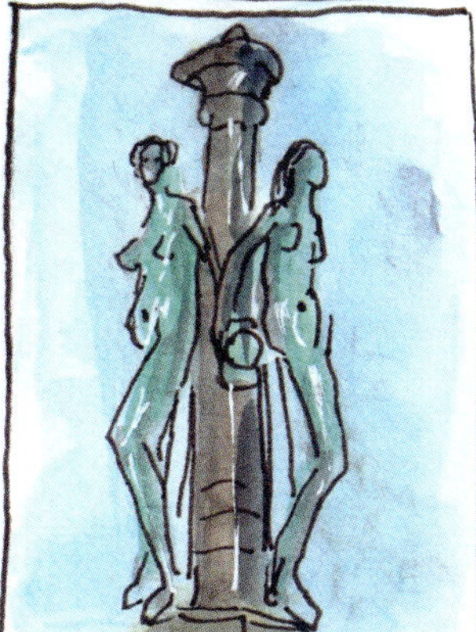

Wir freuen uns an den attraktiven Frauen vor unserem Fenster.

Claudia habe ich das letzte Mal vor ca. 1½ Jahren getroffen. Sie hat bei mir gezeichnet. Wir waren Essen in Berensen und hatten viel Spaß miteinander. Dann ist sie schwer krank geworden und im Frühjahr gestorben. Es war Lockdown. Keine Abschiedsparty für diese lebenslustige, fröhliche Frau.

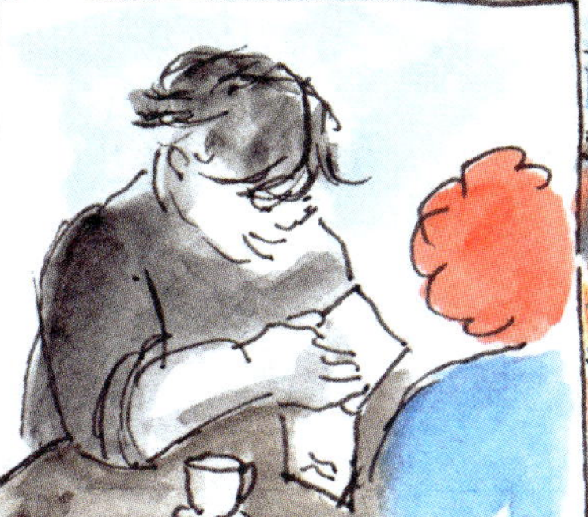

Beim Espresso falten wir ein Schiffchen, mit dem sie auf die andere Seite zurückkehren wird. Meine Wünsche und Träume nimmt sie mit.

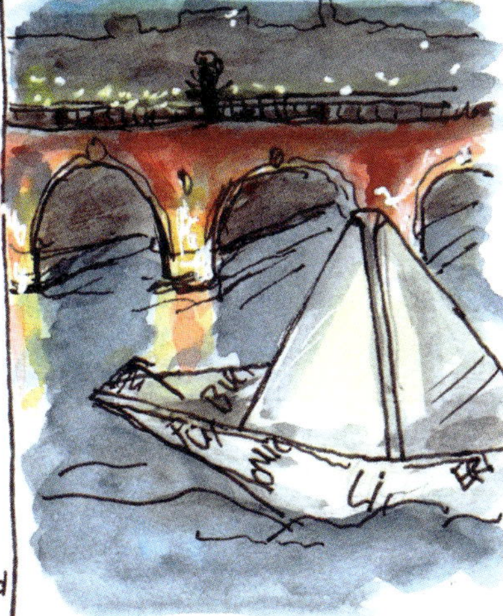

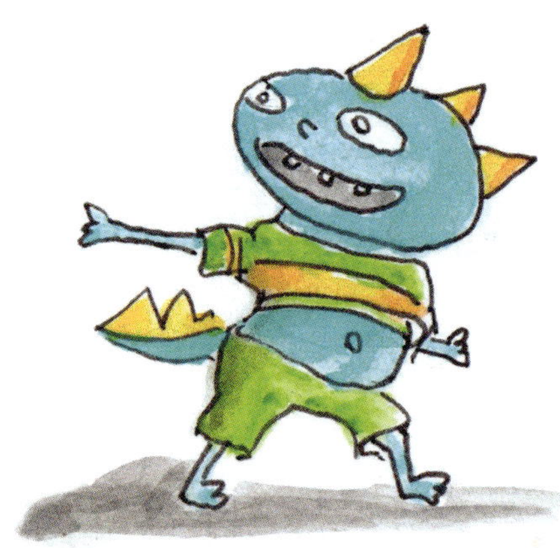

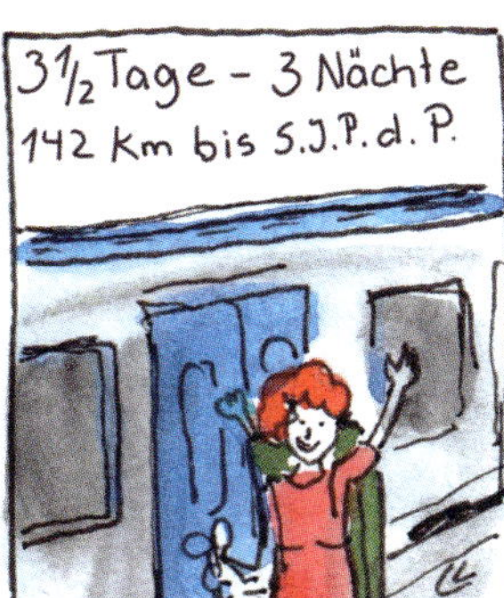
3½ Tage – 3 Nächte
142 Km bis S.J.P.d.P.
Urlauberin kehrt zurück auf den Pilgerweg.

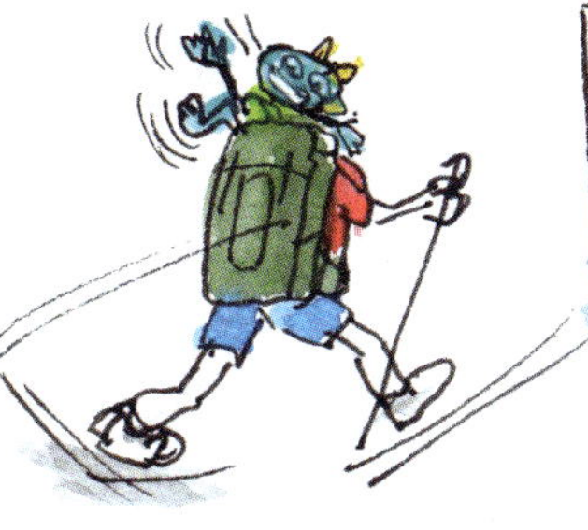
In S.J.P.d.P. wartet ein Päckchen. Planmäßig wären wir Samstagabend dort und müssten bis Montag warten. Also beschließen wir, den Turbogang einzulegen.

Die Tage werden kürzer. Das sind die letzten drei Nächte, an denen wir draußen schlafen.

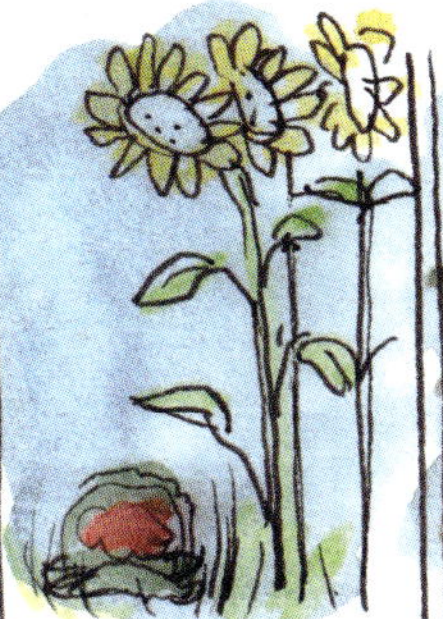
1. Nacht: Am Rand eines Sonnenblumenfeldes.

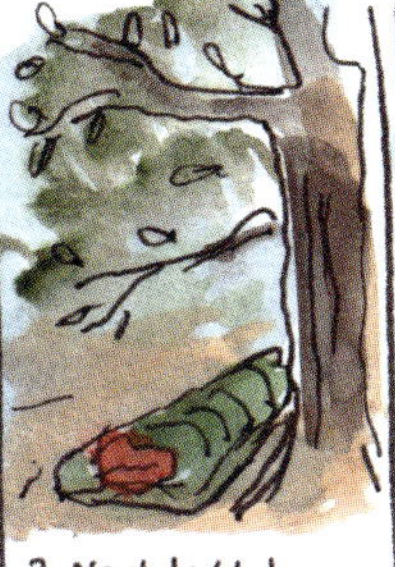
2. Nacht: Unter einer Linde auf einem evangelischen(!) Friedhof.

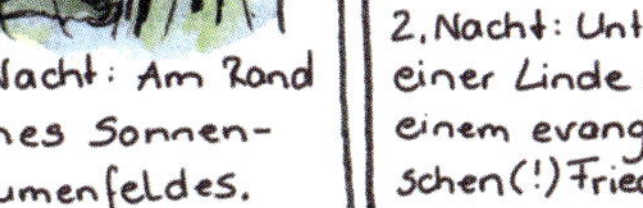
3. Nacht: In einer Kapelle. Mit Wasseranschluss – Luxus! Und regensicher.

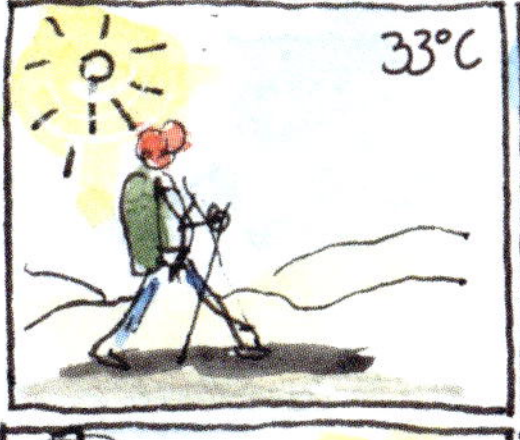
33°C

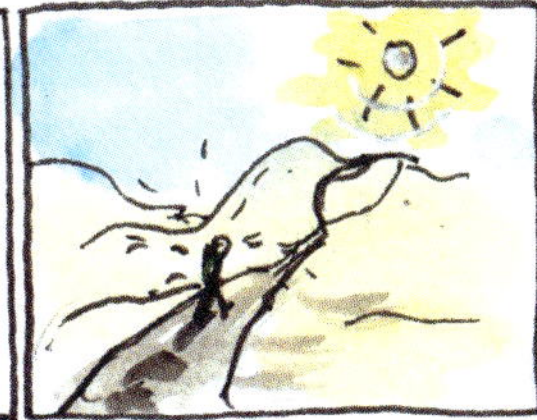

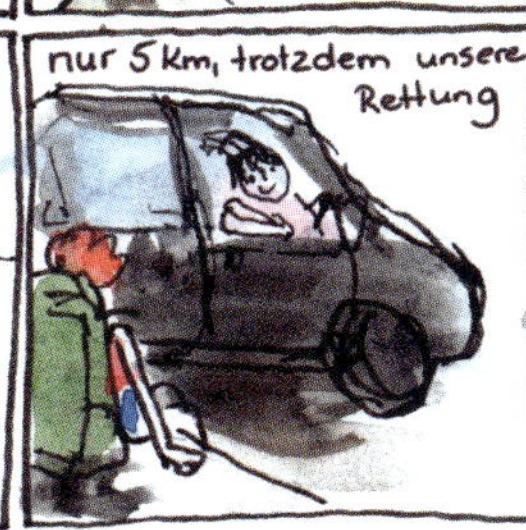
nur 5 Km, trotzdem unsere Rettung

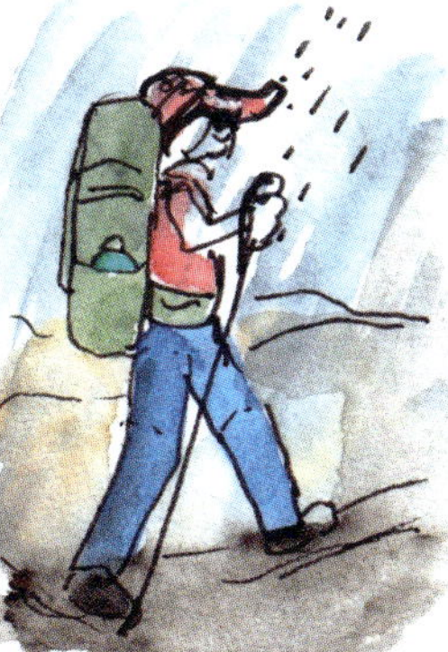
Bei Regen fällt der Turboantrieb leider aus.

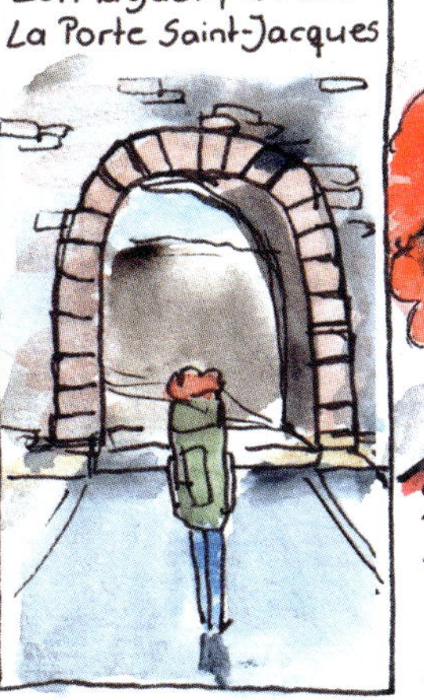
28. August, 14 Uhr
La Porte Saint-Jacques

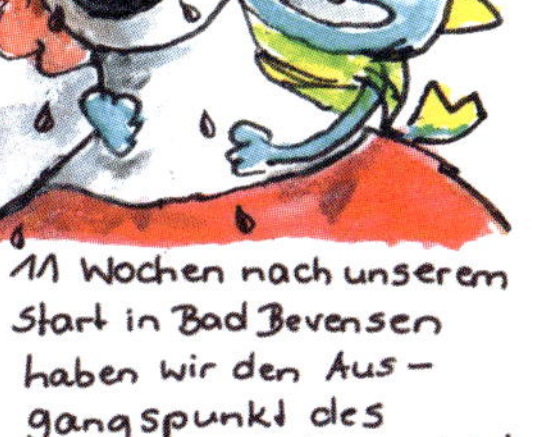
11 Wochen nach unserem Start in Bad Bevensen haben wir den Ausgangspunkt des Camino francés erreicht.

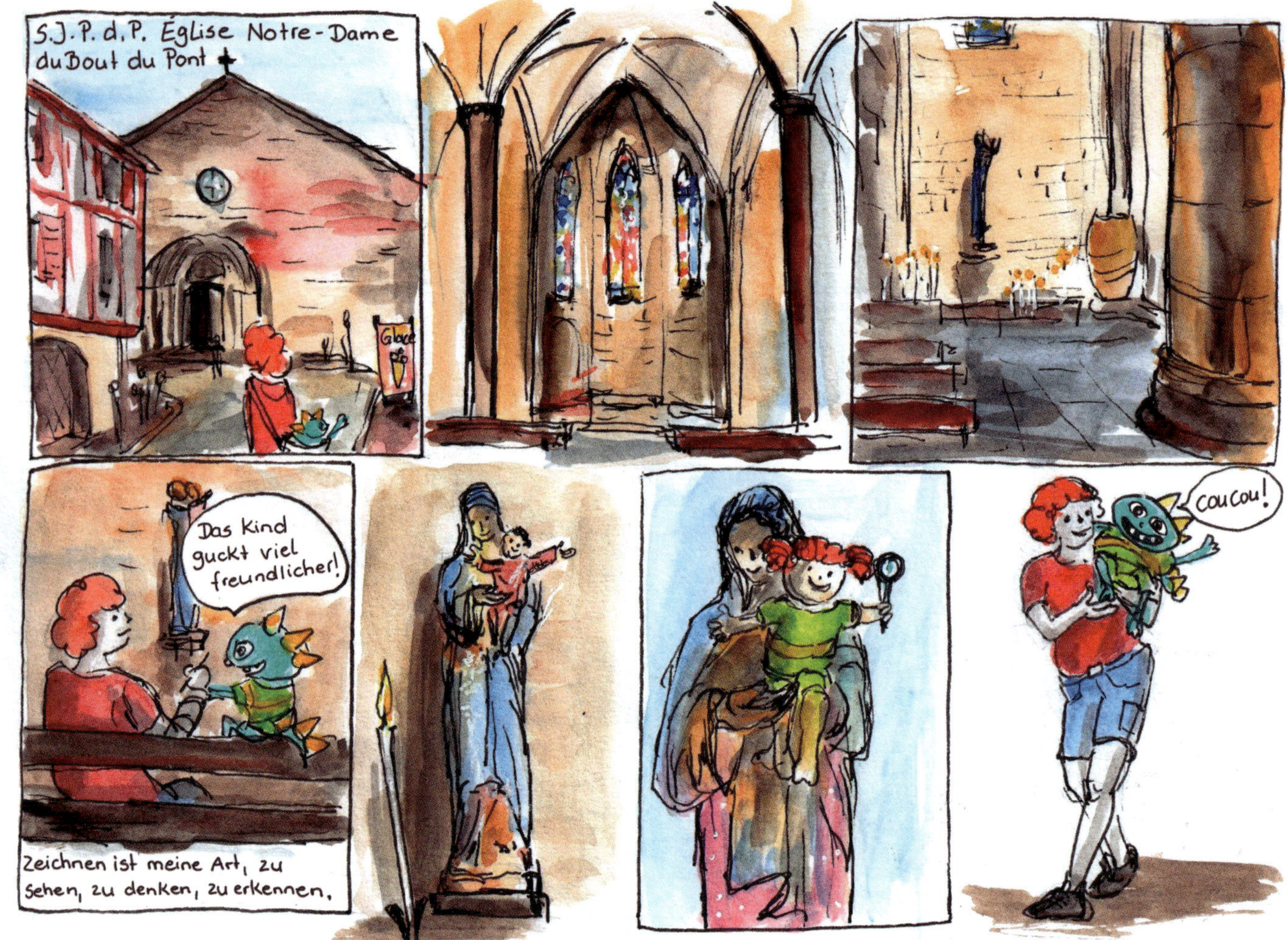
S.J.P.d.P. Église Notre-Dame du Bout du Pont
Glace
Das Kind guckt viel freundlicher!
Zeichnen ist meine Art, zu sehen, zu denken, zu erkennen.
Coucou!

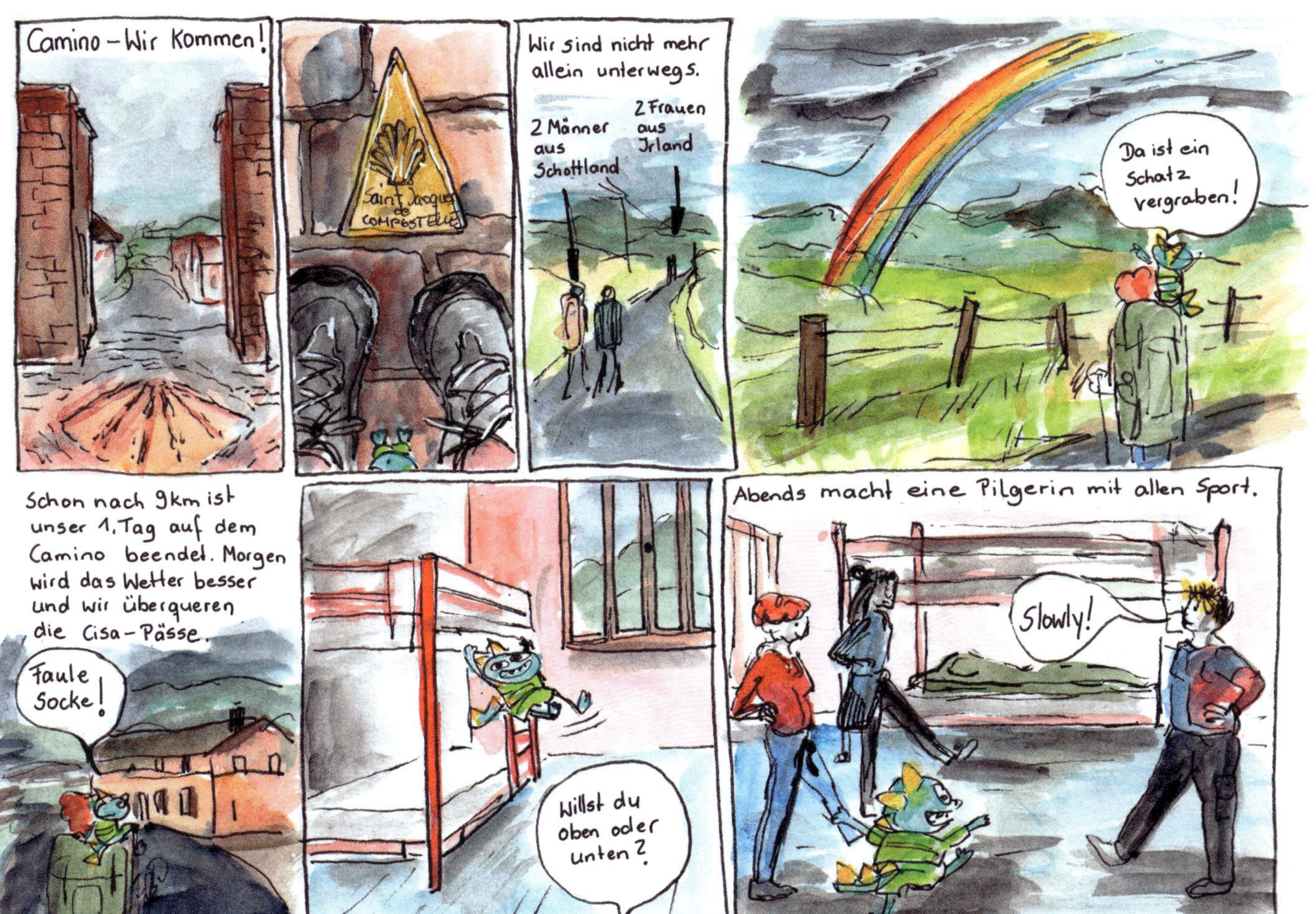
Camino – Wir Kommen!
Saint Jacques de Compostelle
Wir sind nicht mehr allein unterwegs.
2 Männer aus Schottland
2 Frauen aus Irland
Da ist ein Schatz vergraben!
Schon nach 9 km ist unser 1. Tag auf dem Camino beendet. Morgen wird das Wetter besser und wir überqueren die Cisa-Pässe.
Faule Socke!
Willst du oben oder unten?
Abends macht eine Pilgerin mit allen Sport.
Slowly!

Langsam!

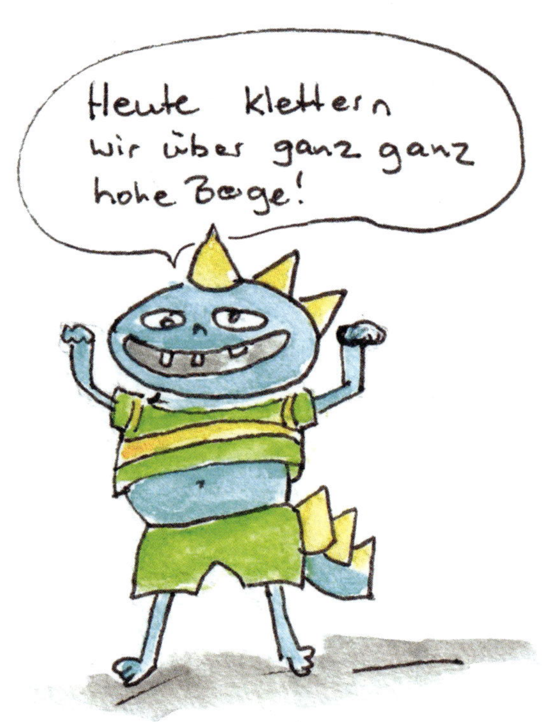
Heute klettern
wir über ganz ganz
hohe Berge!

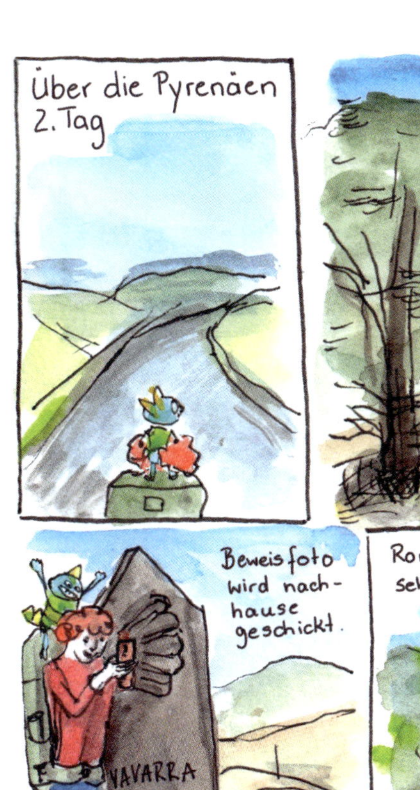
Über die Pyrenäen
2. Tag

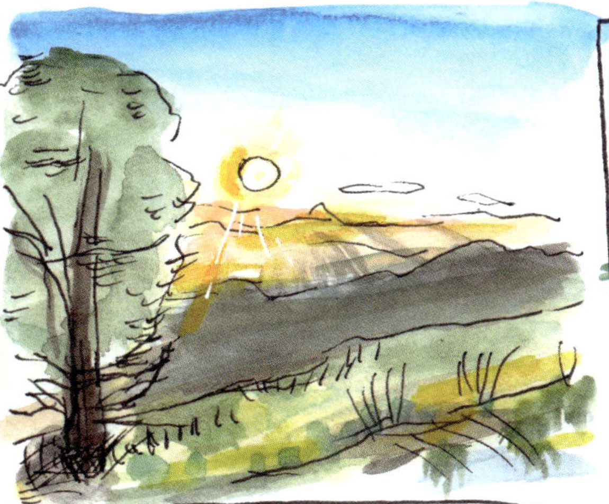

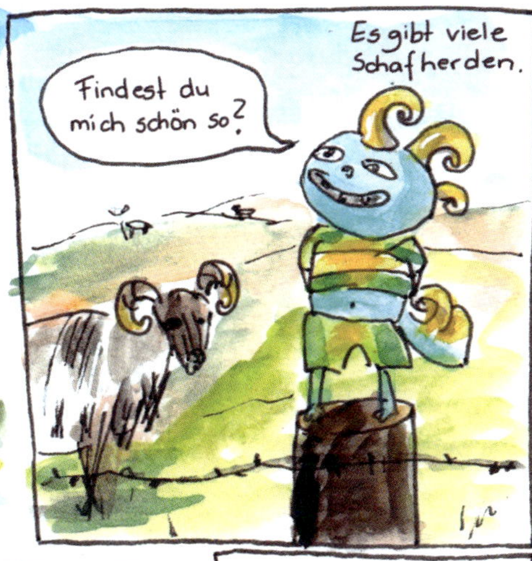
Es gibt viele Schafherden.
Findest du mich schön so?

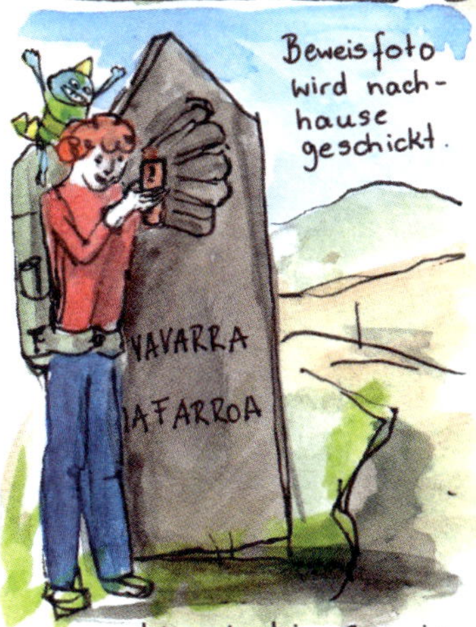
Beweisfoto wird nachhause geschickt.
NAVARRA
NAFARROA
Wir sind in Spanien.

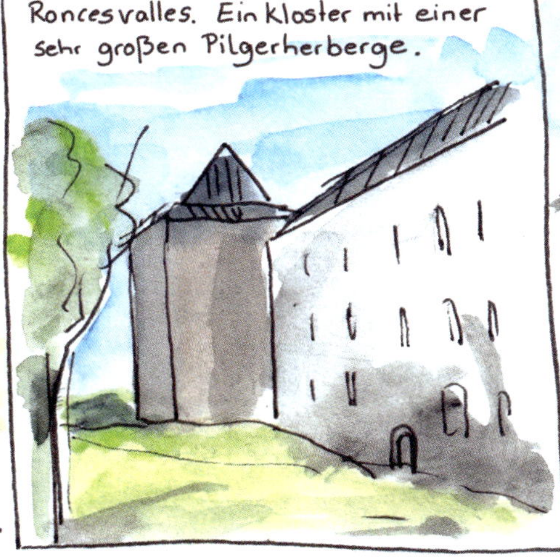
Roncesvalles. Ein Kloster mit einer sehr großen Pilgerherberge.

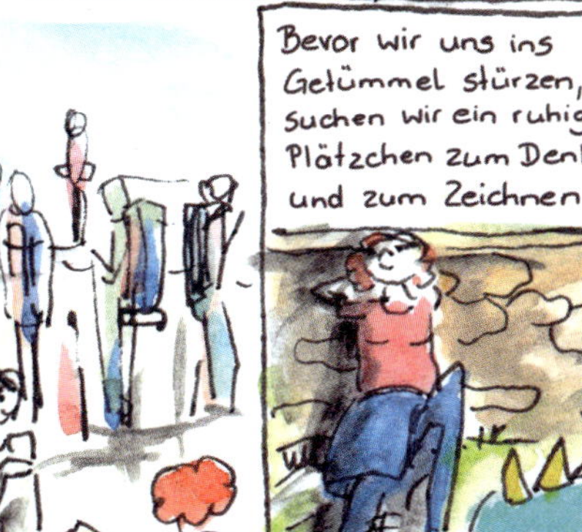
Bevor wir uns ins Getümmel stürzen, suchen wir ein ruhiges Plätzchen zum Denken und zum Zeichnen.

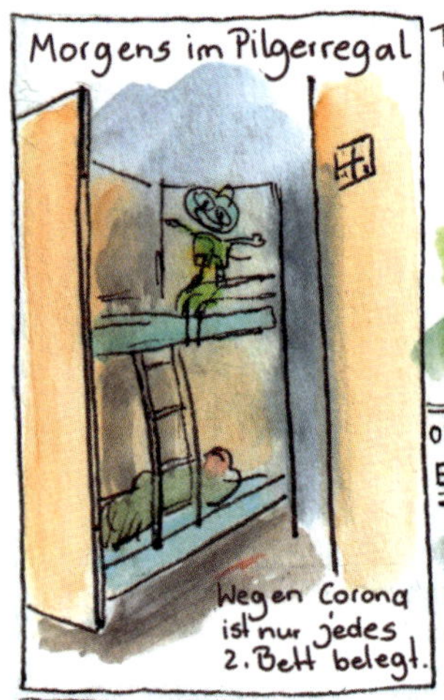
Morgens im Pilgerregal
Wegen Corona ist nur jedes 2. Bett belegt.

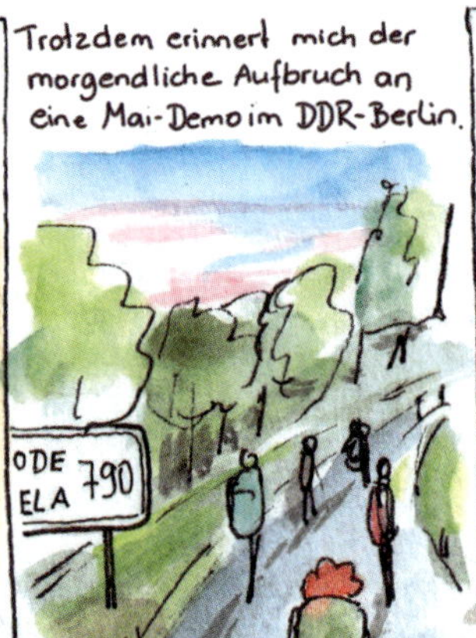
Trotzdem erinnert mich der morgendliche Aufbruch an eine Mai-Demo im DDR-Berlin.
ODE
ELA 790

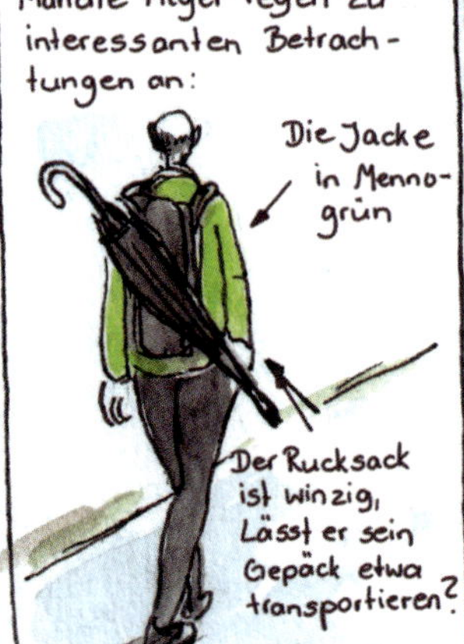
Manche Pilger regen zu interessanten Betrachtungen an:
Die Jacke in Menno-grün
Der Rucksack ist winzig, Lässt er sein Gepäck etwa transportieren?

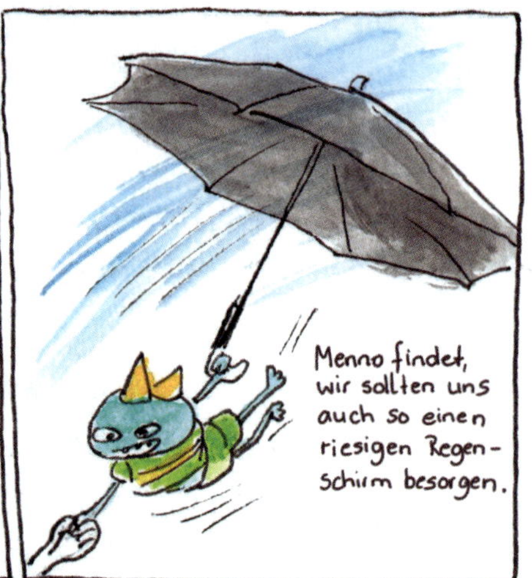
Menno findet, wir sollten uns auch so einen riesigen Regenschirm besorgen.

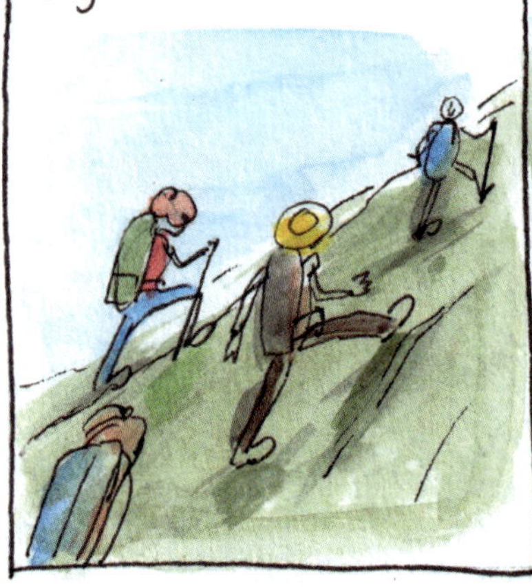
Bergauf überholen uns Pilgerscharen.

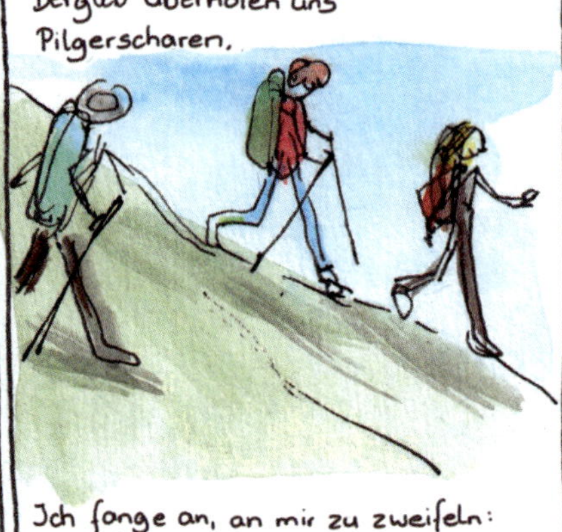
Bergab überholen uns Pilgerscharen.

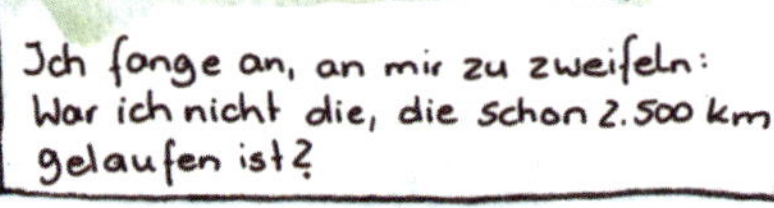
Jch fange an, an mir zu zweifeln: War ich nicht die, die schon 2.500 km gelaufen ist?

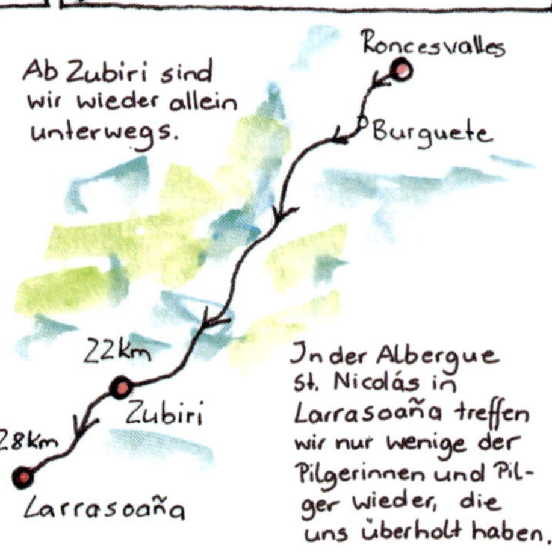
Ab Zubiri sind wir wieder allein unterwegs.
Roncesvalles
Burguete
22 km
Zubiri
28 km
Larrasoaña
Jn der Albergue St. Nicolás in Larrasoaña treffen wir nur wenige der Pilgerinnen und Pilger wieder, die uns überholt haben.

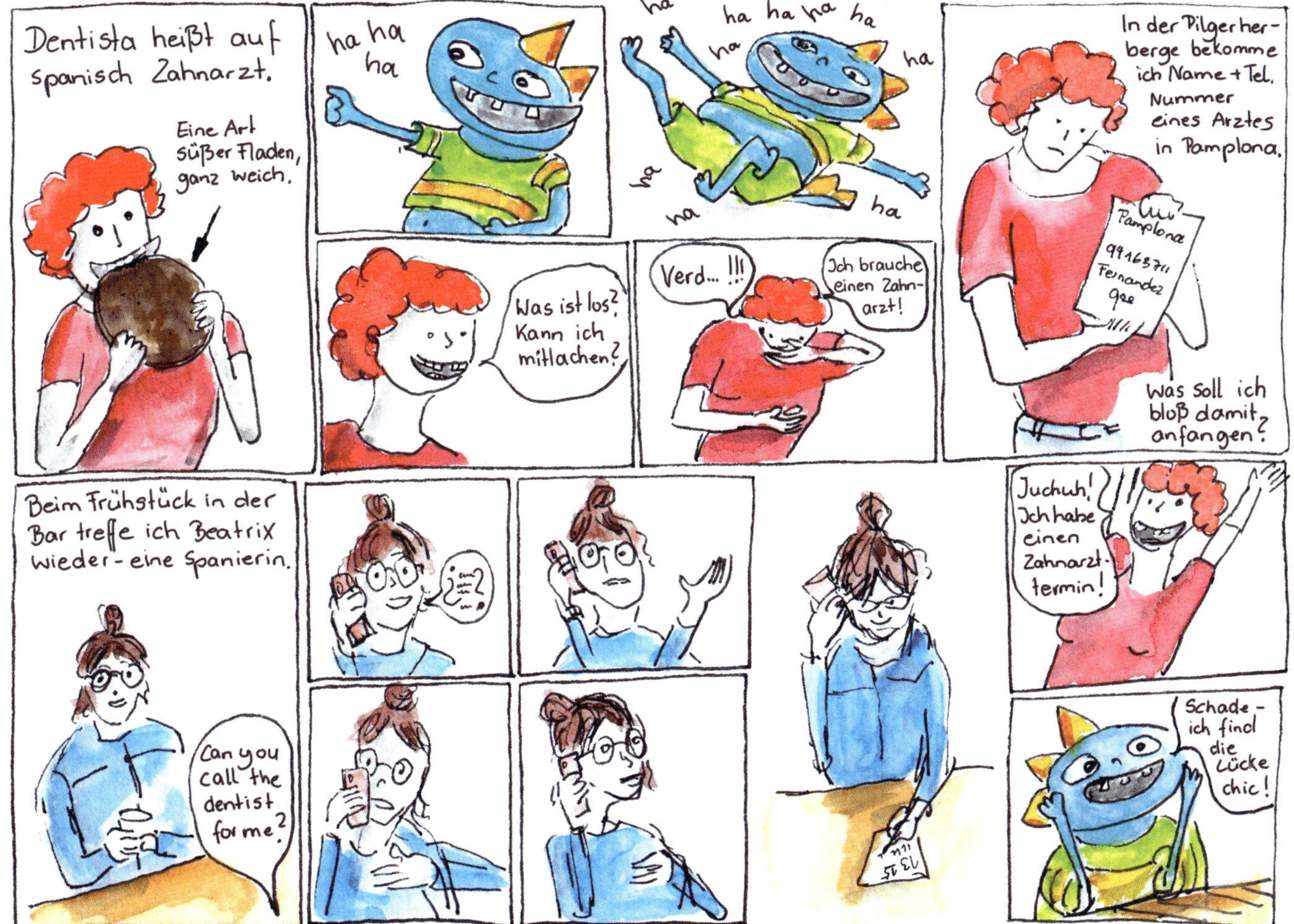

Kannst du den Zahnarzt für mich anrufen?

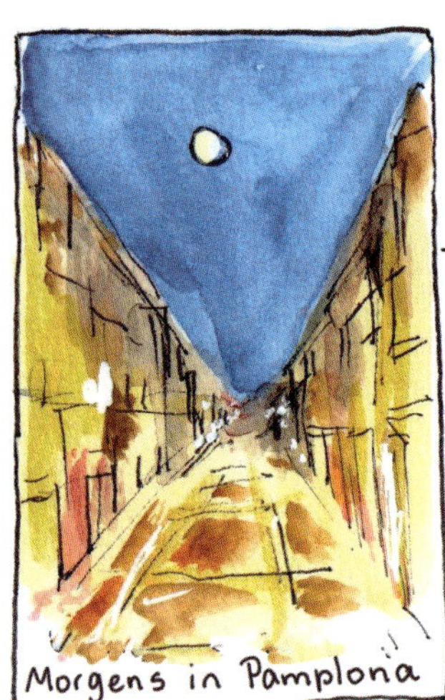
Morgens in Pamplona

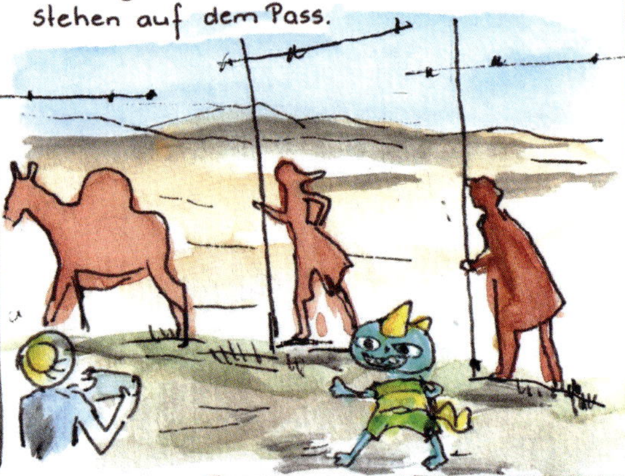
Puerto del Perdón: Metallsilhouetten von Pilgern aus verschiedenen Zeiten stehen auf dem Pass.

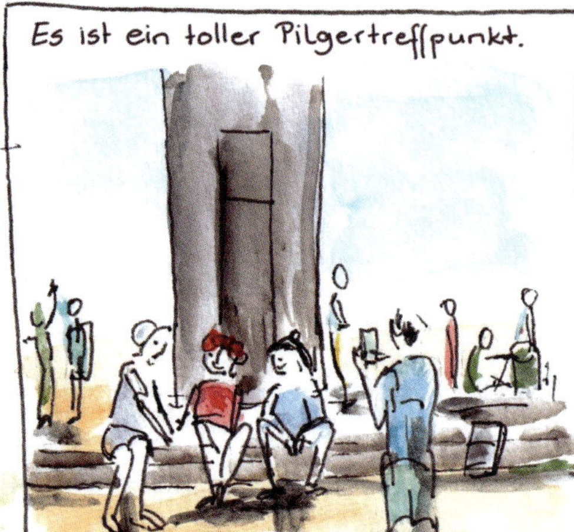
Es ist ein toller Pilgertreffpunkt.

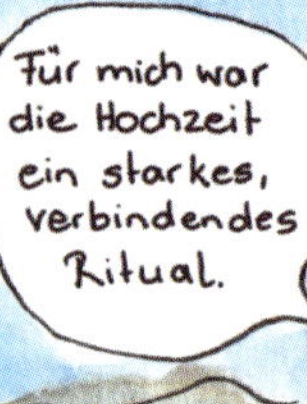
Für mich war die Hochzeit ein starkes, verbindendes Ritual.

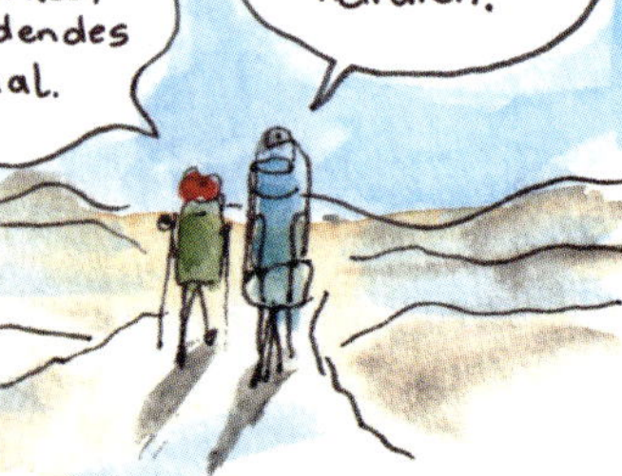
Jch sehe keinen Sinn darin, zu heiraten.
Heute bin ich den ganzen Tag mit Max gelaufen.

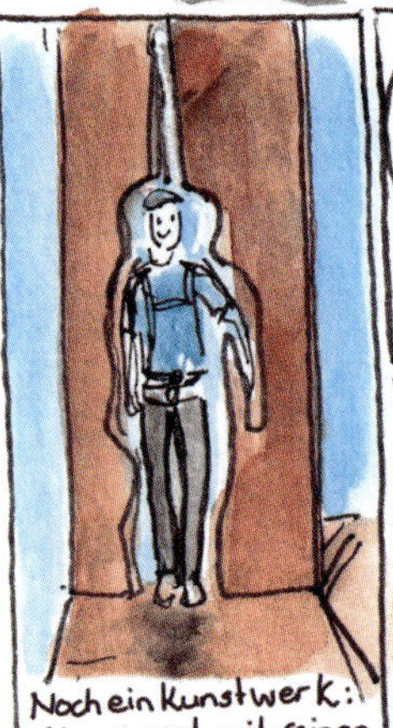
Noch ein Kunstwerk: Max passt mit seinen 1,95 m genau hinein.

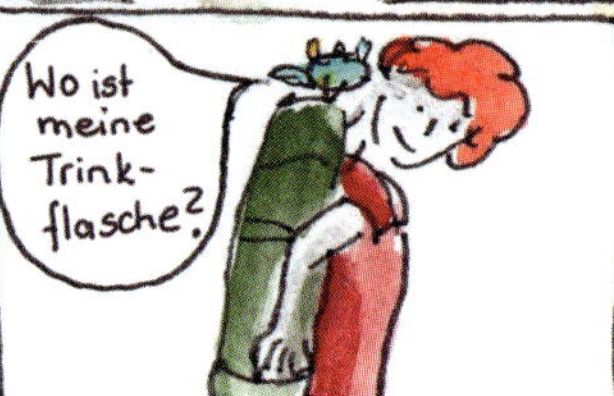
Wo ist meine Trinkflasche?

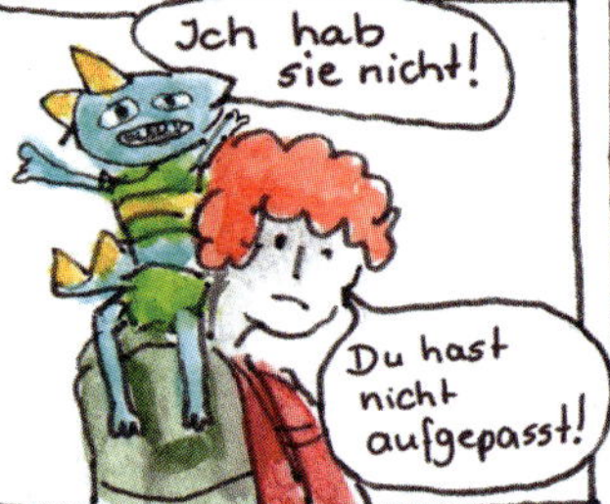
Jch hab sie nicht!
Du hast nicht aufgepasst!

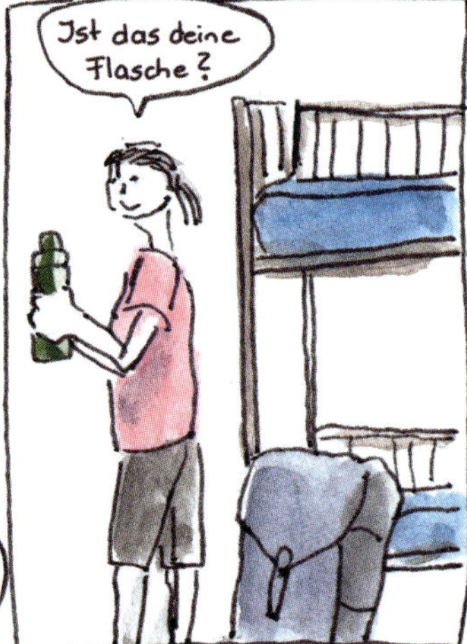
Jst das deine Flasche?

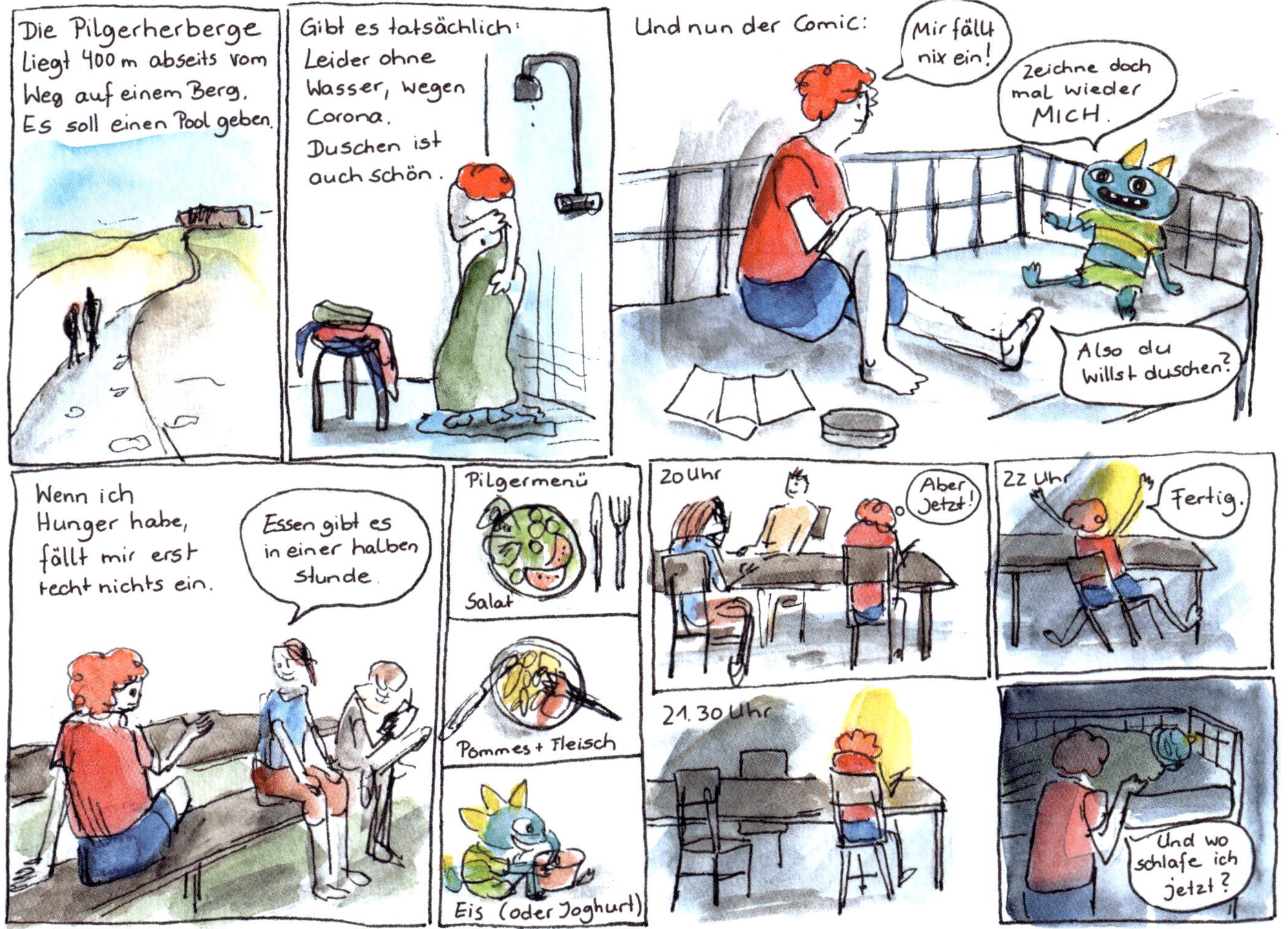
Die Pilgerherberge liegt 400 m abseits vom Weg auf einem Berg. Es soll einen Pool geben.
Gibt es tatsächlich: Leider ohne Wasser, wegen Corona. Duschen ist auch schön.
Und nun der Comic:
Mir fällt nix ein!
Zeichne doch mal wieder MICH.
Also du willst duschen?
Wenn ich Hunger habe, fällt mir erst recht nichts ein.
Essen gibt es in einer halben Stunde
Pilgermenü
Salat
Pommes + Fleisch
Eis (oder Joghurt)
20 Uhr
Aber Jetzt!
22 Uhr
Fertig.
21.30 Uhr
Und wo schlafe ich jetzt?

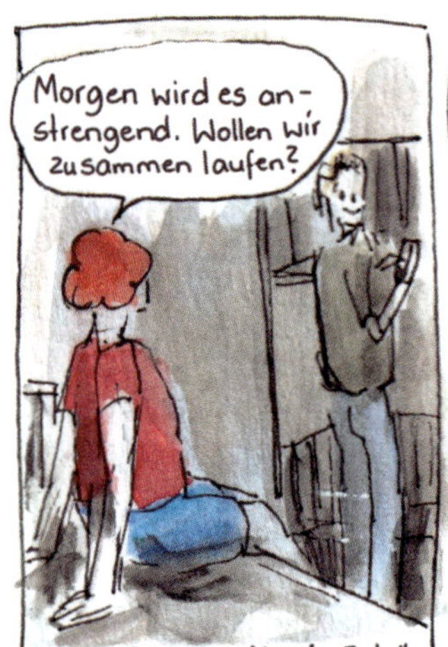
Morgen wird es anstrengend. Wollen wir zusammen laufen?
Meine Frage an Max in Estella

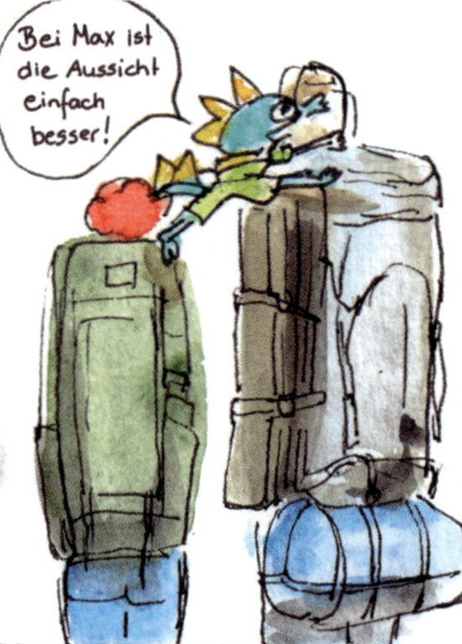
Bei Max ist die Aussicht einfach besser!

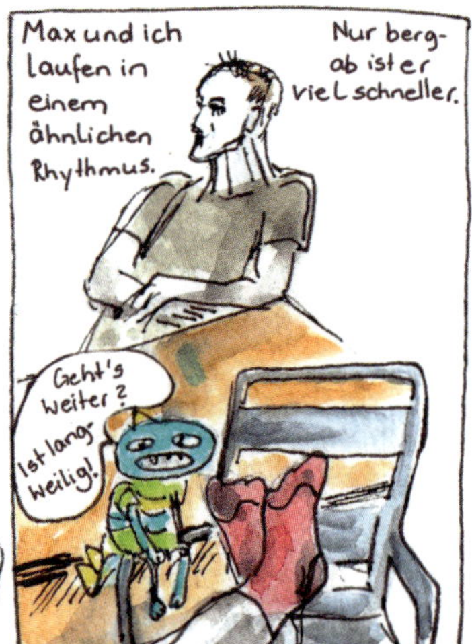
Max und ich laufen in einem ähnlichen Rhythmus.
Nur bergab ist er viel schneller.
Geht's weiter?
Ist langweilig!

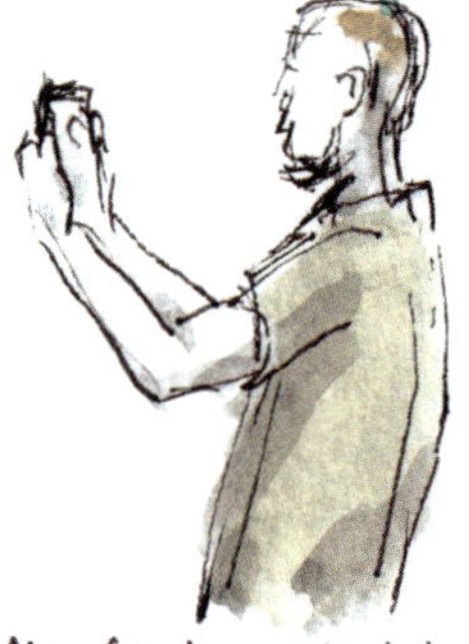
Max führt ein digitales Tagebuch und macht jeden Tag ein Selfie.

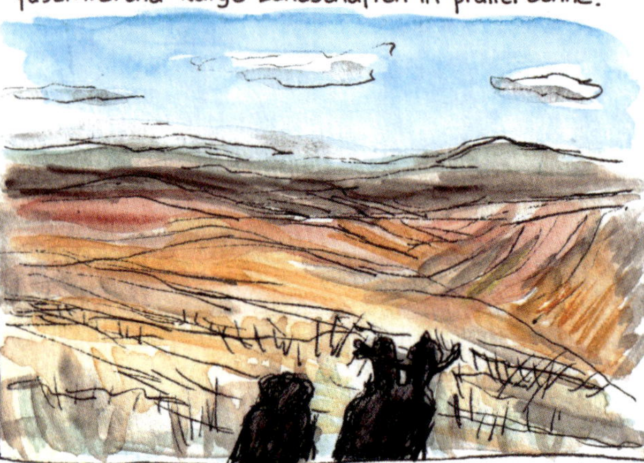
Der Weg führt tatsächlich kilometerweit durch faszinierend karge Landschaften in praller Sonne.

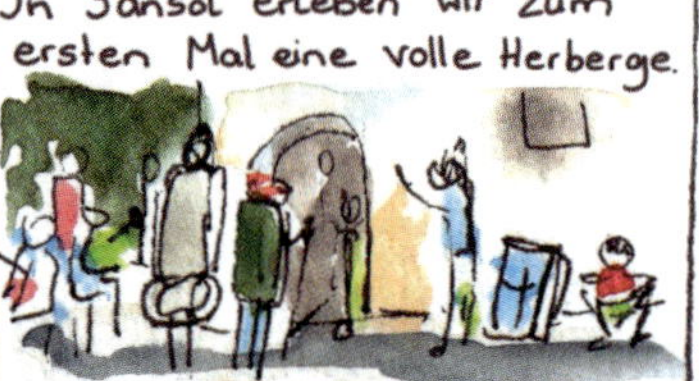
In Sansol erleben wir zum ersten Mal eine volle Herberge.

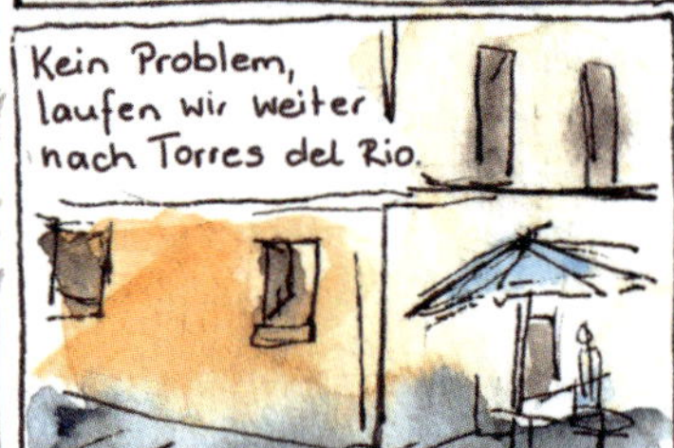
Kein Problem, laufen wir weiter nach Torres del Rio.

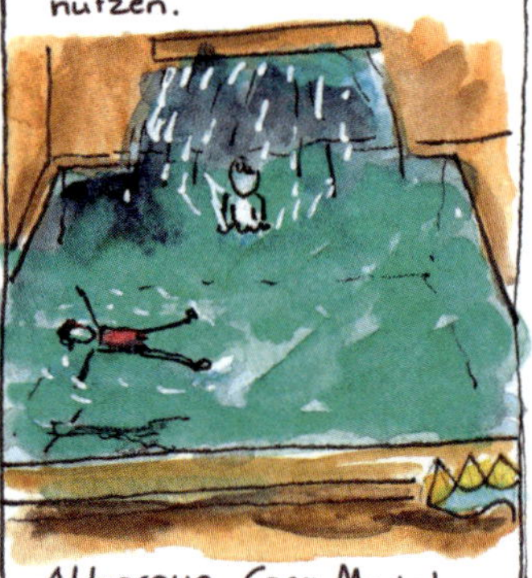
Unglaublich, aber wahr: Pilger können den Pool des benachbarten Hotels nutzen.
Albergue Casa Mariela

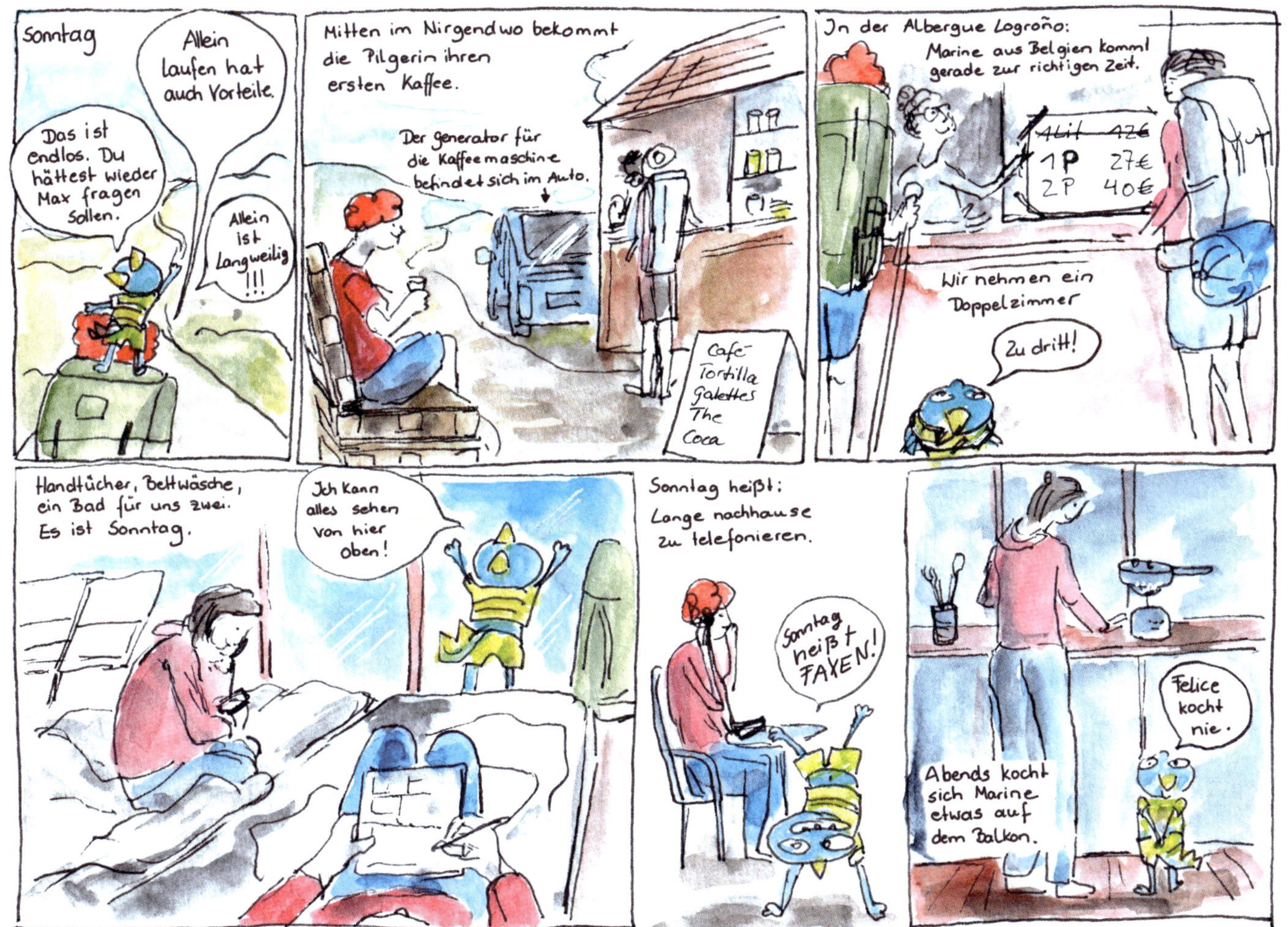
Sonntag
Allein laufen hat auch Vorteile.
Das ist endlos. Du hättest wieder Max fragen sollen.
Allein ist langweilig!!!
Mitten im Nirgendwo bekommt die Pilgerin ihren ersten Kaffee.
Der Generator für die Kaffeemaschine befindet sich im Auto.
Café
Tortilla
Galettes
The
Coca
In der Albergue Logroño:
Marine aus Belgien kommt gerade zur richtigen Zeit.
1P 27€
2P 40€
Wir nehmen ein Doppelzimmer
Zu dritt!
Handtücher, Bettwäsche, ein Bad für uns zwei. Es ist Sonntag.
Ich kann alles sehen von hier oben!
Sonntag heißt: Lange nachhause zu telefonieren.
Sonntag heißt FAXEN!
Abends kocht sich Marine etwas auf dem Balkon.
Felice kocht nie.

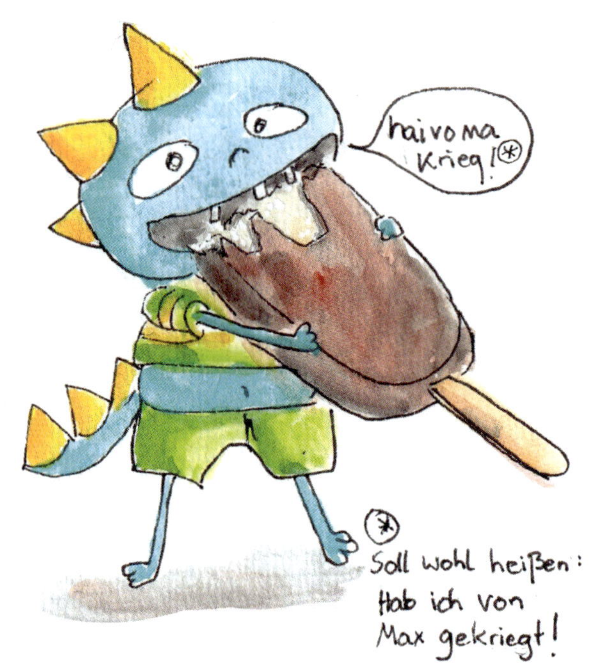
haivoma Krieg!(*)
(*) Soll wohl heißen: Hab ich von Max gekriegt!

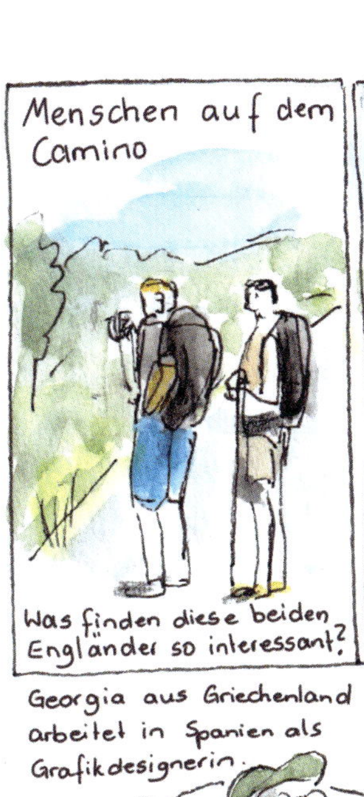
Menschen auf dem Camino
Was finden diese beiden Engländer so interessant?

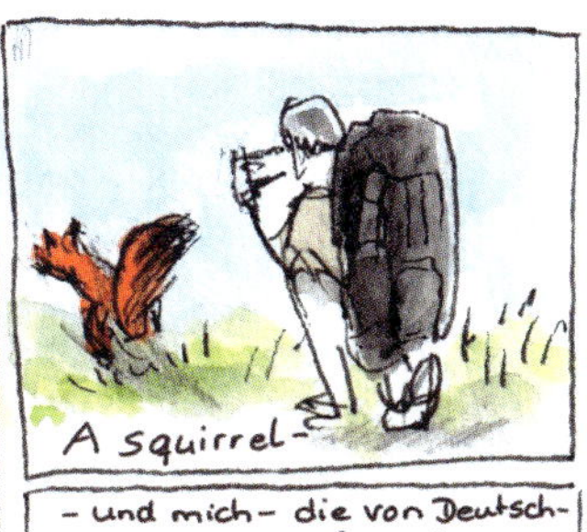
A squirrel-

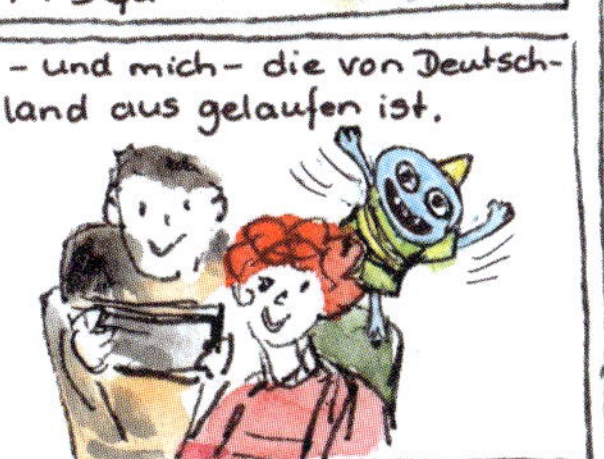
- und mich - die von Deutschland aus gelaufen ist.

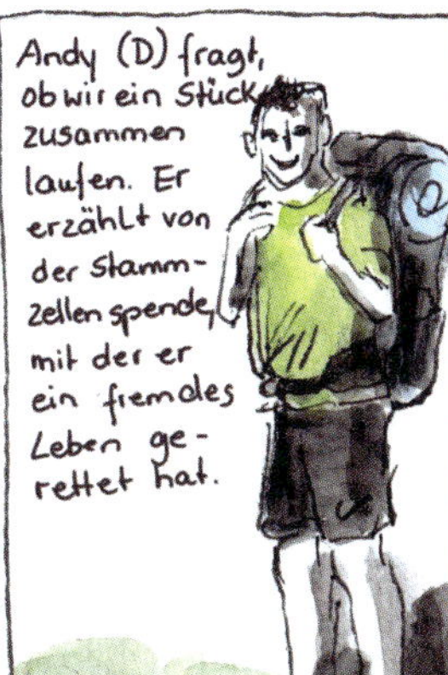
Andy (D) fragt, ob wir ein Stück zusammen laufen. Er erzählt von der Stammzellenspende, mit der er ein fremdes Leben gerettet hat.

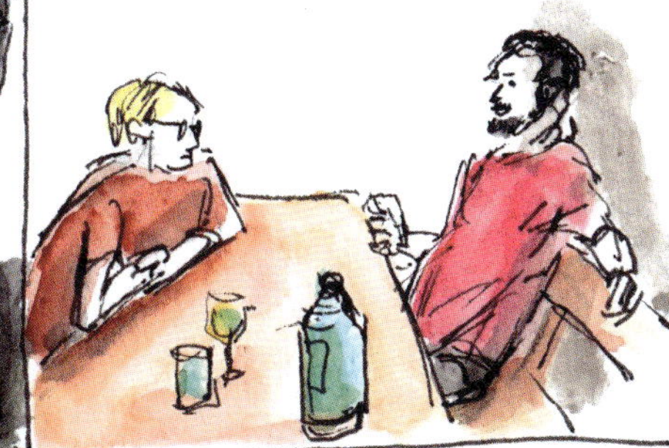
José aus Mexiko studiert in Heidelberg Steuerrecht. Bernd (D) nutzt die Gelegenheit, seine beruflichen Pläne aus steuerlicher Sicht zu diskutieren.

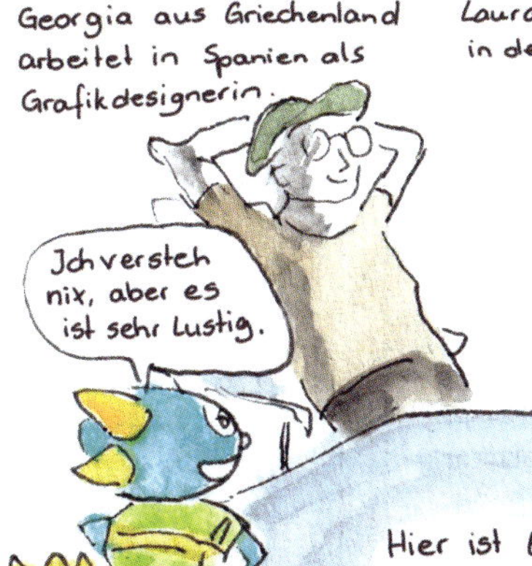
Georgia aus Griechenland arbeitet in Spanien als Grafikdesignerin.
Jch versteh nix, aber es ist sehr lustig.

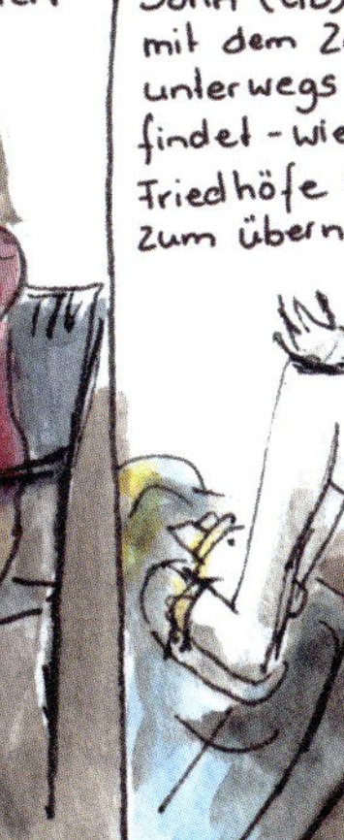
Laura aus Spanien studiert in den Niederlanden.
Hier ist Englisch die Sprache der Wahl, manchmal auch Französisch.

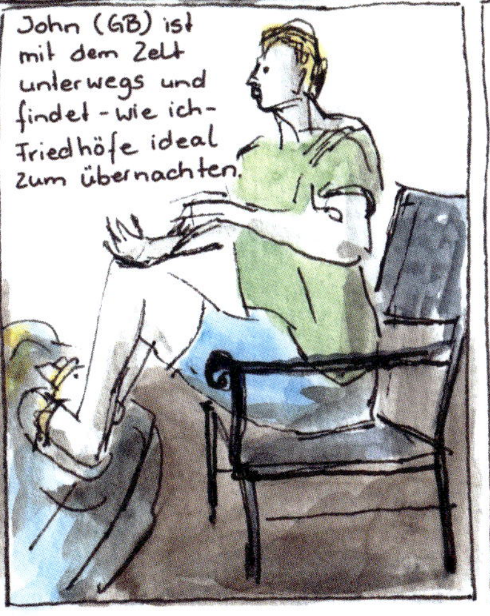
John (GB) ist mit dem Zelt unterwegs und findet - wie ich - Friedhöfe ideal zum übernachten.

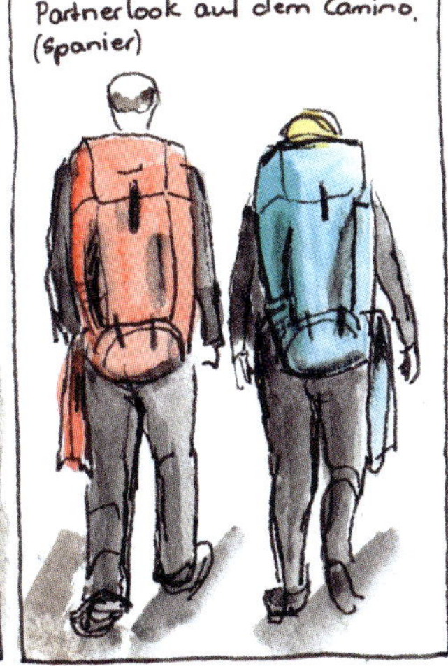
Partnerlook auf dem Camino. (Spanier)

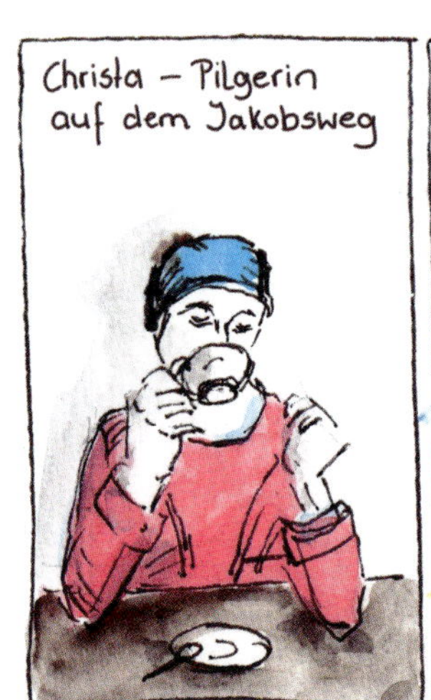
Christa – Pilgerin
auf dem Jakobsweg

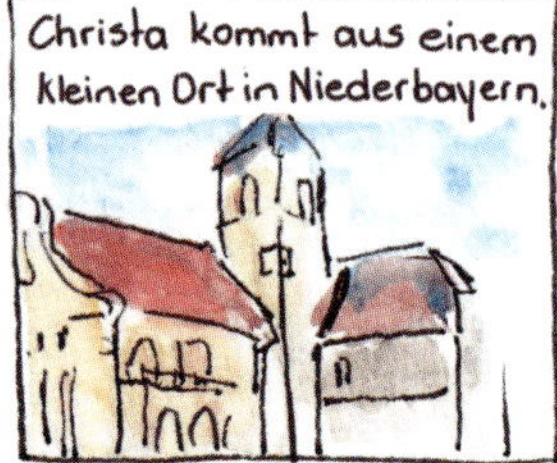
Christa kommt aus einem
kleinen Ort in Niederbayern.

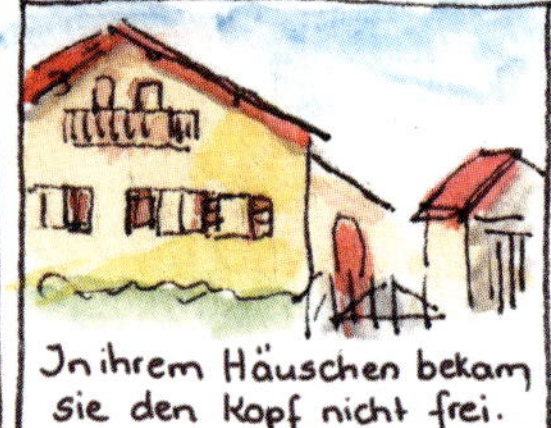
In ihrem Häuschen bekam
sie den Kopf nicht frei.

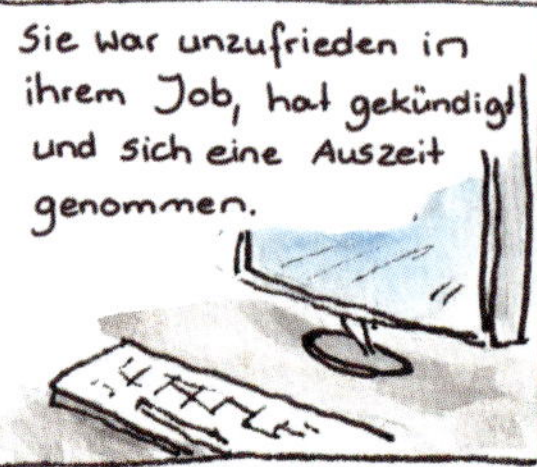
Sie war unzufrieden in
ihrem Job, hat gekündigt
und sich eine Auszeit
genommen.

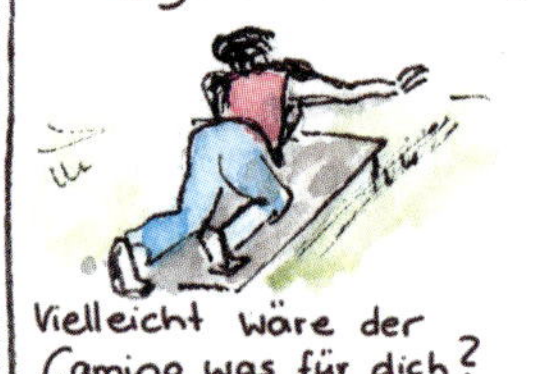
Ihre Yoga-Lehrerin meinte:
Vielleicht wäre der
Camino was für dich?

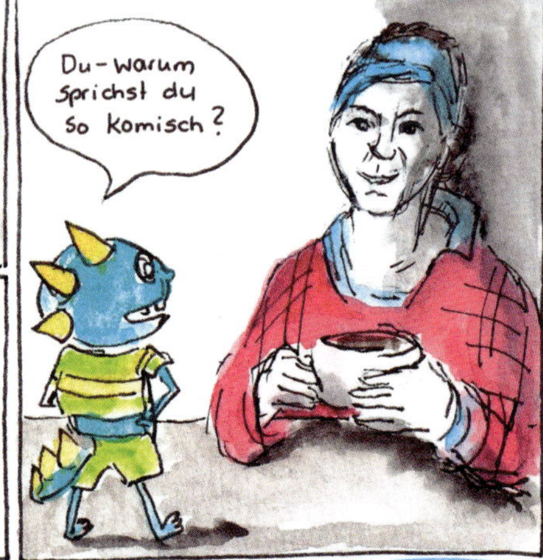
Du – warum
sprichst du
so komisch?

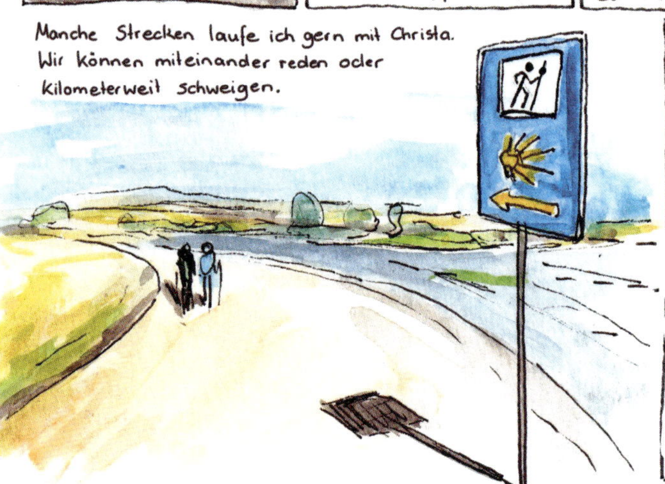
Manche Strecken laufe ich gern mit Christa.
Wir können miteinander reden oder
kilometerweit schweigen.

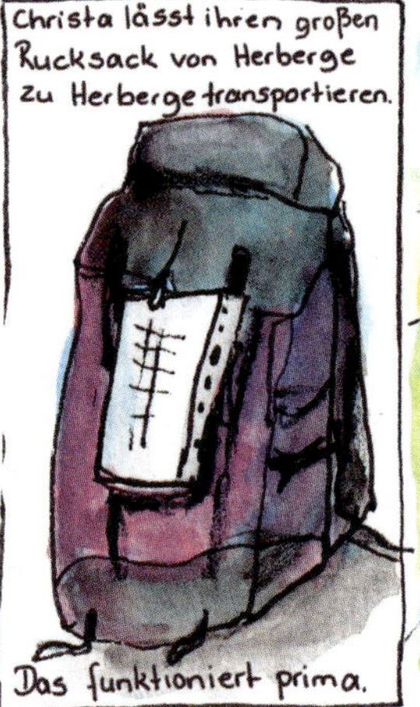
Christa lässt ihren großen
Rucksack von Herberge
zu Herberge transportieren.
Das funktioniert prima.

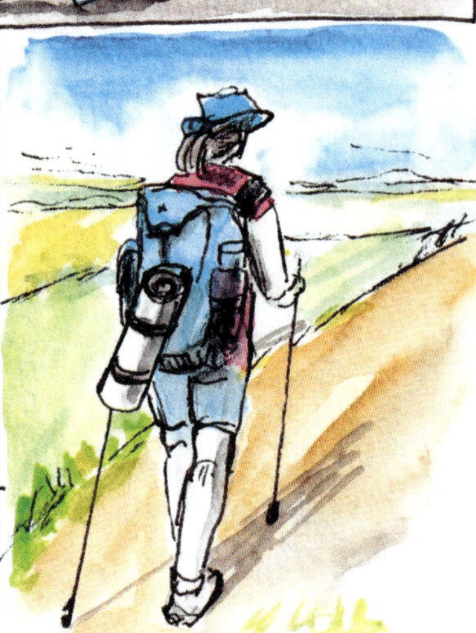

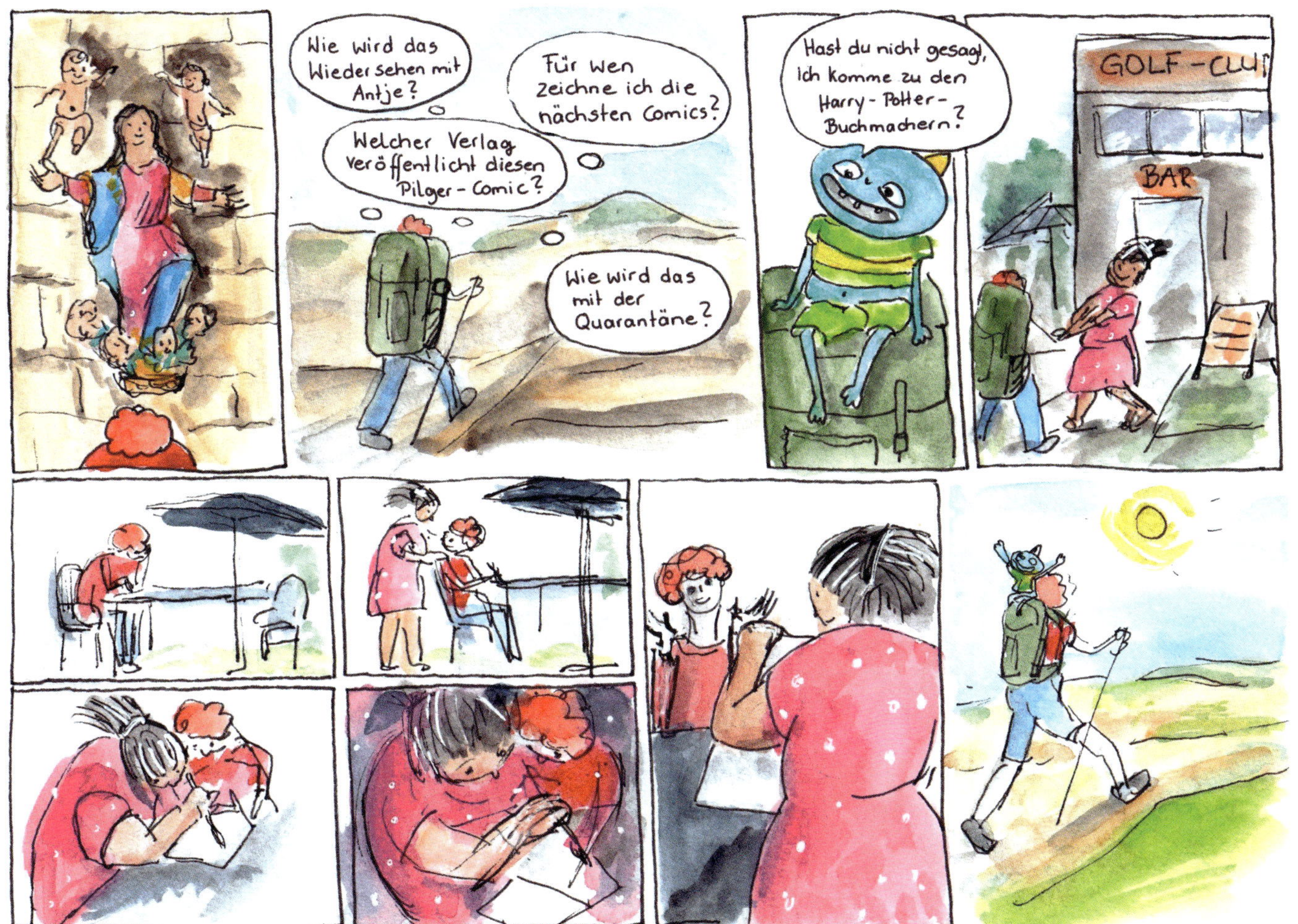
Wie wird das Wiedersehen mit Antje?
Für wen zeichne ich die nächsten Comics?
Welcher Verlag veröffentlicht diesen Pilger-Comic?
Wie wird das mit der Quarantäne?
Hast du nicht gesagt, Ich komme zu den Harry-Potter-Buchmachern?
GOLF-CLU
BAR

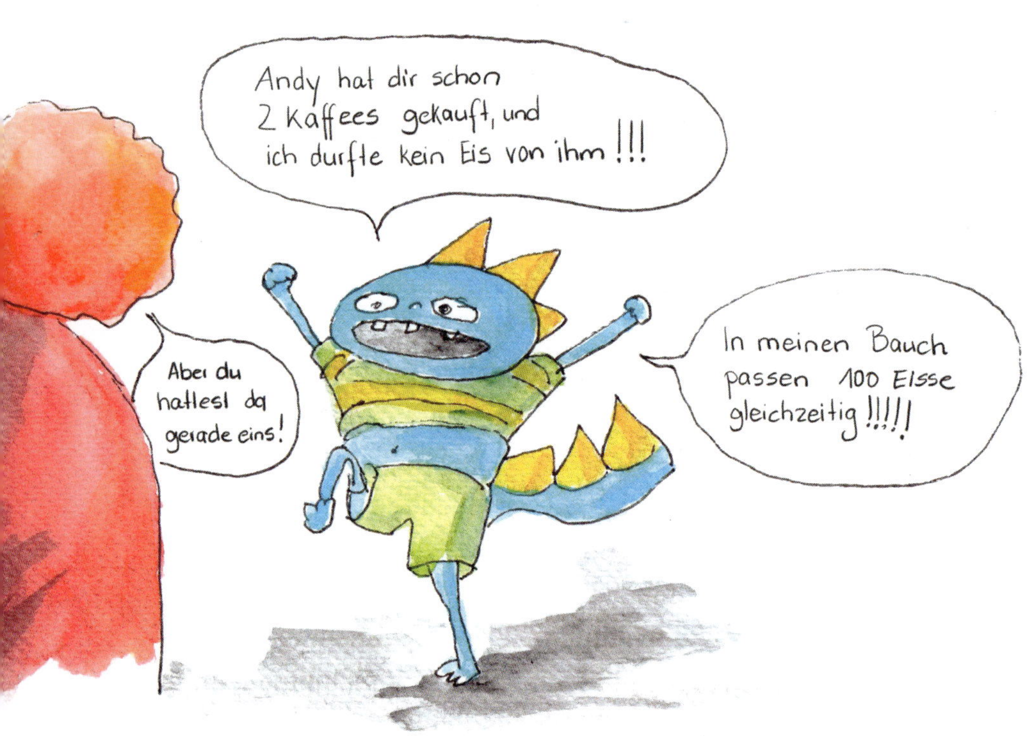
Andy hat dir schon 2 Kaffees gekauft, und ich durfte kein Eis von ihm!!!
Aber du hattest da gerade eins!
In meinen Bauch passen 100 Eisse gleichzeitig!!!!!

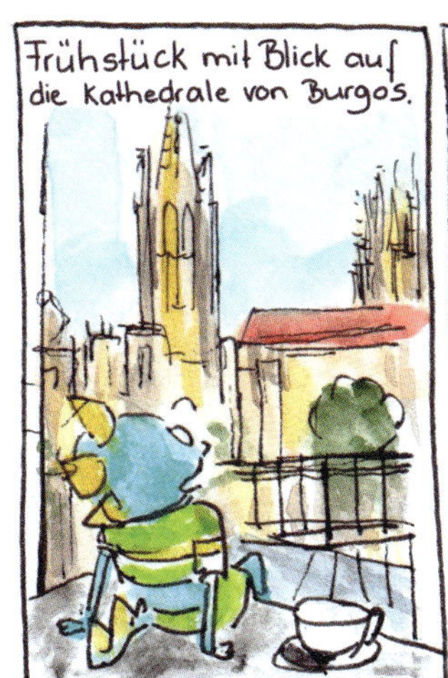
Frühstück mit Blick auf die Kathedrale von Burgos.

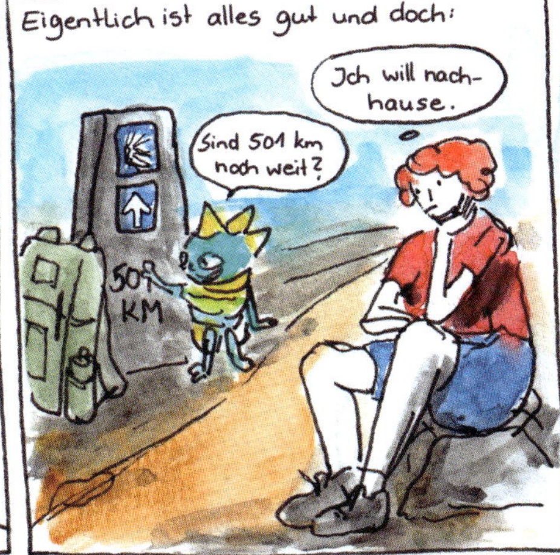
Eigentlich ist alles gut und doch:
501 KM
Sind 501 km noch weit?
Ich will nach-hause.

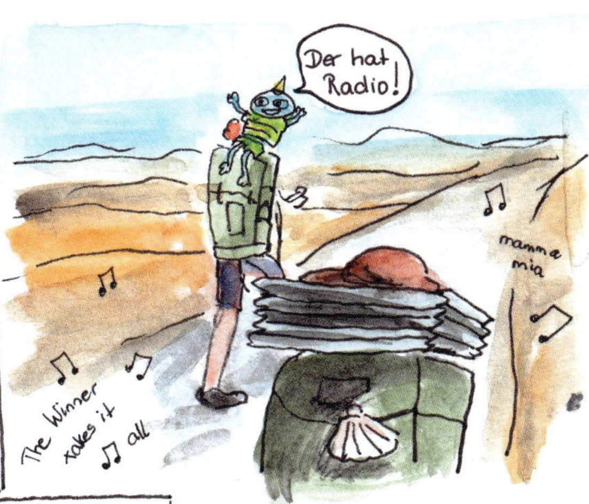
Der hat Radio!
mamma mia
The Winner takes it all

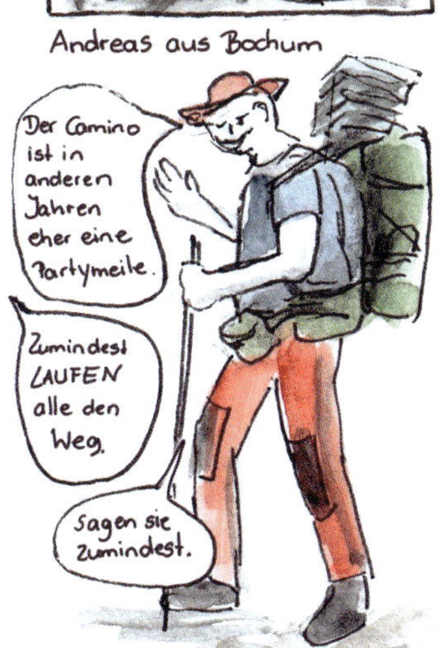
Andreas aus Bochum
Der Camino ist in anderen Jahren eher eine Partymeile.
Zumindest LAUFEN alle den Weg.
Sagen sie zumindest.

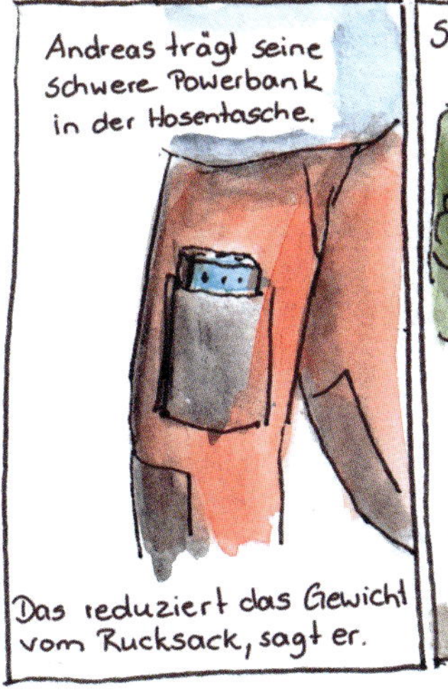
Andreas trägt seine schwere Powerbank in der Hosentasche.
Das reduziert das Gewicht vom Rucksack, sagt er.

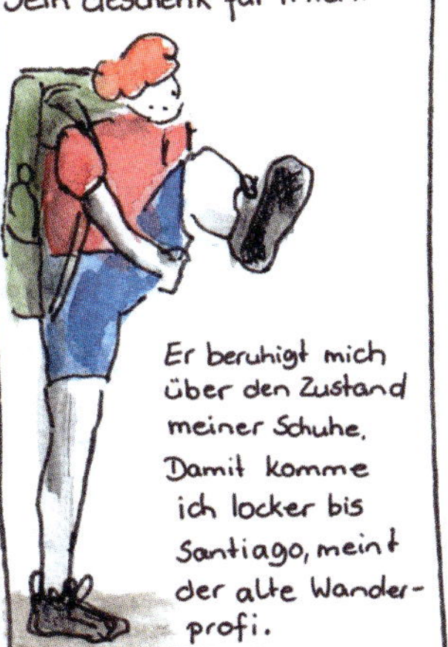
Sein Geschenk für mich:
Er beruhigt mich über den Zustand meiner Schuhe. Damit komme ich locker bis Santiago, meint der alte Wander-profi.

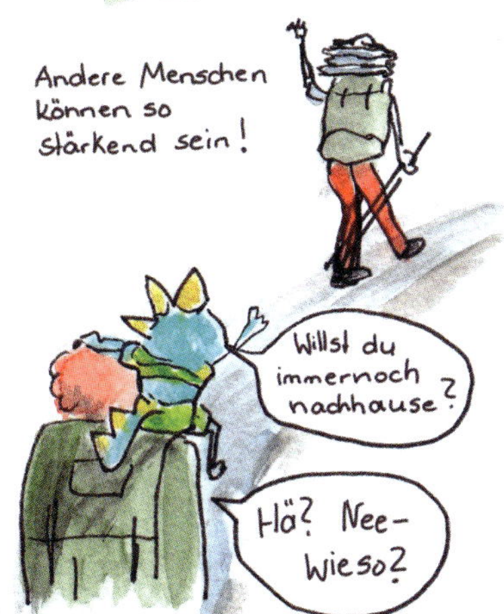
Andere Menschen können so stärkend sein!
Willst du immernoch nachhause?
Hä? Nee-wieso?

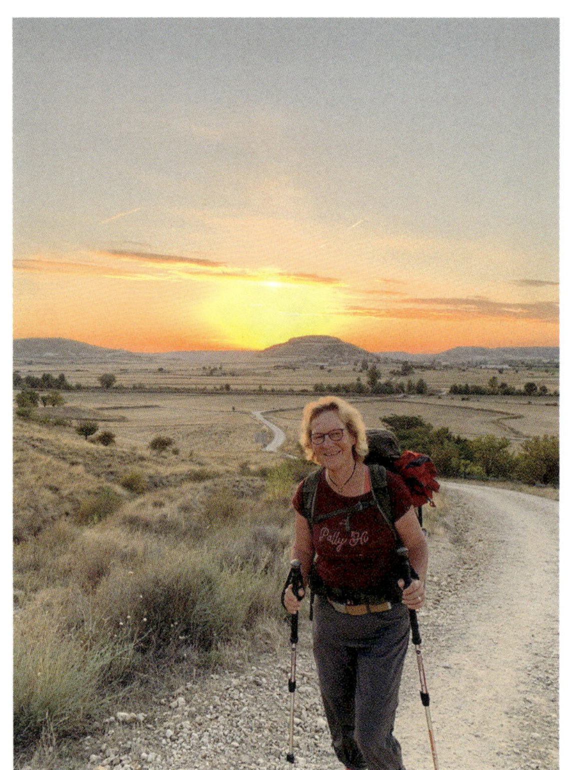

Die Meseta

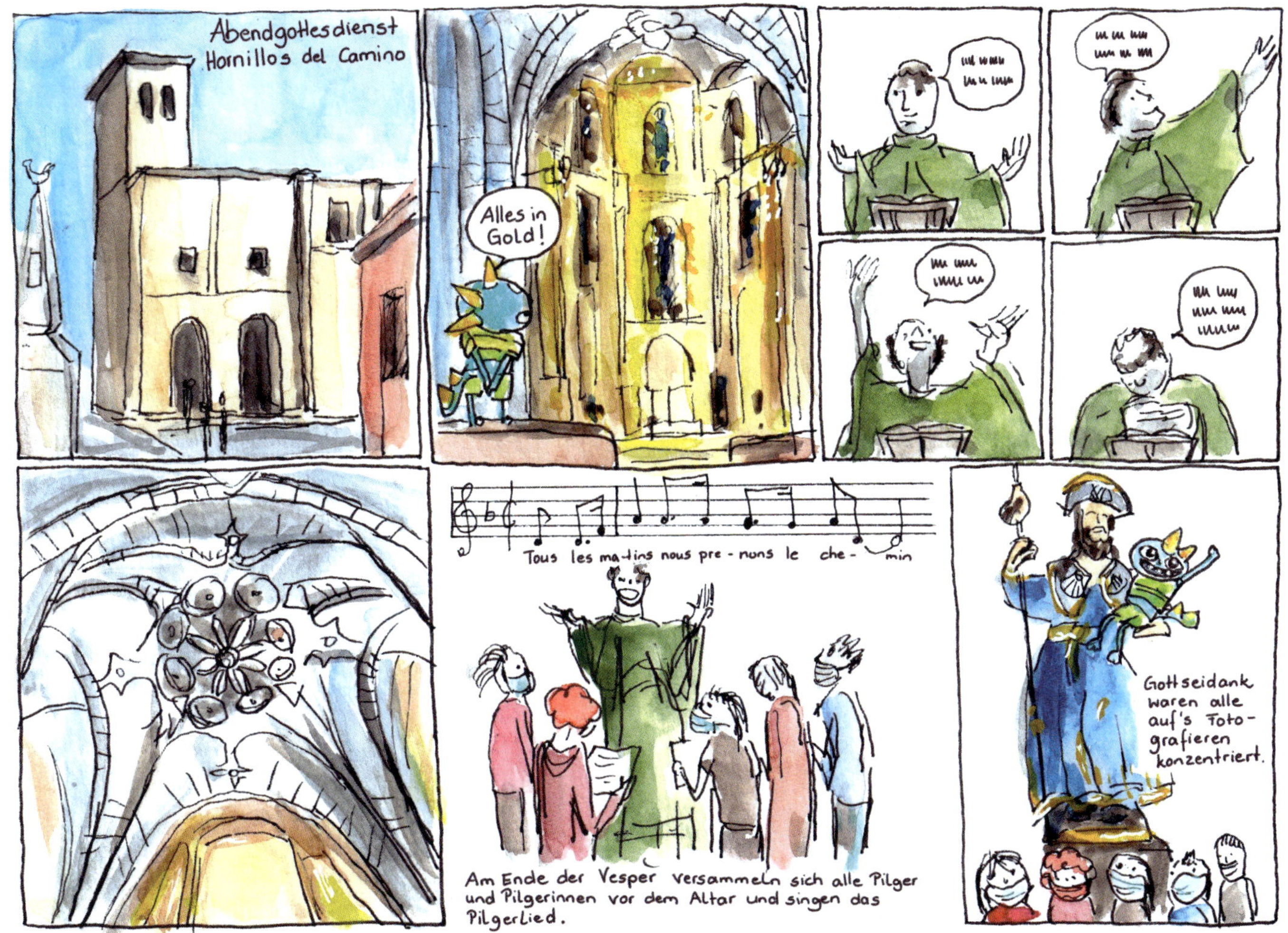

Jeden Morgen machen wir uns auf den Weg.

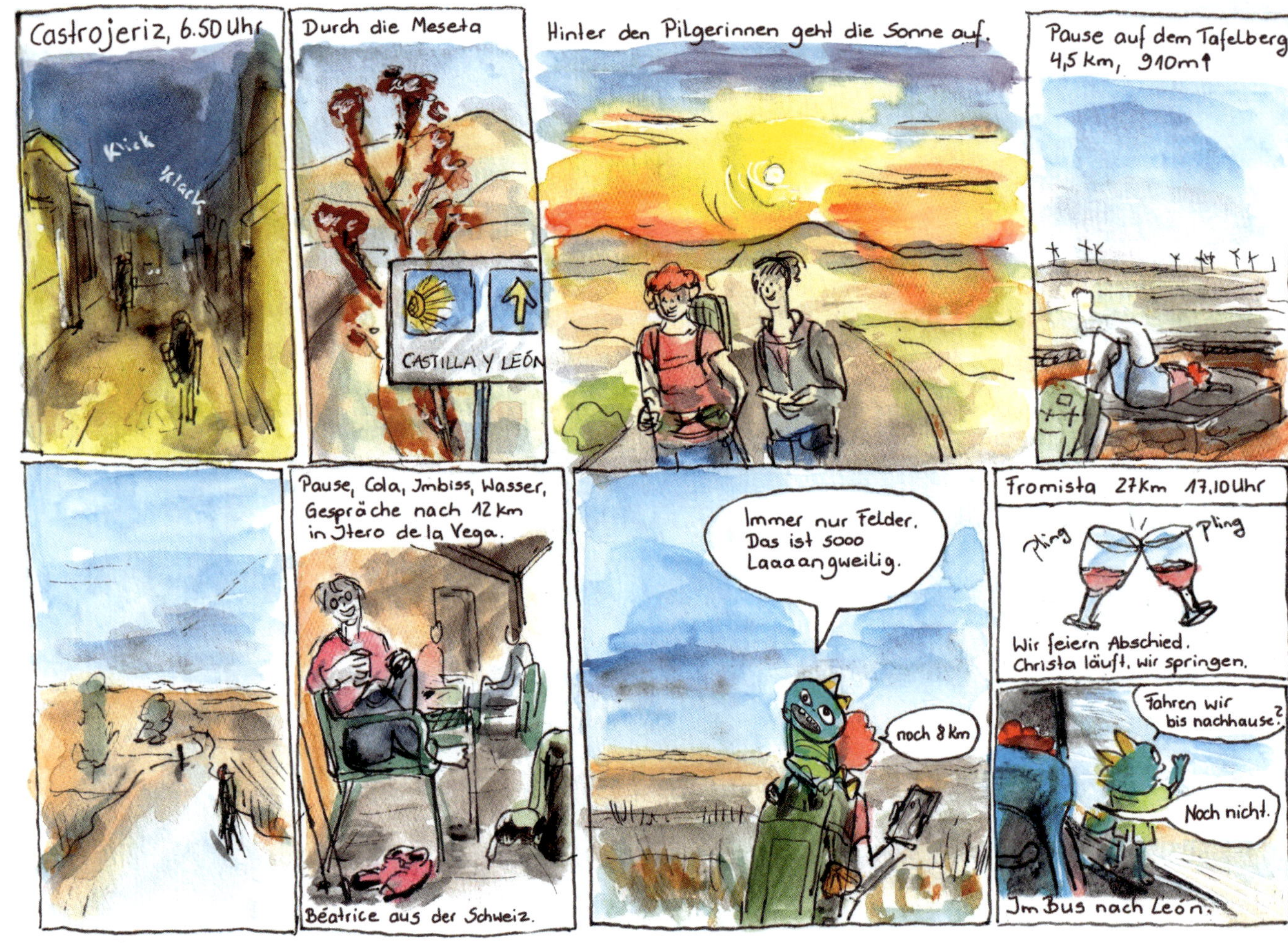
Castrojeriz, 6.50 Uhr
Klick
klack
Durch die Meseta
CASTILLA Y LEÓN
Hinter den Pilgerinnen geht die Sonne auf.
Pause auf dem Tafelberg
4,5 km, 910m
Pause, Cola, Imbiss, Wasser, Gespräche nach 12 km in Itero de la Vega.
Béatrice aus der Schweiz.
Immer nur Felder. Das ist sooo Laaaangweilig.
noch 8 km
Fromista 27 Km 17.10 Uhr
pling
pling
Wir feiern Abschied. Christa läuft, wir springen.
Fahren wir bis nachhause?
Noch nicht.
Im Bus nach León.

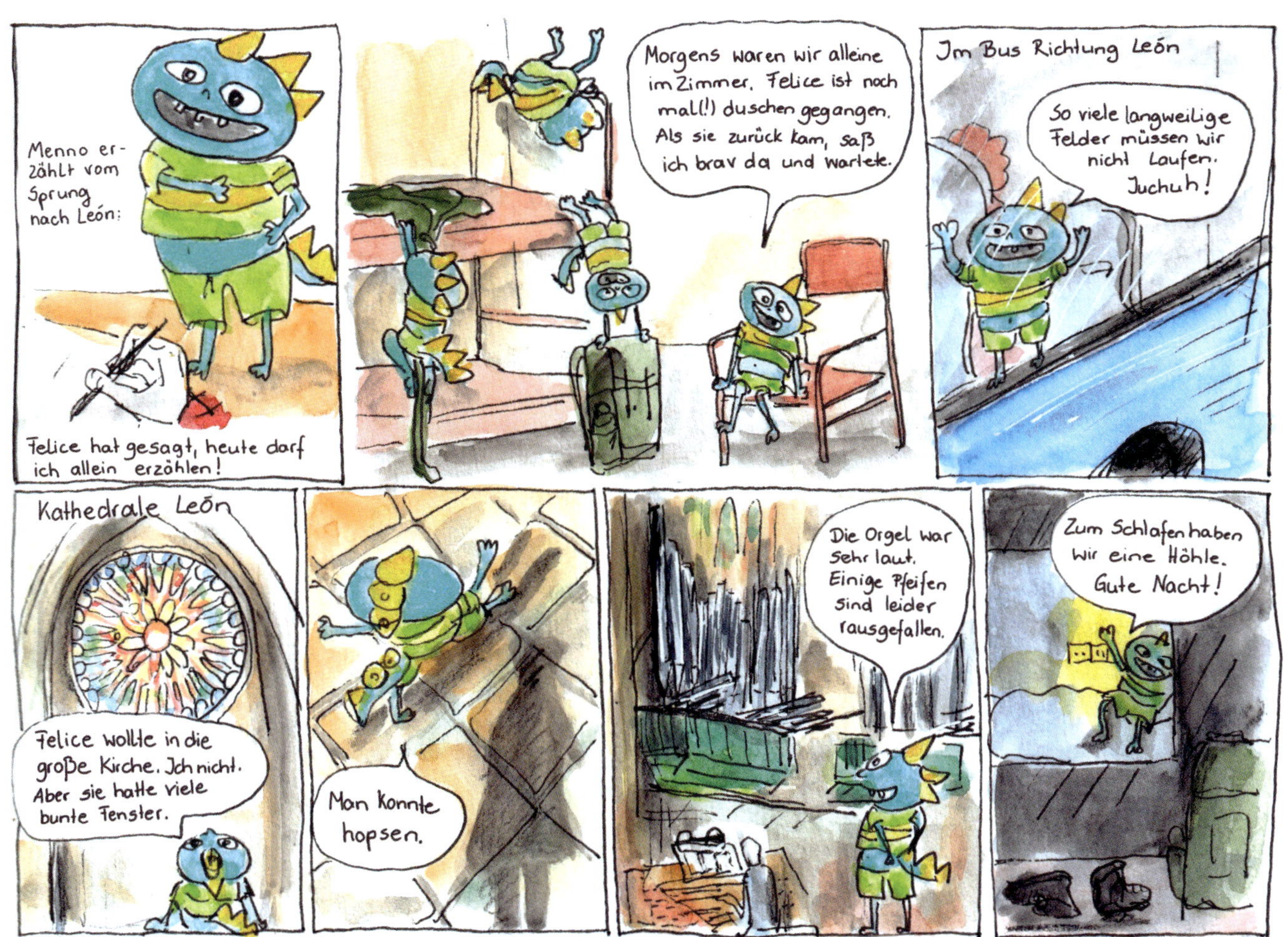
Menno erzählt vom Sprung nach León:
Felice hat gesagt, heute darf ich allein erzählen!
Morgens waren wir alleine im Zimmer. Felice ist noch mal(!) duschen gegangen. Als sie zurück kam, saß ich brav da und wartete.
Jm Bus Richtung León
So viele langweilige Felder müssen wir nicht laufen. Juchuh!
Kathedrale León
Felice wollte in die große Kirche. Jch nicht. Aber sie hatte viele bunte Fenster.
Man konnte hopsen.
Die Orgel war sehr laut. Einige Pfeifen sind leider rausgefallen.
Zum Schlafen haben wir eine Höhle. Gute Nacht!

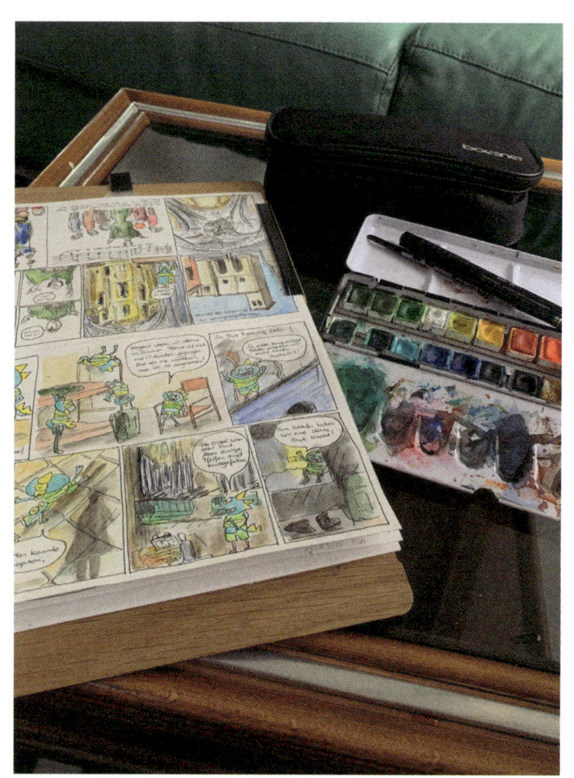

Beim Frühstück

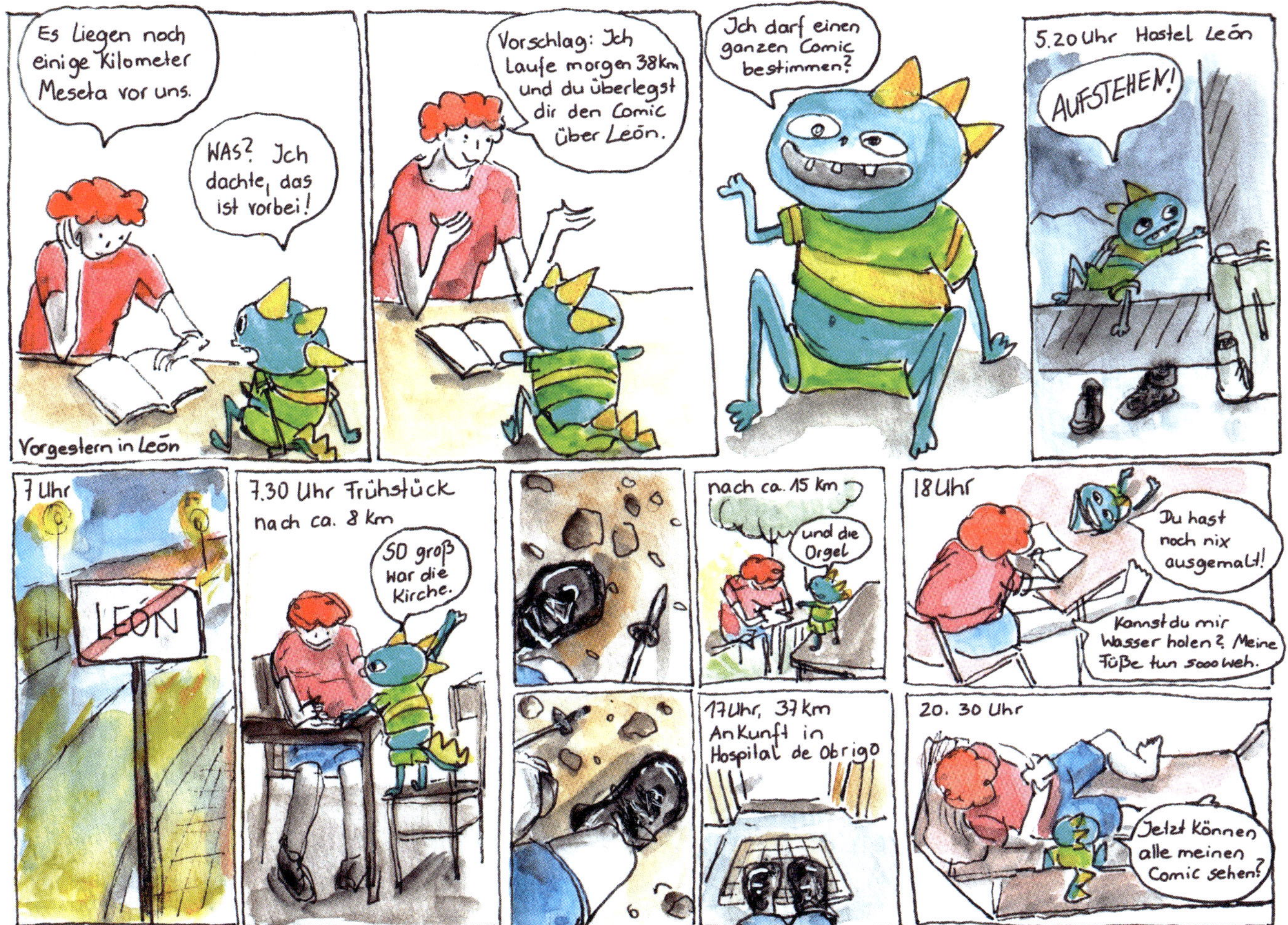
Es Liegen noch einige Kilometer Meseta vor uns.
WAS? Jch dachte, das ist vorbei!
Vorgestern in León
Vorschlag: Jch Laufe morgen 38km und du überlegst dir den Comic über León.
Jch darf einen ganzen Comic bestimmen?
5.20 Uhr Hostel León
AUFSTEHEN!
7 Uhr
LEÓN
7.30 Uhr Frühstück nach ca. 8 km
SO groß war die Kirche.
nach ca. 15 km
und die Orgel
17 Uhr, 37 km Ankunft in Hospital de Obrigo
18 Uhr
Du hast noch nix ausgemalt!
Kannst du mir Wasser holen? Meine Füße tun sooo weh.
20. 30 Uhr
Jetzt können alle meinen Comic sehen?

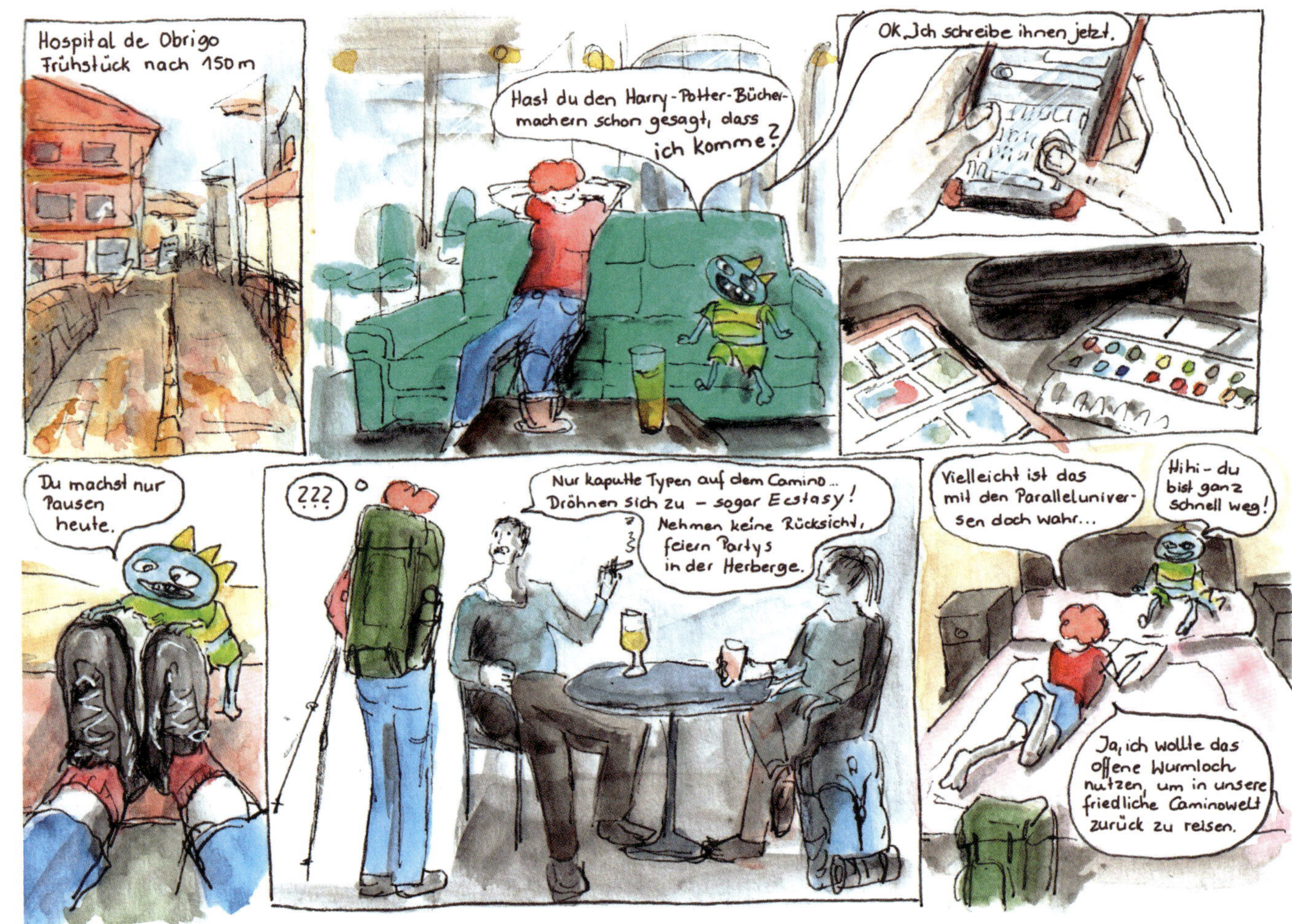
Hospital de Obrigo
Frühstück nach 150 m
Hast du den Harry-Potter-Büchermachern schon gesagt, dass ich komme?
OK. Ich schreibe ihnen jetzt.
Du machst nur Pausen heute.
???
Nur kaputte Typen auf dem Camino... Dröhnen sich zu – sogar Ecstasy!
Nehmen keine Rücksicht, feiern Partys in der Herberge.
Vielleicht ist das mit den Paralleluniversen doch wahr...
Hihi – du bist ganz schnell weg!
Ja, ich wollte das offene Wurmloch nutzen, um in unsere friedliche Caminowelt zurück zu reisen.

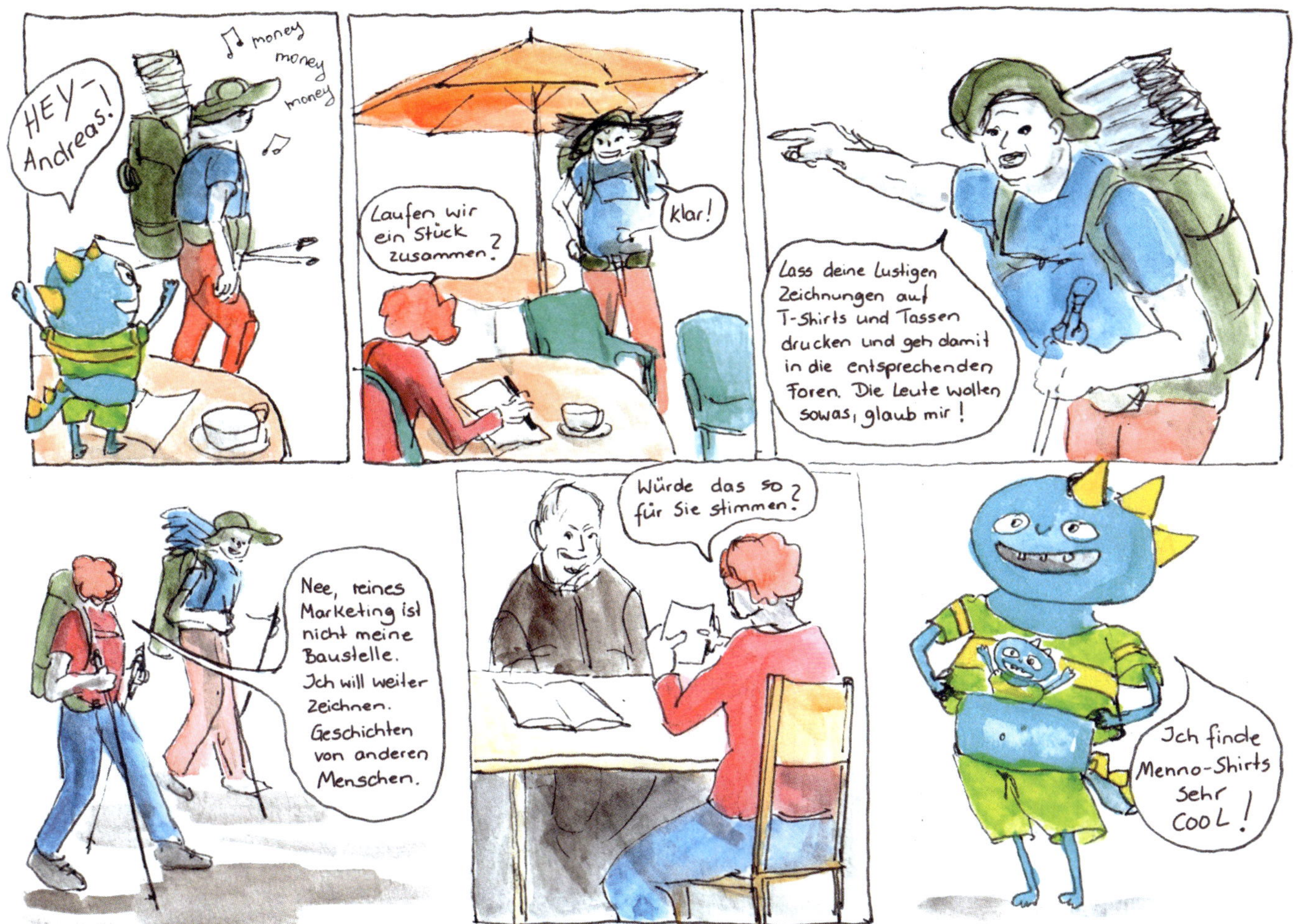
HEY- Andreas!
money money money
Laufen wir ein Stück zusammen?
Klar!
Lass deine Lustigen Zeichnungen auf T-Shirts und Tassen drucken und geh damit in die entsprechenden Foren. Die Leute wollen sowas, glaub mir!
Nee, reines Marketing ist nicht meine Baustelle. Jch will weiter Zeichnen. Geschichten von anderen Menschen.
Würde das so für Sie stimmen?
Jch finde Menno-Shirts sehr cool!

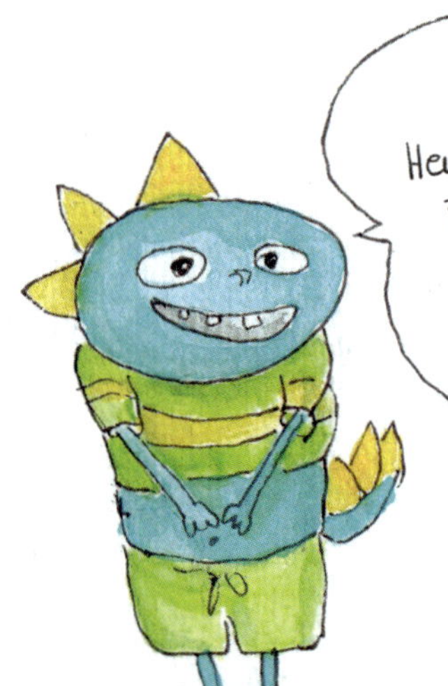
Hi hi.
Heute ist Sonntag!!!! Nee,
Felice und ich haben
getauscht. Sie musste
heute so viel denken.
Ich muss das nie!
Comic gibts morgen.

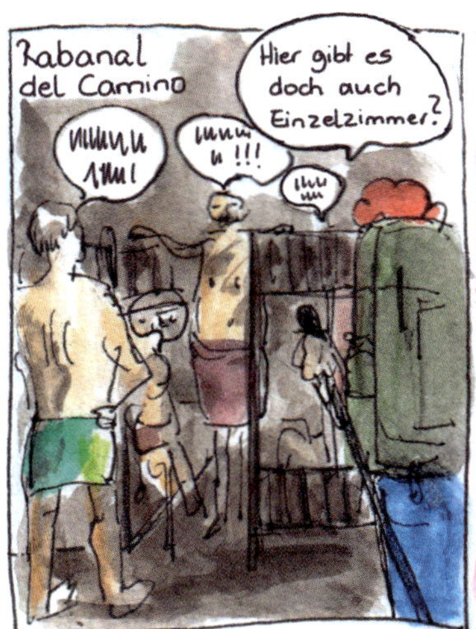

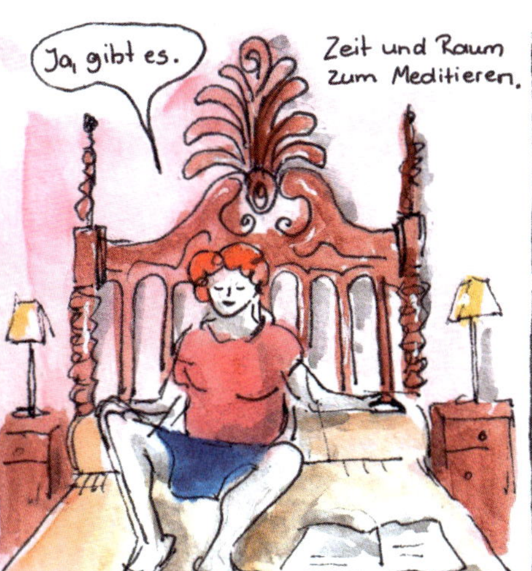

Morgen passiere ich das Cruz de Ferro. Traditionell legen hier Pilger:innen Steine ab, Symbole für das, was sie loslassen wollen.

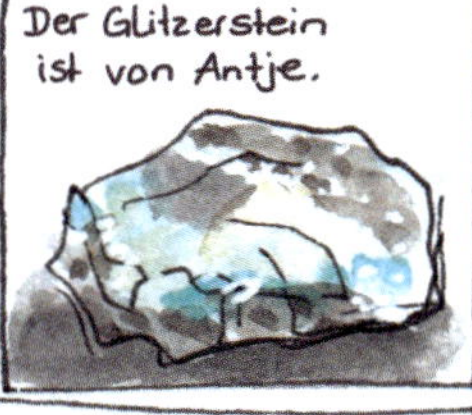

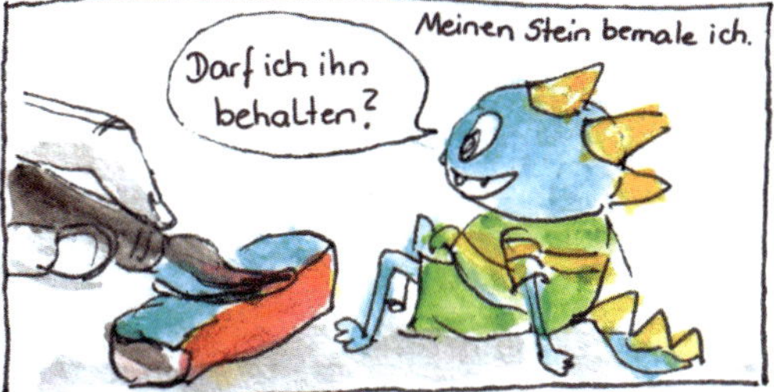

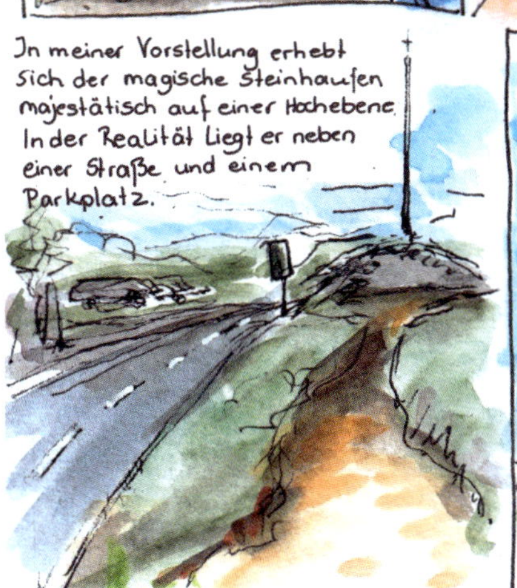

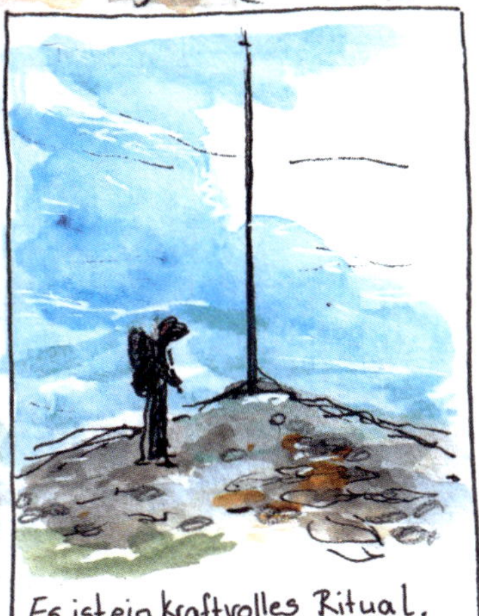

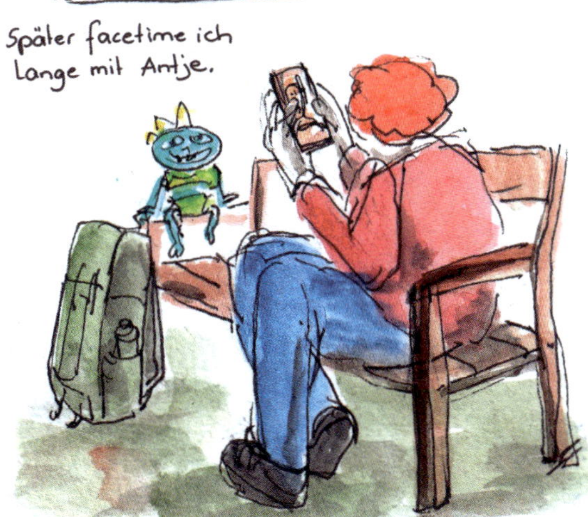

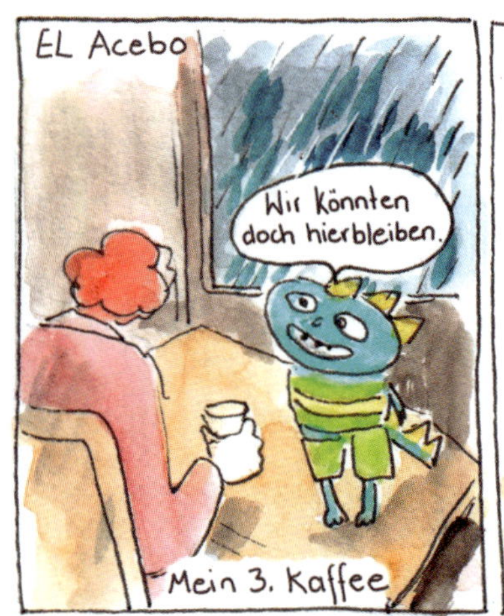
EL Acebo
Wir könnten doch hierbleiben.
Mein 3. Kaffee

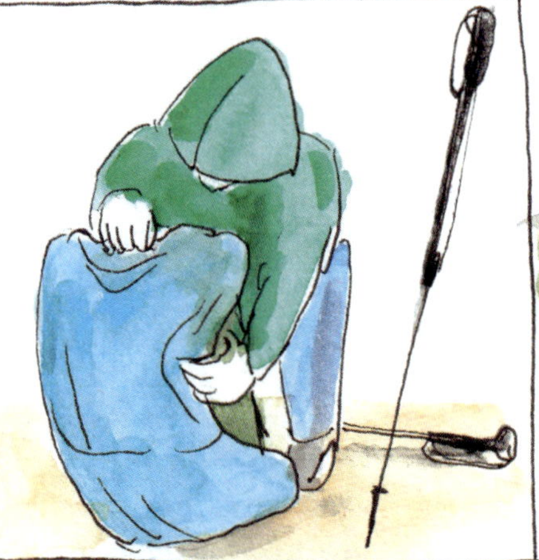

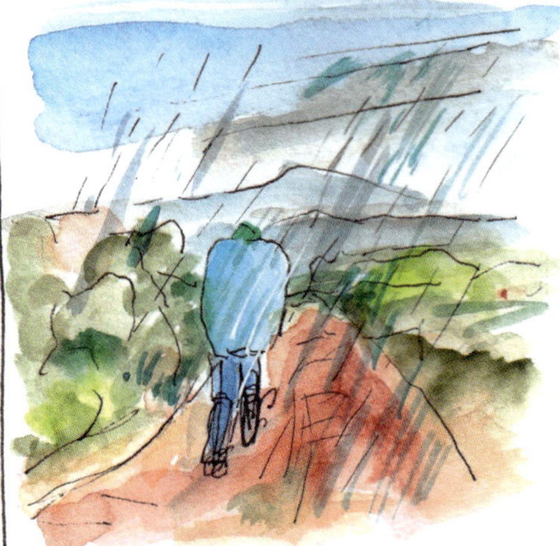

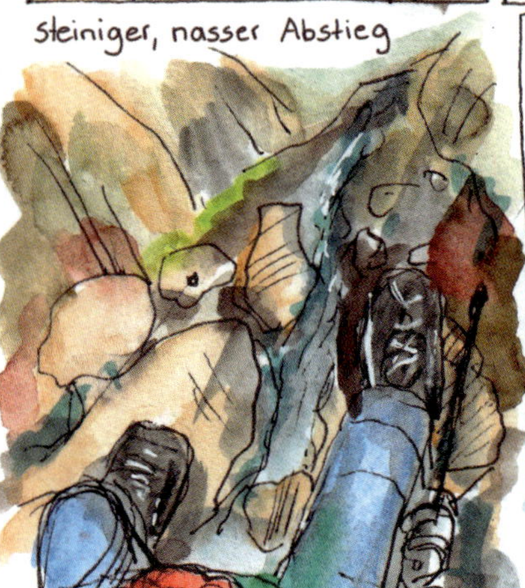
steiniger, nasser Abstieg

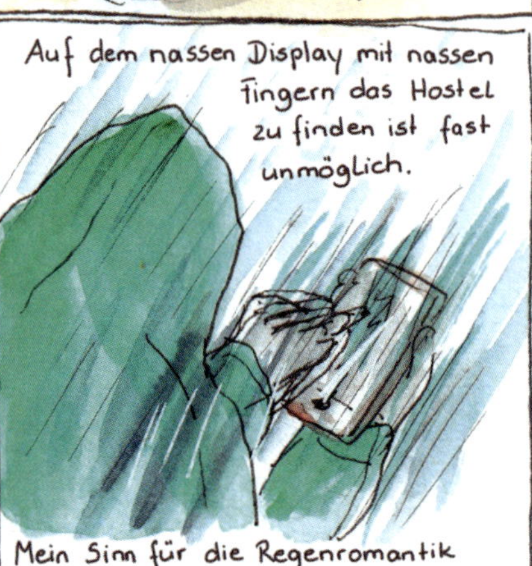
Auf dem nassen Display mit nassen Fingern das Hostel zu finden ist fast unmöglich.
Mein Sinn für die Regenromantik endet genau an dieser Stelle.

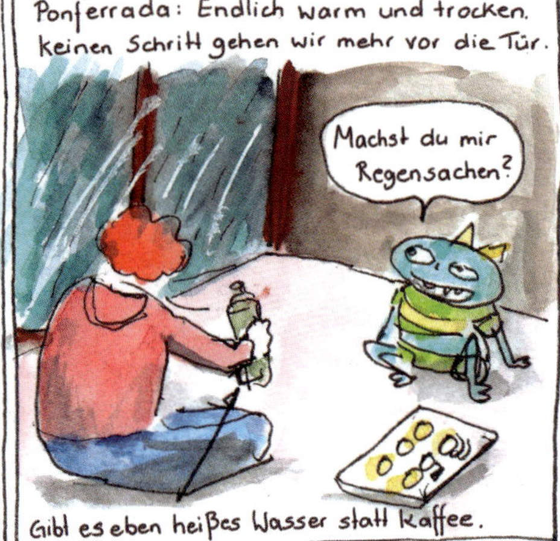
Ponferrada: Endlich warm und trocken. keinen Schritt gehen wir mehr vor die Tür.
Machst du mir Regensachen?
Gibt es eben heißes Wasser statt Kaffee.

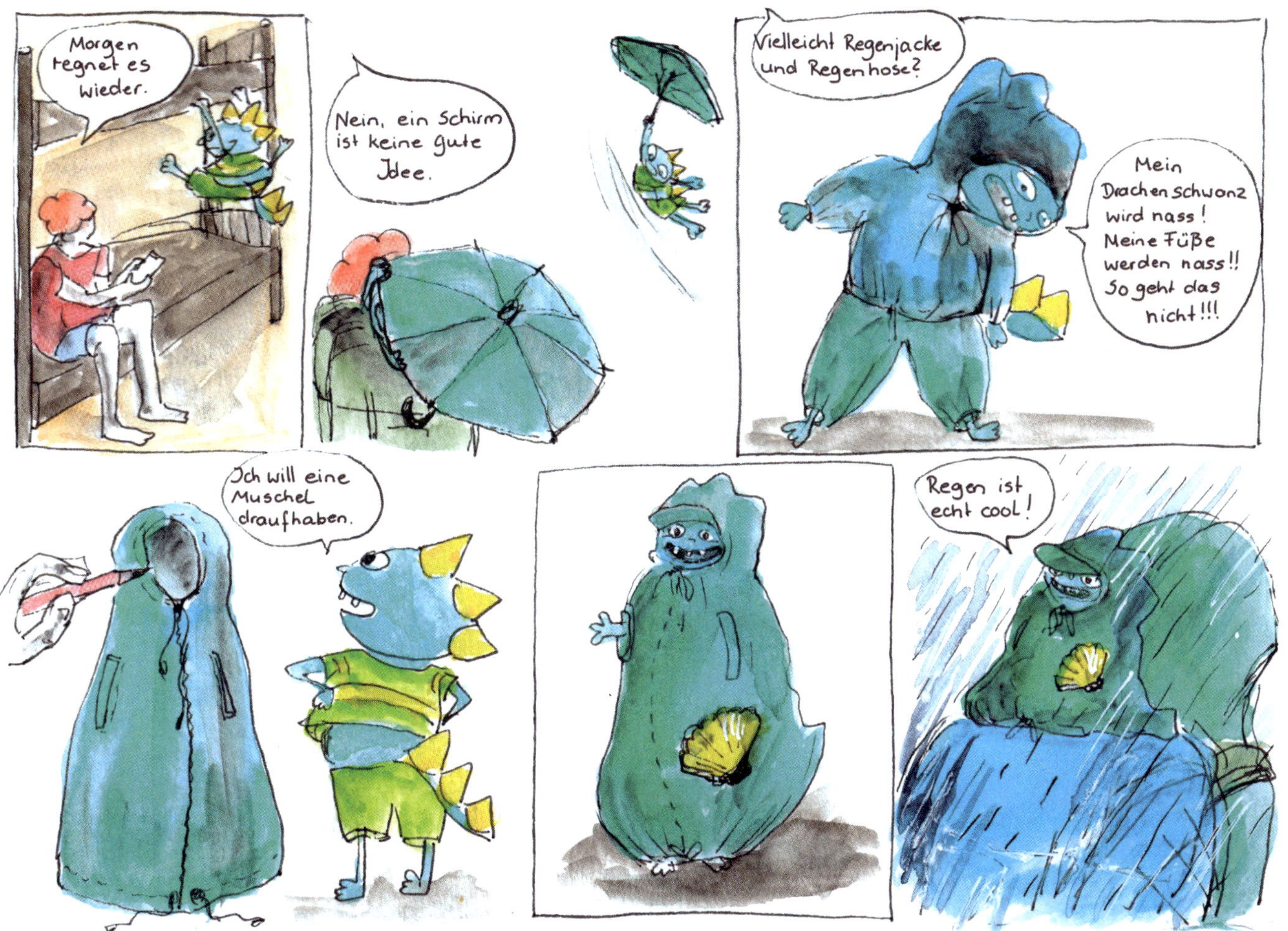
Morgen regnet es wieder.
Nein, ein Schirm ist keine gute Jdee.
Vielleicht Regenjacke und Regenhose?
Mein Drachenschwanz wird nass! Meine Füße werden nass!! So geht das nicht!!!
Jch will eine Muschel draufhaben.
Regen ist echt cool!

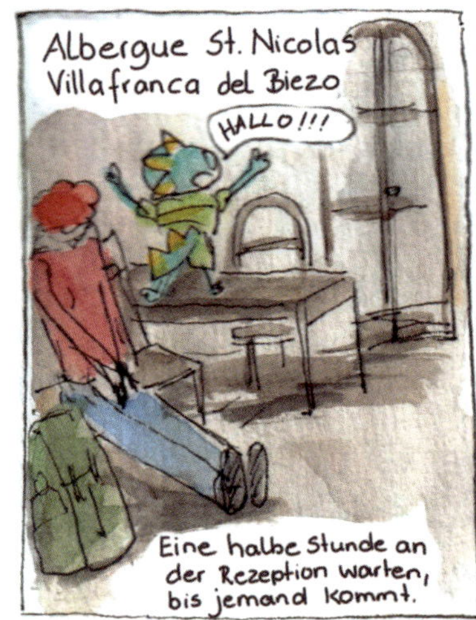

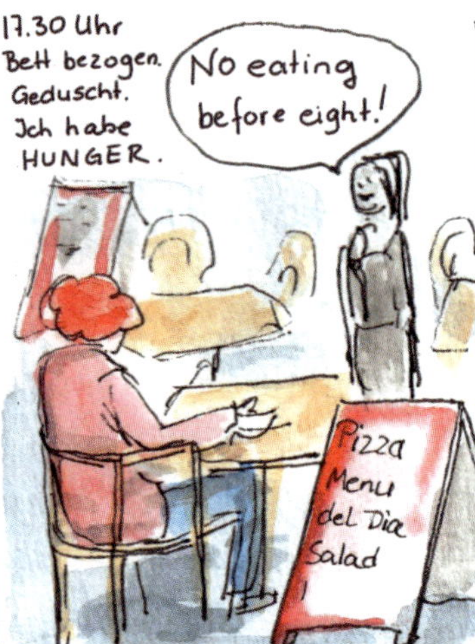

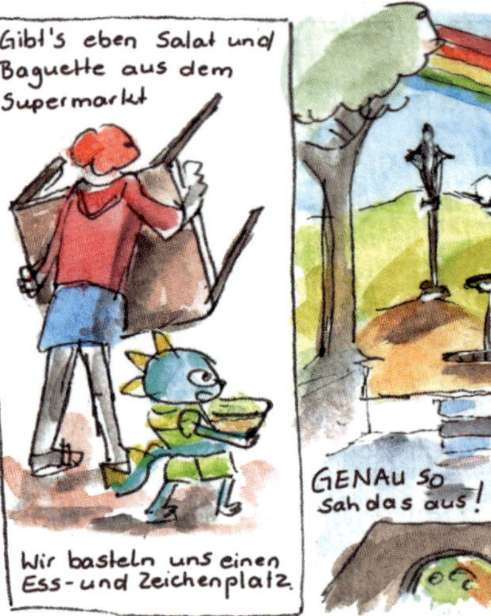

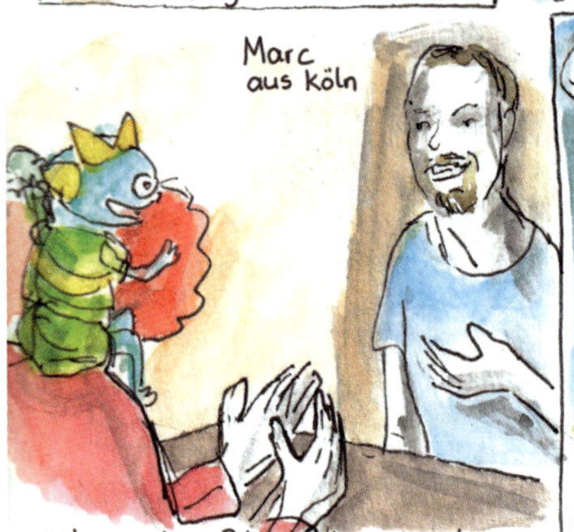

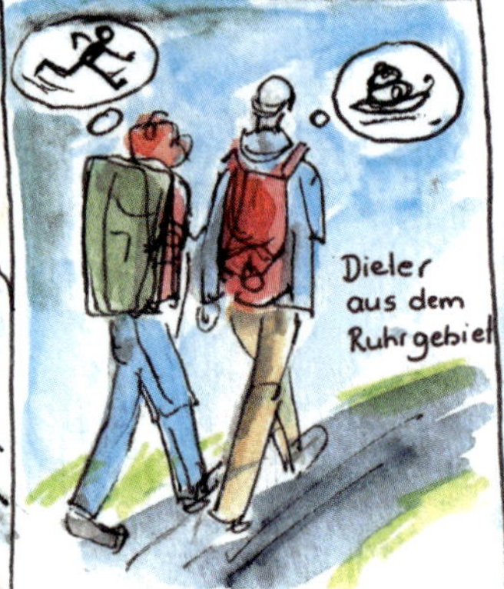

O Cebreiro - Mein Abendspaziergang endet mit einer Kaffeeeinladung auf dem Berg. Christin aus der Schweiz will hier ihr Zelt aufstellen. Sympathie, Nähe, Offenheit - das ist sofort da zwischen uns.

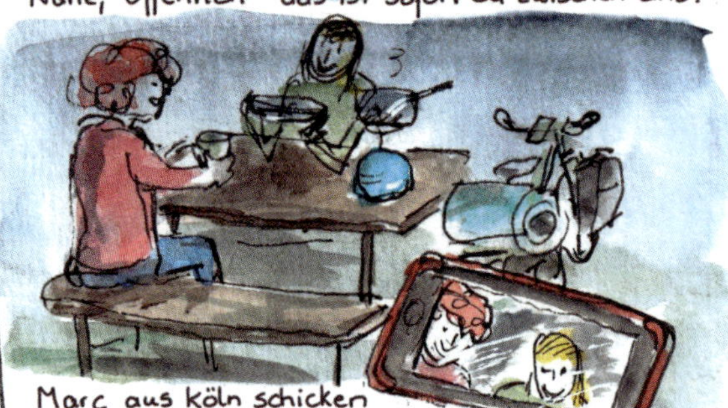

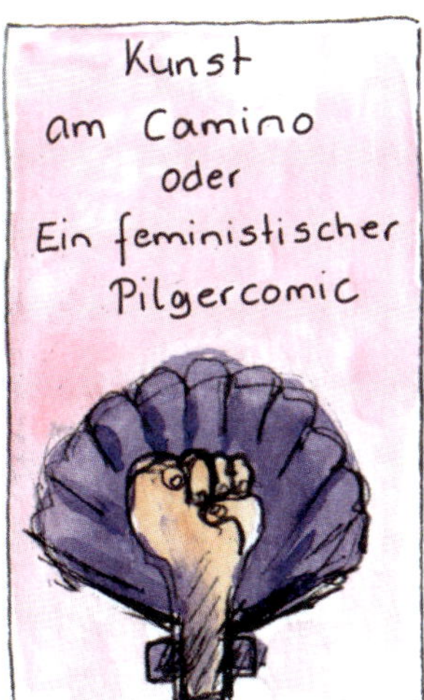
Kunst
am Camino
oder
Ein feministischer
Pilgercomic

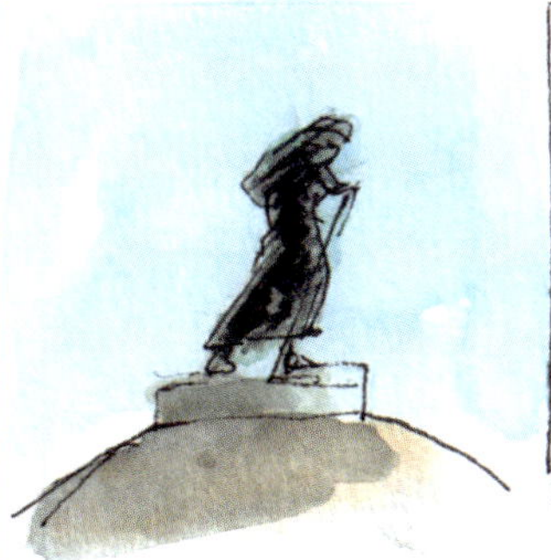

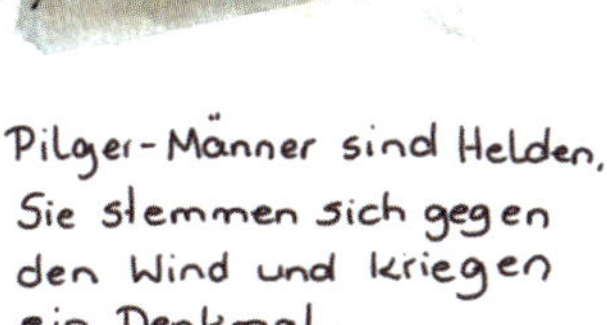
Pilger-Männer sind Helden.
Sie stemmen sich gegen den Wind und kriegen ein Denkmal.

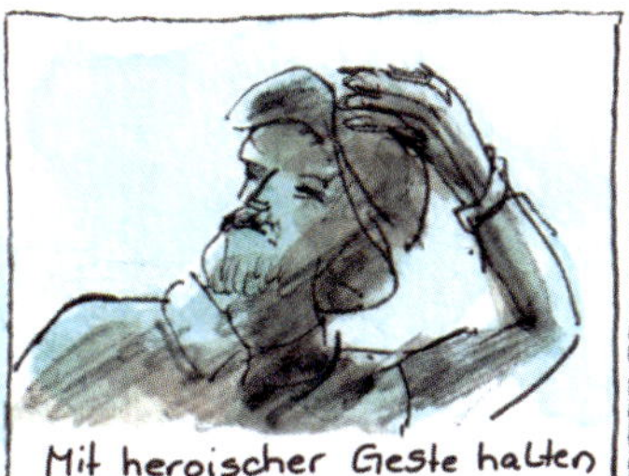
Mit heroischer Geste halten sie ihren Hut fest.

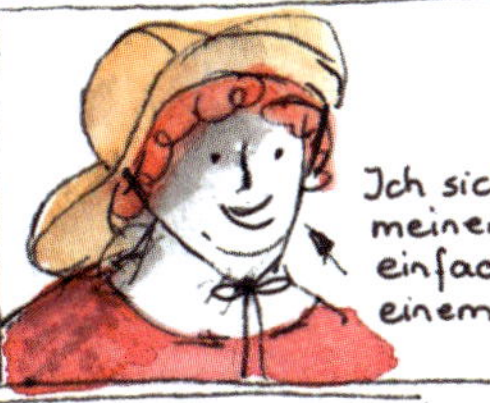
Ich sichere meinen Hut einfach mit einem Band.

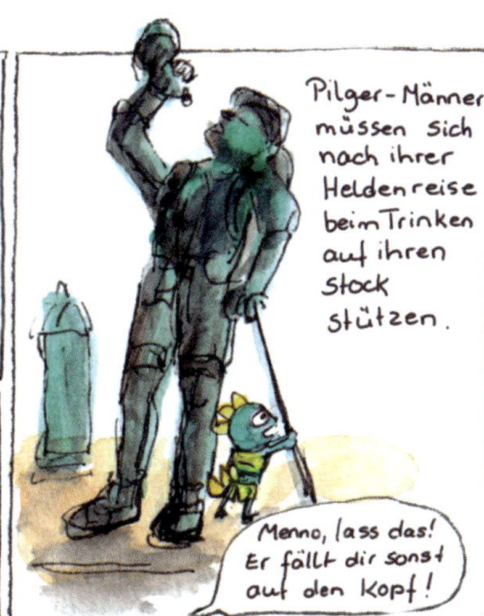
Pilger-Männer müssen sich nach ihrer Heldenreise beim Trinken auf ihren Stock stützen.
Menno, lass das! Er fällt dir sonst auf den Kopf!

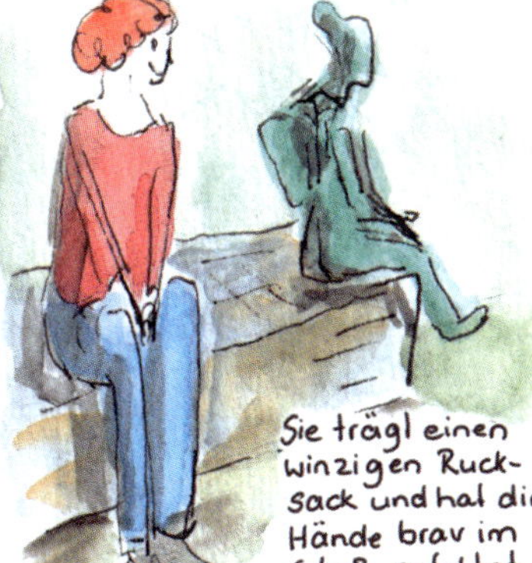
Es begegnet mir eine einzige Skulptur einer Pilgerin.
Sie trägt einen winzigen Rucksack und hat die Hände brav im Schoß gefaltet.

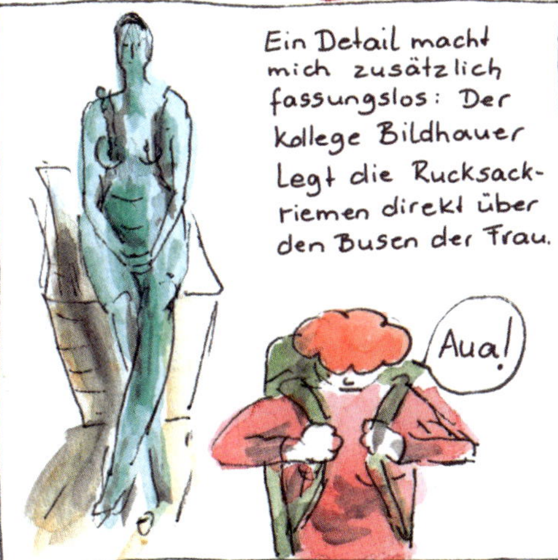
Ein Detail macht mich zusätzlich fassungslos: Der Kollege Bildhauer legt die Rucksackriemen direkt über den Busen der Frau.
Aua!

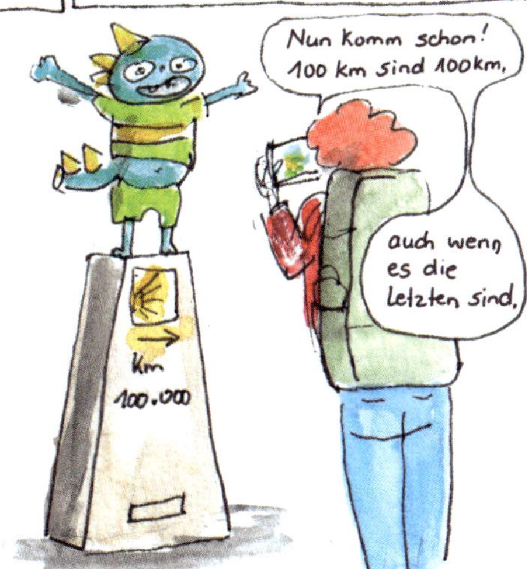
Nun komm schon! 100 km sind 100 km,
auch wenn es die letzten sind.
Km
100.000

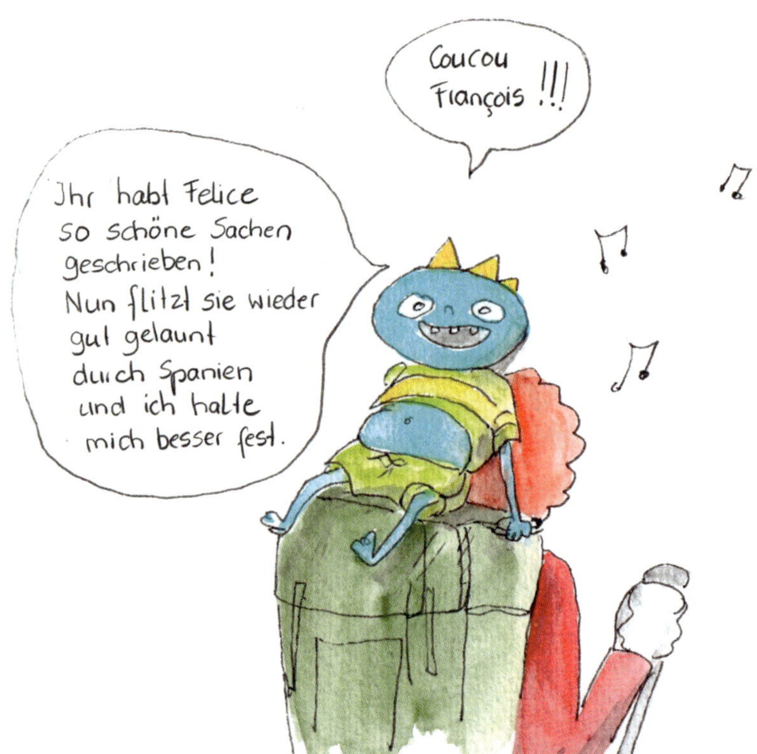
Coucou François !!!
Jhr habt Felice so schöne Sachen geschrieben! Nun flitzt sie wieder gut gelaunt durch Spanien und ich halte mich besser fest.

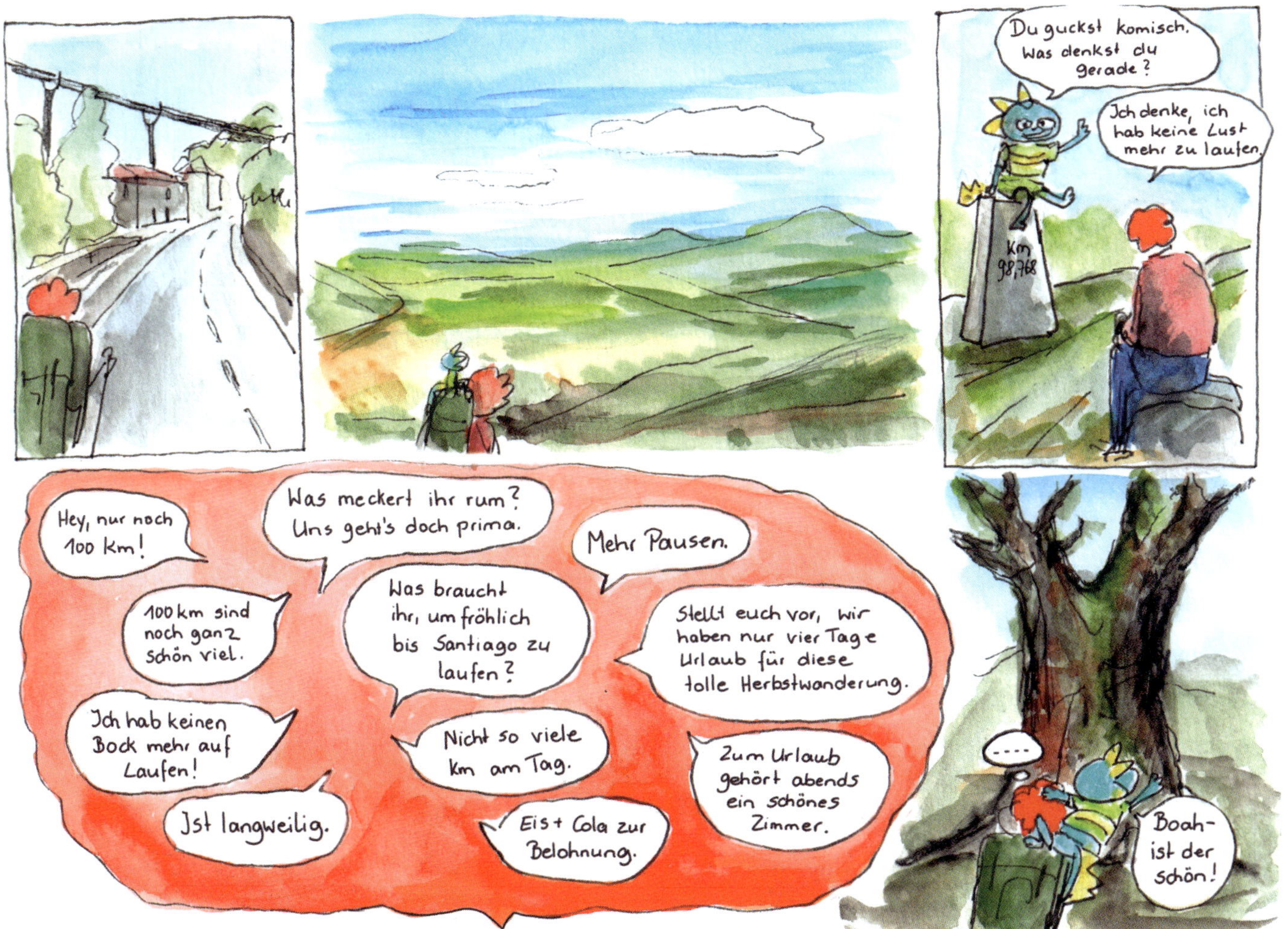
Du guckst komisch. Was denkst du gerade?
Ich denke, ich hab keine Lust mehr zu laufen.
Km 98,768
Hey, nur noch 100 km!
Was meckert ihr rum? Uns geht's doch prima.
Mehr Pausen.
100 km sind noch ganz schön viel.
Was braucht ihr, um fröhlich bis Santiago zu laufen?
Stellt euch vor, wir haben nur vier Tage Urlaub für diese tolle Herbstwanderung.
Ich hab keinen Bock mehr auf Laufen!
Nicht so viele km am Tag.
Zum Urlaub gehört abends ein schönes Zimmer.
Ist langweilig.
Eis + Cola zur Belohnung.

Boah- ist der schön!

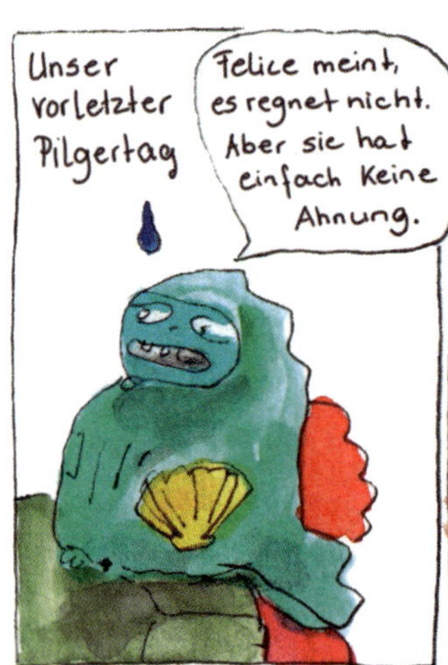

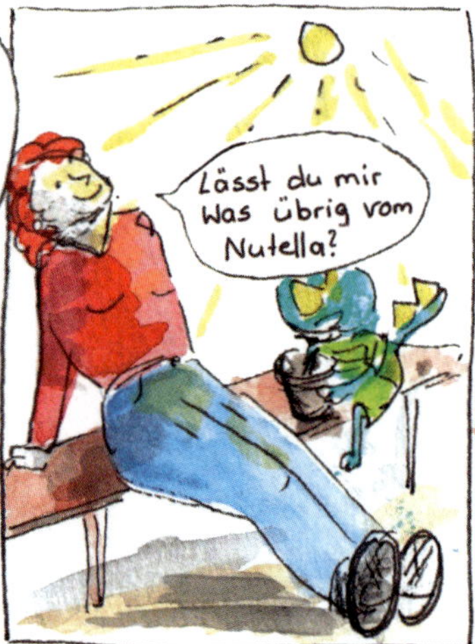

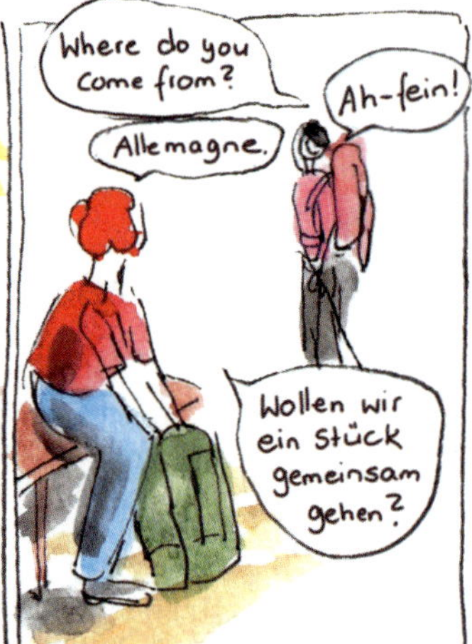

Elisabeth kommt aus der Nähe von München.

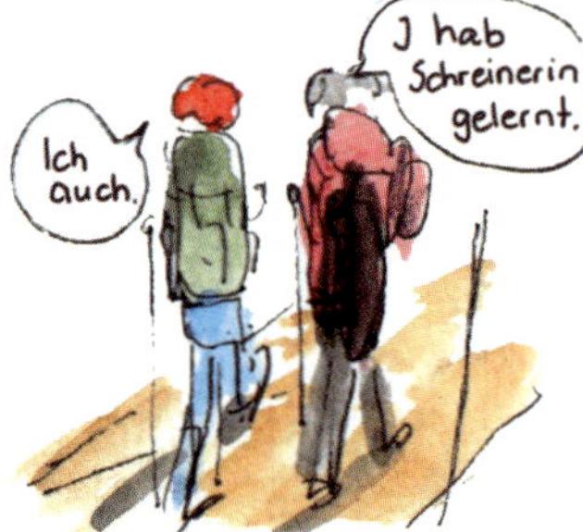

Sie ist zuhause losgegangen, aber schon 2012. In Etappen von jeweils 2 Wochen ist sie den Weg gelaufen.

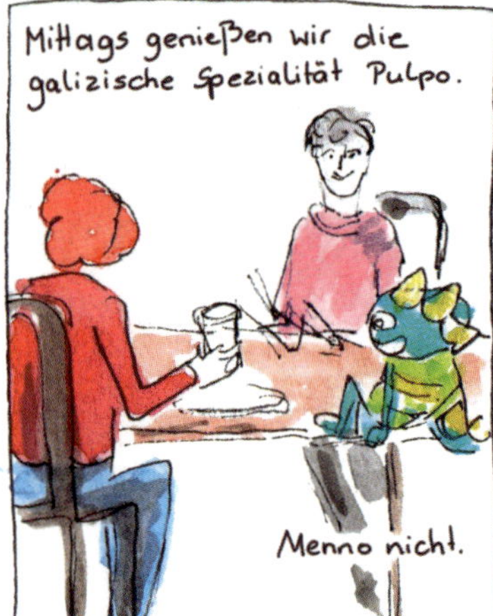

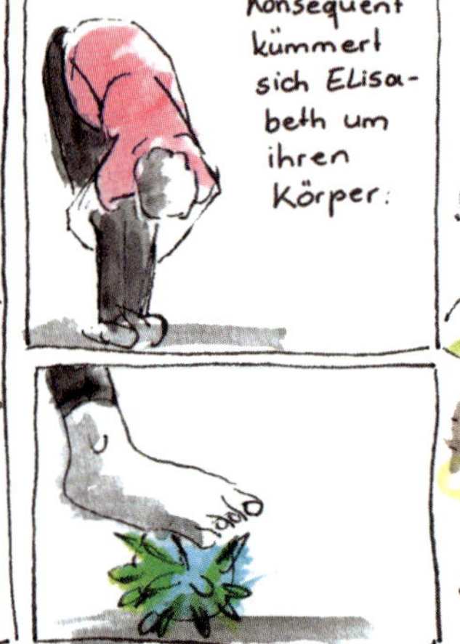

Zusammen mit ihrem Mann führt sie einen Bioland-Hof mit Kühen. Selbst ist sie Vegetarierin.

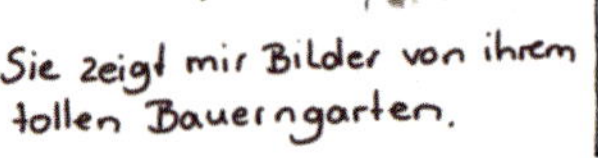

Sie zeigt mir Bilder von ihrem tollen Bauerngarten.

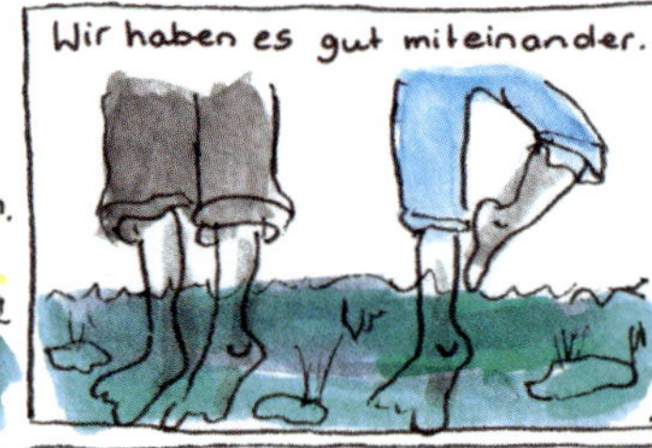

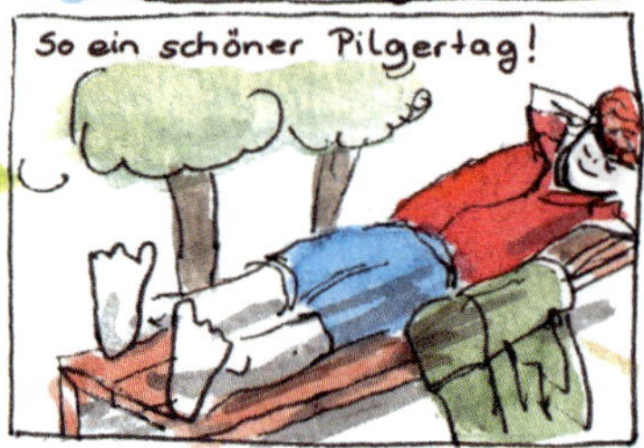

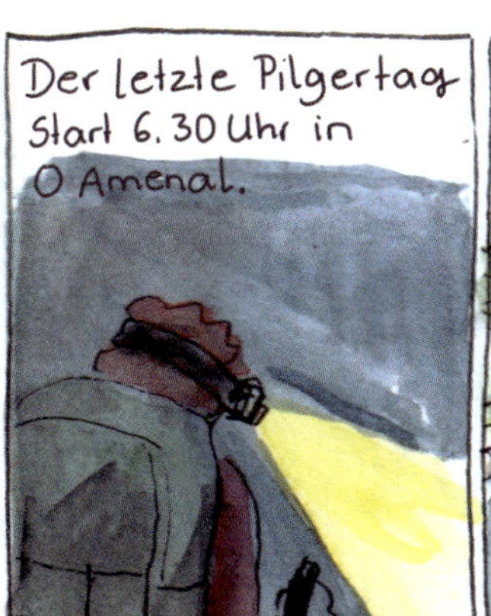
Der letzte Pilgertag
Start 6.30 Uhr in
O Amenal.

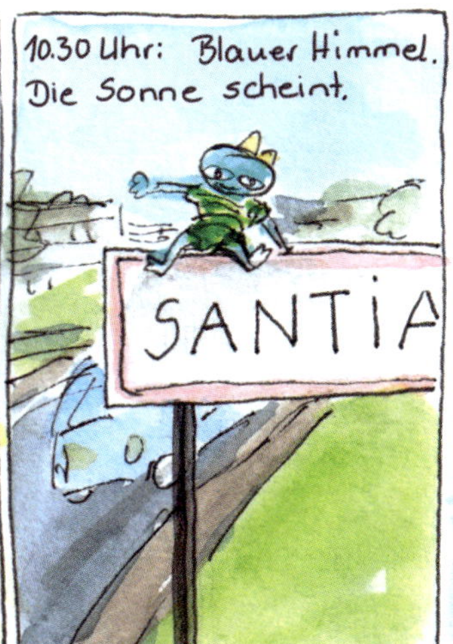
10.30 Uhr: Blauer Himmel.
Die Sonne scheint.
SANTIA

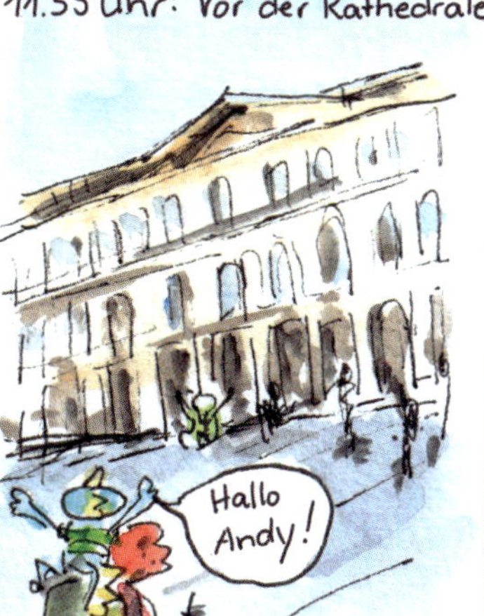
11.35 Uhr: Vor der Kathedrale
Hallo Andy!

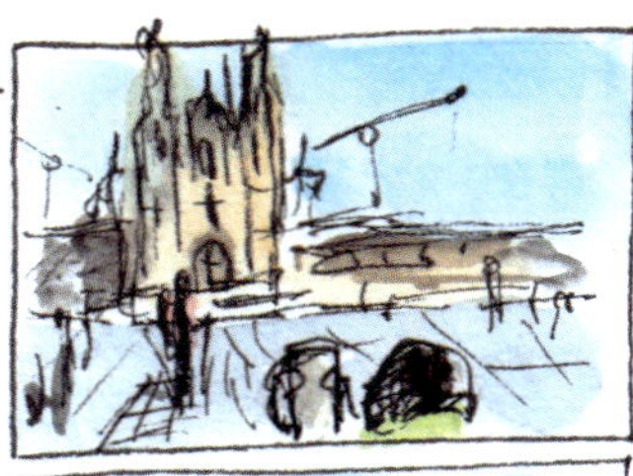

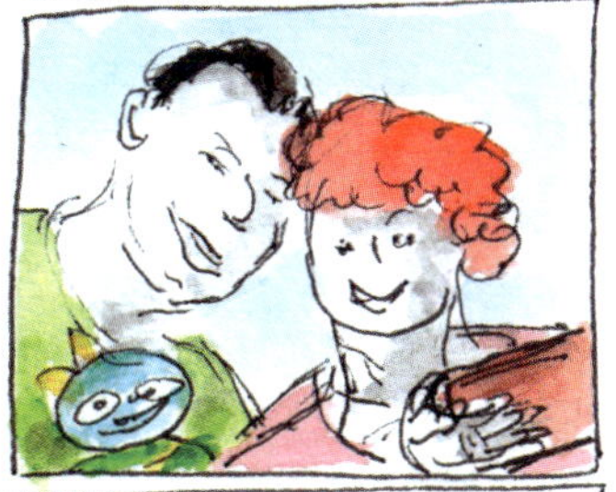

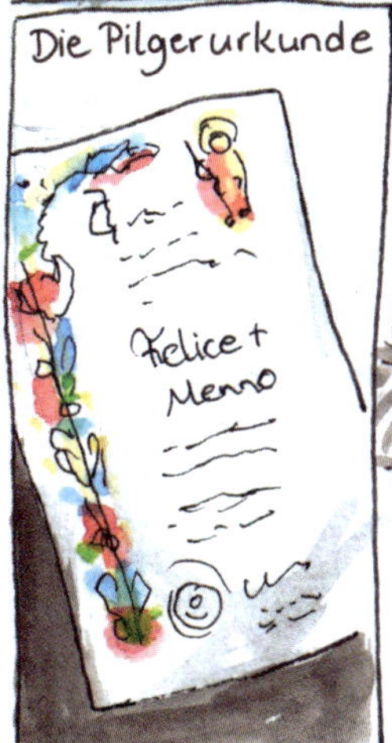
Die Pilgerurkunde
Felice +
Menno

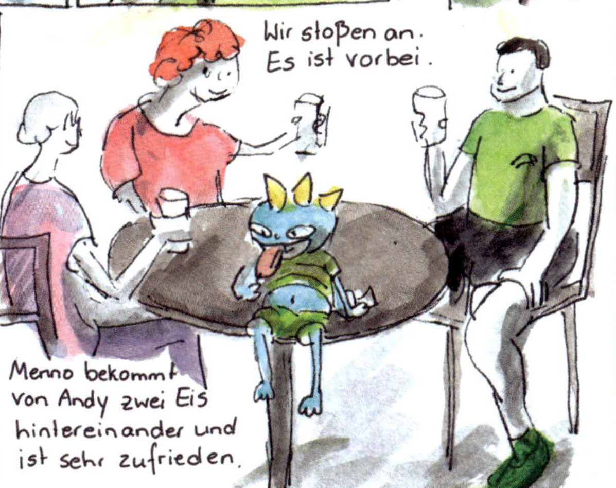
Wir stoßen an.
Es ist vorbei.
Menno bekommt
von Andy zwei Eis
hintereinander und
ist sehr zufrieden.

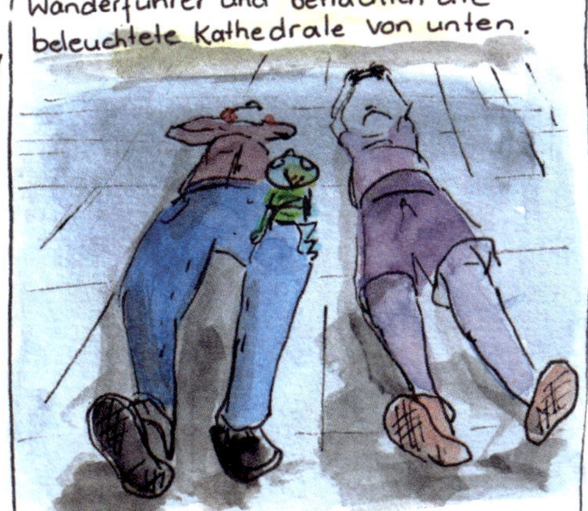
Abends folgen wir zum letzten Mal dem
Wanderführer und betrachten die
beleuchtete Kathedrale von unten.

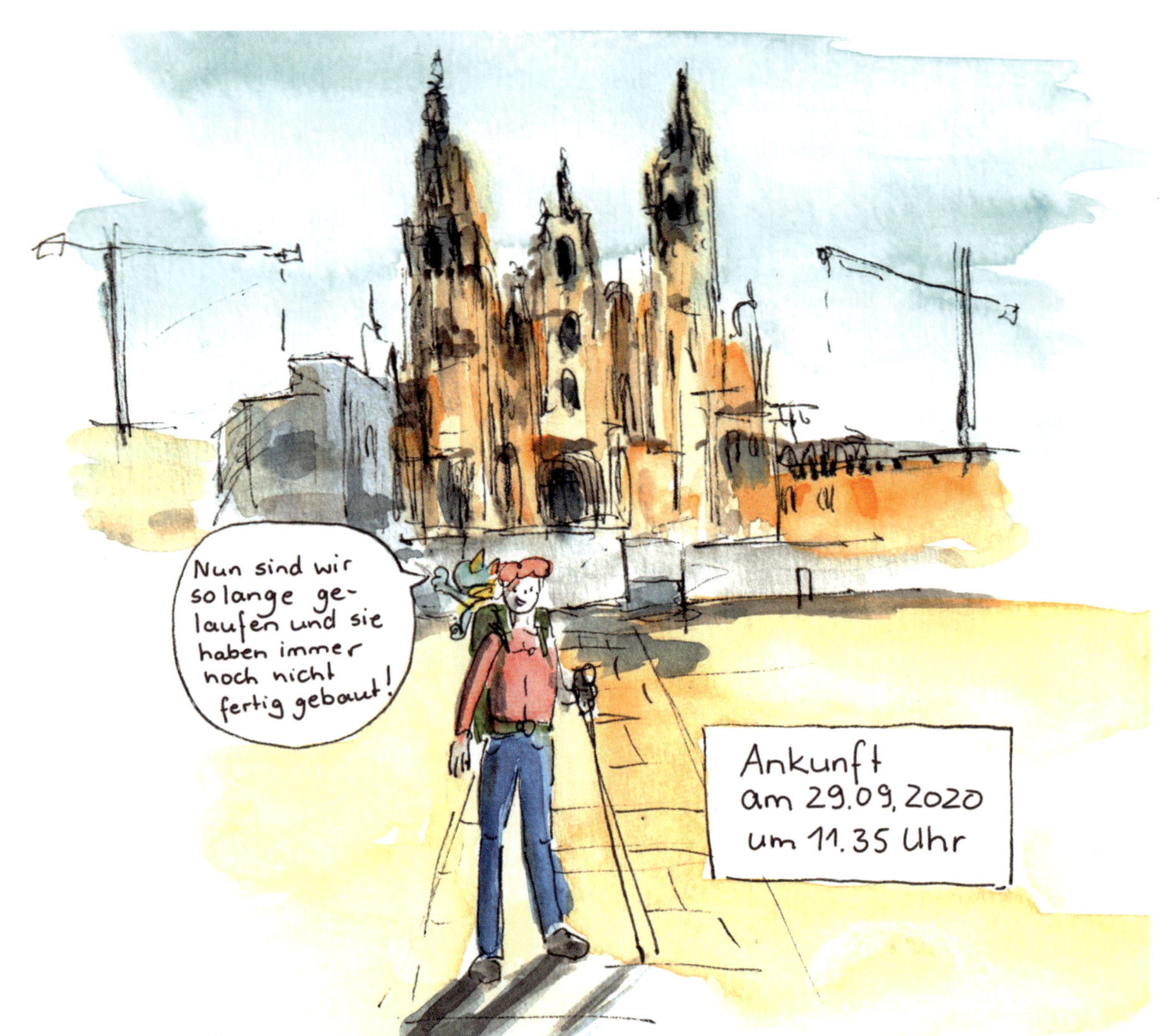
Nun sind wir so lange gelaufen und sie haben immer noch nicht fertig gebaut!
Ankunft am 29.09.2020 um 11.35 Uhr

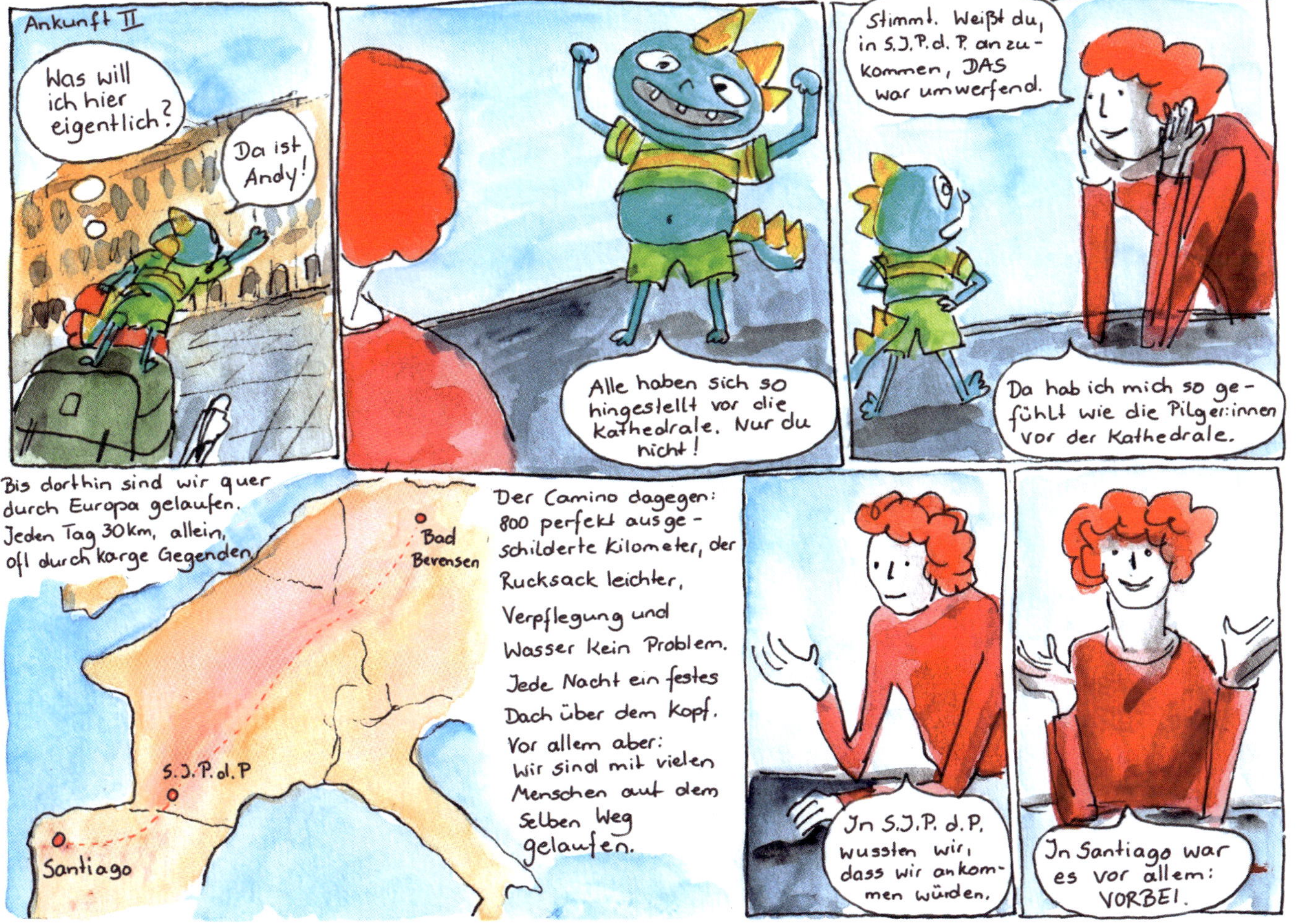
Ankunft II
Was will ich hier eigentlich?
Da ist Andy!
Alle haben sich so hingestellt vor die Kathedrale. Nur du nicht!
Stimmt. Weißt du, in S.J.P.d.P. anzukommen, DAS war umwerfend.
Da hab ich mich so gefühlt wie die Pilger:innen vor der Kathedrale.
Bis dorthin sind wir quer durch Europa gelaufen. Jeden Tag 30 km, allein, oft durch karge Gegenden.
Bad Berensen
S.J.P.d.P
Santiago
Der Camino dagegen: 800 perfekt ausgeschilderte Kilometer, der Rucksack leichter, Verpflegung und Wasser kein Problem. Jede Nacht ein festes Dach über dem Kopf. Vor allem aber: Wir sind mit vielen Menschen auf dem selben Weg gelaufen.
Jn S.J.P. d.P. wussten wir, dass wir ankommen würden.
Jn Santiago war es vor allem: VORBEI.

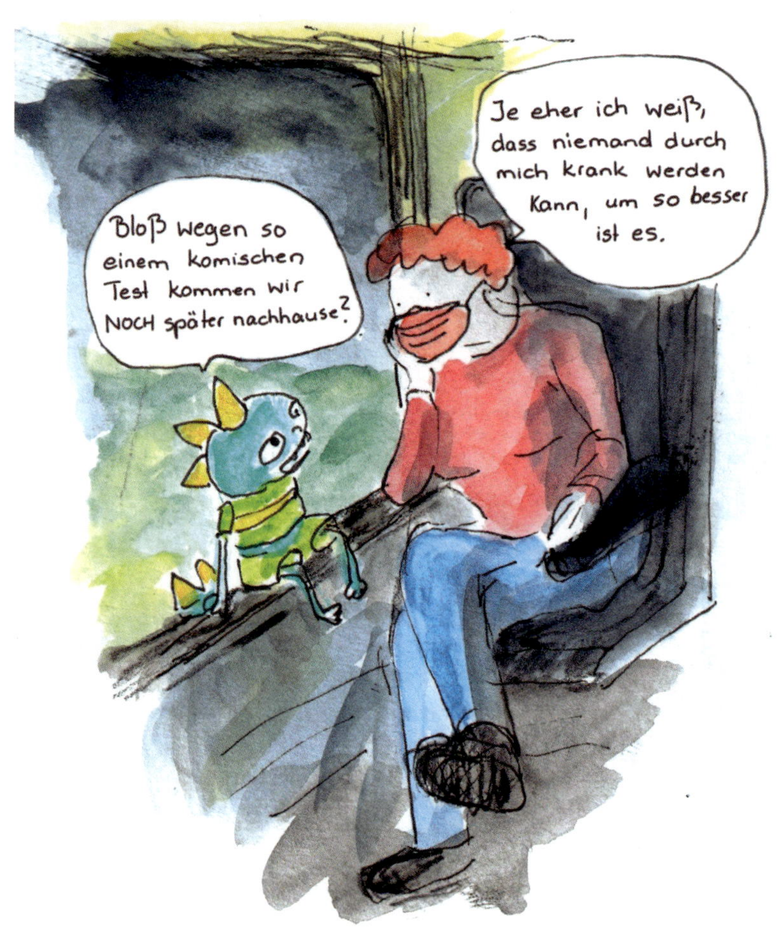
Bloß wegen so einem komischen Test kommen wir NOCH später nachhause?
Je eher ich weiß, dass niemand durch mich krank werden kann, um so besser ist es.

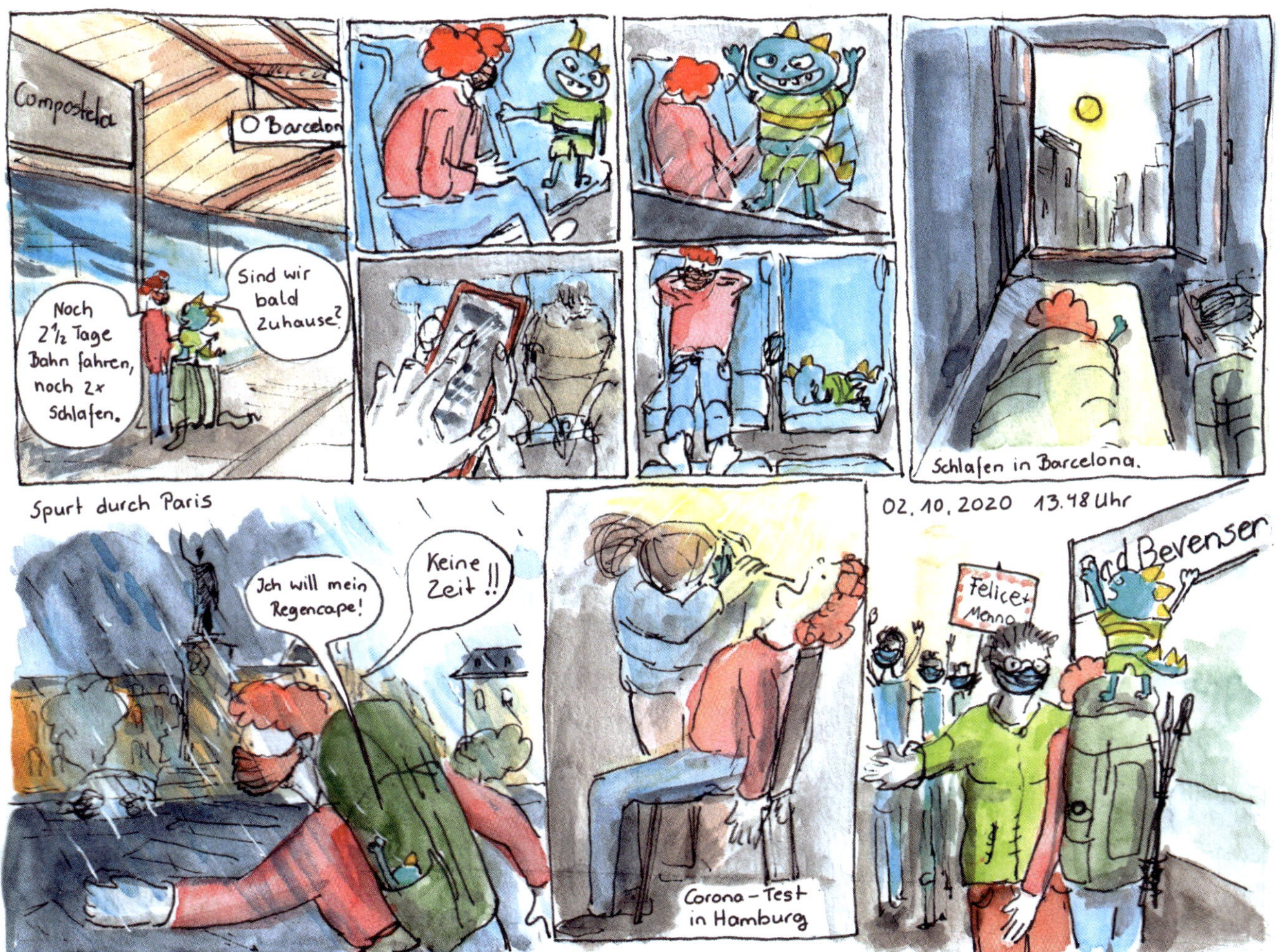
Compostela
O Barcelon
Noch 2 1/2 Tage Bahn fahren, noch 2x Schlafen.
Sind wir bald Zuhause?
Schlafen in Barcelona.
Spurt durch Paris
Jch will mein Regencape!
Keine Zeit!!
Corona-Test in Hamburg
02.10.2020 13.48 Uhr
Felice + Menno
Bevenser

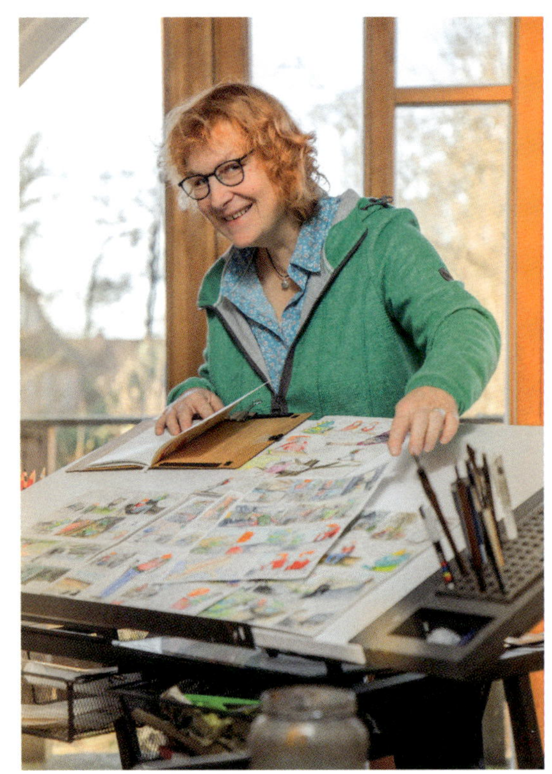

So viele Comics!

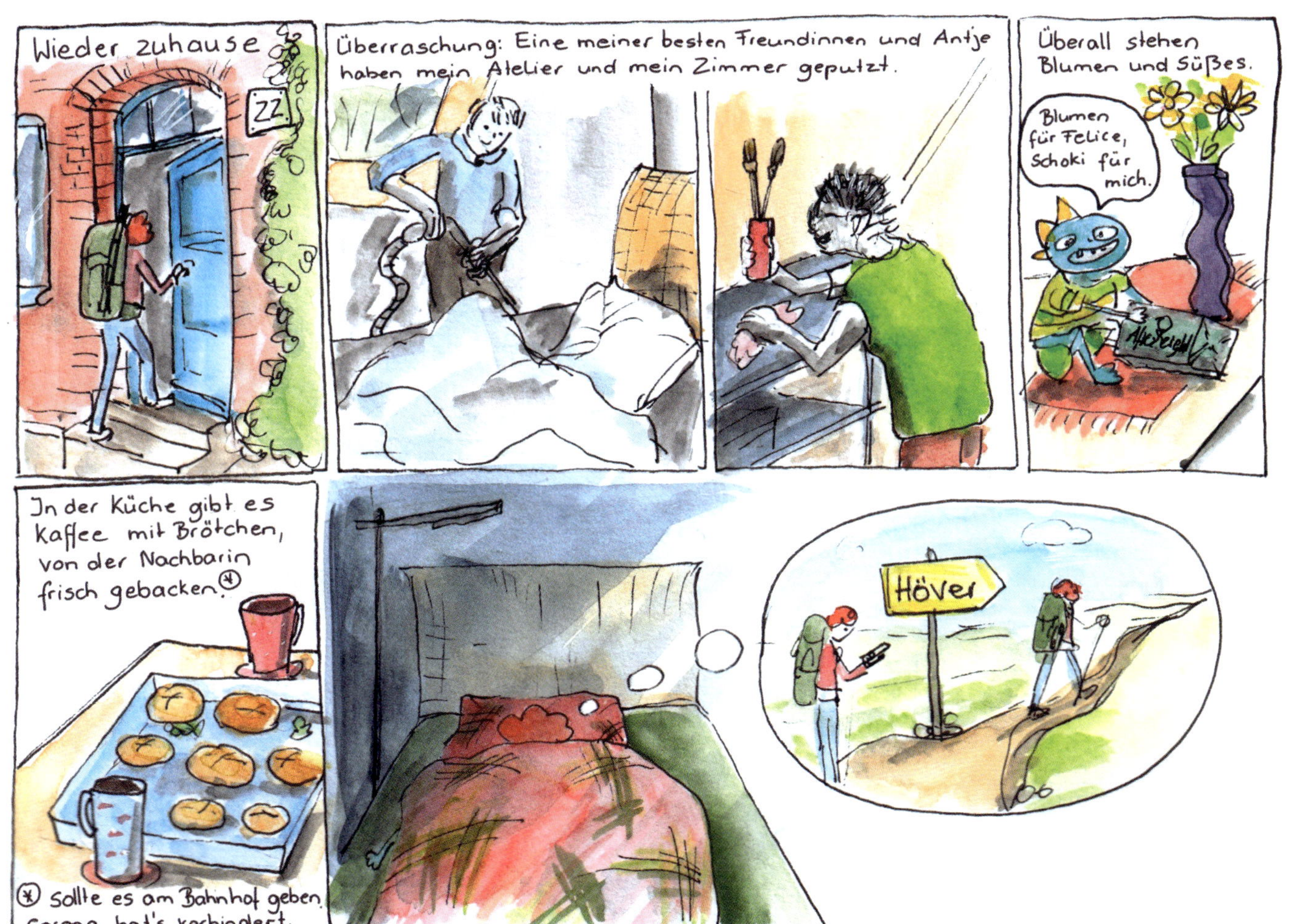

Wieder zuhause
22
Überraschung: Eine meiner besten Freundinnen und Antje haben mein Atelier und mein Zimmer geputzt.
Überall stehen Blumen und Süßes.
Blumen für Felice, Schoki für mich.
In der Küche gibt es Kaffee mit Brötchen, von der Nachbarin frisch gebacken.(*)
(*) Sollte es am Bahnhof geben. Corona hat's verhindert.
Höver

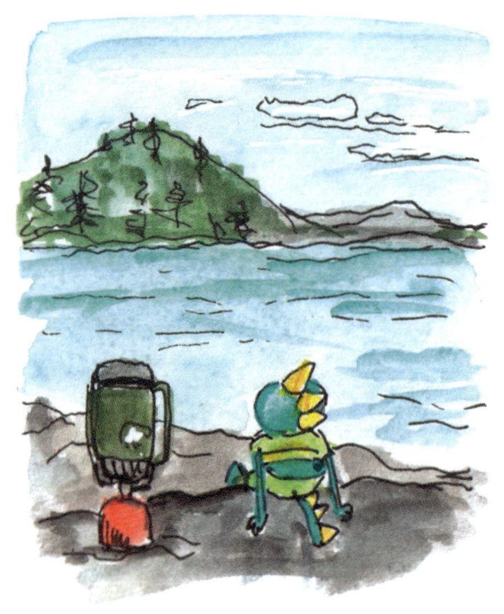

BAD BEVENSEN - TRONDHEIM

2021
3 Monate
ca. 2000 km

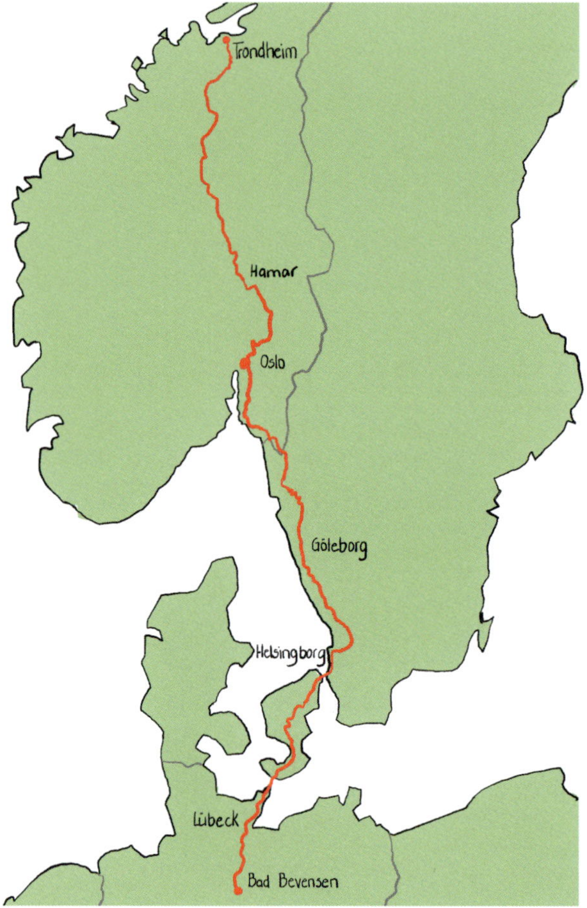

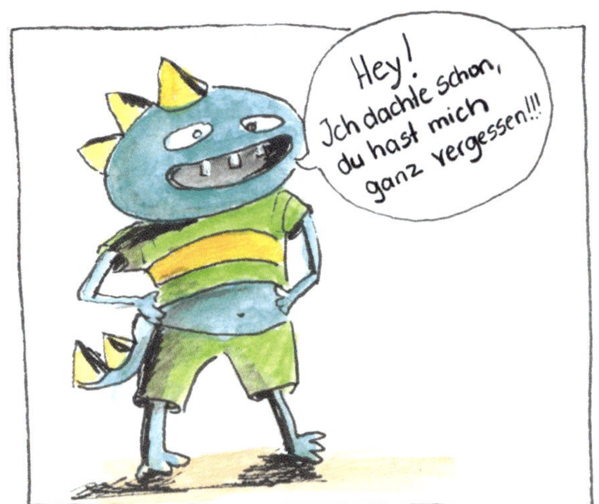
Hey! Jch dachte schon, du hast mich ganz vergessen!!!

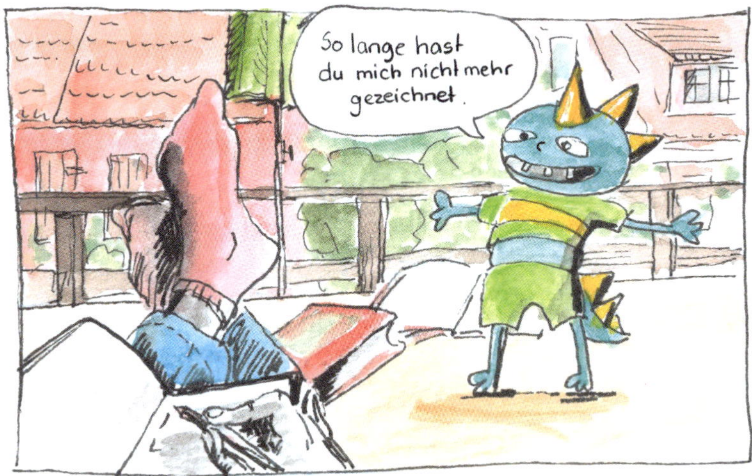
So lange hast du mich nicht mehr gezeichnet.

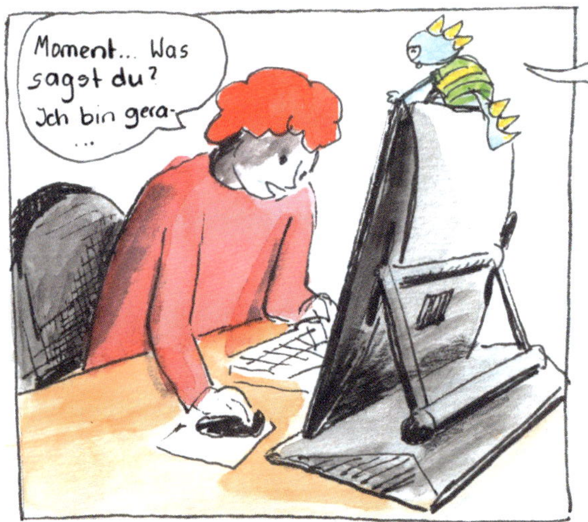
Moment... Was sagst du? Jch bin gera- ...

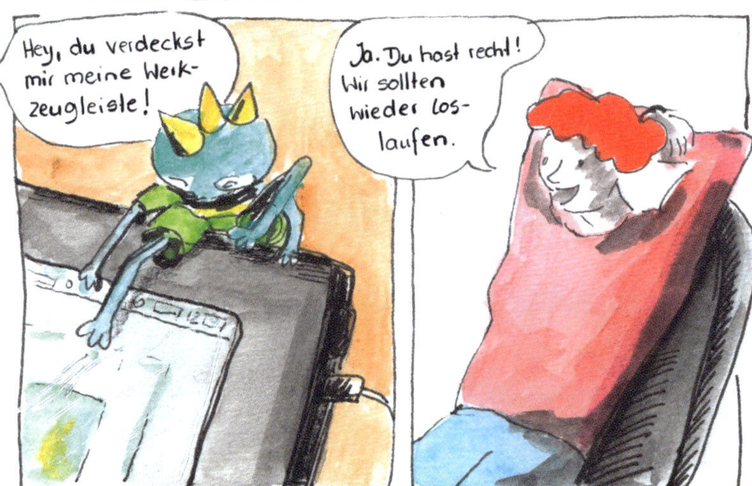
Hey, du verdeckst mir meine Werk-zeugleiste!
Ja. Du hast recht! Wir sollten wieder los-laufen.

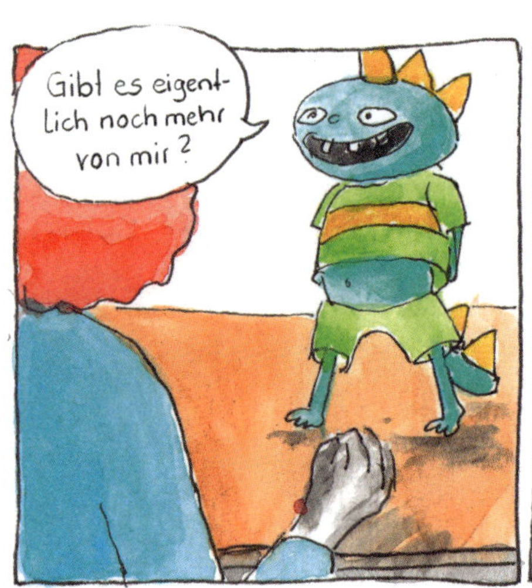

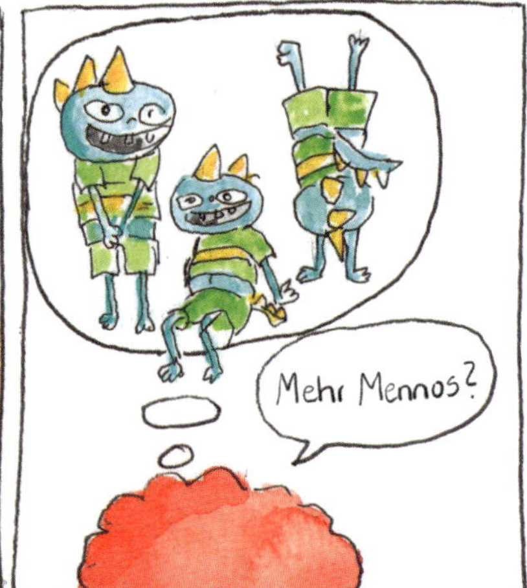

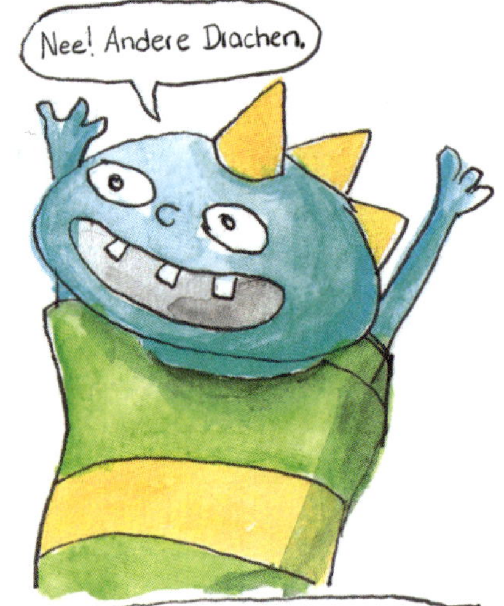

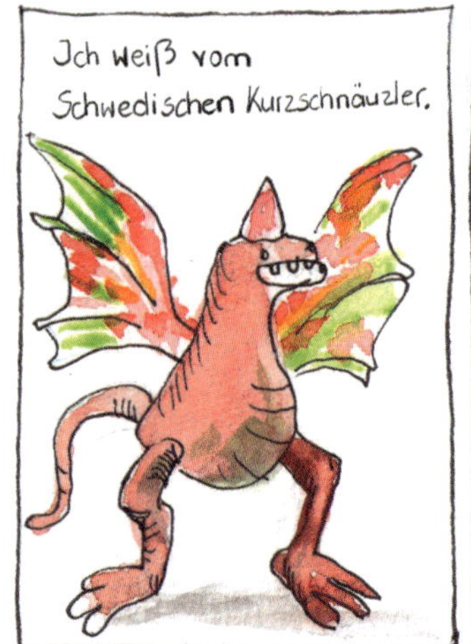

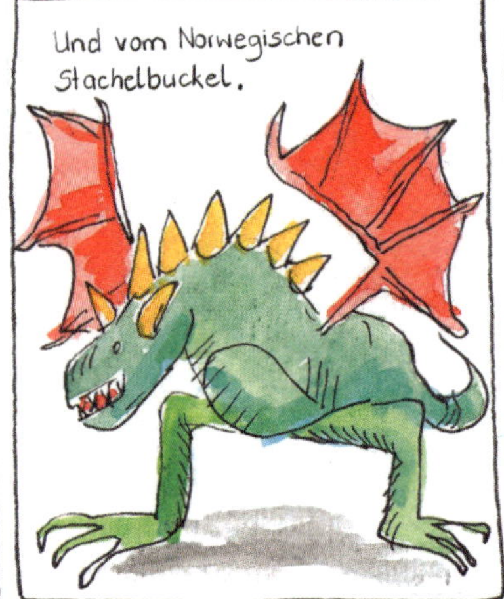

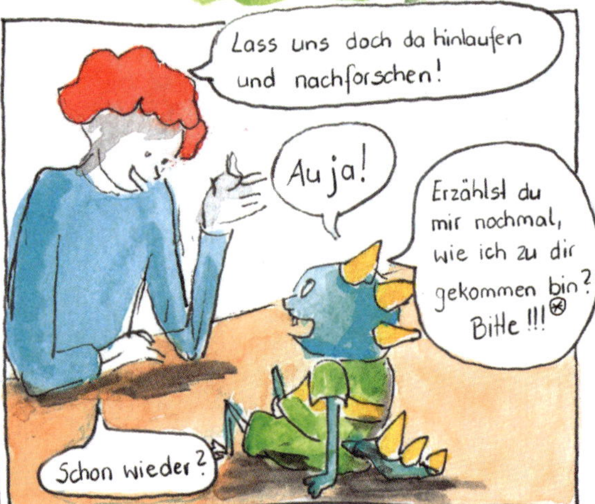

 *Einfach auf Seite 65 zurückblättern!

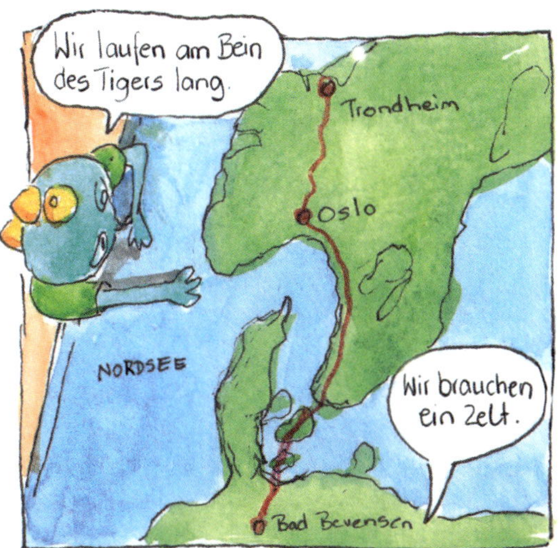
Wir laufen am Bein des Tigers lang.
Trondheim
Oslo
NORDSEE
Bad Bevensen
Wir brauchen ein Zelt.

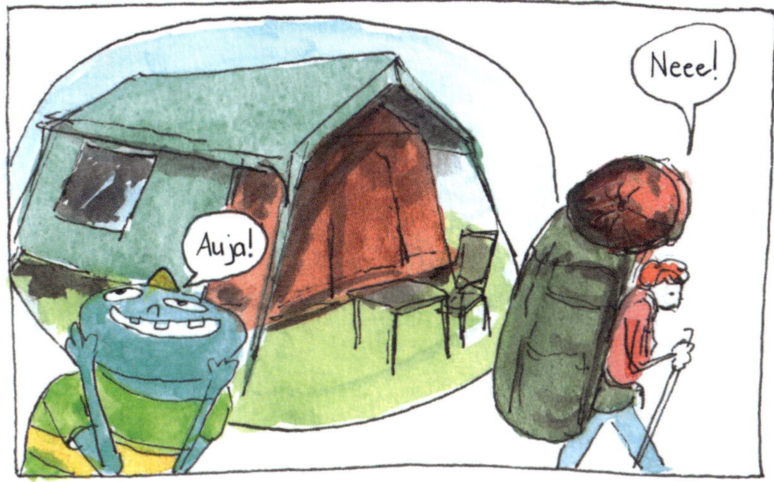
Au ja!
Neee!

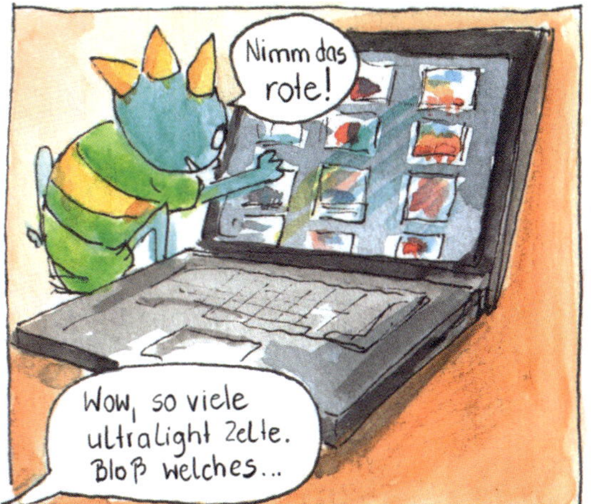
Nimm das rote!
Wow, so viele ultraLight Zelte. Bloß welches ...

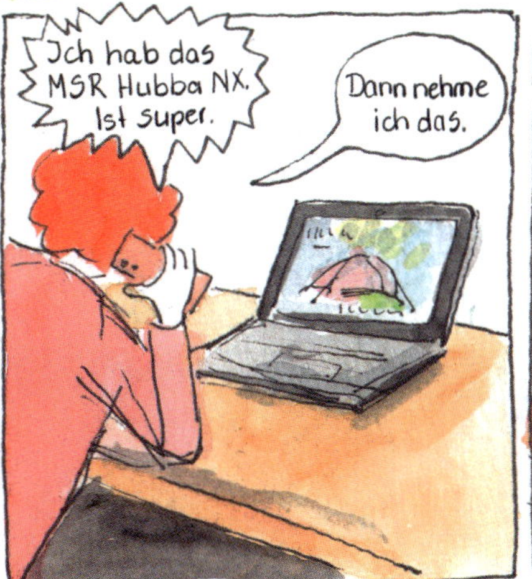
Jch hab das MSR Hubba NX. Ist super.
Dann nehme ich das.

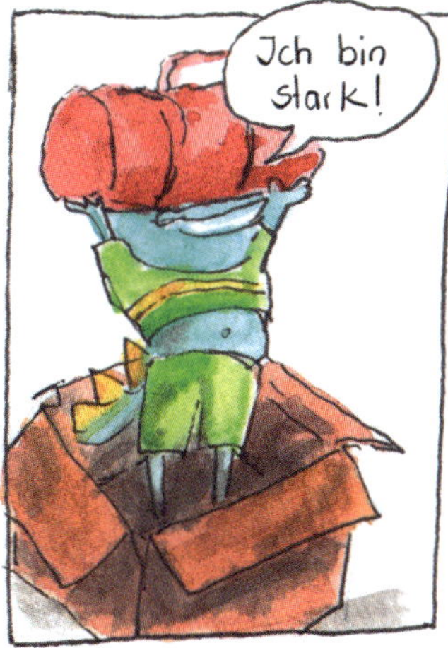
Jch bin stark!

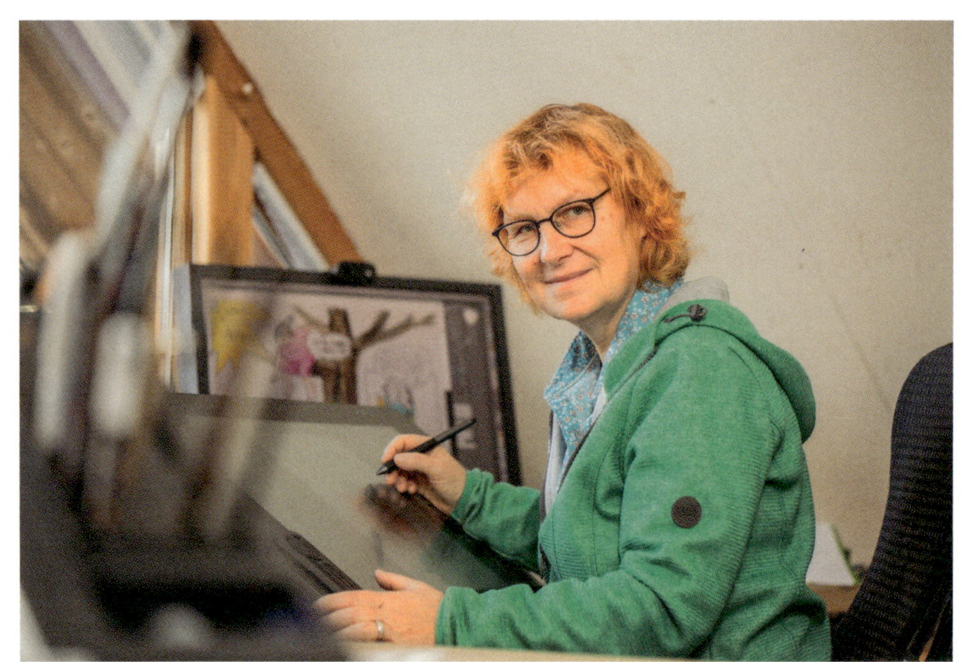

Beim digitalen Zeichnen

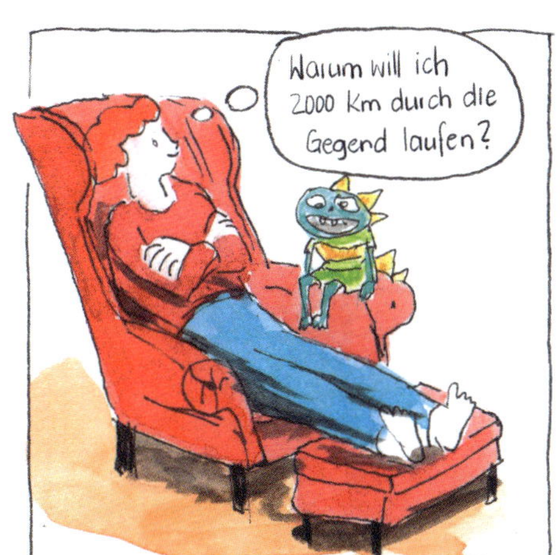
Warum will ich 2000 Km durch die Gegend laufen?

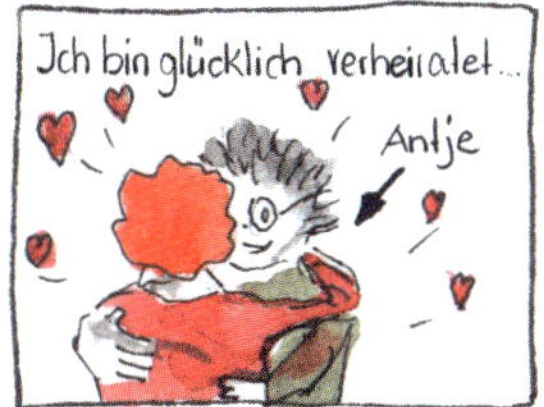
Jch bin glücklich verheiratet...
Antje

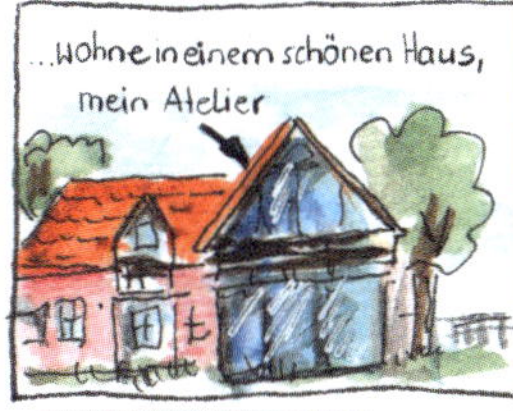
...wohne in einem schönen Haus,
mein Atelier

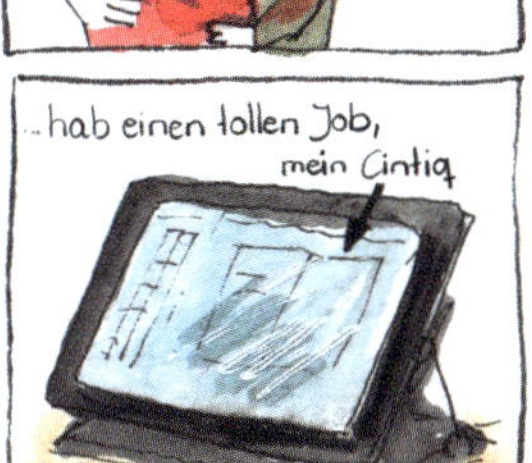
...hab einen tollen Job,
mein Cintiq

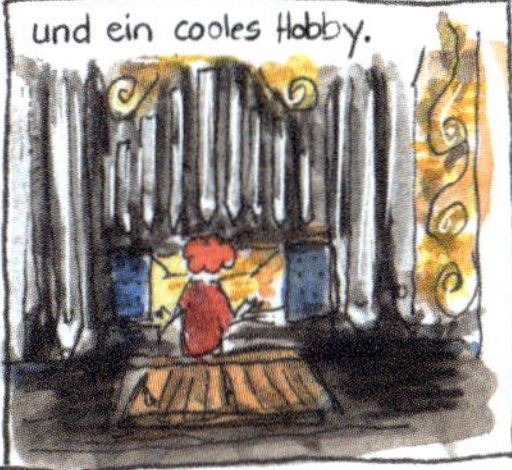
und ein cooles Hobby.

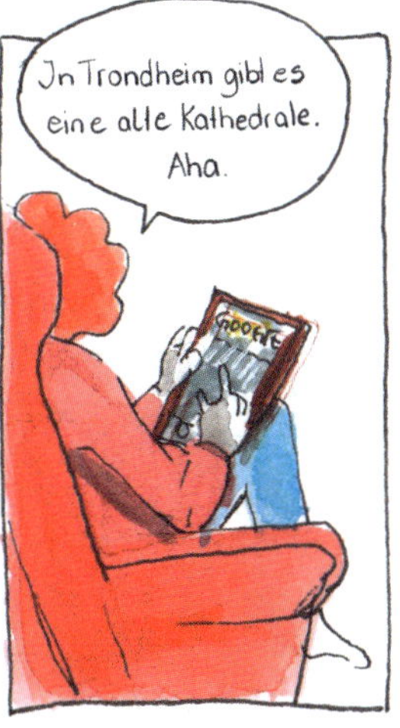
Jn Trondheim gibt es eine alte Kathedrale. Aha.

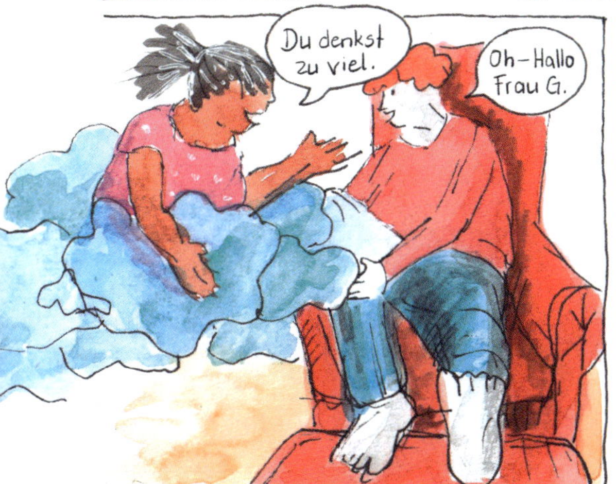
Du denkst zu viel.
Oh-Hallo Frau G.

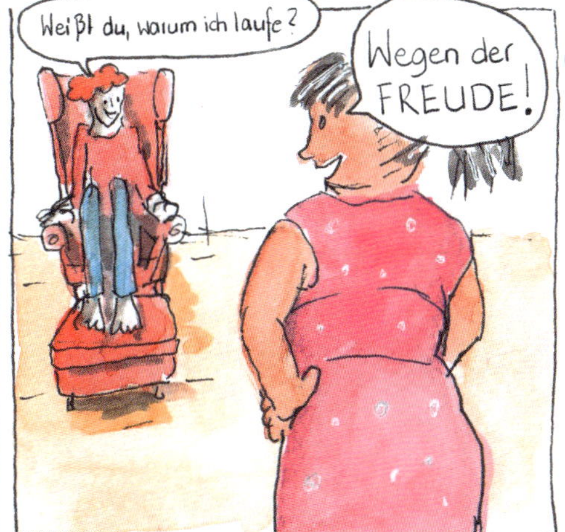
Weißt du, warum ich laufe?
Wegen der FREUDE!

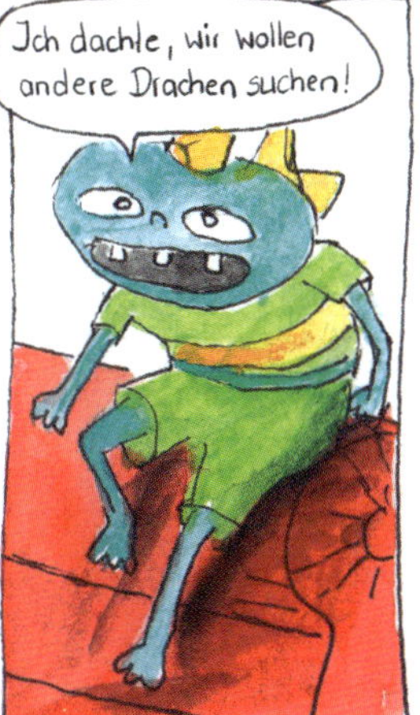
Jch dachte, wir wollen andere Drachen suchen!

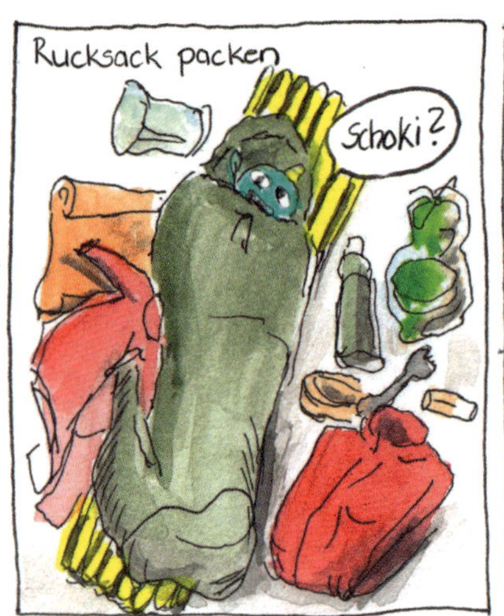
Rucksack packen
Schoki?

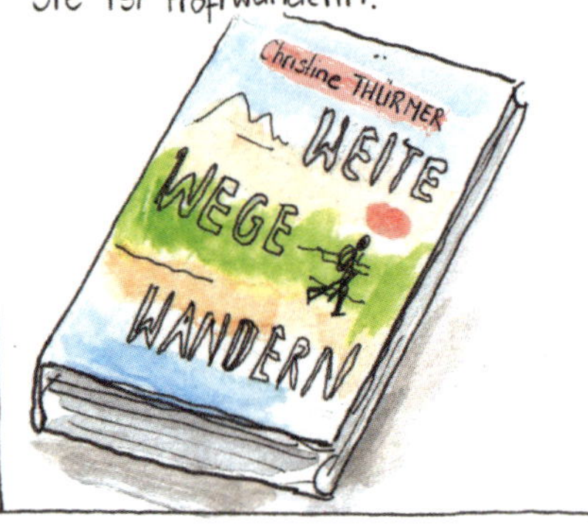
Obwohl ich mittlerweile eine erfahrene Weitwanderin bin, habe ich noch einiges dazugelernt bei Christine Thürmer. Sie ist Profiwanderin.
Christine THÜRMER
WEITE WEGE WANDERN

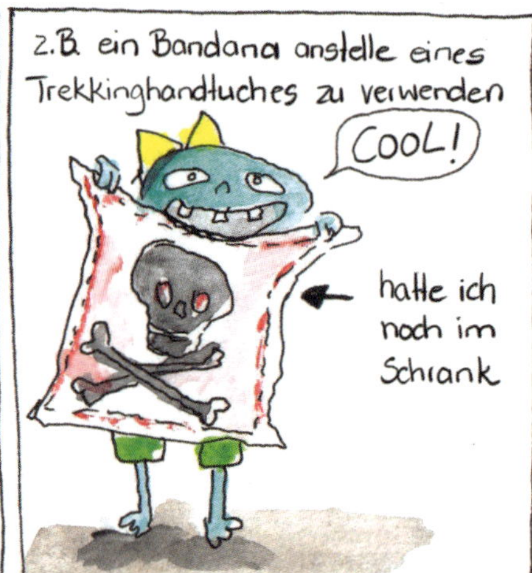
z.B. ein Bandana anstelle eines Trekkinghandtuches zu verwenden
COOL!
hatte ich noch im Schrank

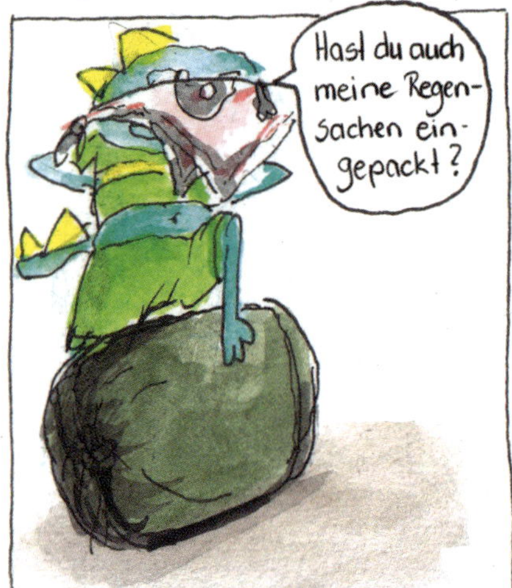
Hast du auch meine Regen-sachen ein-gepackt?

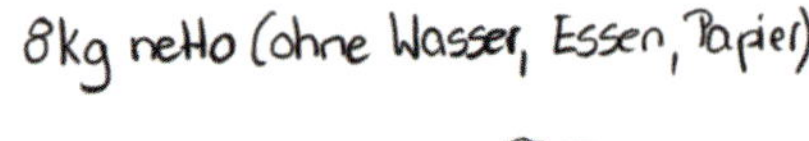
8kg netto (ohne Wasser, Essen, Papier)

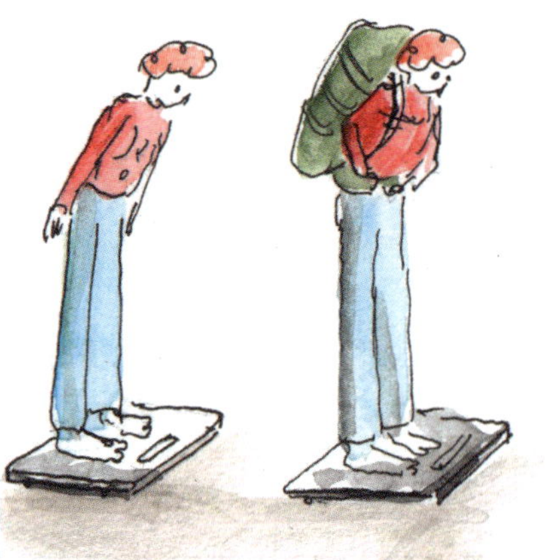

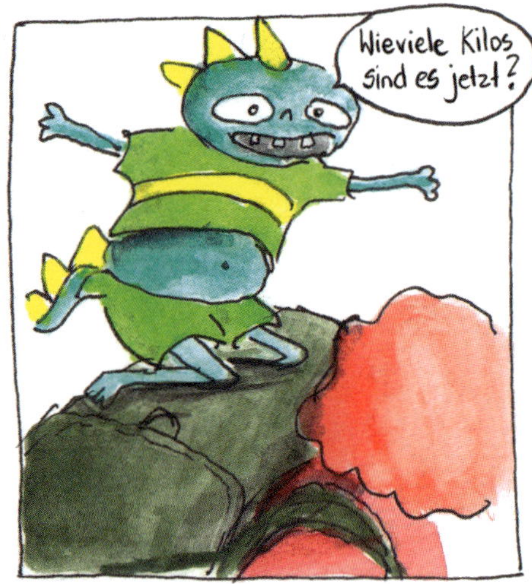
Wieviele Kilos sind es jetzt?

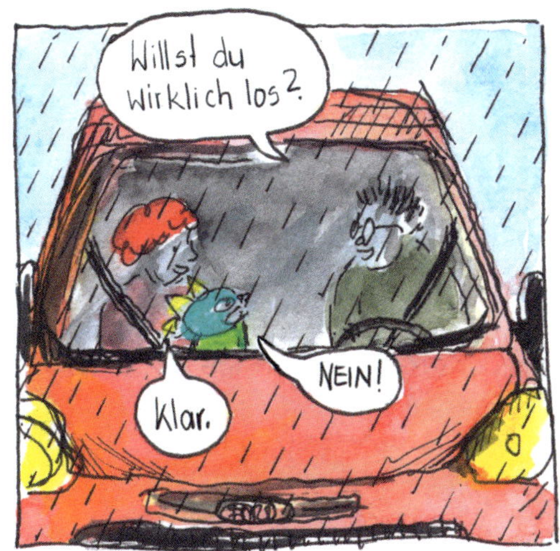
Willst du wirklich los?
Klar.
NEIN!

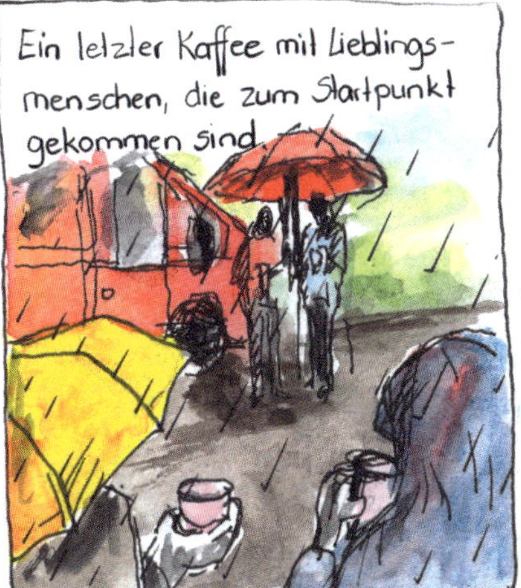
Ein letzter Kaffee mit Lieblingsmenschen, die zum Startpunkt gekommen sind.

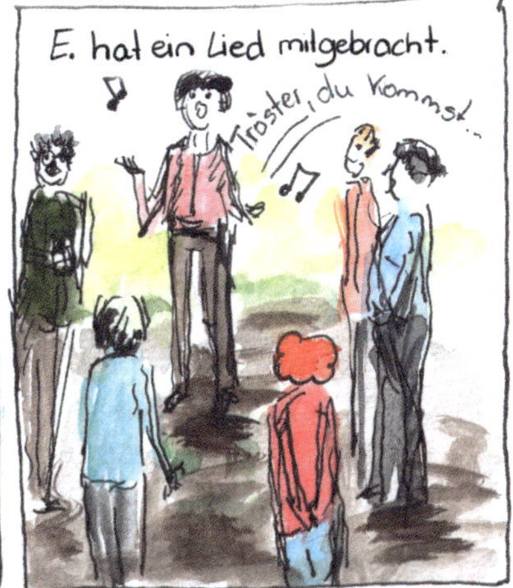
E. hat ein Lied mitgebracht.
Tröster, du kommst...

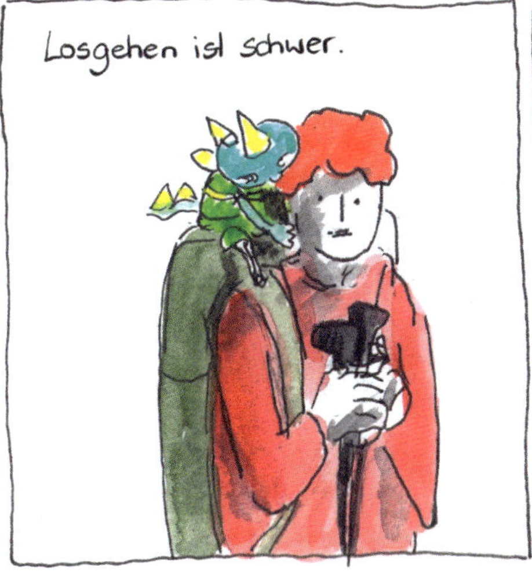
Losgehen ist schwer.

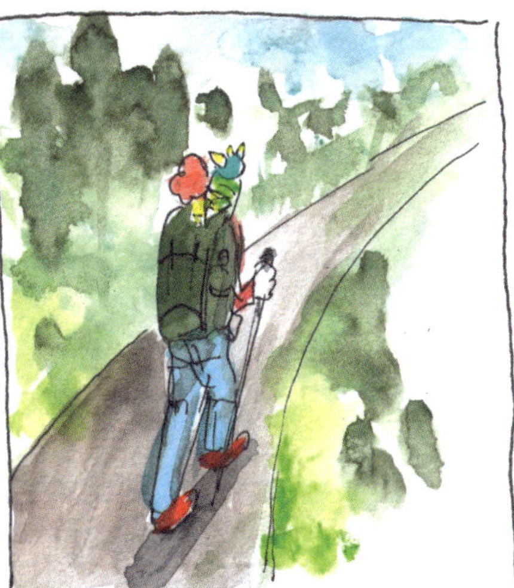

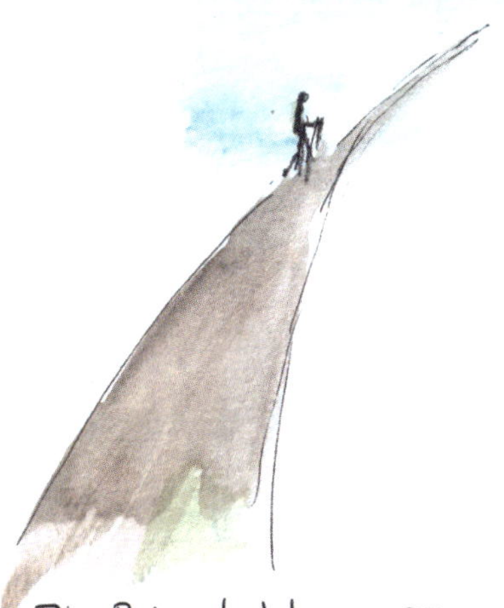
Die Reise hat begonnen.

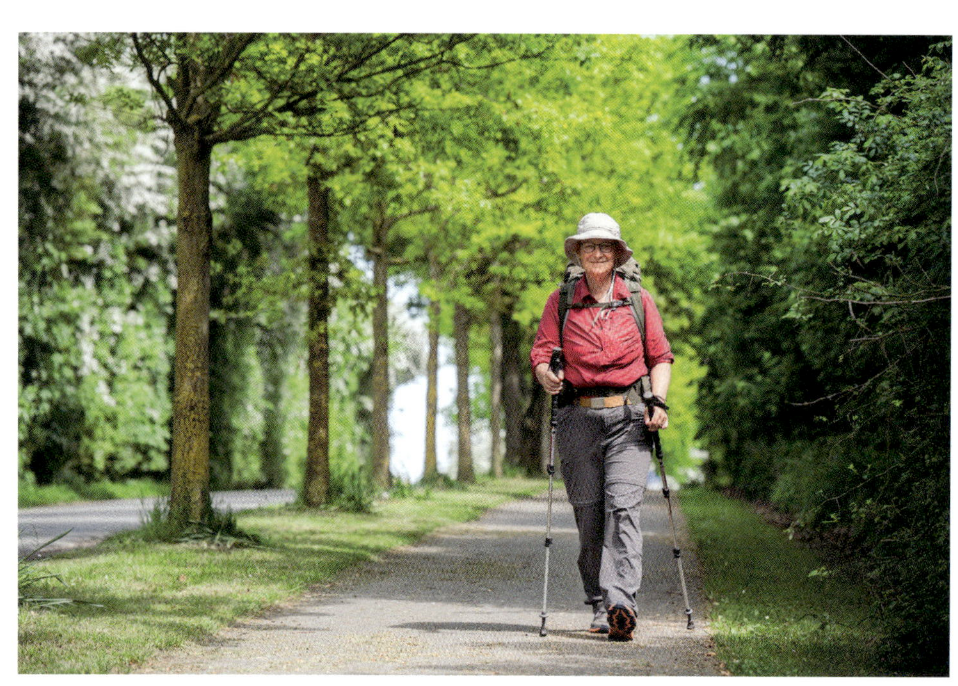

Durch Norddeutschland

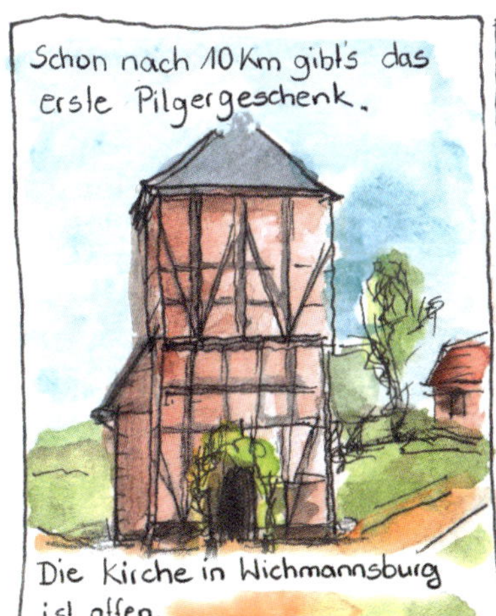
Schon nach 10 Km gibt's das erste Pilgergeschenk.
Die Kirche in Wichmannsburg ist offen.

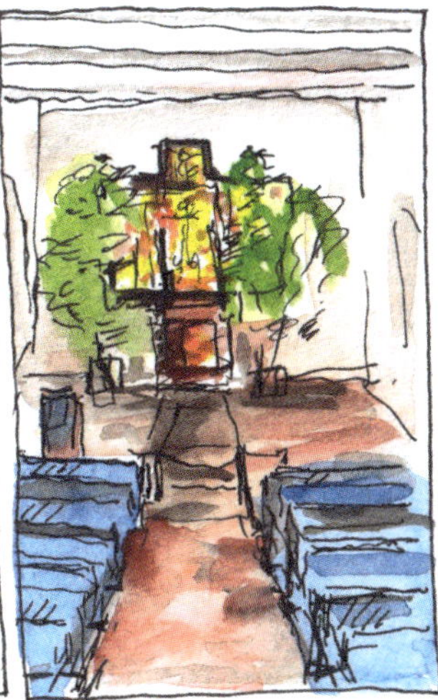

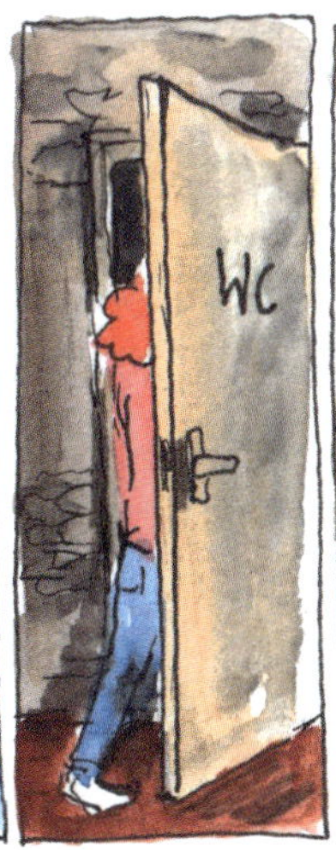
WC

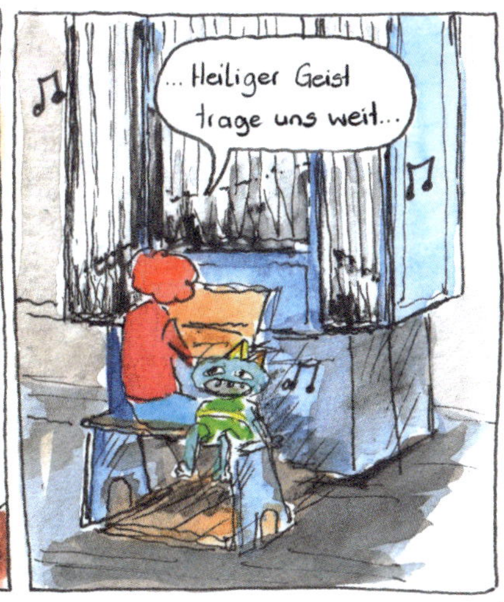
... Heiliger Geist trage uns weit...

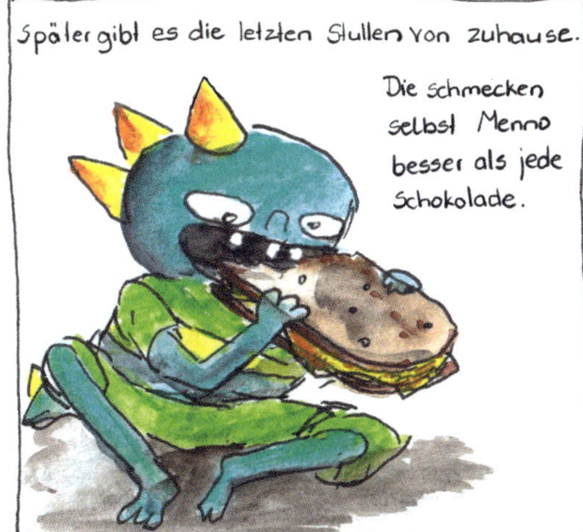
Später gibt es die letzten Stullen von zuhause.
Die schmecken selbst Menno besser als jede Schokolade.

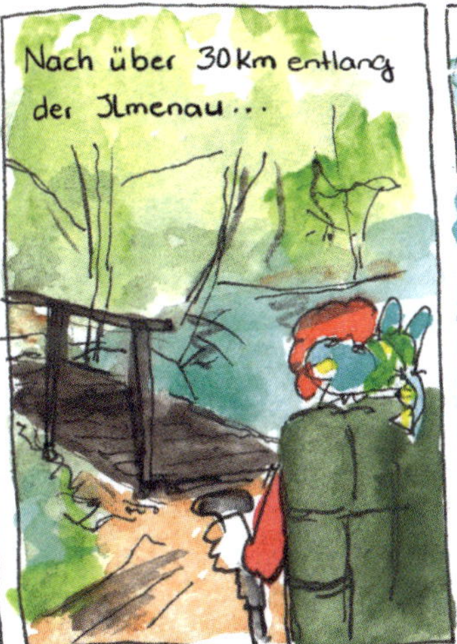
Nach über 30 Km entlang der Ilmenau...

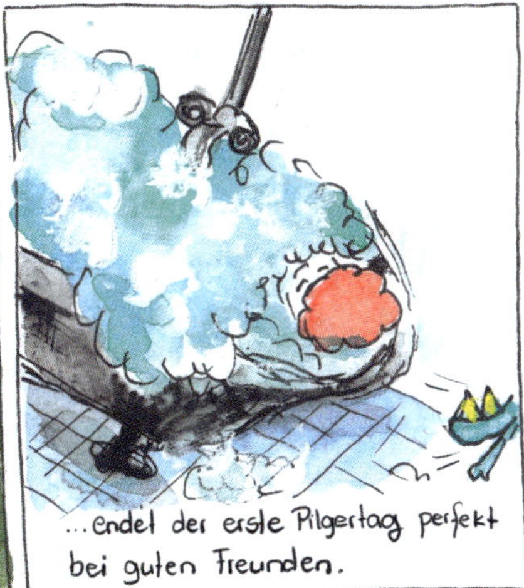
... endet der erste Pilgertag perfekt bei guten Freunden.

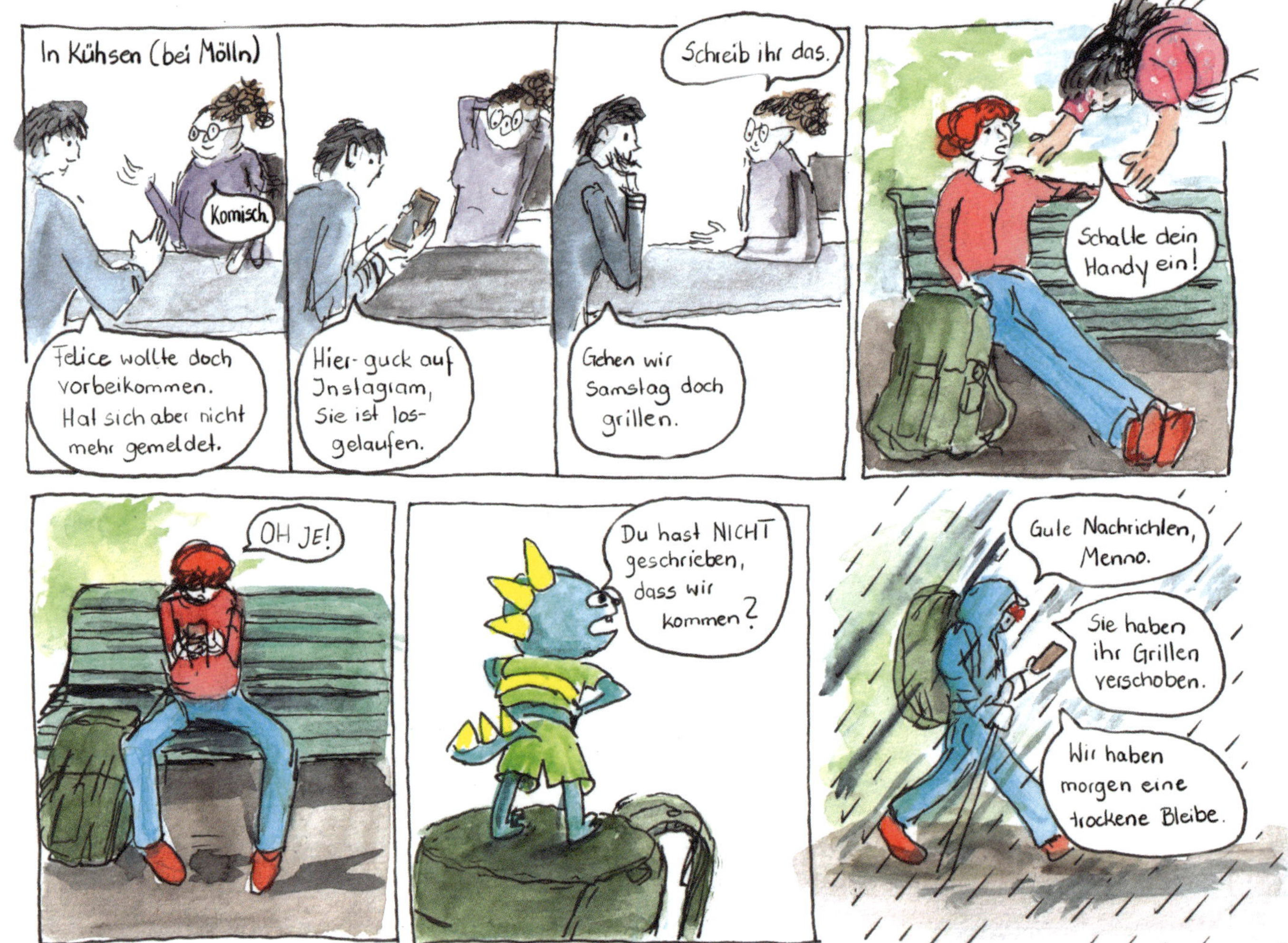
In Kühsen (bei Mölln)
Komisch.
Felice wollte doch vorbeikommen. Hat sich aber nicht mehr gemeldet.
Hier- guck auf Instagram, Sie ist los- gelaufen.
Schreib ihr das.
Gehen wir Samstag doch grillen.
Schalte dein Handy ein!
OH JE!
Du hast NICHT geschrieben, dass wir kommen?
Gute Nachrichten, Menno.
Sie haben ihr Grillen verschoben.
Wir haben morgen eine trockene Bleibe.

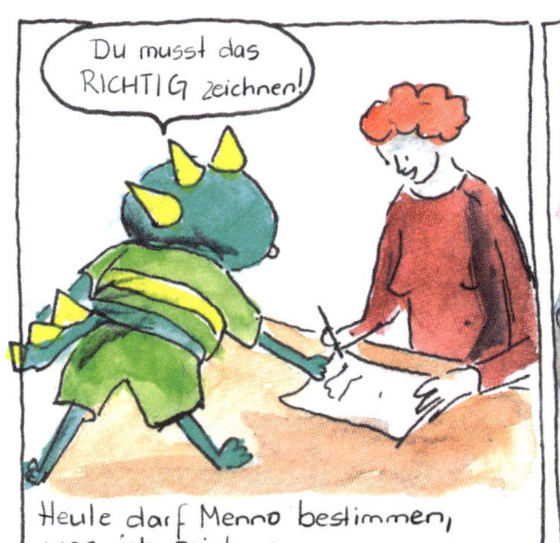
Du musst das RICHTIG zeichnen!
Heute darf Menno bestimmen, was ich zeichne.

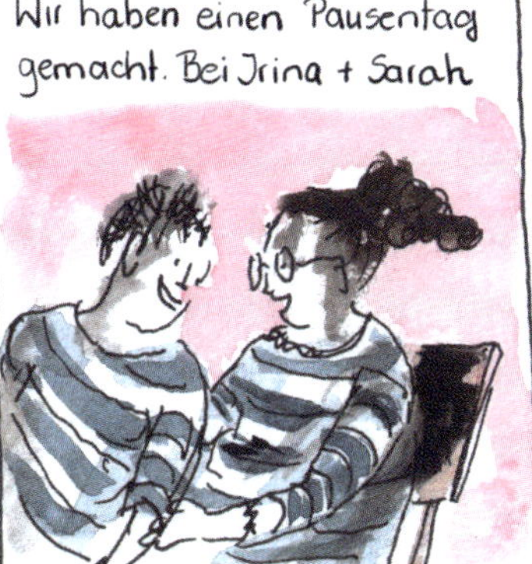
Wir haben einen Pausentag gemacht. Bei Irina + Sarah
Man merkt sofort, dass sie sich sehr lieb haben.

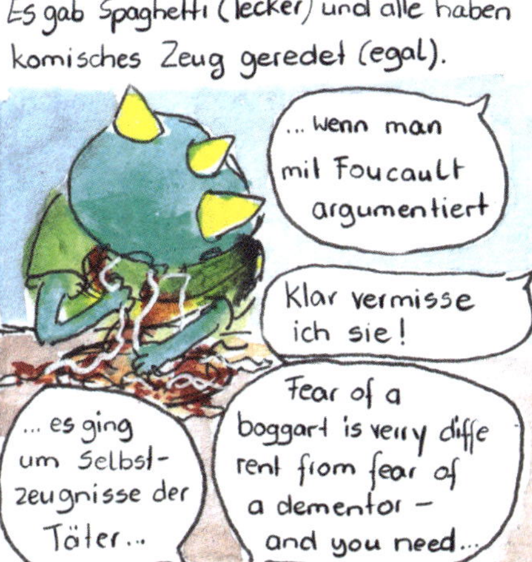
Es gab Spaghetti (lecker) und alle haben komisches Zeug geredet (egal).
... wenn man mit Foucault argumentiert
Klar vermisse ich sie!
... es ging um Selbstzeugnisse der Täter ...
Fear of a boggart is verry different from fear of a dementor – and you need ...

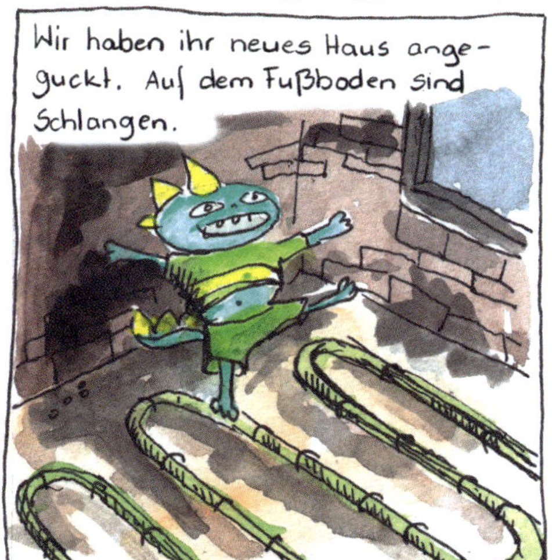
Wir haben ihr neues Haus angeguckt. Auf dem Fußboden sind Schlangen.

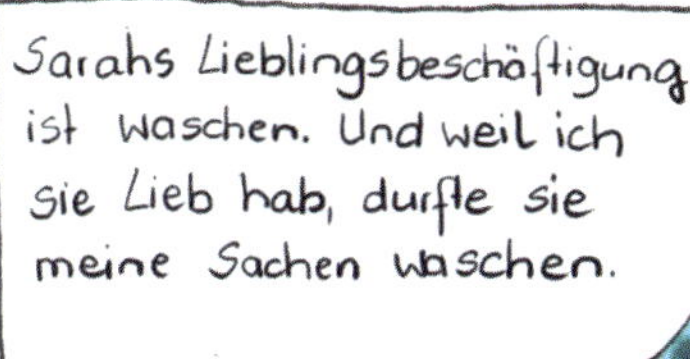
Sarahs Lieblingsbeschäftigung ist waschen. Und weil ich sie lieb hab, durfte sie meine Sachen waschen.

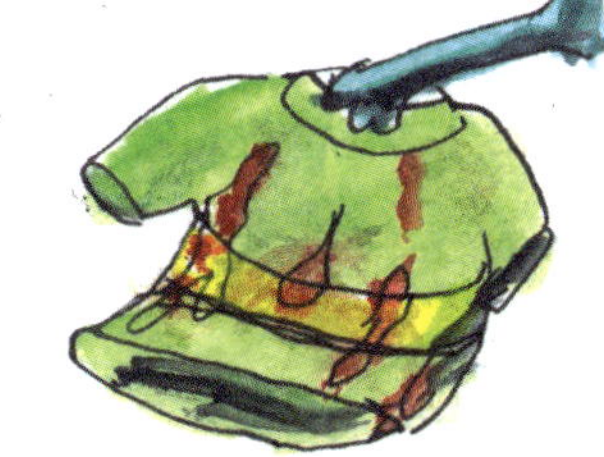
Obwohl das noch überhaupt gar nicht nötig war.

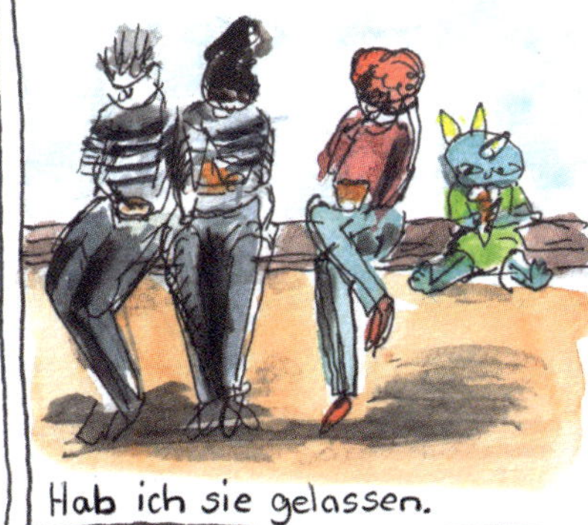
Am besten war das Eisessen. Sarah wollte mein Shirt gleich wieder waschen.
Hab ich sie gelassen.

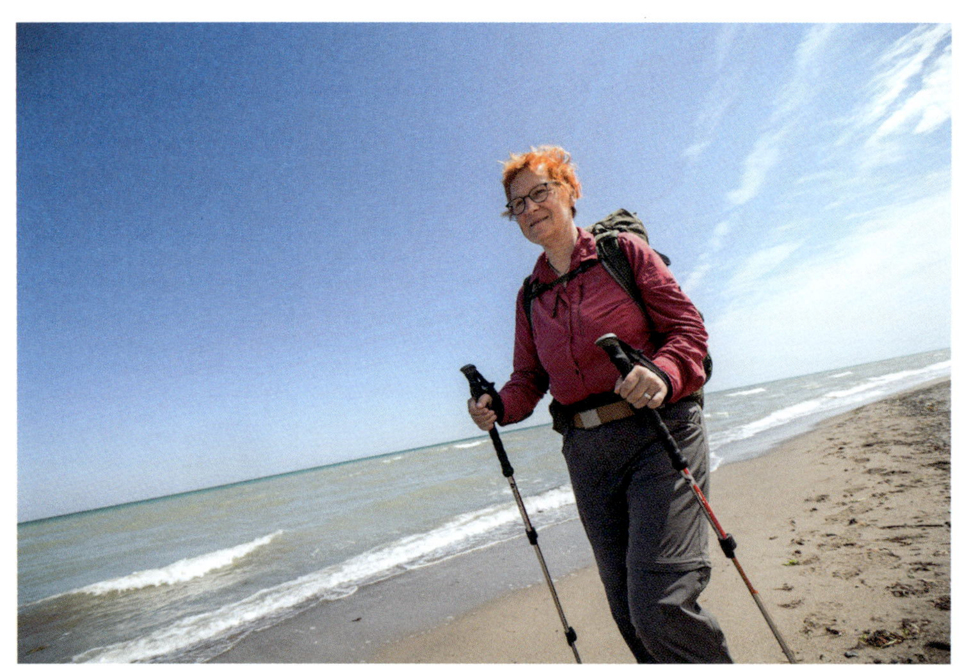

Am Meer

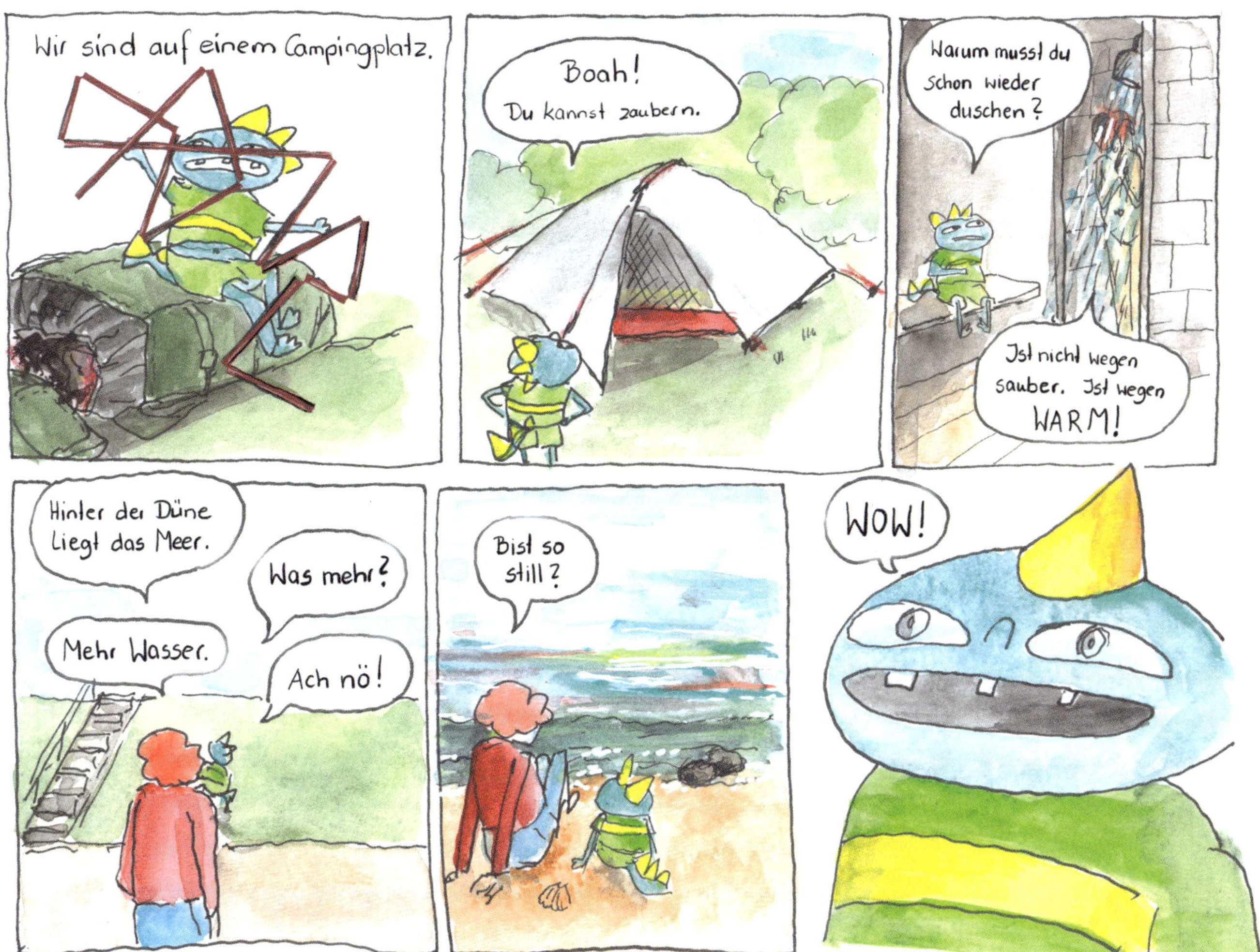
Wir sind auf einem Campingplatz.
Boah! Du kannst zaubern.
Warum musst du schon wieder duschen?
Jst nicht wegen sauber. Jst wegen WARM!
Hinter der Düne liegt das Meer.
Was mehr?
Mehr Wasser.
Ach nö!
Bist so still?
WOW!

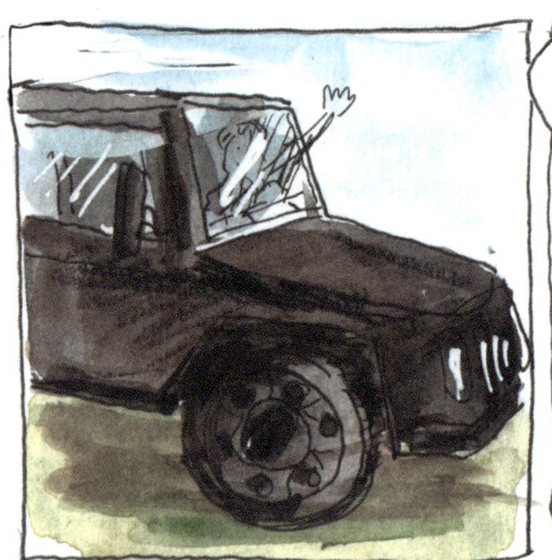

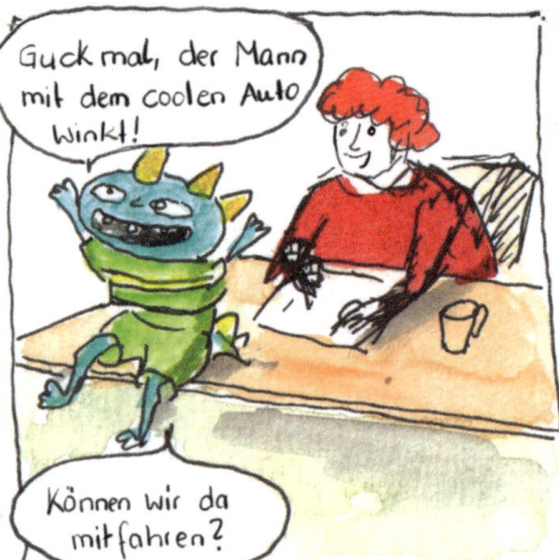

Guck mal, der Mann mit dem coolen Auto winkt!
Können wir da mitfahren?

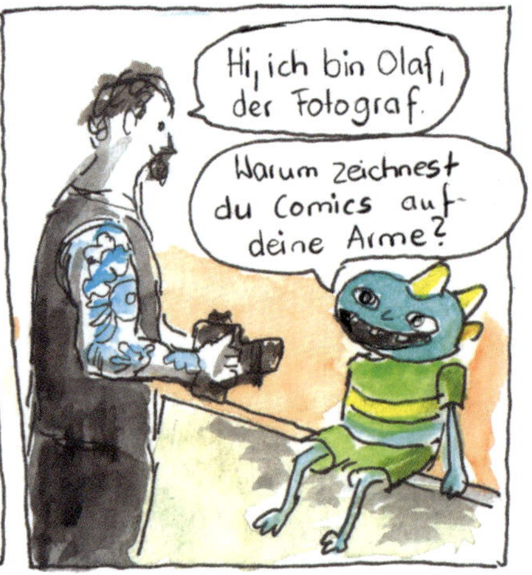

Hi, ich bin Olaf, der Fotograf.
Warum zeichnest du Comics auf deine Arme?

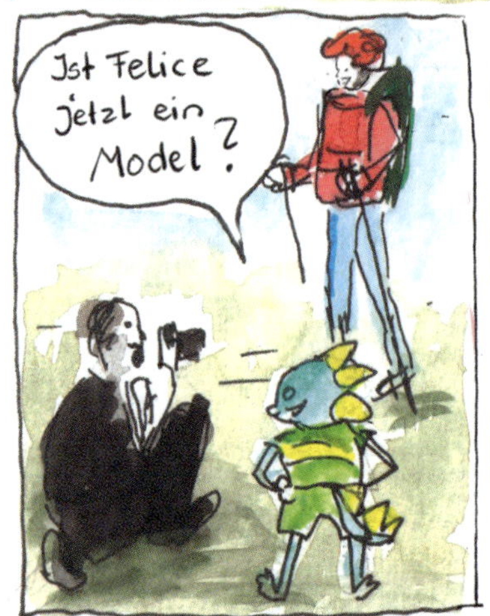

Ist Felice jetzt ein Model?

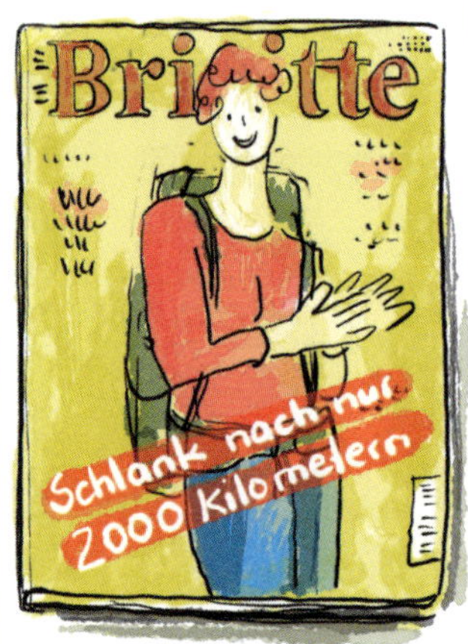

Brigitte
Schlank nach nur 2000 Kilometern

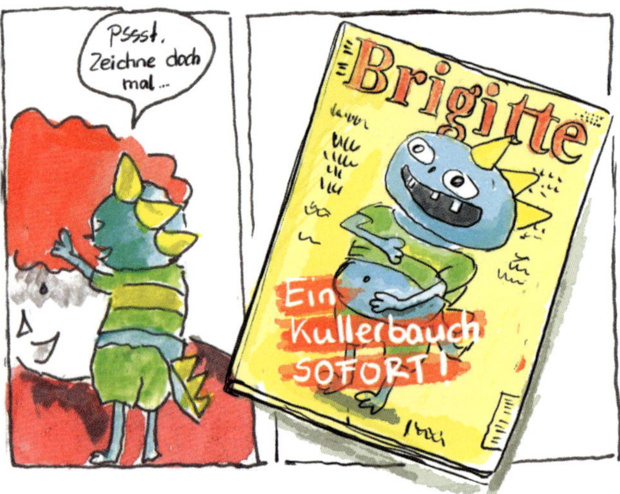

Pssst, Zeichne doch mal ...
Brigitte
Ein Kullerbauch SOFORT!

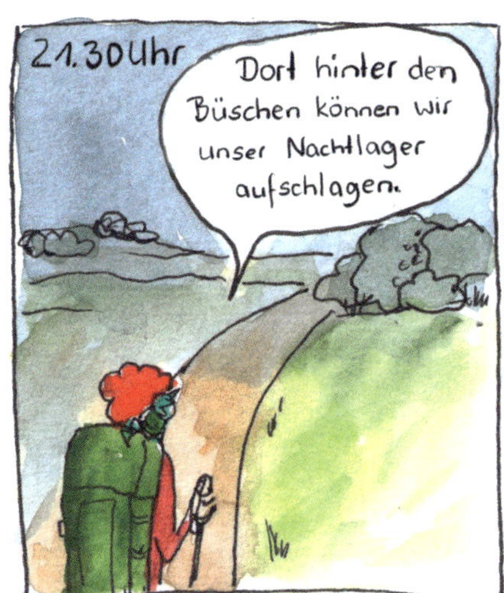

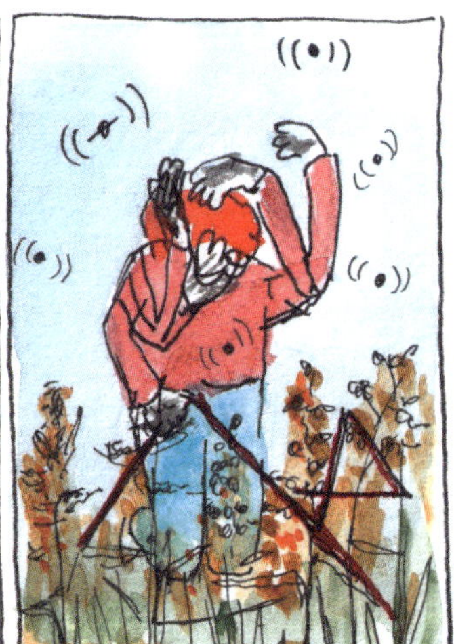

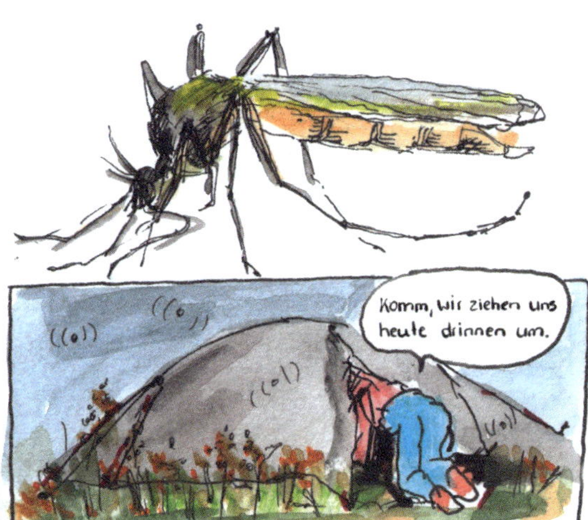

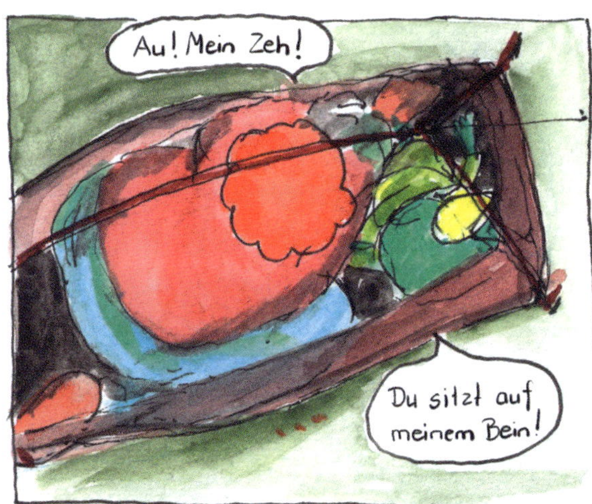

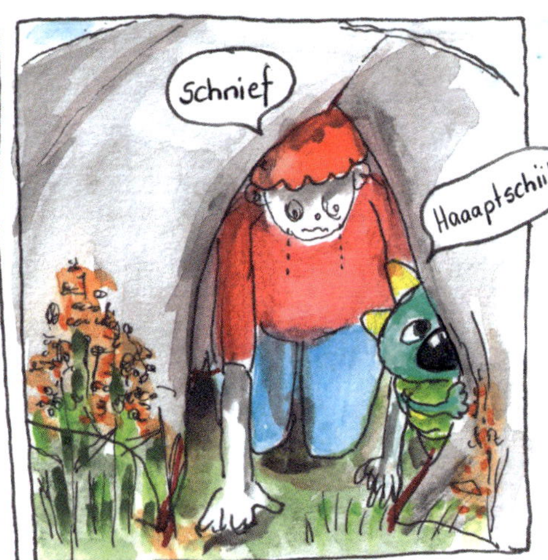

Übernachten inmitten blühender Gräser ist auch für passionierte Nicht-Allergiker:innen herausfordernd.

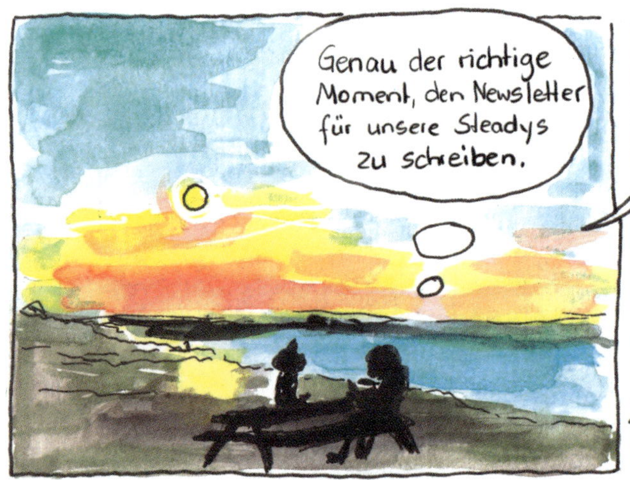
Genau der richtige Moment, den Newsletter für unsere Steadys zu schreiben.

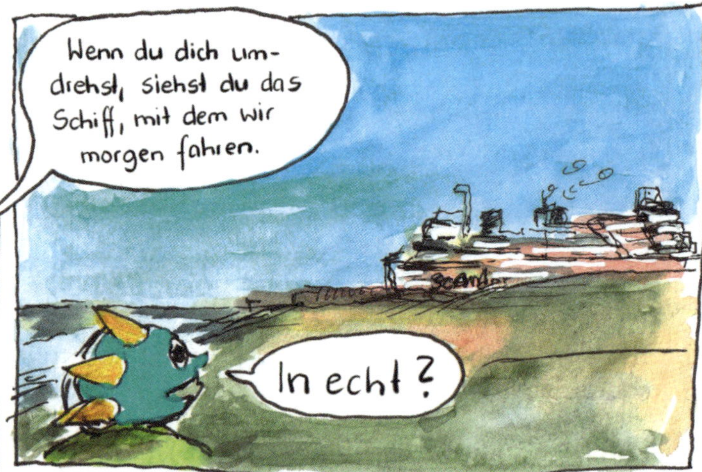
Wenn du dich umdrehst, siehst du das Schiff, mit dem wir morgen fahren.
In echt?

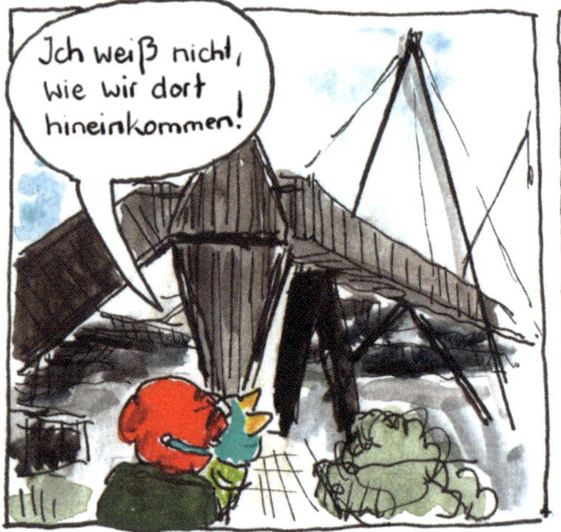
Jch weiß nicht, wie wir dort hineinkommen!

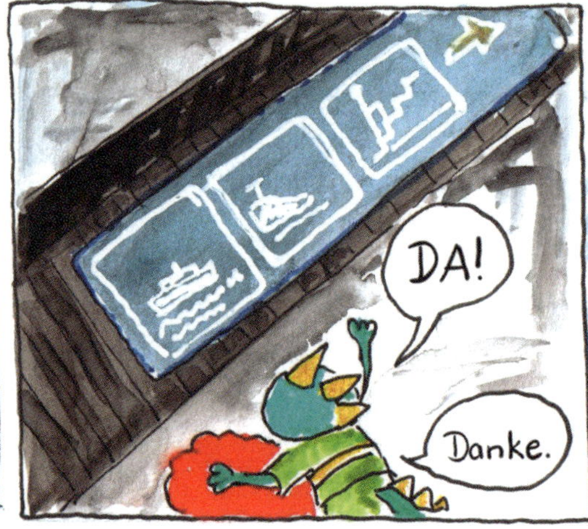
DA!
Danke.

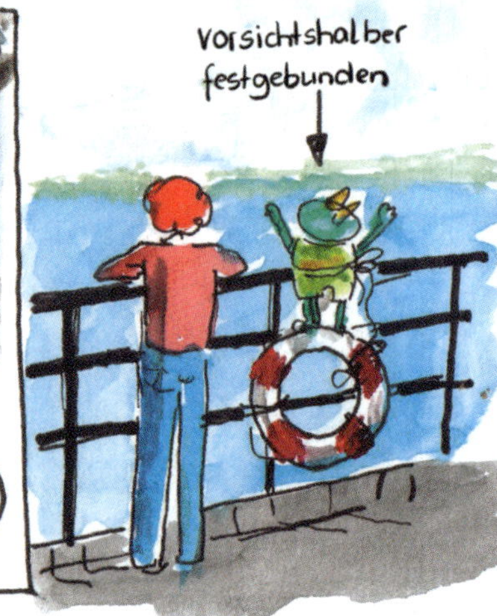
vorsichtshalber festgebunden

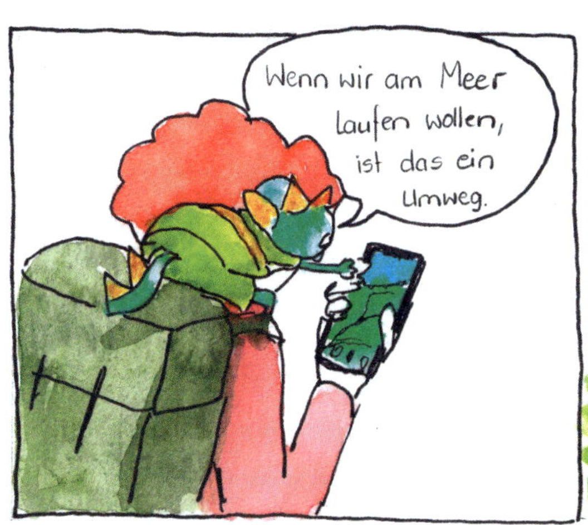

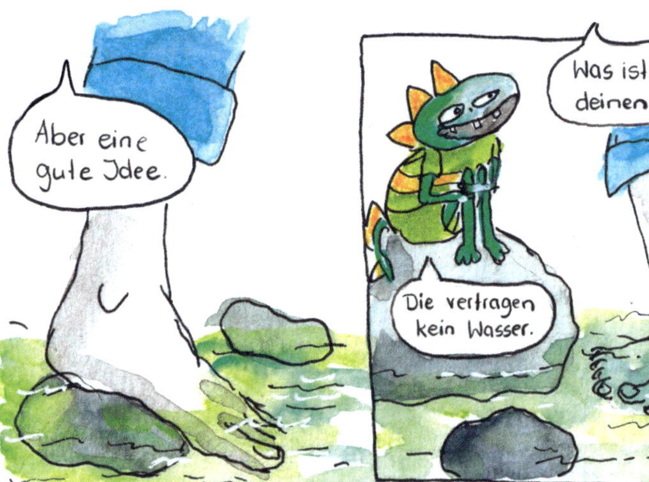

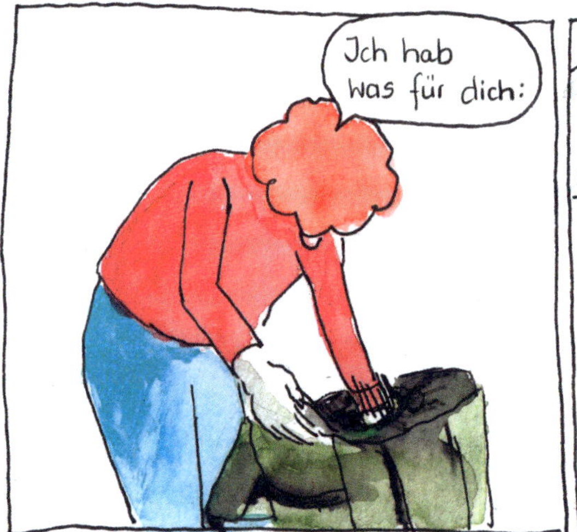

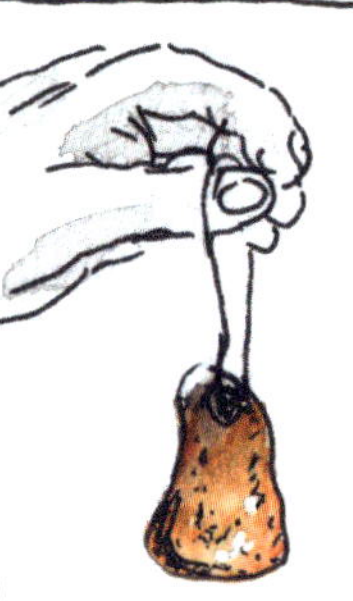

Das ist Bernstein. Der kommt direkt aus dem Meer.

Hab ich von guten Freunden zum Abschied bekommen. Du steckst ihn dir in die Tasche und hast immer was vom Meer dabei.

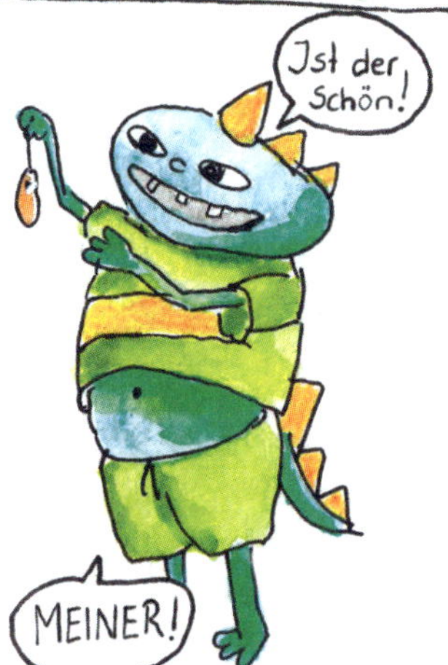

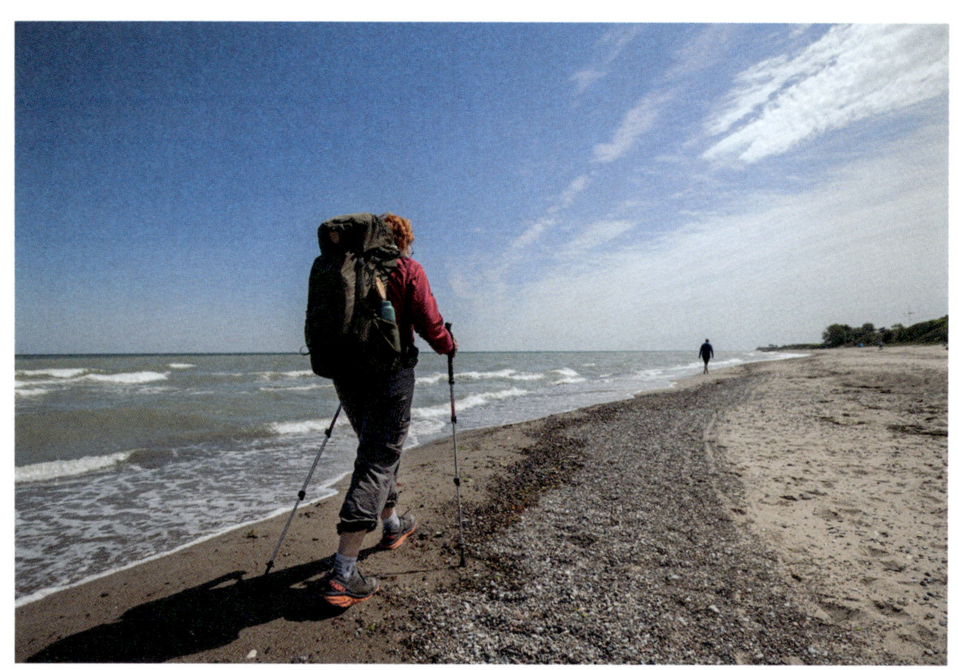

Weiter am Meer

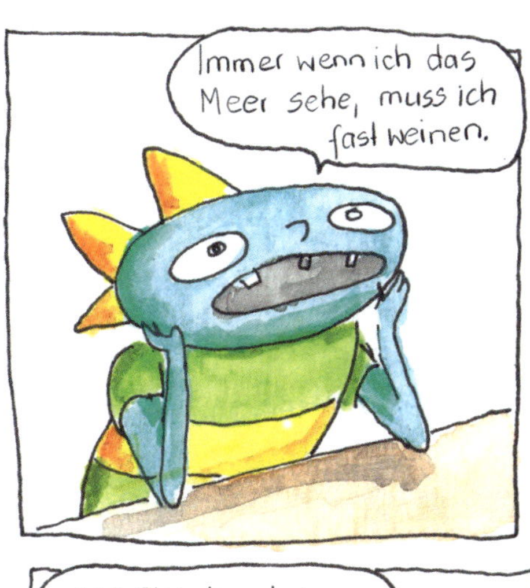
Immer wenn ich das Meer sehe, muss ich fast weinen.

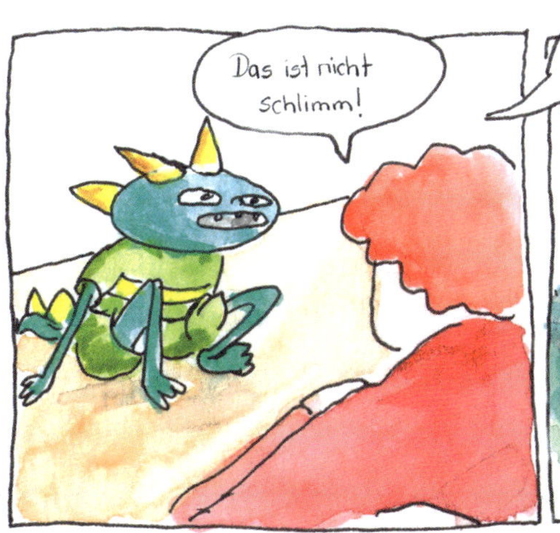
Das ist nicht schlimm!
Vielleicht hast du Seeungeheuer-blut in deinen Adern.

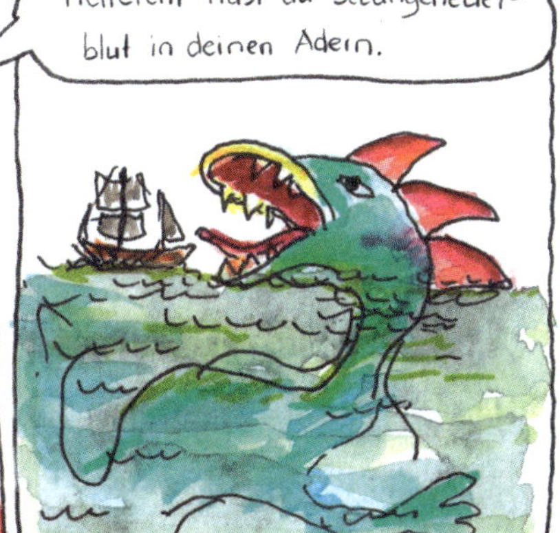

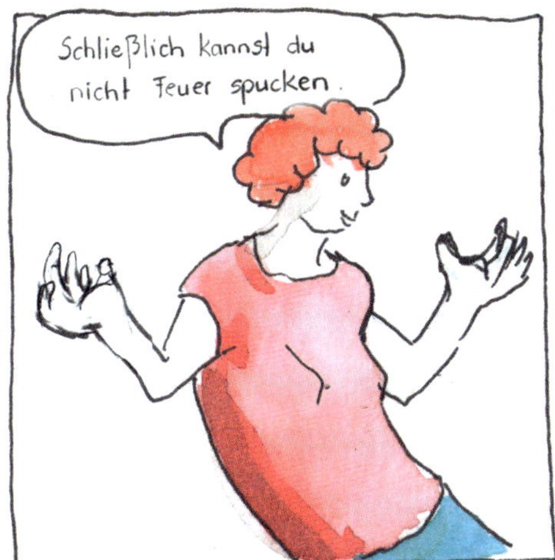
Schließlich kannst du nicht Feuer spucken.

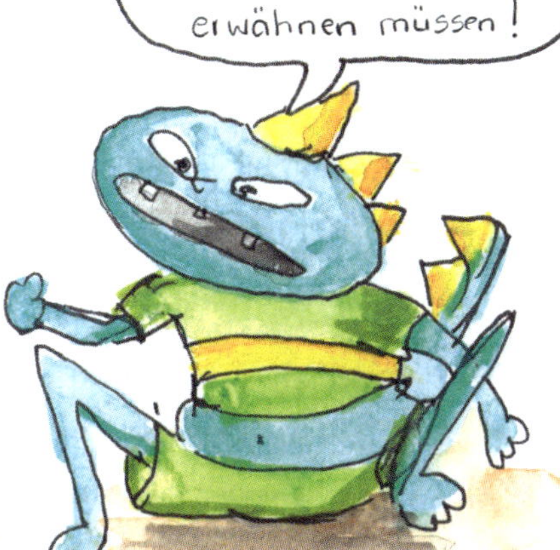
Das hättest du nicht erwähnen müssen!

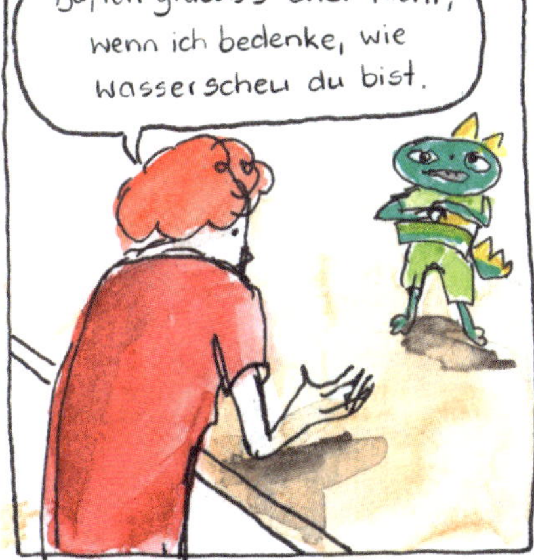
Tja, ich glaub's eher nicht, wenn ich bedenke, wie wasserscheu du bist.

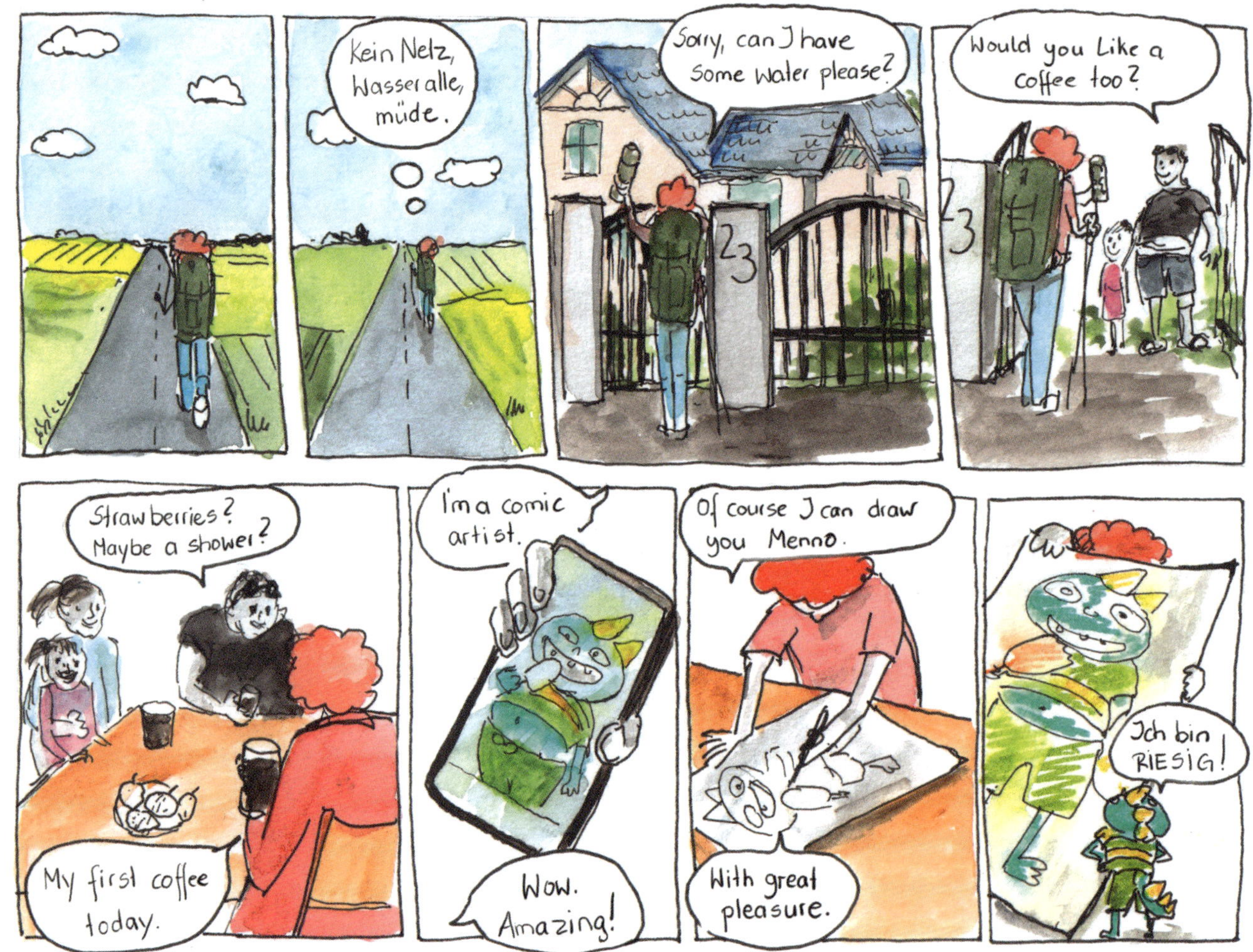

Entschuldigen Sie, kann ich Wasser bekommen? | Möchten Sie auch einen Kaffee? | Erdbeeren? Vielleicht eine Dusche? Mein erster Kaffee! | Ich bin Comiczeichnerin. | Klar kann ich Menno zeichnen. | Sehr gerne.

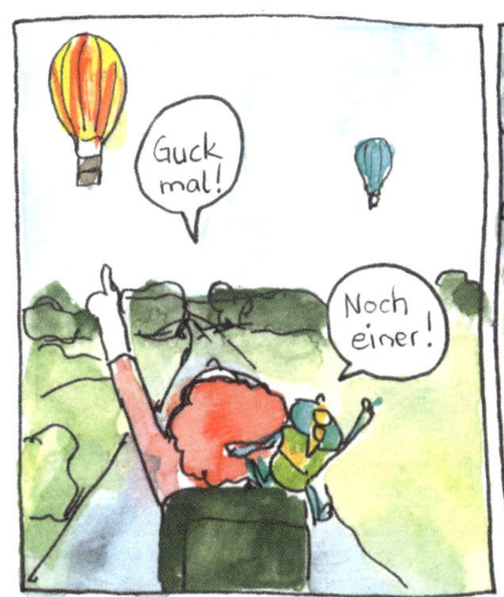
Guck mal!
Noch einer!
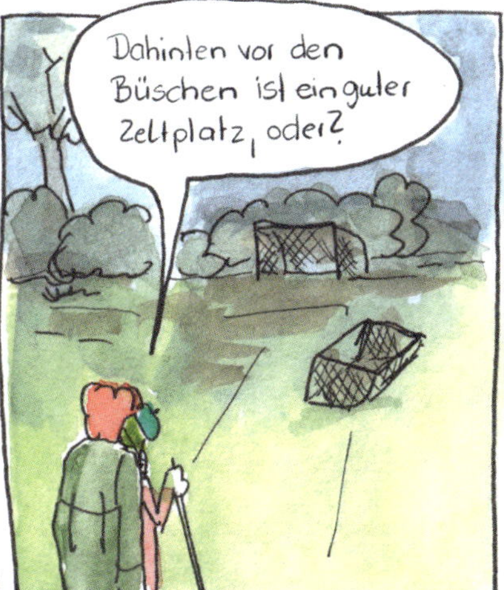
Dahinten vor den Büschen ist ein guter Zeltplatz, oder?
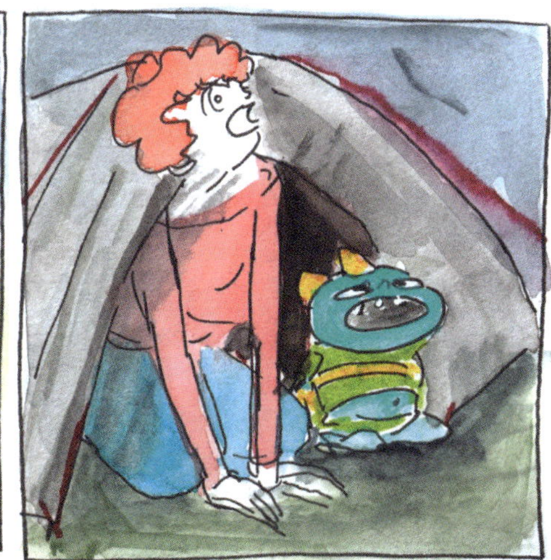
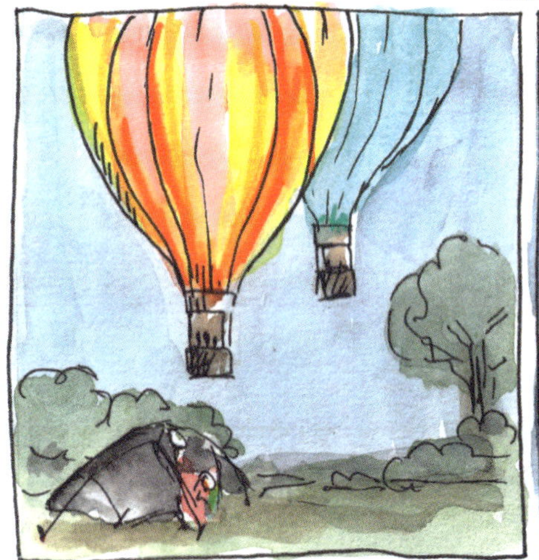
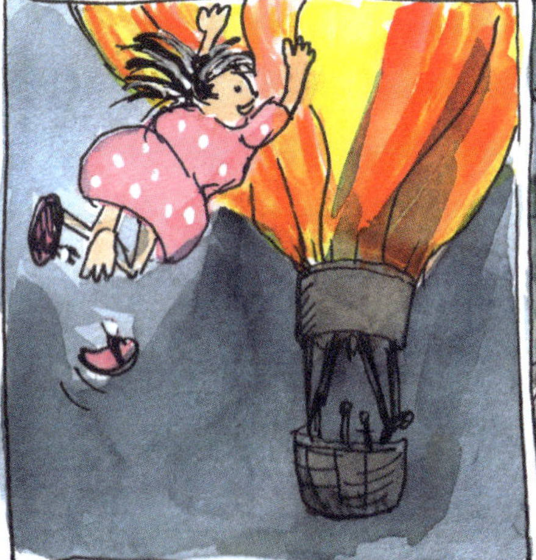
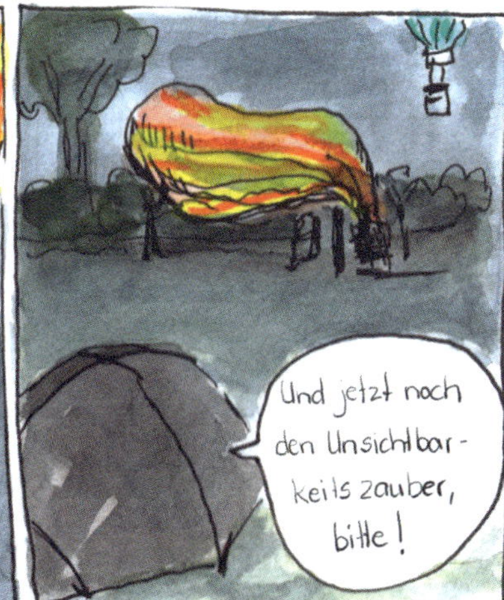
Und jetzt noch den Unsichtbar-keitszauber, bitte!

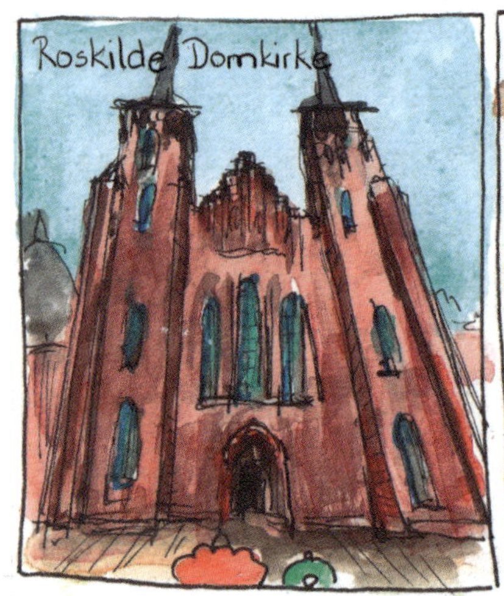
Roskilde Domkirke

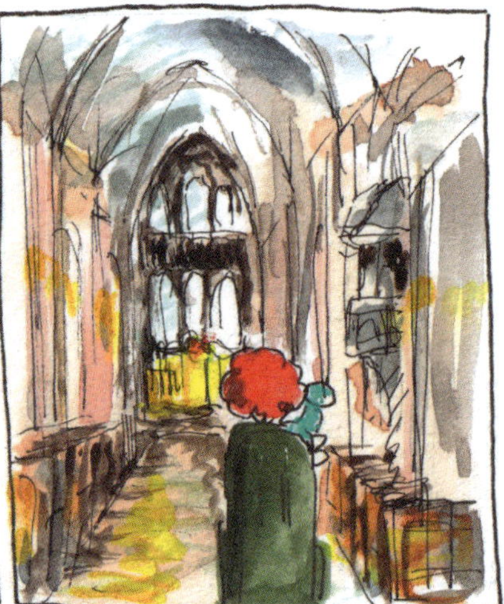

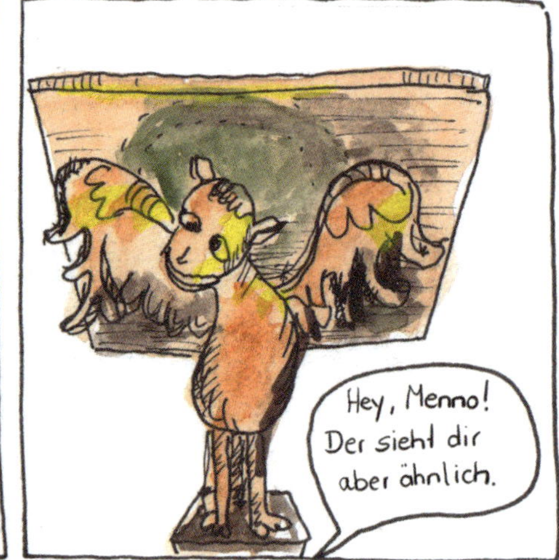
Hey, Menno! Der sieht dir aber ähnlich.

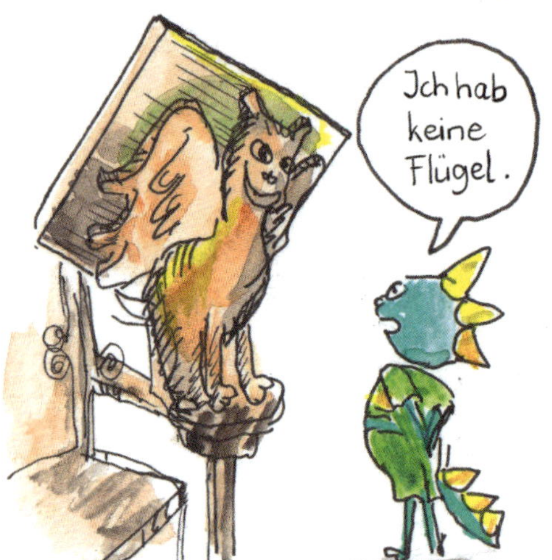
Jch hab keine Flügel.

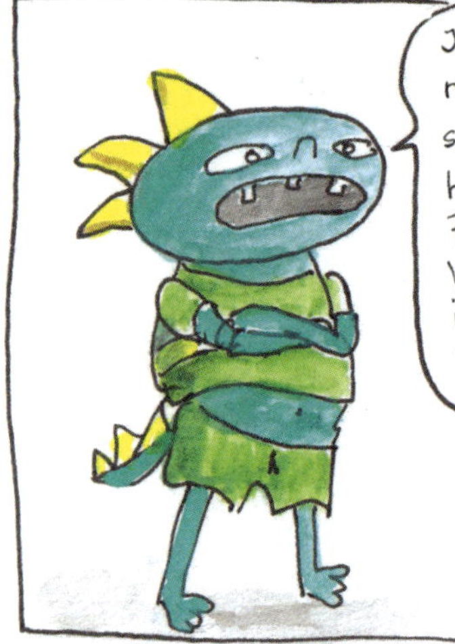
Jch kann nicht Feuer spucken, ich hab keine Flügel - Vielleicht bin ich gar kein Drache?!

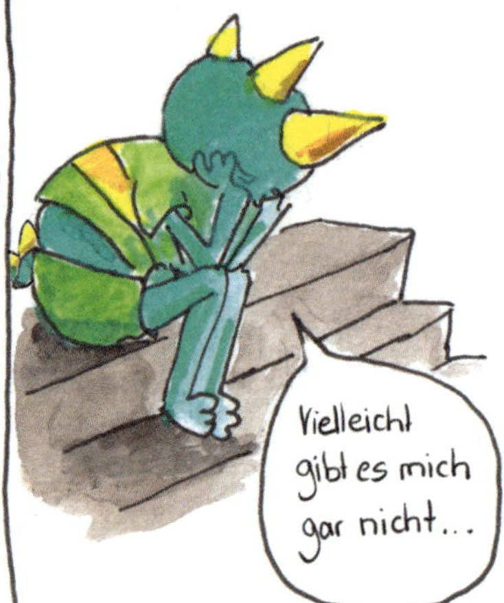
Vielleicht gibt es mich gar nicht...

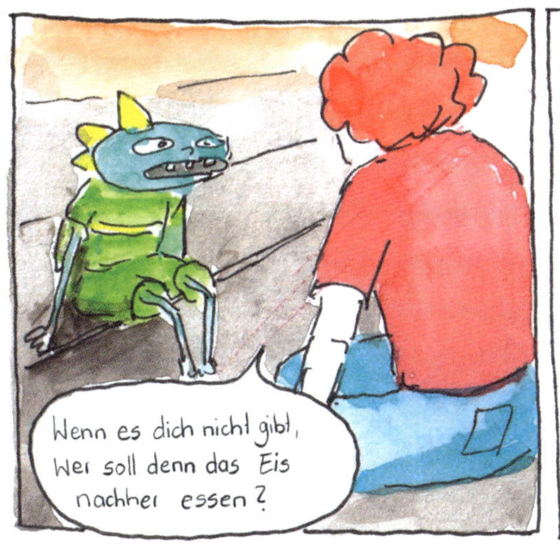
Wenn es dich nicht gibt, wer soll denn das Eis nachher essen?

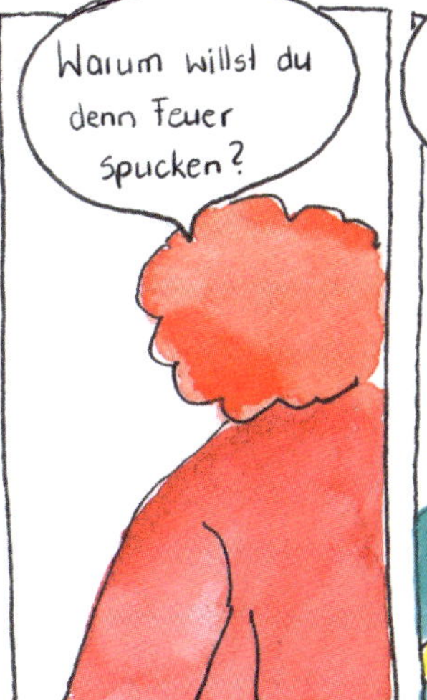
Warum willst du denn Feuer spucken?

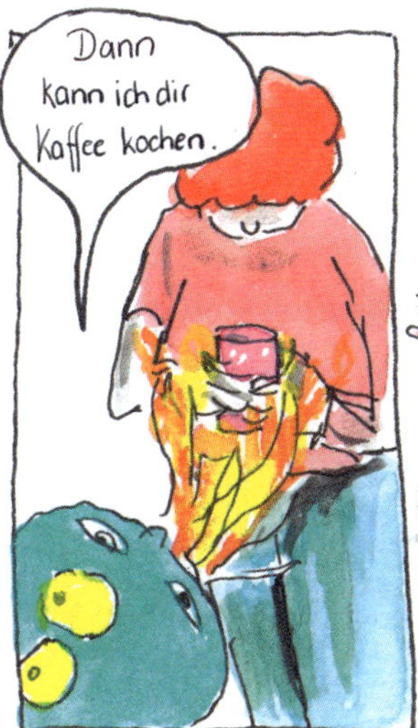
Dann kann ich dir Kaffee kochen.

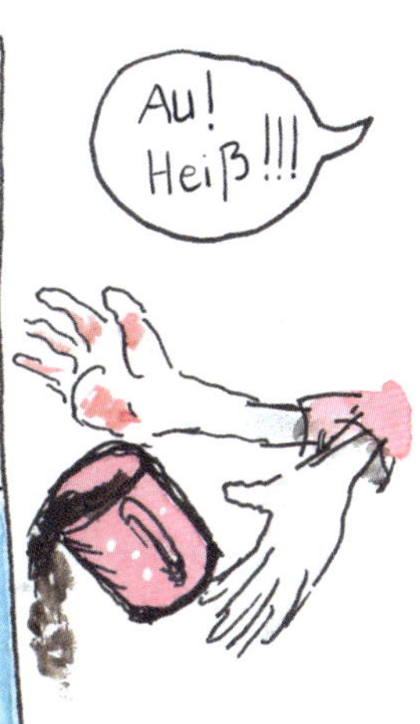
Au! Heiß!!!

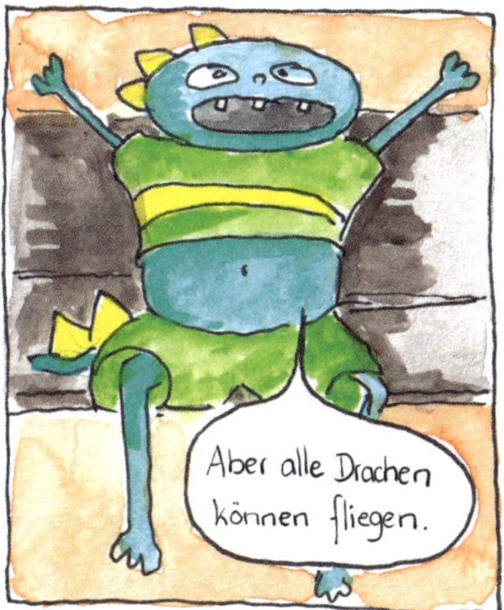
Aber alle Drachen können fliegen.

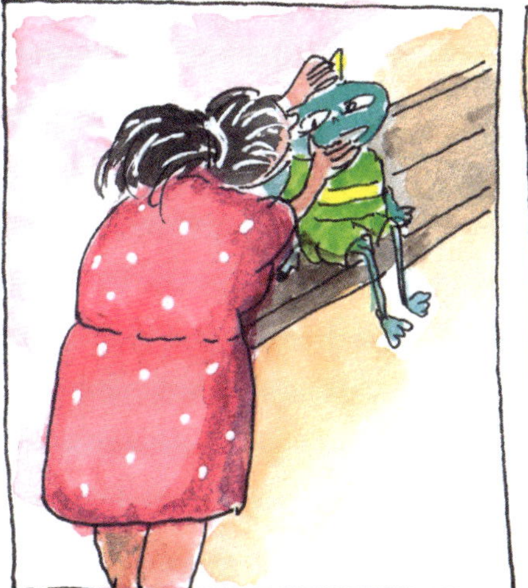

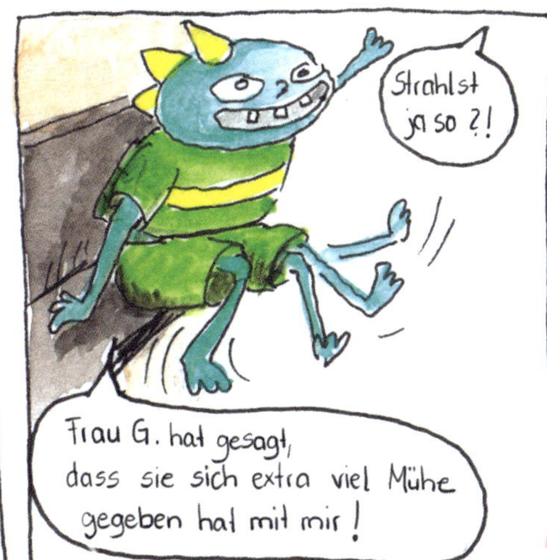
Strahlst ja so?!
Frau G. hat gesagt, dass sie sich extra viel Mühe gegeben hat mit mir!

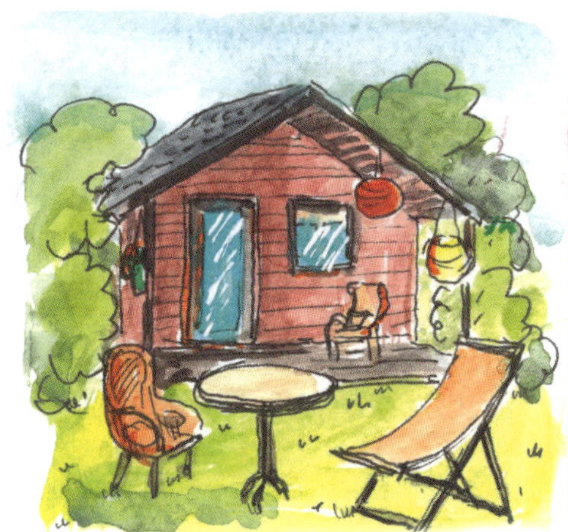
Jch habe über AirBnB ein Stück
vom Paradies gebucht.

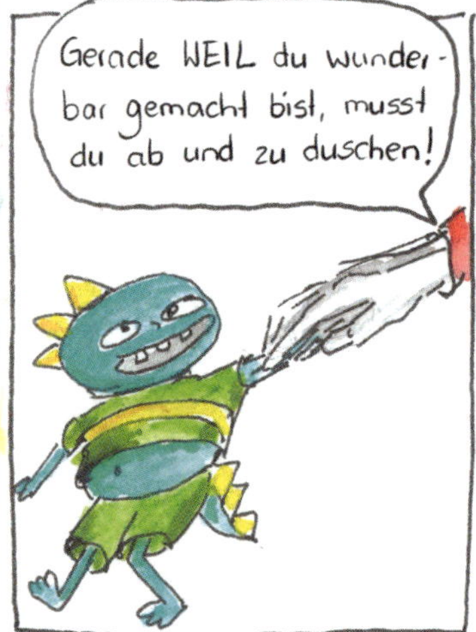
Gerade WEIL du wunderbar gemacht bist, musst du ab und zu duschen!

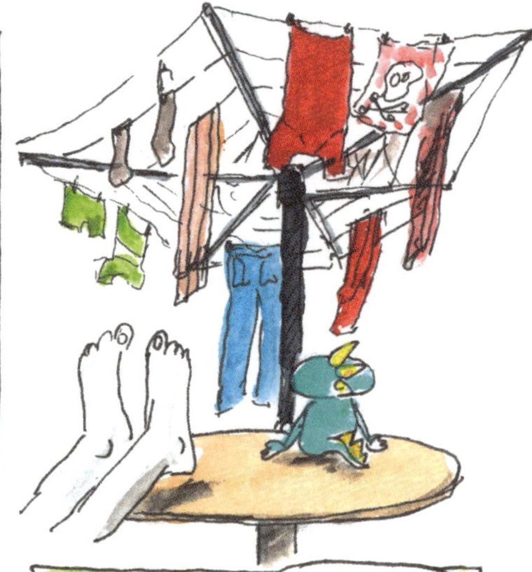

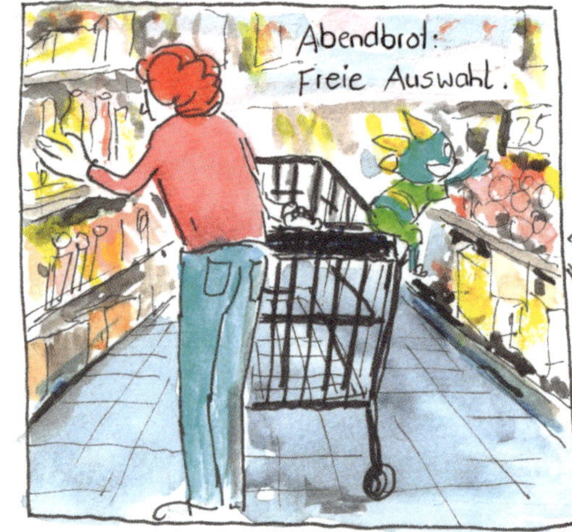
Abendbrot:
Freie Auswahl.

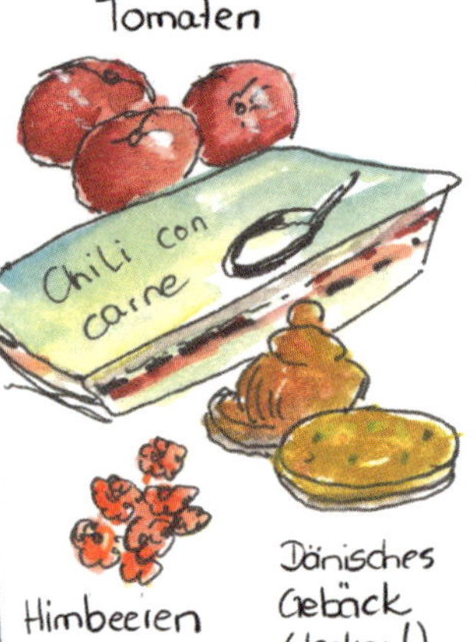
Tomaten
Chili con carne
Himbeeren
Dänisches Gebäck (lecker!)

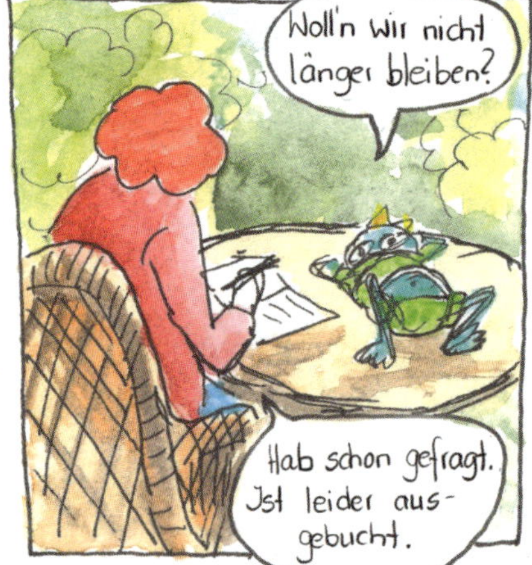
Woll'n wir nicht länger bleiben?
Hab schon gefragt. Jst leider ausgebucht.

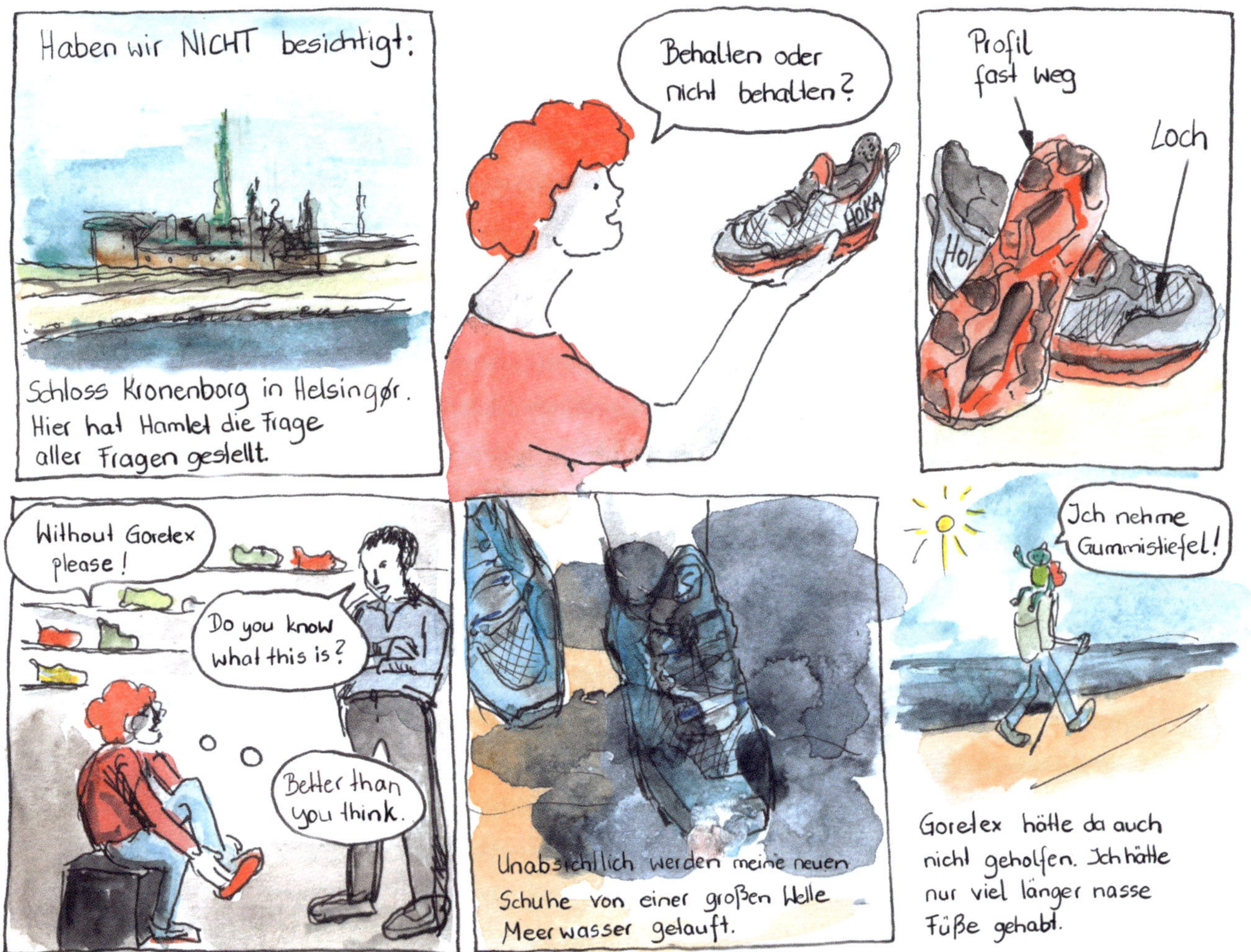

Ohne Goretex bitte. | Wissen Sie, was das ist? | Besser als Sie denken.

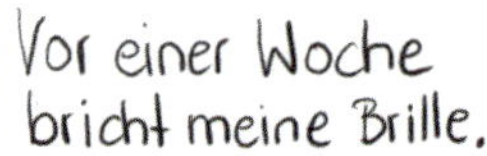
Vor einer Woche bricht meine Brille.

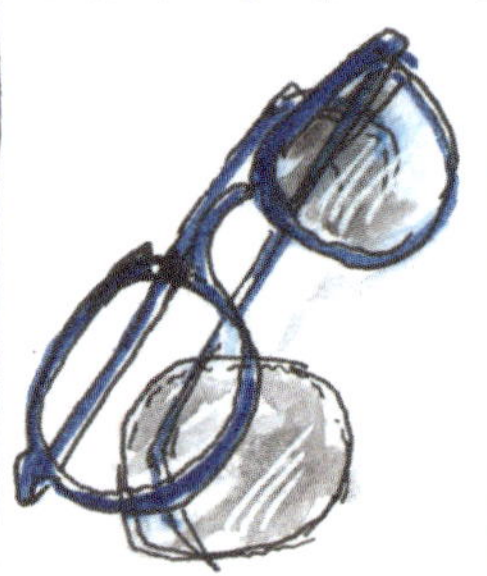
Eine dänische Optikerin leimt sie.

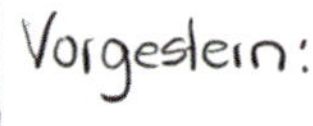
Vorgestern:

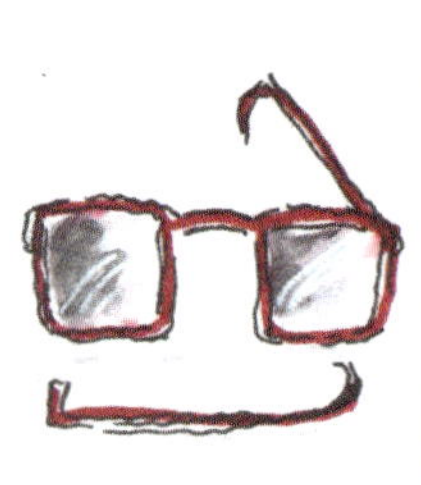
meine Lese- und zeichenbrille.

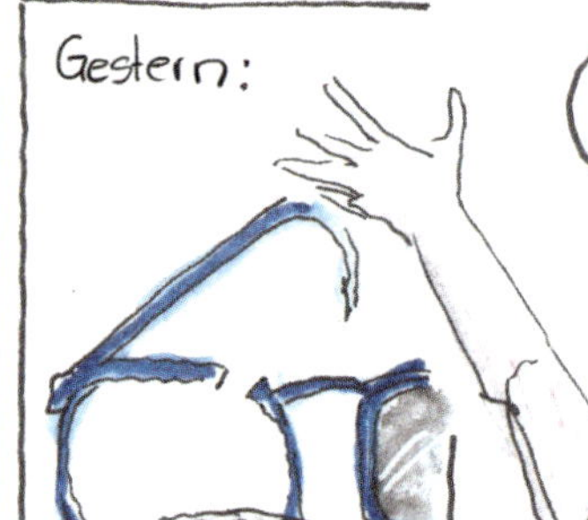
Gestern:

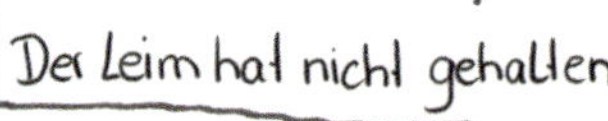
Der Leim hat nicht gehalten.

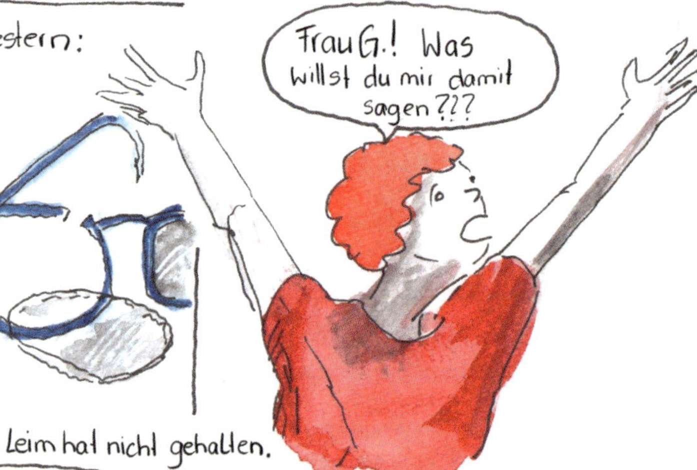
Frau G.! Was willst du mir damit sagen???

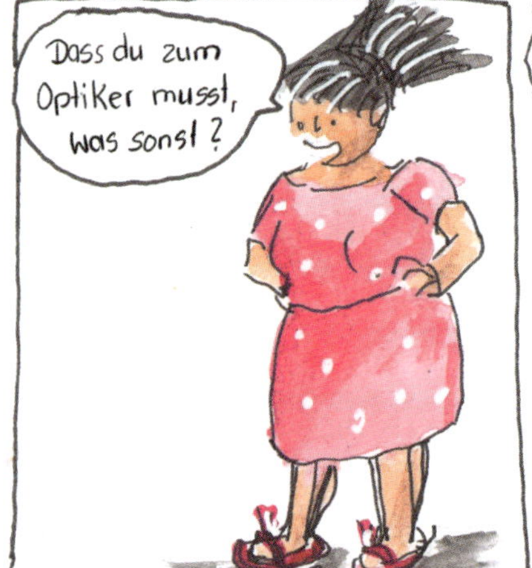
Dass du zum Optiker musst, was sonst?

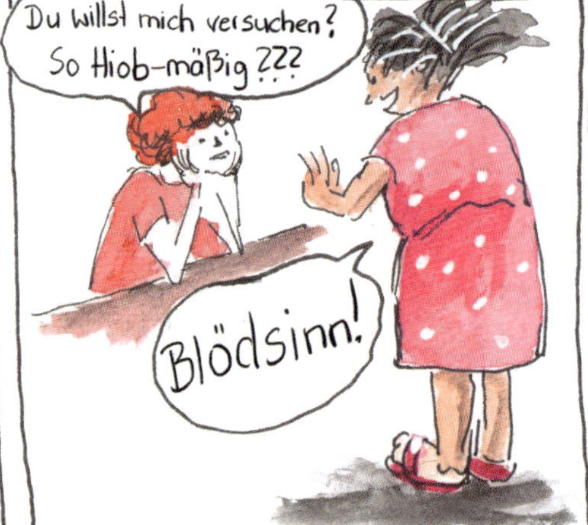
Du willst mich versuchen? So Hiob-mäßig???
Blödsinn!

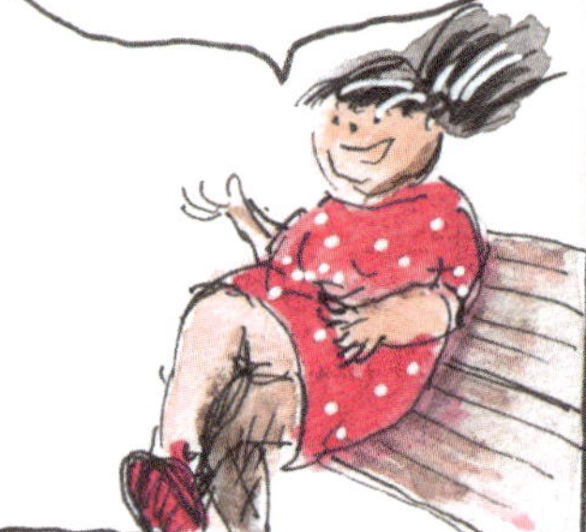
Aber wenn du in Ängelholm bist, kauf dir 'ne Karte vom Hallandsleden. Ist besser.

Die erste Nacht in Schweden wollten wir an einem Lägerplats verbingen – war leider besetzt.

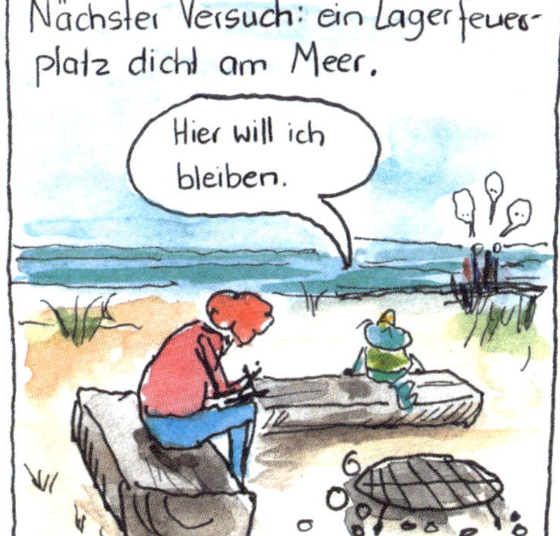

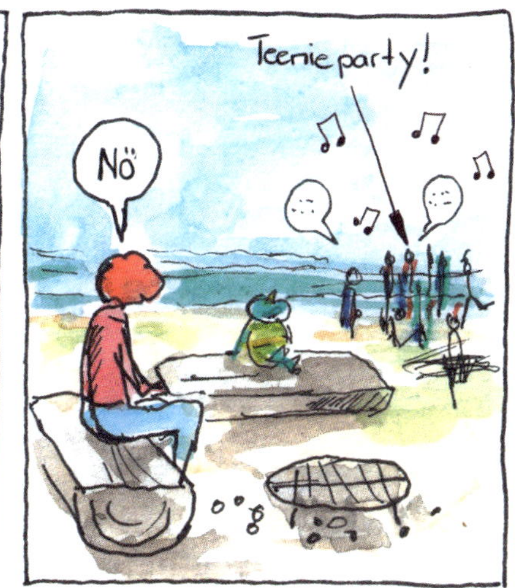

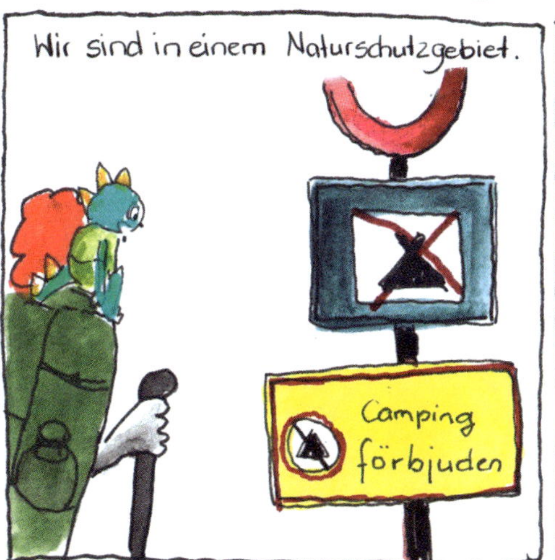

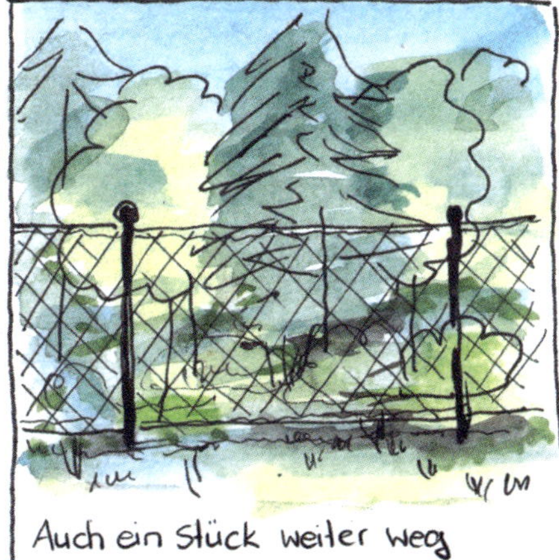

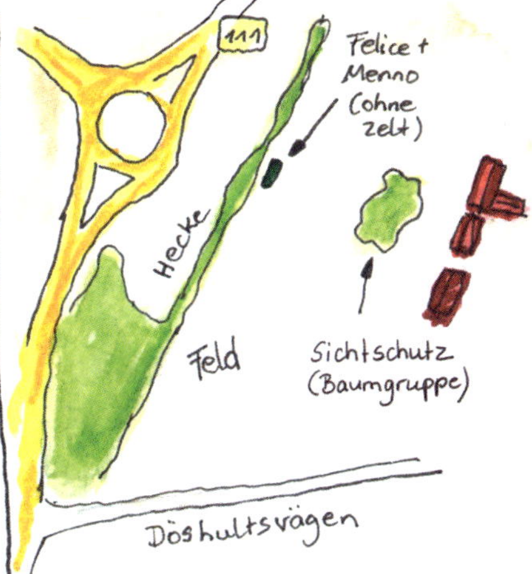

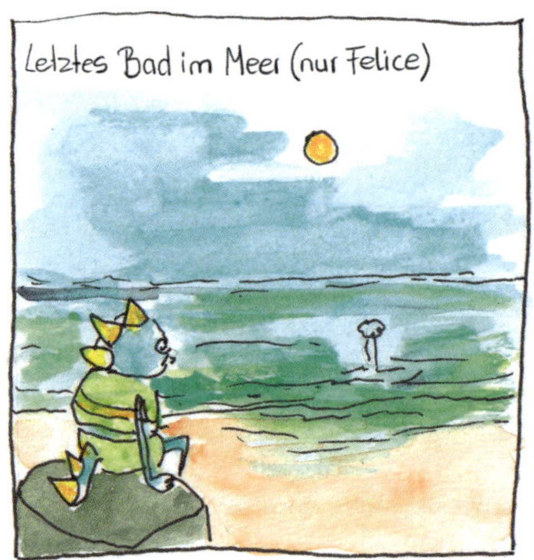
Letztes Bad im Meer (nur Felice)

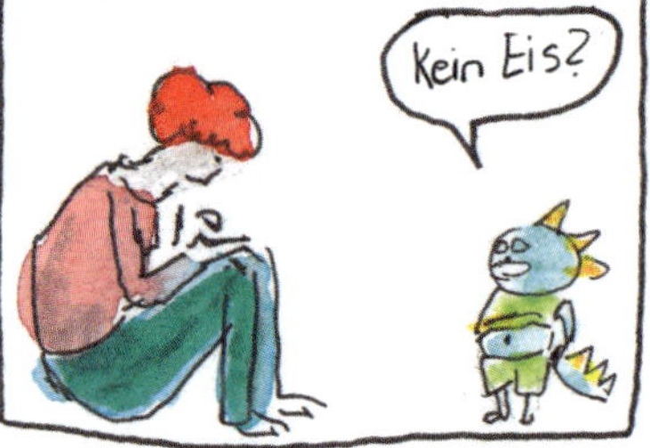
Es geht jetzt auf den Hallandsleden. 360 km bis Göteborg durch Schwedens Wälder.
Gute Planung ist angesagt.
Die nächste Einkaufsmöglichkeit ist 75 km entfernt.
Kein Eis?

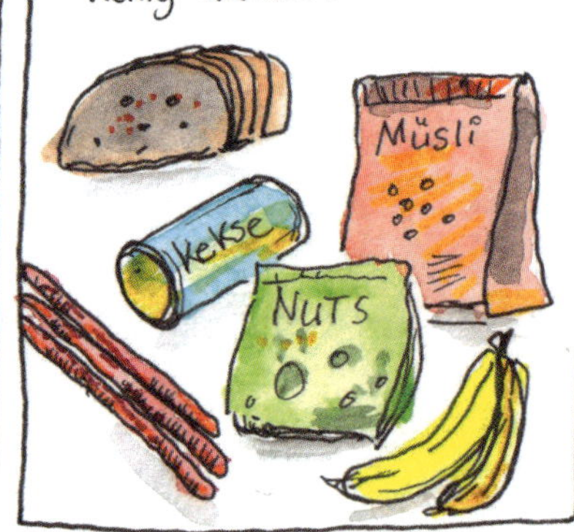
Kalorienbewusst einkaufen:
Viele Kalorien mit wenig Gewicht.
Müsli
Kekse
Nuts

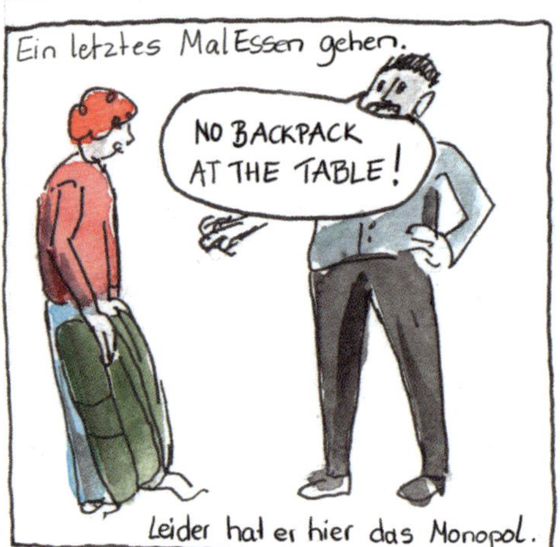
Ein letztes Mal Essen gehen.
NO BACKPACK AT THE TABLE!
Leider hat er hier das Monopol.

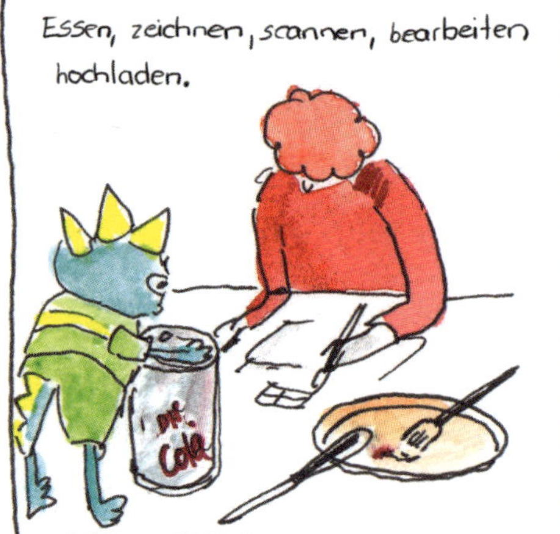
Essen, zeichnen, scannen, bearbeiten hochladen.
Cola

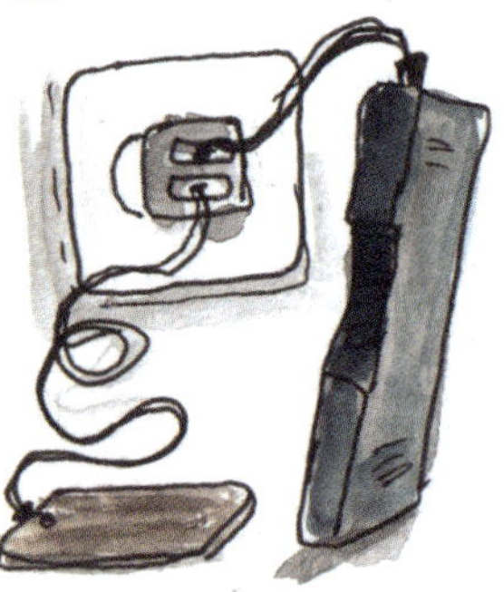
3 Stunden später sind auch die Geräte bereit.

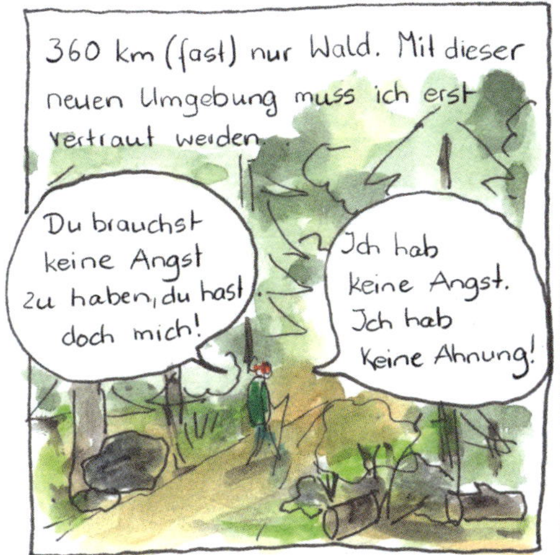

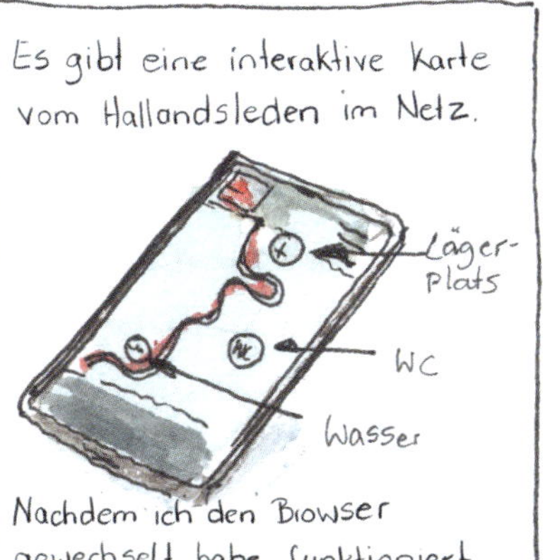

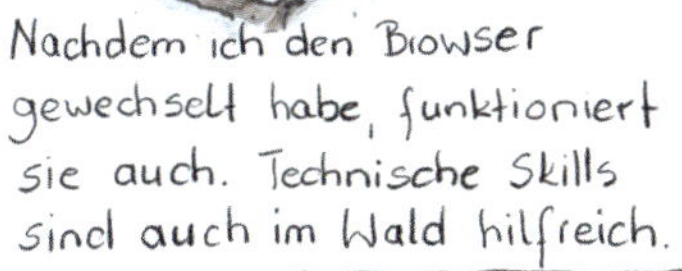

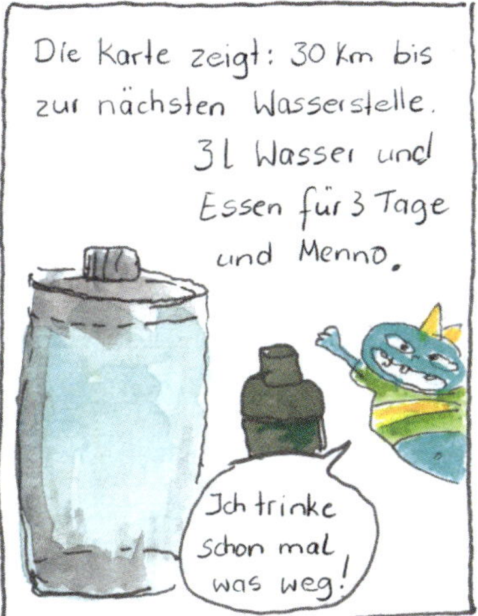

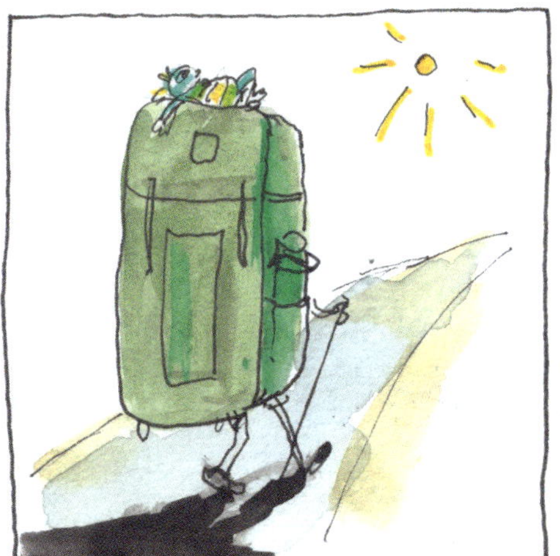

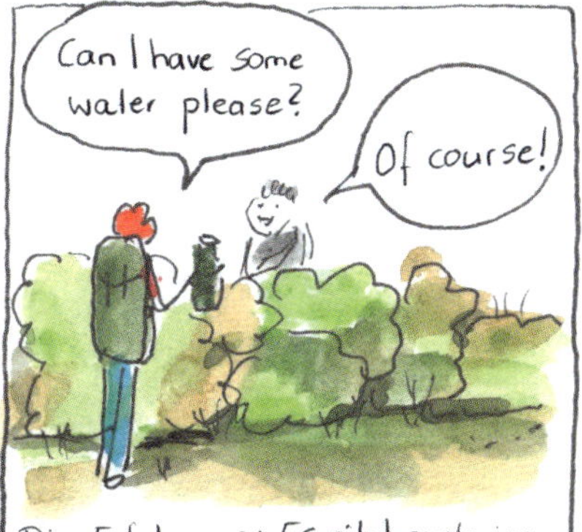

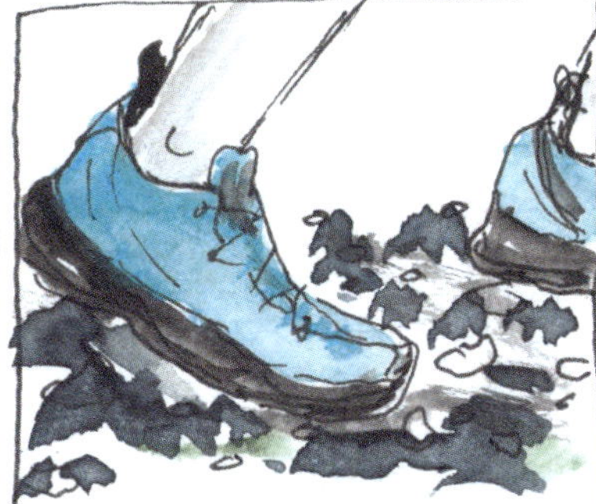

Kann ich bitte Wasser haben? | Natürlich!

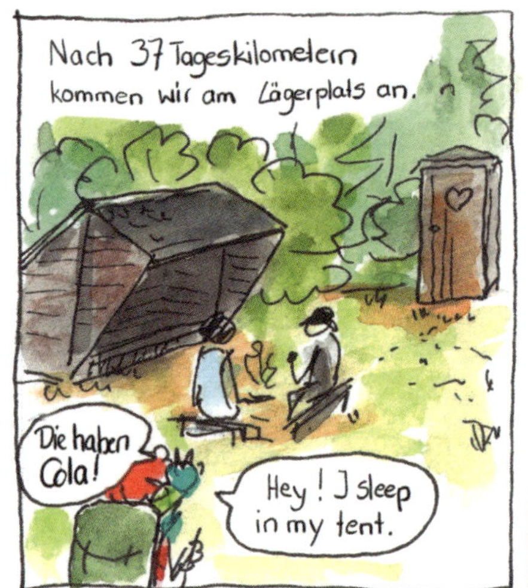

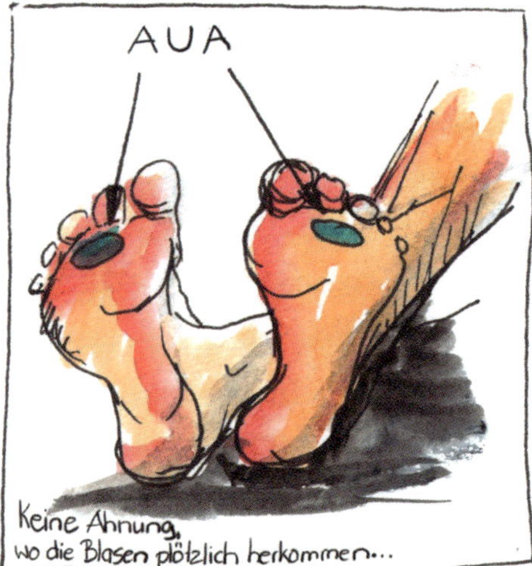

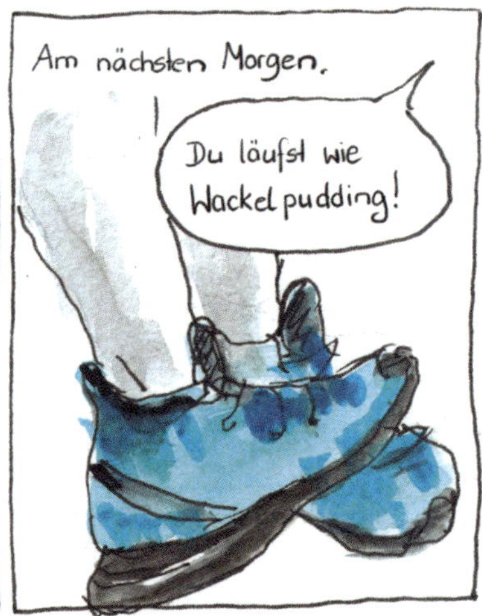

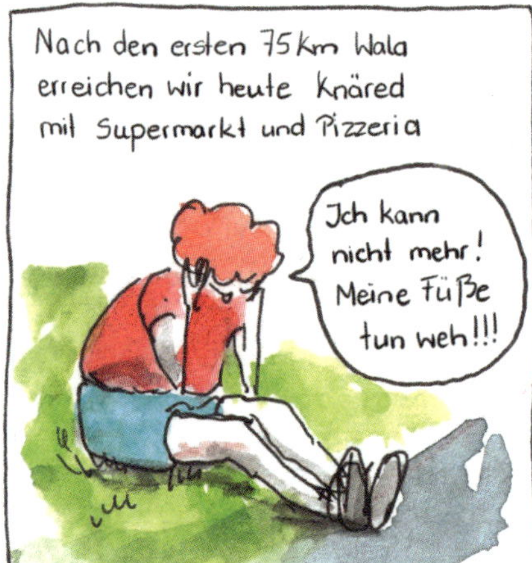

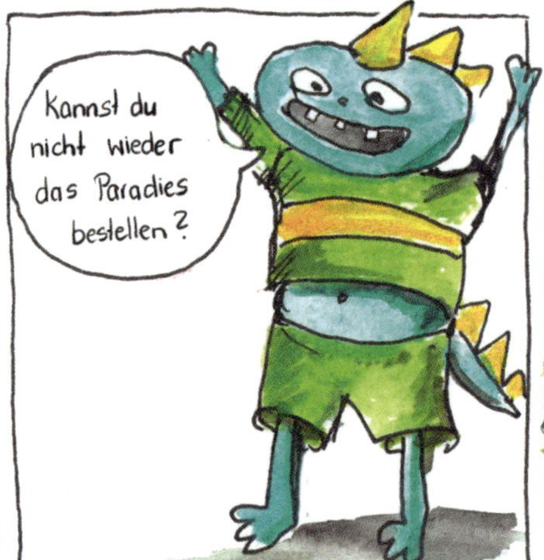

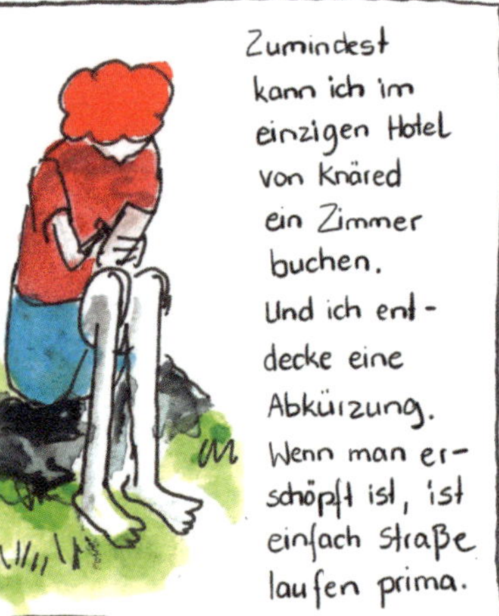

 Hallo, ich schlafe in meinem Zelt.

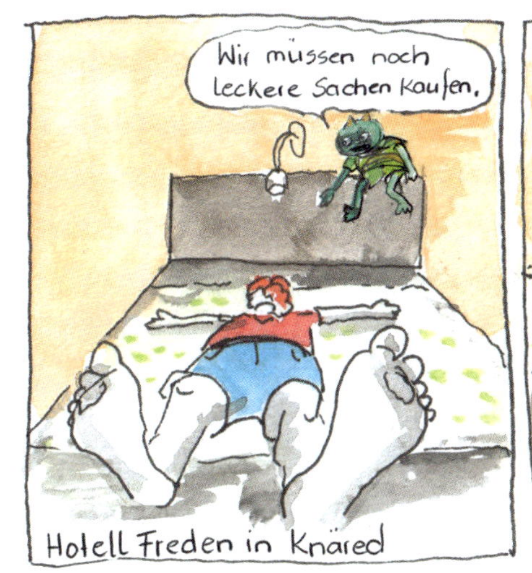

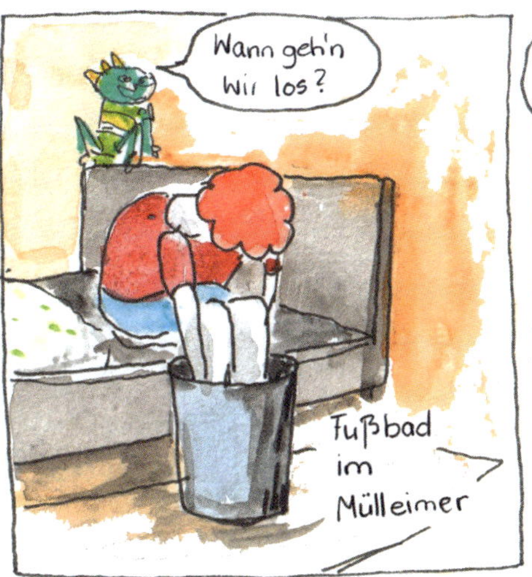

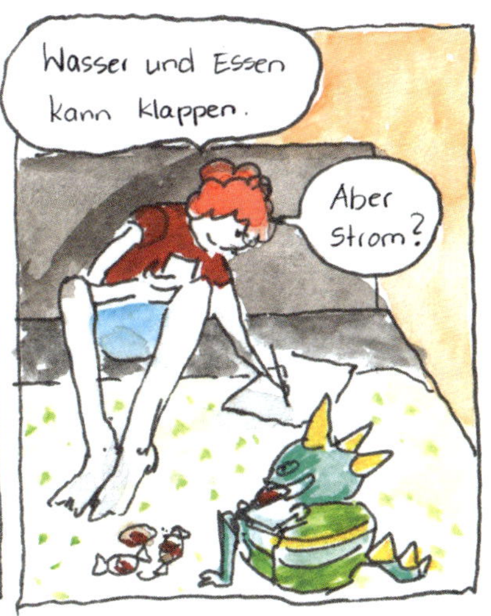

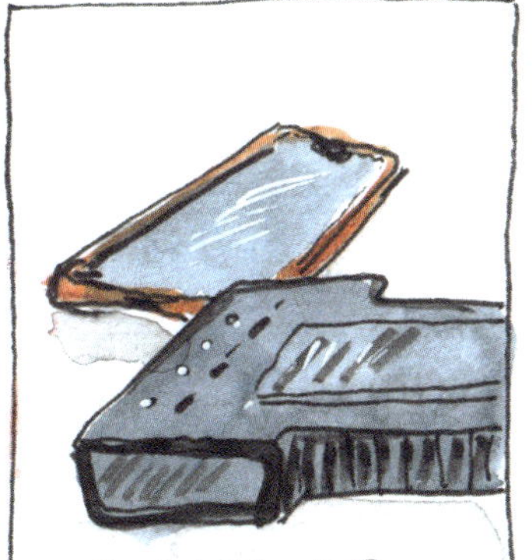

Das Handy hält mit Power-bank ca. 3-4 Tage durch, bei sparsamer Nutzung.

Ohne mein iPhone

- keine Uhr
- keine Karte
- keine Comics hochladen
- kein Heimatkontakt
- kein Hörbuch zum Einschlafen
- Umgekehrt kann man auch mich im Ernstfall nicht mehr orten.

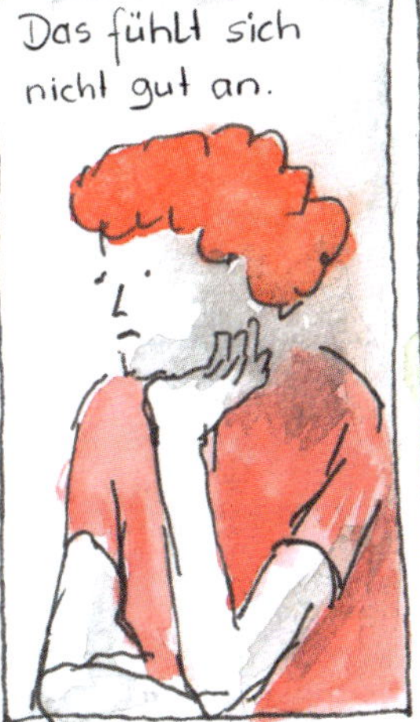

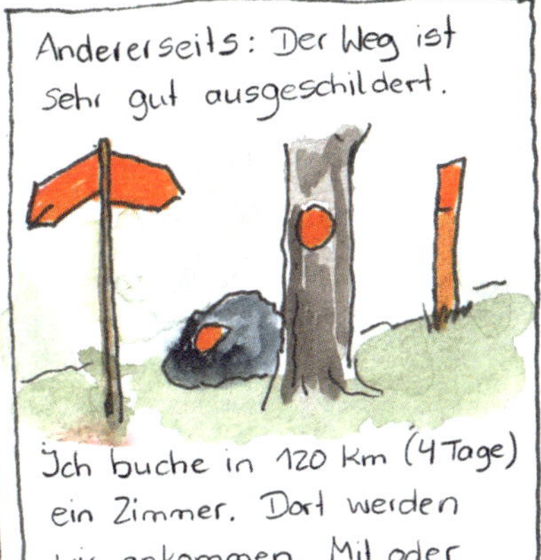

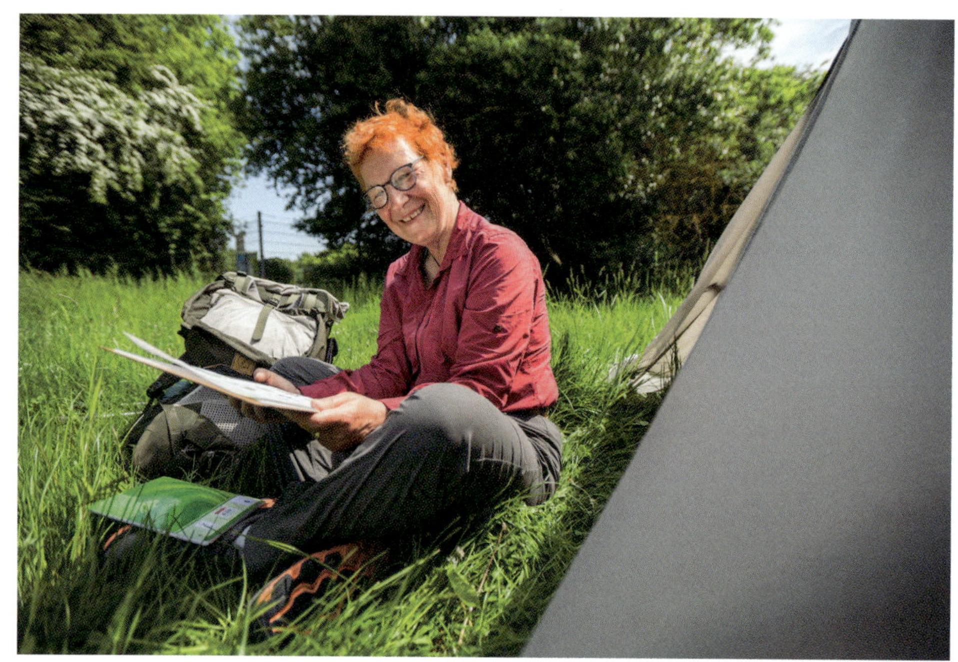

Atelier im Grünen

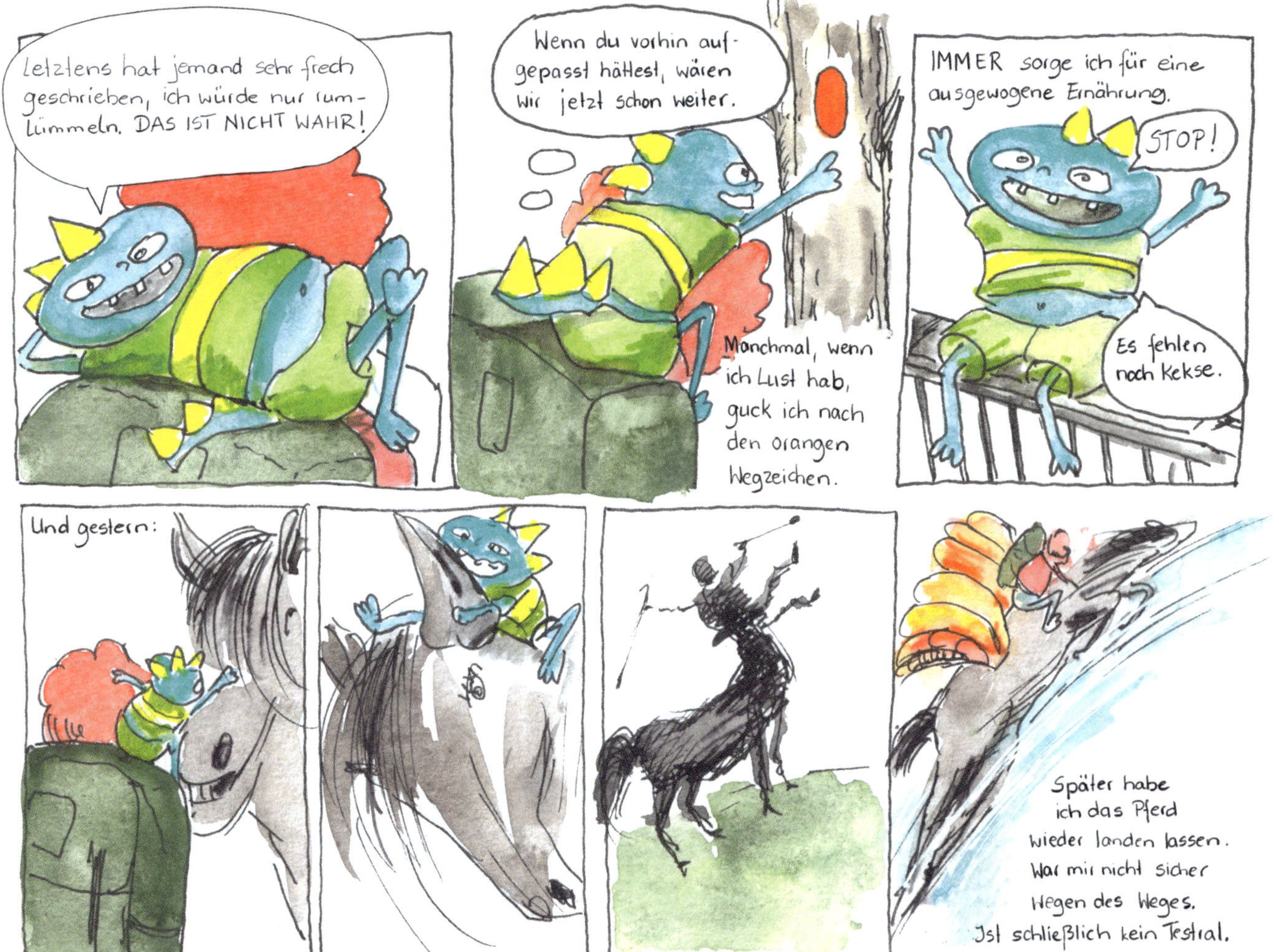
Letztens hat jemand sehr frech geschrieben, ich würde nur rum-lümmeln. DAS IST NICHT WAHR!
Wenn du vorhin auf-gepasst hättest, wären wir jetzt schon weiter.
Manchmal, wenn ich Lust hab, guck ich nach den orangen Wegzeichen.
IMMER sorge ich für eine ausgewogene Ernährung.
STOP!
Es fehlen noch Kekse.
Und gestern:
Später habe ich das Pferd wieder landen lassen. War mir nicht sicher wegen des Weges. Ist schließlich kein Testral.

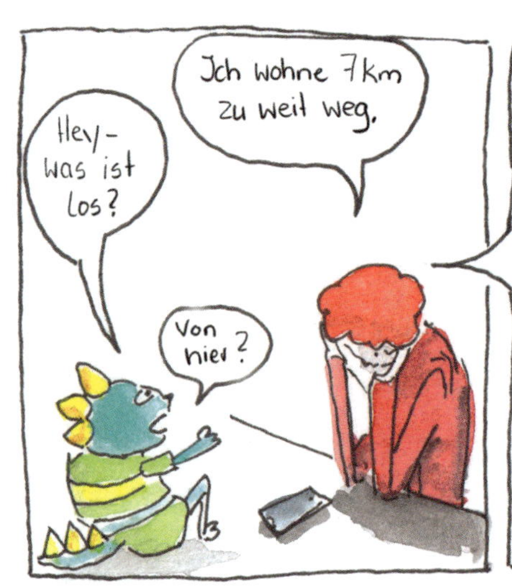
Hey- was ist los?
Ich wohne 7 km zu weit weg.
Von hier?
Hab mich für den Hamburger Literaturpreis beworben. Mit meiner Graphic Novel „Püppi & Tante"
Das kann man machen, wenn man im Einzugsbereich des Nahverkehrsverbundes lebt.

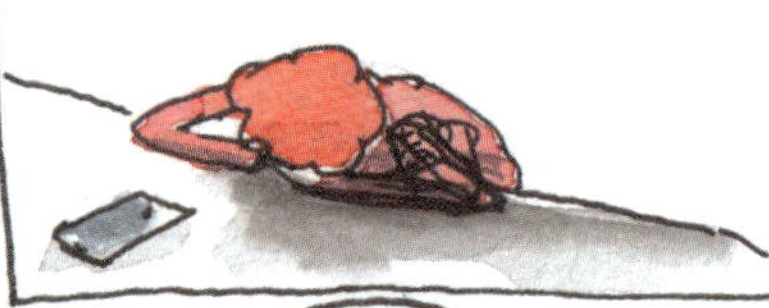
Höver zählt nicht, schreiben sie heute.

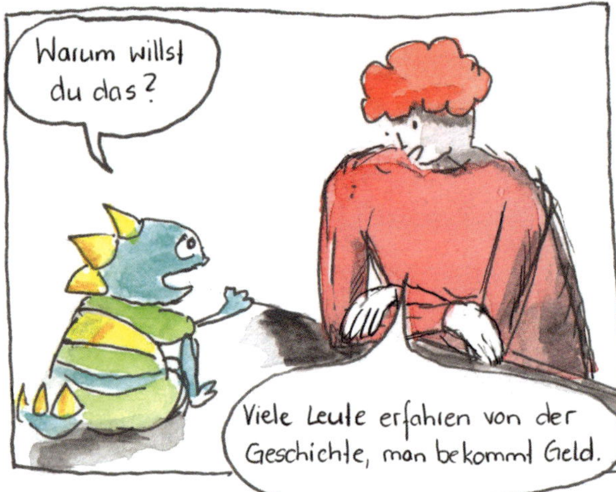
Warum willst du das?
Viele Leute erfahren von der Geschichte, man bekommt Geld.

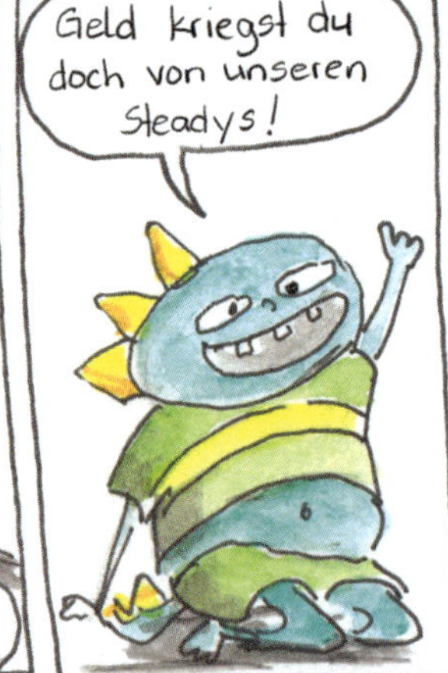
Geld kriegst du doch von unseren Steadys!

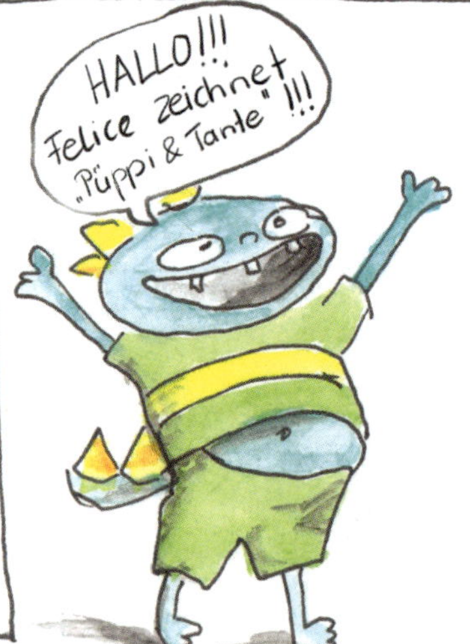
HALLO!!! Felice zeichnet „Püppi & Tante"!!!

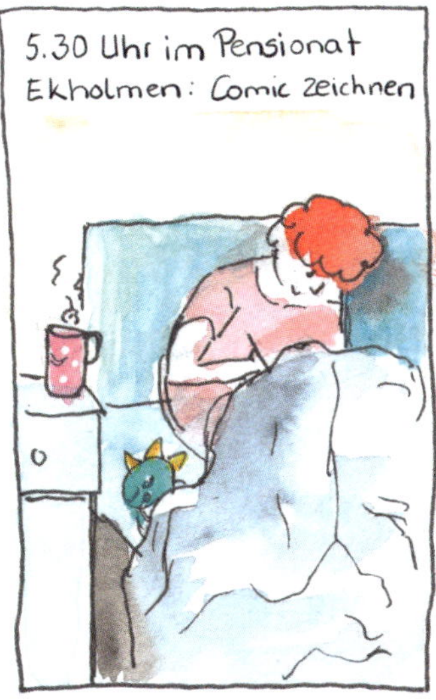
5.30 Uhr im Pensionat Ekholmen: Comic zeichnen

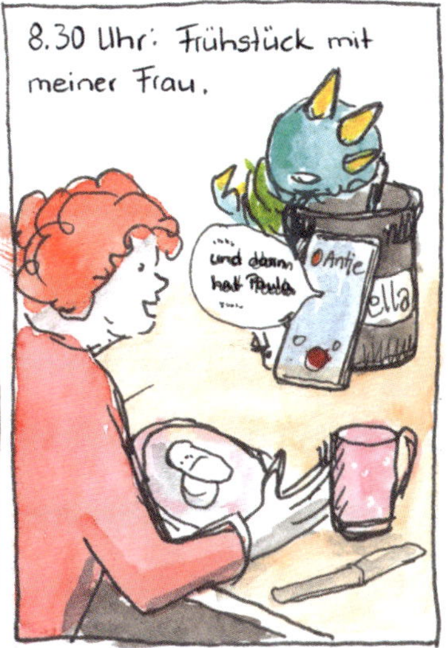
8.30 Uhr: Frühstück mit meiner Frau.
und dann hat Paula
Antje
ella

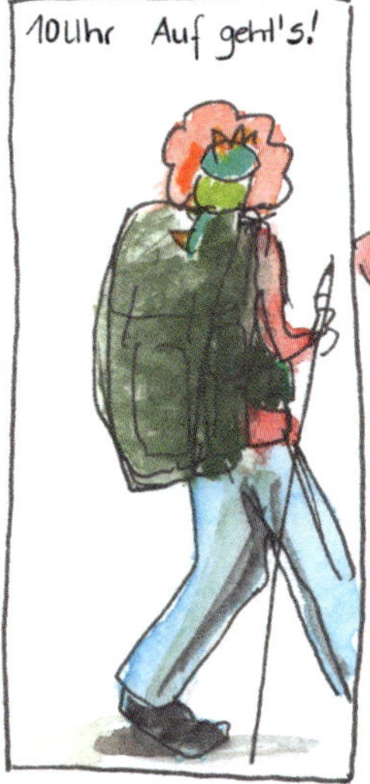
10 Uhr Auf geht's!

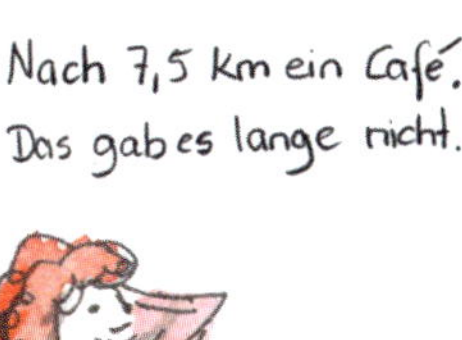
Nach 7,5 km ein Café. Das gab es lange nicht.

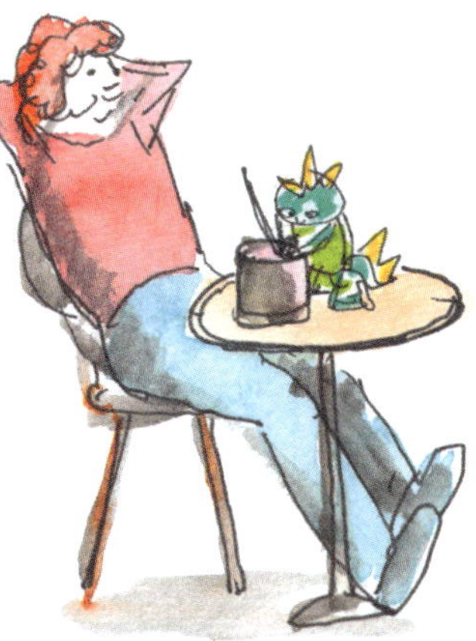

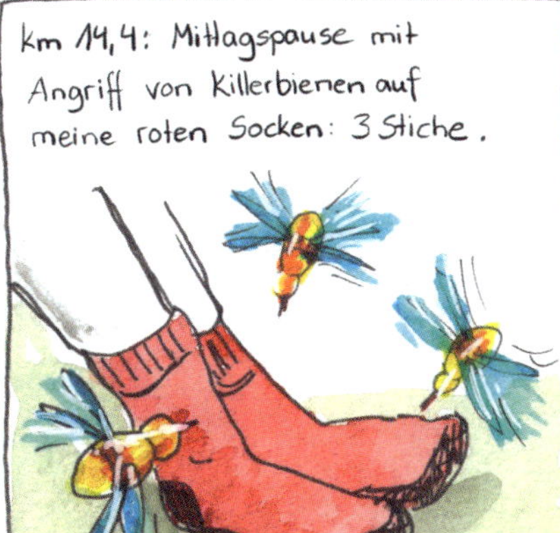
km 14,4: Mittagspause mit Angriff von Killerbienen auf meine roten Socken: 3 Stiche.

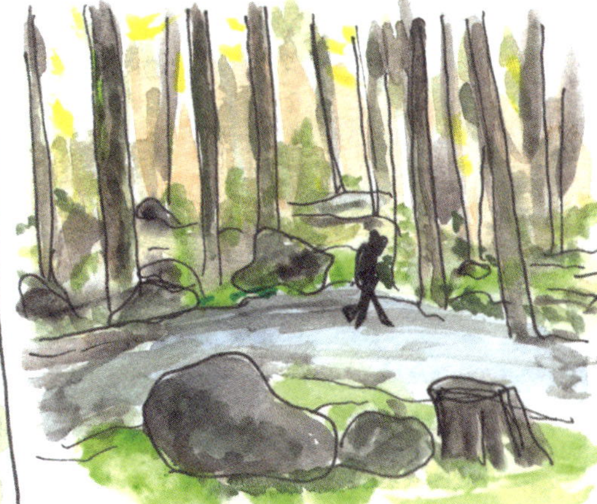

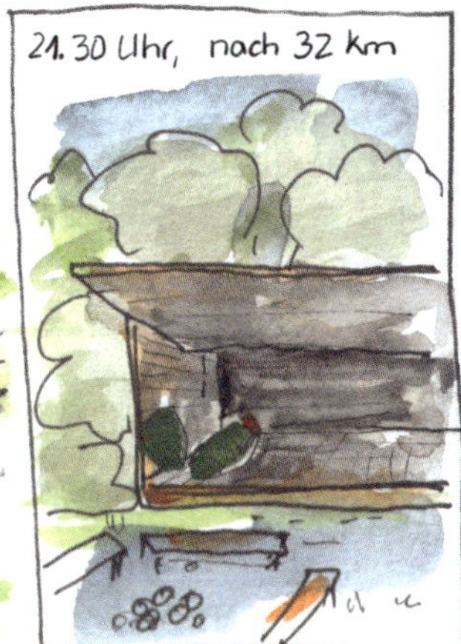
21.30 Uhr, nach 32 km

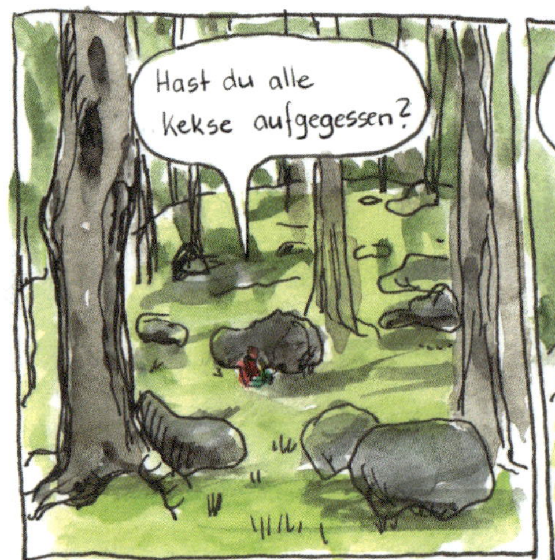
Hast du alle
Kekse aufgegessen?

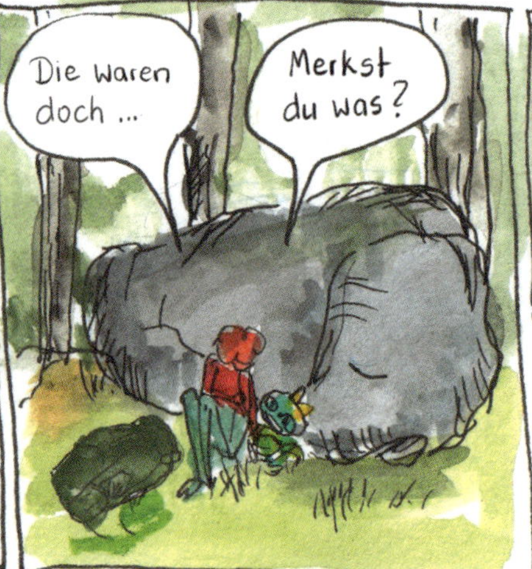
Die waren
doch ...
Merkst
du was?

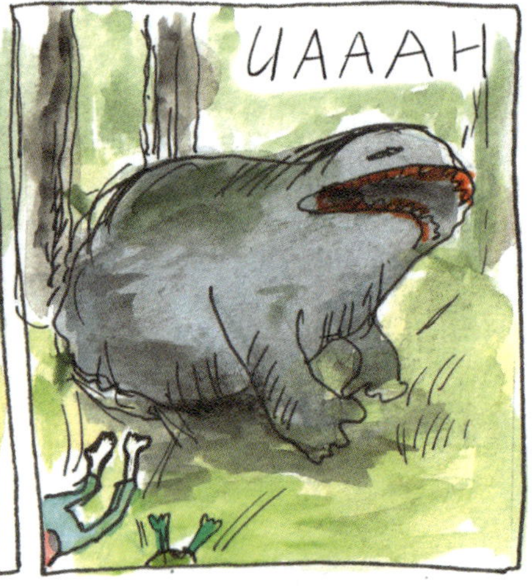
UAAAH

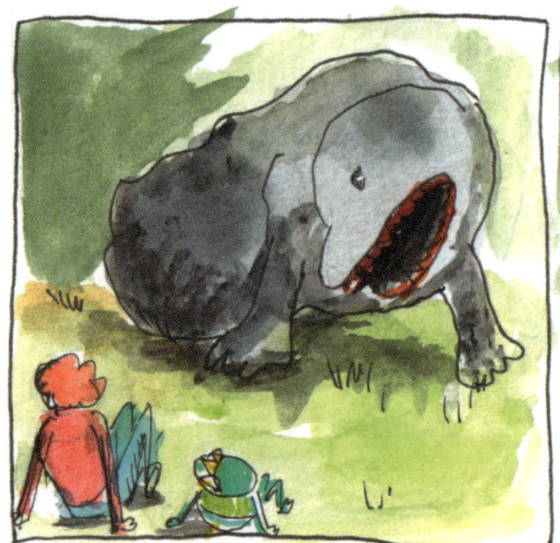

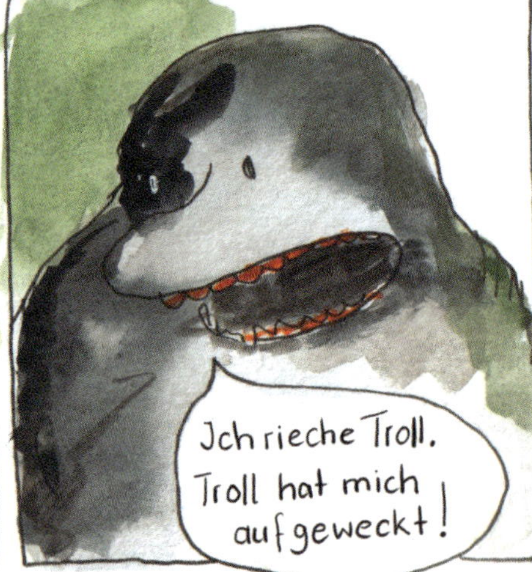
Jch rieche Troll.
Troll hat mich
aufgeweckt!

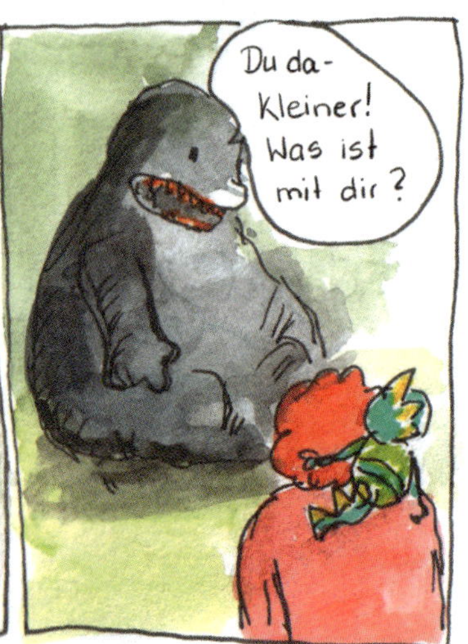
Du da-
Kleiner!
Was ist
mit dir?

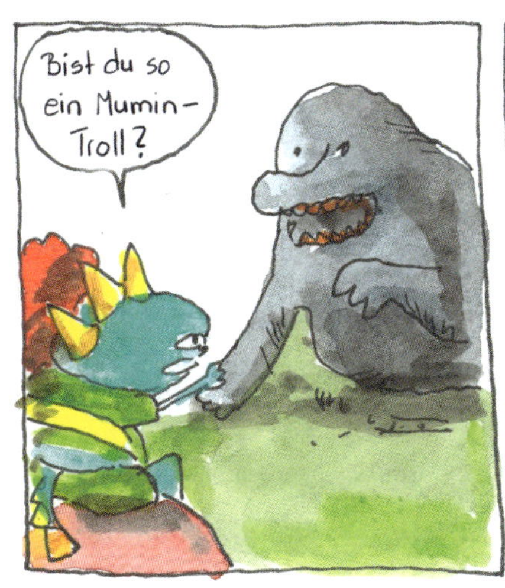
Bist du so ein Mumin-Troll?

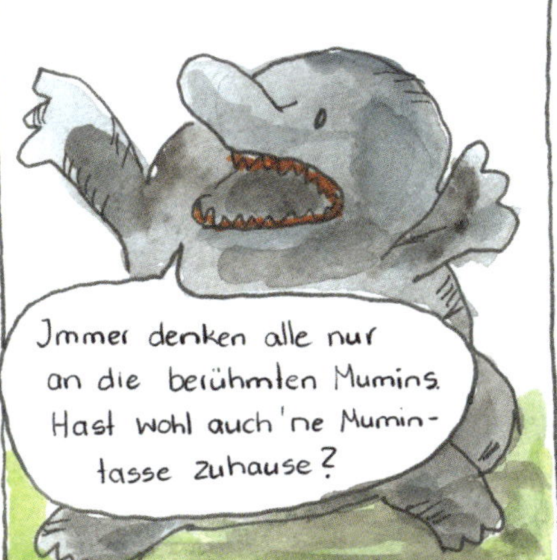
Jmmer denken alle nur an die berühmten Mumins. Hast wohl auch 'ne Mumin-tasse zuhause?

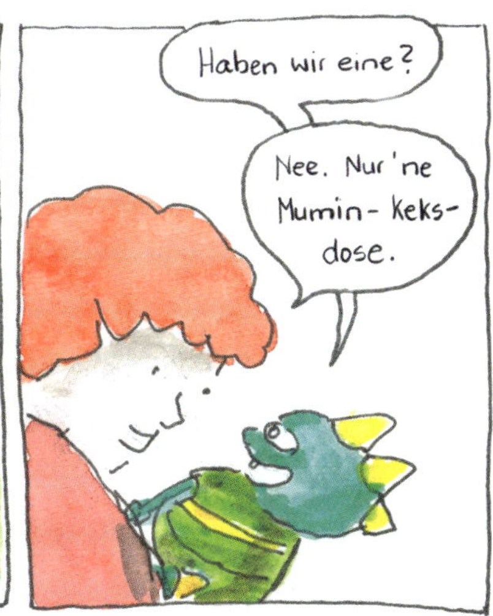
Haben wir eine?
Nee. Nur 'ne Mumin-Keks-dose.

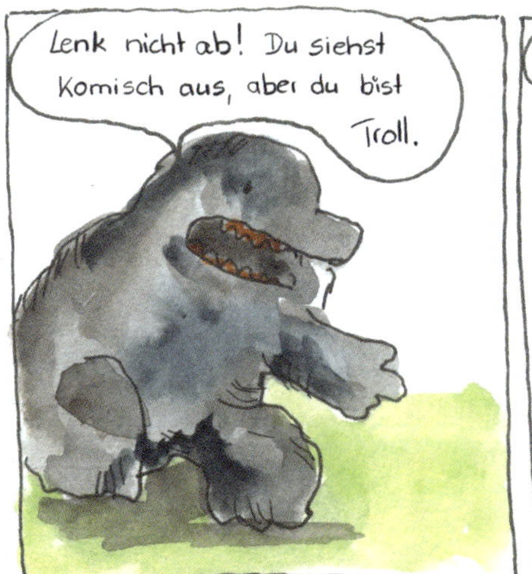
Lenk nicht ab! Du siehst Komisch aus, aber du bist Troll.

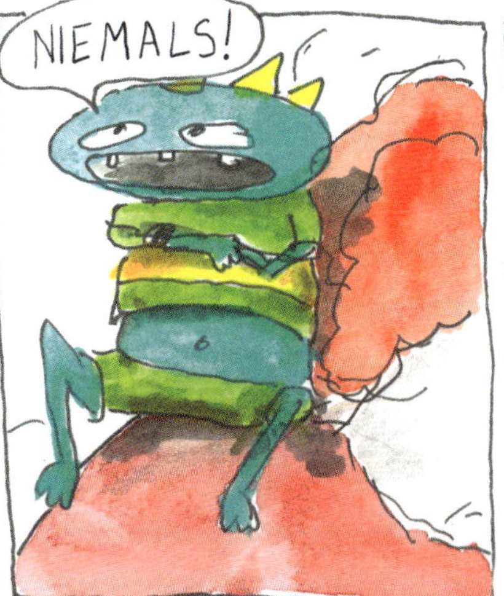
NIEMALS!

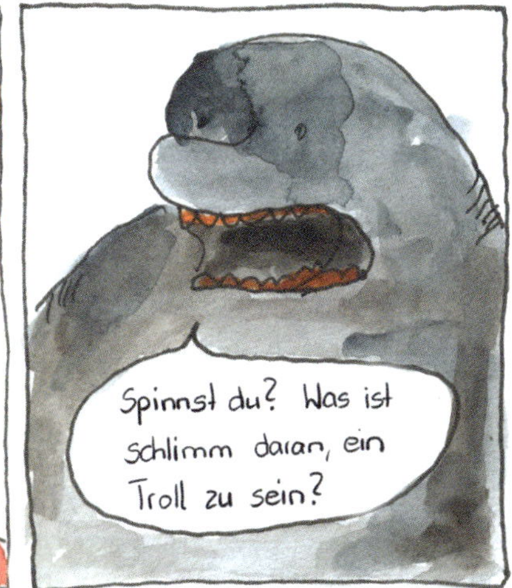
Spinnst du? Was ist schlimm daran, ein Troll zu sein?

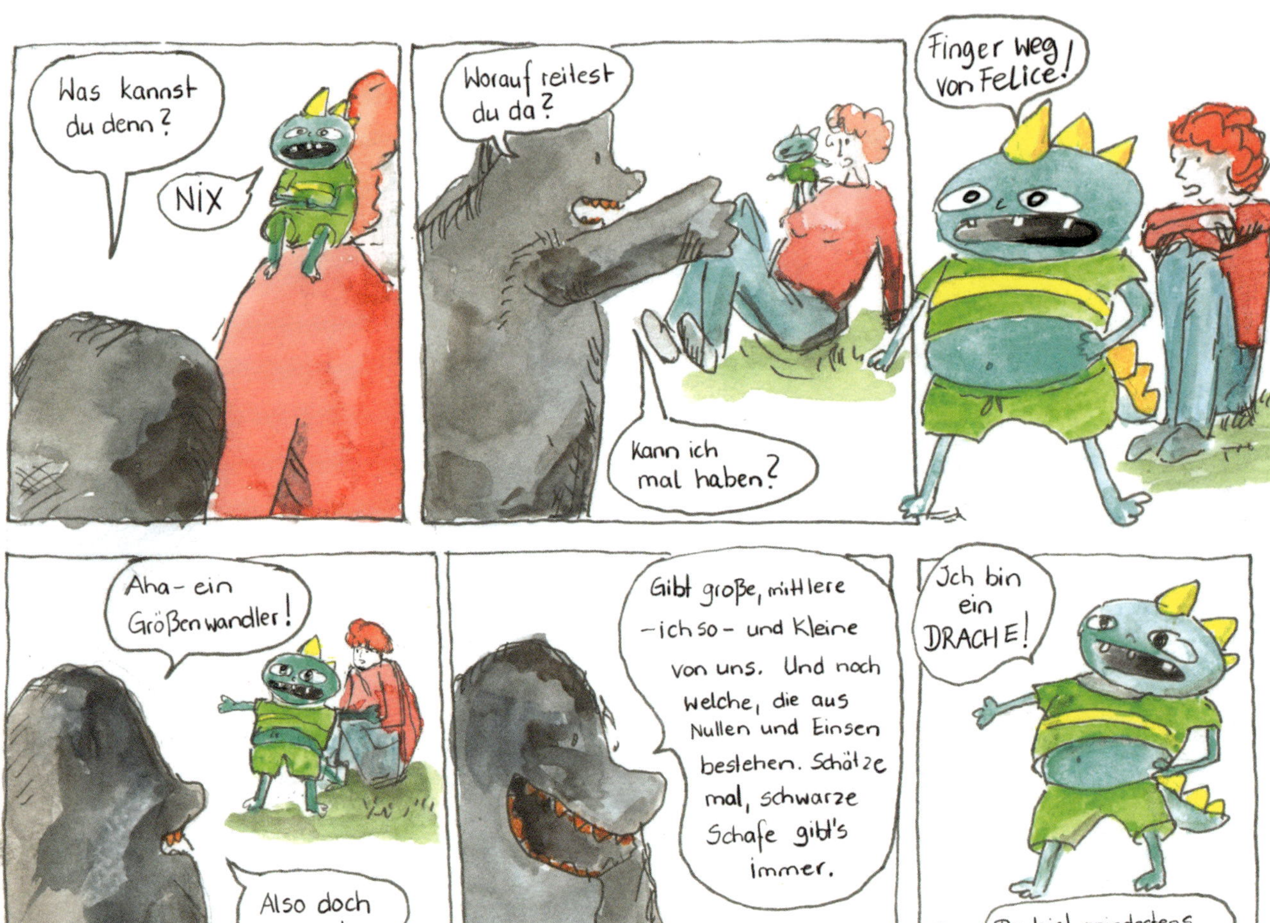
Was kannst du denn?
NIX
Worauf reitest du da?
Kann ich mal haben?
Finger weg von Felice!
Aha- ein Größenwandler!
Also doch Troll!
Gibt große, mittlere -ich so- und Kleine von uns. Und noch welche, die aus Nullen und Einsen bestehen. Schätze mal, schwarze Schafe gibt's immer.
Jch bin ein DRACHE!
Du bist mindestens zur Hälfte Troll.

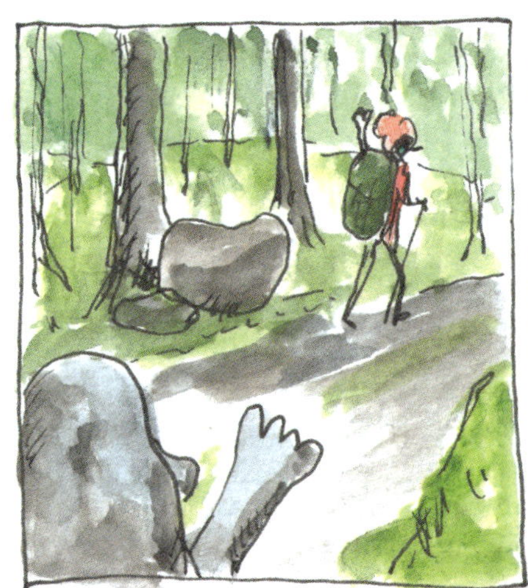

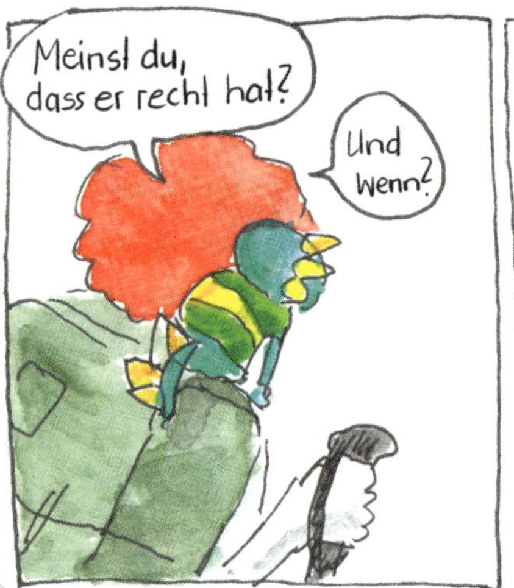
Meinst du, dass er recht hat?
Und wenn?

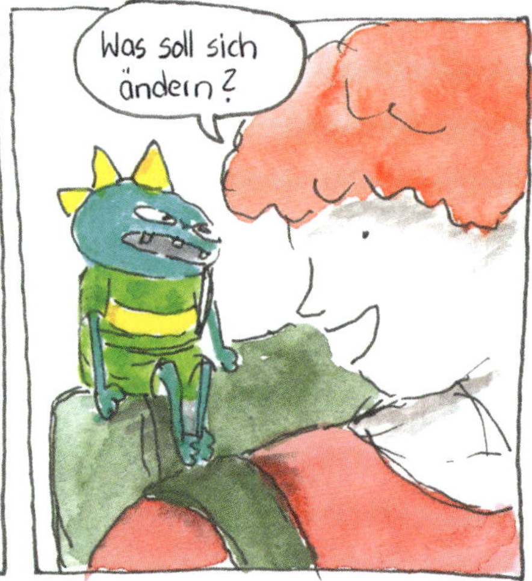
Was soll sich ändern?

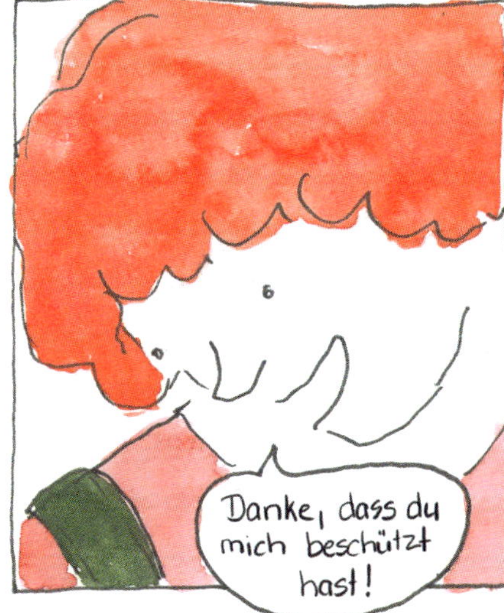
Danke, dass du mich beschützt hast!

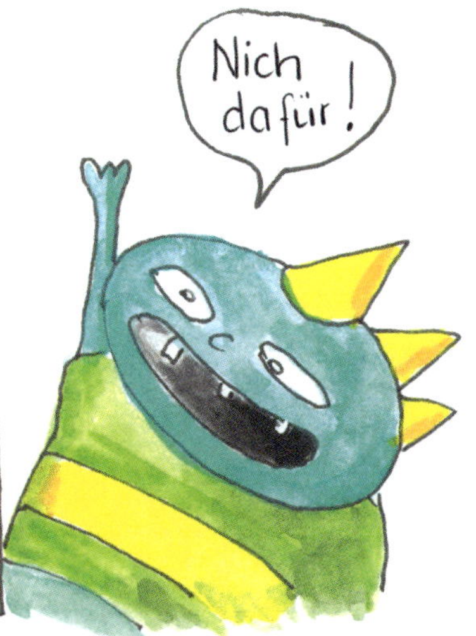
Nich dafür!

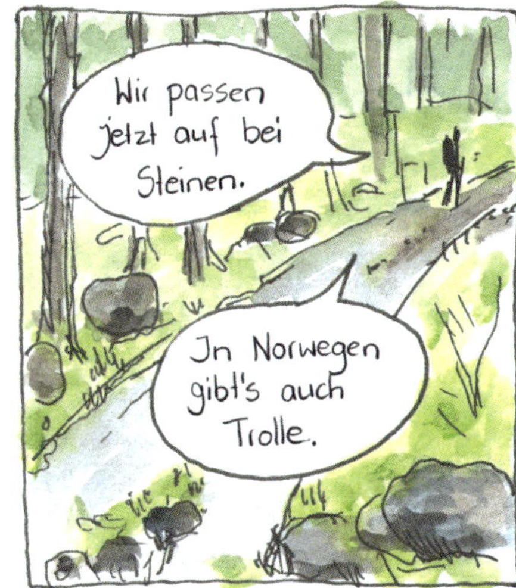
Wir passen jetzt auf bei Steinen.
Jn Norwegen gibt's auch Trolle.

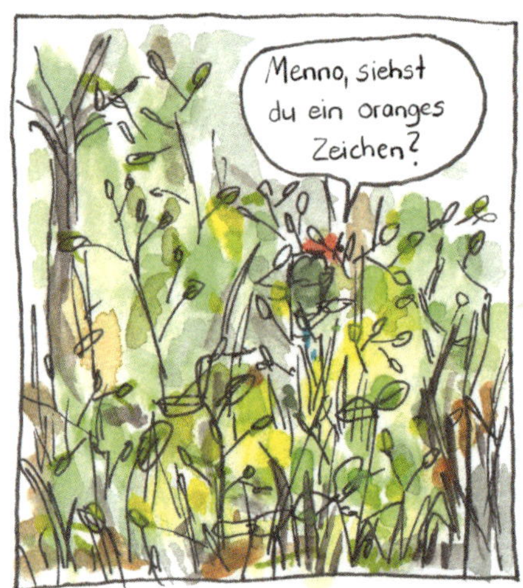
Menno, siehst du ein oranges Zeichen?
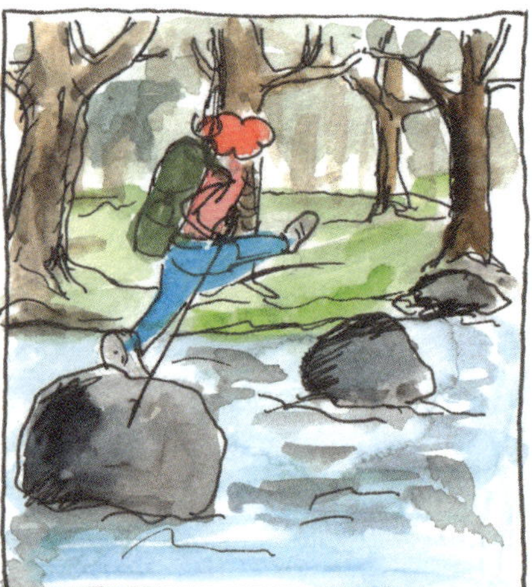
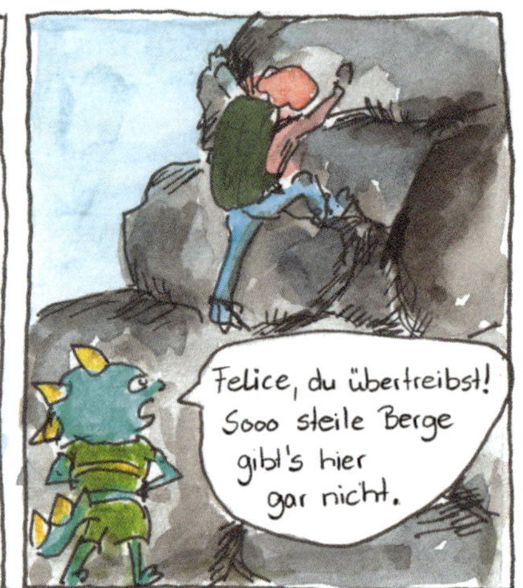
Felice, du übertreibst! Sooo steile Berge gibt's hier gar nicht.
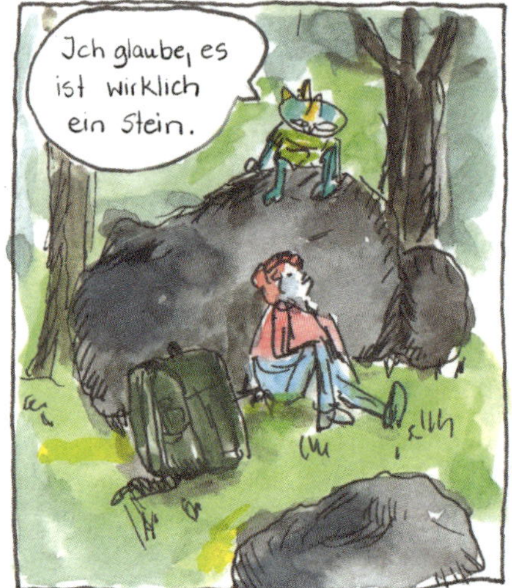
Ich glaube, es ist wirklich ein Stein.
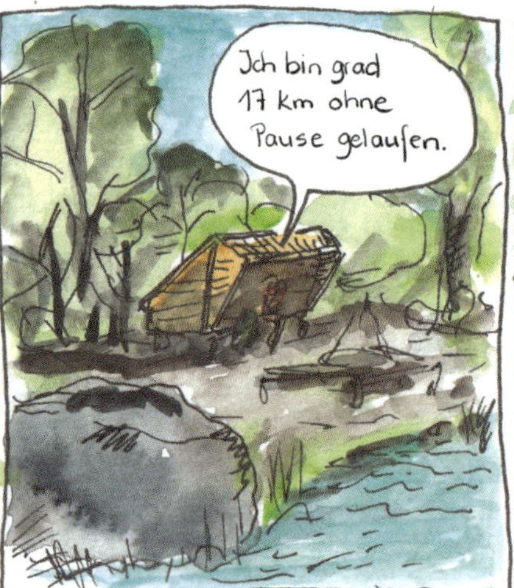
Ich bin grad 17 km ohne Pause gelaufen.
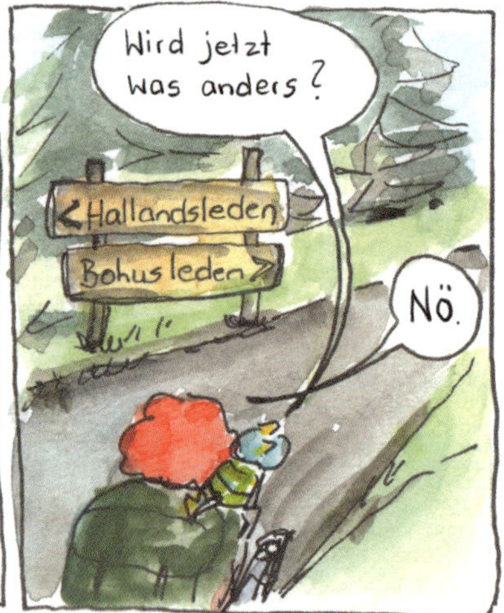
Wird jetzt was anders?
<Hallandsleden
Bohusleden>
Nö.

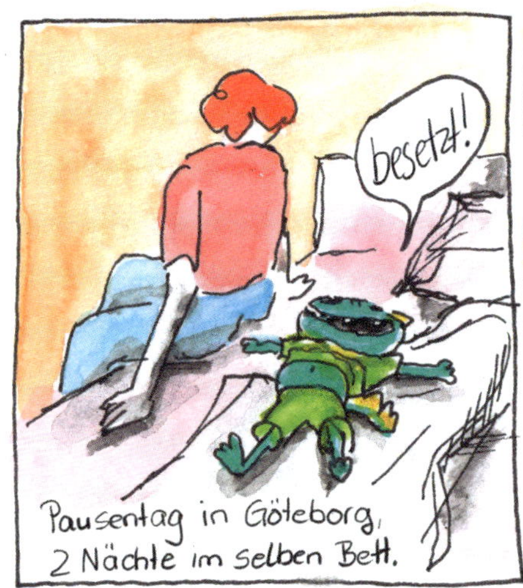
besetzt!
Pausentag in Göteborg,
2 Nächte im selben Bett.

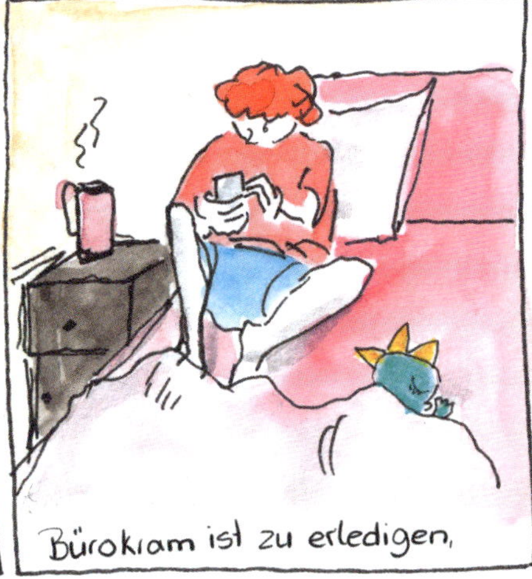
Bürokram ist zu erledigen,

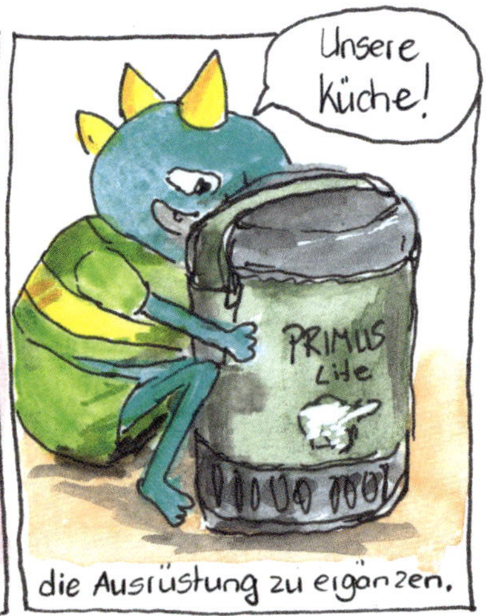
Unsere Küche!
PRIMUS Lite
die Ausrüstung zu ergänzen.

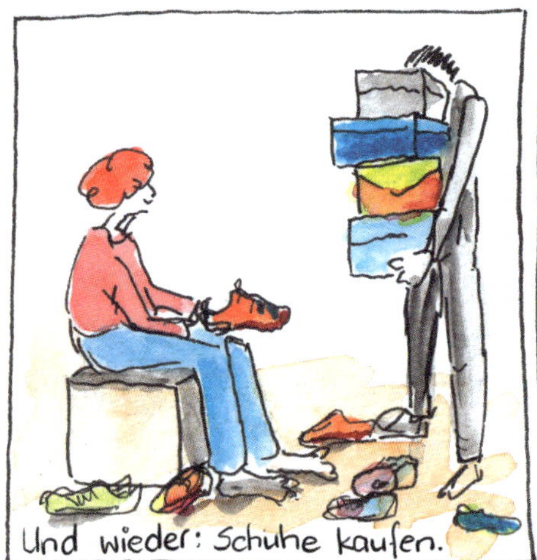
Und wieder: Schuhe kaufen.

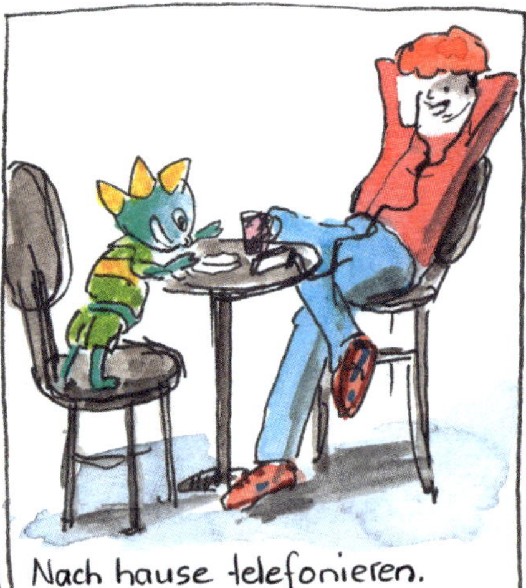
Nach hause telefonieren.

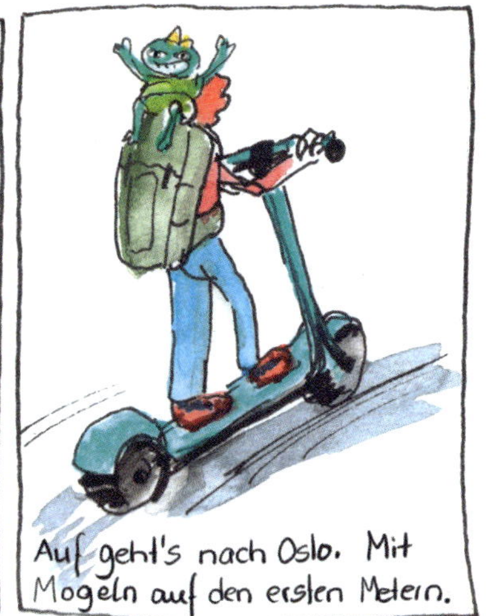
Auf geht's nach Oslo. Mit
Mogeln auf den ersten Metern.

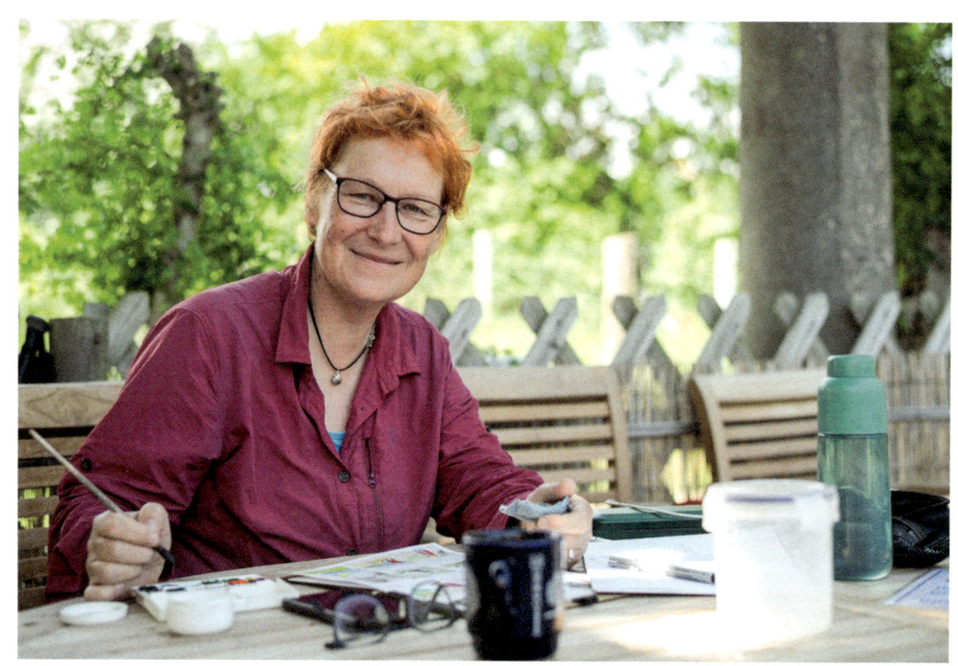

Perfekter Zeichenplatz

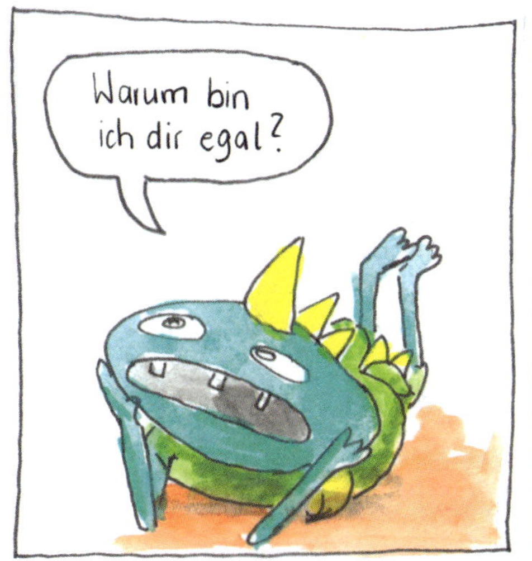
Warum bin ich dir egal?

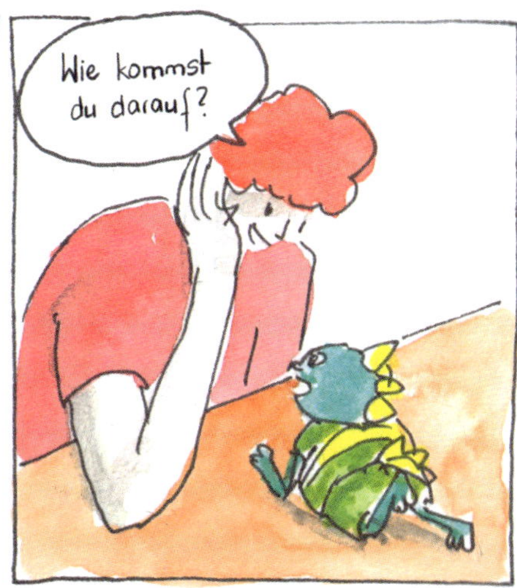
Wie kommst du darauf?

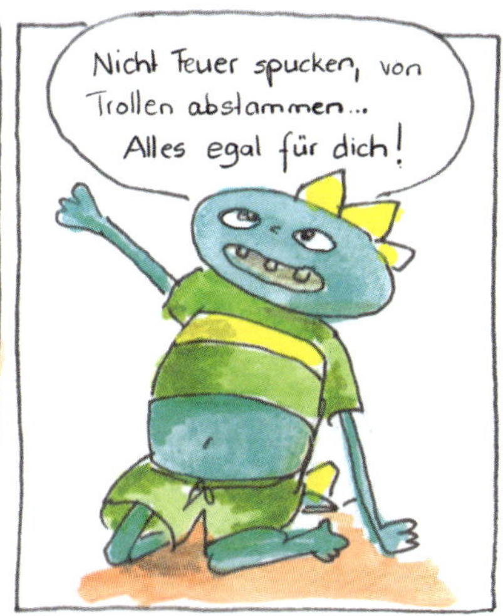
Nicht Feuer spucken, von Trollen abstammen... Alles egal für dich!

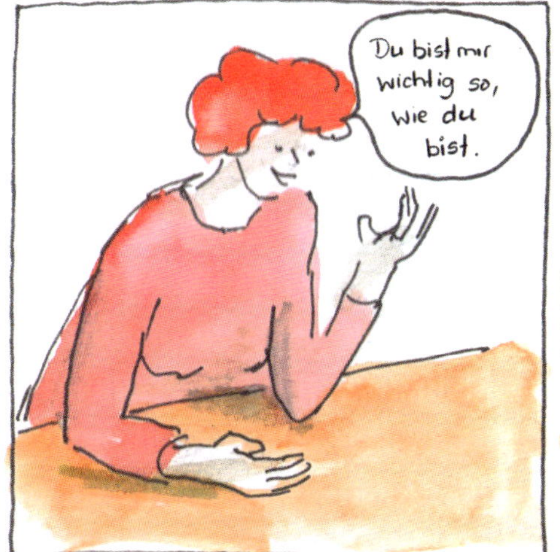
Du bist mir wichtig so, wie du bist.

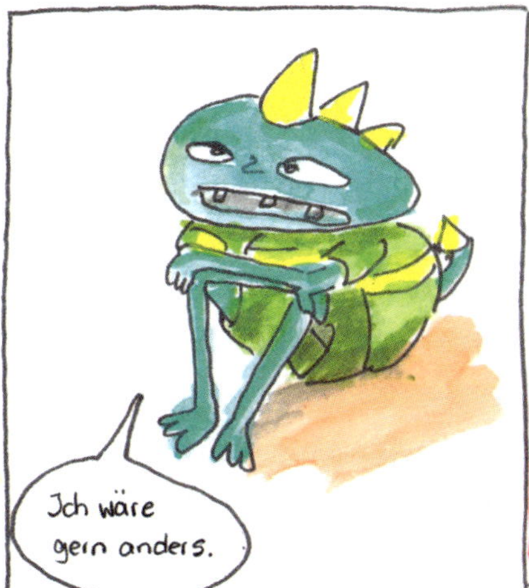
Ich wäre gern anders.

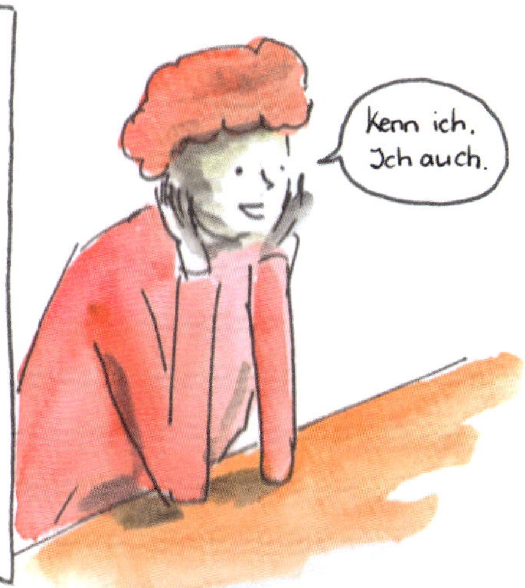
Kenn ich. Ich auch.

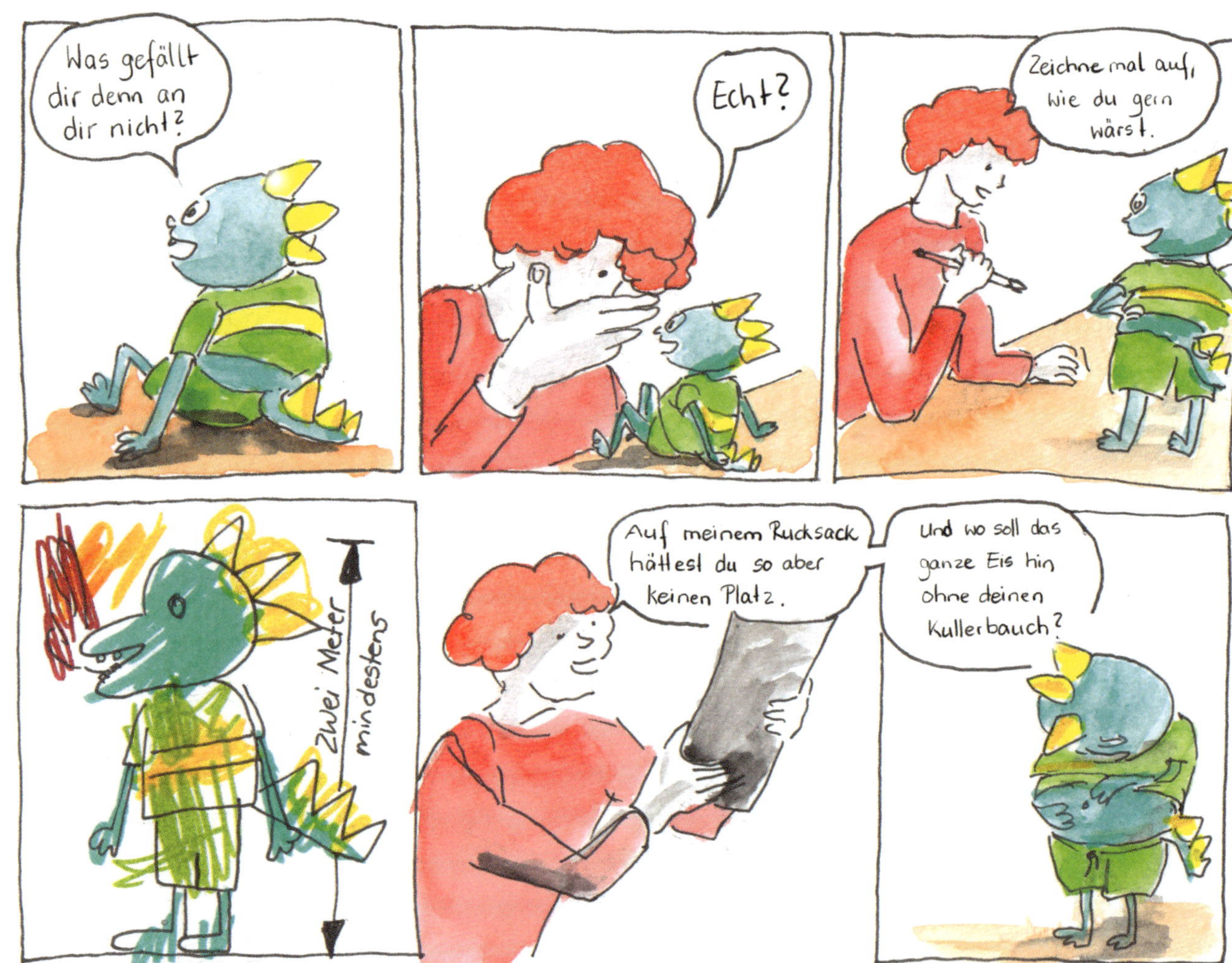

Was gefällt dir denn an dir nicht?
Echt?
Zeichne mal auf, wie du gern wärst.
zwei Meter mindestens
Auf meinem Rucksack hättest du so aber keinen Platz.
Und wo soll das ganze Eis hin ohne deinen Kullerbauch?

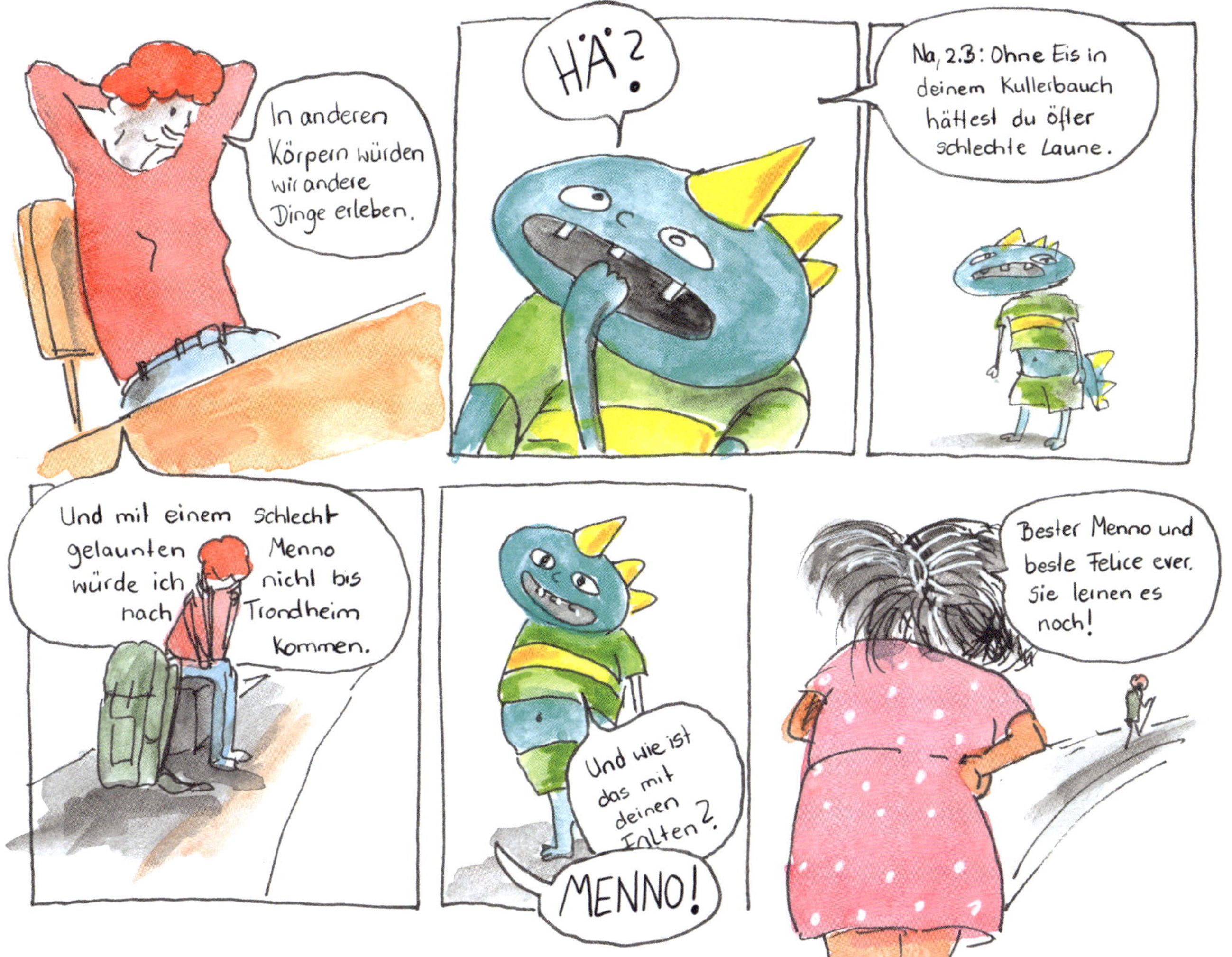
In anderen Körpern würden wir andere Dinge erleben.
HÄ?
Na, 2.3: Ohne Eis in deinem Kullerbauch hättest du öfter schlechte Laune.
Und mit einem schlecht gelaunten Menno würde ich nicht bis nach Trondheim kommen.
Und wie ist das mit deinen Falten?
MENNO!
Bester Menno und beste Felice ever. Sie lernen es noch!

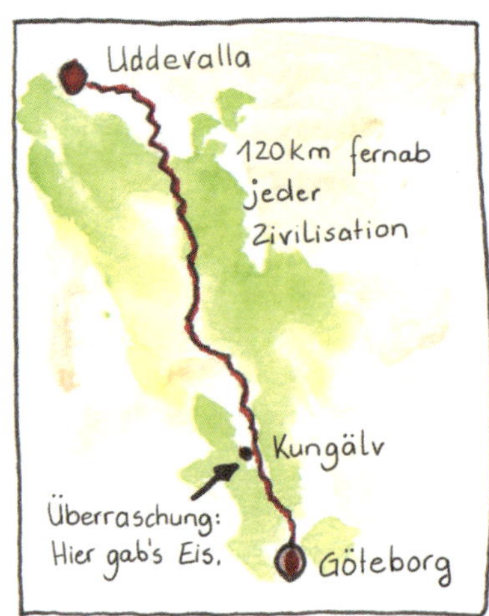
Uddevalla
120 km fernab jeder Zivilisation
Kungälv
Überraschung: Hier gab's Eis.
Göteborg

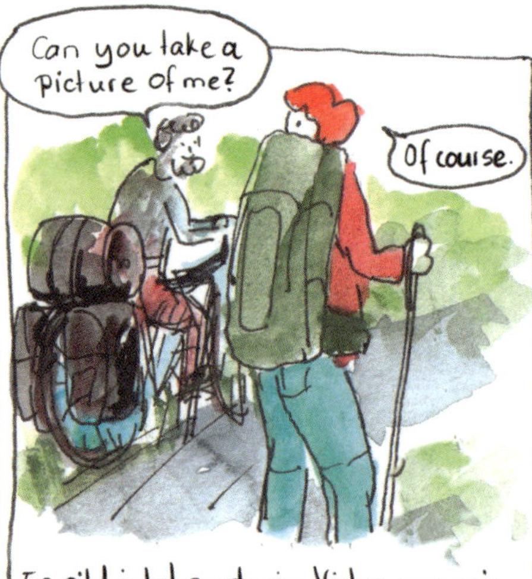
Can you take a picture of me?
Of course.
Es gibt jetzt auch ein Video von mir.

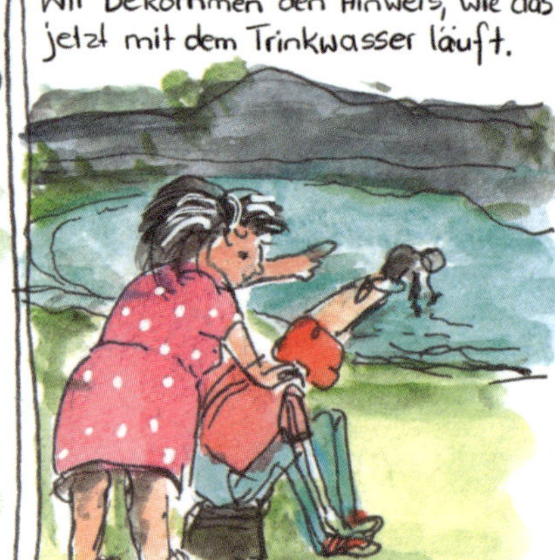
Wir bekommen den Hinweis, wie das jetzt mit dem Trinkwasser läuft.

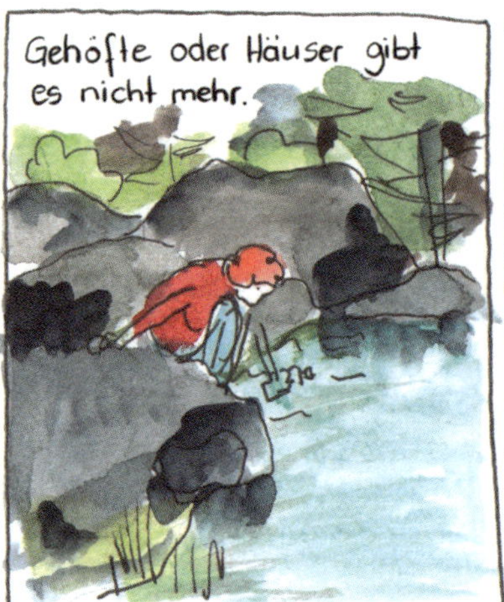
Gehöfte oder Häuser gibt es nicht mehr.

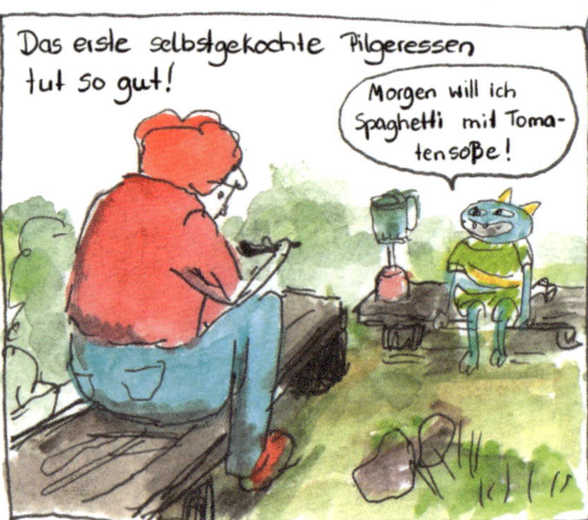
Das erste selbstgekochte Pilgeressen tut so gut!
Morgen will ich Spaghetti mit Tomatensoße!

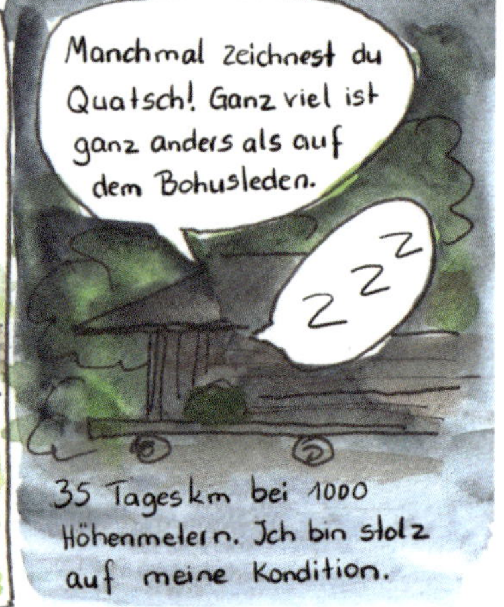
Manchmal zeichnest du Quatsch! Ganz viel ist ganz anders als auf dem Bohusleden.
Z Z Z
35 Tageskm bei 1000 Höhenmetern. Jch bin stolz auf meine Kondition.

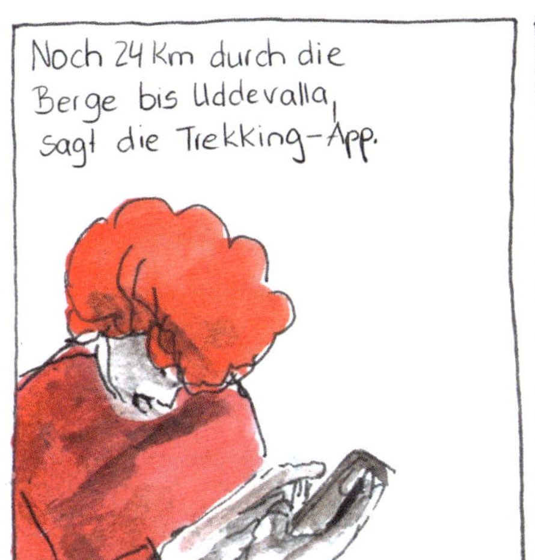

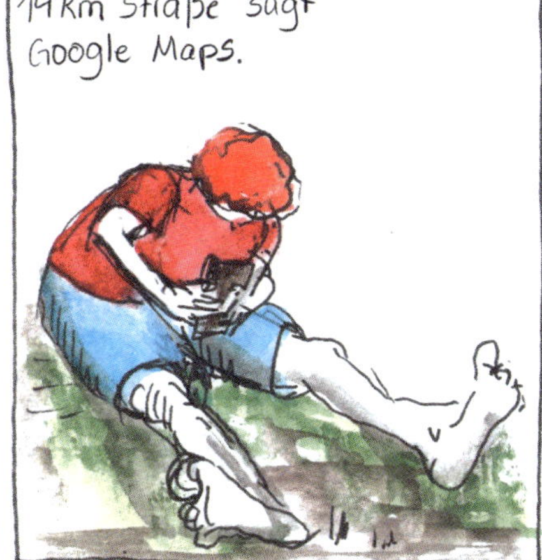

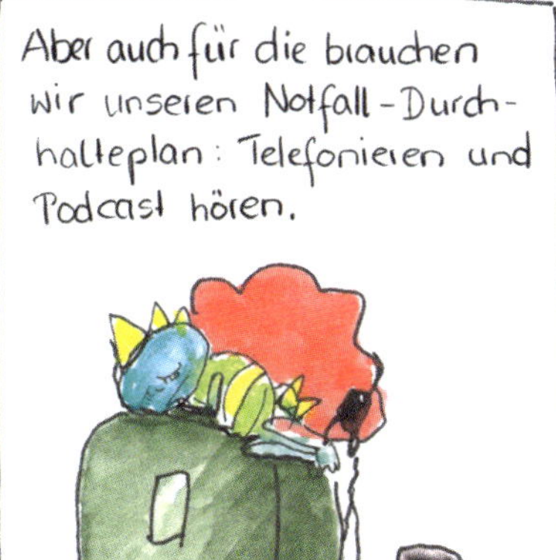

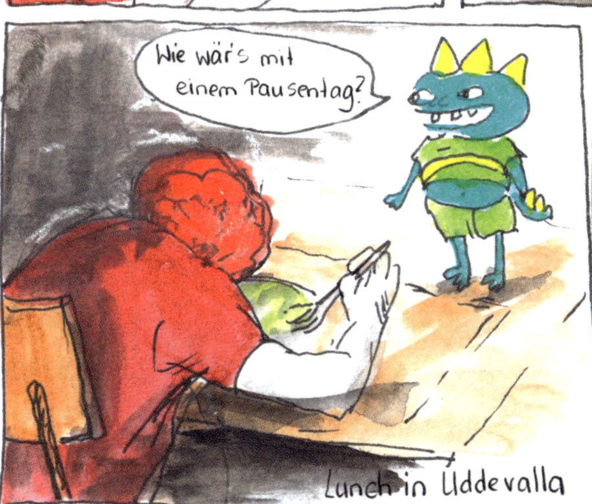

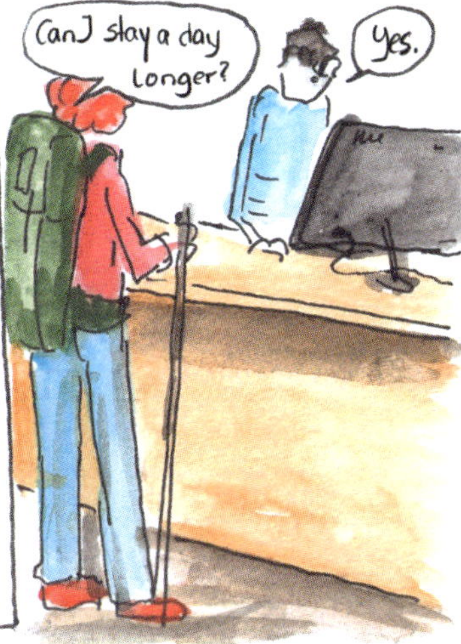

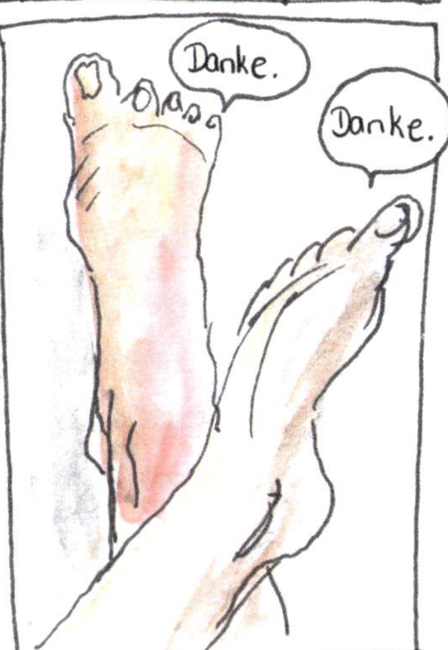

Kann ich einen Tag länger bleiben? | Ja.

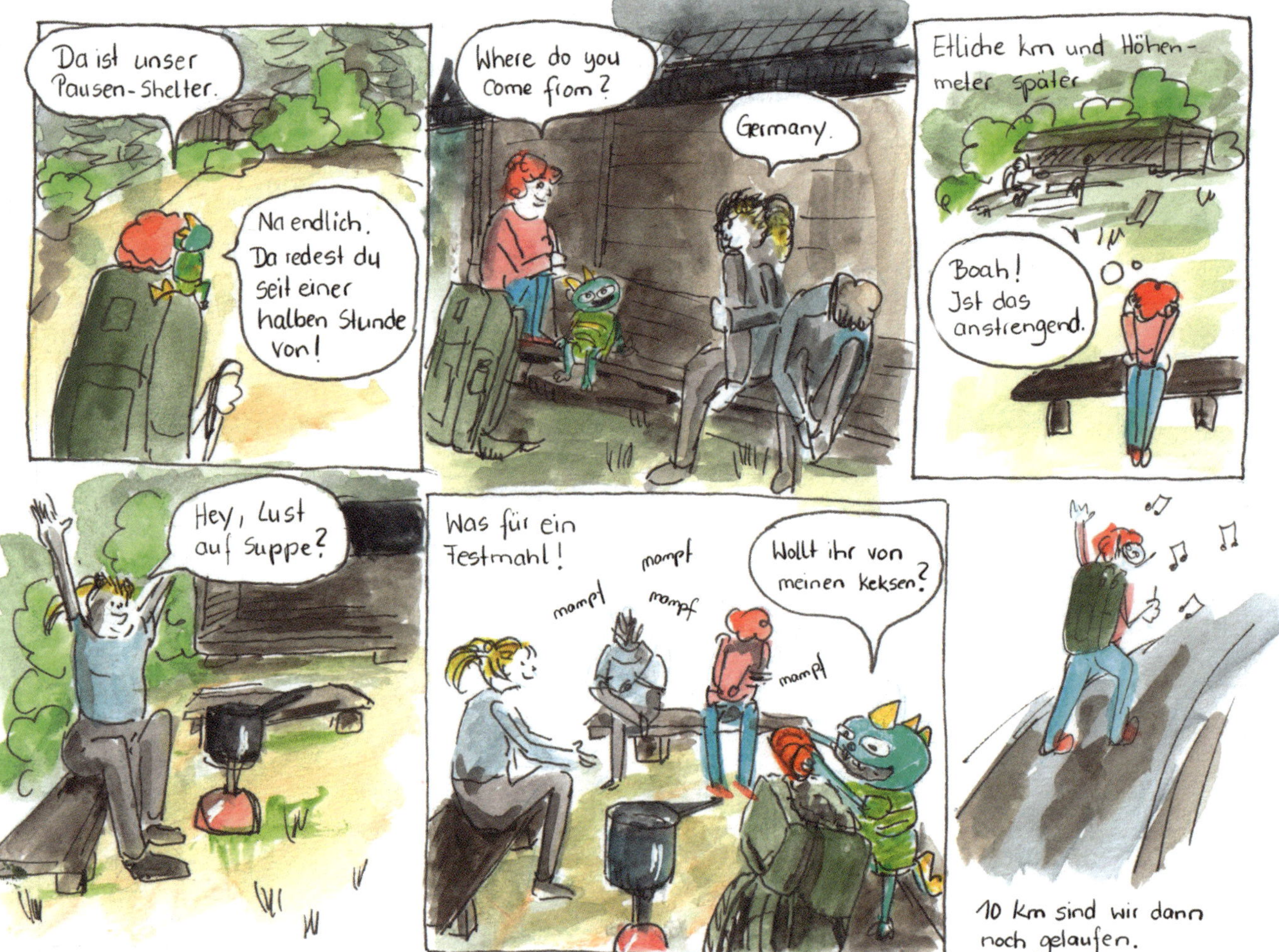
Da ist unser Pausen-Shelter.
Na endlich. Da redest du seit einer halben Stunde von!
Where do you come from?
Germany.
Etliche km und Höhenmeter später
Boah! Ist das anstrengend.
Hey, Lust auf Suppe?
Was für ein Festmahl!
mampf
mampf
mampf
mampf
Wollt ihr von meinen Keksen?
10 km sind wir dann noch gelaufen.

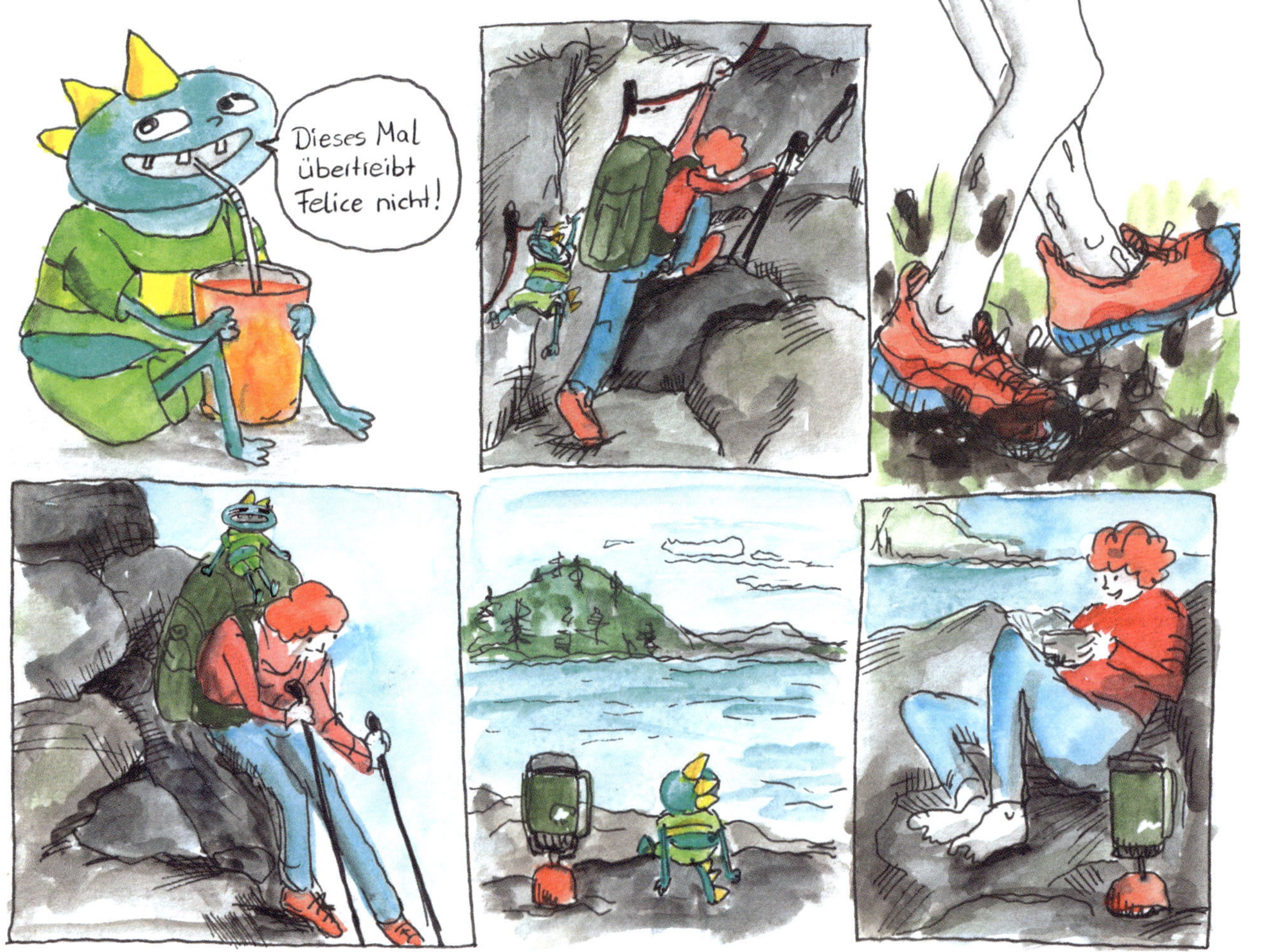
Dieses Mal übertreibt Felice nicht!

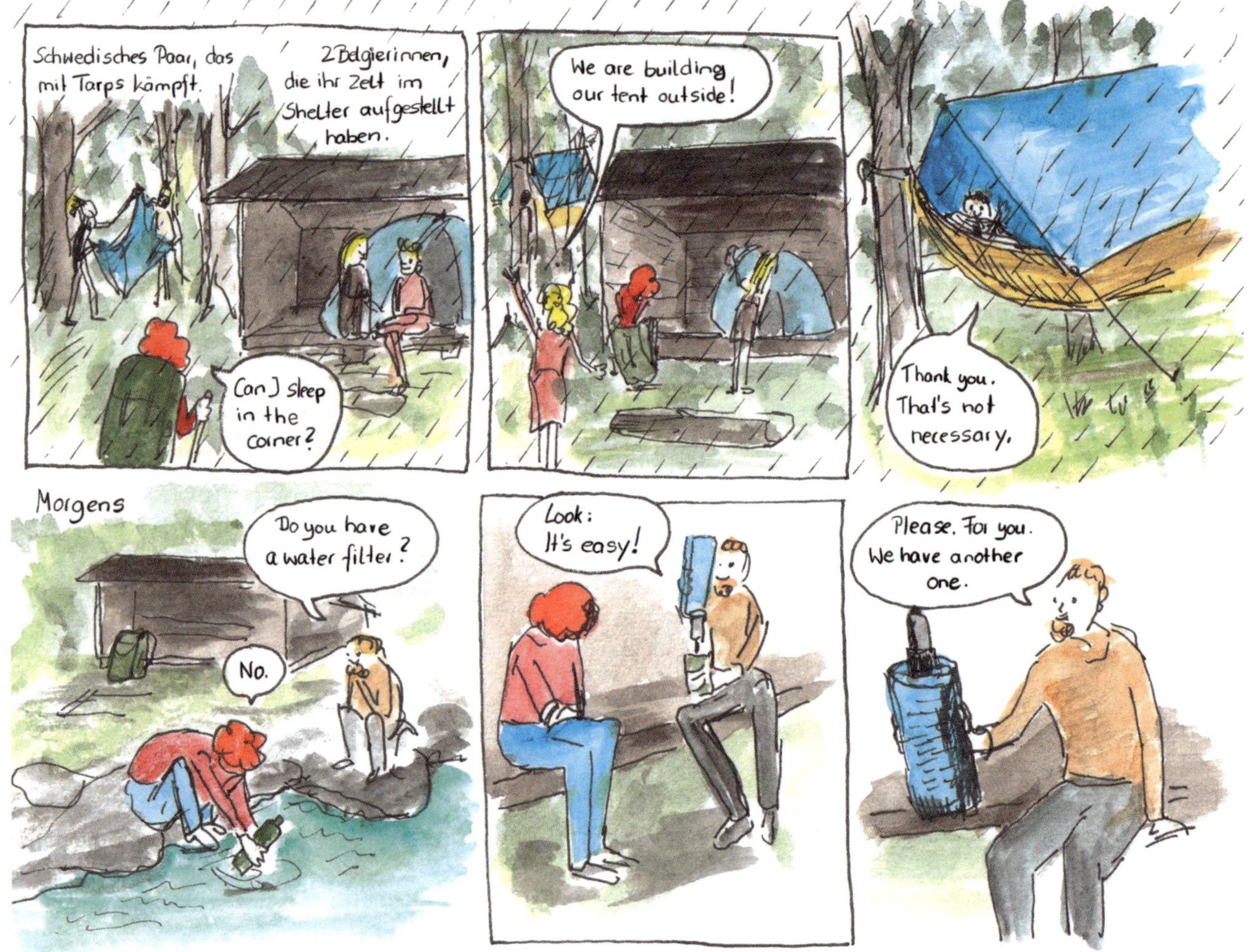

Kann ich in der Ecke schlafen? | Wir bauen unser Zelt draußen auf. | Danke, das ist nicht nötig. | Hast Du einen Wasserfilter? Nein. | Guck: Das ist einfach. | Bitte, für dich. Wir haben noch einen.

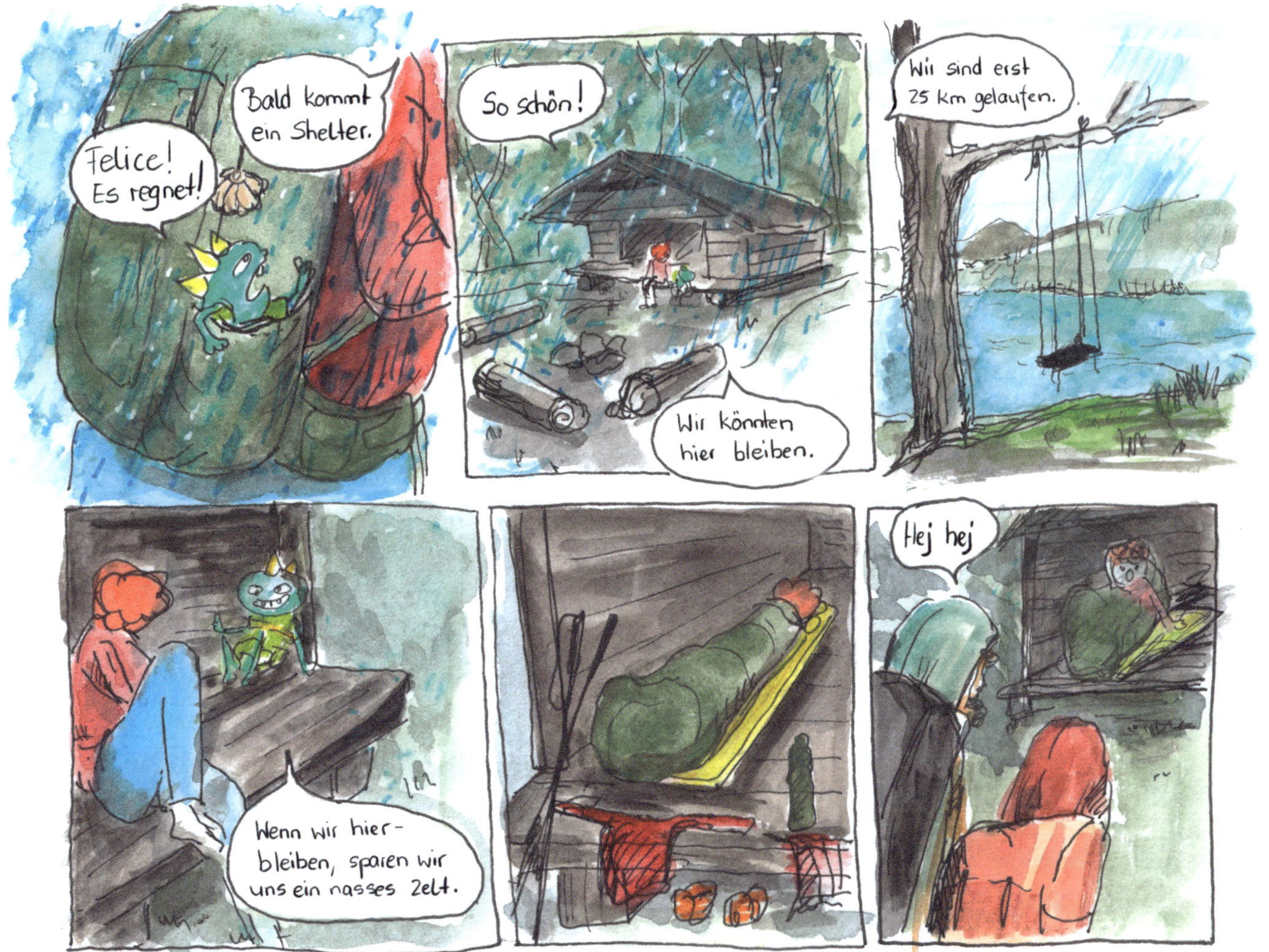
Felice! Es regnet!
Bald kommt ein Shelter.
So schön!
Wir könnten hier bleiben.
Wir sind erst 25 km gelaufen.
Wenn wir hier-bleiben, sparen wir uns ein nasses Zelt.
Hej hej

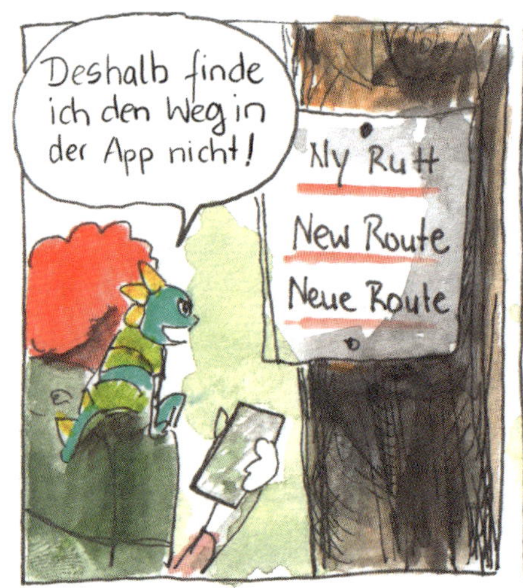
Deshalb finde ich den Weg in der App nicht!
Ny Rutt
New Route
Neue Route

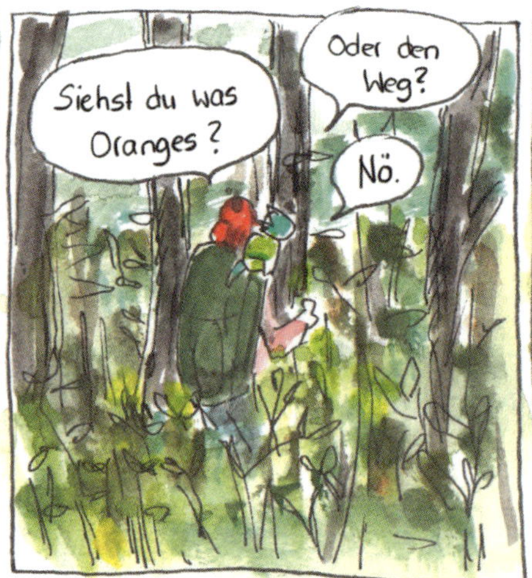
Siehst du was Oranges?
Oder den Weg?
Nö.

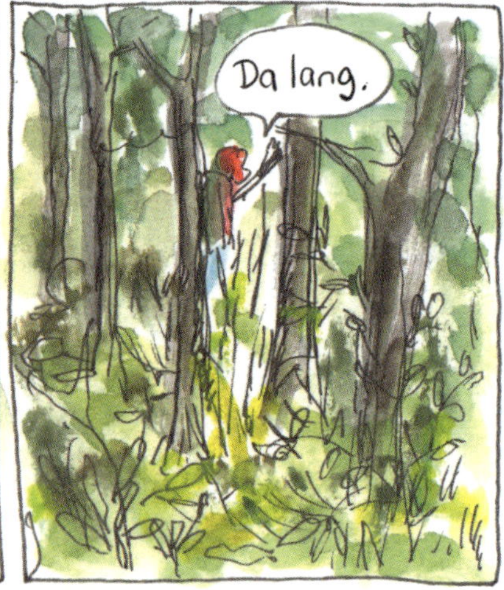
Da lang.

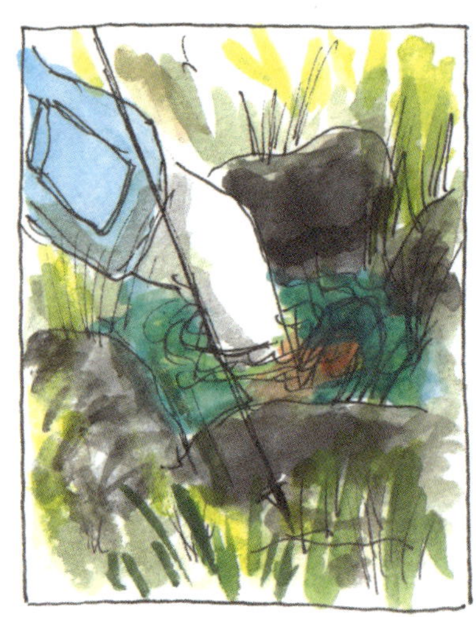

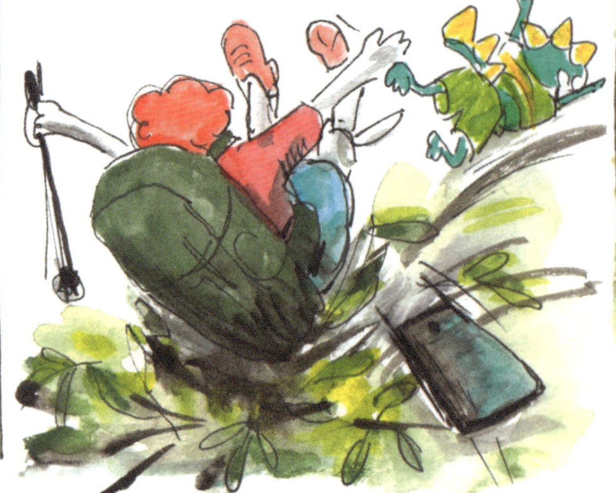

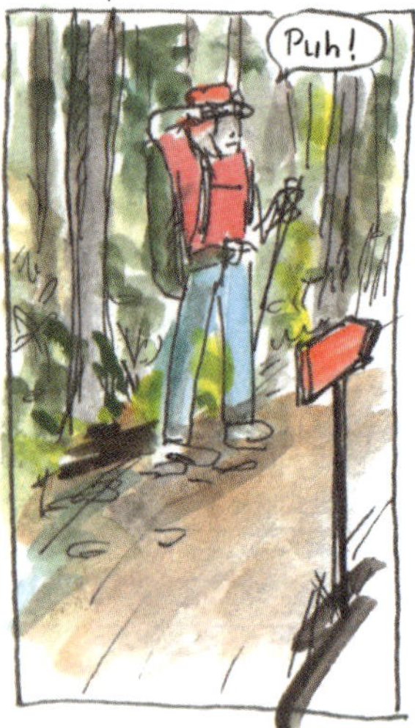
Puh!

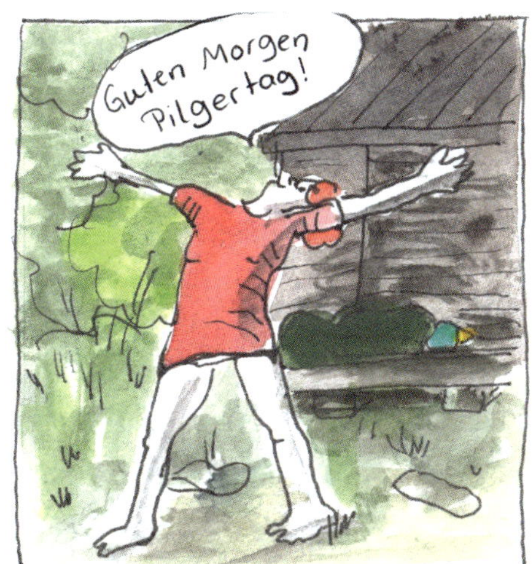
Guten Morgen Pilgertag!

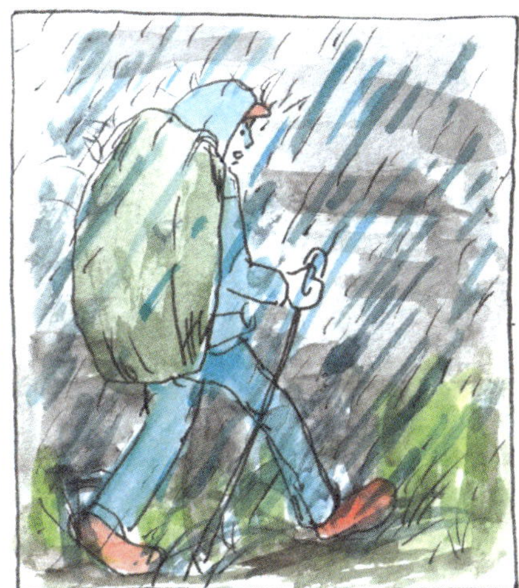

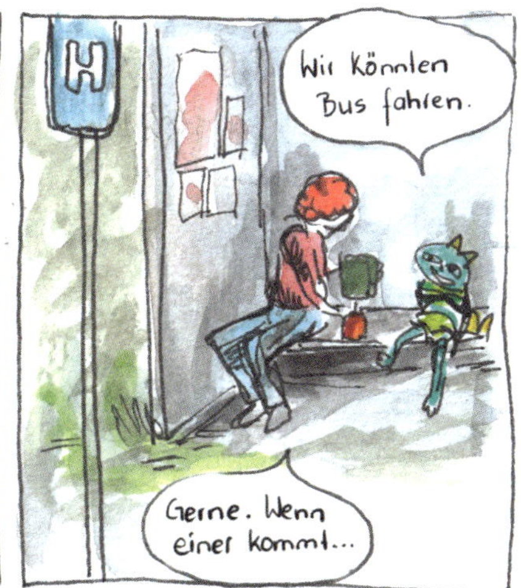
H
Wir könnten Bus fahren.
Gerne. Wenn einer kommt...

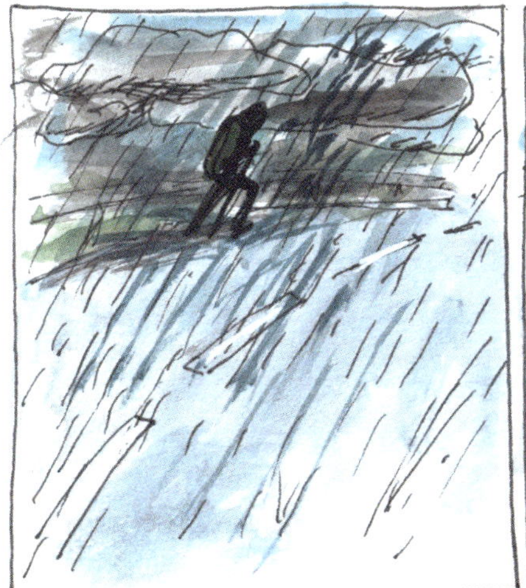

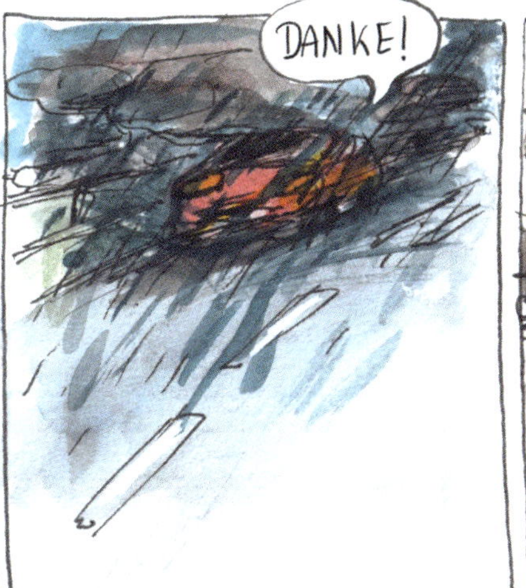
DANKE!

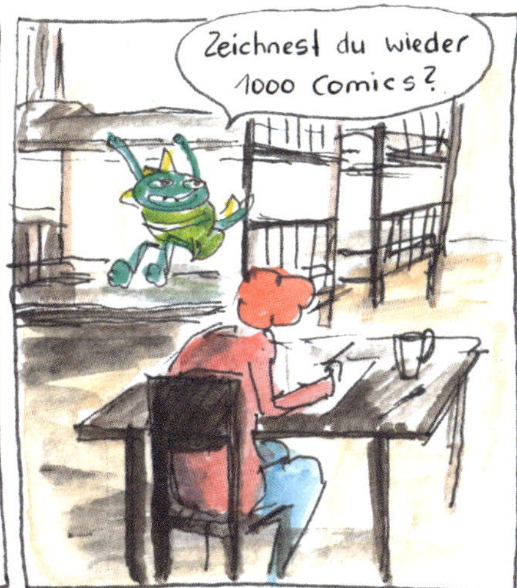
Zeichnest du wieder 1000 Comics?

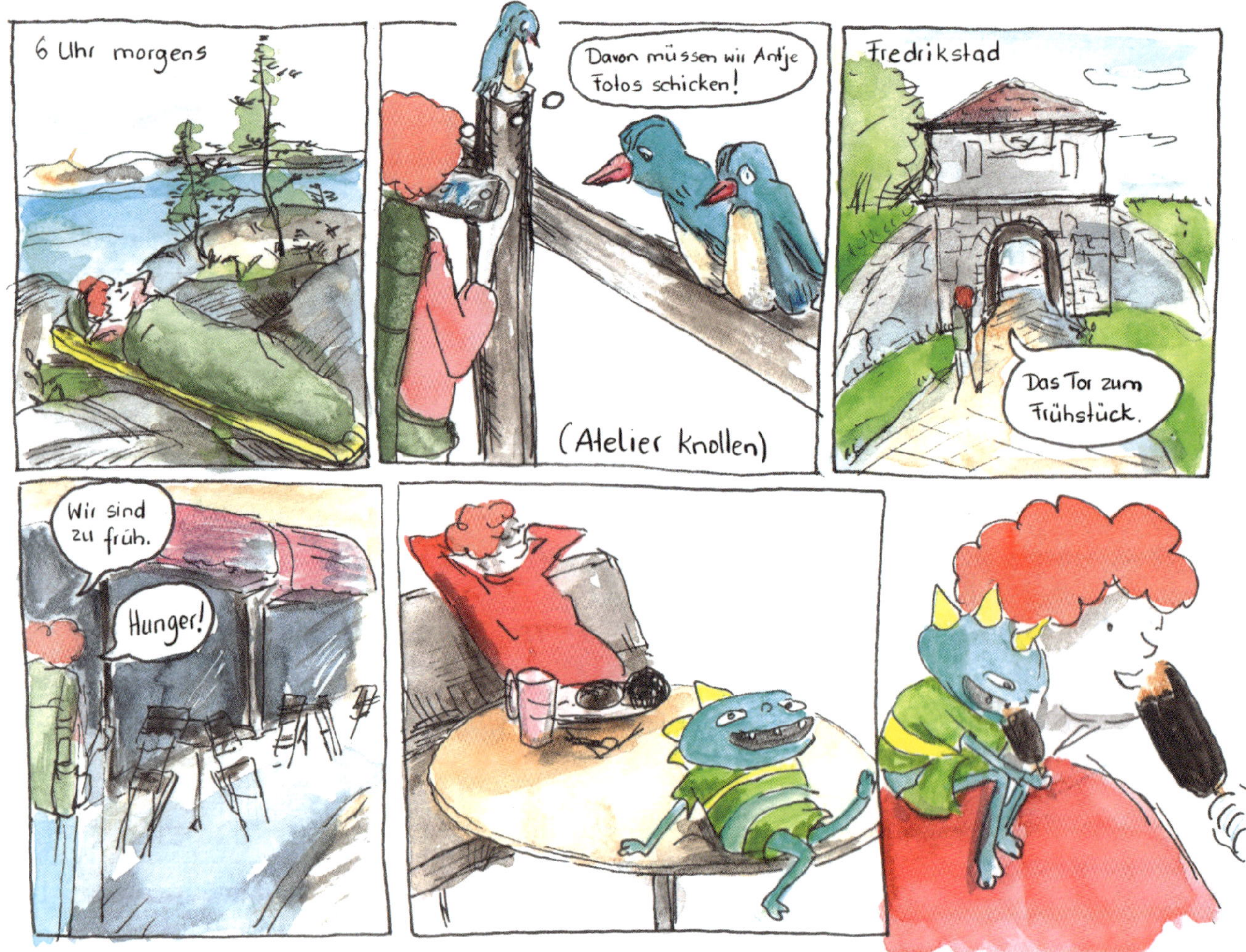
6 Uhr morgens
Davon müssen wir Antje Fotos schicken!
(Atelier knollen)
Fredrikstad
Das Tor zum Frühstück.
Wir sind zu früh.
Hunger!

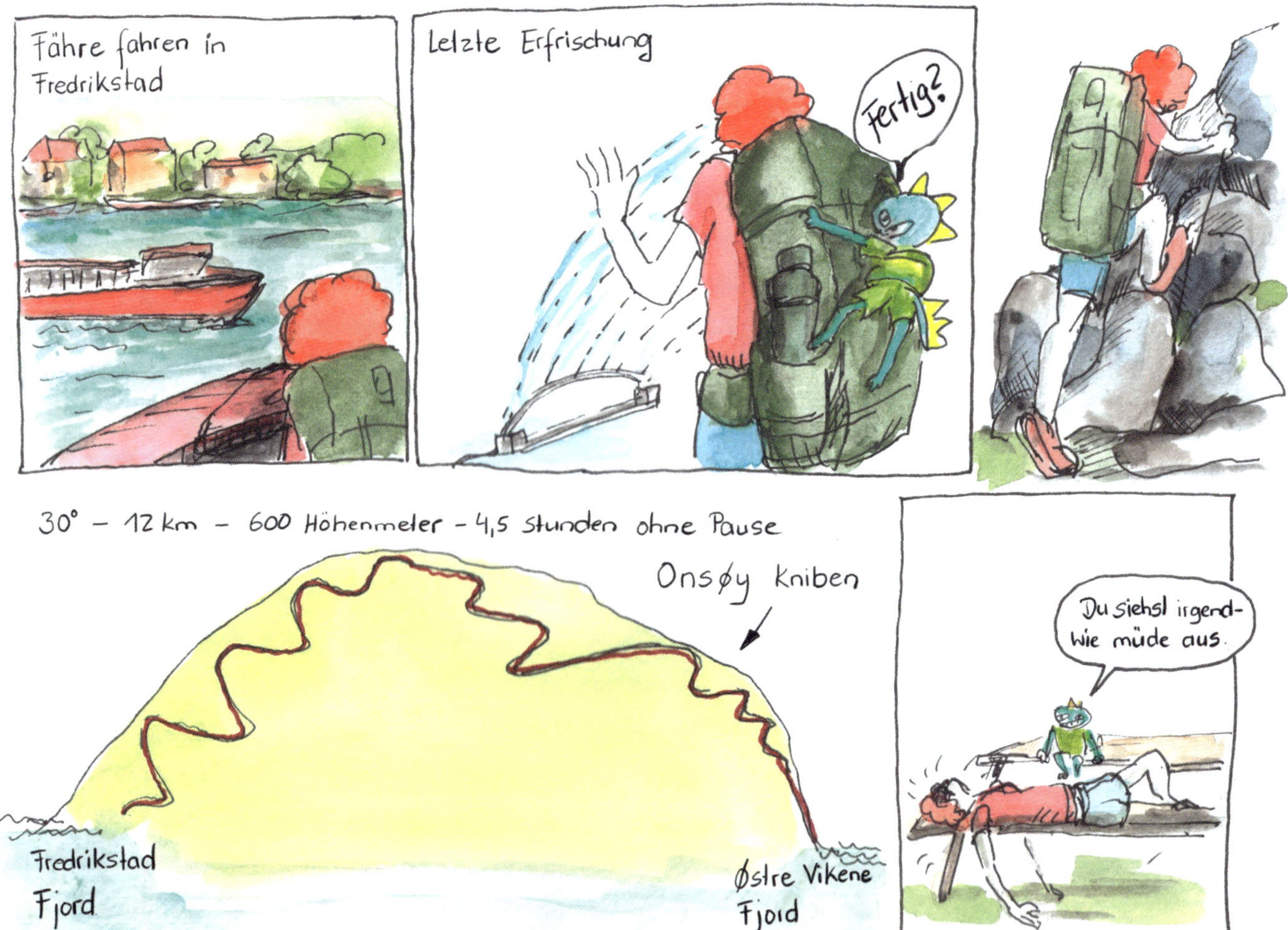
Fähre fahren in Fredrikstad
Letzte Erfrischung
Fertig?
30° – 12 km – 600 Höhenmeter – 4,5 Stunden ohne Pause
Onsøy Kniben
Fredrikstad Fjord
Østre Vikene Fjord
Du siehst irgendwie müde aus.

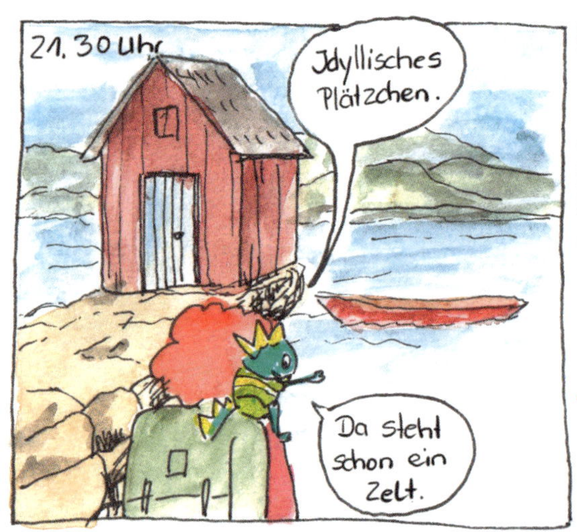
21.30 Uhr
Jdyllisches Plätzchen.
Da steht schon ein Zelt.

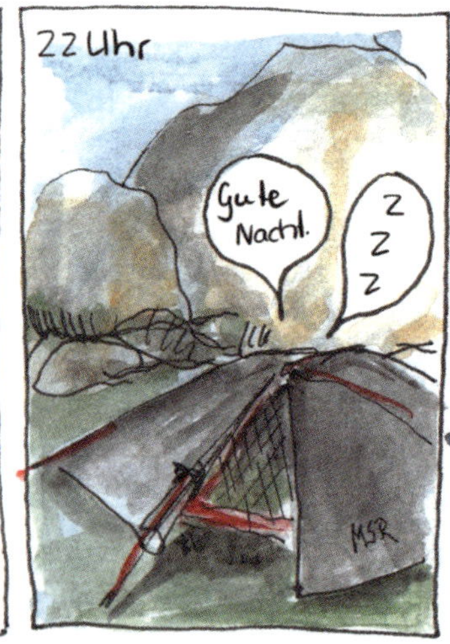
22 Uhr
Gute Nacht.
Z Z Z
MSR

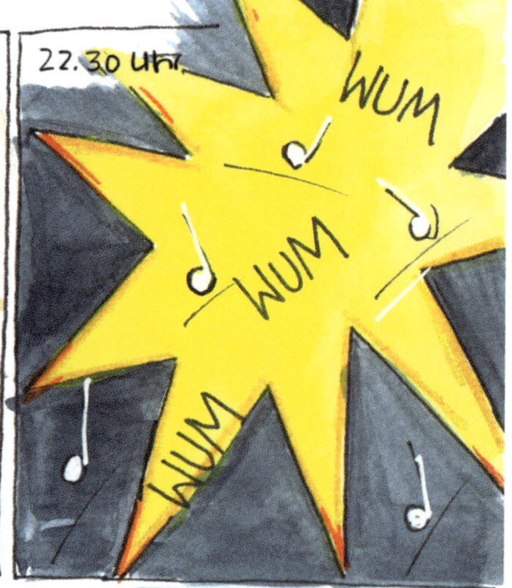
22.30 Uhr
WUM
WUM
WUM

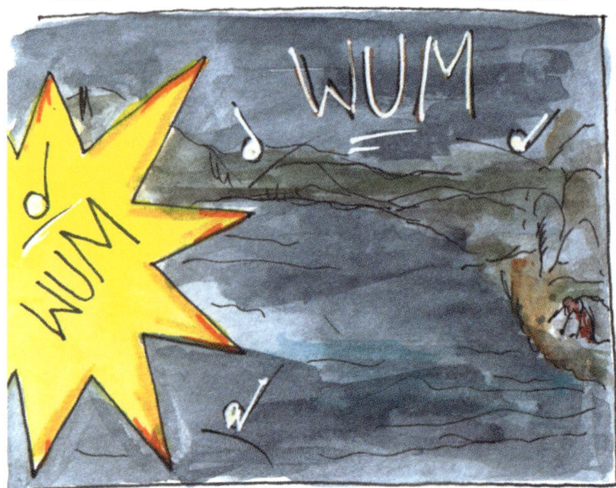
WUM
WUM

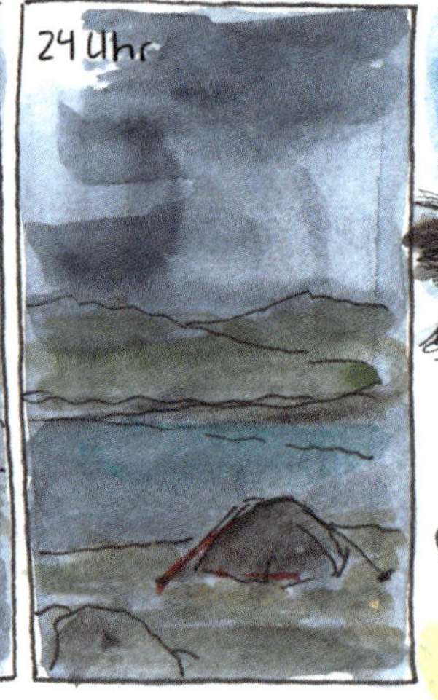
24 Uhr

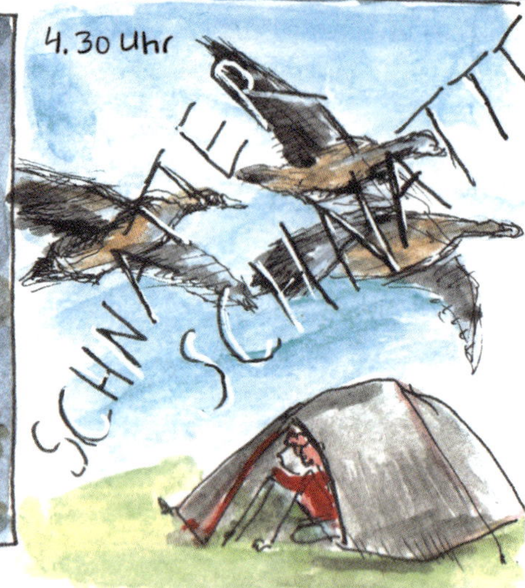
4.30 Uhr
SCHNATER
SCHNATTTT

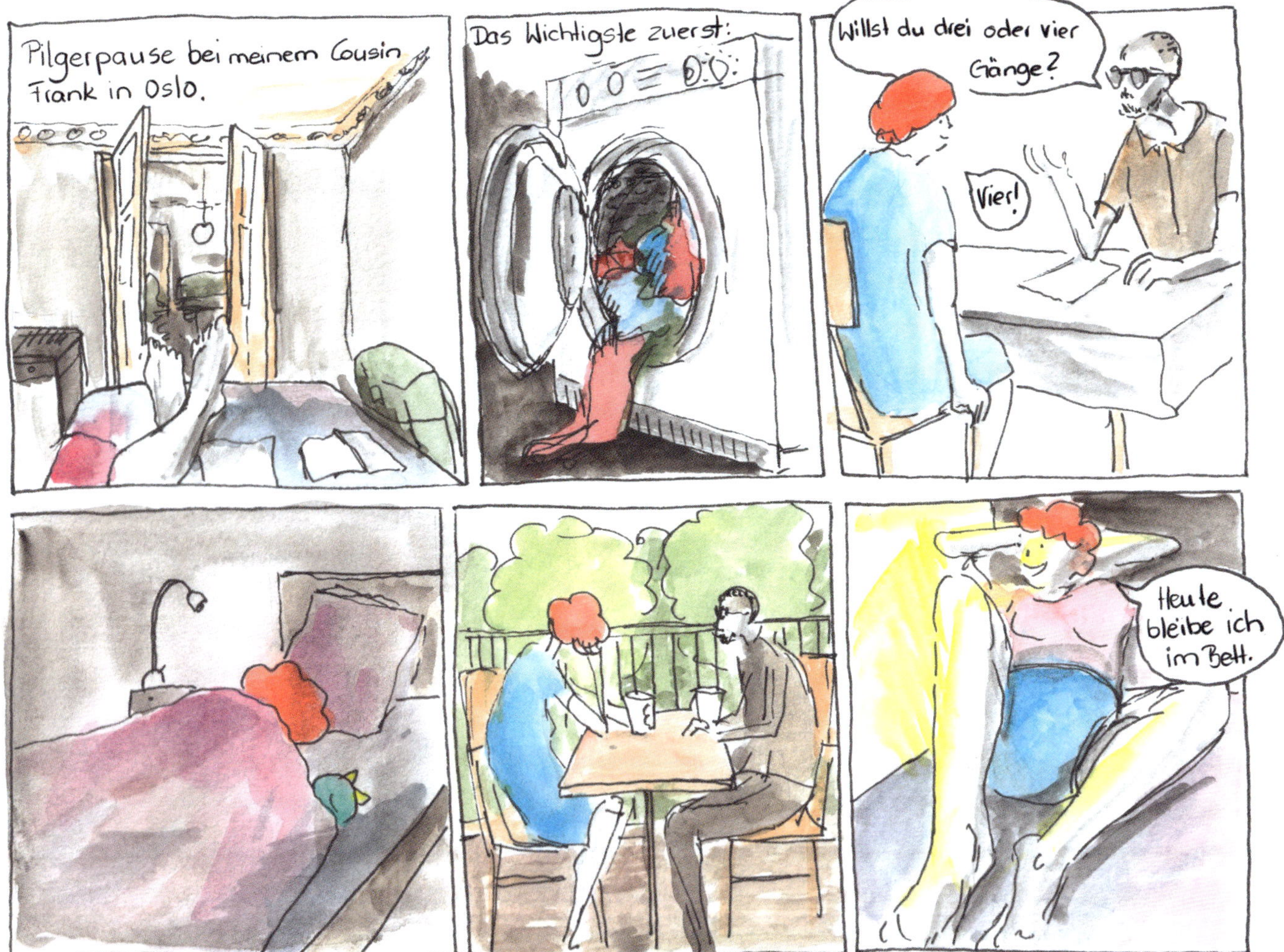
Pilgerpause bei meinem Cousin Frank in Oslo.
Das Wichtigste zuerst:
Willst du drei oder vier Gänge?
Vier!
Heute bleibe ich im Bett.

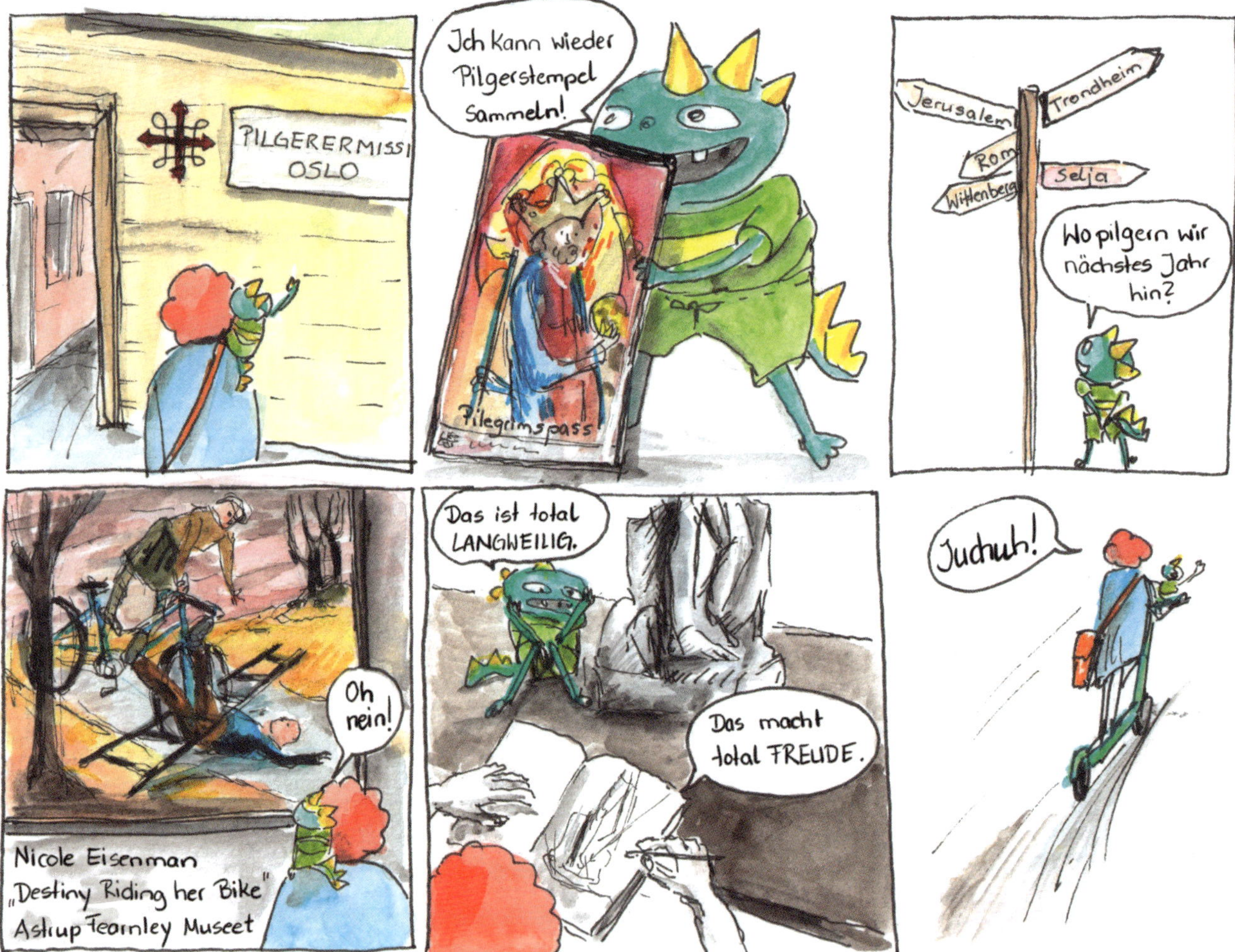
PILGERERMISSI
OSLO
Jch kann wieder Pilgerstempel sammeln!
Pilegrimspass
Jerusalem
Trondheim
Rom
Selja
Wittenberg
Wo pilgern wir nächstes Jahr hin?
Oh nein!
Nicole Eisenman
„Destiny Riding her Bike"
Astrup Fearnley Museet
Das ist total LANGWEILIG.
Das macht total FREUDE.
Juchuh!

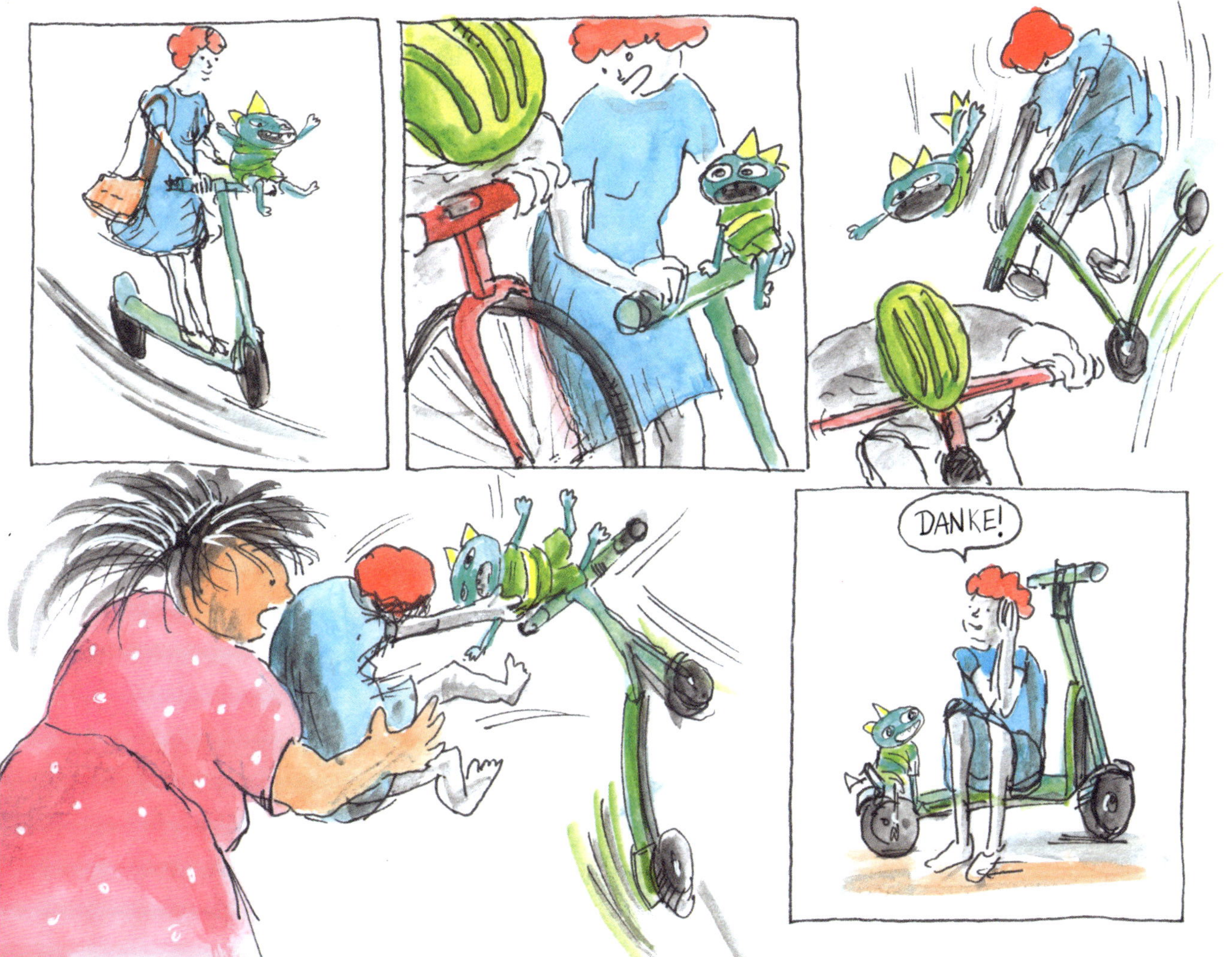
DANKE!

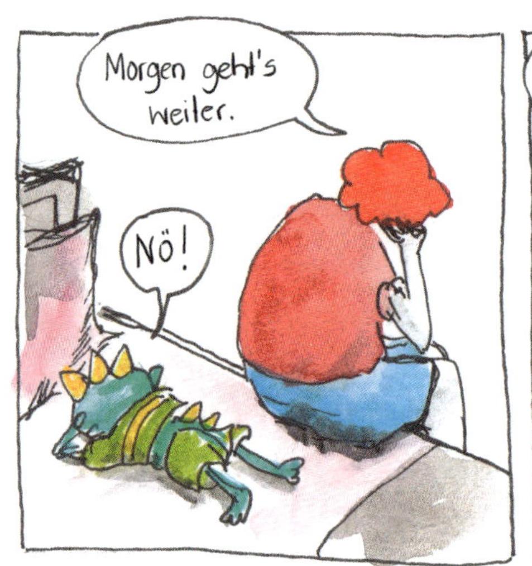
Morgen geht's weiter.
Nö!

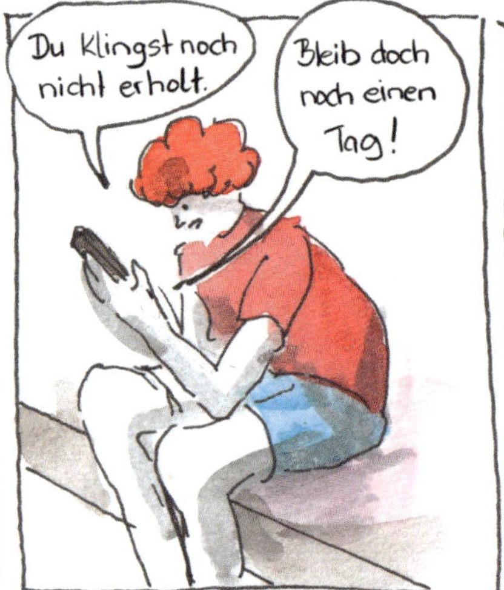
Du klingst noch nicht erholt.
Bleib doch noch einen Tag!

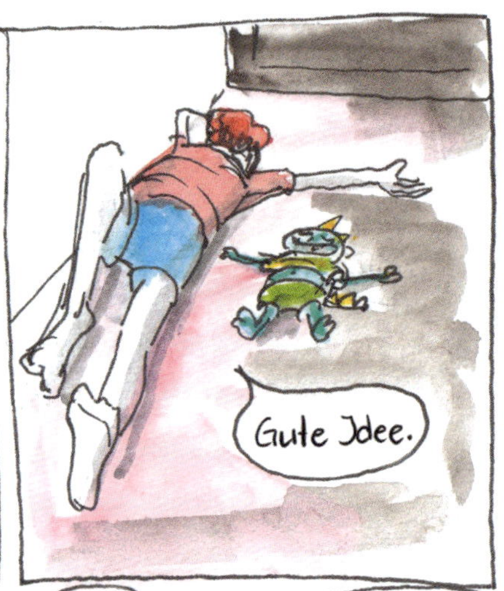
Gute Idee.

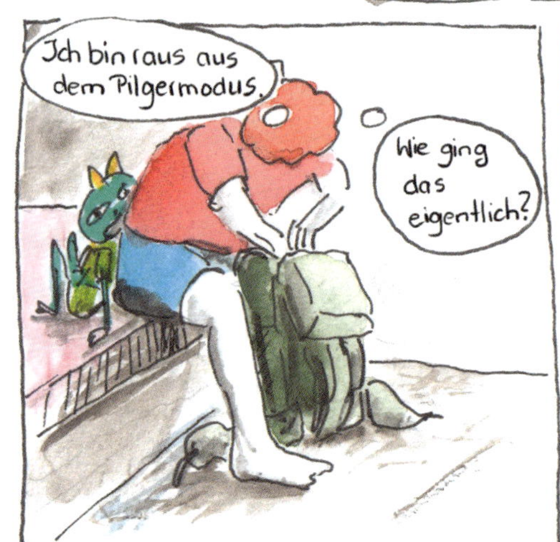
Ich bin raus aus dem Pilgermodus.
Wie ging das eigentlich?

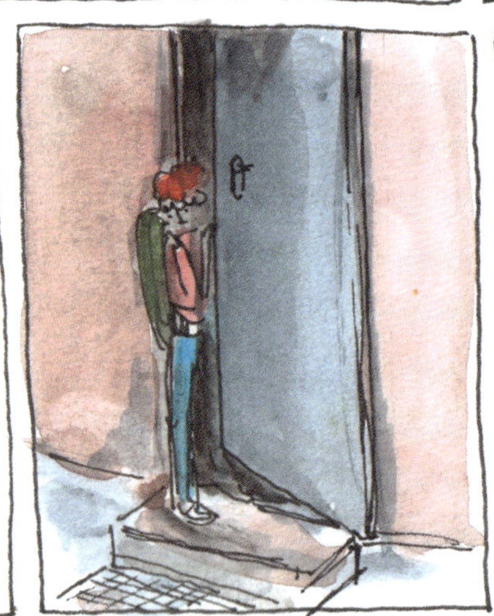

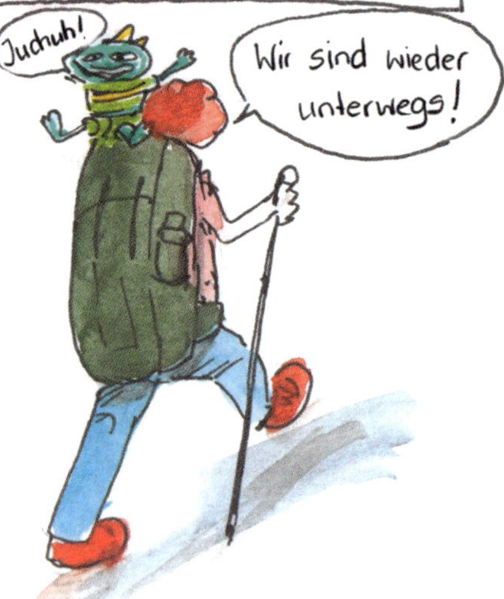
Juchuh!
Wir sind wieder unterwegs!

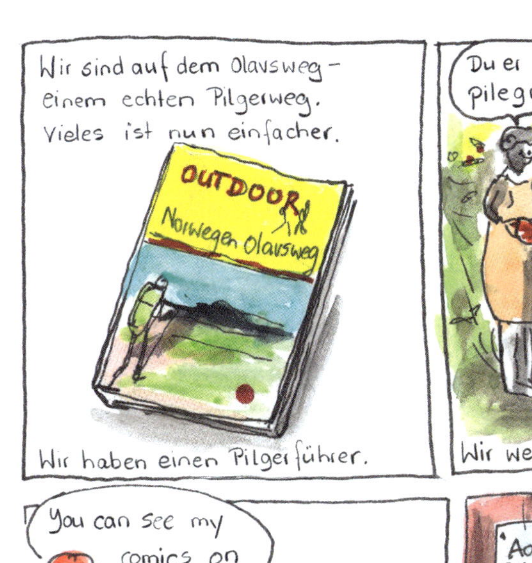

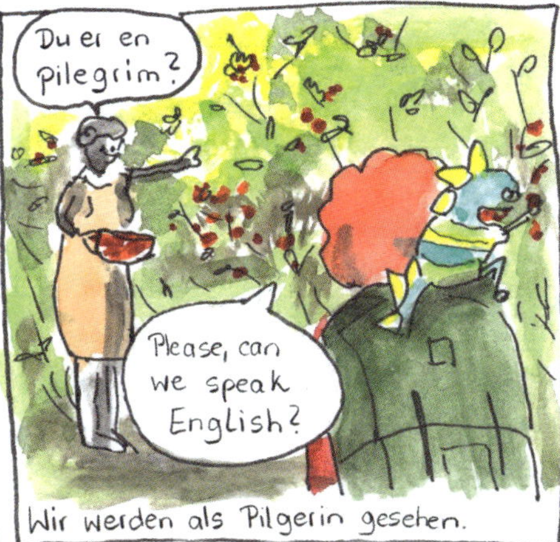

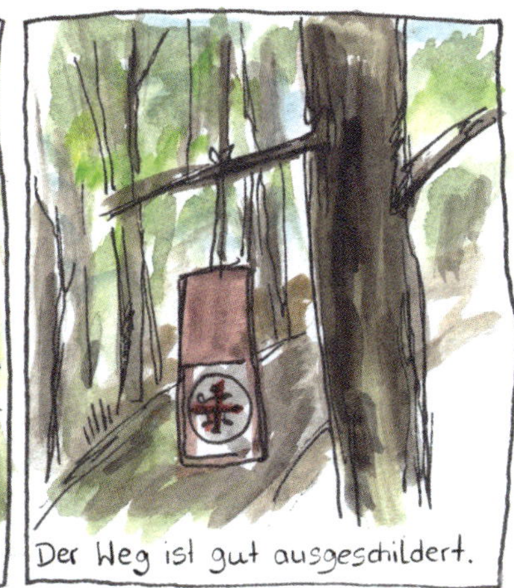

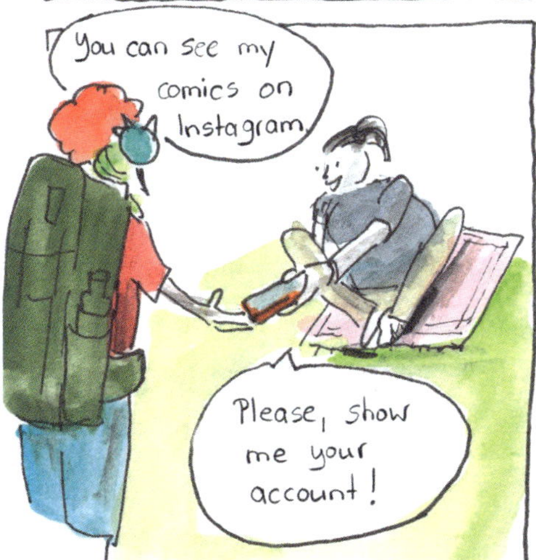

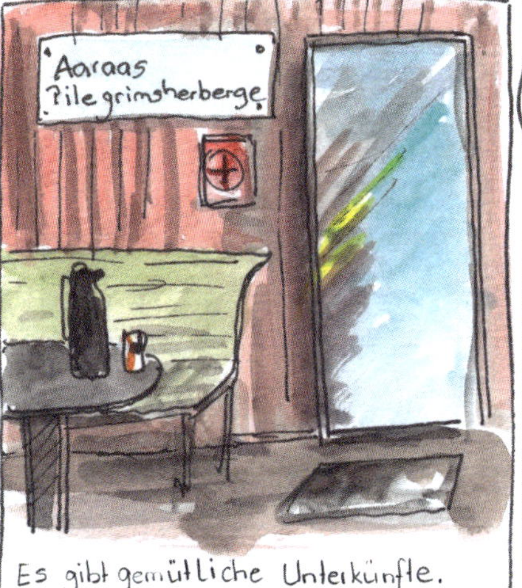

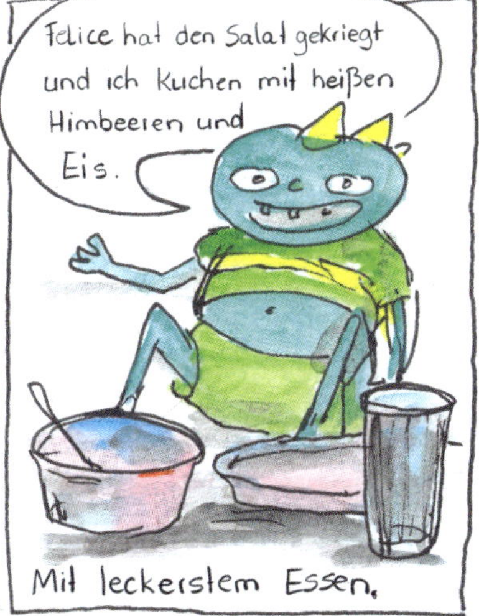

Bist du Pilgerin? | Können wir bitte englisch sprechen? Du kannst meine Comics auf Instagram sehen.
Bitte zeige mir doch Deinen Account!

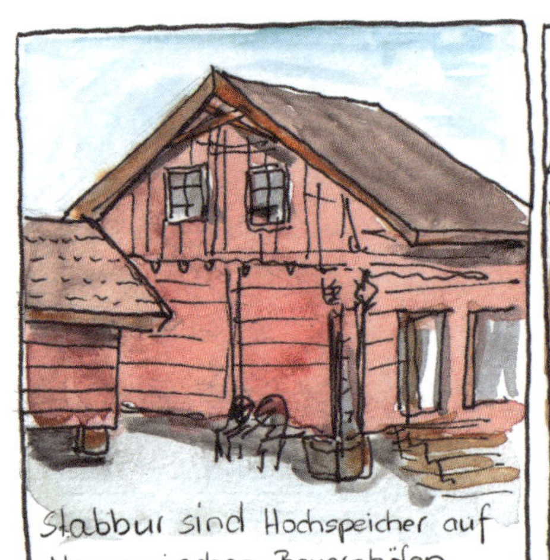
Stabbur sind Hochspeicher auf Norwegischen Bauernhöfen.

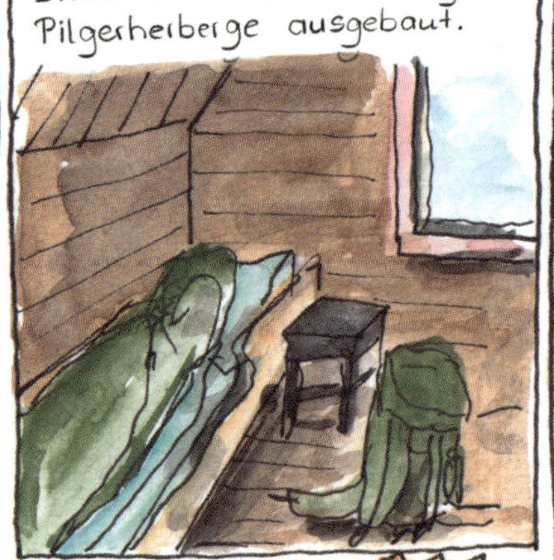
Dieser ist als Selbstversorger-Pilgerherberge ausgebaut.

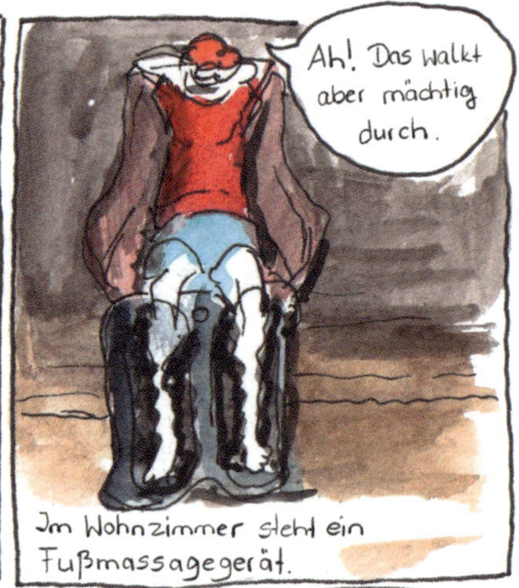
Ah! Das walkt aber mächtig durch.
Im Wohnzimmer steht ein Fußmassagegerät.

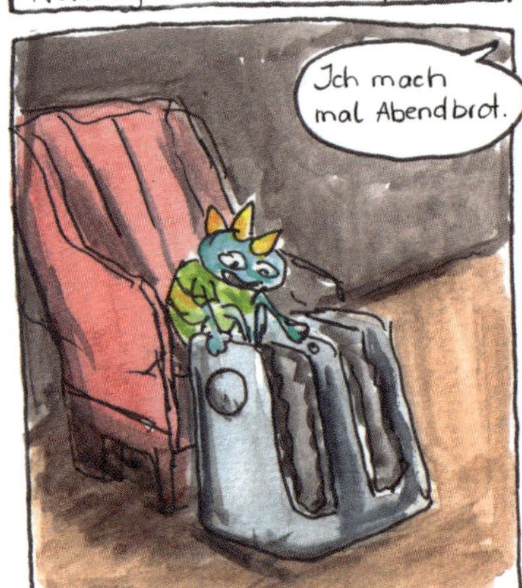
Ich mach mal Abendbrot.

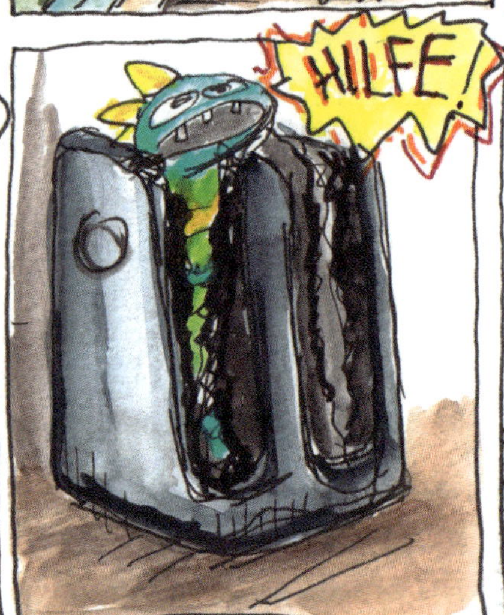
HILFE!

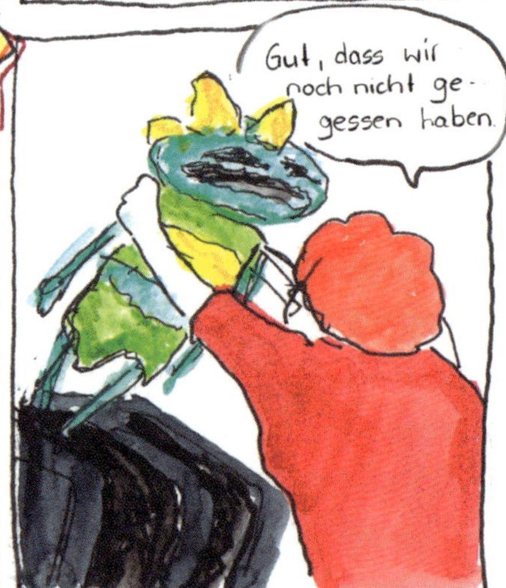
Gut, dass wir noch nicht gegessen haben.

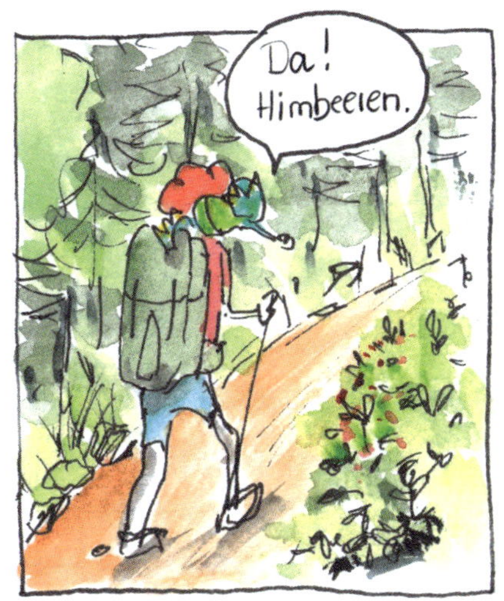

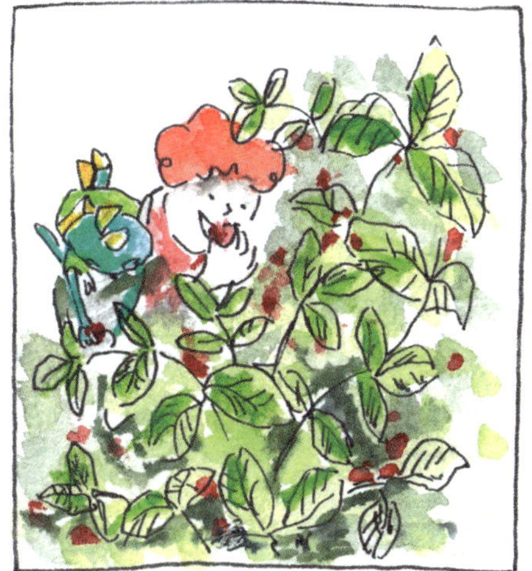

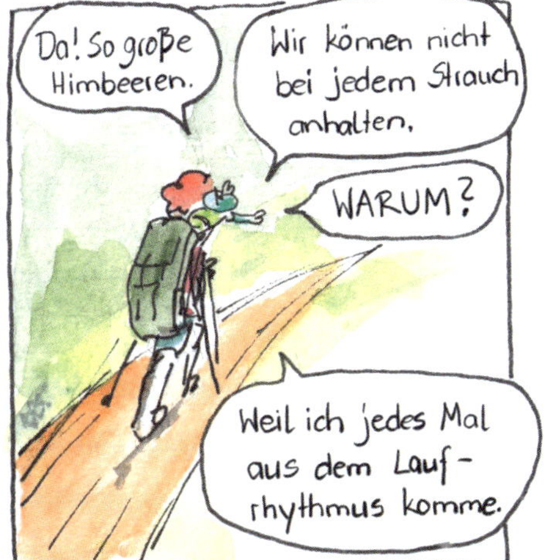

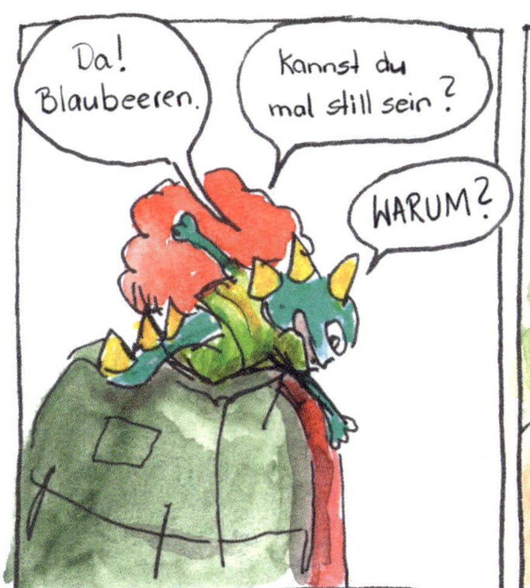

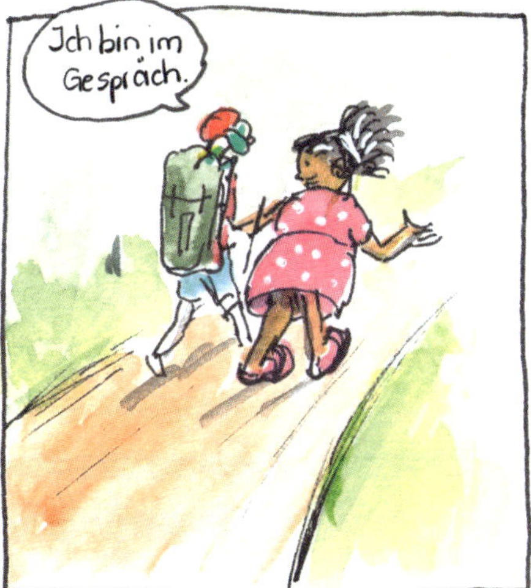

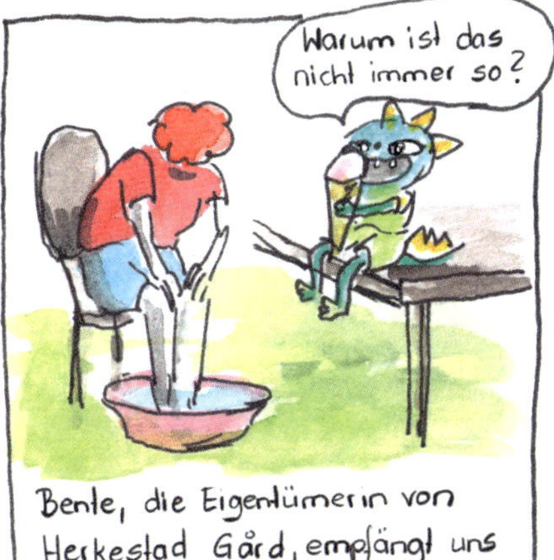

Bente, die Eigentümerin von Herkestad Gård, empfängt uns mit Salbei und Eis.

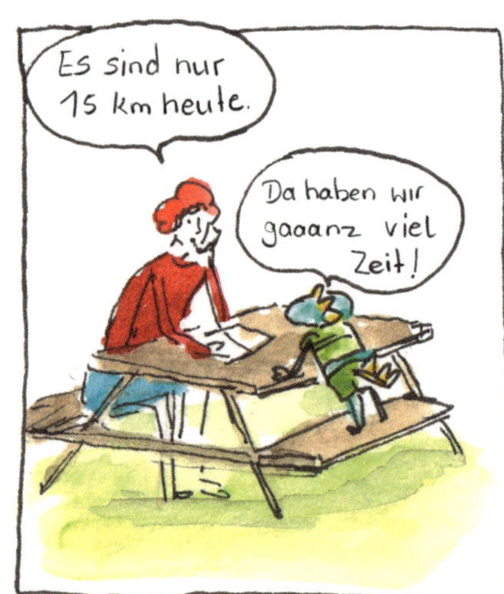

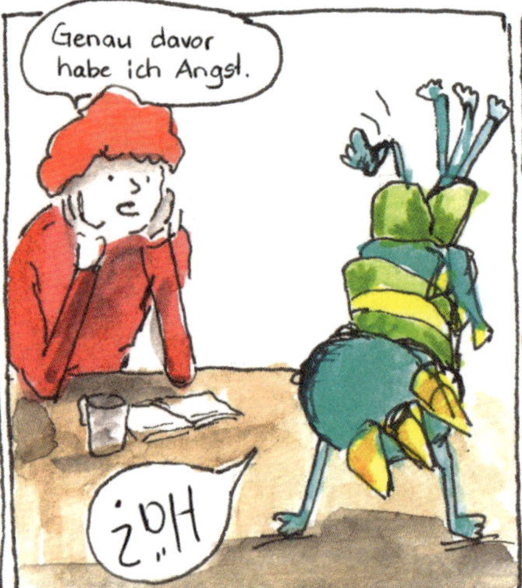

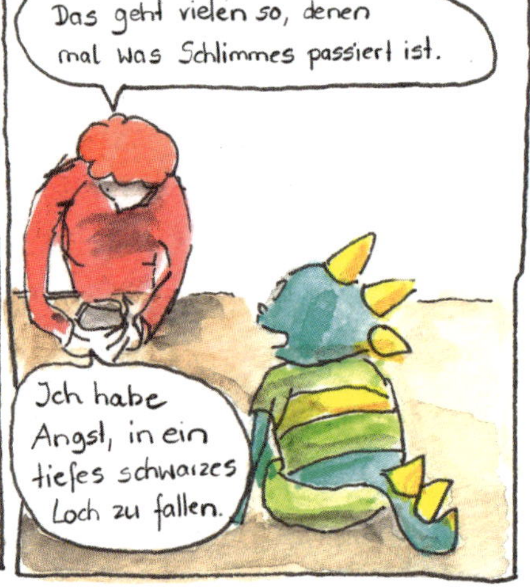

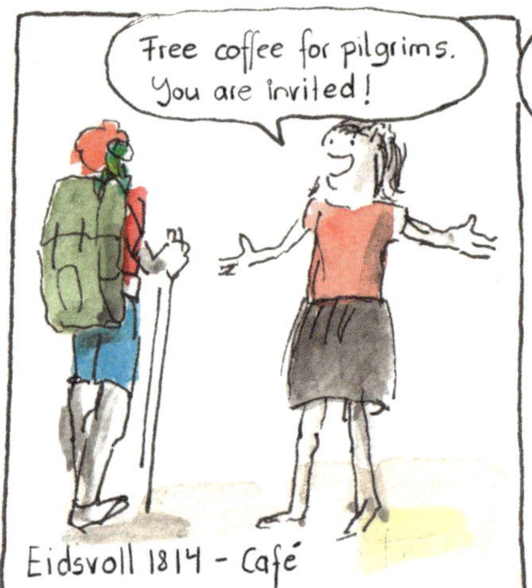

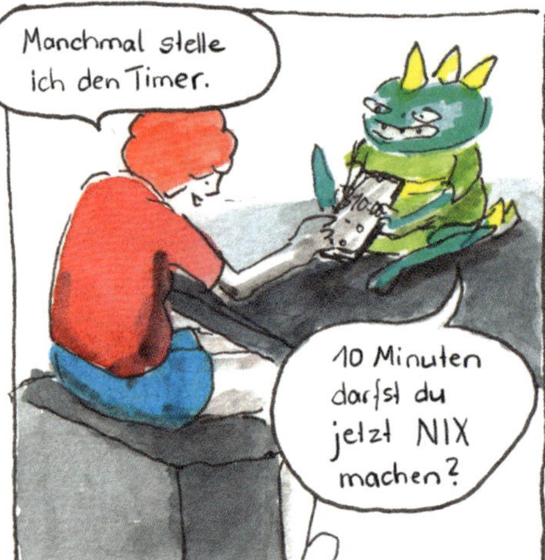

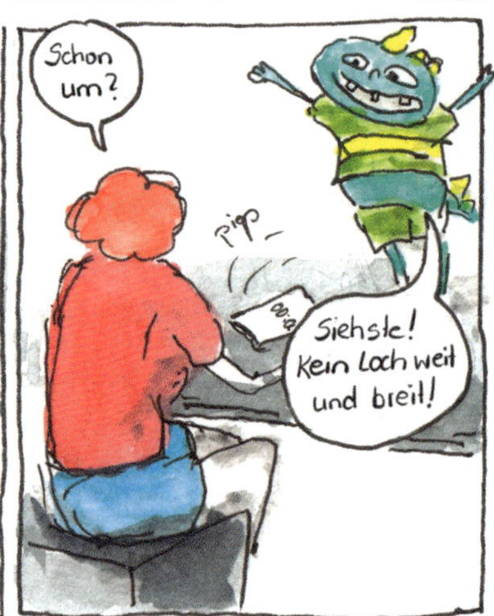

Freier Kaffee für Pilger, Sie sind eingeladen!

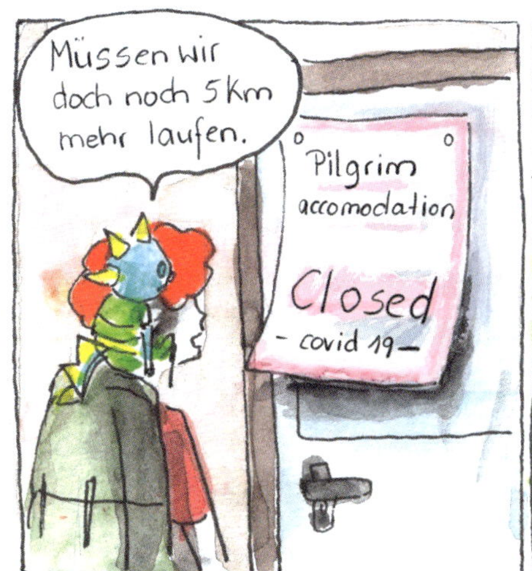

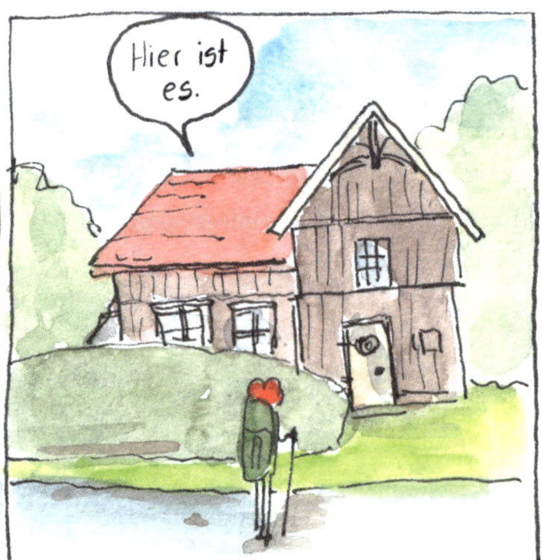

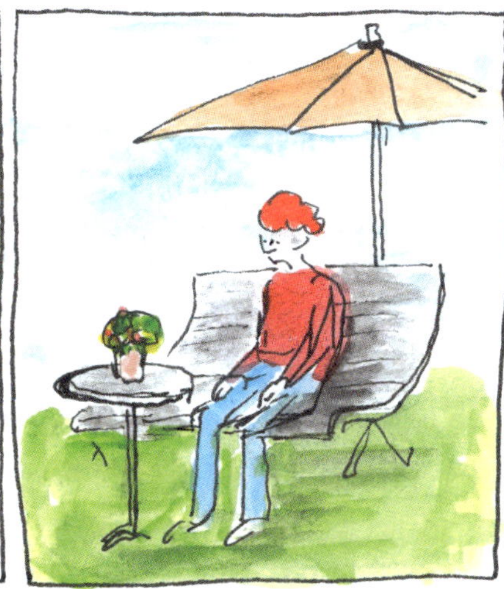

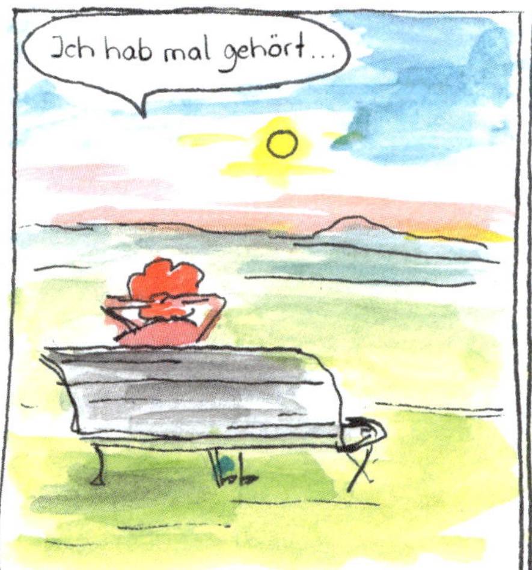

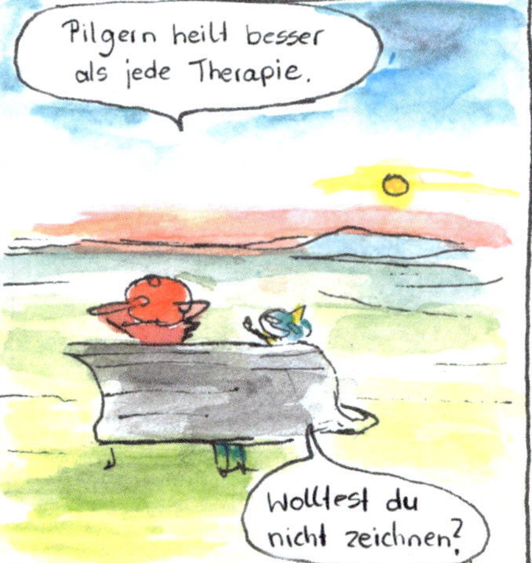

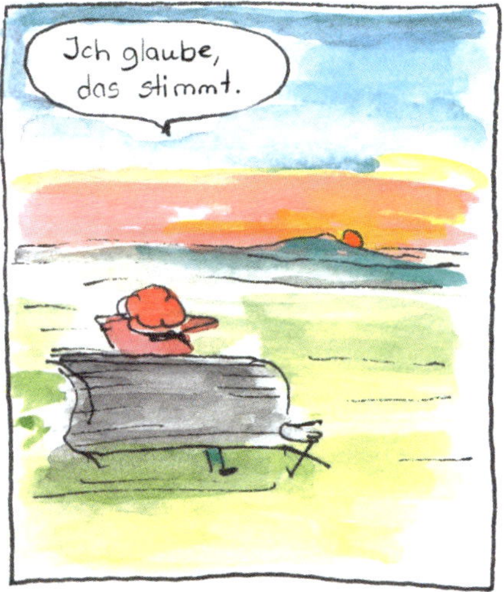

Pilgerunterkunft geschlossen wegen Covid 19.

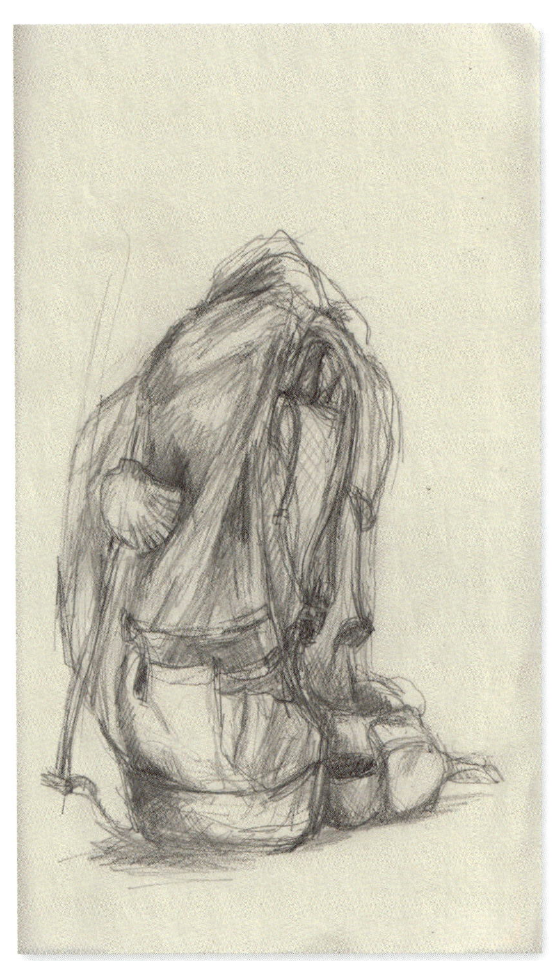

Mein Unterwegs-Zuhause

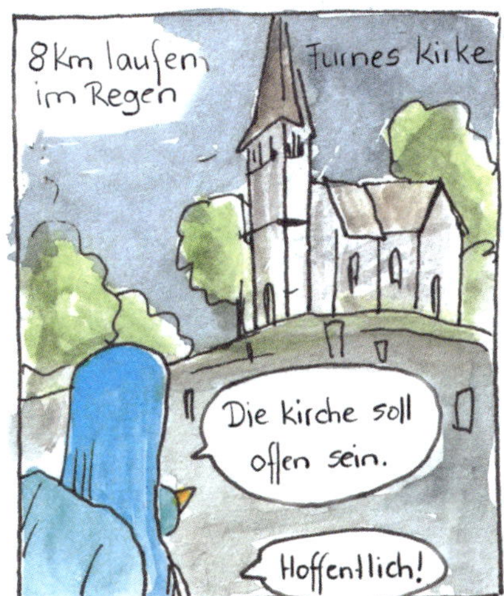

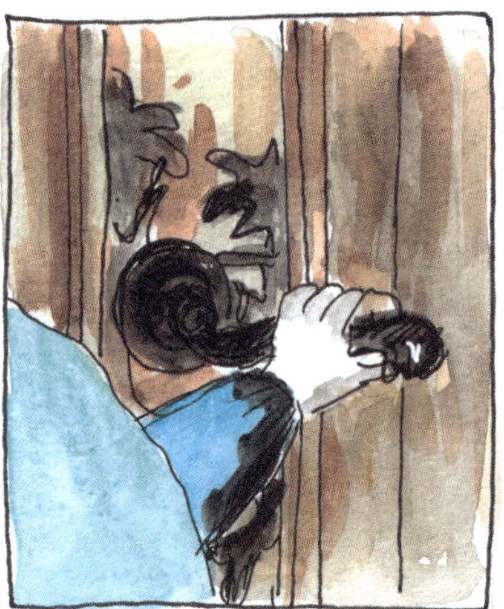

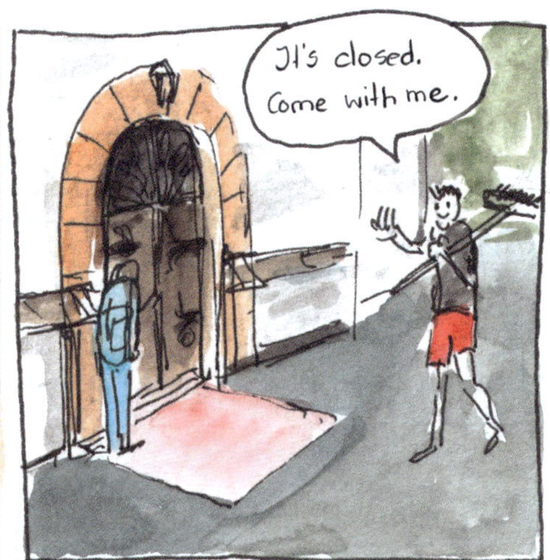

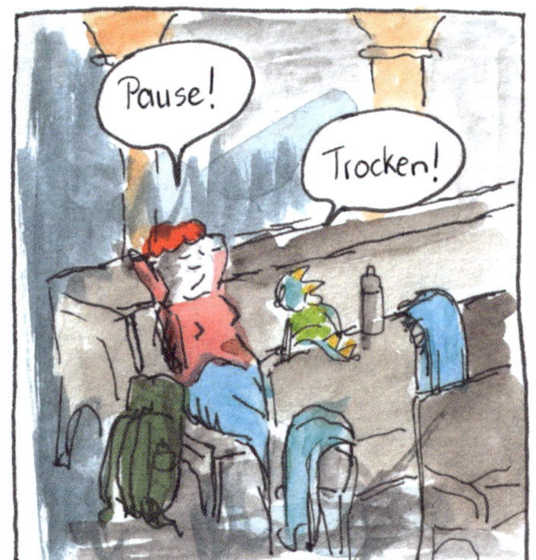

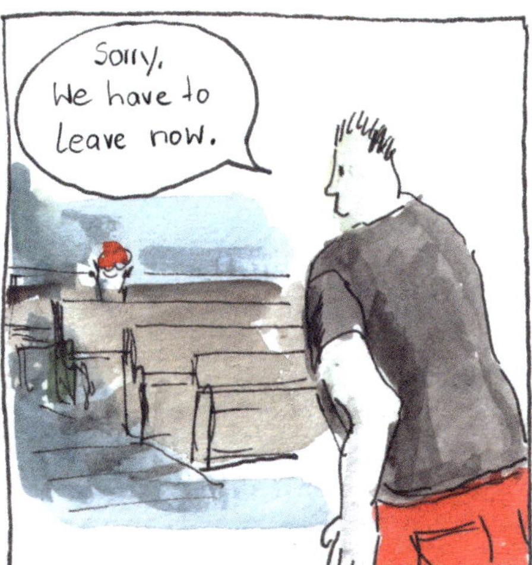

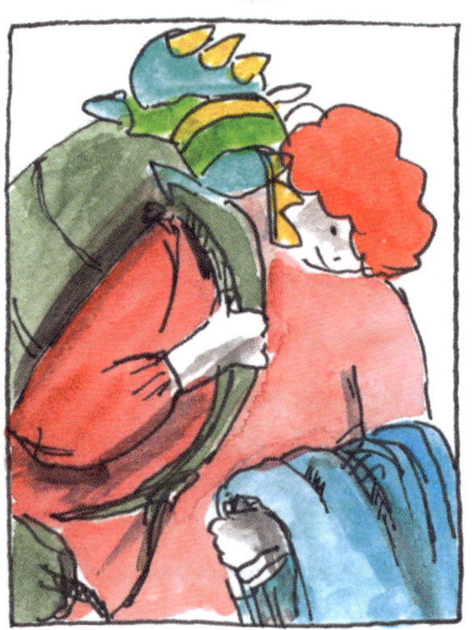

Ist geschlossen. Komm mit mir. | Entschuldigung, aber wir fahren jetzt los.

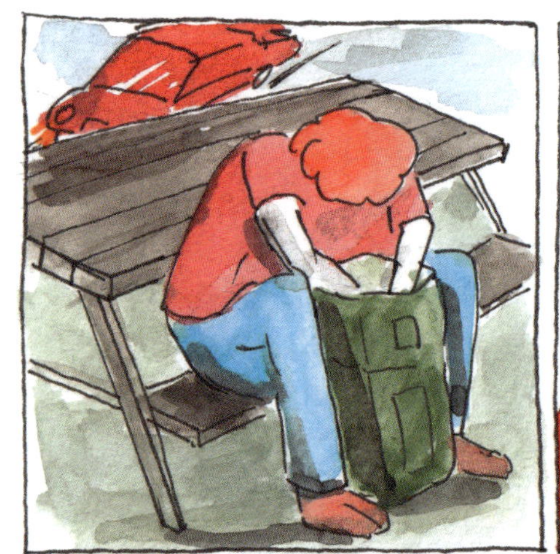

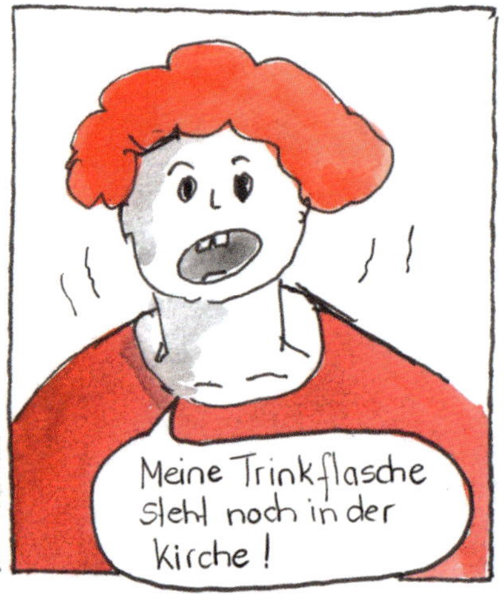
Meine Trinkflasche steht noch in der Kirche!

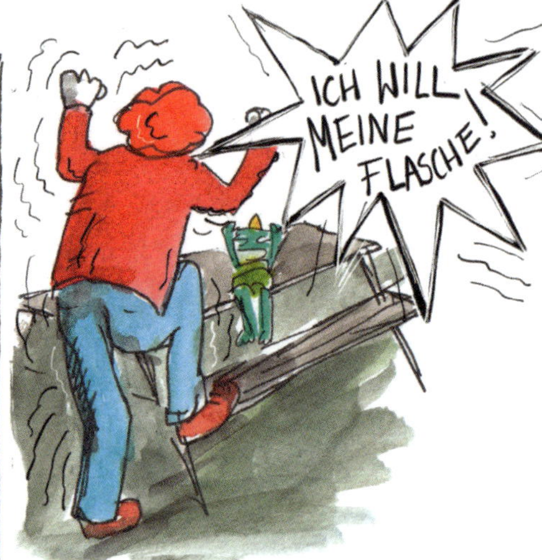
ICH WILL MEINE FLASCHE!

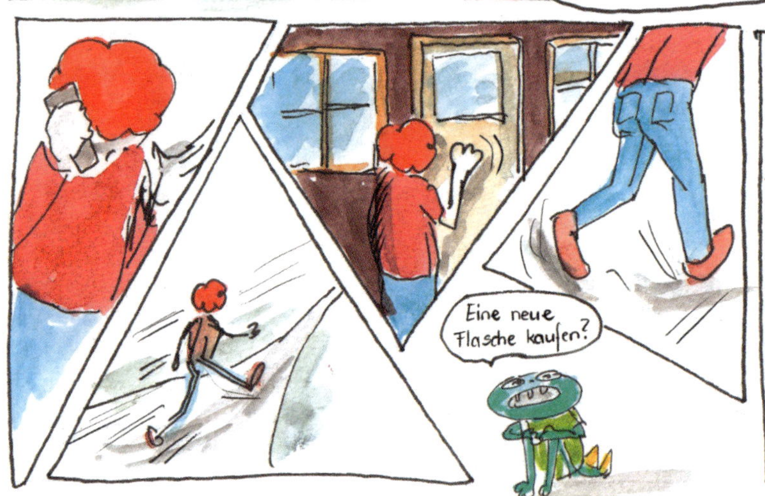
Eine neue Flasche kaufen?

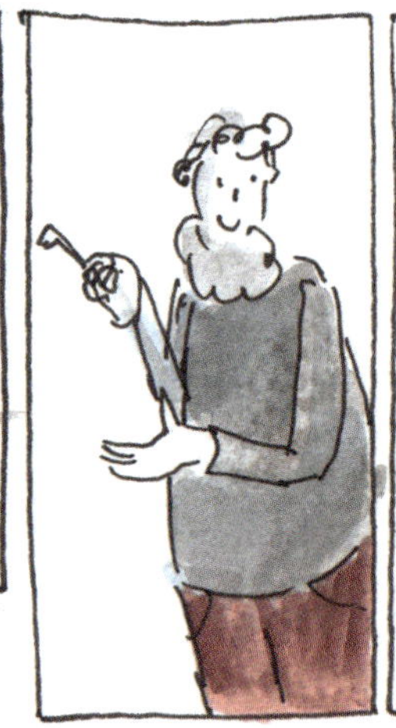

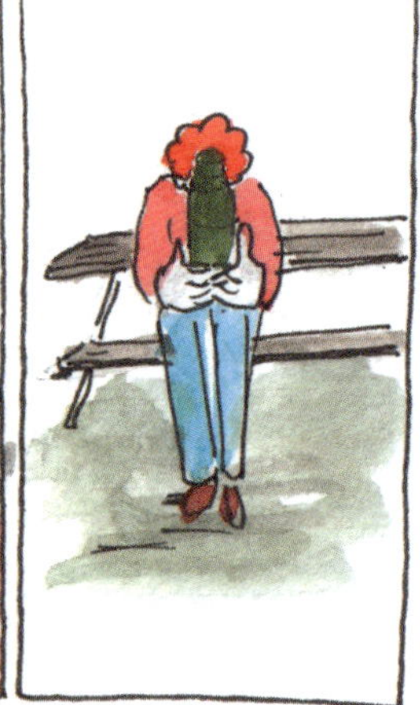

So hätte ich gerne die Situation gemeistert.
Habe ich aber nicht.

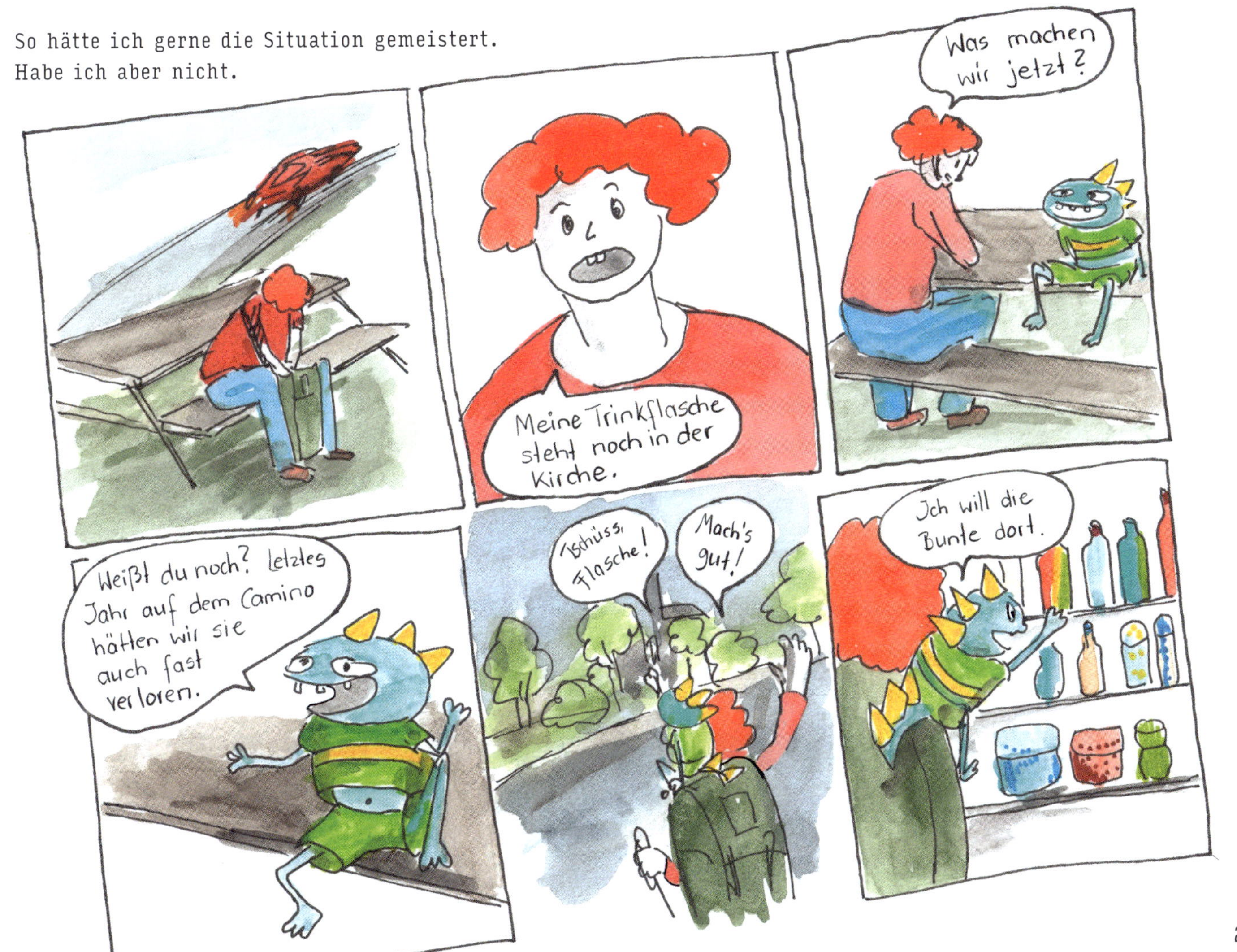

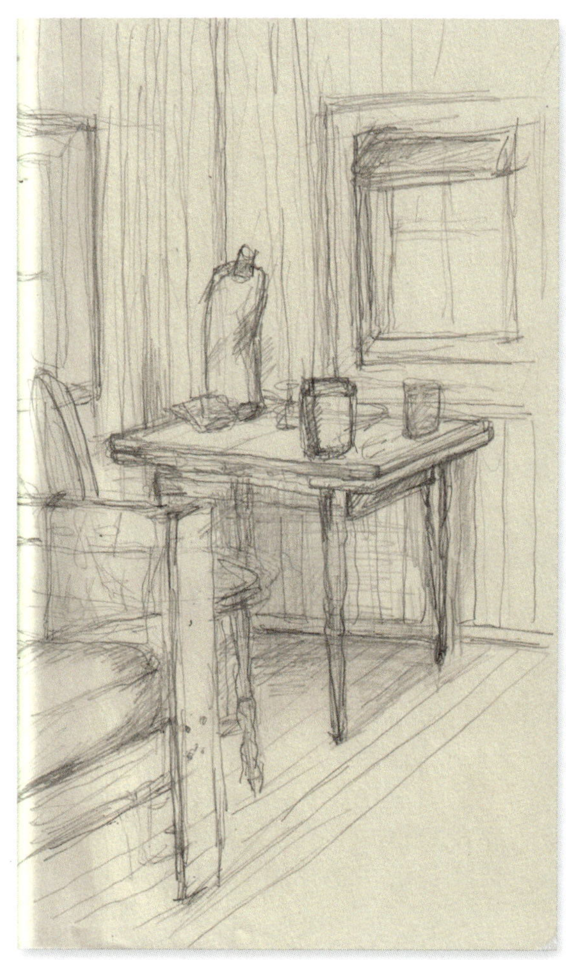

Jm Pilgerzimmer

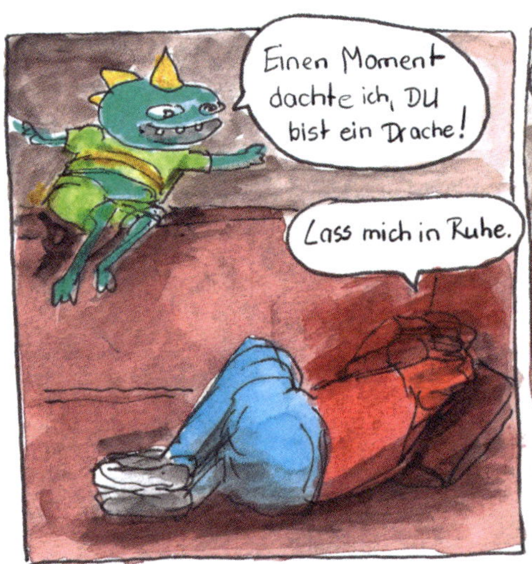
Einen Moment dachte ich, DU bist ein Drache!
Lass mich in Ruhe.
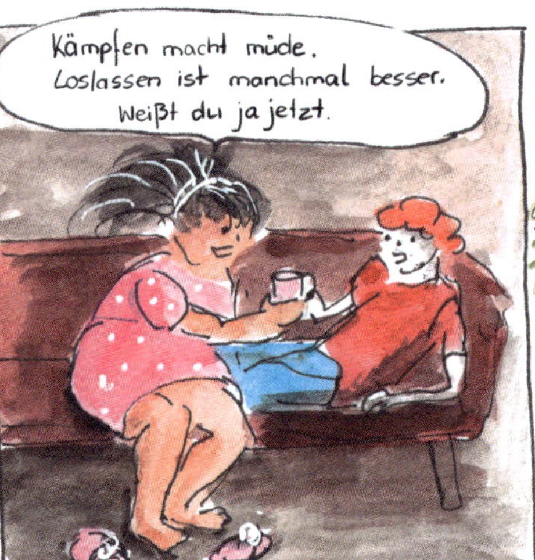
Kämpfen macht müde. Loslassen ist manchmal besser. Weißt du ja jetzt.
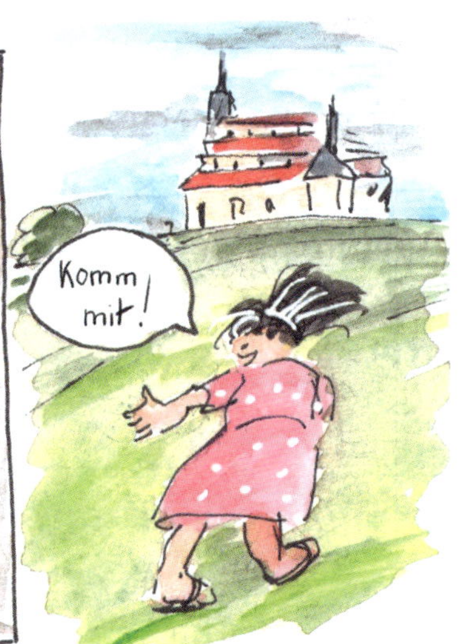
Komm mit!
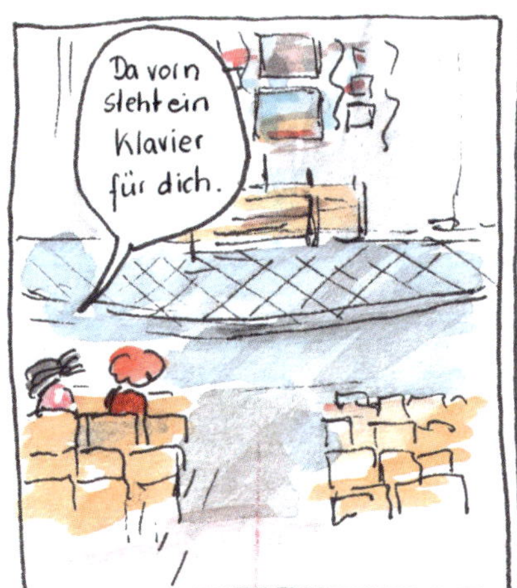
Da vorn steht ein Klavier für dich.
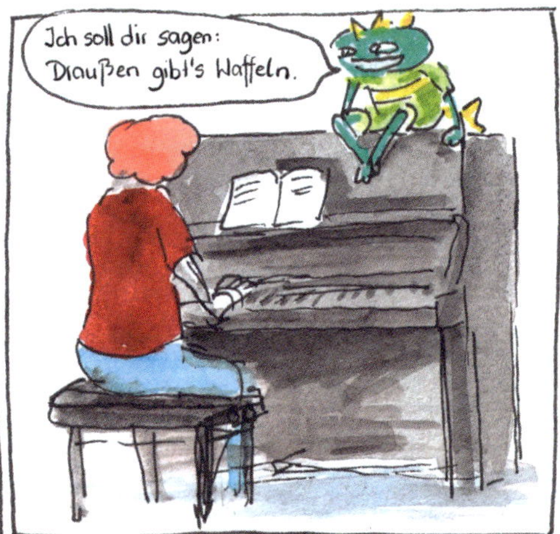
Ich soll dir sagen: Draußen gibt's Waffeln.
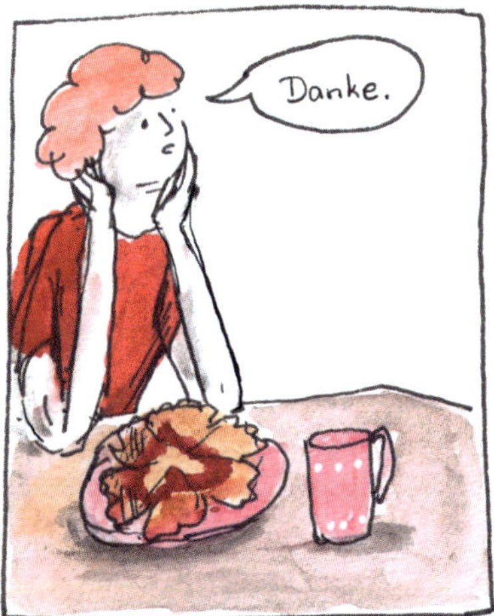
Danke.

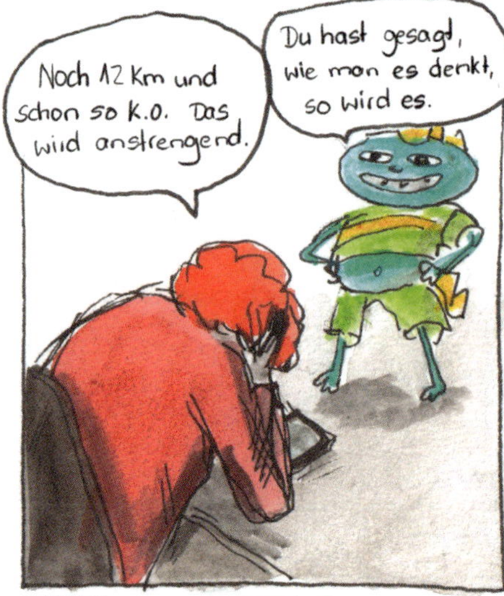

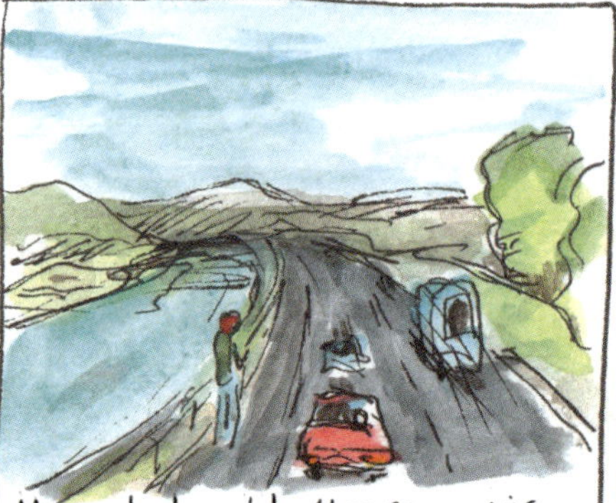

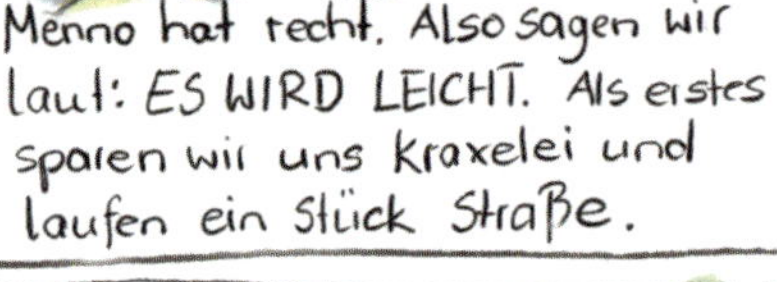

Menno hat recht. Also sagen wir laut: ES WIRD LEICHT. Als erstes sparen wir uns Kraxelei und laufen ein Stück Straße.

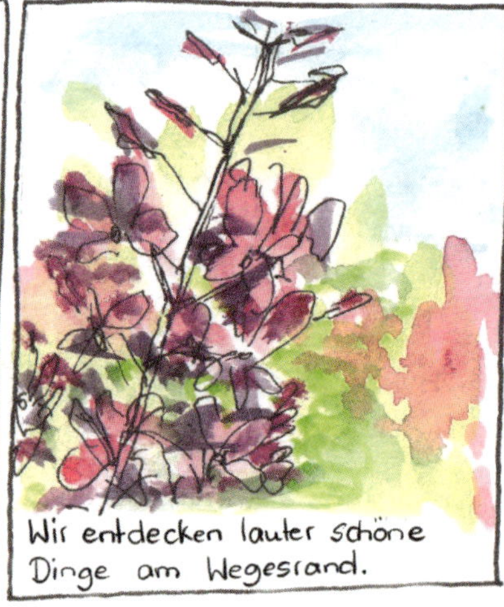

Wir entdecken lauter schöne Dinge am Wegesrand.

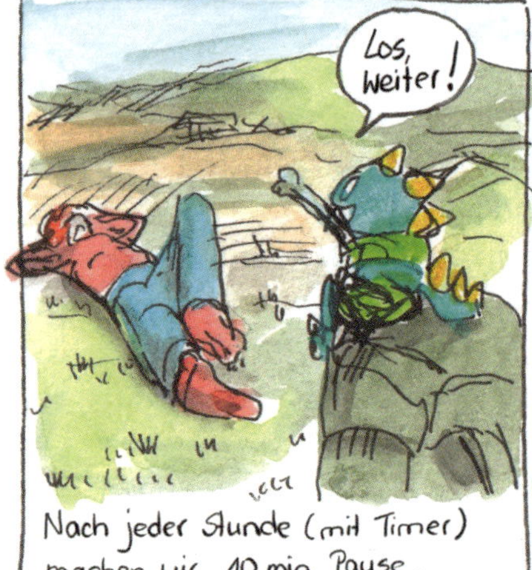

Nach jeder Stunde (mit Timer) machen wir 10 min. Pause.

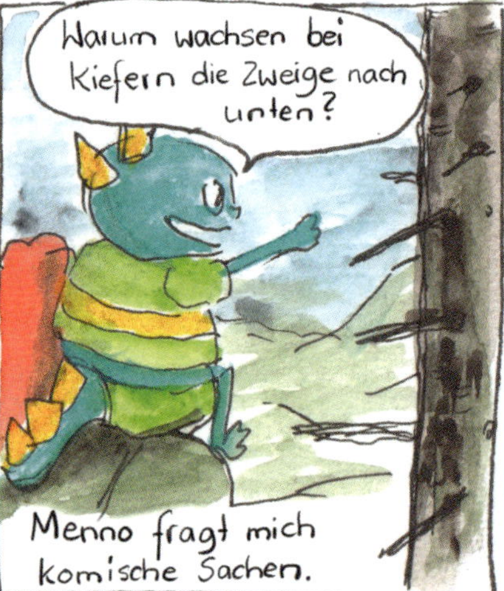

Menno fragt mich komische Sachen.

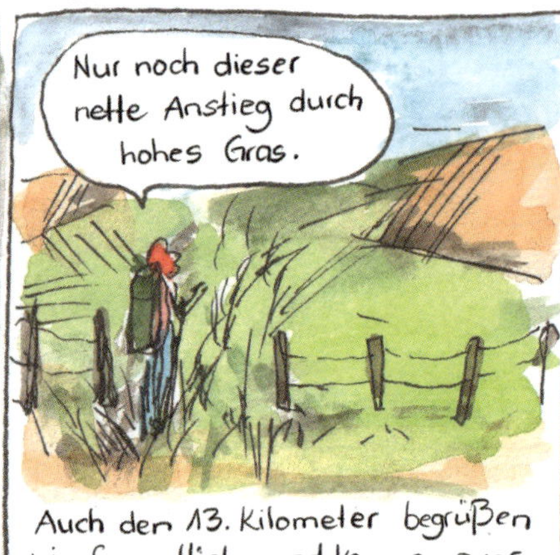

Auch den 13. Kilometer begrüßen wir freundlich - und kommen zwar erschöpft, aber gut gelaunt an.

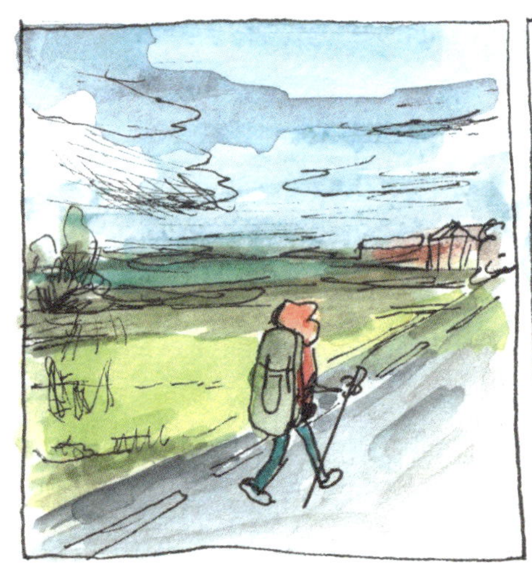
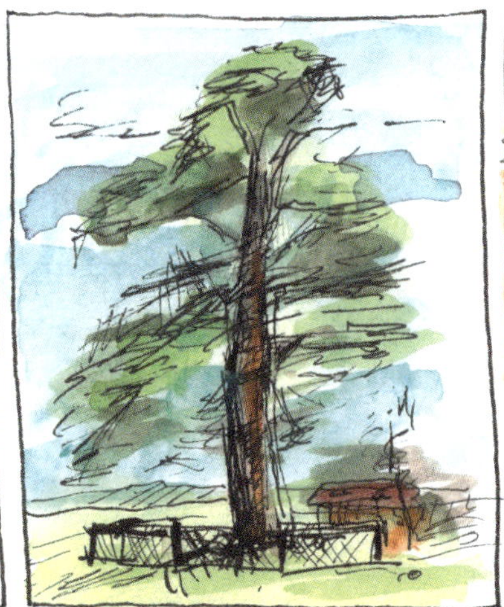
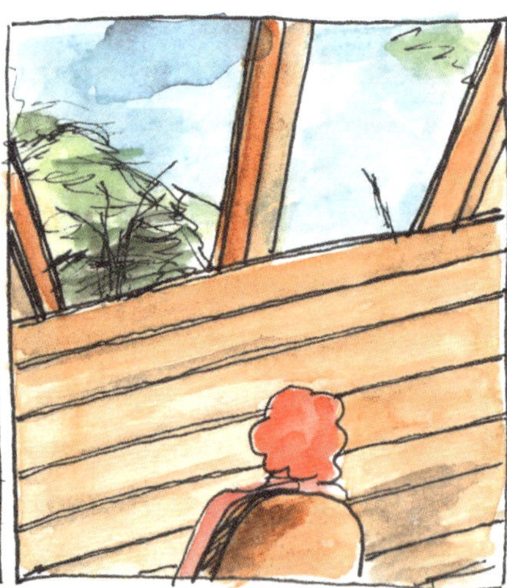
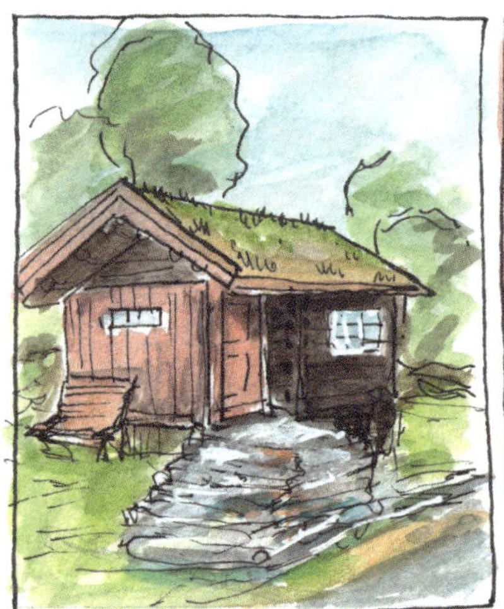
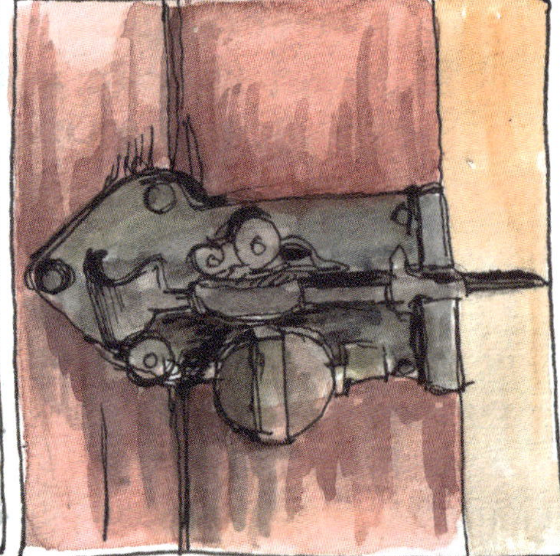
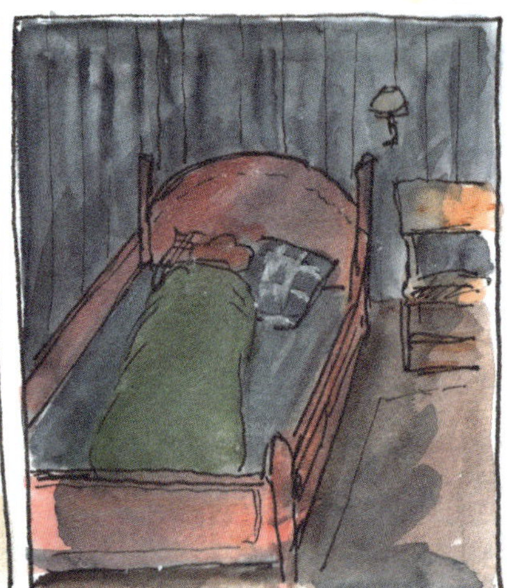

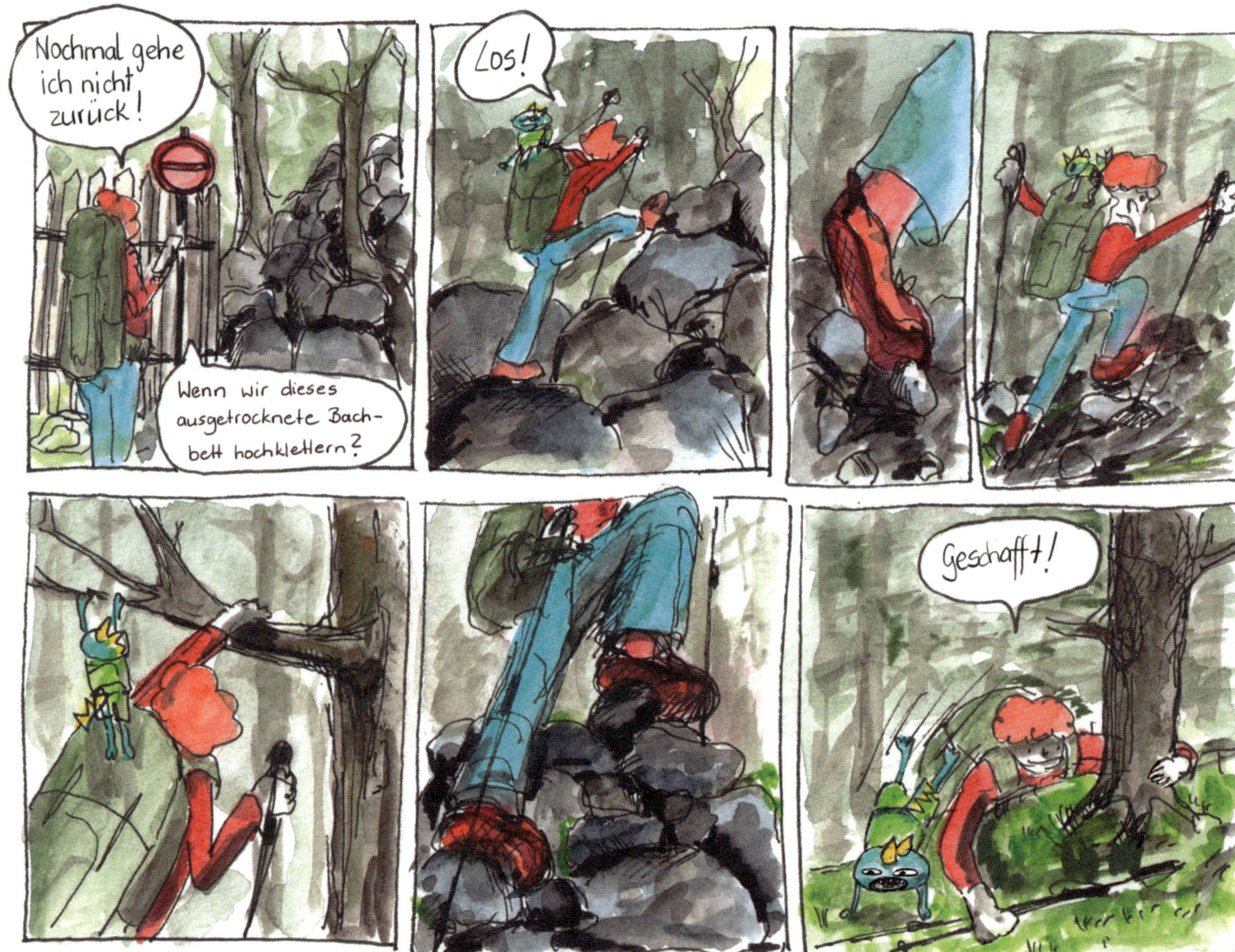
Nochmal gehe ich nicht zurück!
Wenn wir dieses ausgetrocknete Bachbett hochklettern?
Los!
Geschafft!

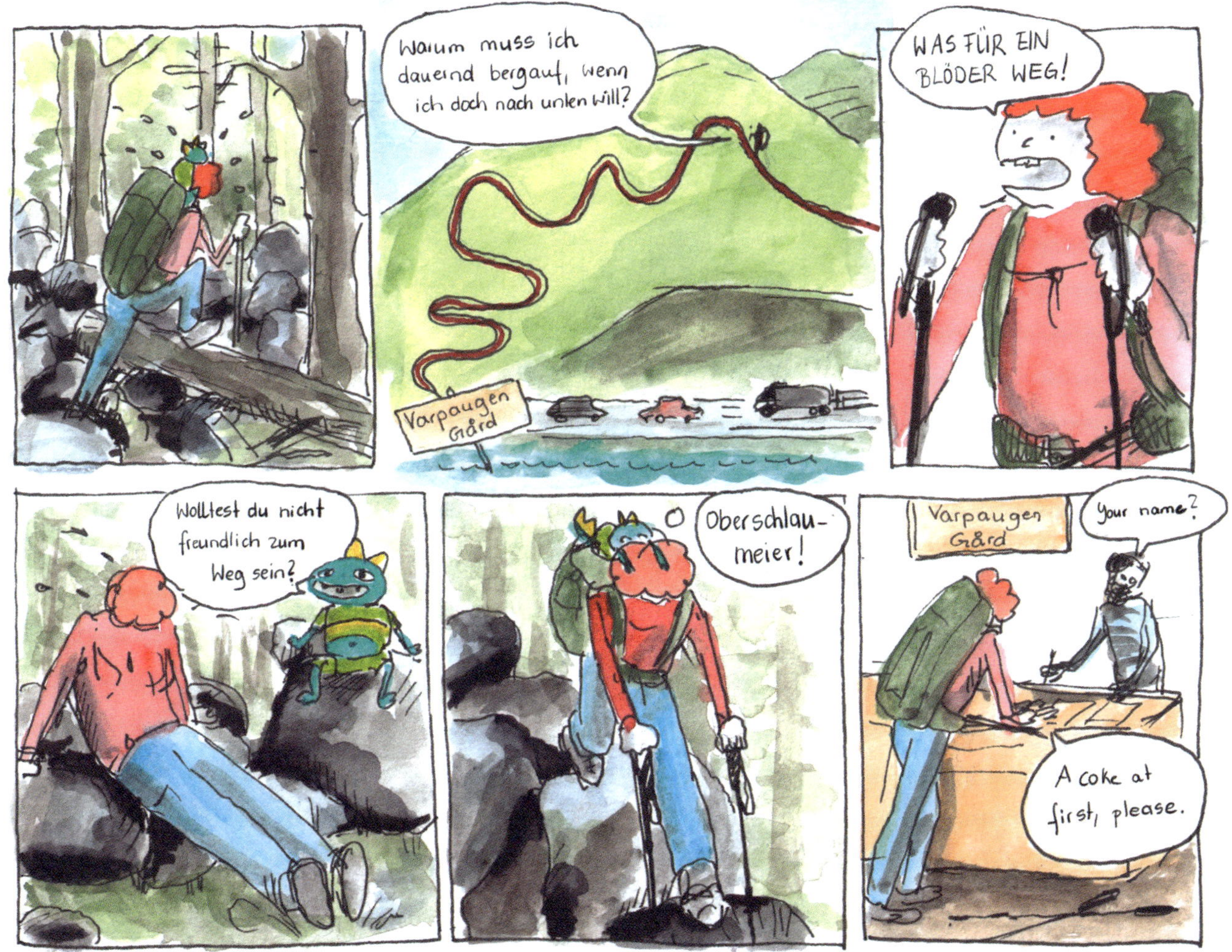

Ihr Name? | Bitte als erstes eine Cola.

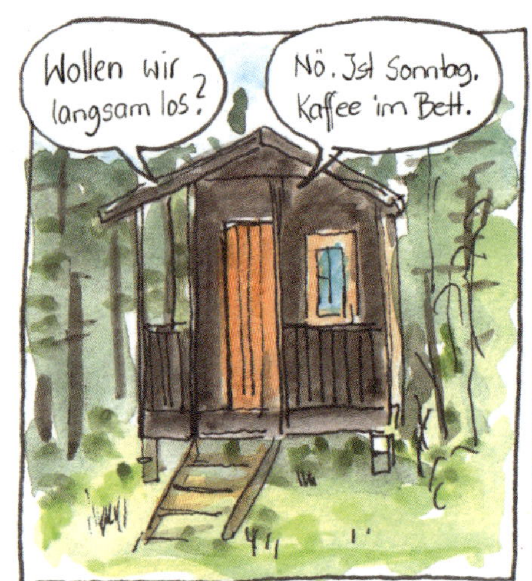
Wollen wir langsam los?
Nö. Jst Sonntag. Kaffee im Bett.

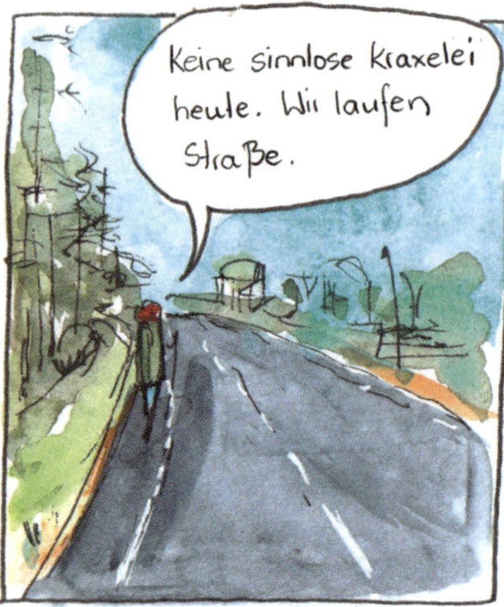
Keine sinnlose Kraxelei heute. Wir laufen Straße.

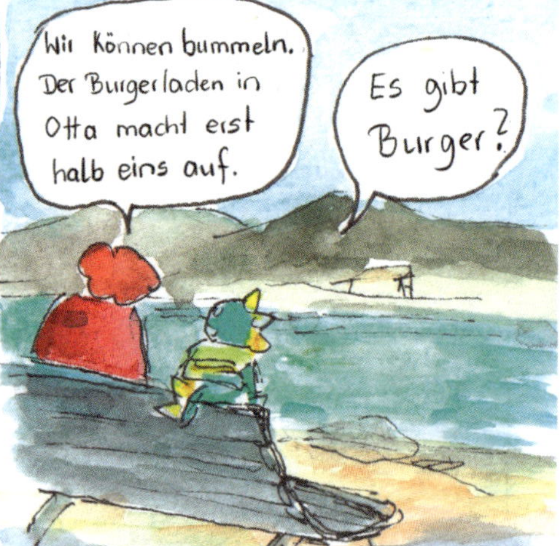
Wir können bummeln. Der Burgerladen in Otta macht erst halb eins auf.
Es gibt Burger?

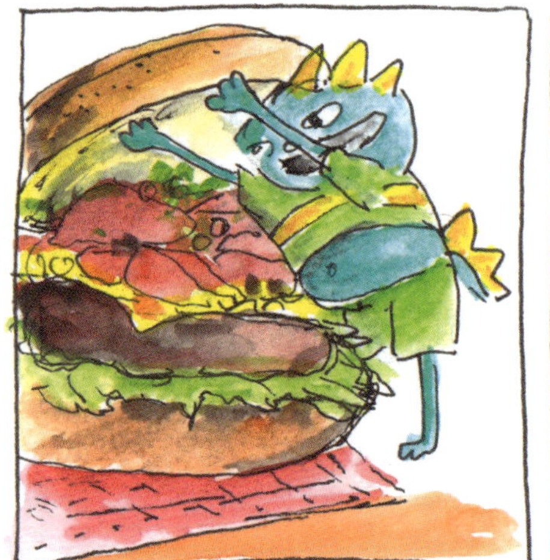

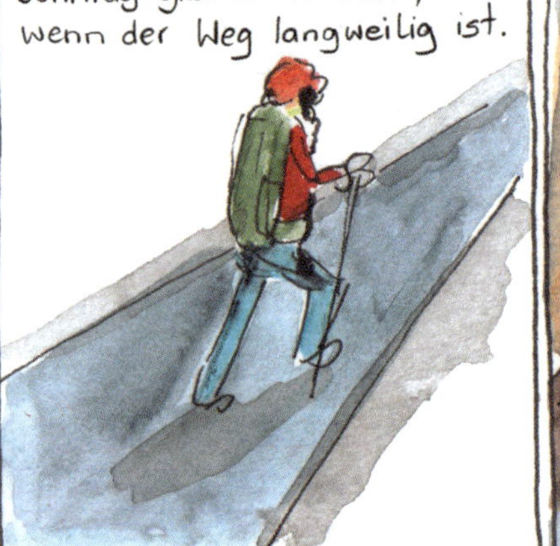
Sonntag gibt es Podcasts, wenn der Weg langweilig ist.

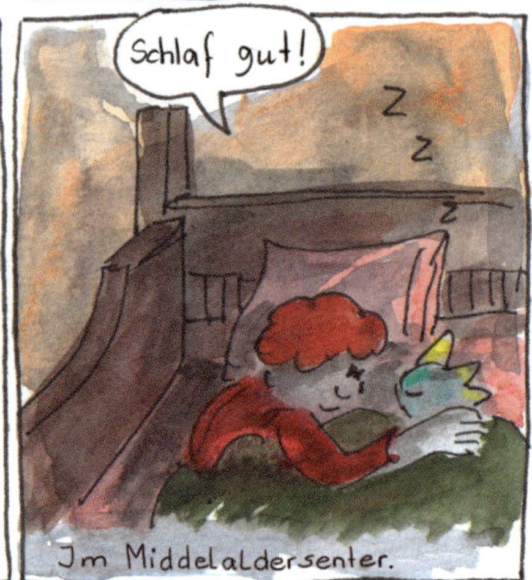
Schlaf gut!
Z Z Z
Jm Middelaldersenter.

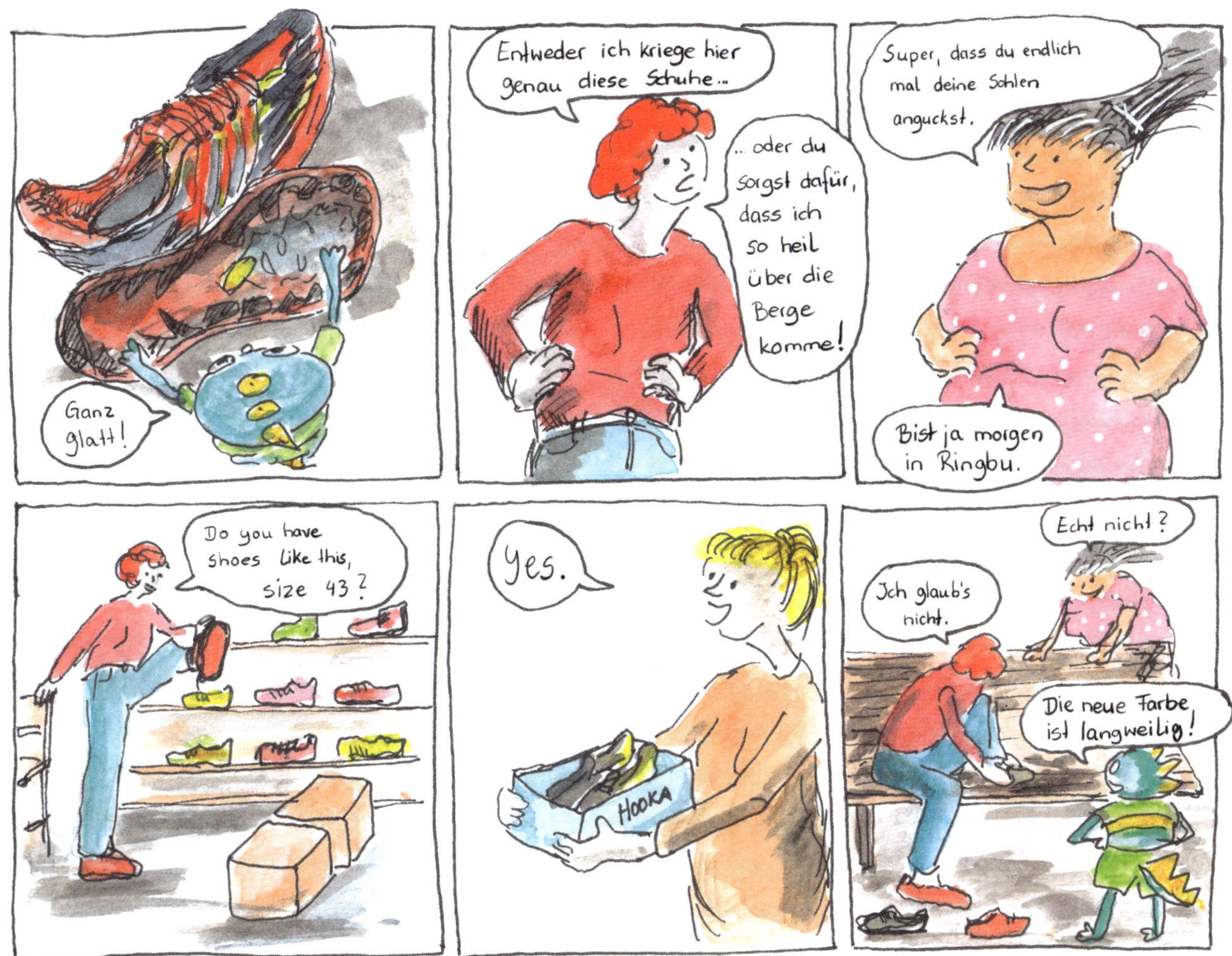

Haben sie solche Schuhe, Größe 43? | Ja.

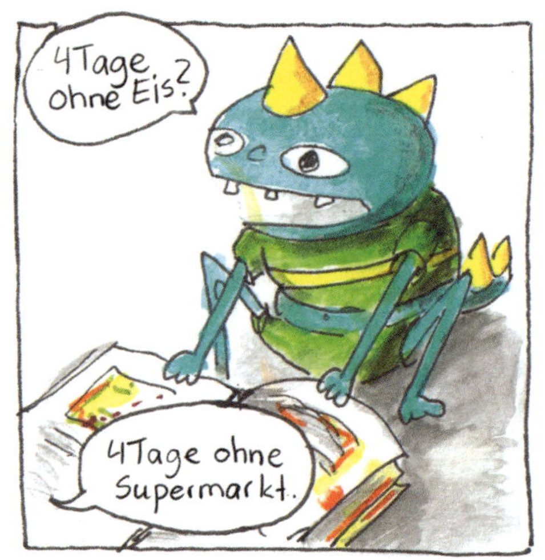
4Tage ohne Eis?
4Tage ohne Supermarkt.

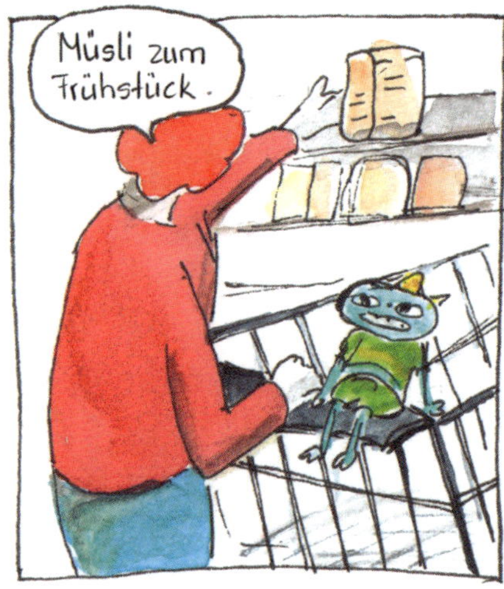
Müsli zum Frühstück.

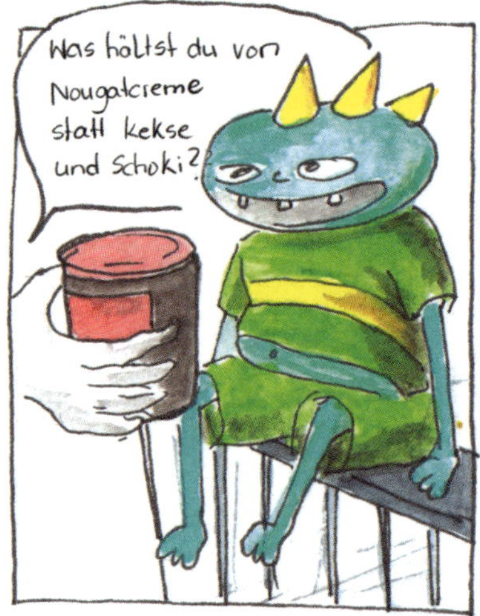
Was hältst du von Nougatcreme statt kekse und Schoki?

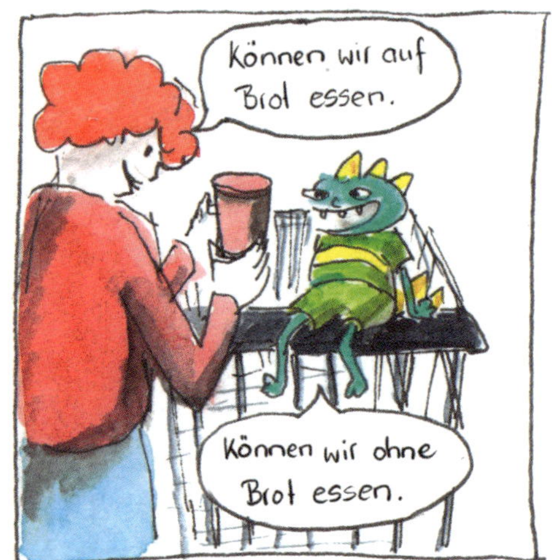
Können wir auf Brot essen.
Können wir ohne Brot essen.

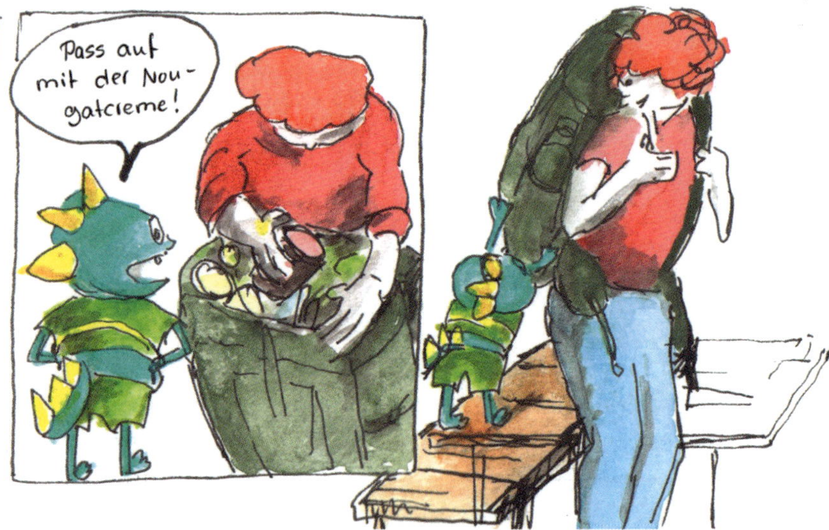
Pass auf mit der Nou-gatcreme!

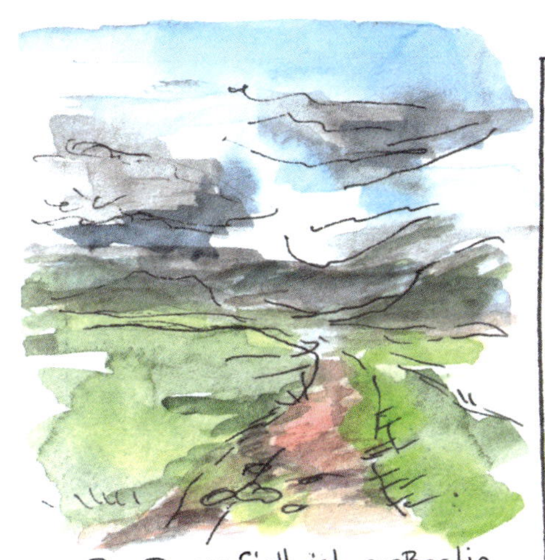
Das Dovrefjell ist großartig.

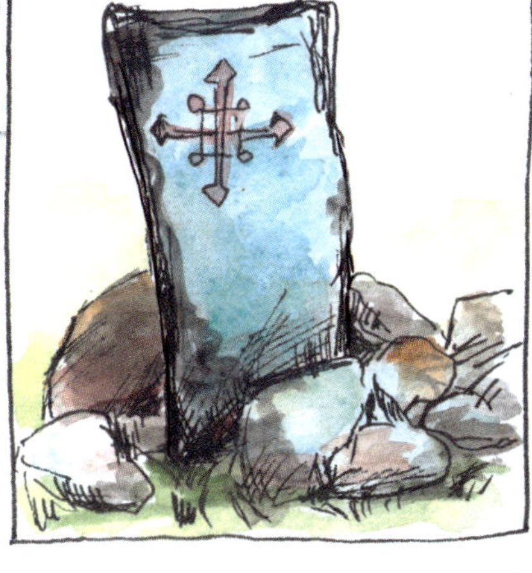

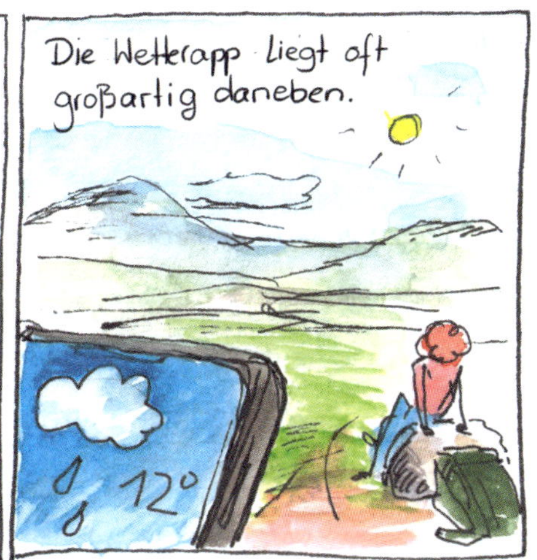
Die Wetterapp liegt oft großartig daneben.
12°

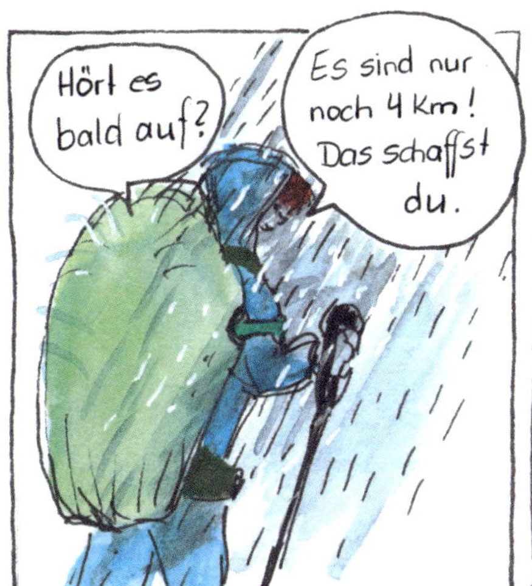
Hört es bald auf?
Es sind nur noch 4 km! Das schaffst du.

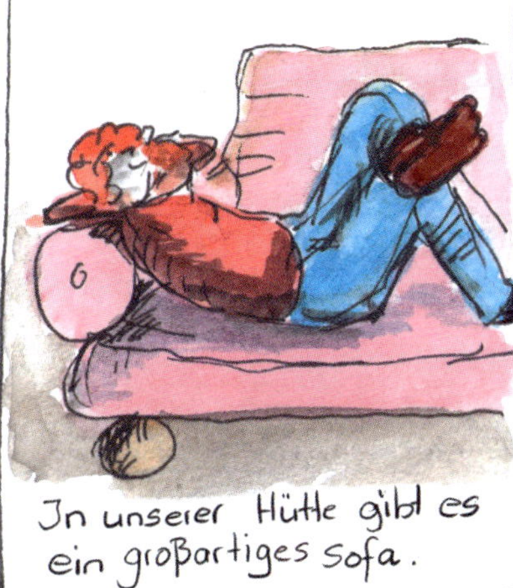
Jn unserer Hütte gibt es ein großartiges sofa.

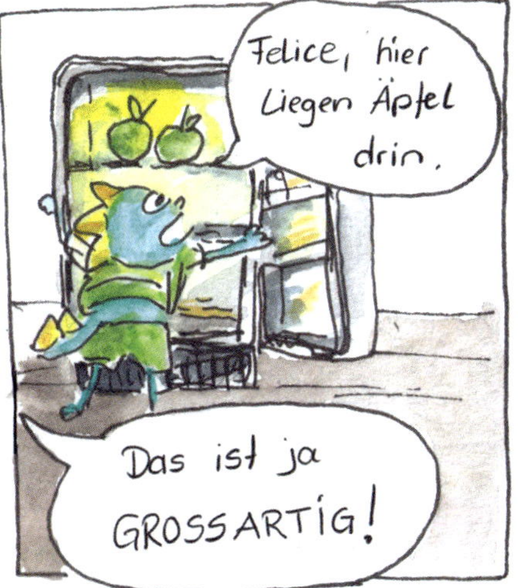
Felice, hier liegen Äpfel drin.
Das ist ja GROSSARTIG!

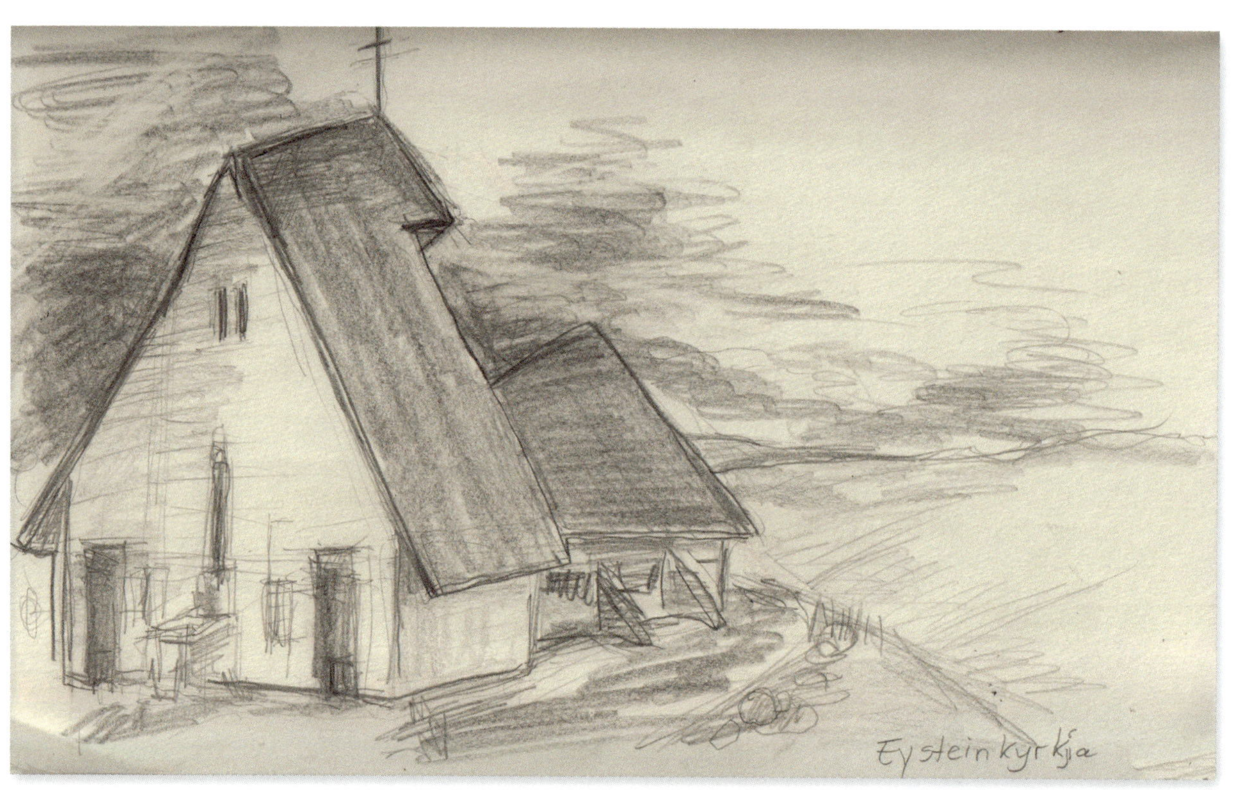

Eysteinkyrkja

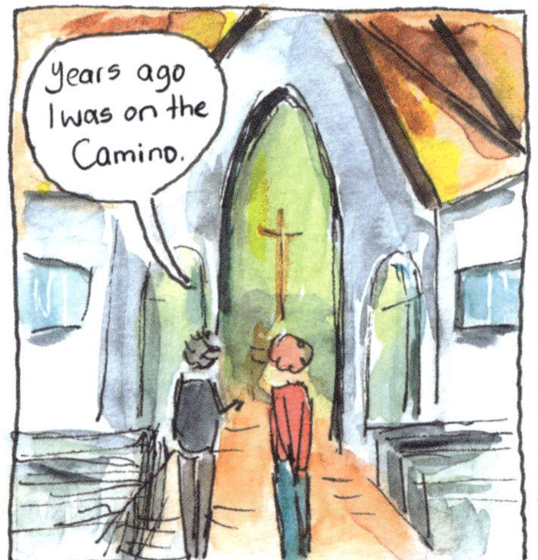

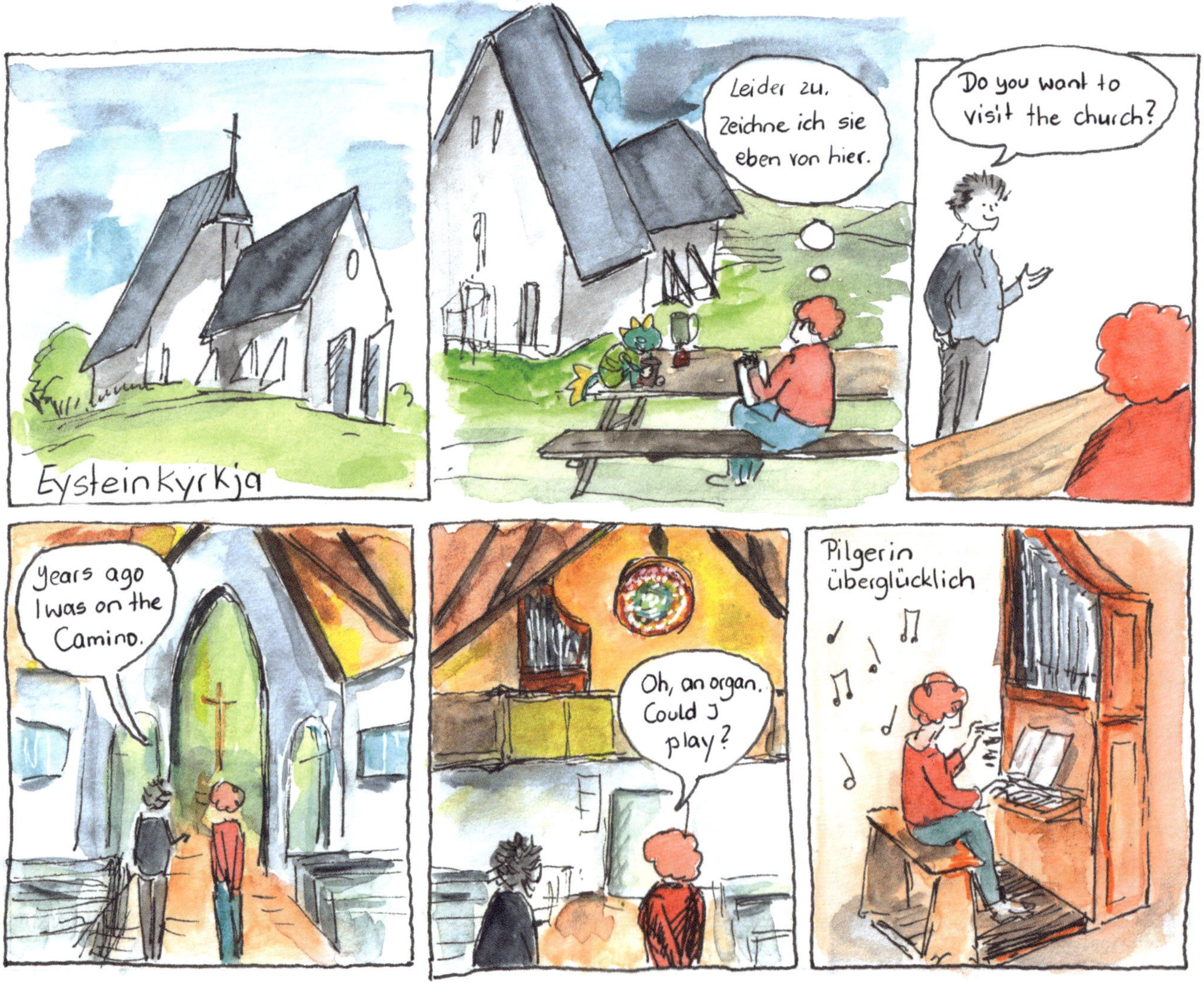

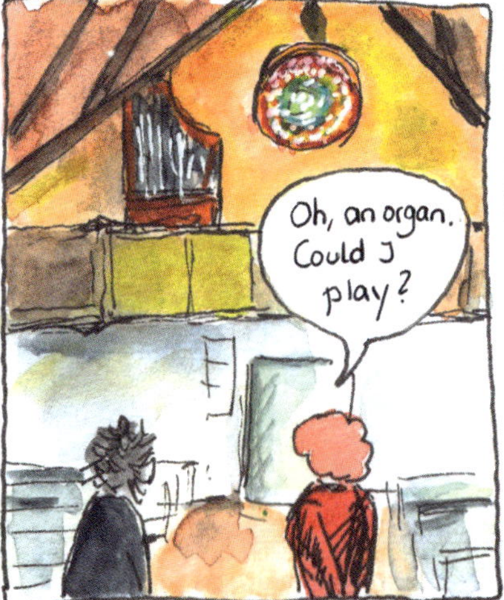

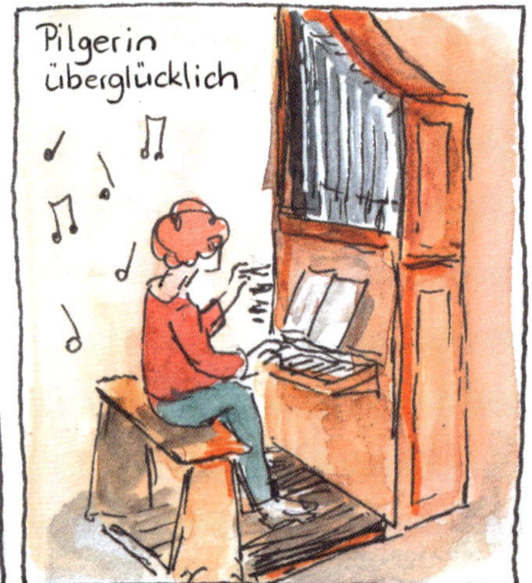

Willst du die Kirche besichtigen? | Vor Jahren war ich auf dem Camino. | Oh, eine Orgel. Darf ich spielen?

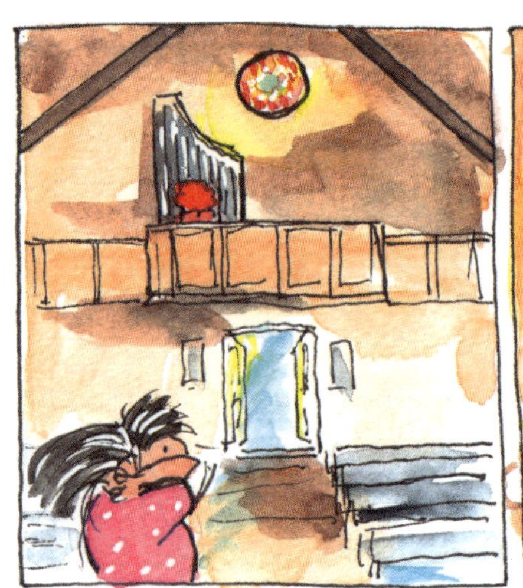

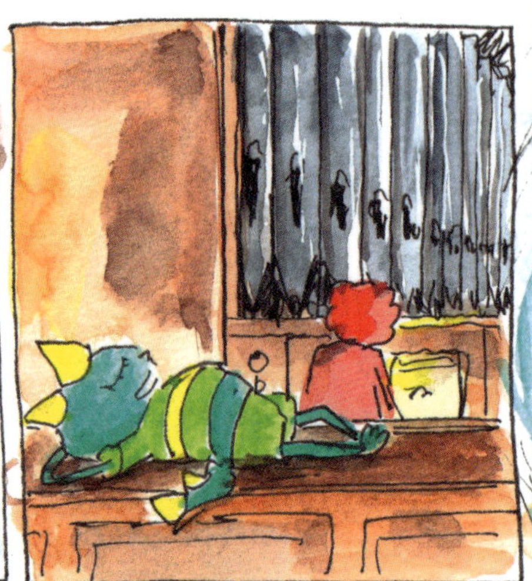

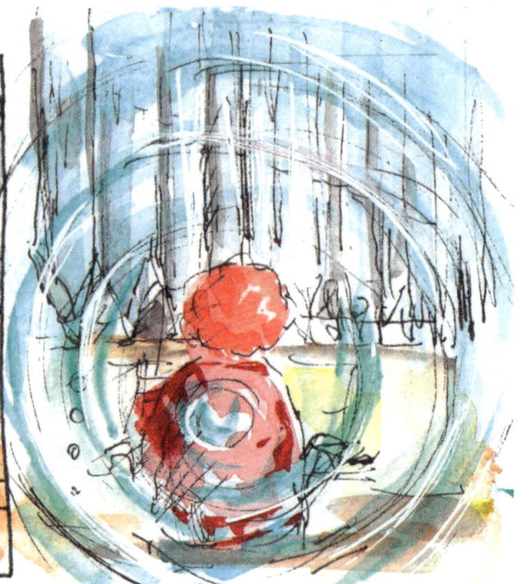

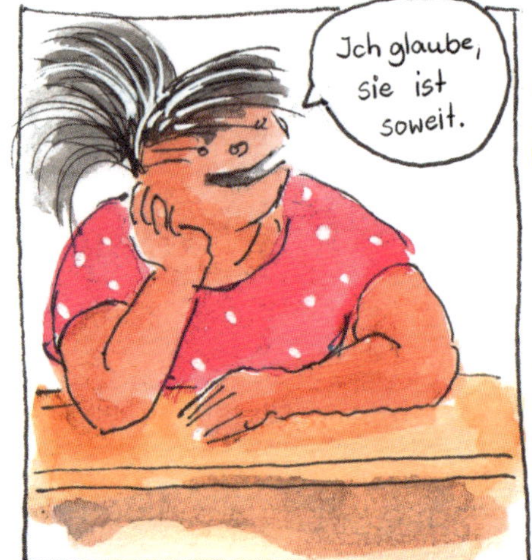
Jch glaube, sie ist soweit.

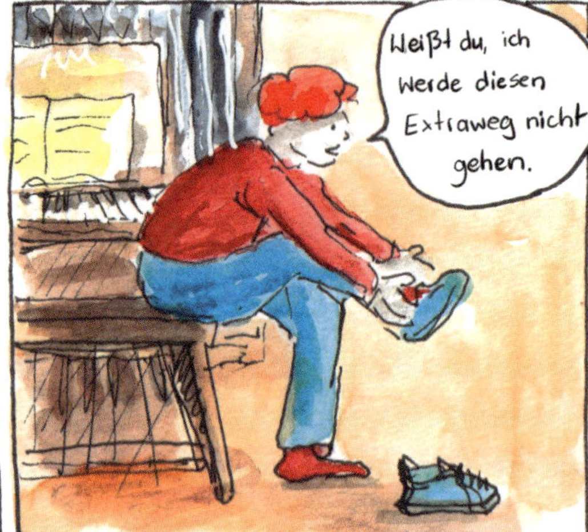
Weißt du, ich werde diesen Extraweg nicht gehen.

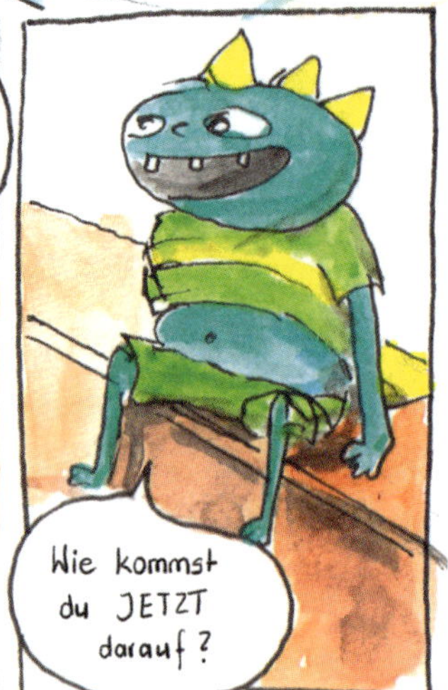
Wie kommst du JETZT darauf?

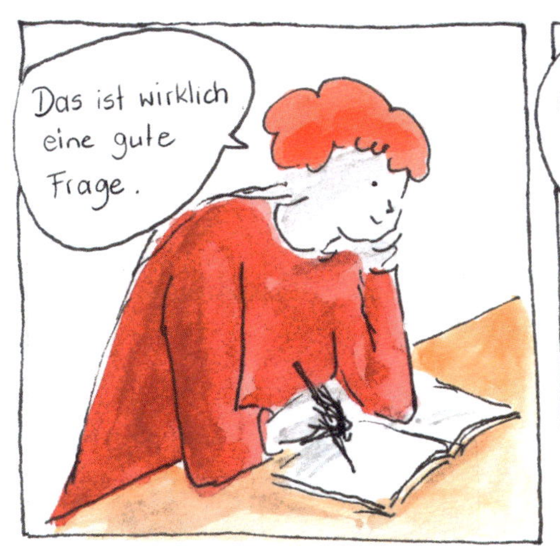
Das ist wirklich eine gute Frage.

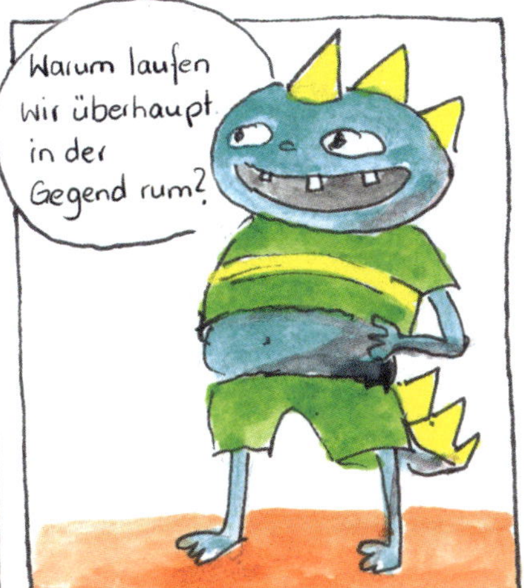
Warum laufen wir überhaupt in der Gegend rum?

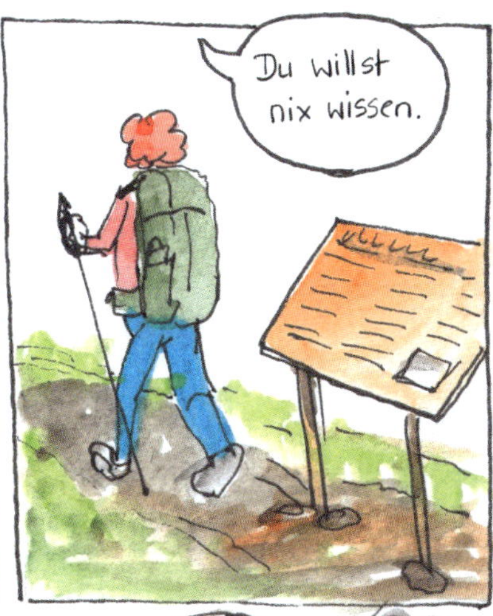
Du willst nix wissen.

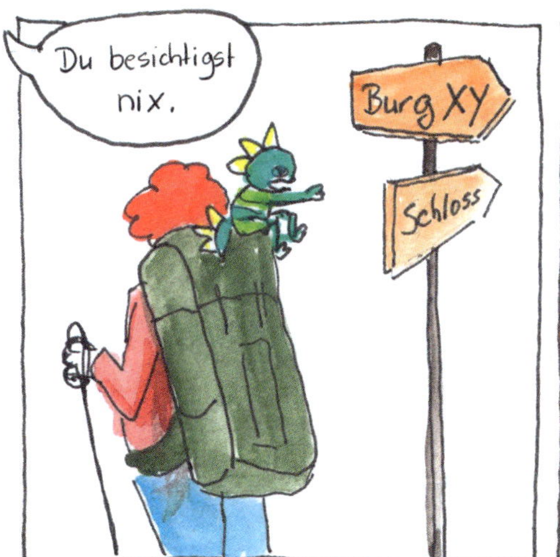
Du besichtigst nix.
Burg XY
Schloss

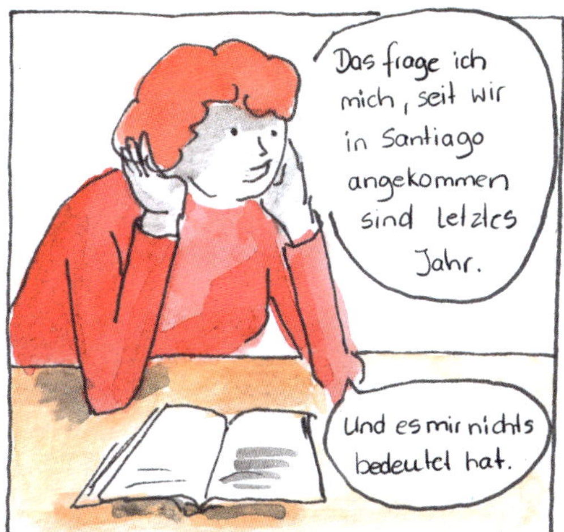
Das frage ich mich, seit wir in Santiago angekommen sind letztes Jahr.
Und es mir nichts bedeutet hat.

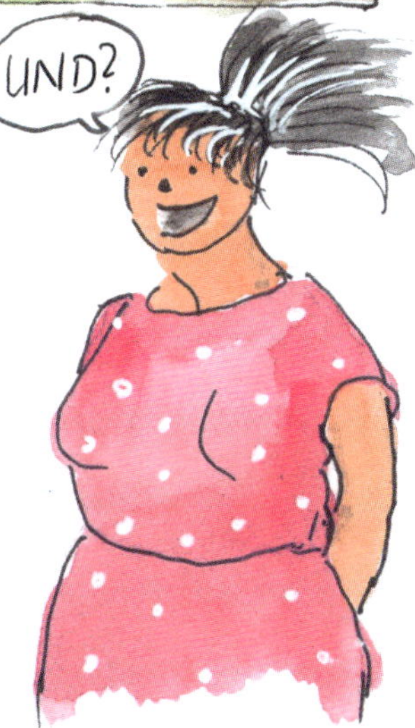
UND?

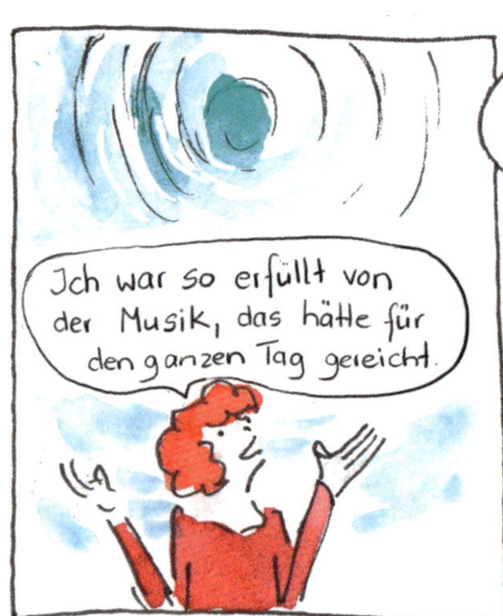
Jch war so erfüllt von der Musik, das hätte für den ganzen Tag gereicht.

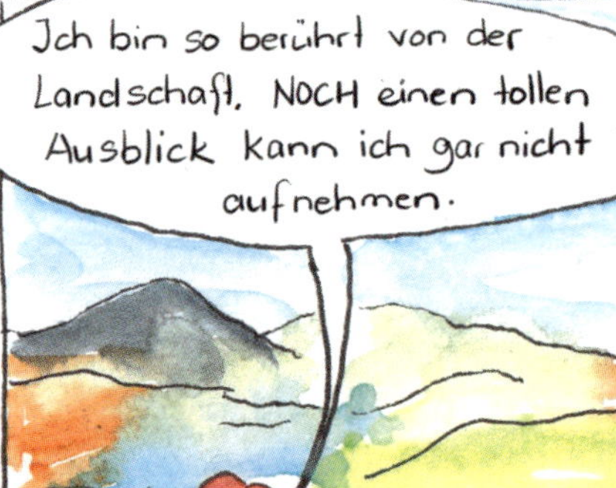
Jch bin so berührt von der Landschaft. NOCH einen tollen Ausblick kann ich gar nicht aufnehmen.

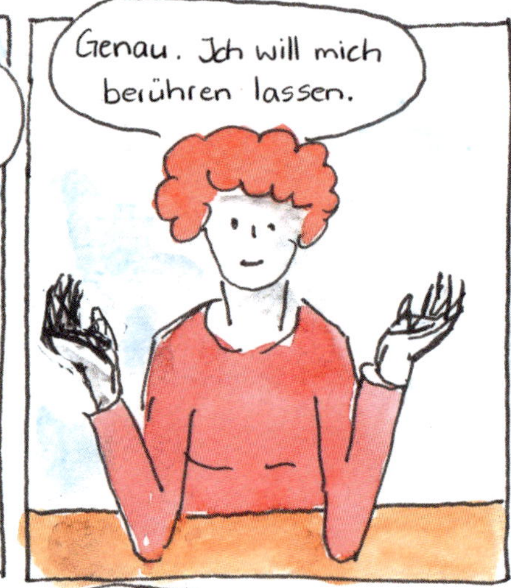
Genau. Jch will mich berühren lassen.

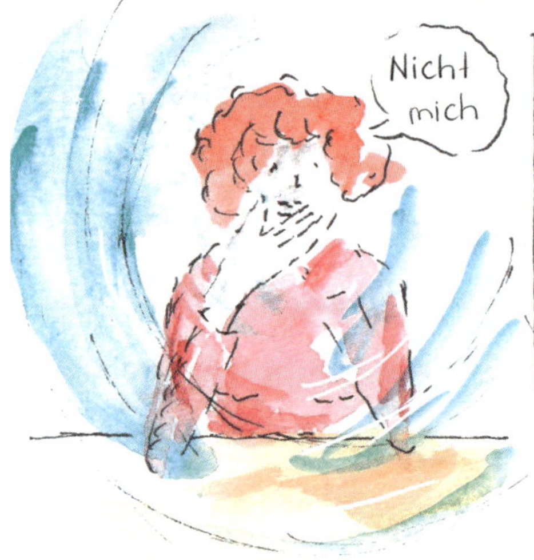
Nicht mich

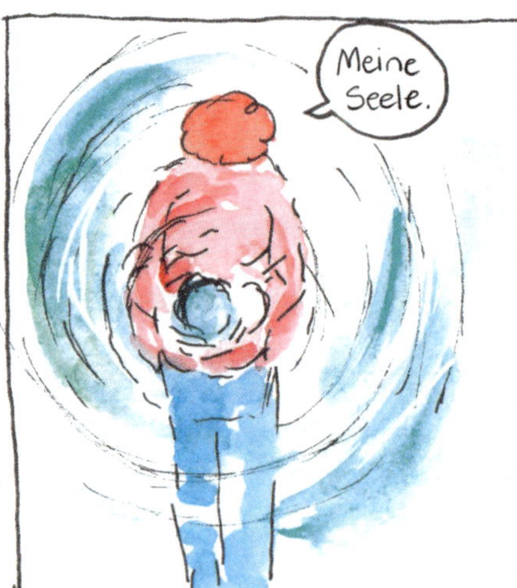
Meine Seele.

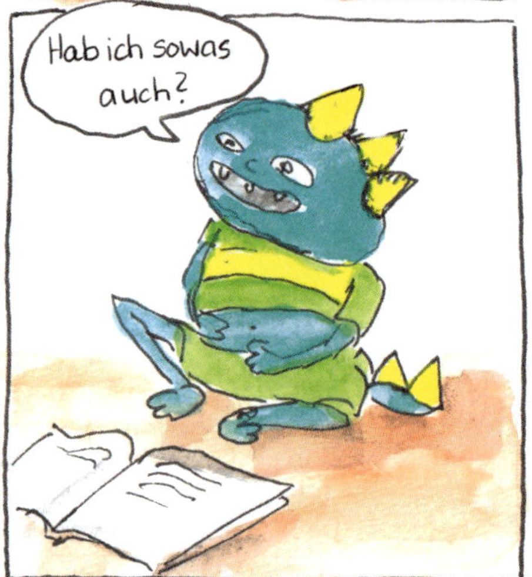
Hab ich sowas auch?

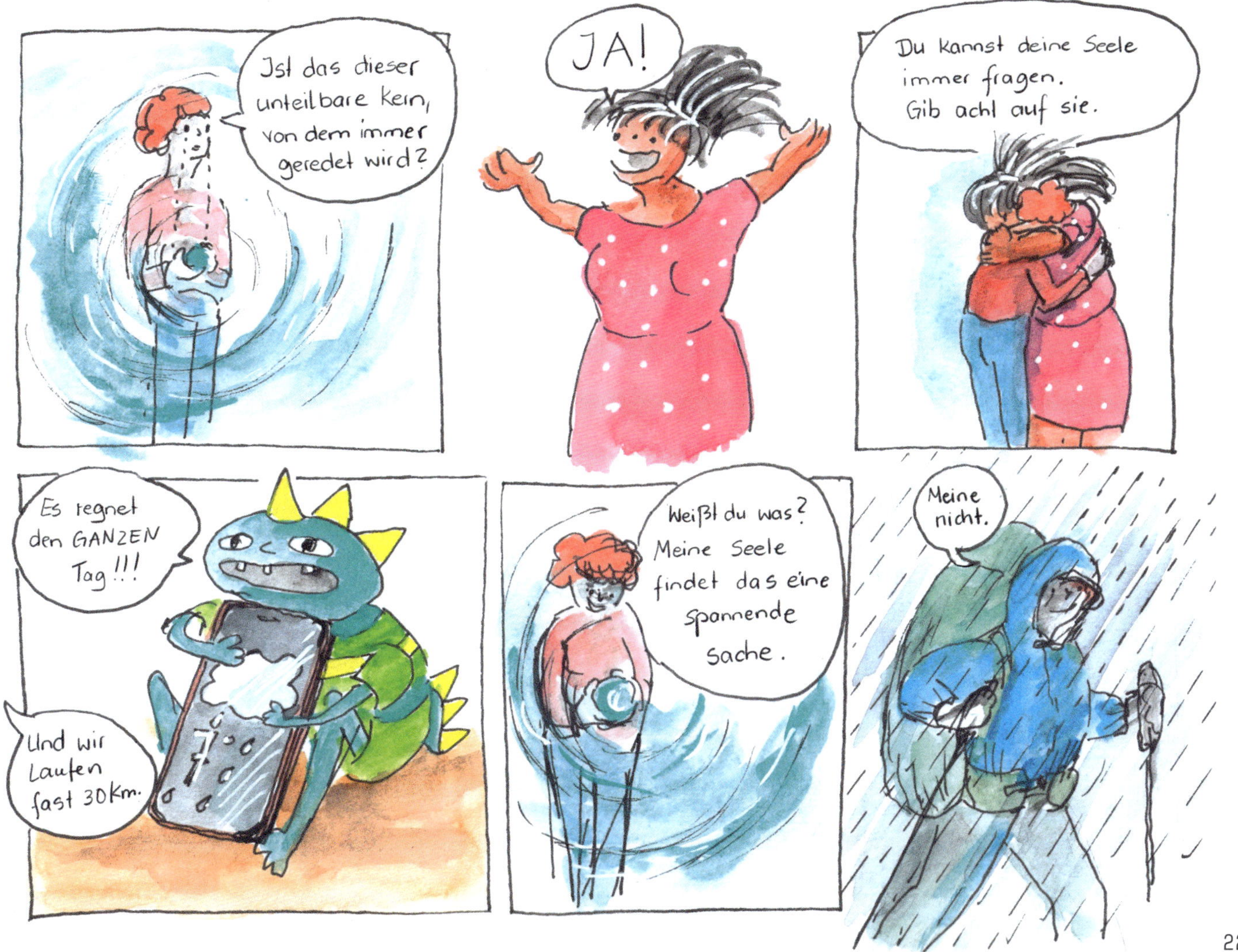
Jst das dieser unteilbare kein, von dem immer geredet wird?
JA!
Du kannst deine Seele immer fragen. Gib achl auf sie.
Es regnet den GANZEN Tag!!!
Und wir Laufen fast 30Km.
Weißt du was? Meine Seele findet das eine spannende sache.
Meine nicht.

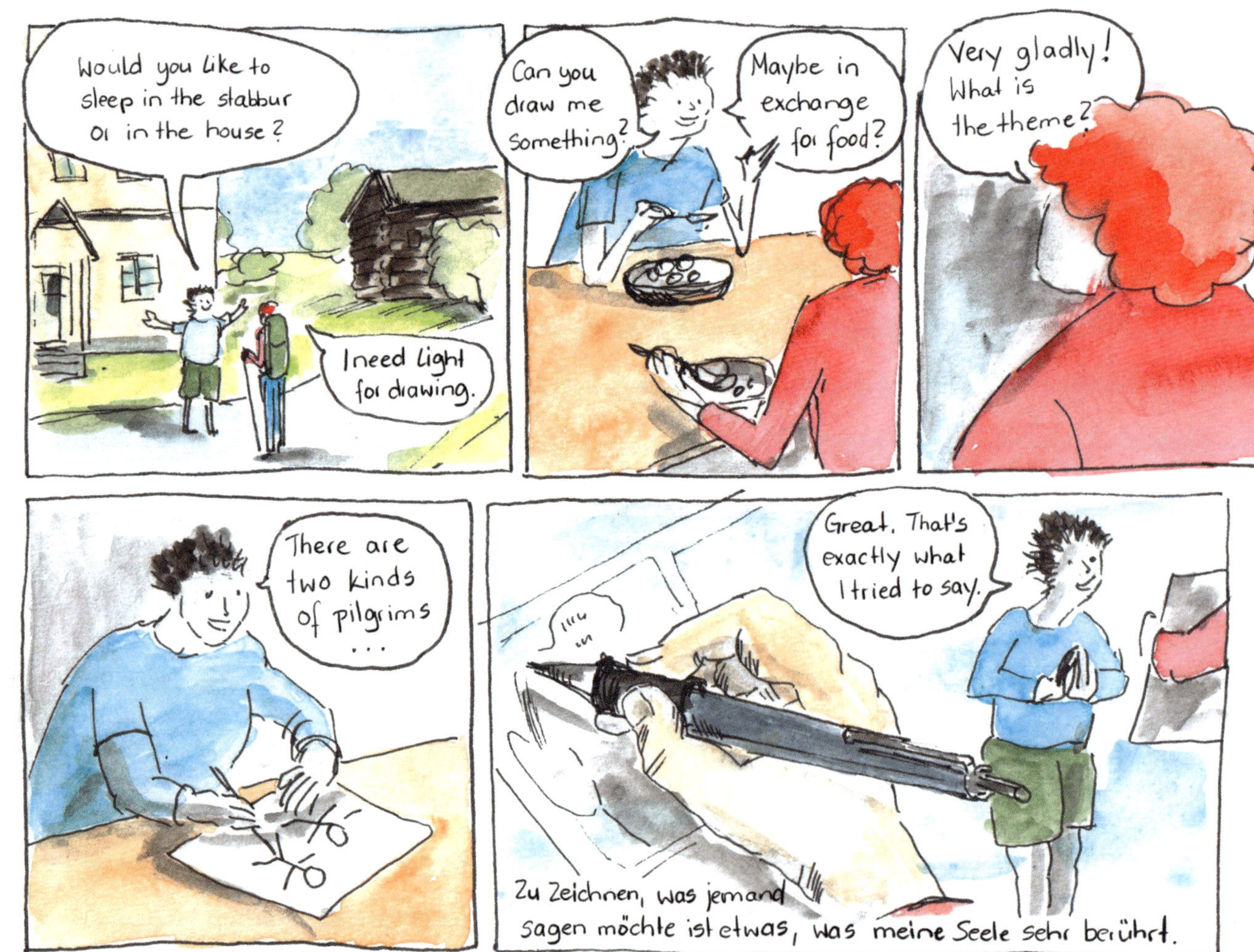

Möchtest du im Stabbur oder im Haus schlafen? | Ich brauche Licht zum Zeichnen. | Kannst du mir was zeichnen? | Vielleicht im Tausch gegen Essen? | Sehr gern, worum soll es gehen? | Es gibt 2 Arten von Pilgern... | Großartig. Das ist genau das, was ich sagen wollte!

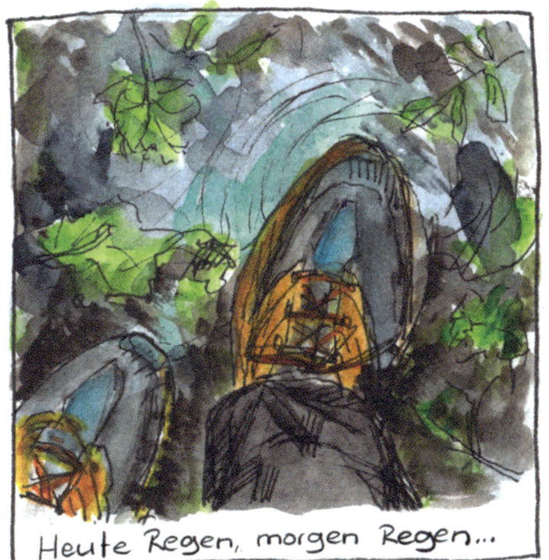

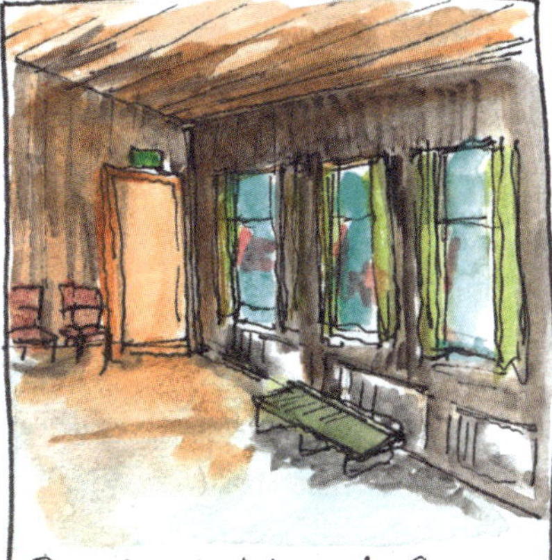

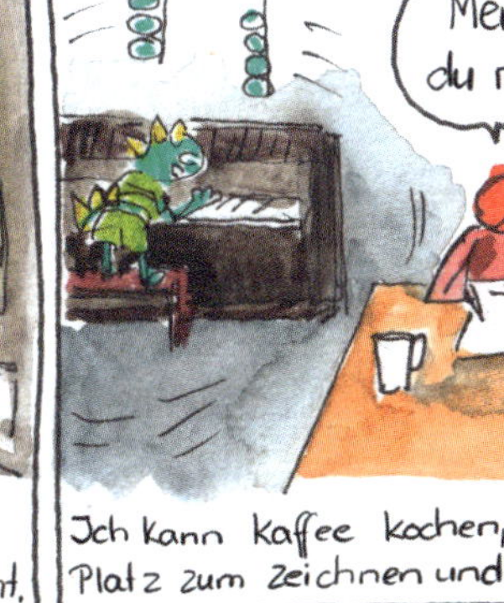

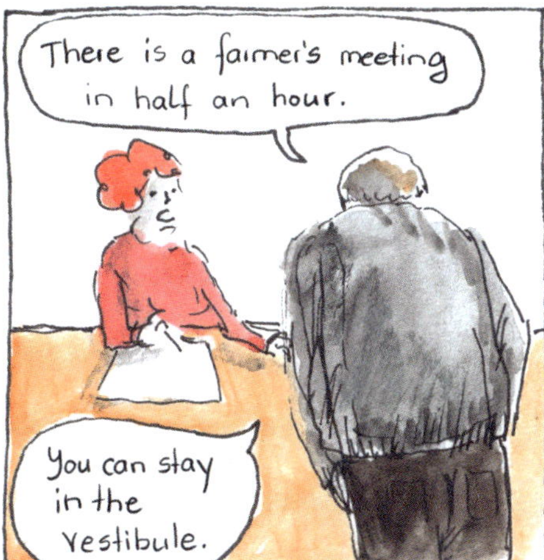

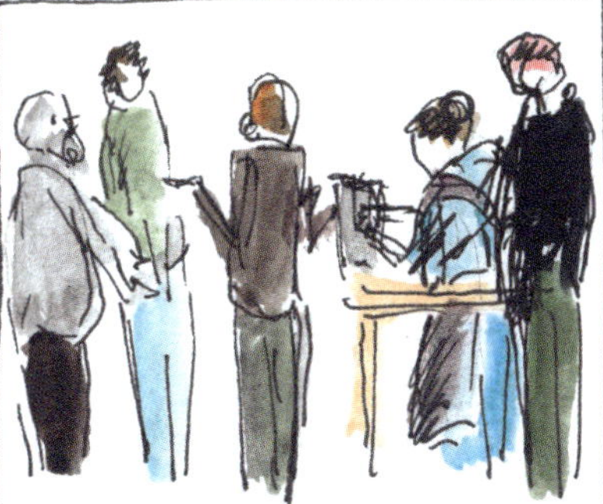

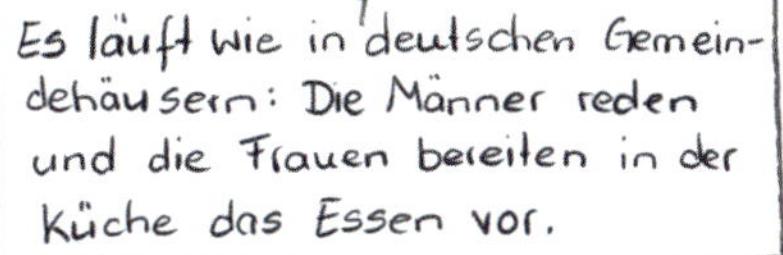

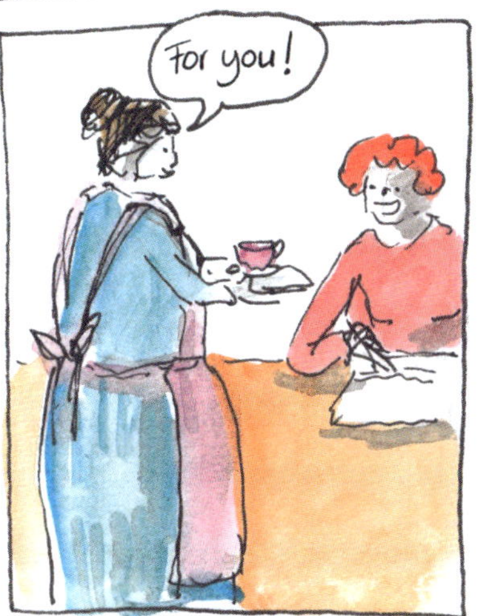

In einer halben Stunde beginnt hier ein Bauerntreffen. | Sie können im Vorraum bleiben. | Für Sie.

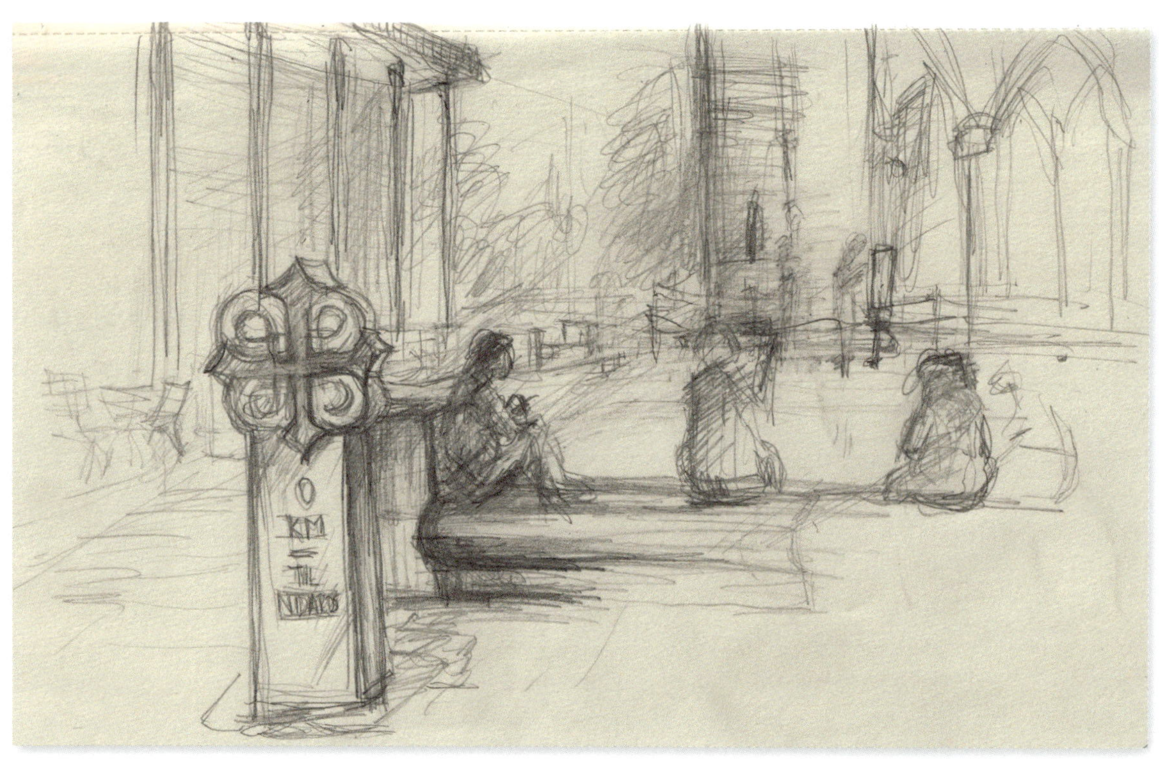

Endpunkt

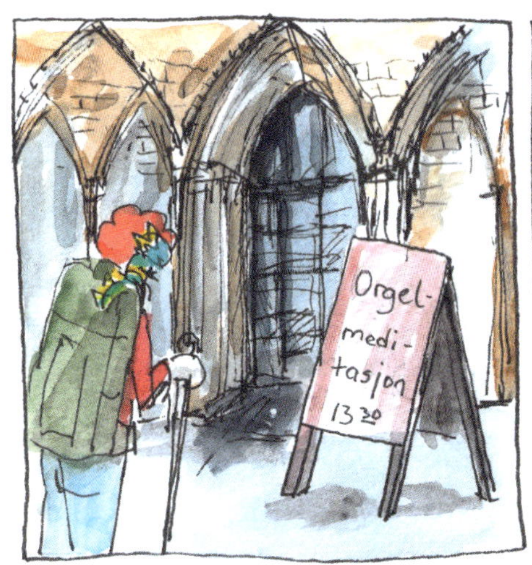
Orgel-
medi-
tasjon
13 30

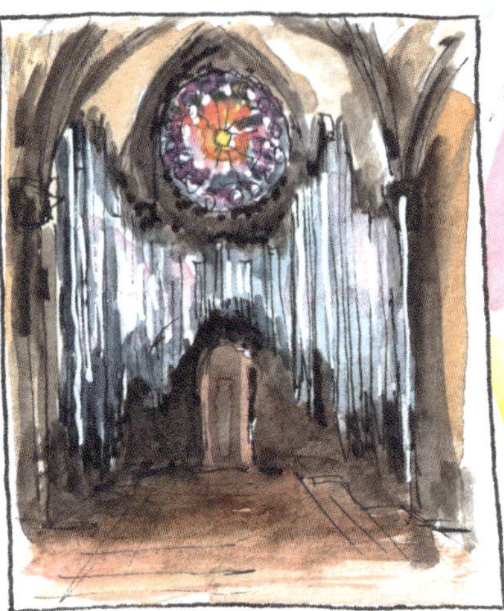

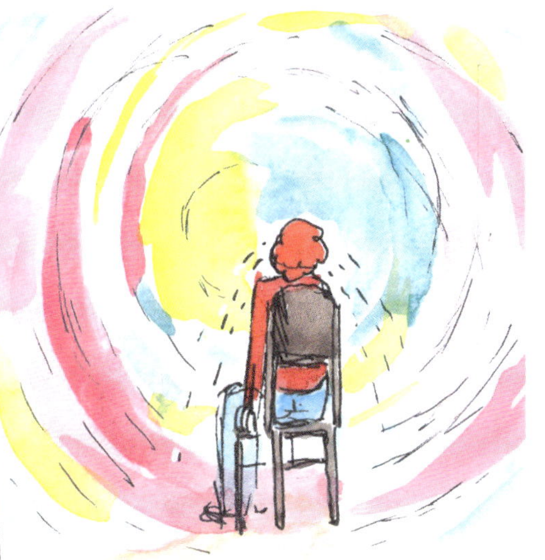

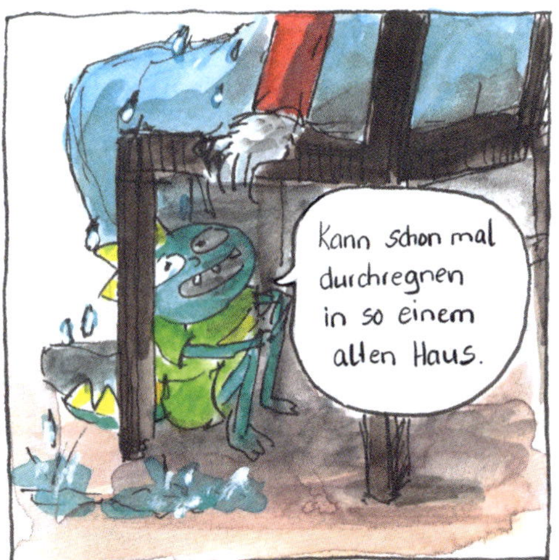
Kann schon mal durchregnen in so einem alten Haus.

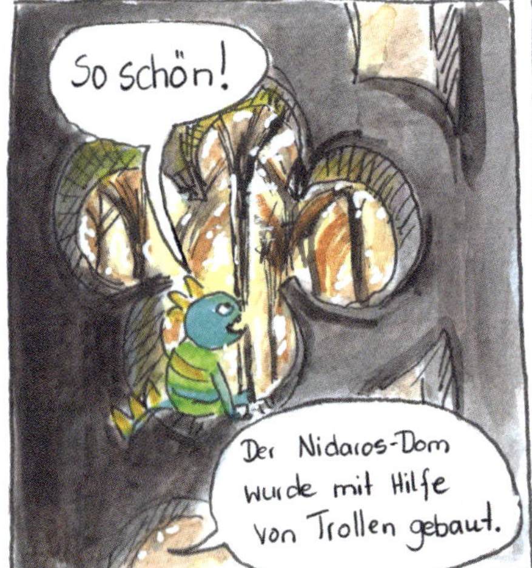
So schön!
Der Nidaros-Dom wurde mit Hilfe von Trollen gebaut.

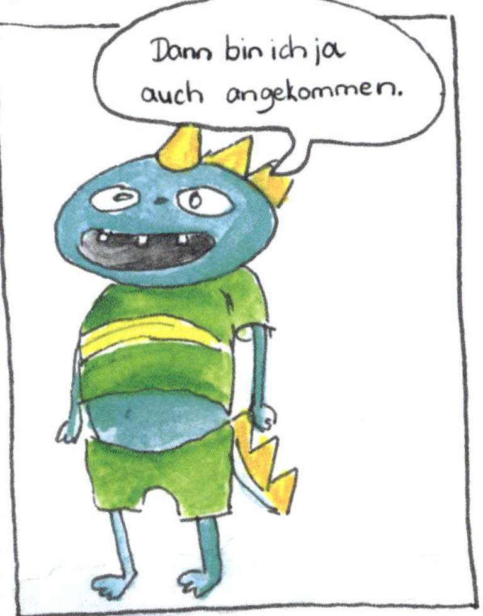
Dann bin ich ja auch angekommen.

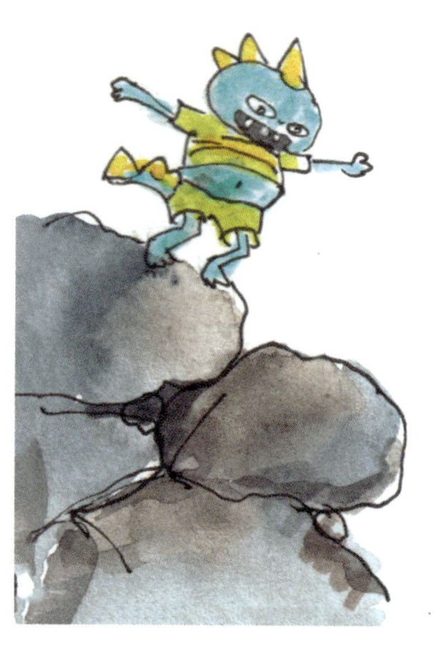

BAD BEVENSEN - ROM

2022
3 Monate
ca. 2000 km (Das war der Plan.)

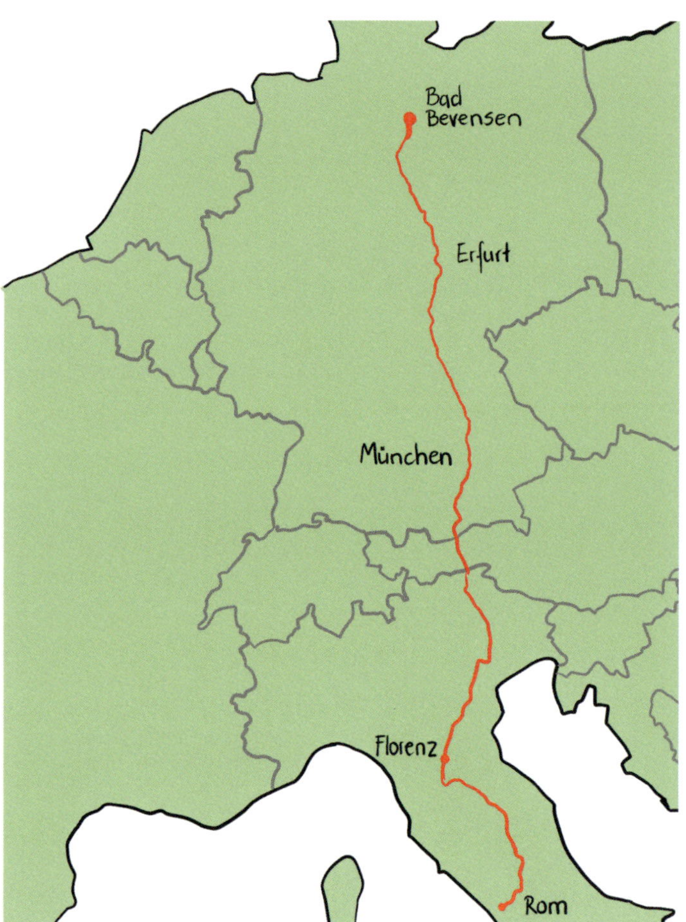

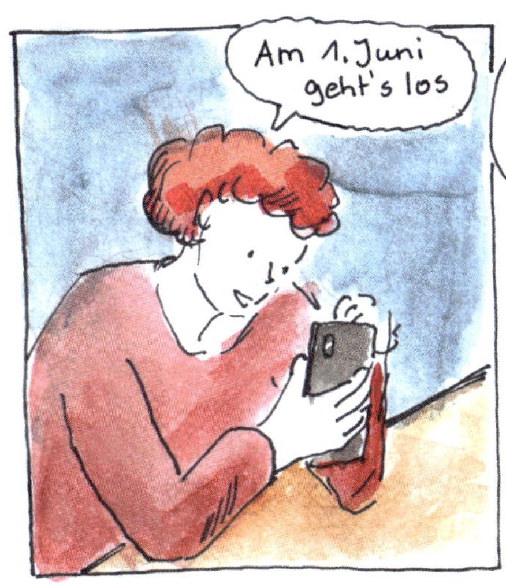
Am 1. Juni geht's los

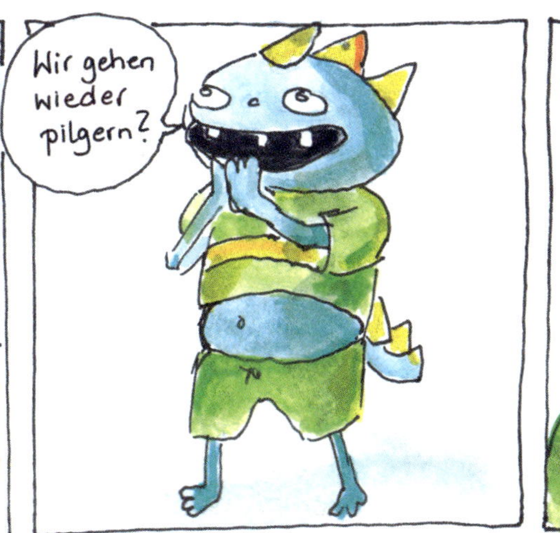
Wir gehen wieder pilgern?

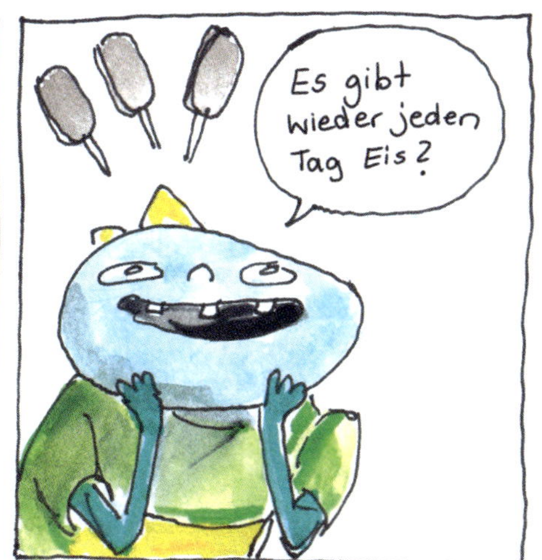
Es gibt wieder jeden Tag Eis?

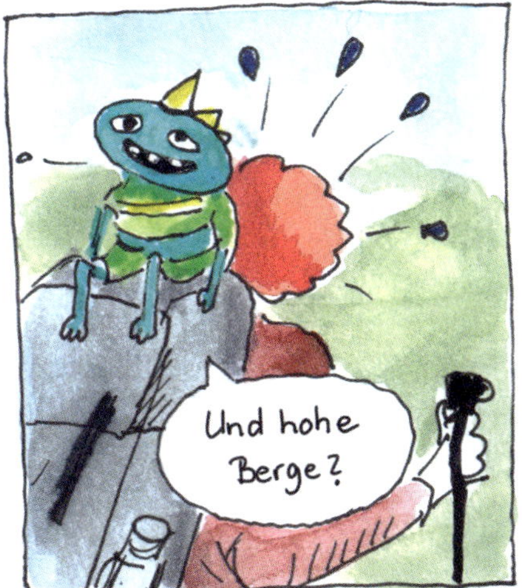
Und hohe Berge?

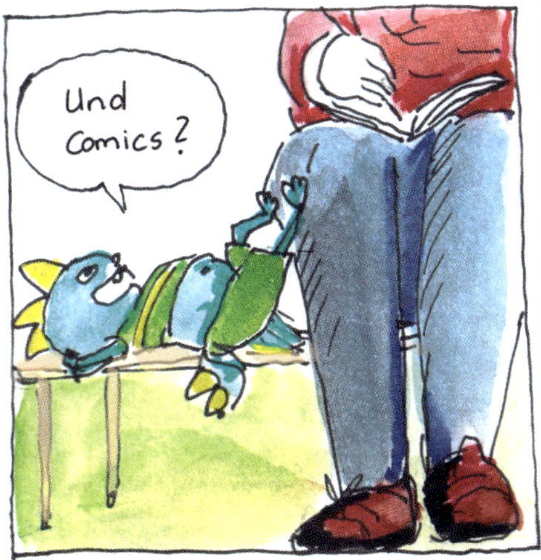
Und Comics?

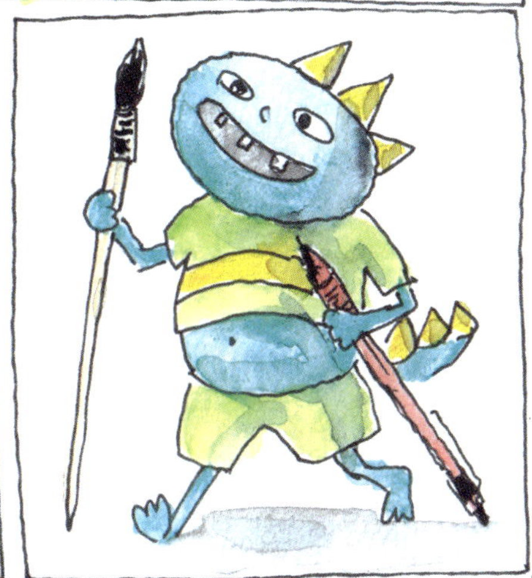

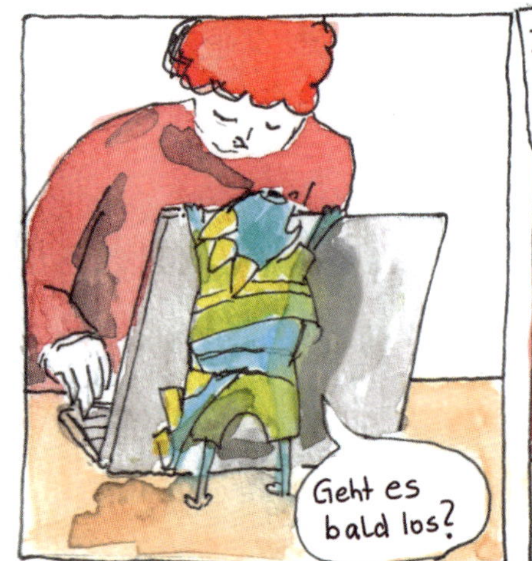
Geht es bald los?

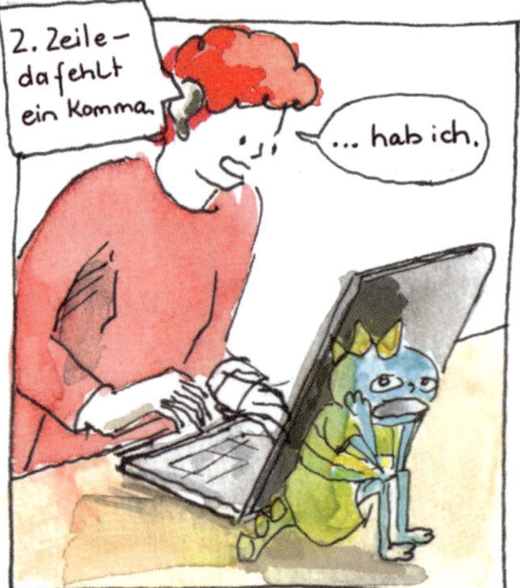
2. Zeile – da fehlt ein Komma.
... hab ich.

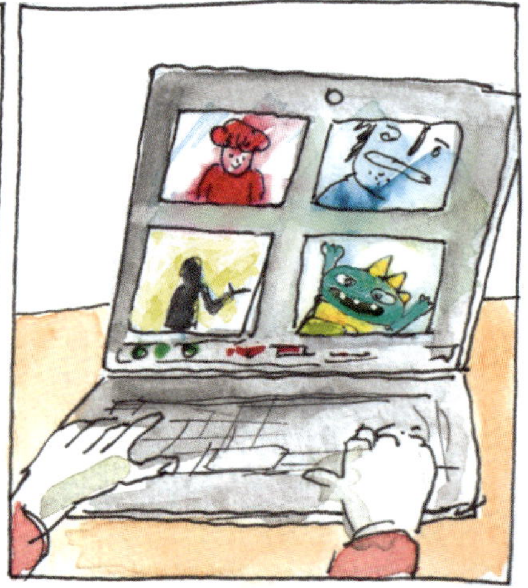

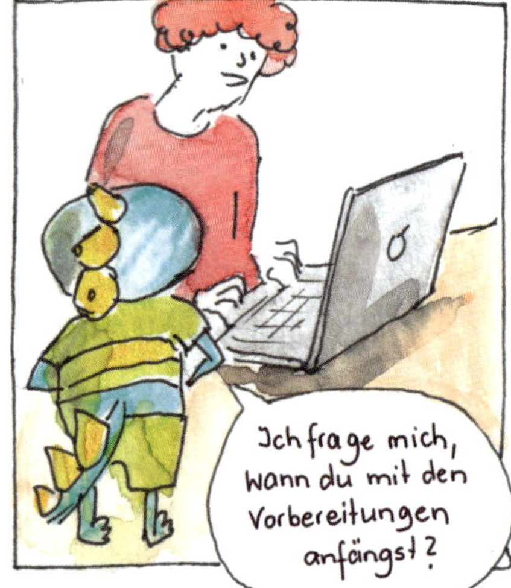
Ich frage mich, wann du mit den Vorbereitungen anfängst?

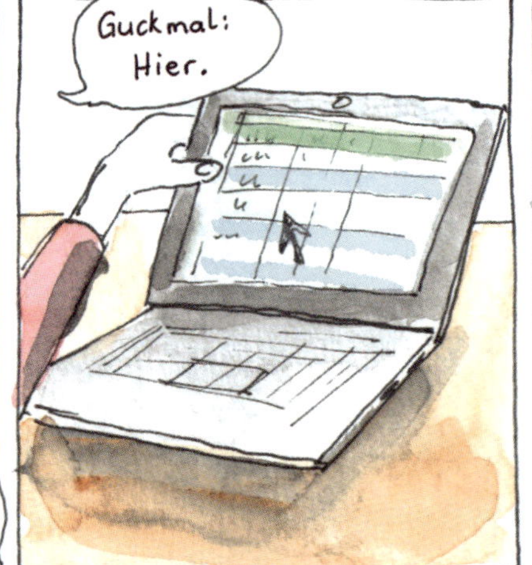
Guck mal: Hier.

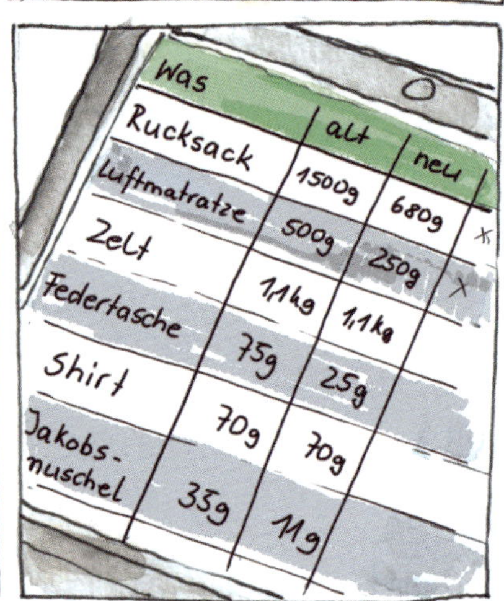
Was
alt
neu
Rucksack 1500g 680g
Luftmatratze 500g 250g
Zelt 1,1kg 1,1kg
Federtasche 75g 25g
Shirt 70g 70g
Jakobs-muschel 35g 11g

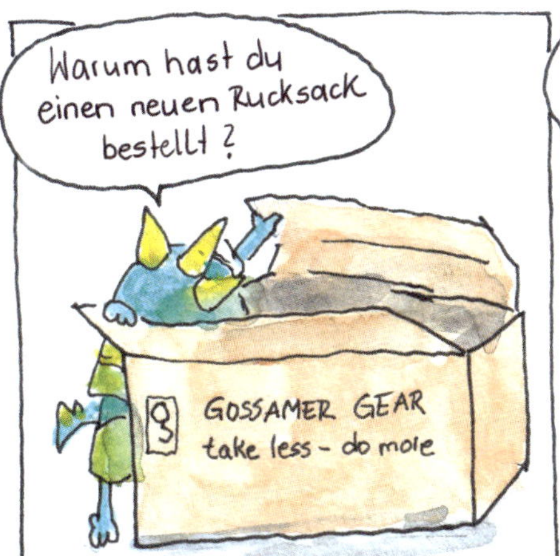
Warum hast du einen neuen Rucksack bestellt?
GOSSAMER GEAR
take less - do more

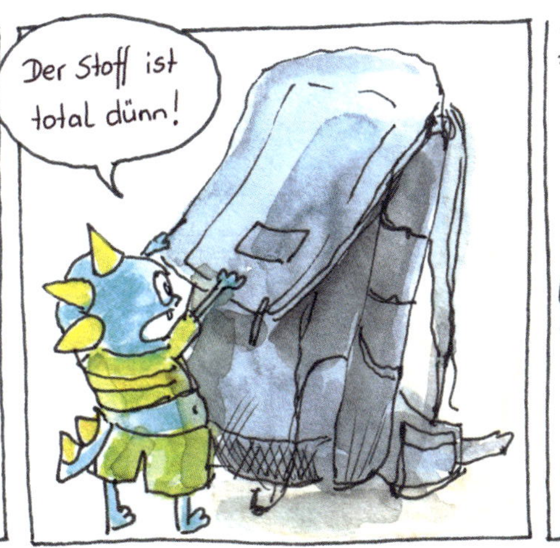
Der Stoff ist total dünn!

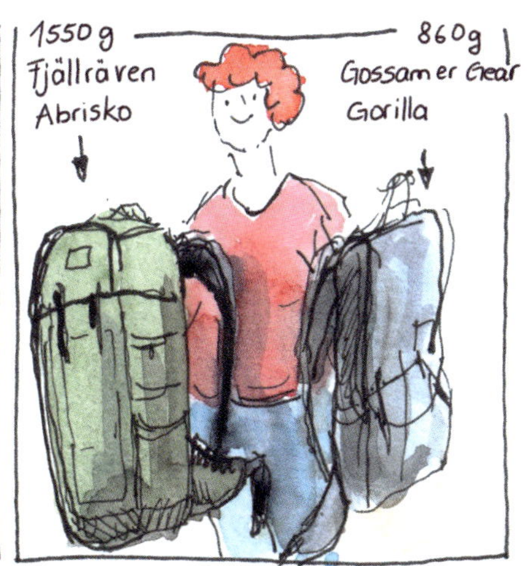
1550 g
Fjällräven Abrisko
860 g
Gossamer Gear Gorilla

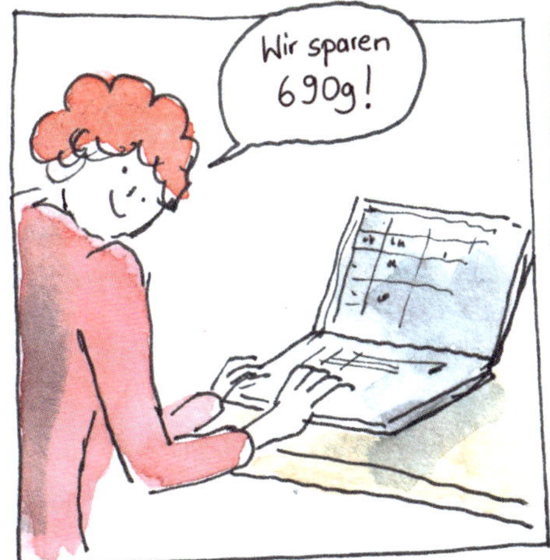
Wir sparen 690g!

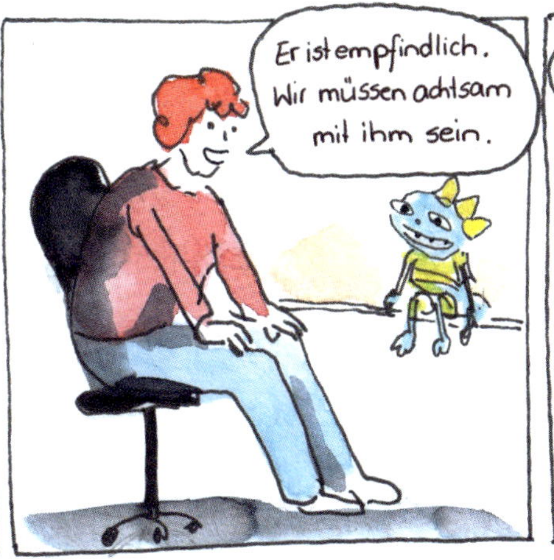
Er ist empfindlich. Wir müssen achtsam mit ihm sein.

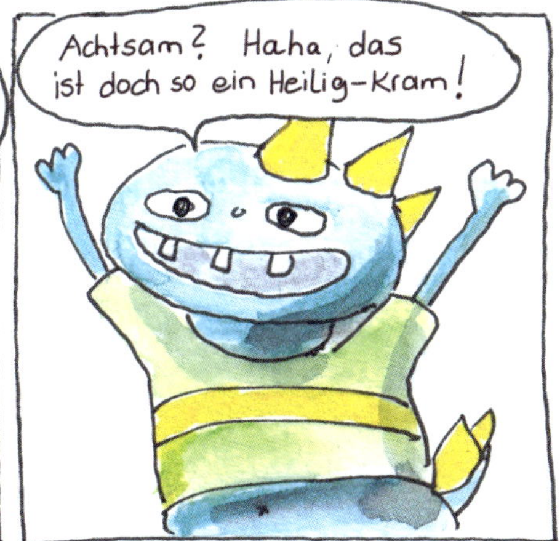
Achtsam? Haha, das ist doch so ein Heilig-Kram!

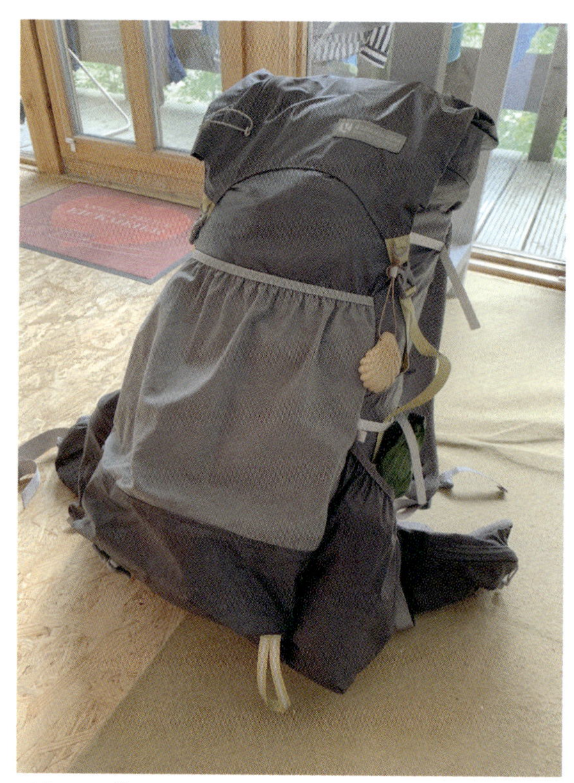

Neuer Rucksack

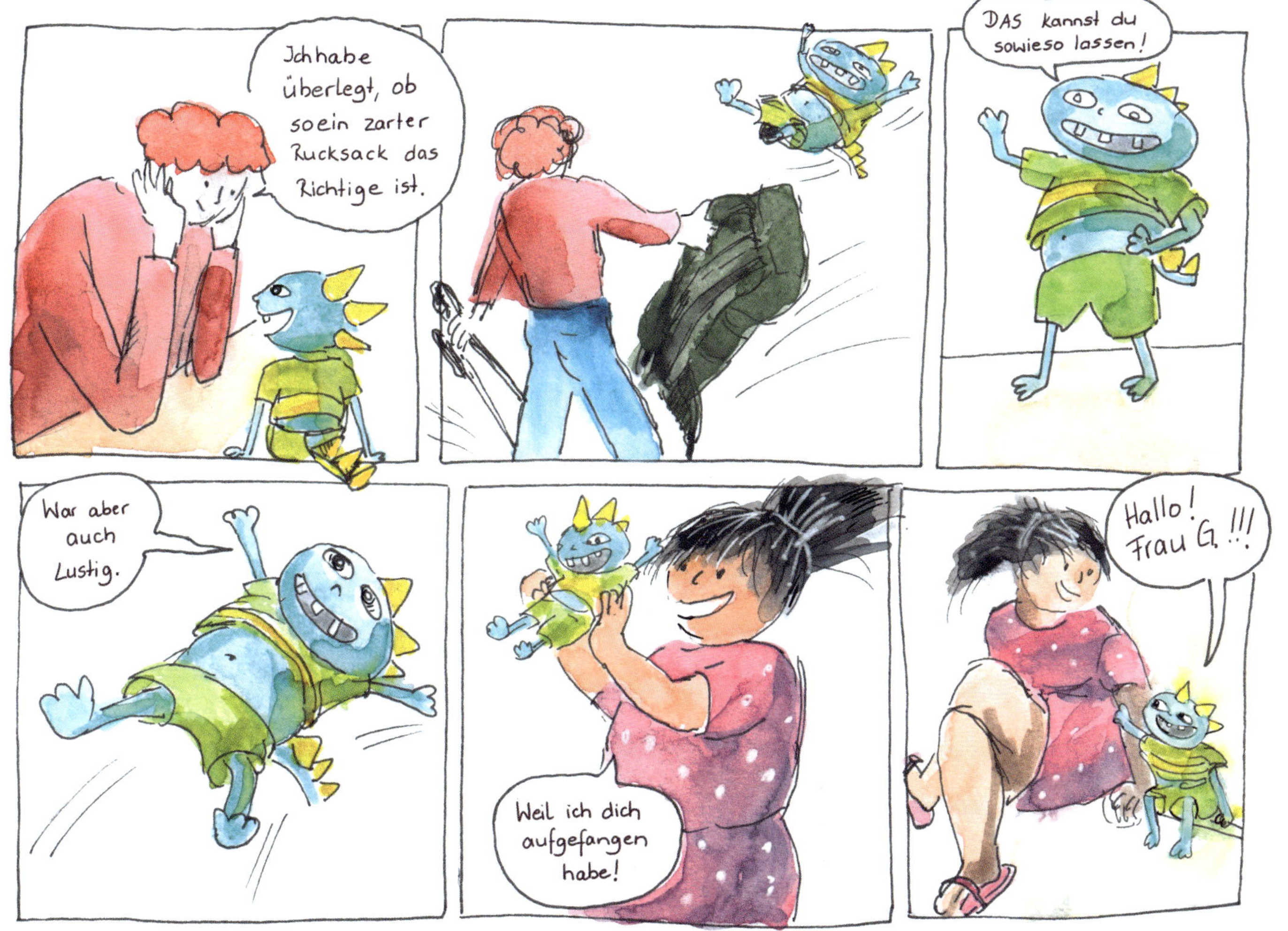
Jch habe überlegt, ob soein zarter Rucksack das Richtige ist.
DAS kannst du sowieso lassen!
War aber auch Lustig.
Weil ich dich aufgefangen habe!
Hallo! Frau G.!!!

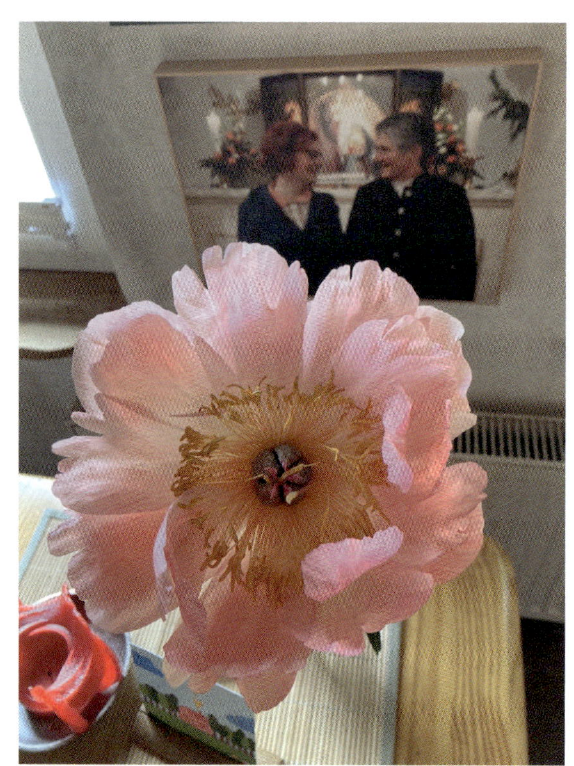

Küchentisch

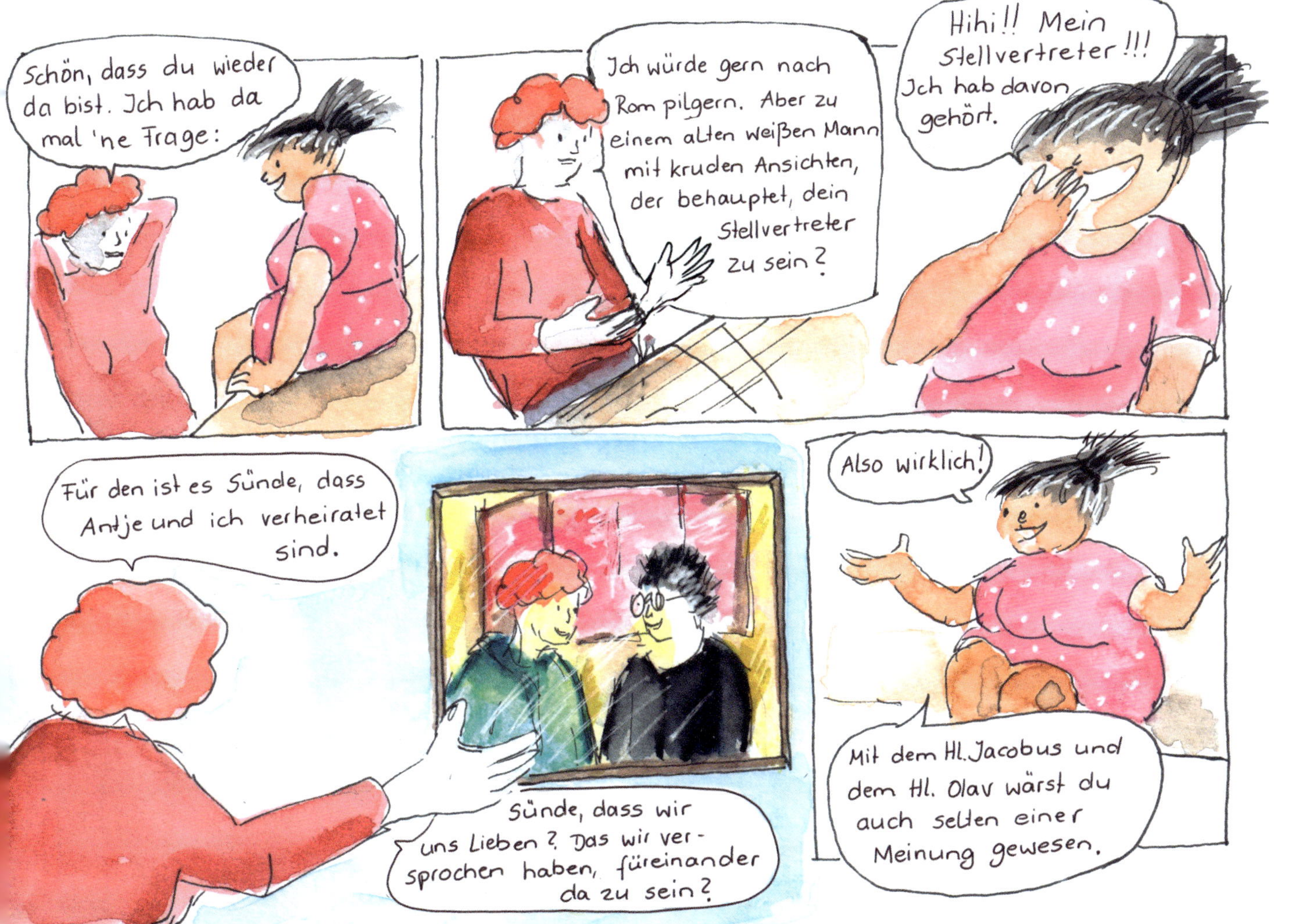
Schön, dass du wieder da bist. Jch hab da mal 'ne Frage:
Jch würde gern nach Rom pilgern. Aber zu einem alten weißen Mann mit kruden Ansichten, der behauptet, dein Stellvertreter zu sein?
Hihi!! Mein Stellvertreter!!! Jch hab davon gehört.
Für den ist es Sünde, dass Antje und ich verheiratet sind.
Sünde, dass wir uns Lieben? Das wir versprochen haben, füreinander da zu sein?
Also wirklich!
Mit dem Hl. Jacobus und dem Hl. Olav wärst du auch selten einer Meinung gewesen.

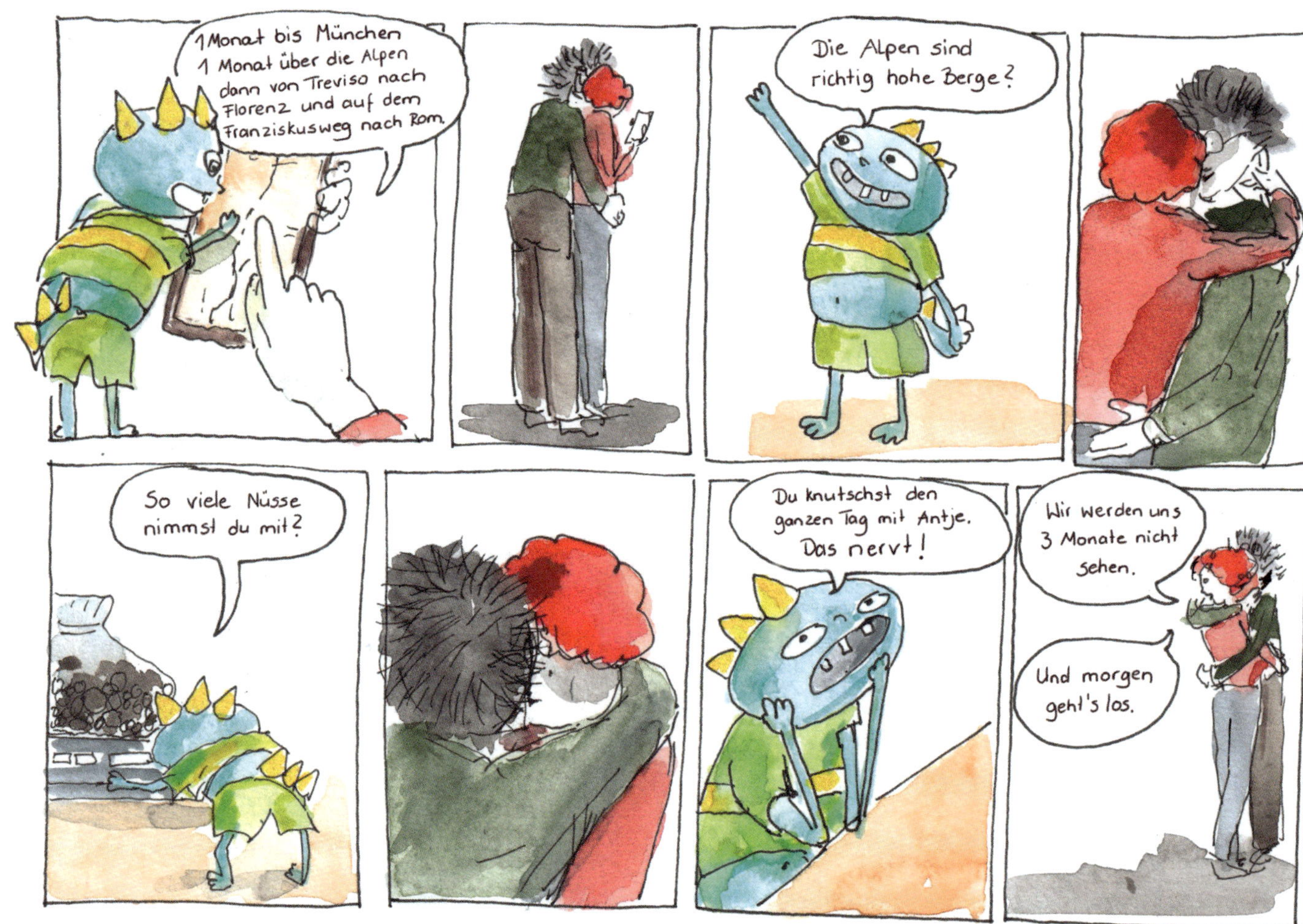
1 Monat bis München
1 Monat über die Alpen
dann von Treviso nach
Florenz und auf dem
Franziskusweg nach Rom.
Die Alpen sind
richtig hohe Berge?
So viele Nüsse
nimmst du mit?
Du knutschst den
ganzen Tag mit Antje.
Das nervt!
Wir werden uns
3 Monate nicht
sehen.
Und morgen
geht's los.

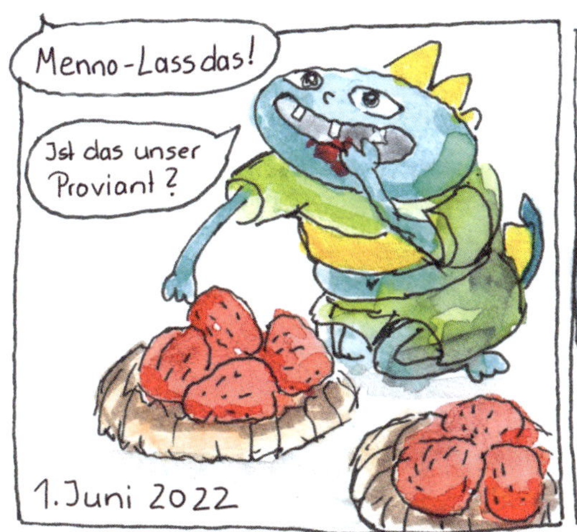

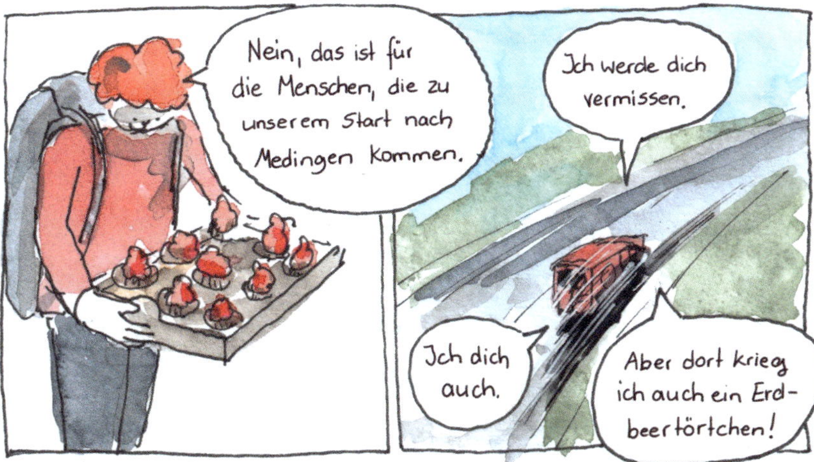

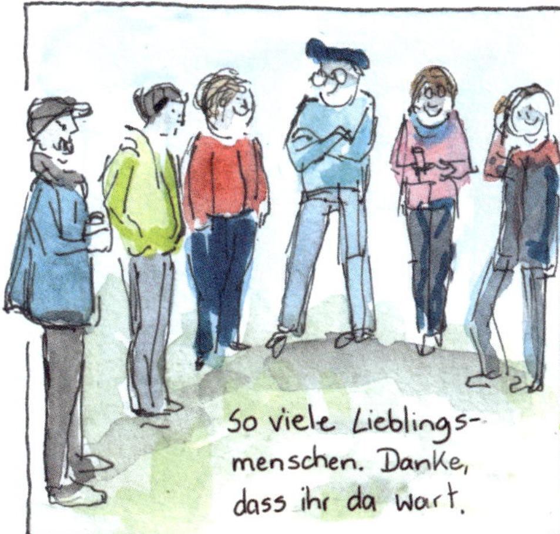

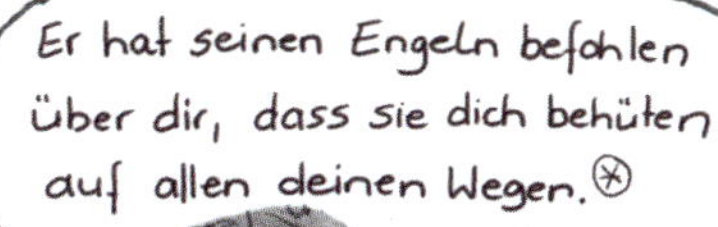

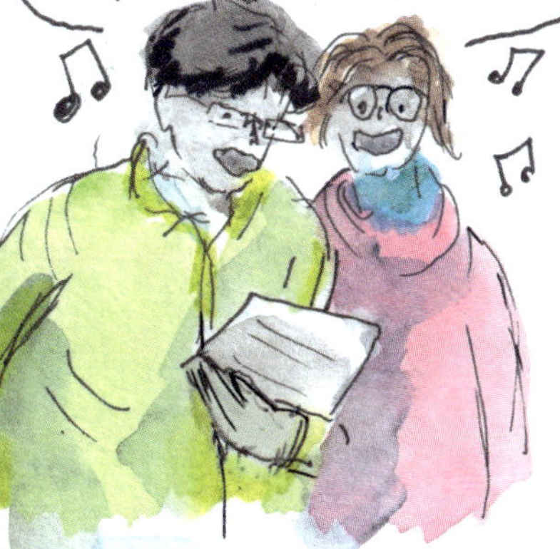

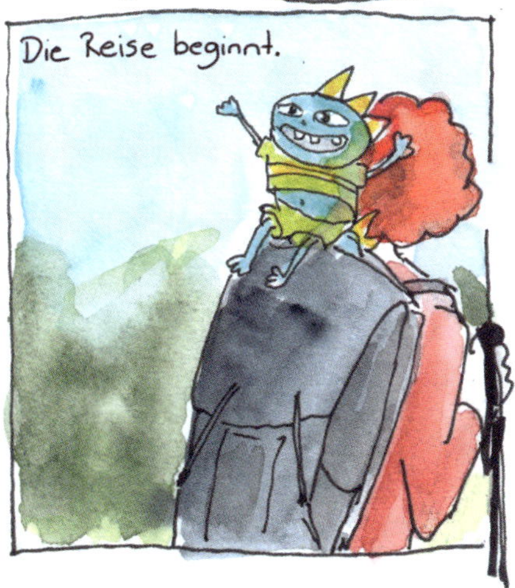

*Psalm 91, 11-12

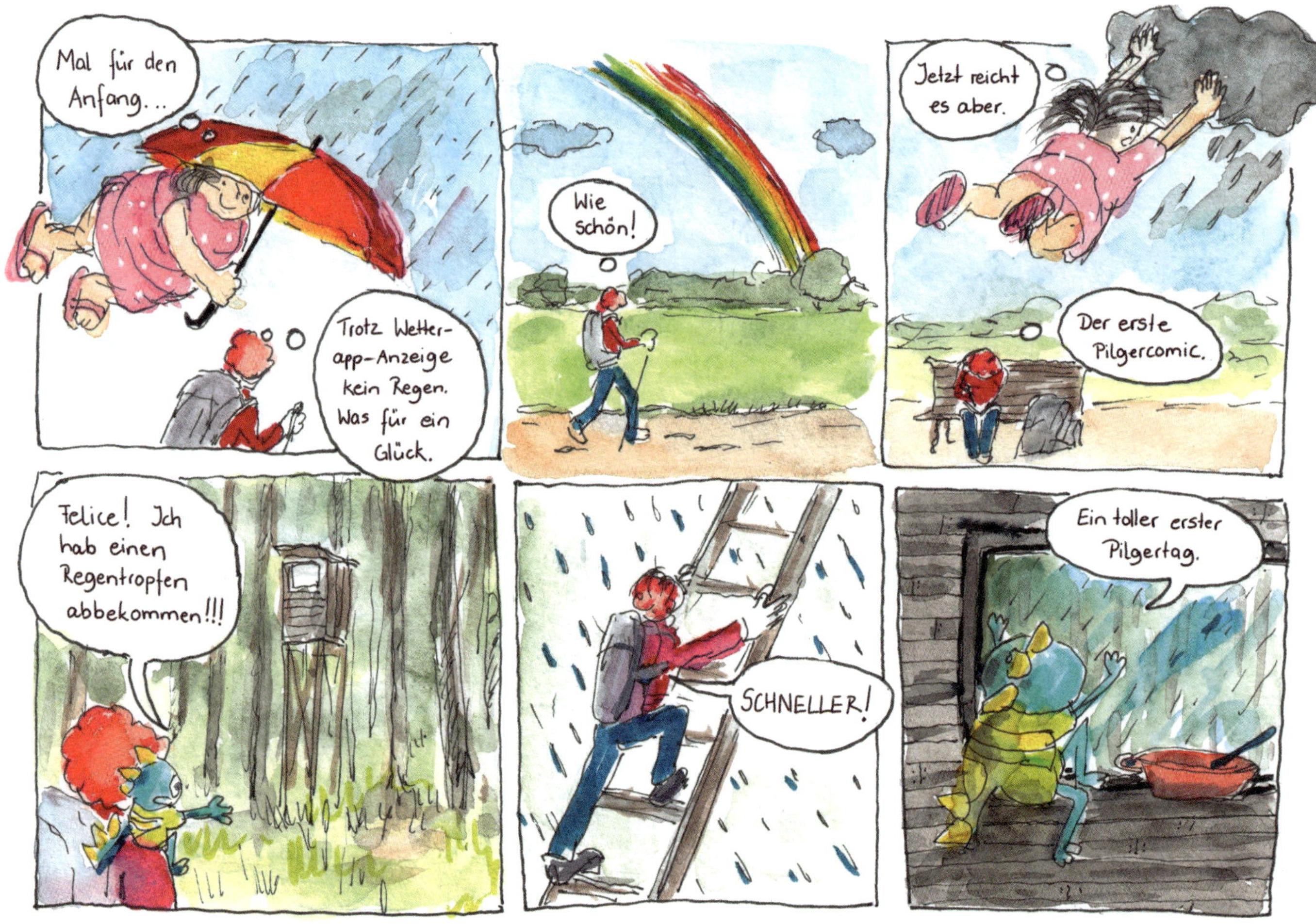
Mal für den Anfang...
Trotz Wetter-app-Anzeige kein Regen. Was für ein Glück.
Wie schön!
Jetzt reicht es aber.
Der erste Pilgercomic.
Felice! Ich hab einen Regentropfen abbekommen!!!
SCHNELLER!
Ein toller erster Pilgertag.

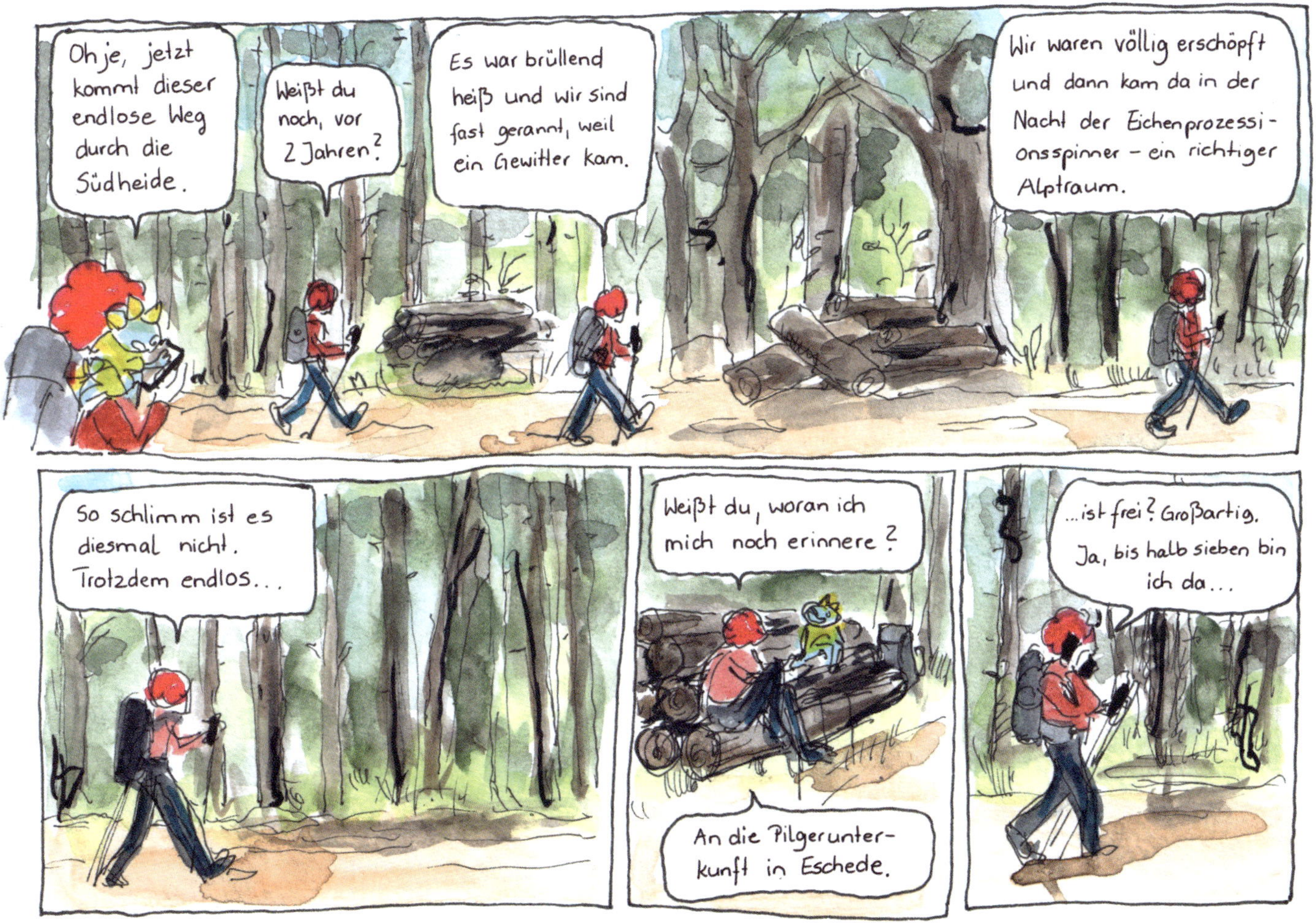

Oh je, jetzt kommt dieser endlose Weg durch die Südheide.
Weißt du noch, vor 2 Jahren?
Es war brüllend heiß und wir sind fast gerannt, weil ein Gewitter kam.
Wir waren völlig erschöpft und dann kam da in der Nacht der Eichenprozessionsspinner – ein richtiger Alptraum.

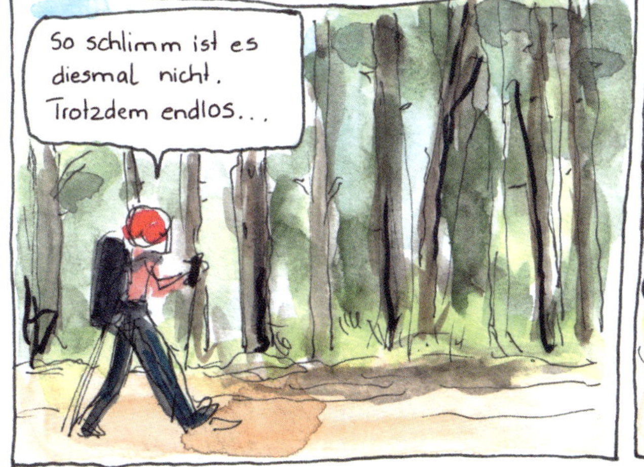

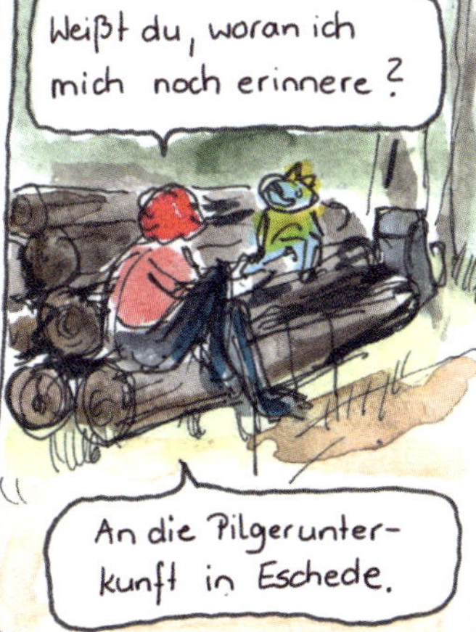

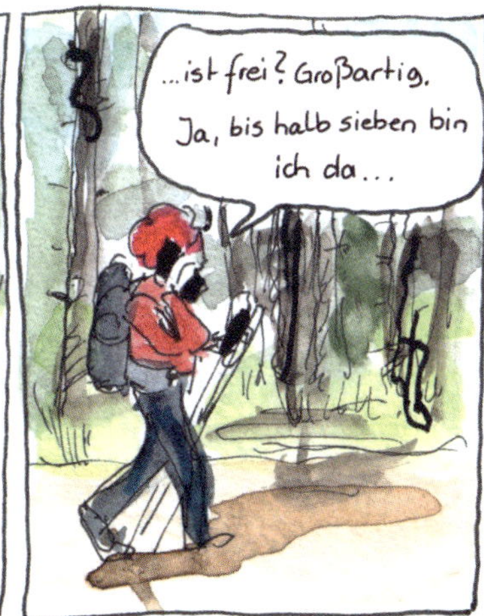

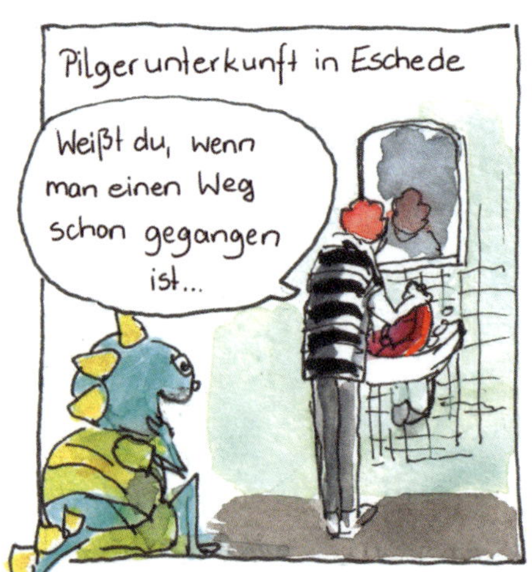
Pilgerunterkunft in Eschede
Weißt du, wenn man einen Weg schon gegangen ist...

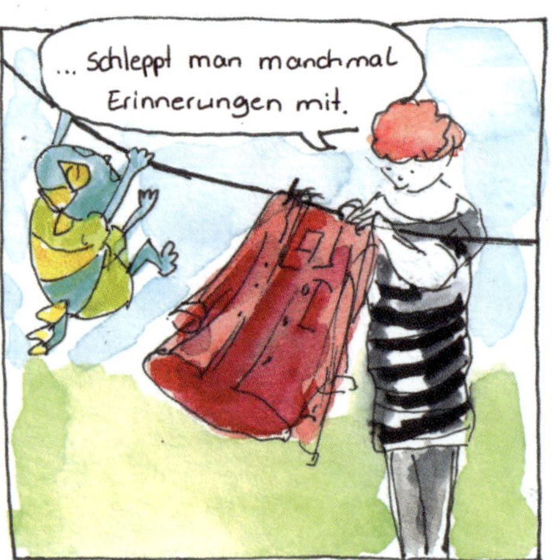
... schleppt man manchmal Erinnerungen mit.

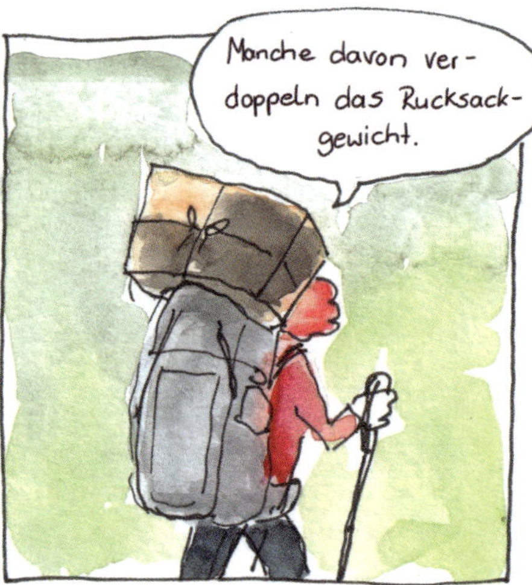
Manche davon verdoppeln das Rucksackgewicht.

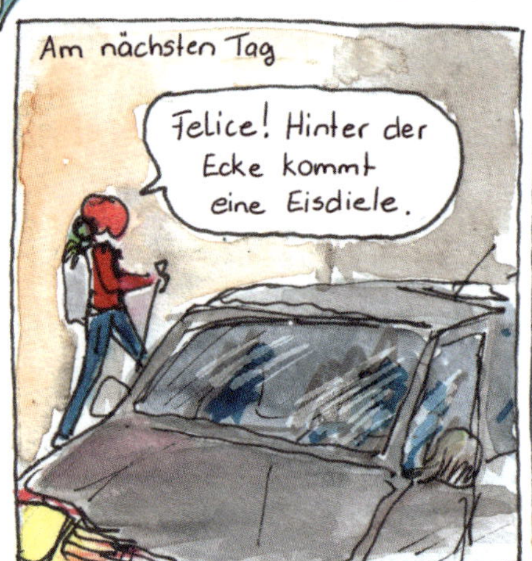
Am nächsten Tag
Felice! Hinter der Ecke kommt eine Eisdiele.

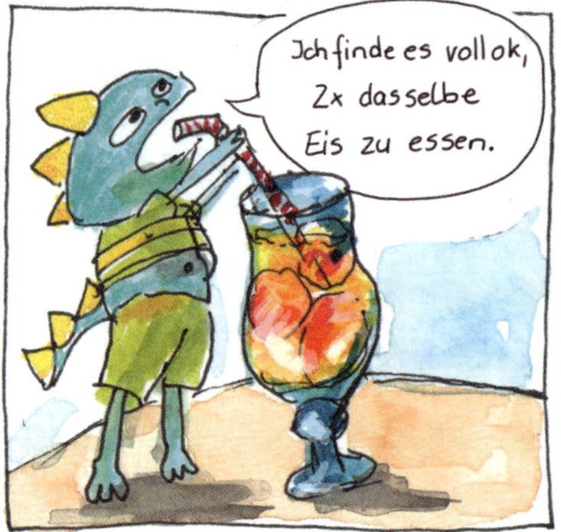
Ich finde es voll ok, 2x dasselbe Eis zu essen.

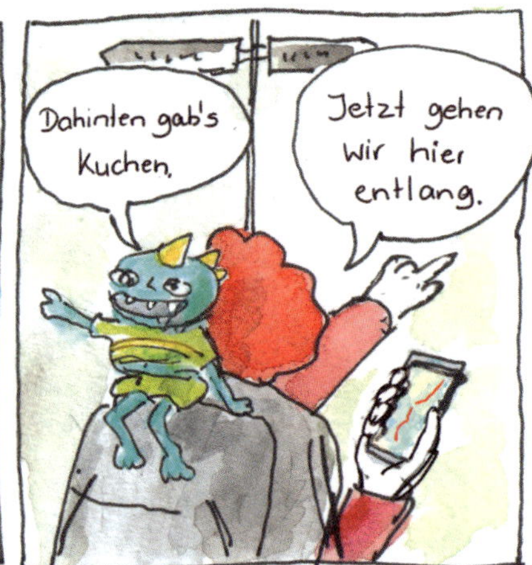
Dahinten gab's Kuchen.
Jetzt gehen wir hier entlang.

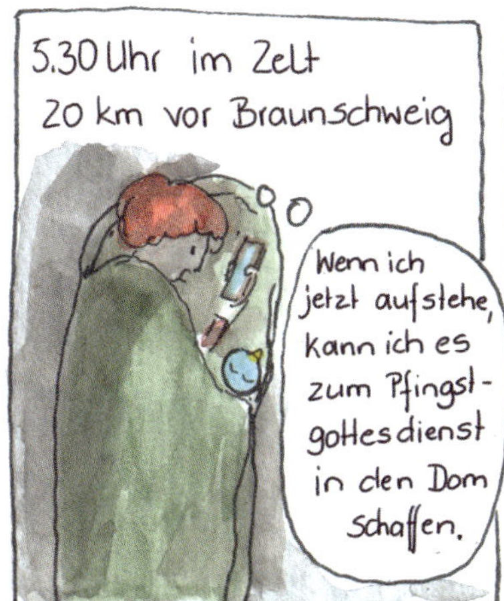
5.30 Uhr im Zelt
20 km vor Braunschweig
Wenn ich jetzt aufstehe, kann ich es zum Pfingstgottesdienst in den Dom schaffen.

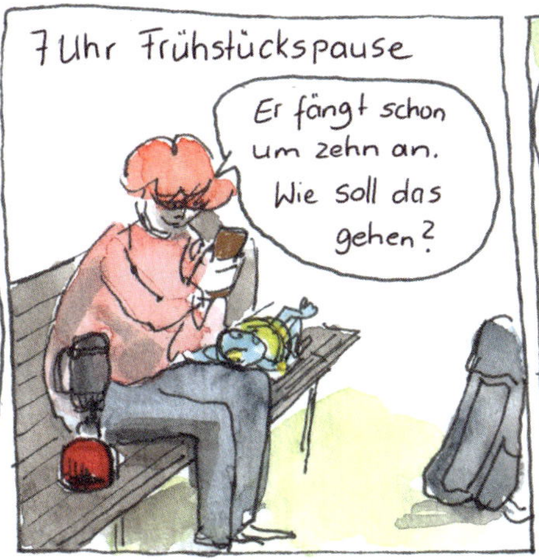
7 Uhr Frühstückspause
Er fängt schon um zehn an. Wie soll das gehen?

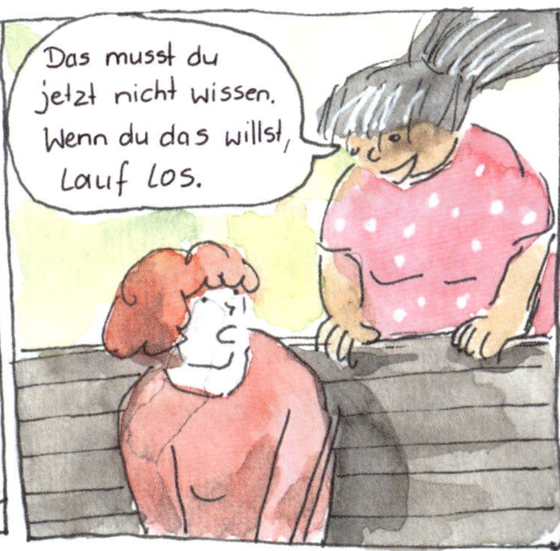
Das musst du jetzt nicht wissen. Wenn du das willst, lauf los.

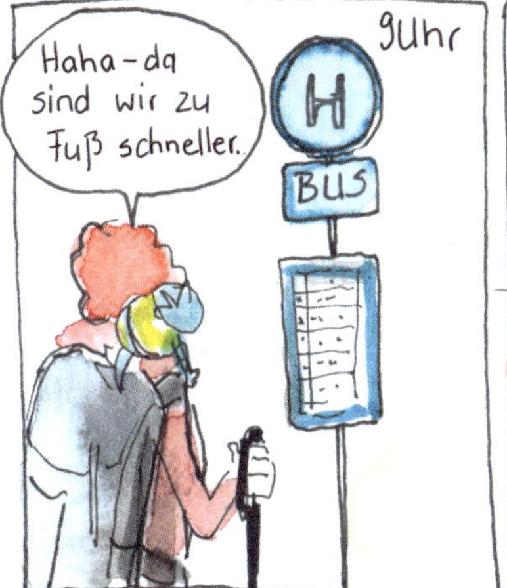
9 Uhr
Haha – da sind wir zu Fuß schneller.
H
BUS

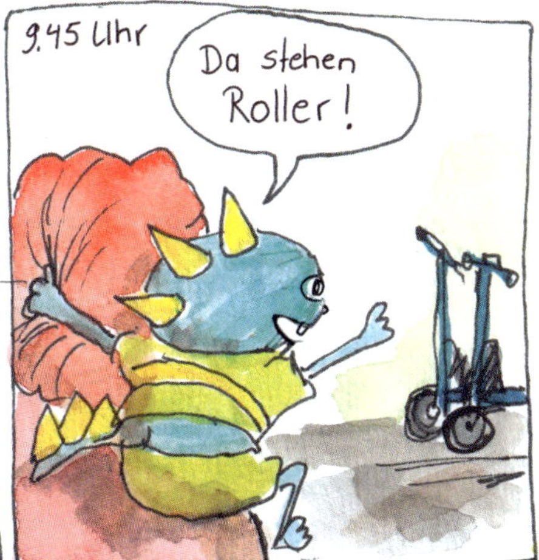
9.45 Uhr
Da stehen Roller!

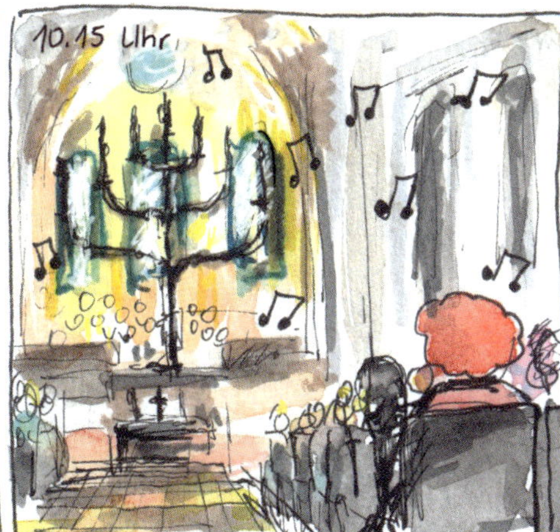
10.15 Uhr

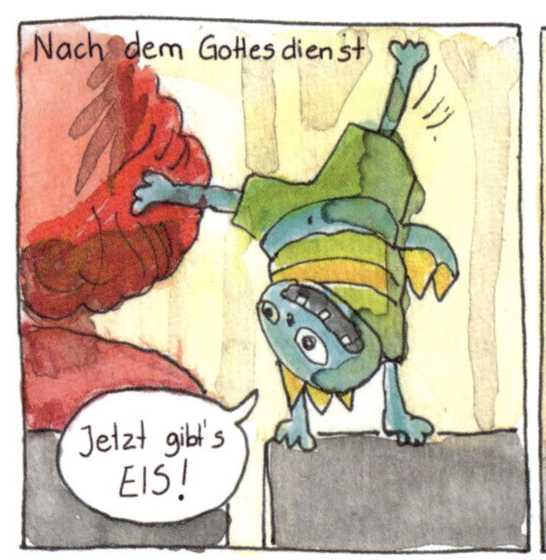
Nach dem Gottesdienst
Jetzt gibt's EIS!

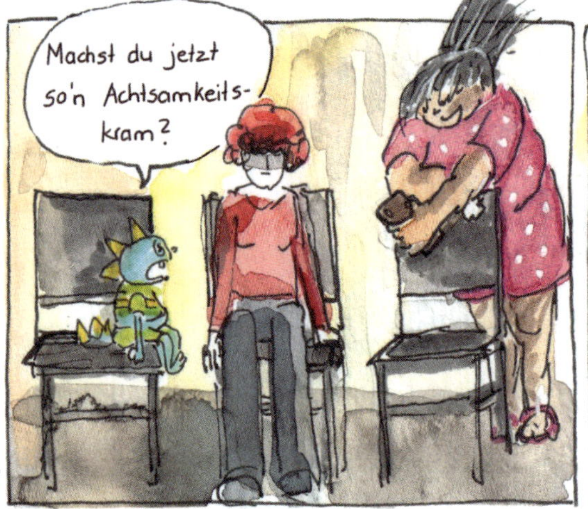
Machst du jetzt so'n Achtsamkeits-kram?

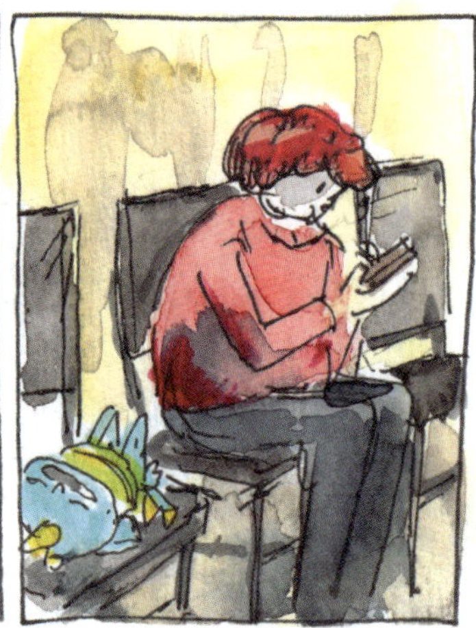

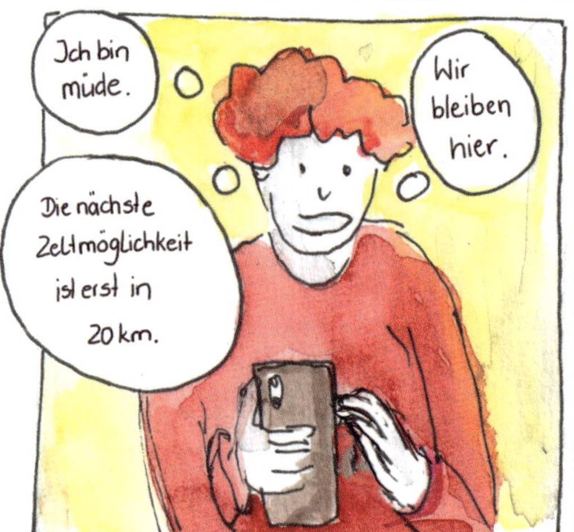
Ich bin müde.
Wir bleiben hier.
Die nächste Zeltmöglichkeit ist erst in 20 km.

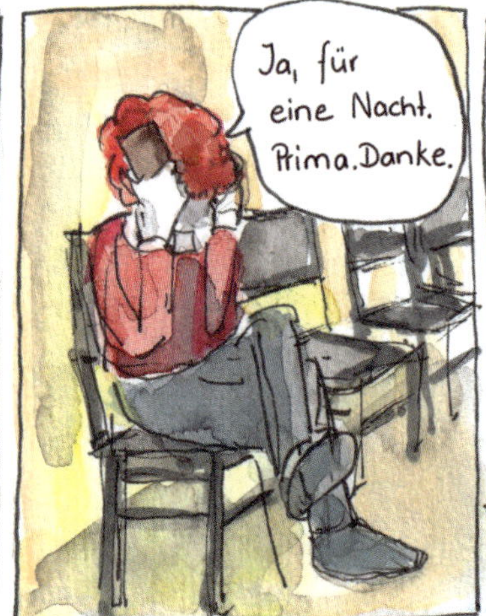
Ja, für eine Nacht. Prima. Danke.

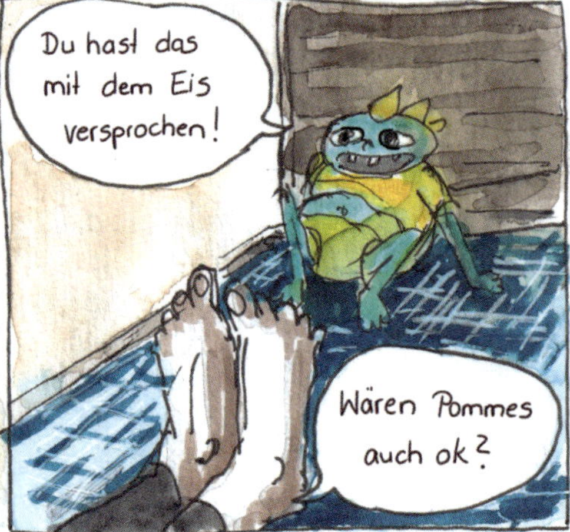
Du hast das mit dem Eis versprochen!
Wären Pommes auch ok?

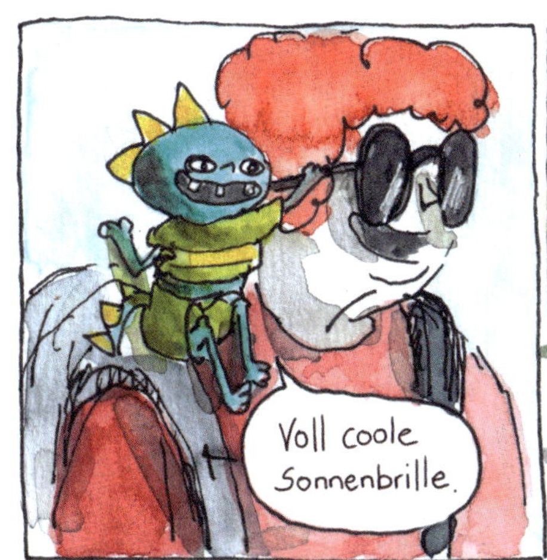
Voll coole Sonnenbrille.
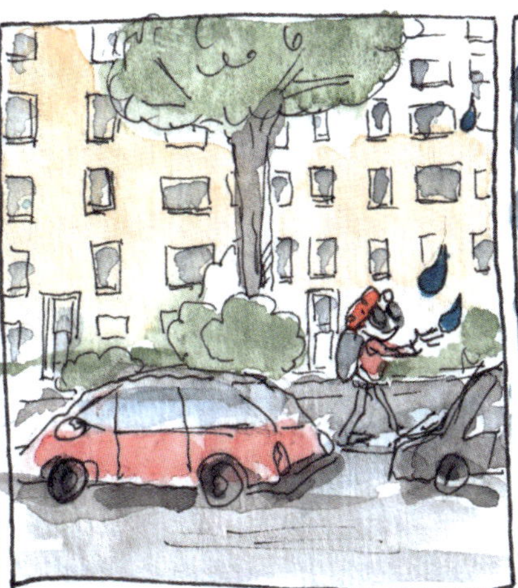
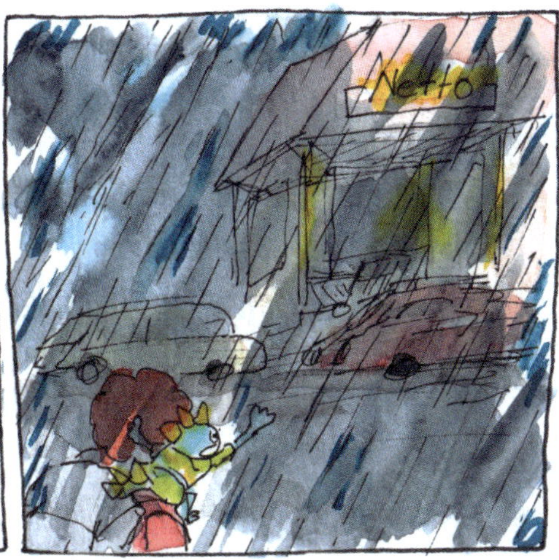
Netto
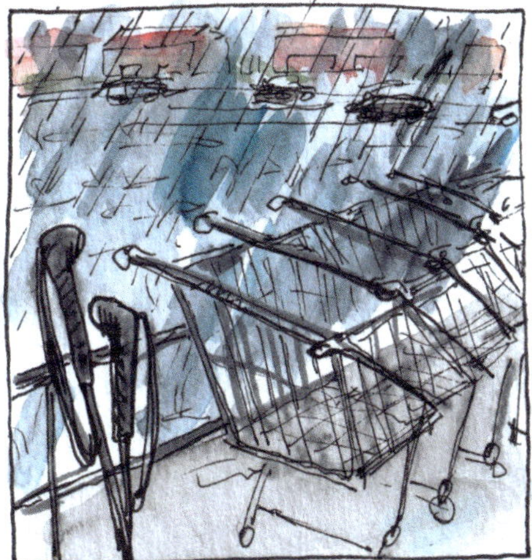
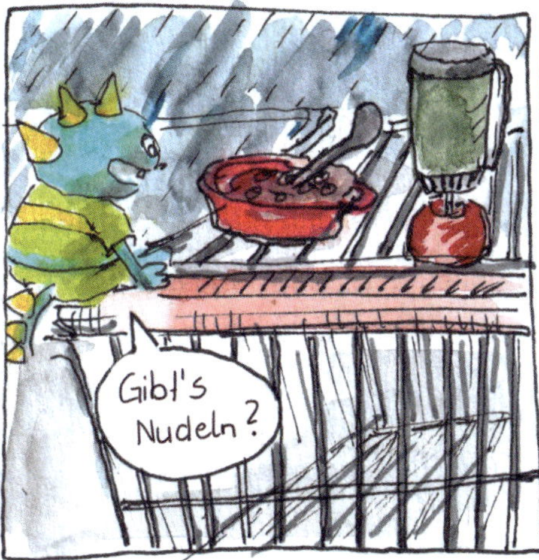
Gibt's Nudeln?
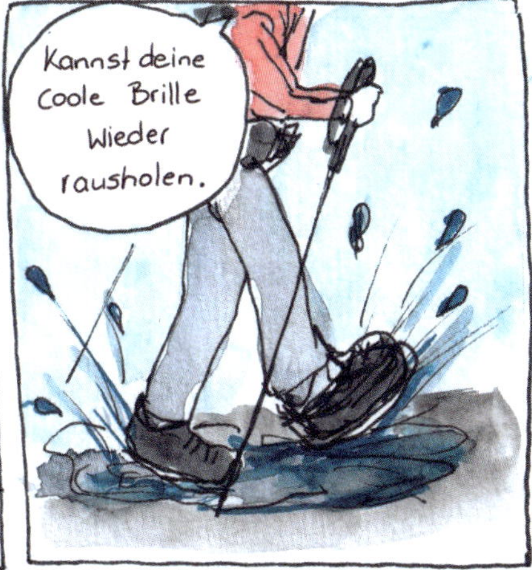
Kannst deine Coole Brille wieder rausholen.

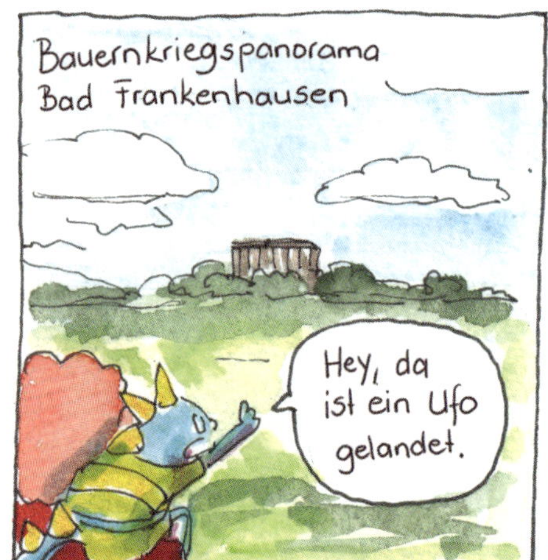
Bauernkriegspanorama
Bad Frankenhausen
Hey, da ist ein Ufo gelandet.

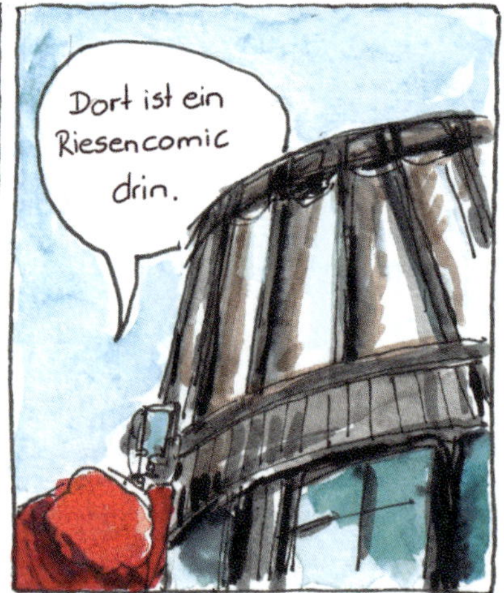
Dort ist ein Riesencomic drin.

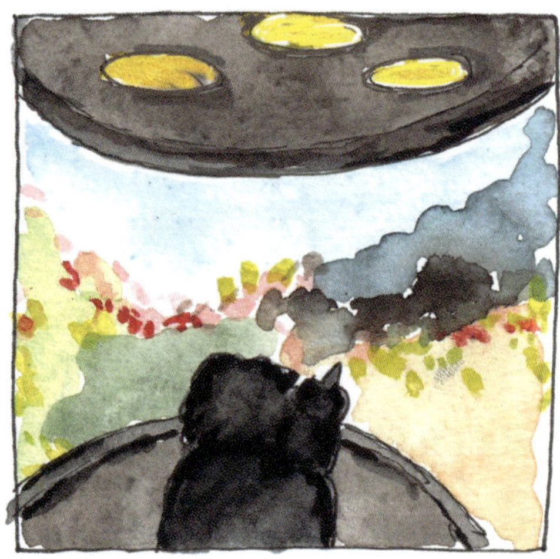

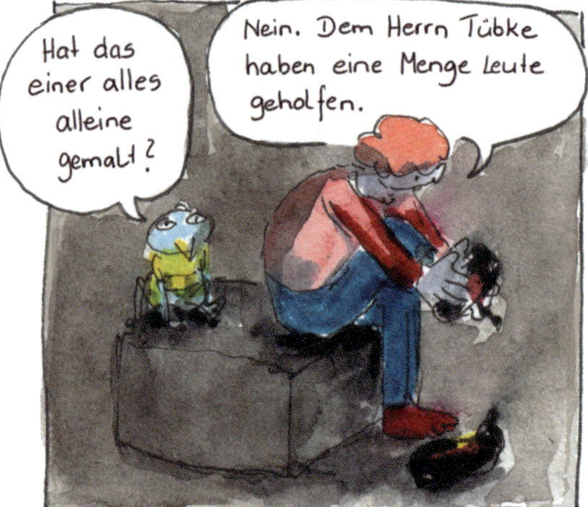
Hat das einer alles alleine gemalt?
Nein. Dem Herrn Tübke haben eine Menge Leute geholfen.

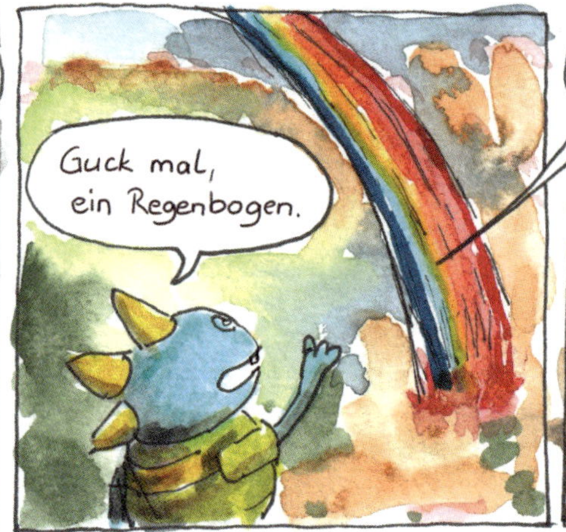
Guck mal, ein Regenbogen.

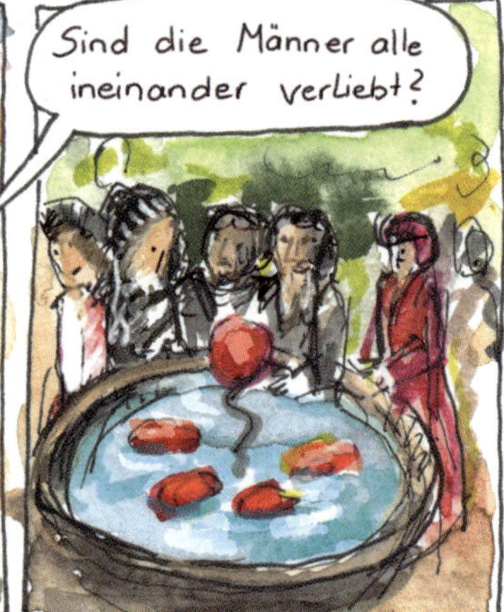
Sind die Männer alle ineinander verliebt?

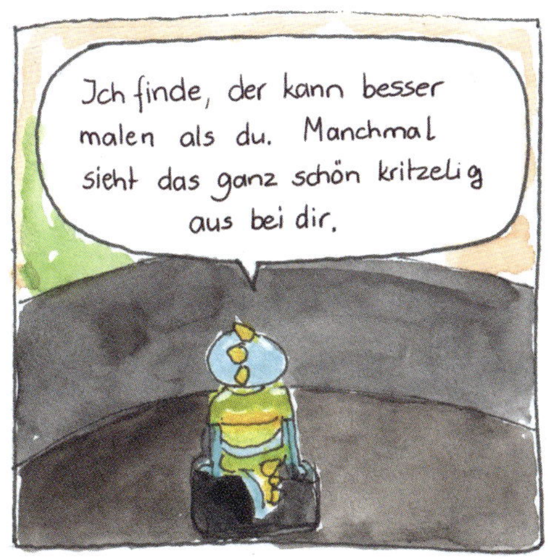
Jch finde, der kann besser malen als du. Manchmal sieht das ganz schön kritzelig aus bei dir.

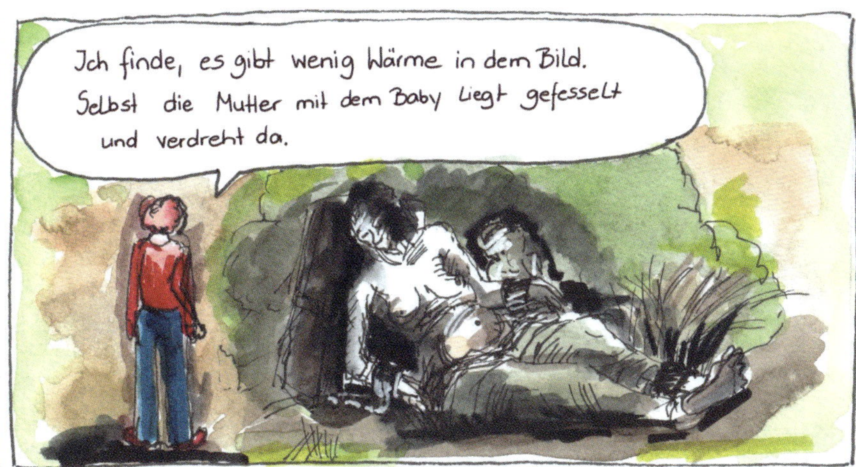
Jch finde, es gibt wenig Wärme in dem Bild. Selbst die Mutter mit dem Baby liegt gefesselt und verdreht da.

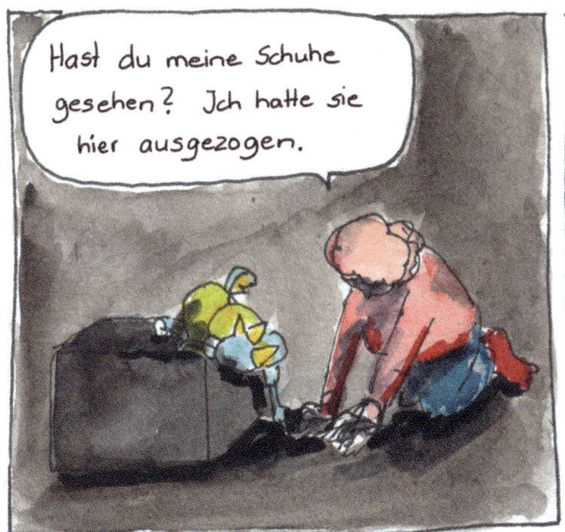
Hast du meine Schuhe gesehen? Jch hatte sie hier ausgezogen.

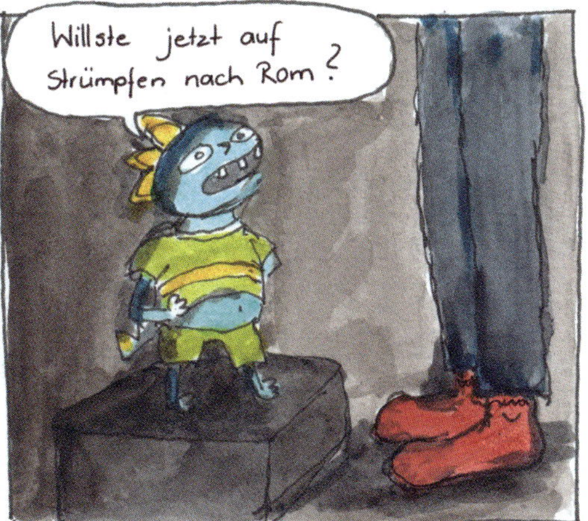
Willste jetzt auf Strümpfen nach Rom?

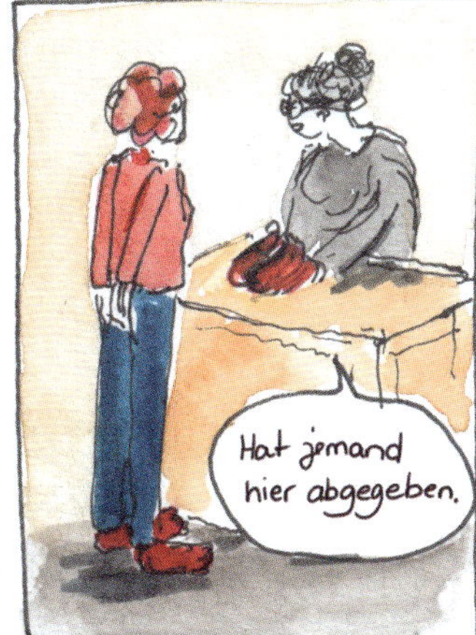
Hat jemand hier abgegeben.

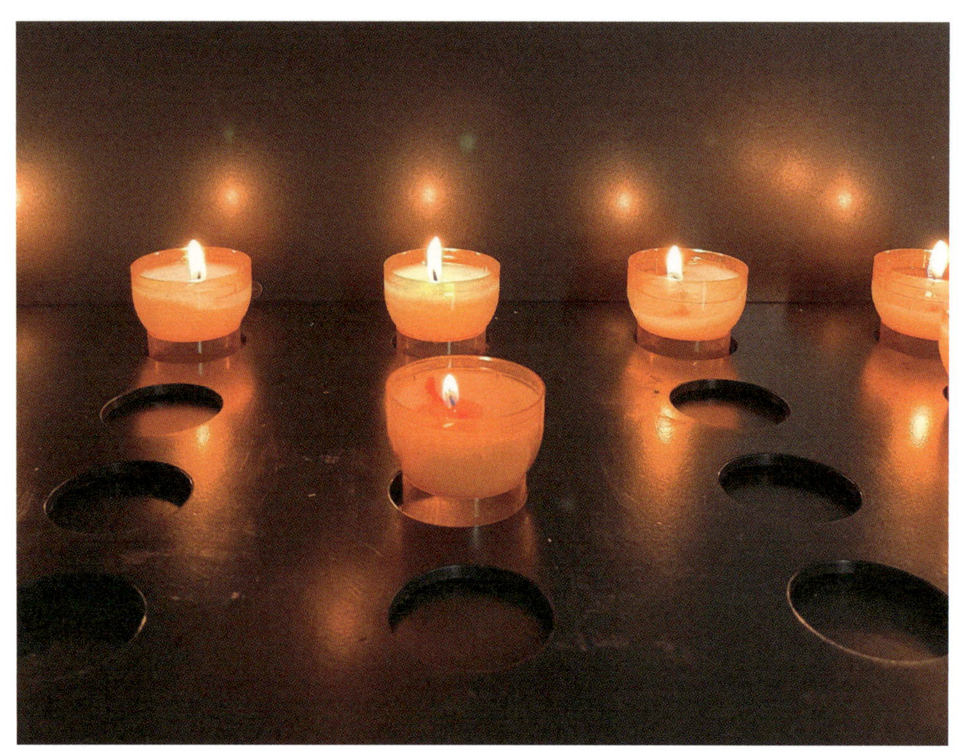

Jm Dom

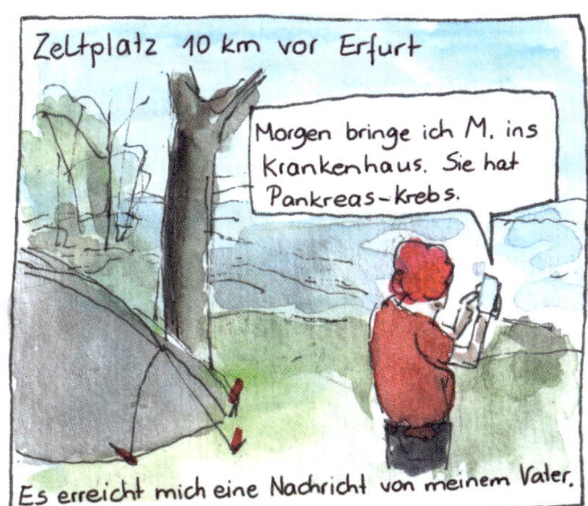
Zeltplatz 10 km vor Erfurt
Morgen bringe ich M. ins Krankenhaus. Sie hat Pankreas-Krebs.
Es erreicht mich eine Nachricht von meinem Vater.

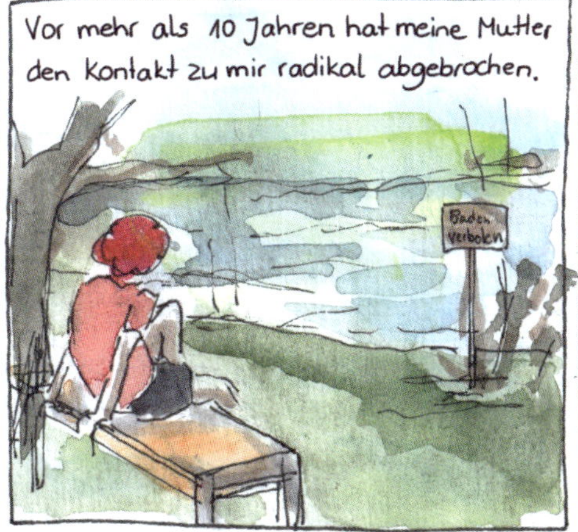
Vor mehr als 10 Jahren hat meine Mutter den Kontakt zu mir radikal abgebrochen.
Baden verboten

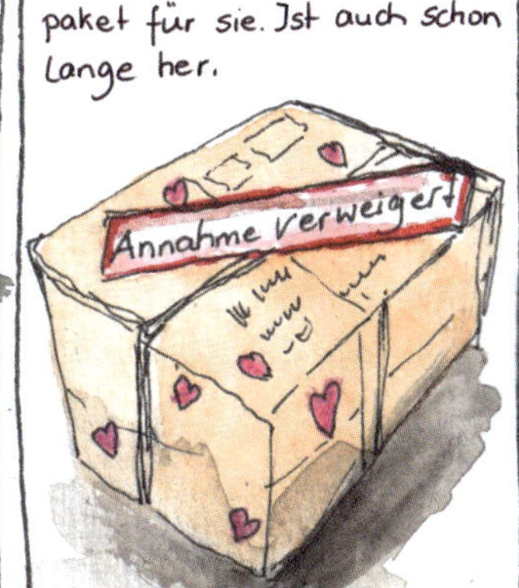
Mein letztes Geburtstags-paket für sie. Jst auch schon lange her.
Annahme verweigert

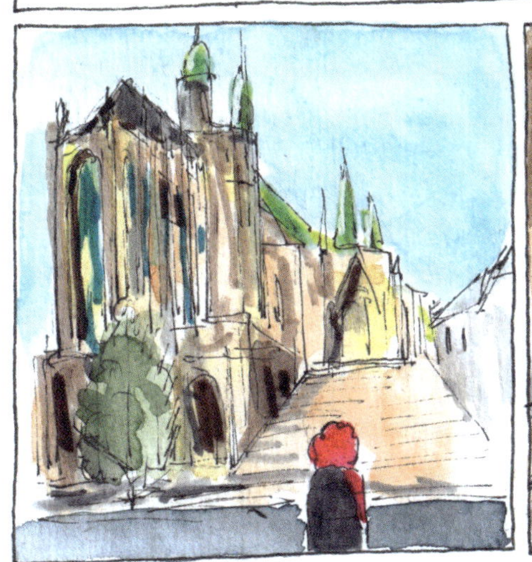

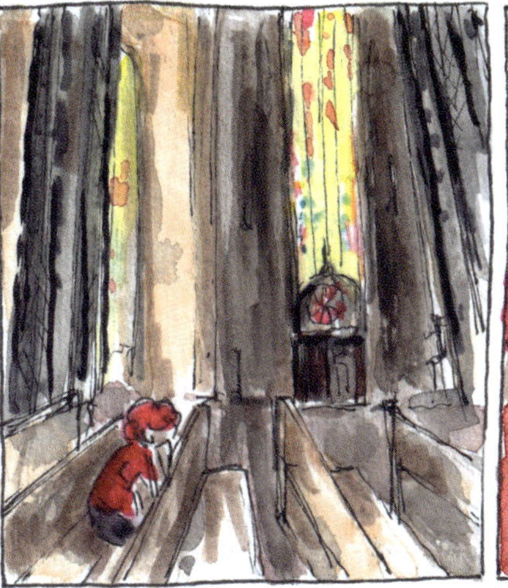

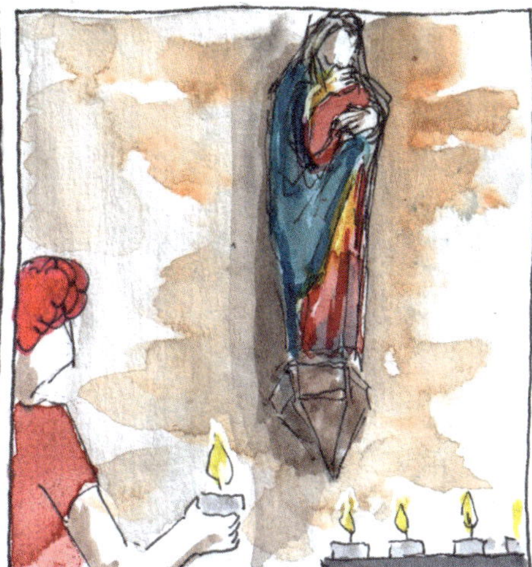

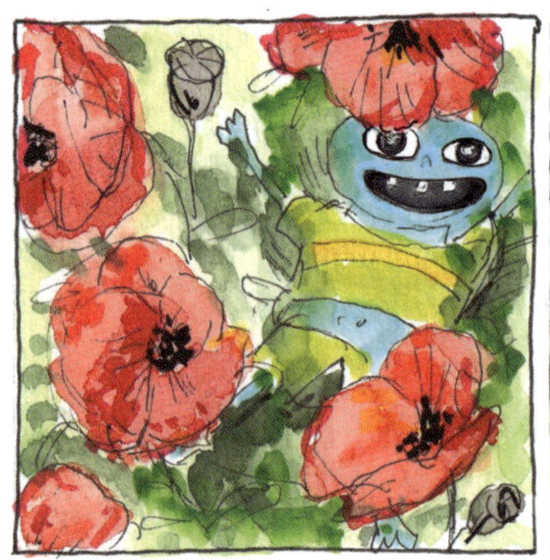

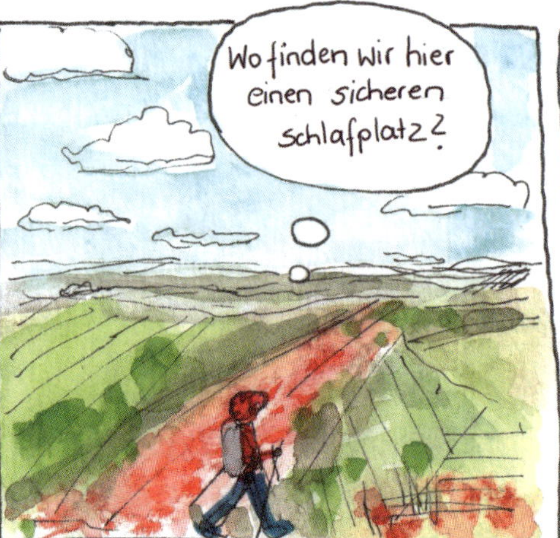
Wo finden wir hier einen sicheren schlafplatz?

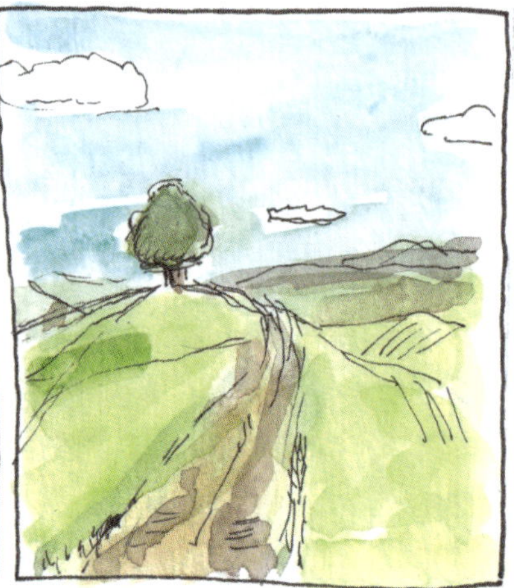

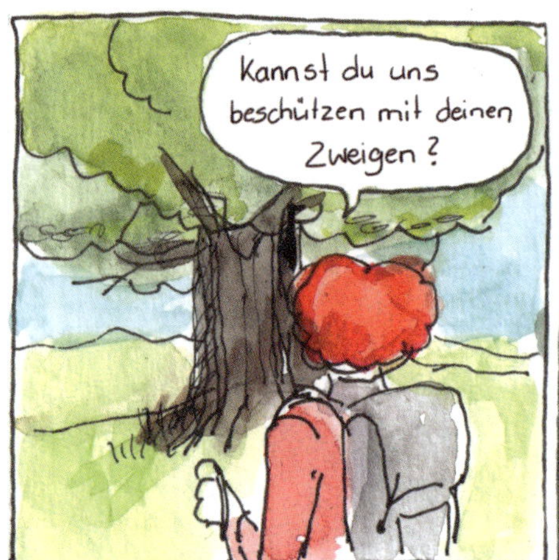
Kannst du uns beschützen mit deinen Zweigen?

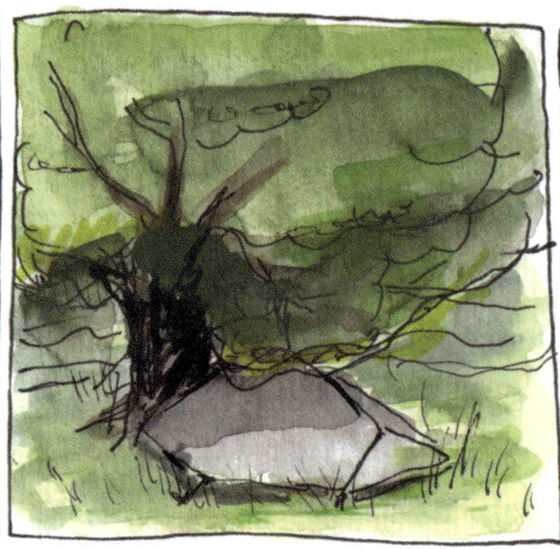

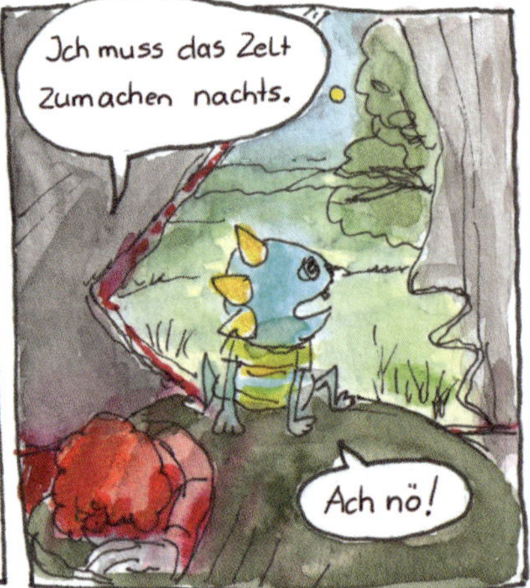
Jch muss das Zelt zumachen nachts.
Ach nö!

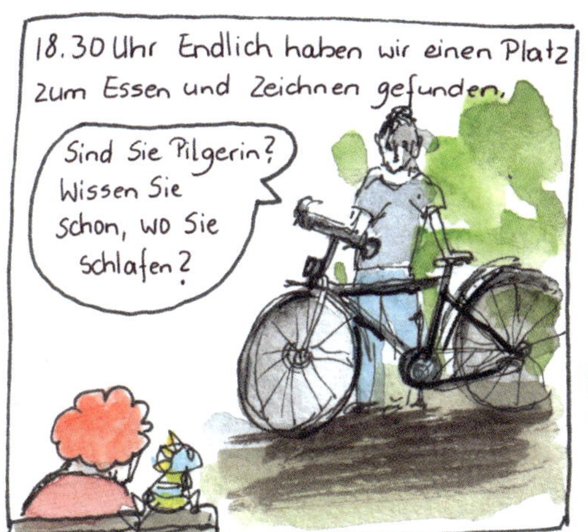
18.30 Uhr Endlich haben wir einen Platz zum Essen und Zeichnen gefunden.
Sind Sie Pilgerin? Wissen Sie schon, wo Sie schlafen?

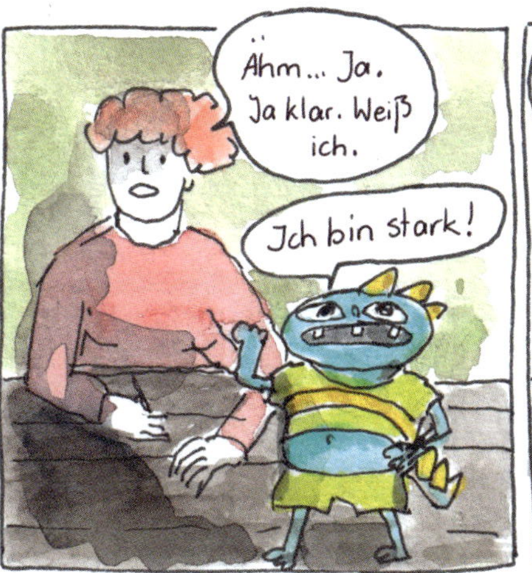
Ähm... Ja. Ja klar. Weiß ich.
Jch bin stark!

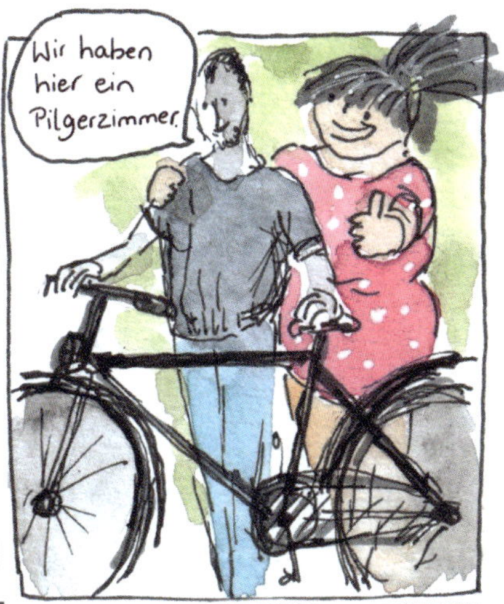
Wir haben hier ein Pilgerzimmer.

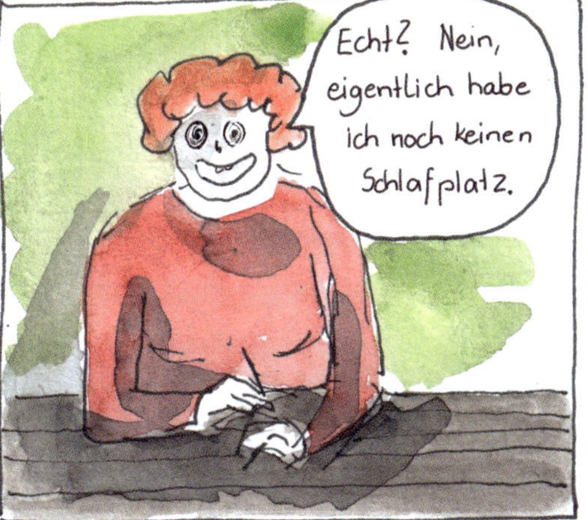
Echt? Nein, eigentlich habe ich noch keinen Schlafplatz.

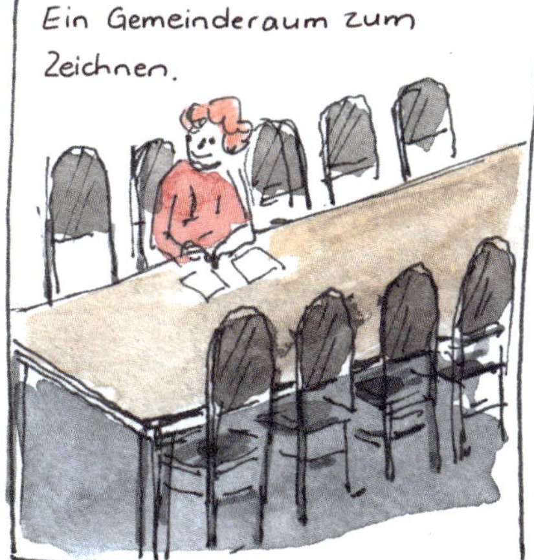
Ein Gemeinderaum zum Zeichnen.

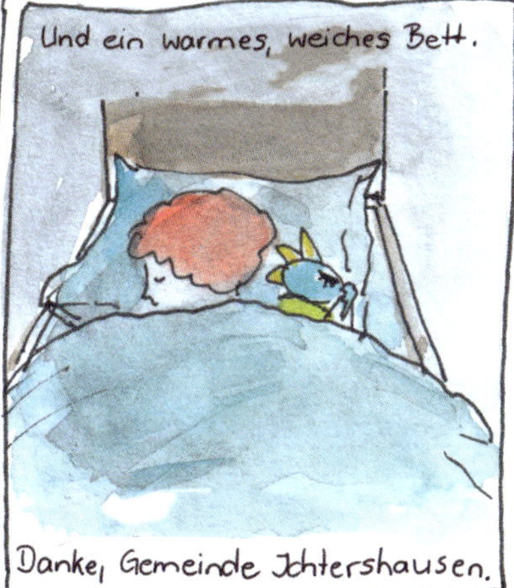
Und ein warmes, weiches Bett.
Danke, Gemeinde Jchtershausen.

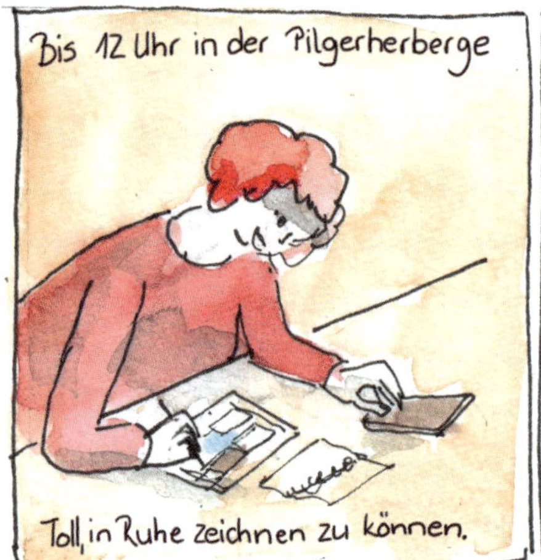
Bis 12 Uhr in der Pilgerherberge
Toll, in Ruhe zeichnen zu können.

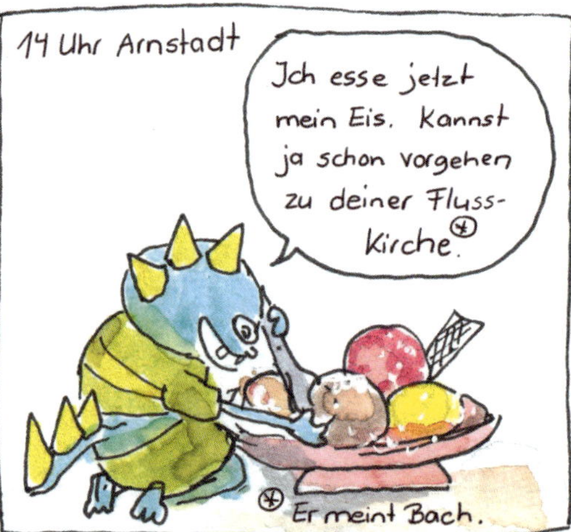
14 Uhr Arnstadt
Jch esse jetzt mein Eis. Kannst ja schon vorgehen zu deiner Fluss-Kirche.*
* Er meint Bach.

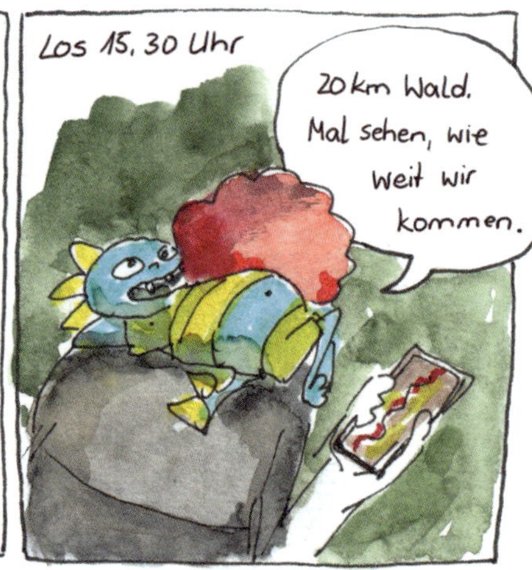
Los 15.30 Uhr
20 km Wald. Mal sehen, wie weit wir kommen.

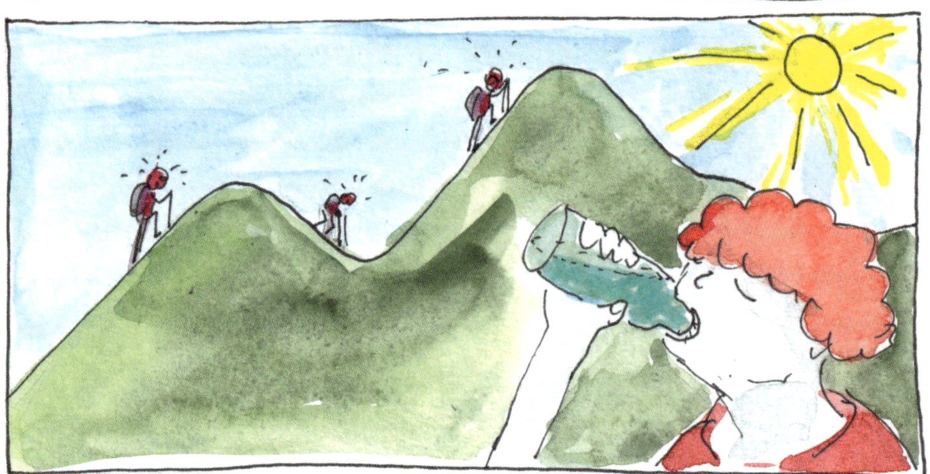

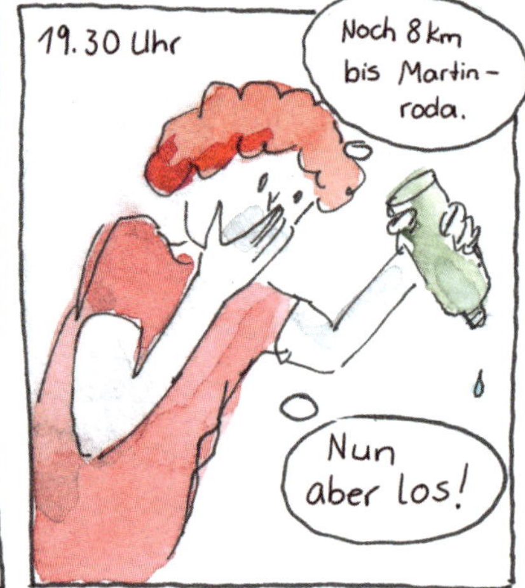
19.30 Uhr
Noch 8 km bis Martin-roda.
Nun aber los!

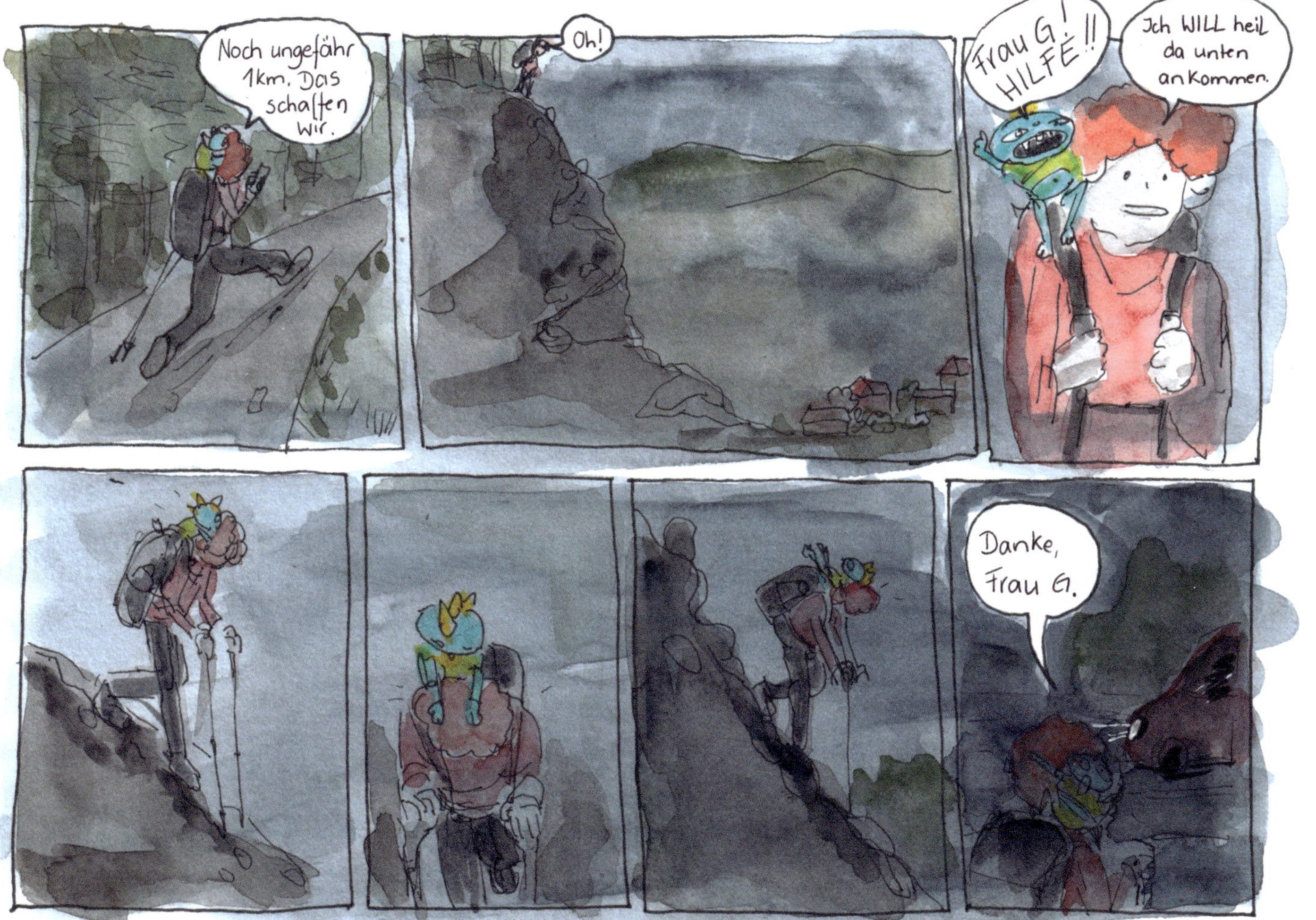
Noch ungefähr 1km. Das schaffen wir.
Oh!
Frau G! HILFE!!
Jch WILL heil da unten ankommen.
Danke, Frau G.

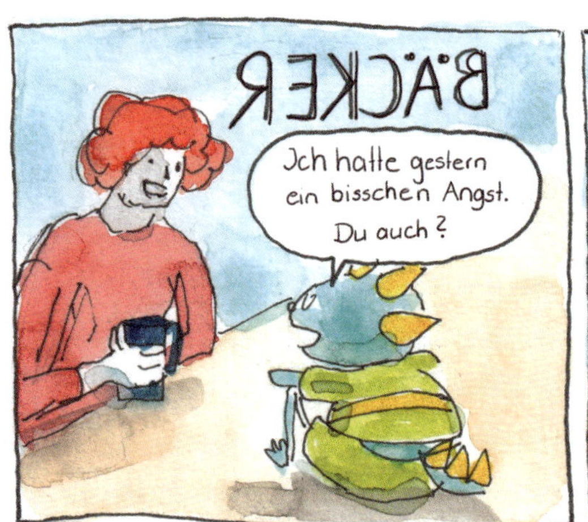
BÄCKER
Jch hatte gestern ein bisschen Angst. Du auch?

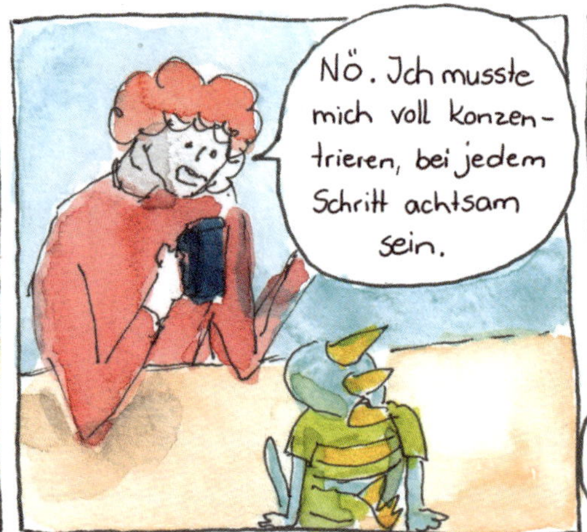
Nö. Jch musste mich voll konzentrieren, bei jedem Schritt achtsam sein.

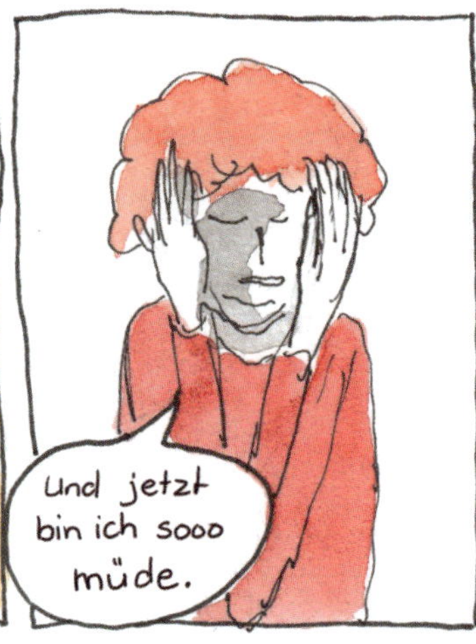
Und jetzt bin ich sooo müde.

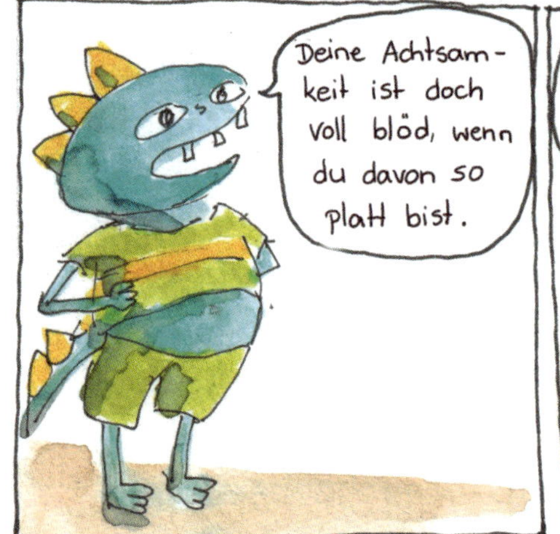
Deine Achtsamkeit ist doch voll blöd, wenn du davon so platt bist.

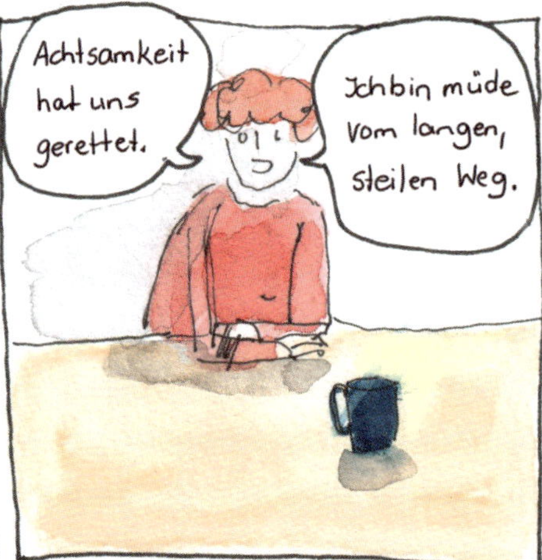
Achtsamkeit hat uns gerettet.
Jch bin müde vom langen, steilen Weg.

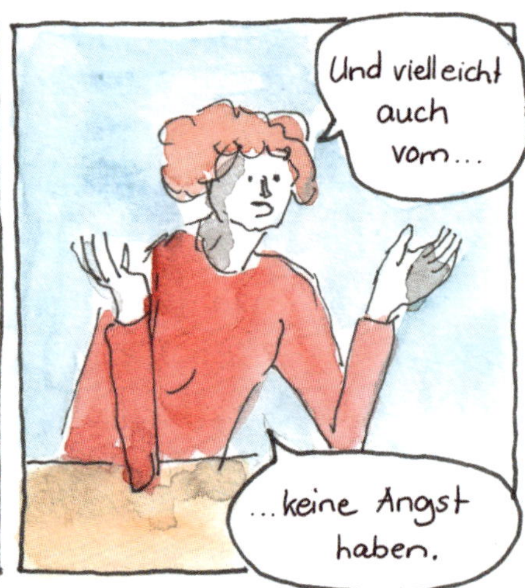
Und vielleicht auch vom...
...keine Angst haben.

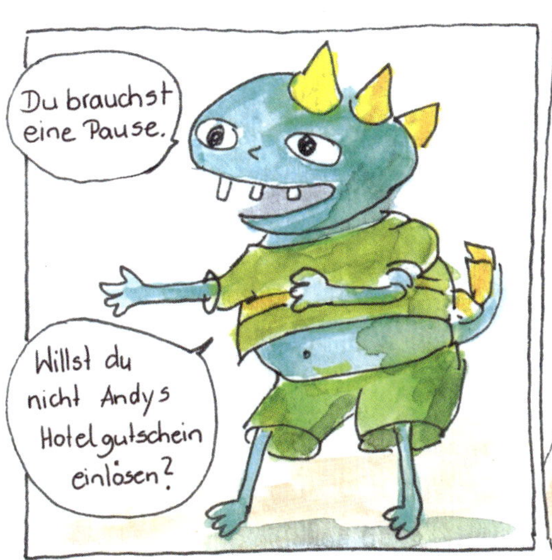
Du brauchst eine Pause.
Willst du nicht Andys Hotelgutschein einlösen?

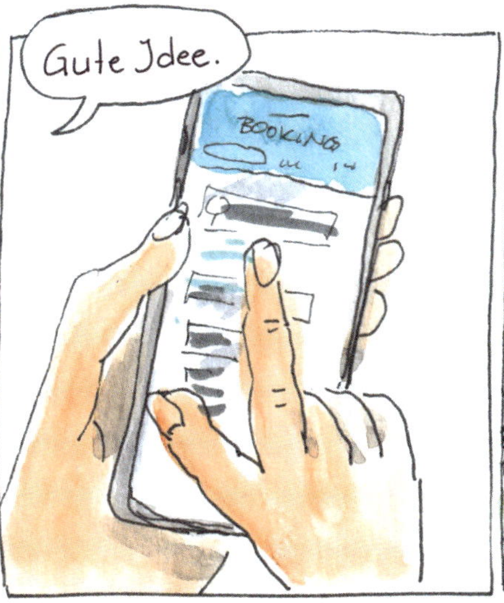
Gute Idee.
BOOKING

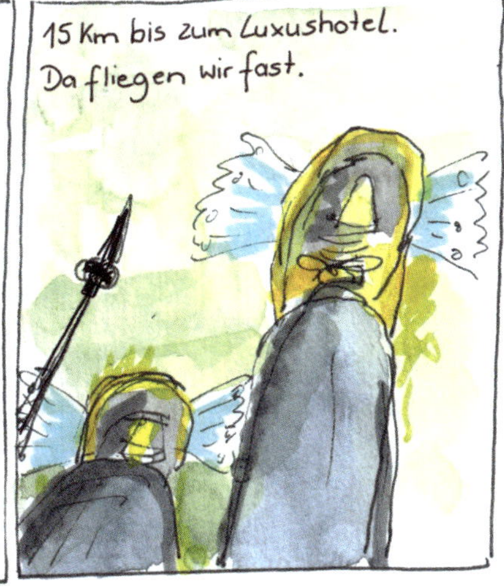
15 Km bis zum Luxushotel. Da fliegen wir fast.

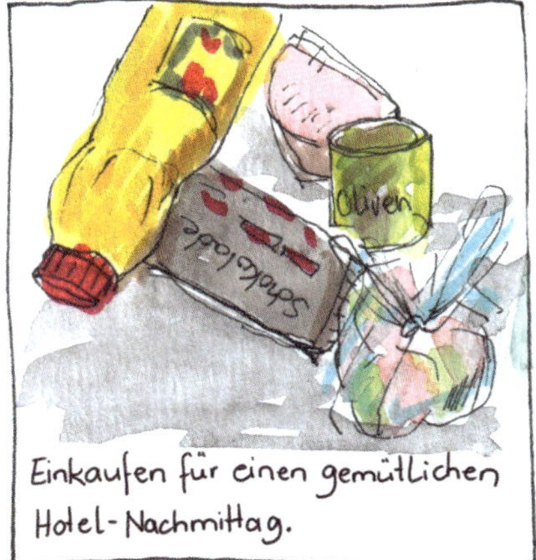
Oliven
Schokolade
Einkaufen für einen gemütlichen Hotel-Nachmittag.

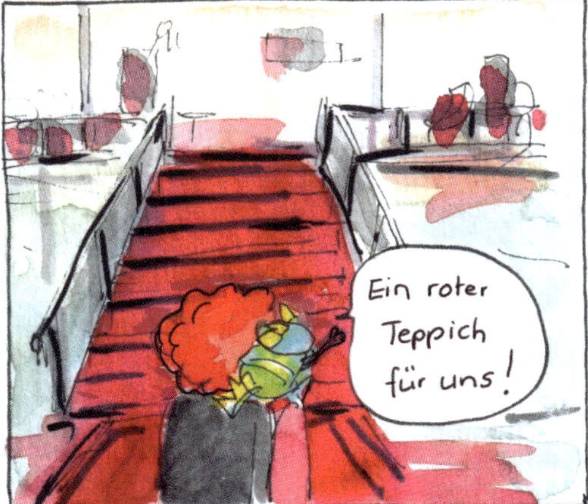
Ein roter Teppich für uns!

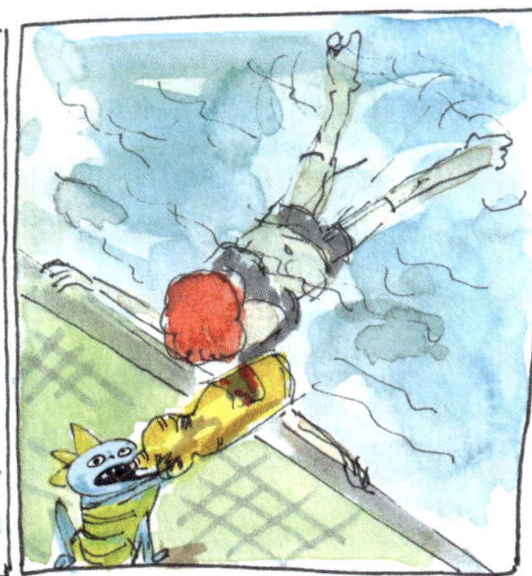

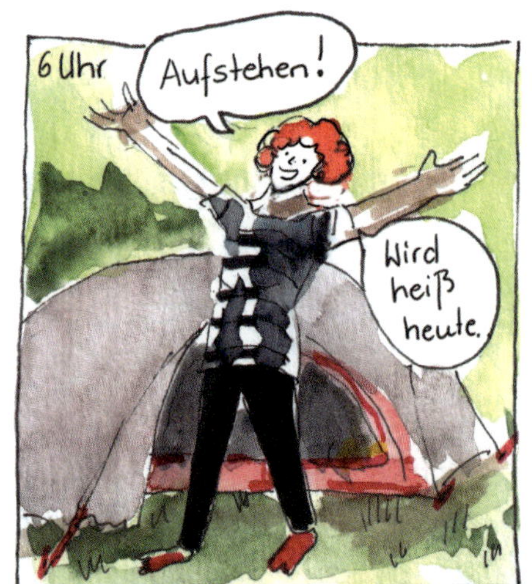
6 Uhr
Aufstehen!
Wird heiß heute.

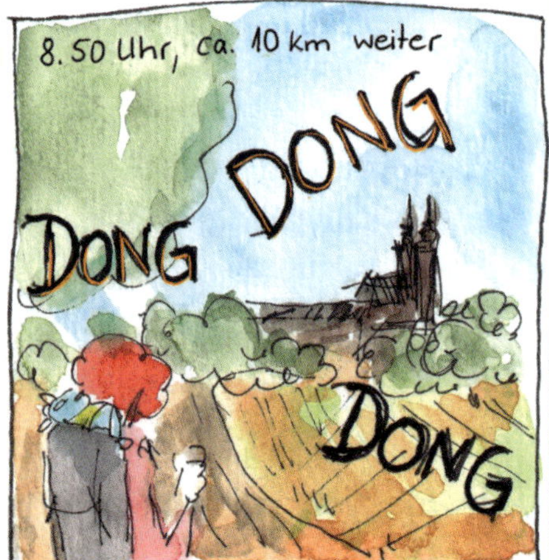
8.50 Uhr, ca. 10 km weiter
DONG
DONG
DONG

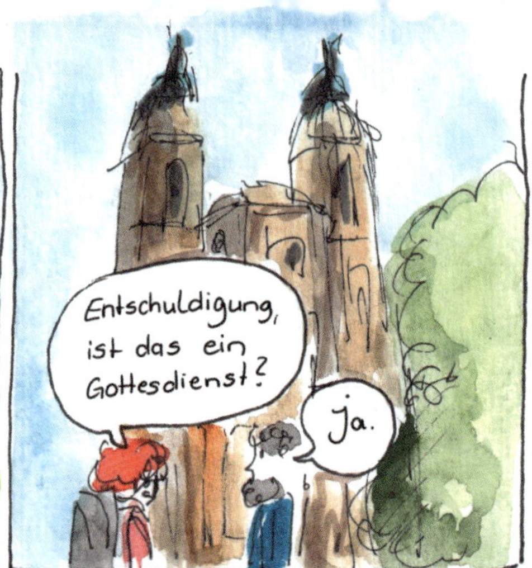
Entschuldigung, ist das ein Gottesdienst?
Ja.

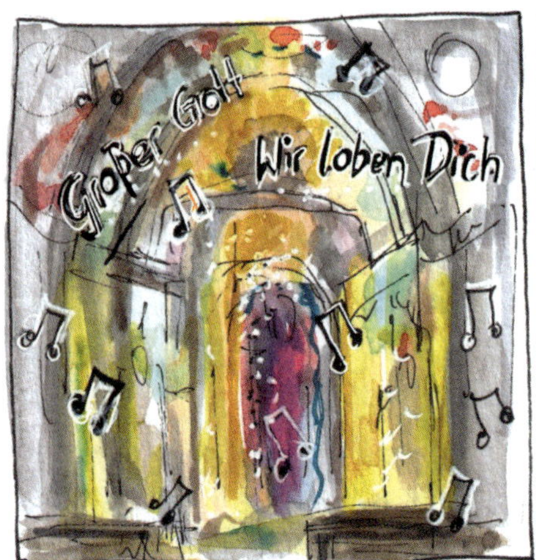
Großer Gott
Wir loben Dich

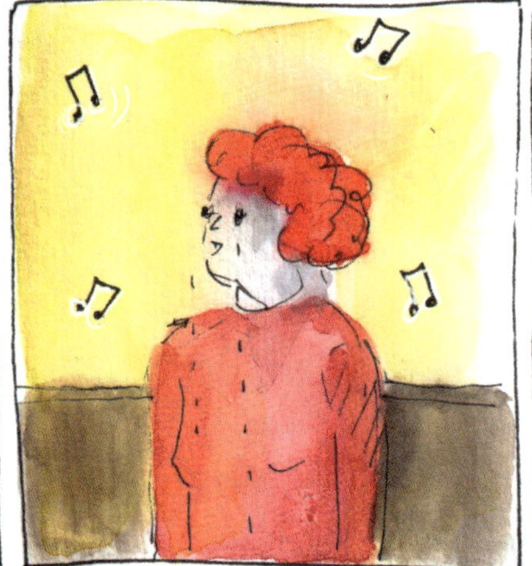

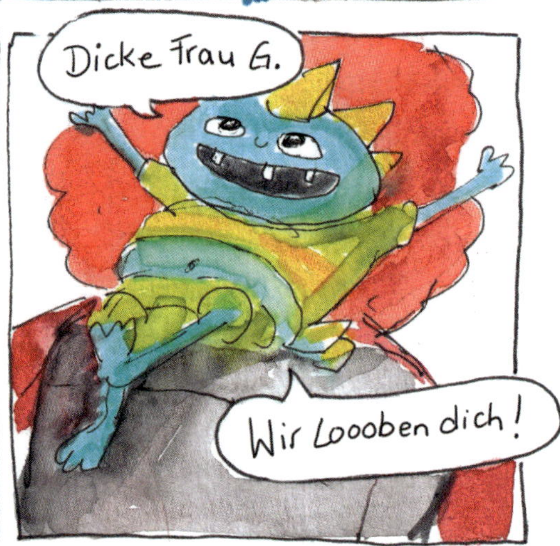
Dicke Frau G.
Wir Looooben dich!

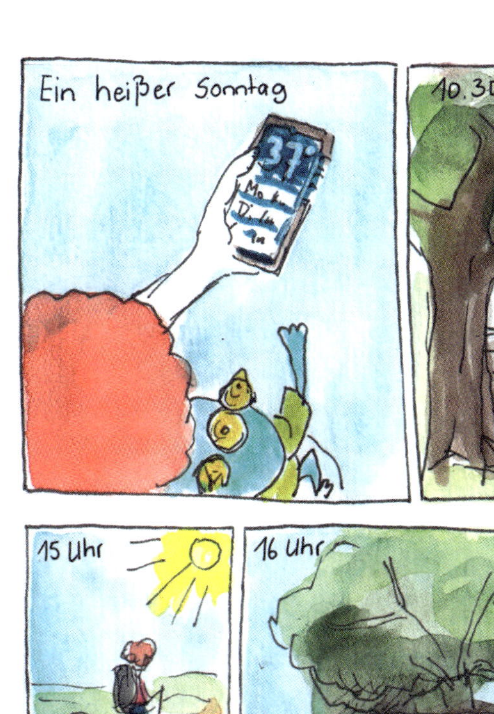
Ein heißer Sonntag
37°

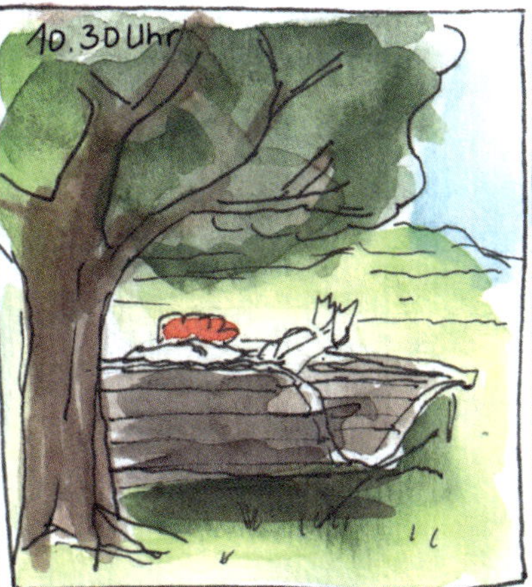
10.30 Uhr

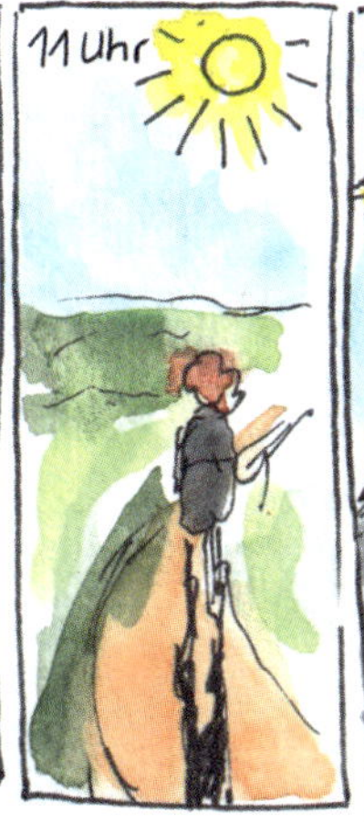
11 Uhr

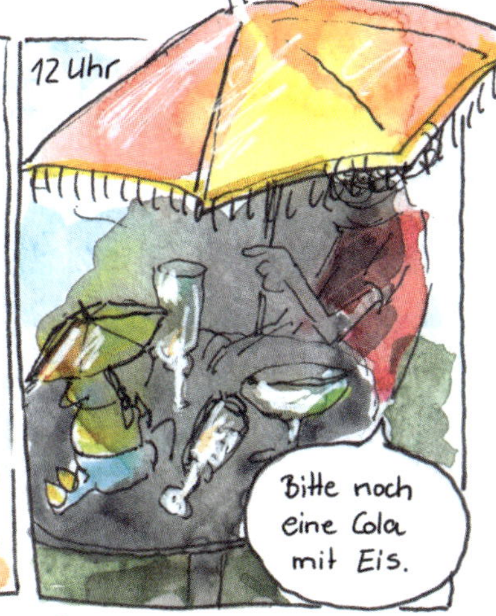
12 Uhr
Bitte noch eine Cola mit Eis.

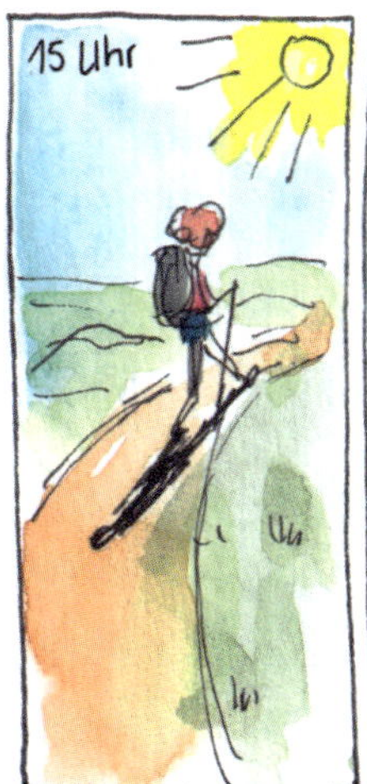
15 Uhr

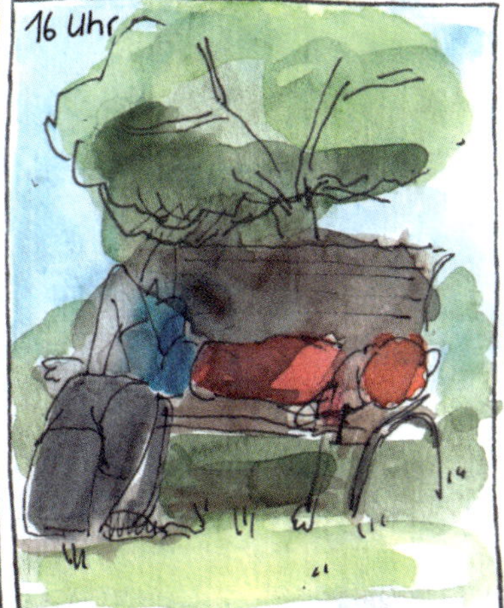
16 Uhr

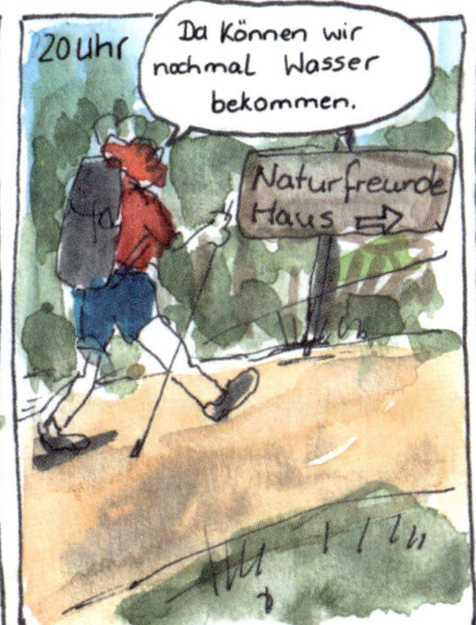
20 Uhr
Da können wir nochmal Wasser bekommen.
Naturfreunde Haus

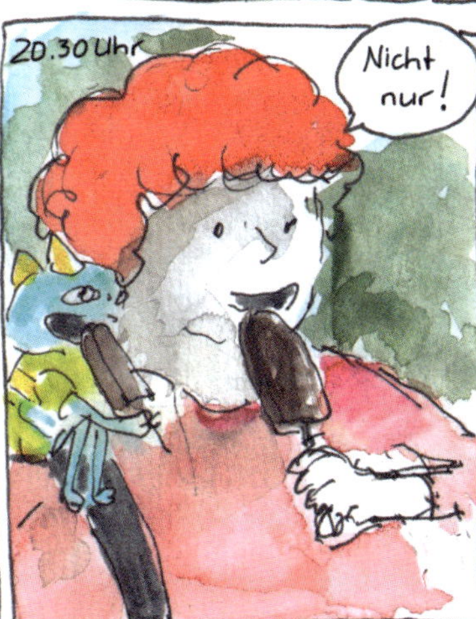
20.30 Uhr
Nicht nur!

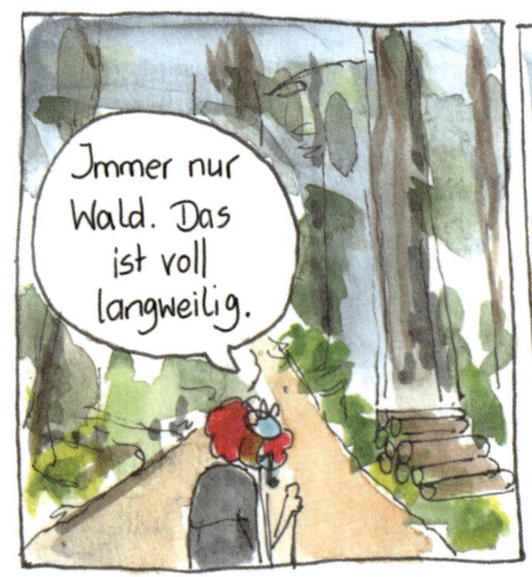
Jmmer nur Wald. Das ist voll langweilig.

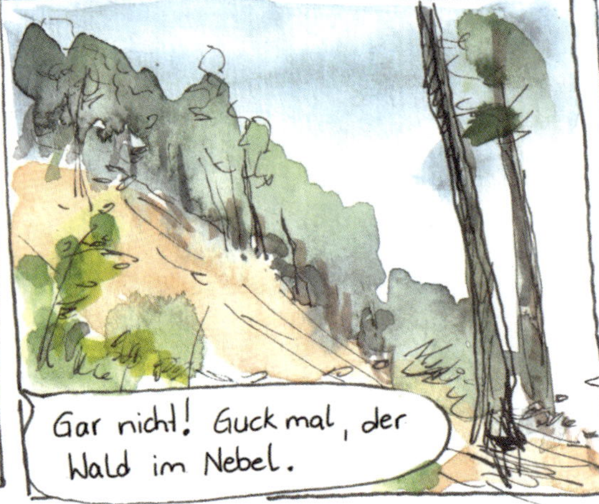
Gar nicht! Guck mal, der Wald im Nebel.

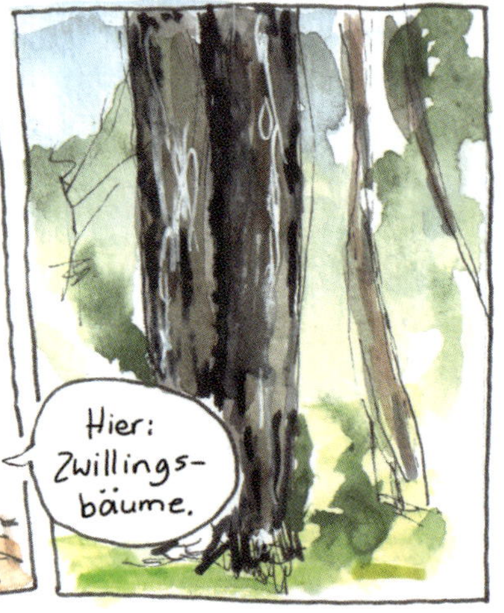
Hier: Zwillings-bäume.

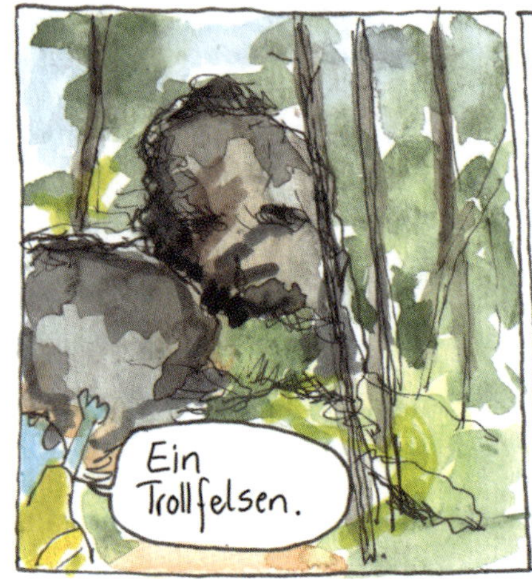
Ein Trollfelsen.

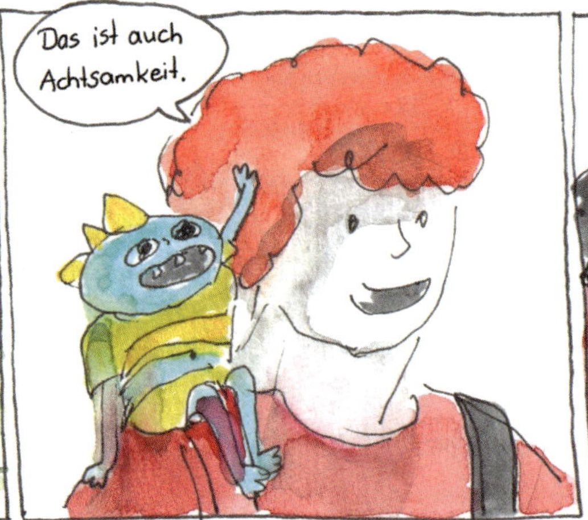
Das ist auch Achtsamkeit.

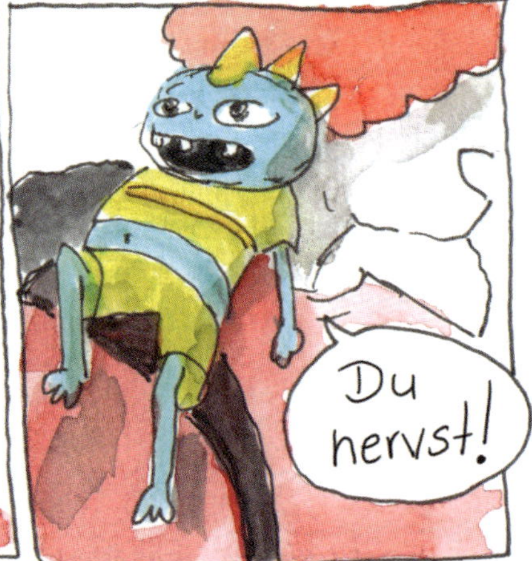
Du nervst!

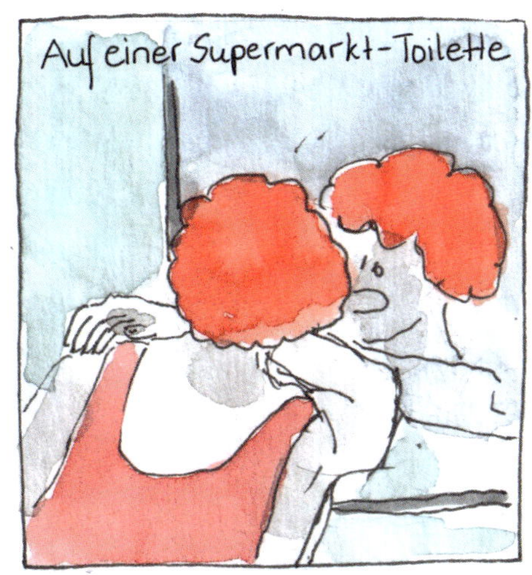
Auf einer Supermarkt-Toilette

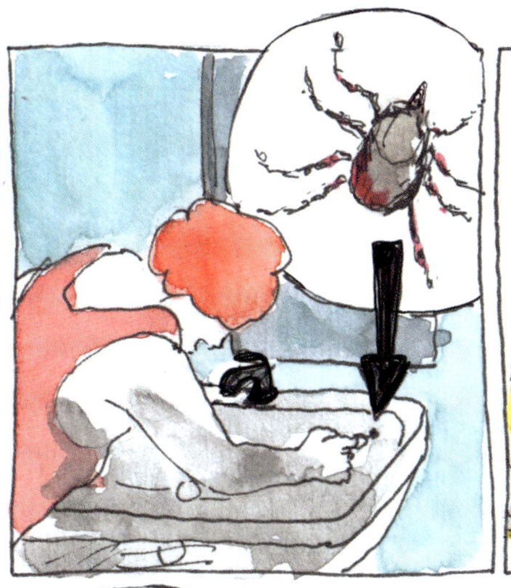

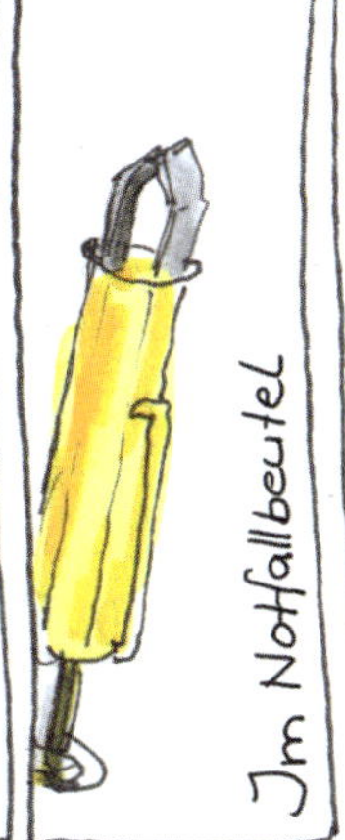
Im Notfallbeutel

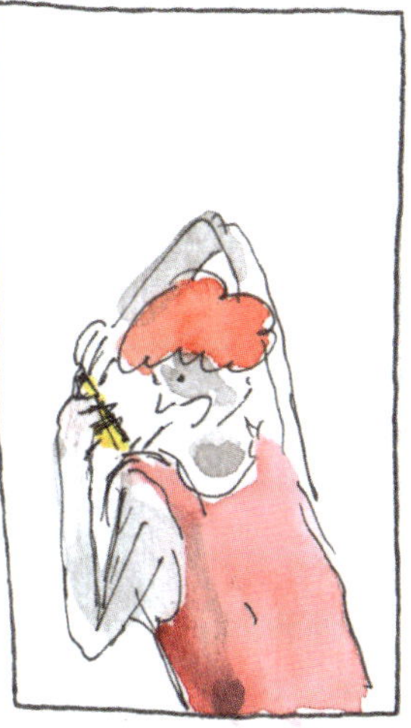

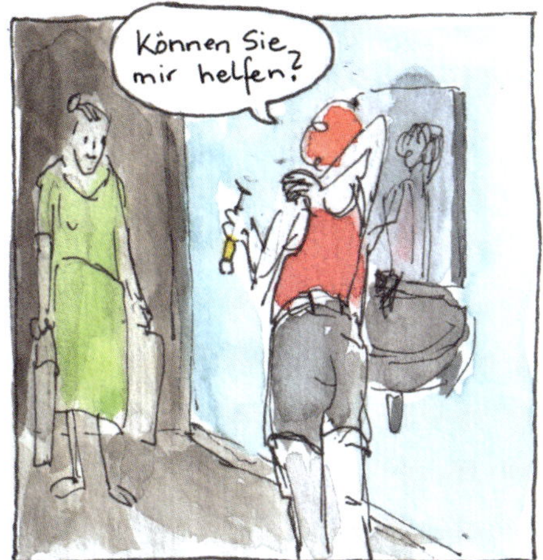
Können Sie mir helfen?

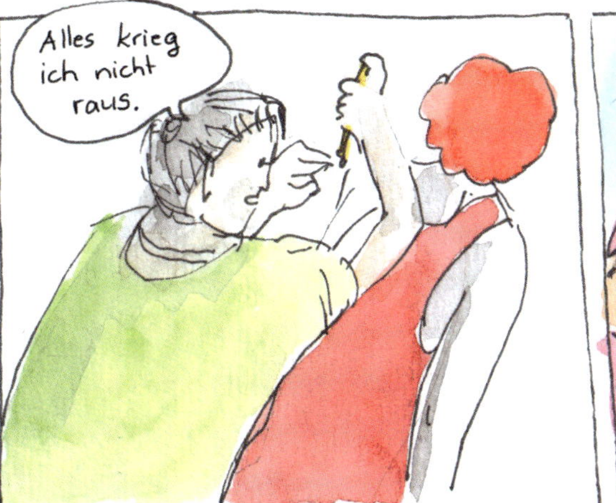
Alles krieg ich nicht raus.

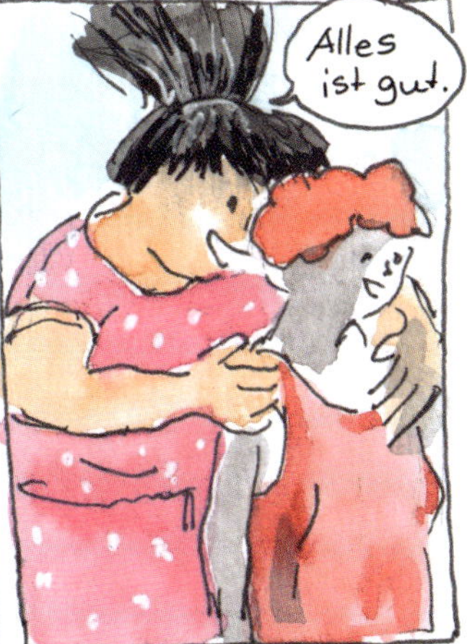
Alles ist gut.

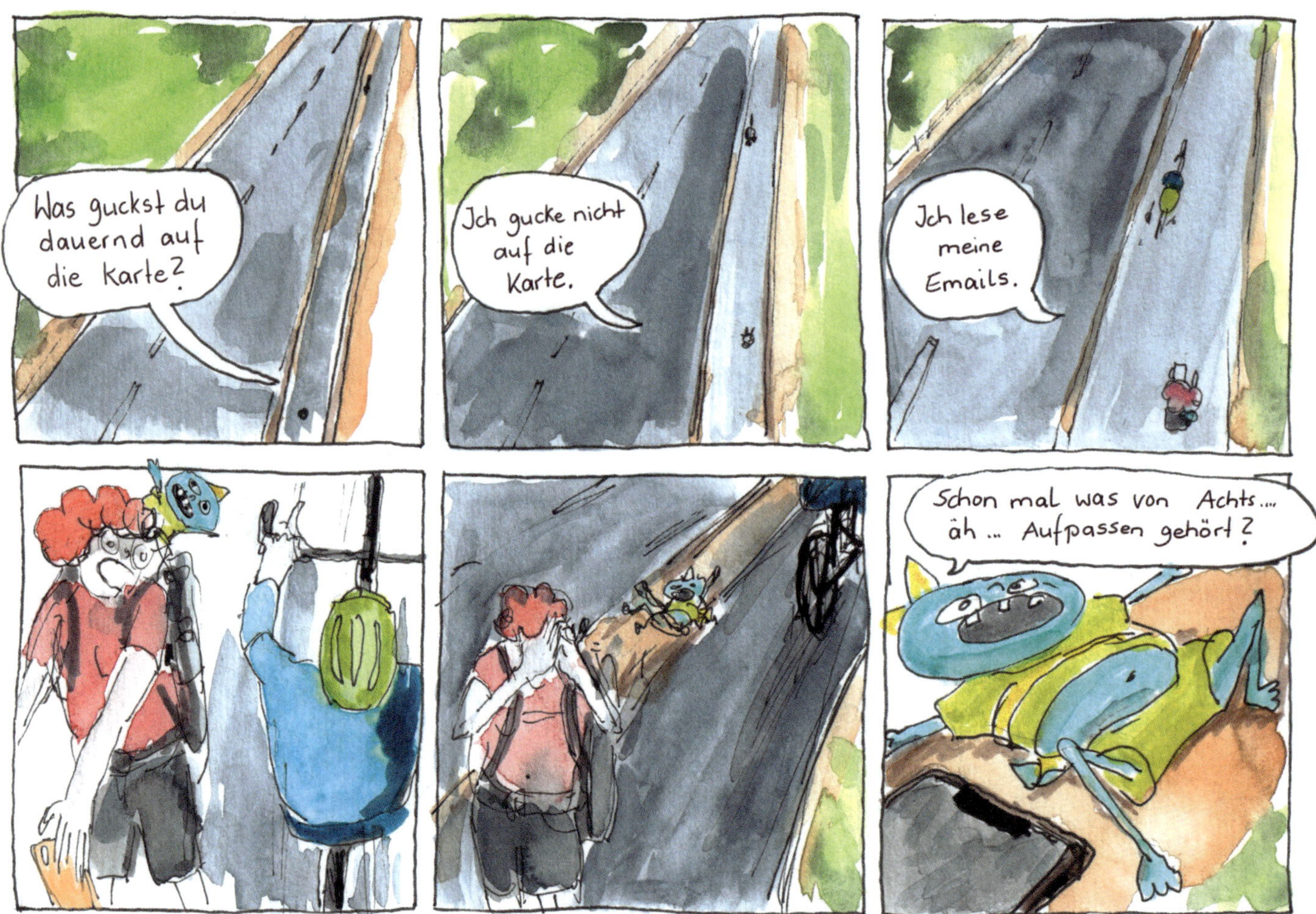
Was guckst du dauernd auf die Karte?
Jch gucke nicht auf die Karte.
Jch lese meine Emails.
Schon mal was von Achts.... äh ... Aufpassen gehört?

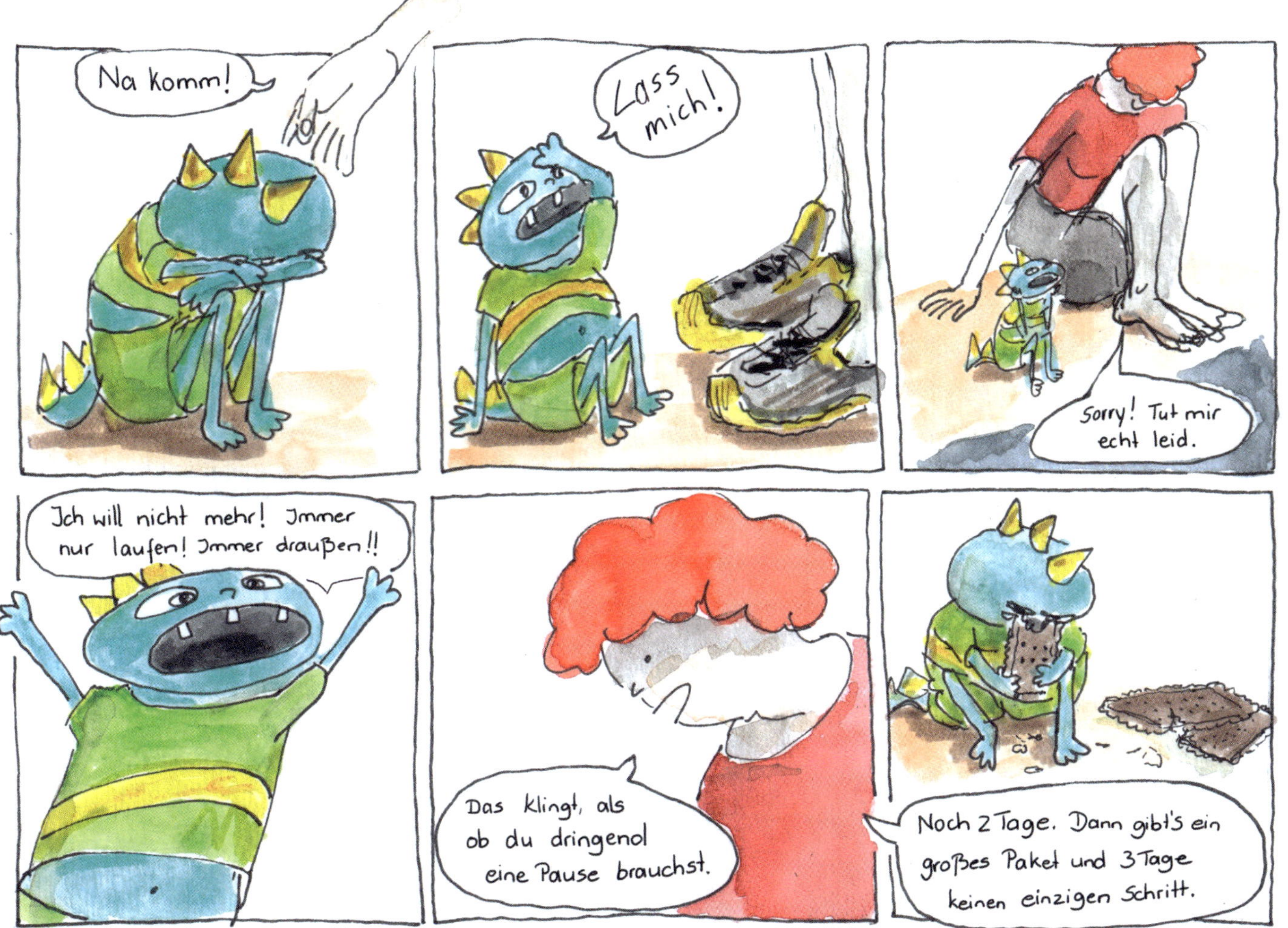

Na komm!
Lass mich!
Sorry! Tut mir echt leid.
Ich will nicht mehr! Immer nur laufen! Immer draußen!!
Das klingt, als ob du dringend eine Pause brauchst.
Noch 2 Tage. Dann gibt's ein großes Paket und 3 Tage keinen einzigen Schritt.

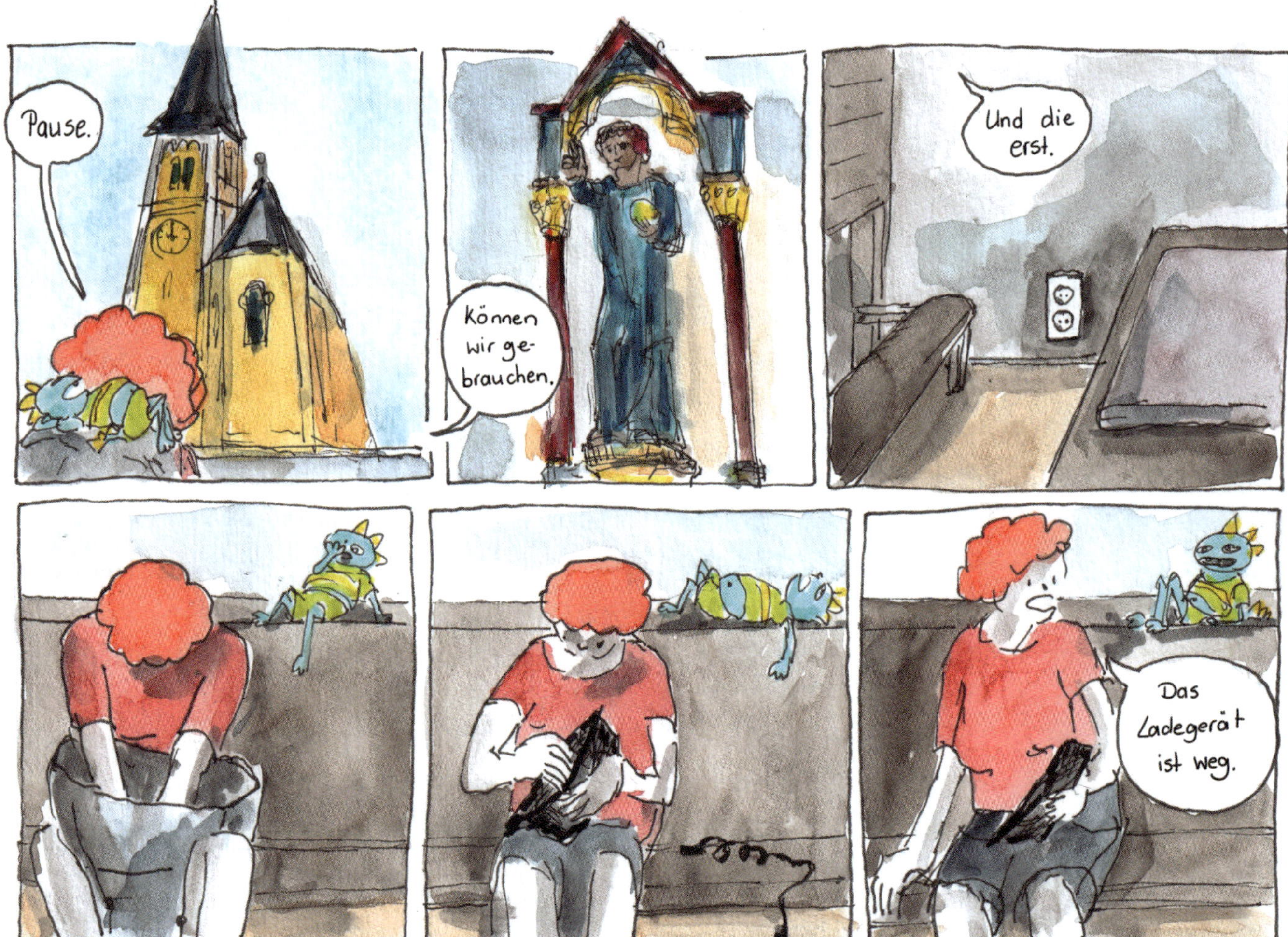
Pause.
Können wir gebrauchen.
Und die erst.
Das Ladegerät ist weg.

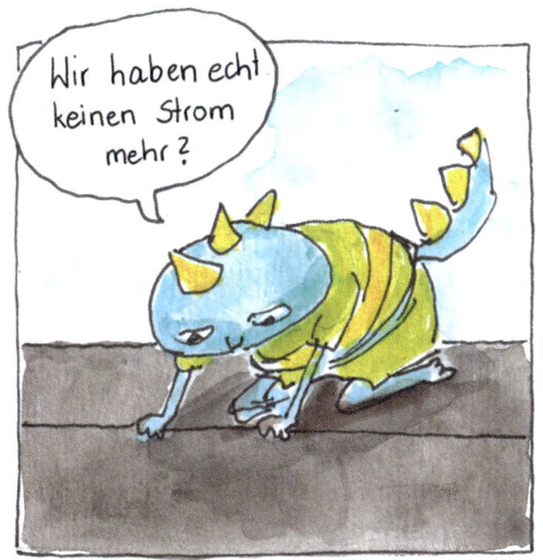
Wir haben echt keinen Strom mehr?

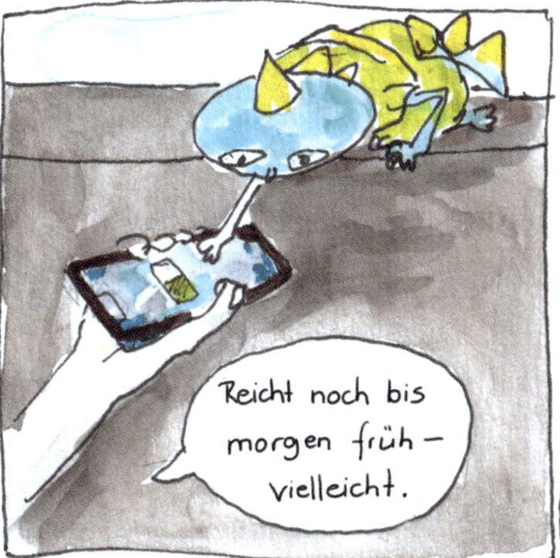
Reicht noch bis morgen früh – vielleicht.

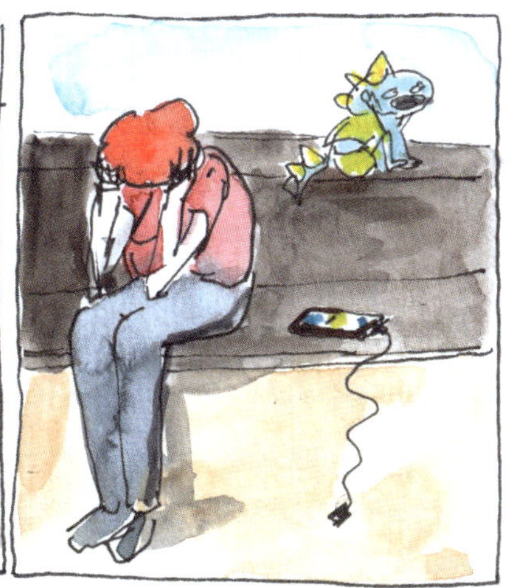

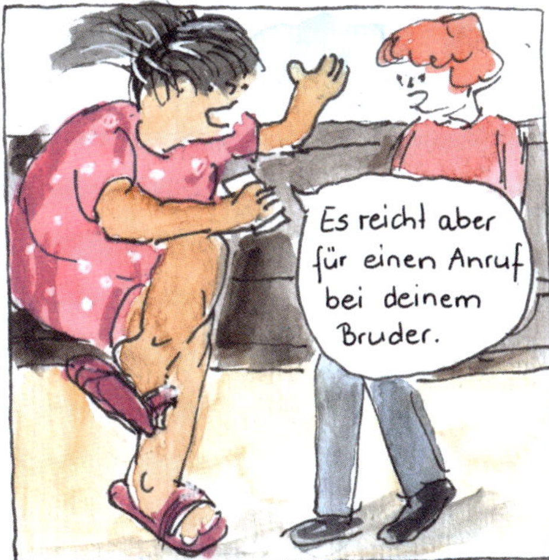
Es reicht aber für einen Anruf bei deinem Bruder.

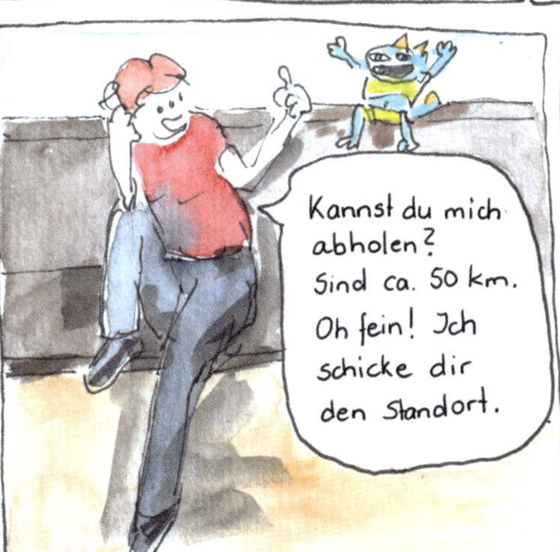
Kannst du mich abholen? Sind ca. 50 km.
Oh fein! Jch schicke dir den Standort.

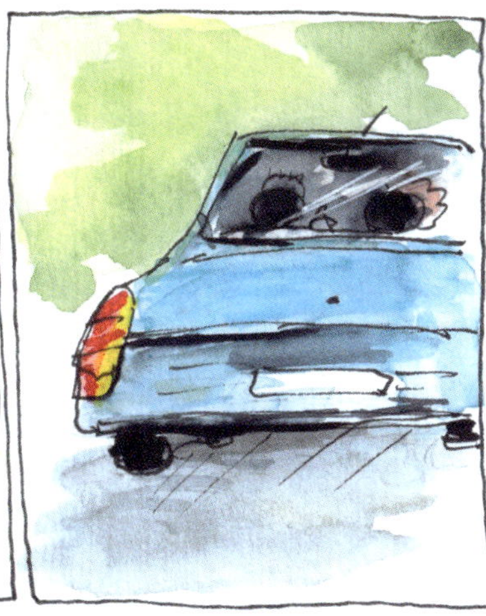

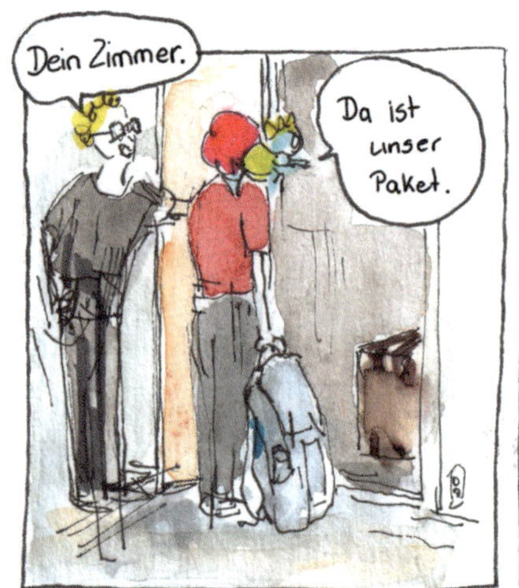

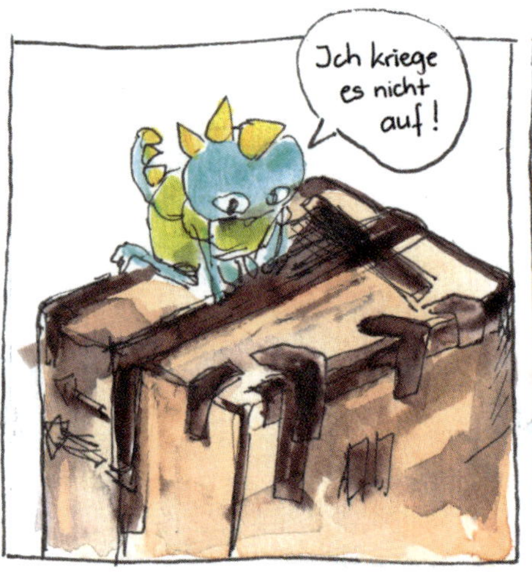

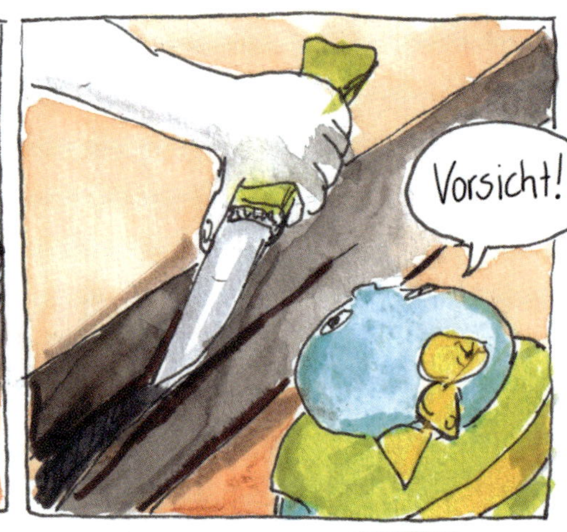

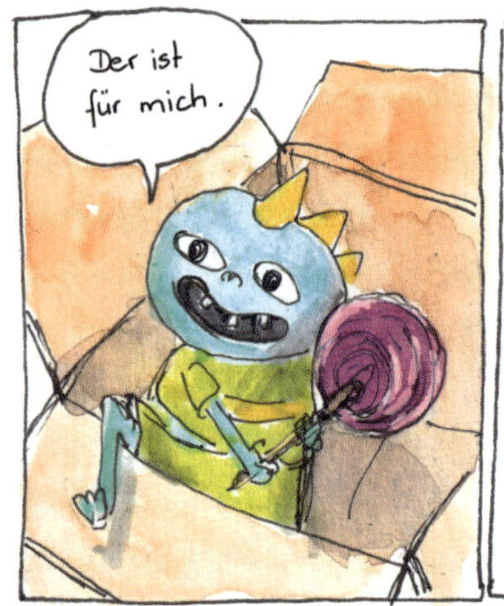

Im Paket sind die Sachen, die wir für den Weg über die Alpen brauchen.

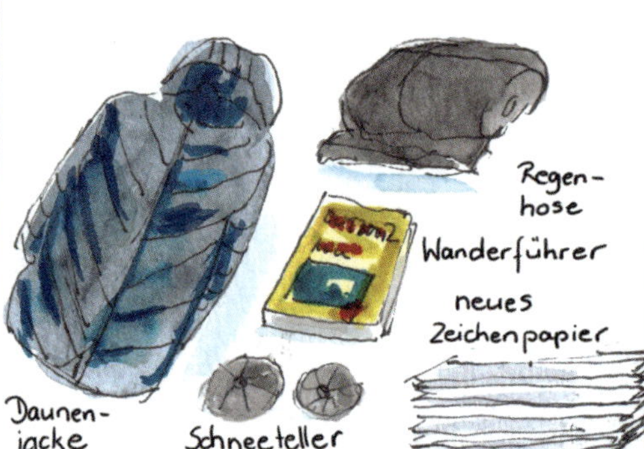

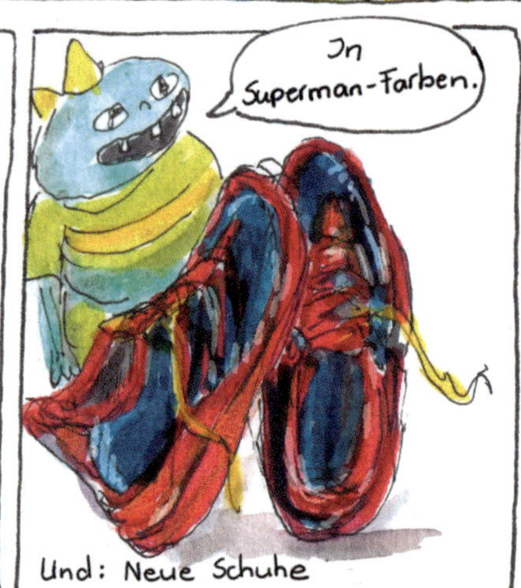

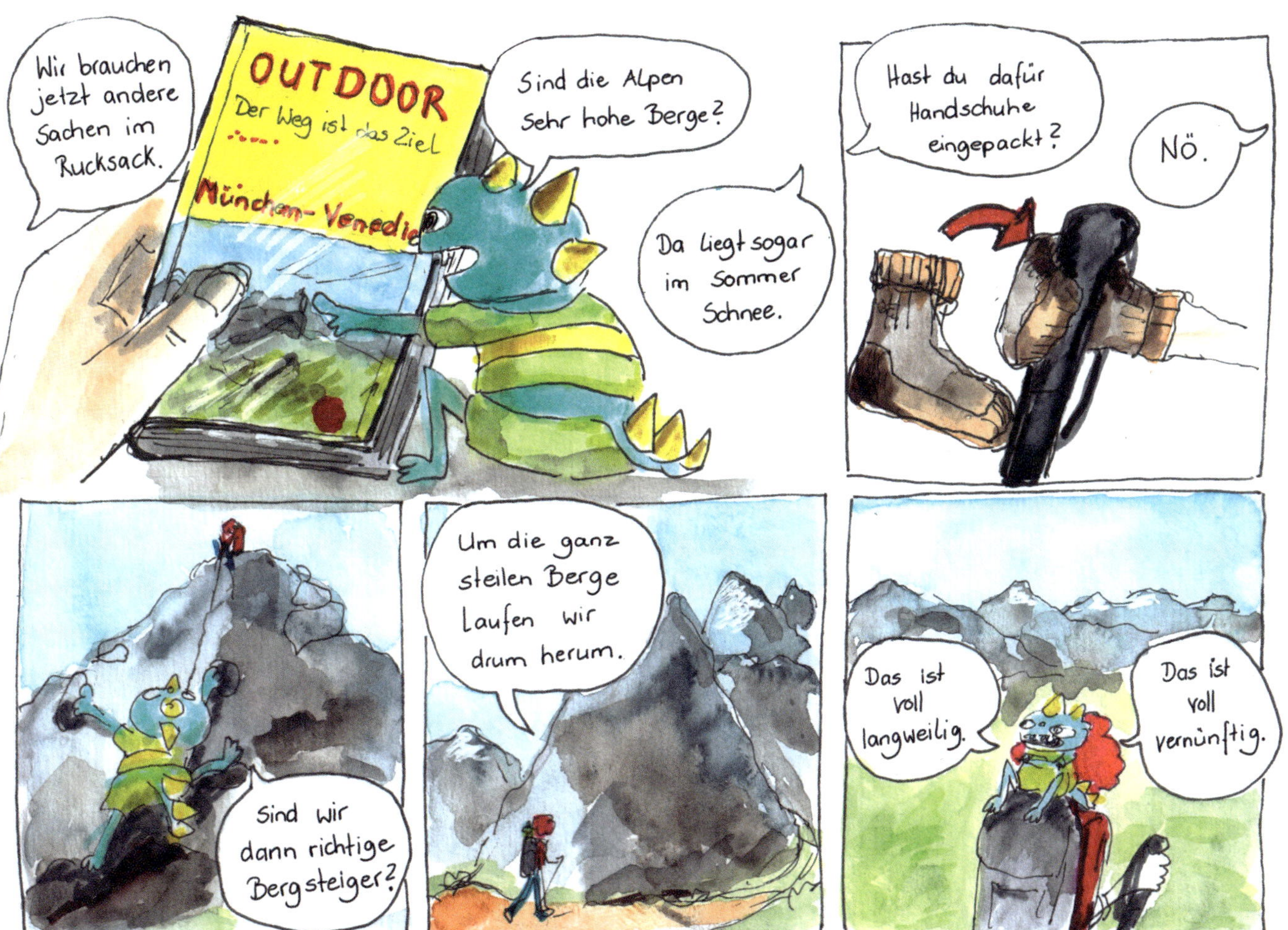
Wir brauchen jetzt andere Sachen im Rucksack.
OUTDOOR
Der Weg ist das Ziel
München-Venedig
Sind die Alpen sehr hohe Berge?
Da liegt sogar im Sommer Schnee.
Hast du dafür Handschuhe eingepackt?
Nö.
Sind wir dann richtige Bergsteiger?
Um die ganz steilen Berge laufen wir drum herum.
Das ist voll langweilig.
Das ist voll vernünftig.

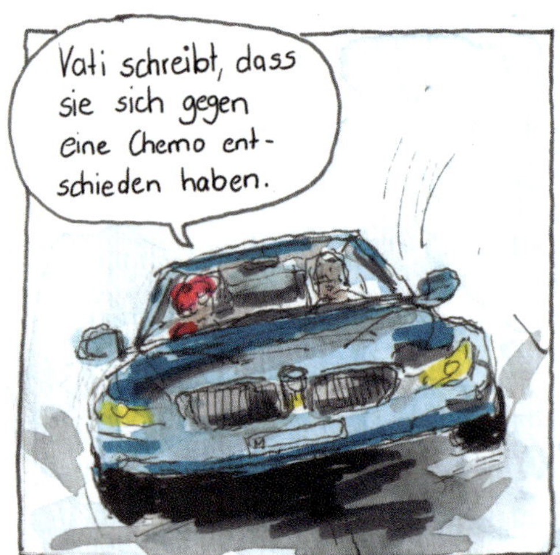
Vati schreibt, dass sie sich gegen eine Chemo entschieden haben.

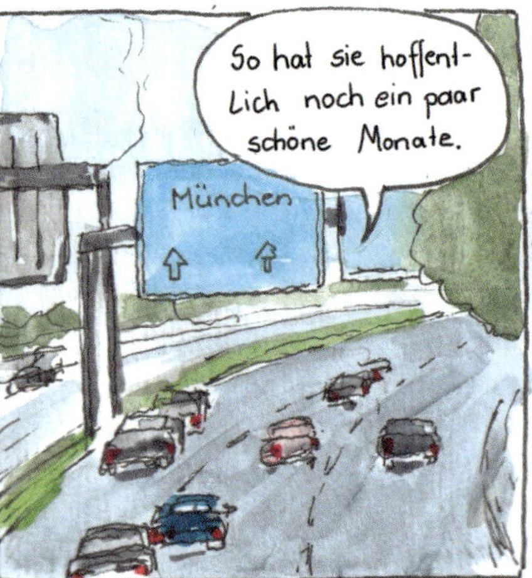
München
So hat sie hoffentlich noch ein paar schöne Monate.

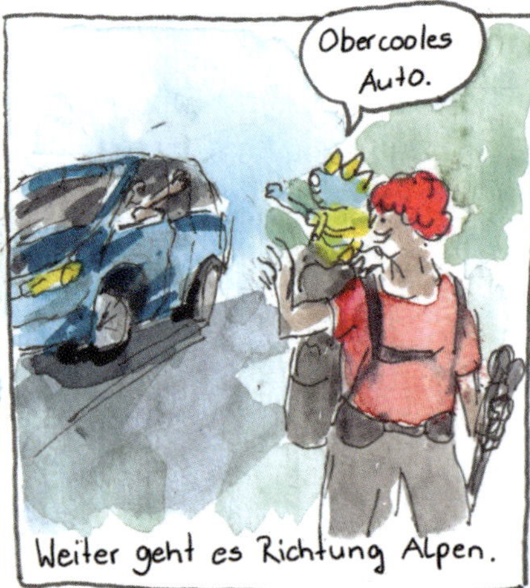
Obercooles Auto.
Weiter geht es Richtung Alpen.

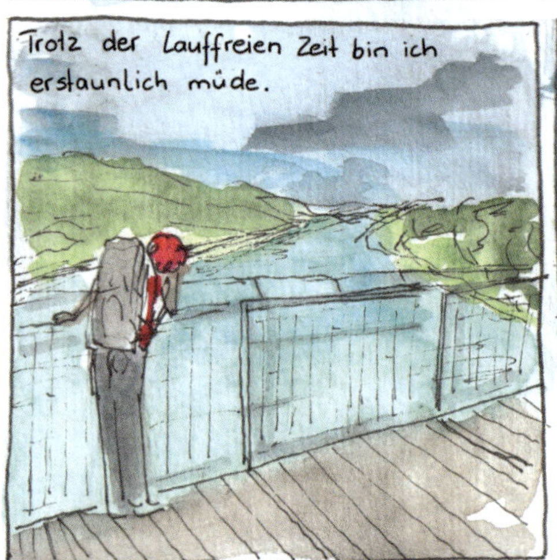
Trotz der Lauffreien Zeit bin ich erstaunlich müde.

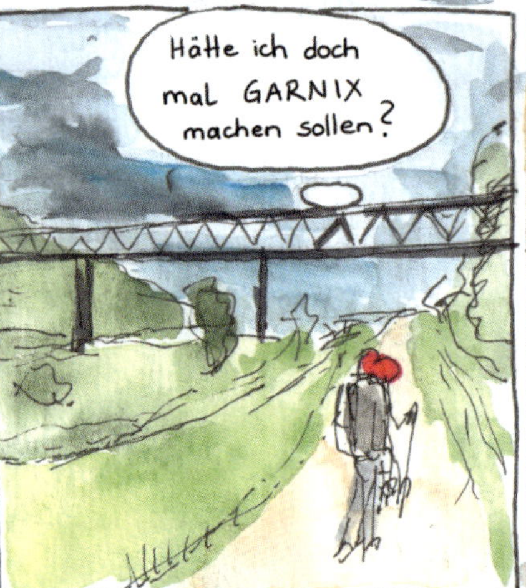
Hätte ich doch mal GARNIX machen sollen?

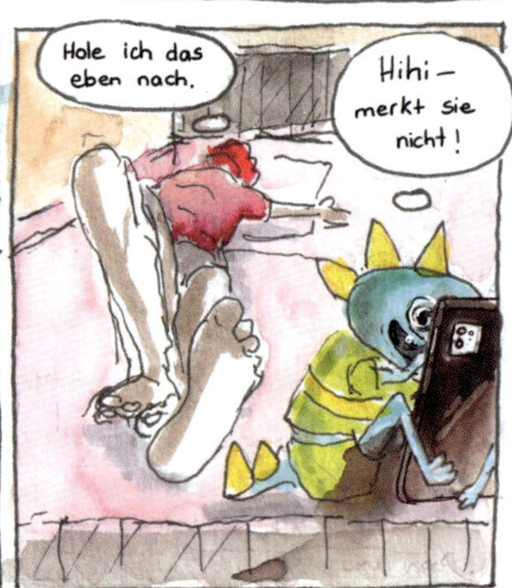
Hole ich das eben nach.
Hihi – merkt sie nicht!

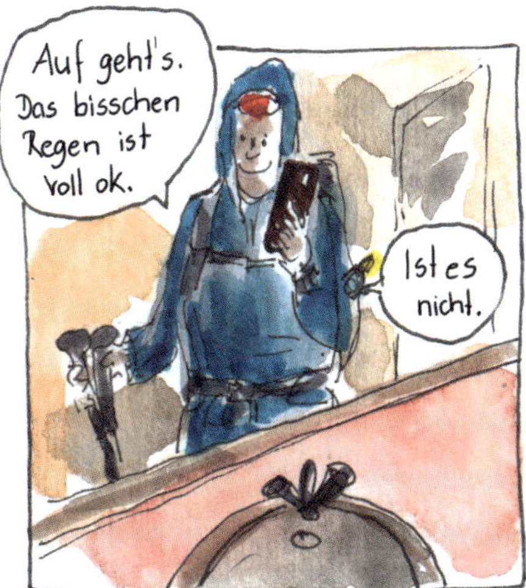
Auf geht's. Das bisschen Regen ist voll ok.
Ist es nicht.

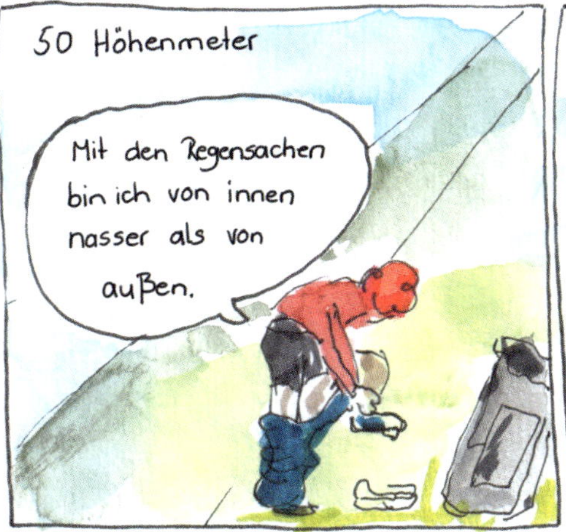
50 Höhenmeter
Mit den Regensachen bin ich von innen nasser als von außen.

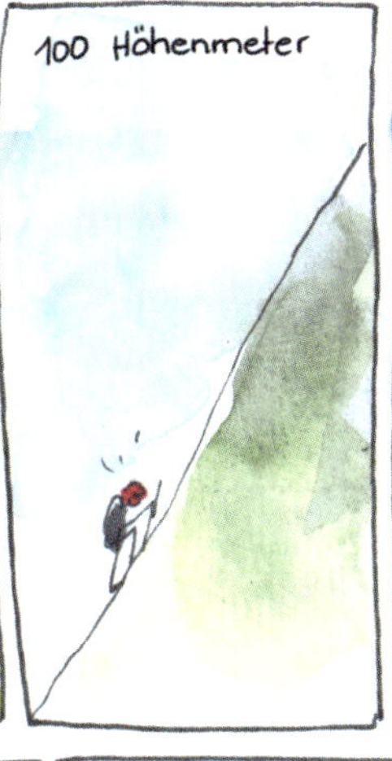
100 Höhenmeter

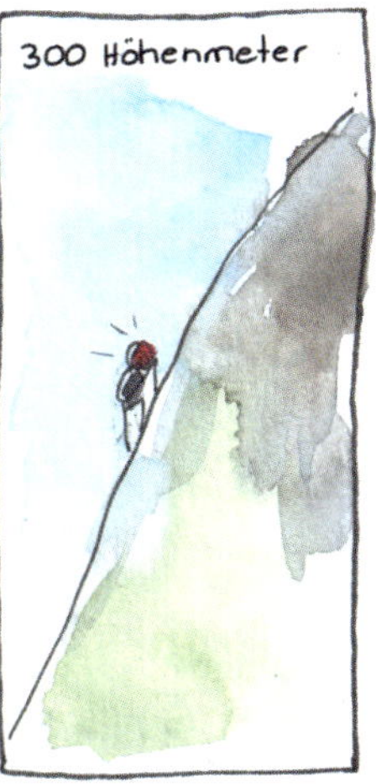
300 Höhenmeter

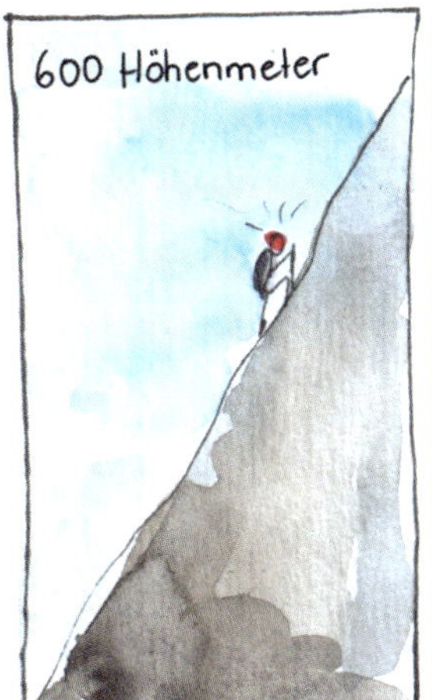
600 Höhenmeter

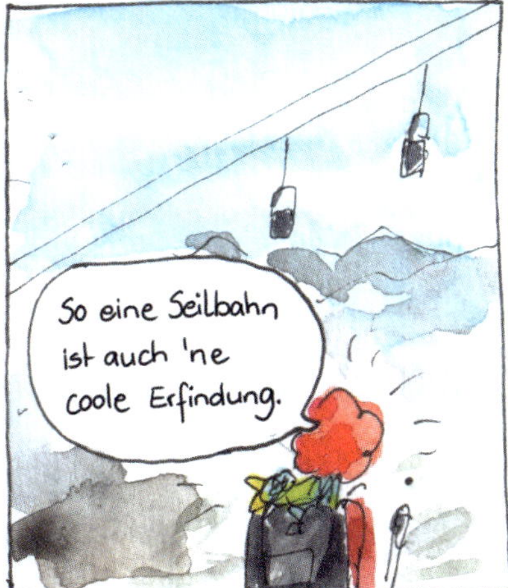
So eine Seilbahn ist auch 'ne coole Erfindung.

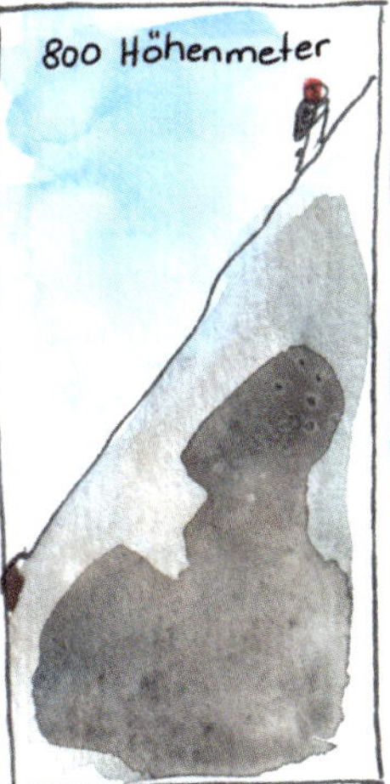
800 Höhenmeter

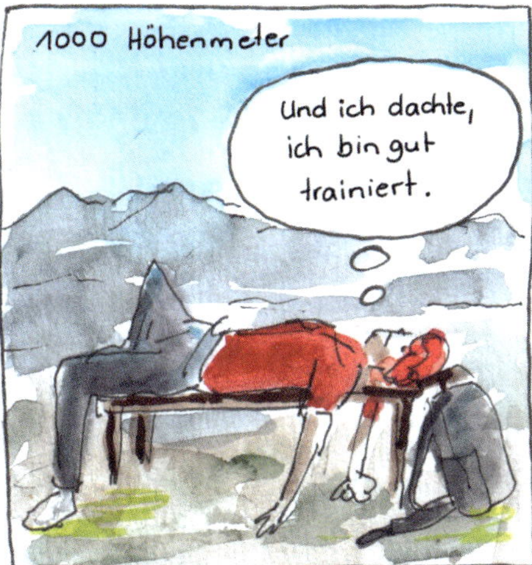
1000 Höhenmeter
Und ich dachte, ich bin gut trainiert.

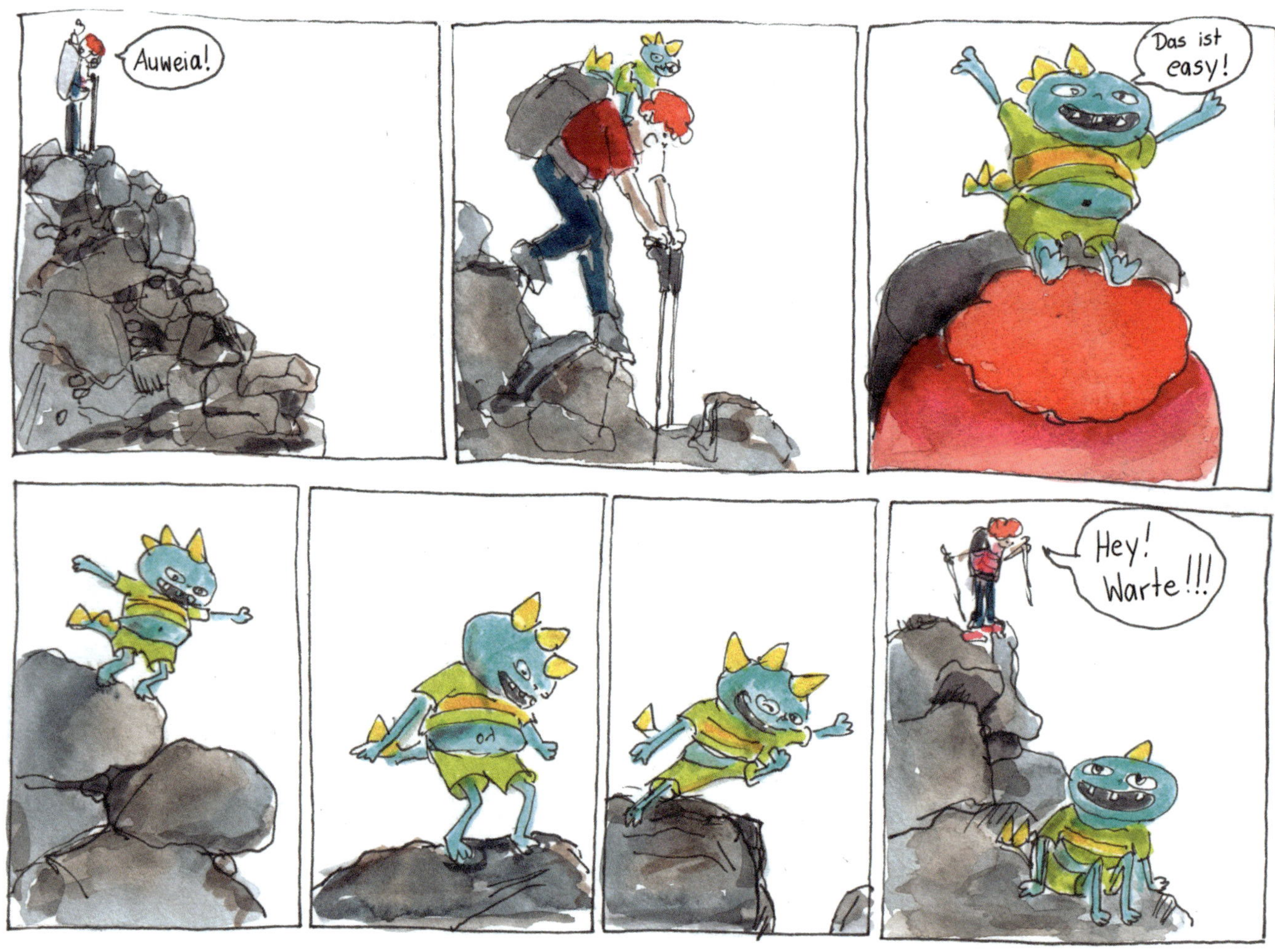
Auweia!
Das ist easy!
Hey! Warte!!!

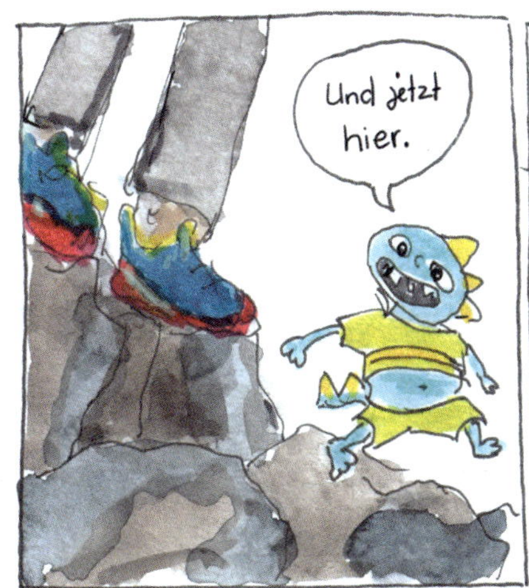
Und jetzt
hier.

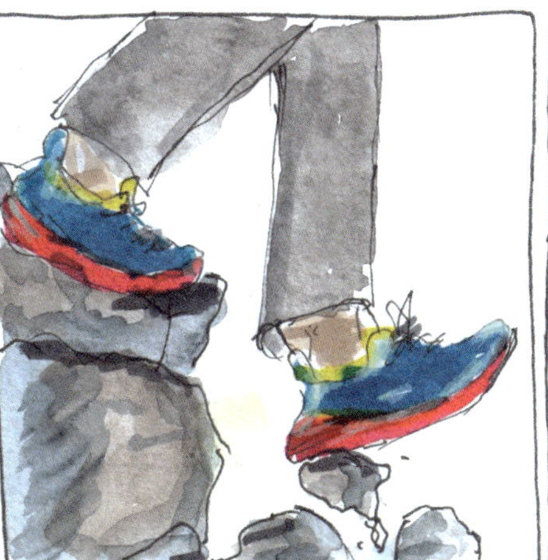

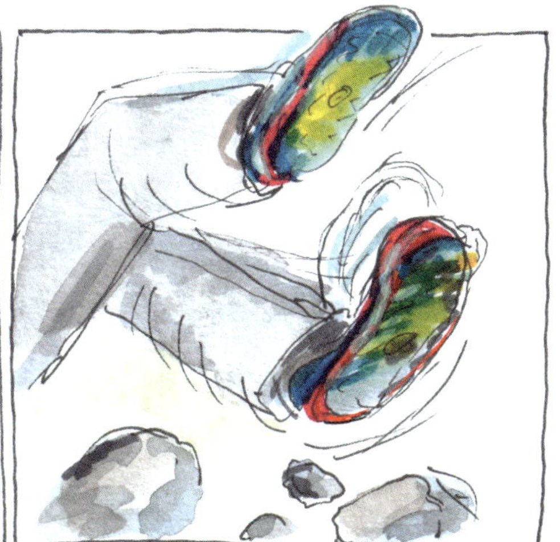

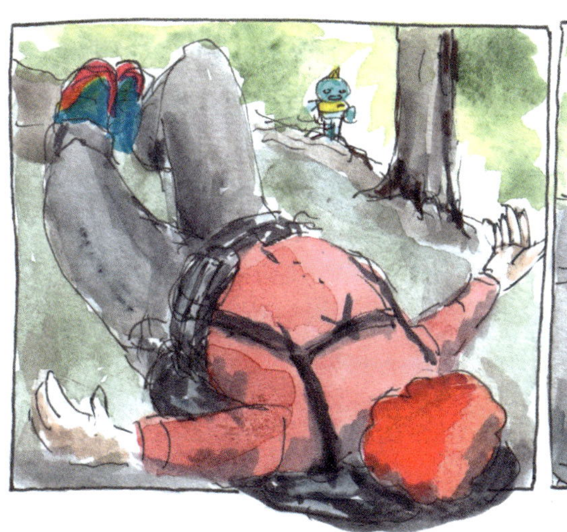

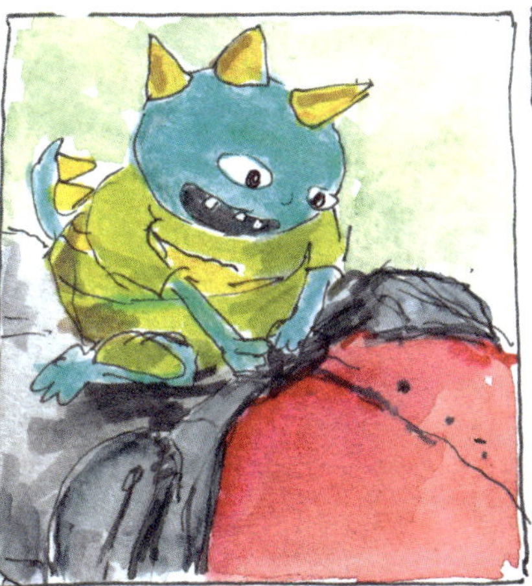

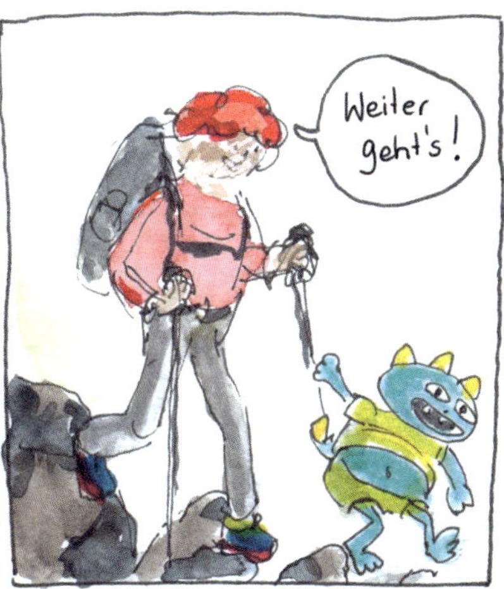
Weiter
geht's!

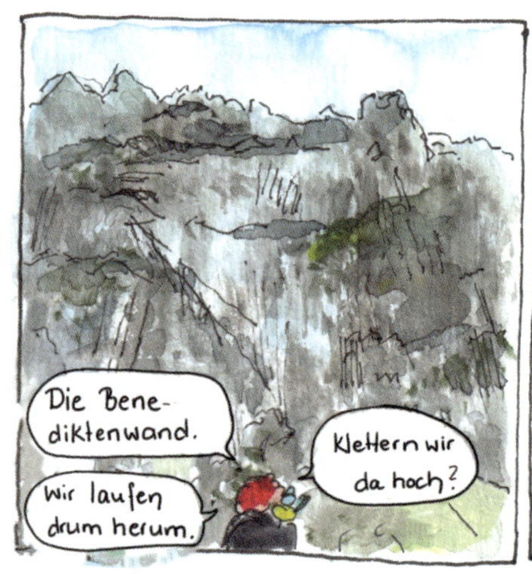
Die Benediktenwand.
Klettern wir da hoch?
Wir laufen drum herum.

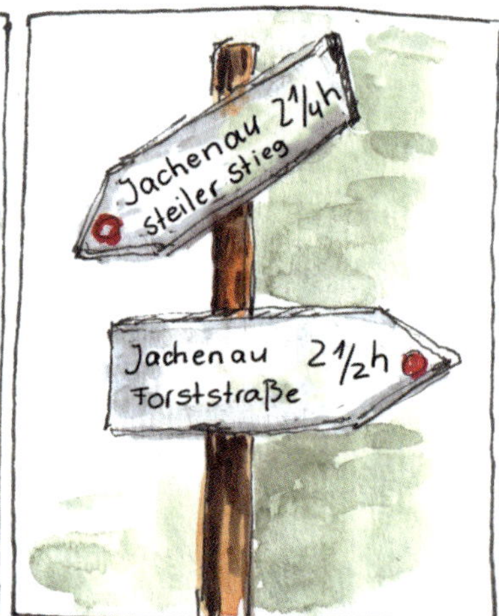
Jachenau $2^1/_4$h steiler Stieg
Jachenau $2^1/_2$h Forststraße

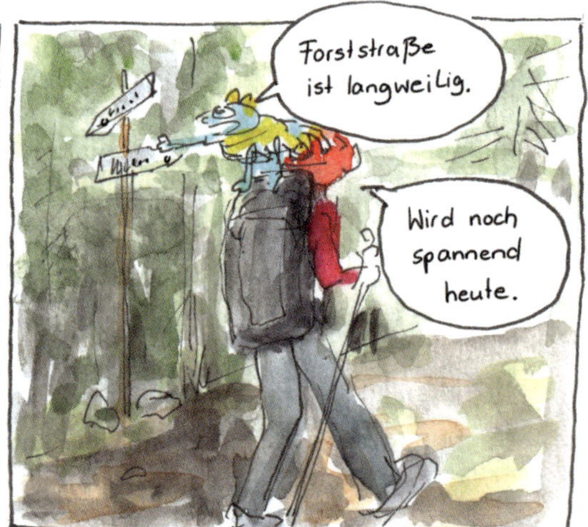
Forststraße ist langweilig.
Wird noch spannend heute.

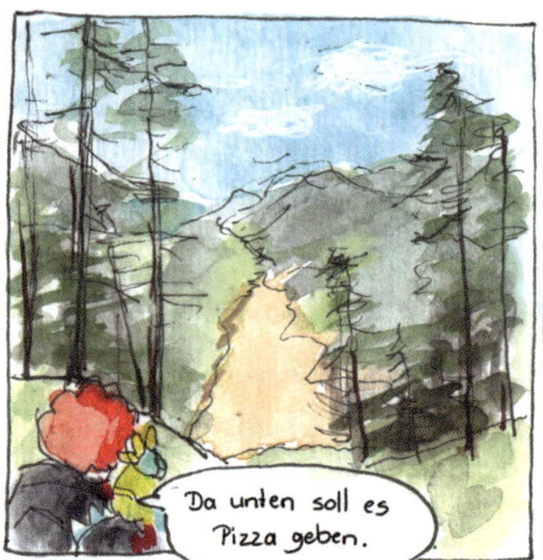
Da unten soll es Pizza geben.

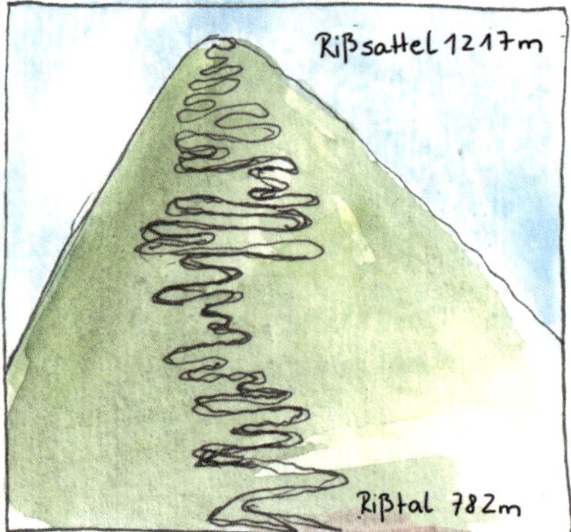
Rißsattel 1217m
Rißtal 782m

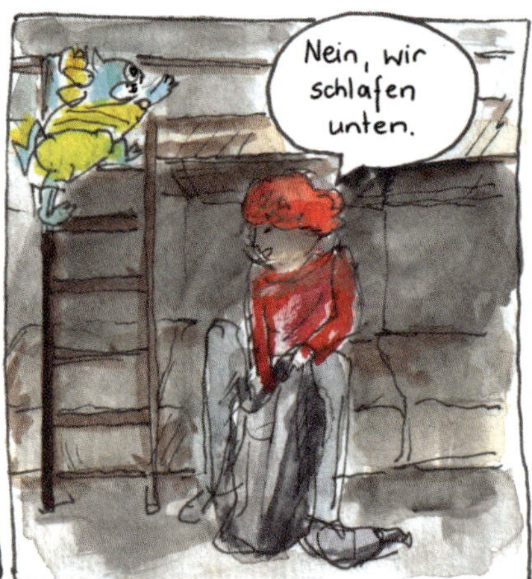
Nein, wir schlafen unten.

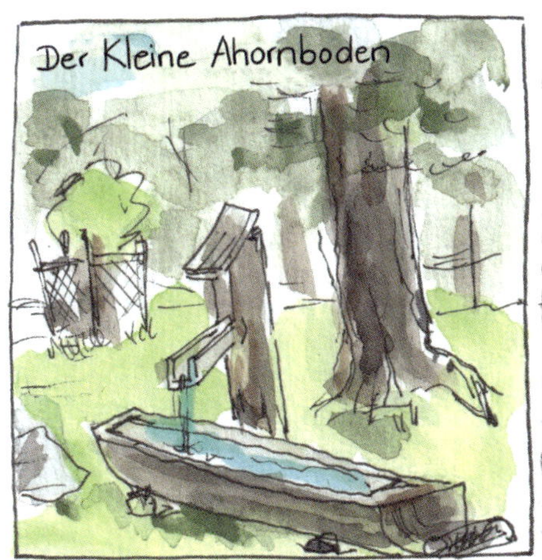
Der Kleine Ahornboden

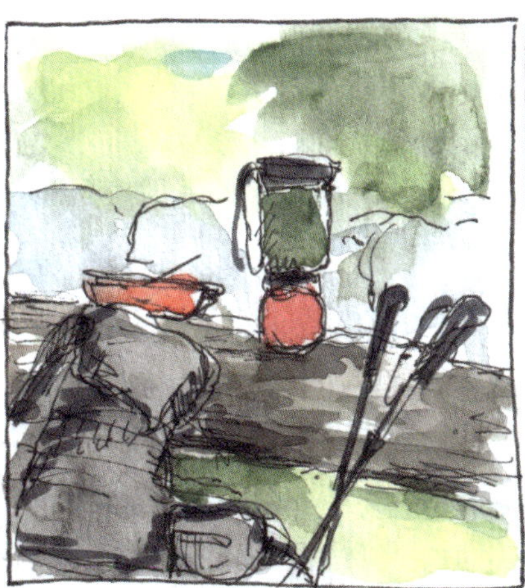

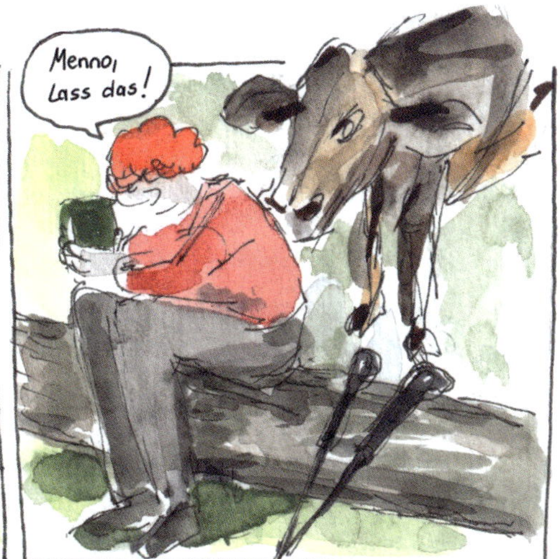
Menno, Lass das!

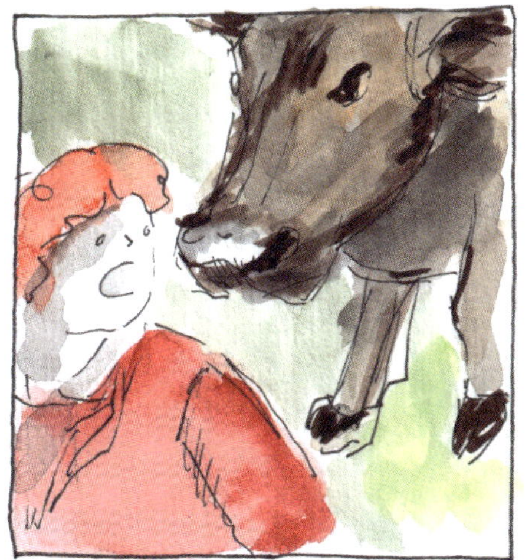

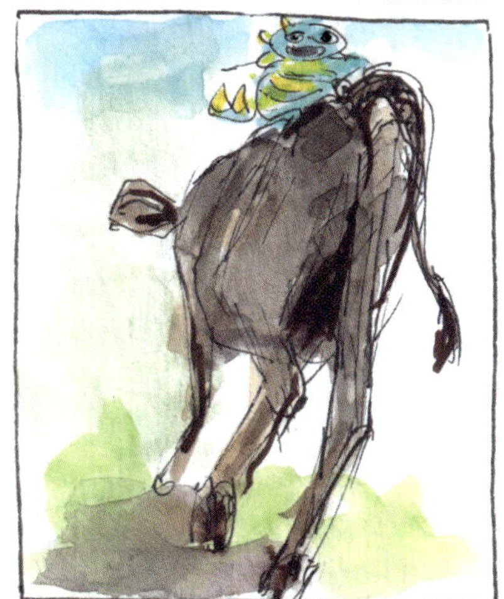

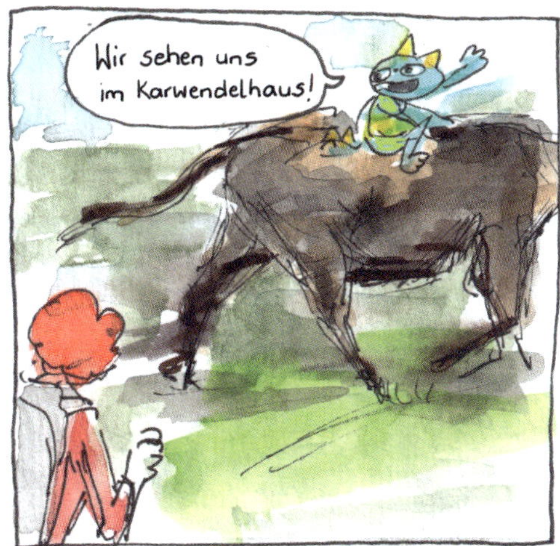
Wir sehen uns im Karwendelhaus!

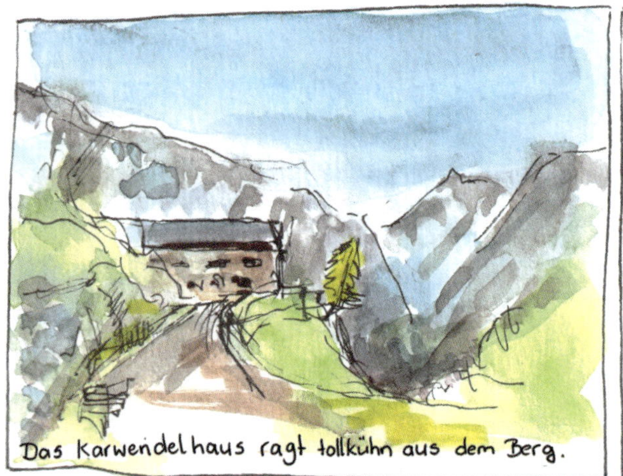
Das Karwendelhaus ragt tollkühn aus dem Berg.

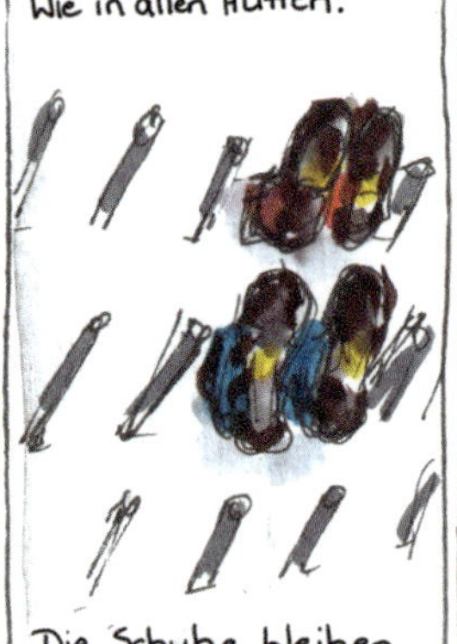
Wie in allen Hütten:
Die Schuhe bleiben im Trockenraum.

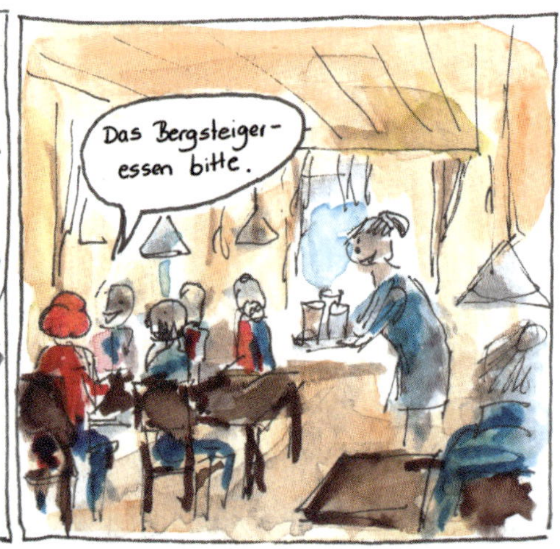
Das Bergsteiger-essen bitte.

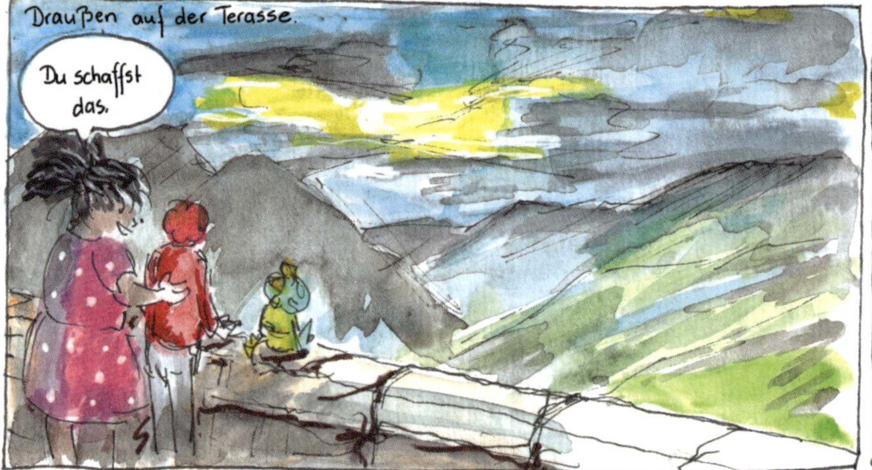
Draußen auf der Terasse.
Du schaffst das.

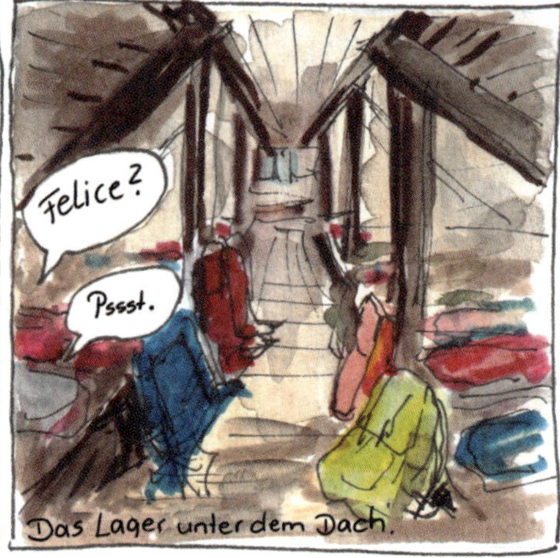
Felice?
Pssst.
Das Lager unter dem Dach.

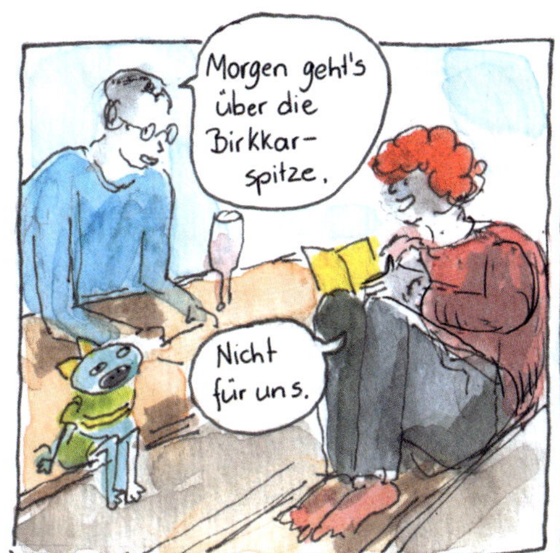
Morgen geht's über die Birkkar-spitze.
Nicht für uns.

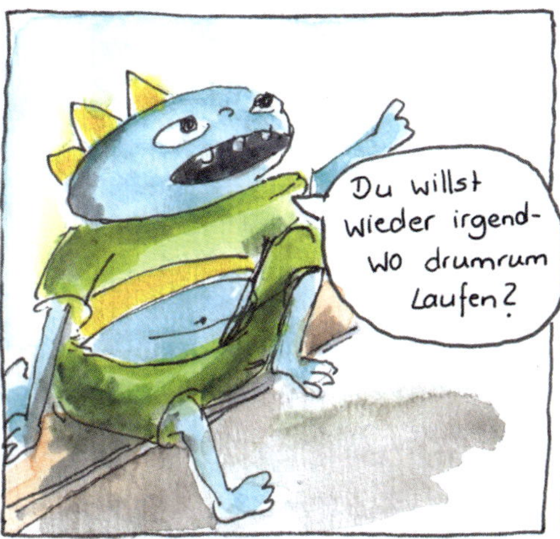
Du willst wieder irgend-wo drumrum Laufen?

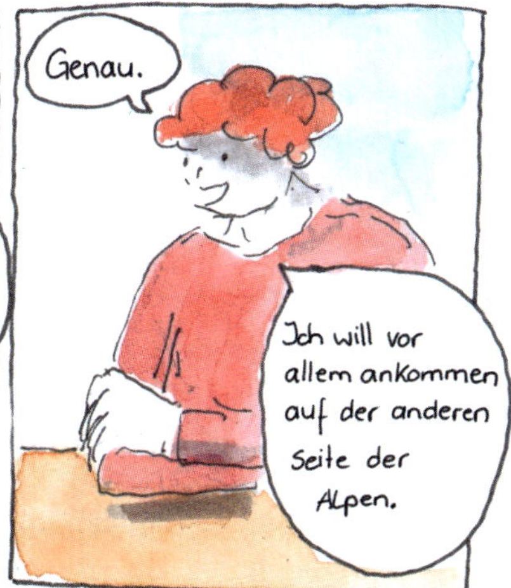
Genau.
Ich will vor allem ankommen auf der anderen Seite der Alpen.

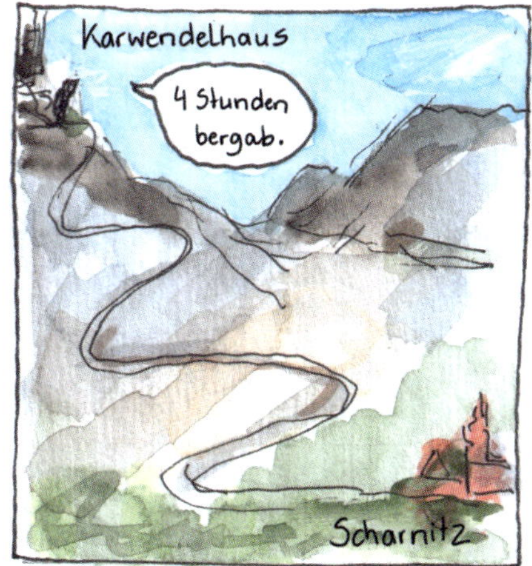
Karwendelhaus
4 Stunden bergab.
Scharnitz

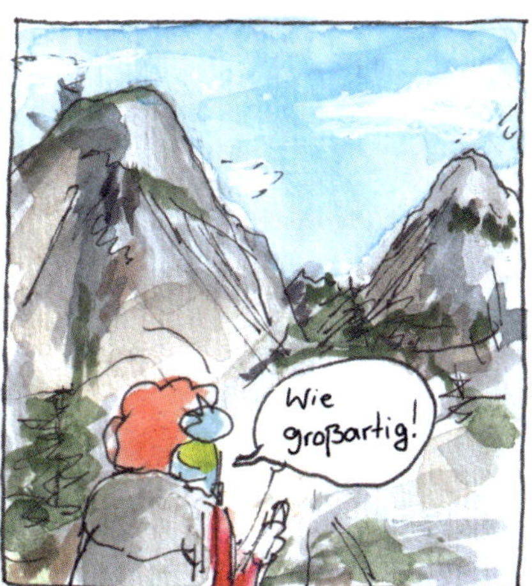
Wie großartig!

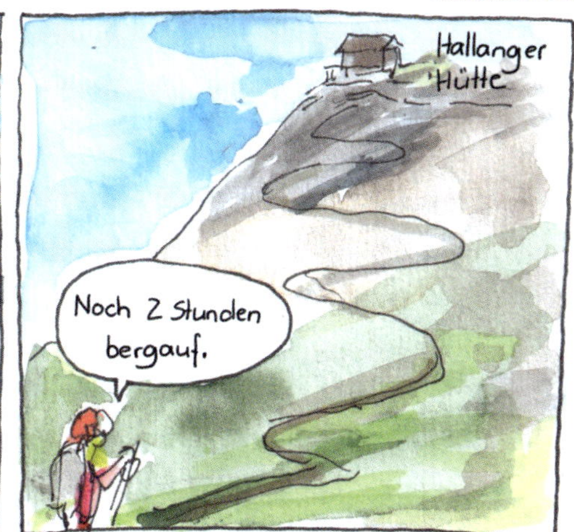
Hallanger Hütte
Noch 2 Stunden bergauf.

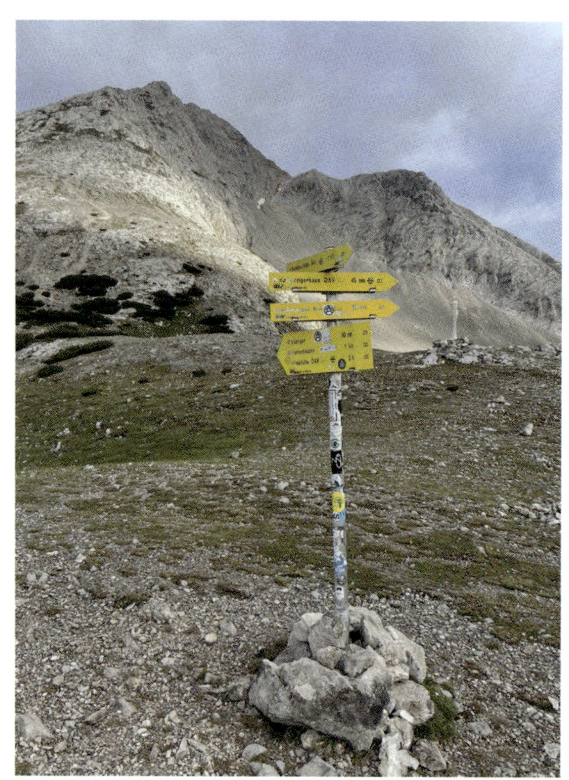

Lafatscherjoch

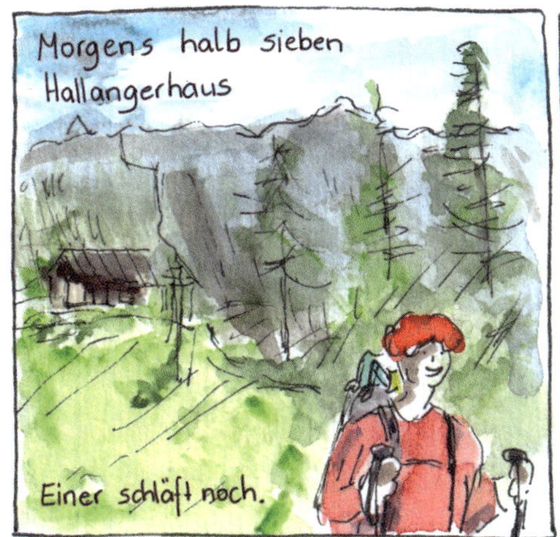
Morgens halb sieben
Hallangerhaus
Einer schläft noch.

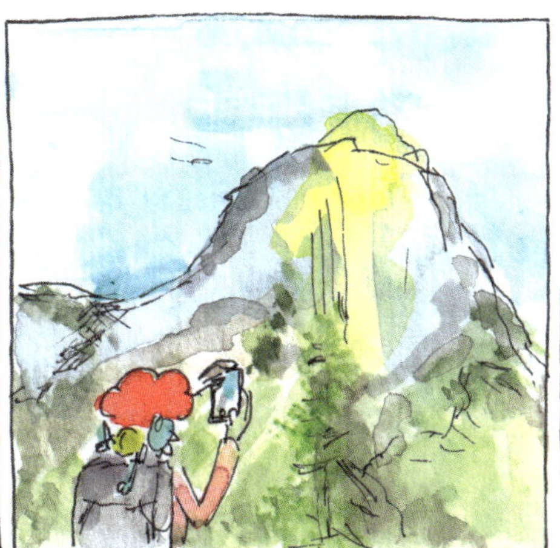

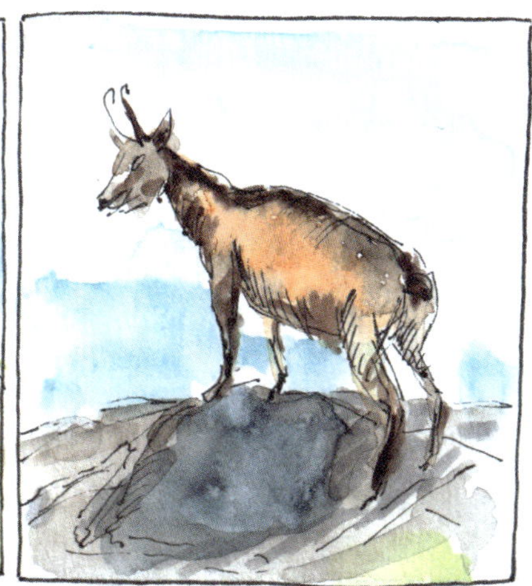

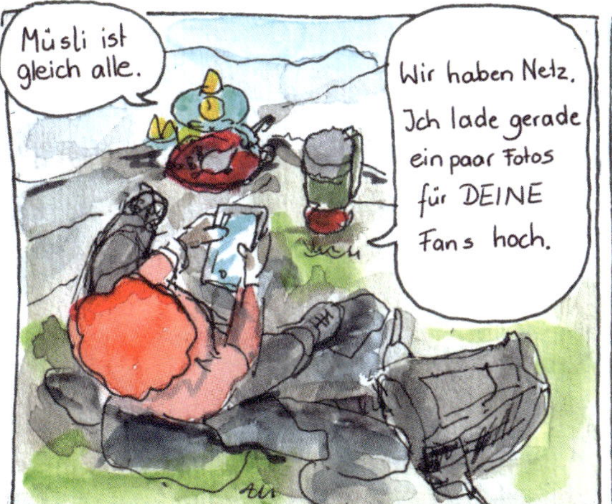
Müsli ist gleich alle.
Wir haben Netz. Jch lade gerade ein paar Fotos für DEINE Fans hoch.

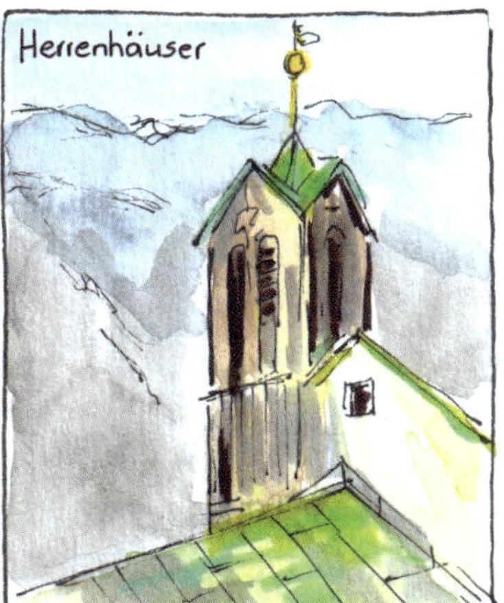
Herrenhäuser

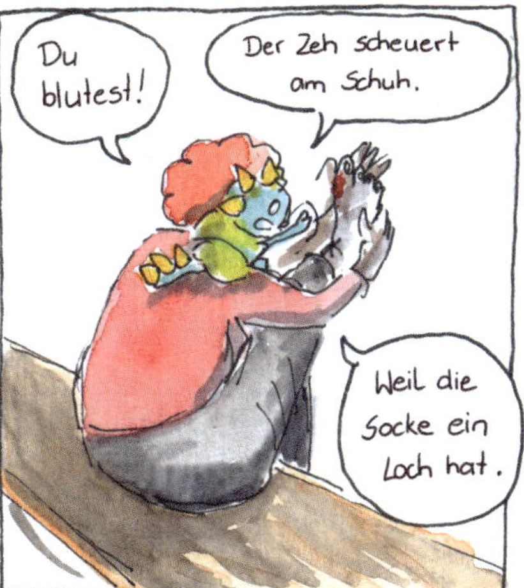
Du blutest!
Der Zeh scheuert am Schuh.
Weil die Socke ein Loch hat.

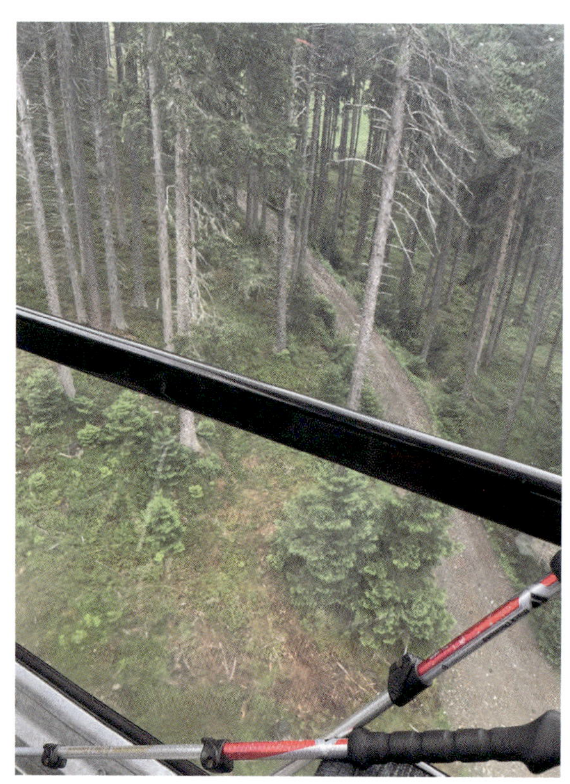

Glungezerbahn

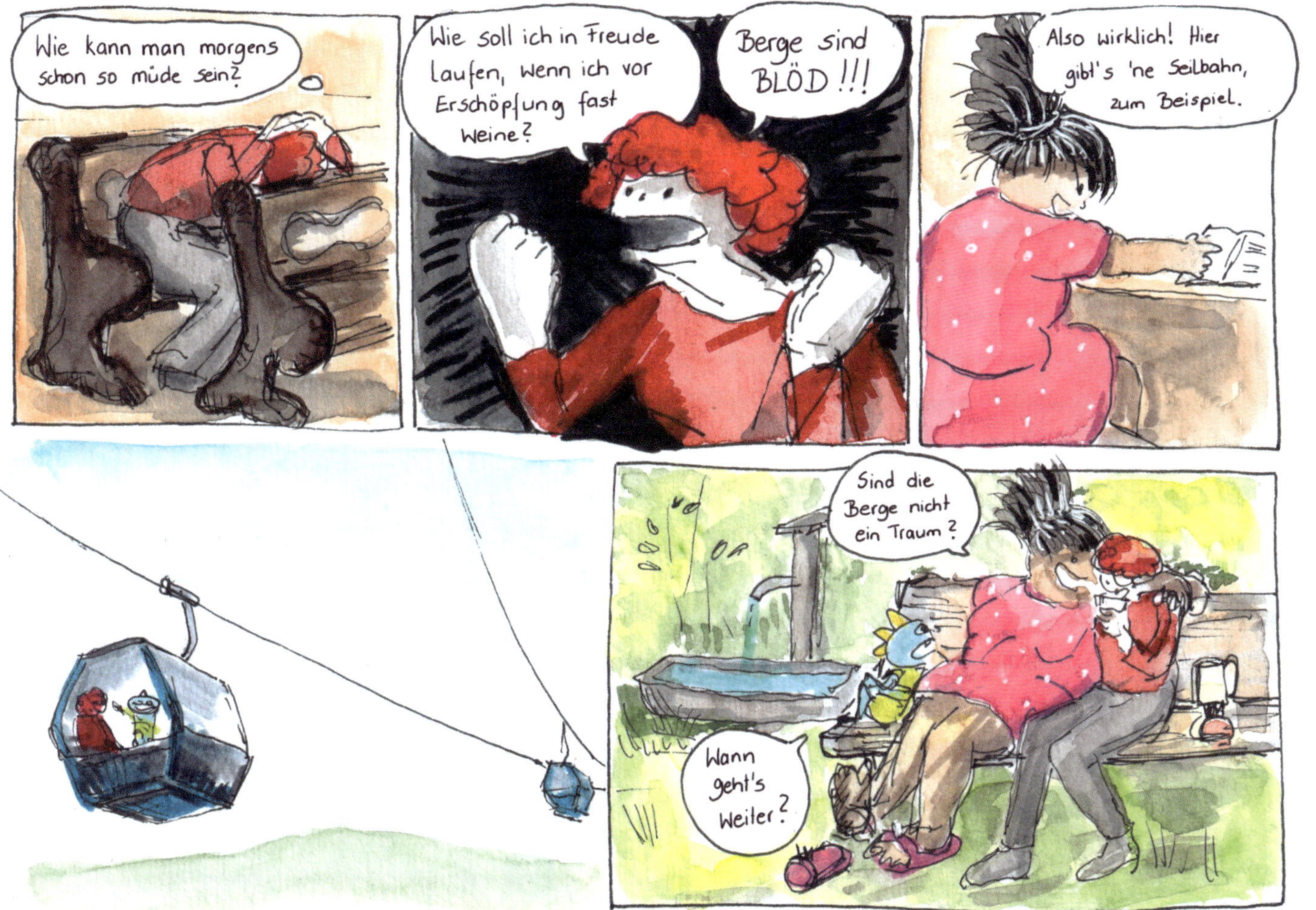
Wie kann man morgens schon so müde sein?
Wie soll ich in Freude laufen, wenn ich vor Erschöpfung fast weine?
Berge sind BLÖD!!!
Also wirklich! Hier gibt's 'ne Seilbahn, zum Beispiel.
Sind die Berge nicht ein Traum?
Wann geht's weiter?

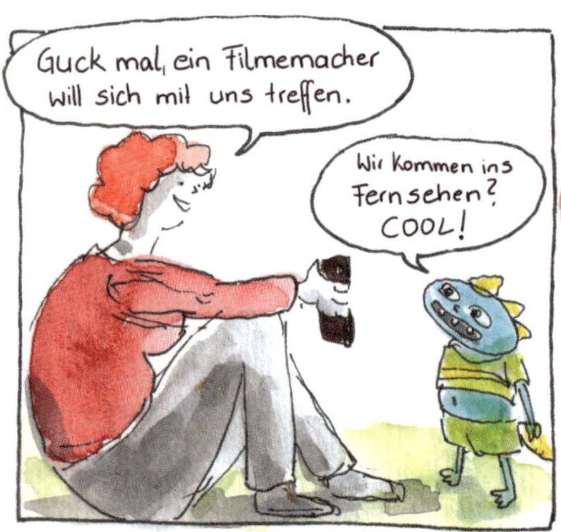
Guck mal, ein Filmemacher will sich mit uns treffen.
Wir kommen ins Fernsehen? COOL!

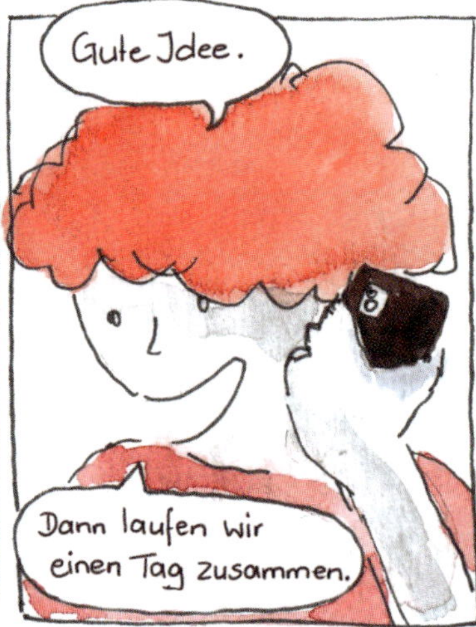
Gute Idee.
Dann laufen wir einen Tag zusammen.

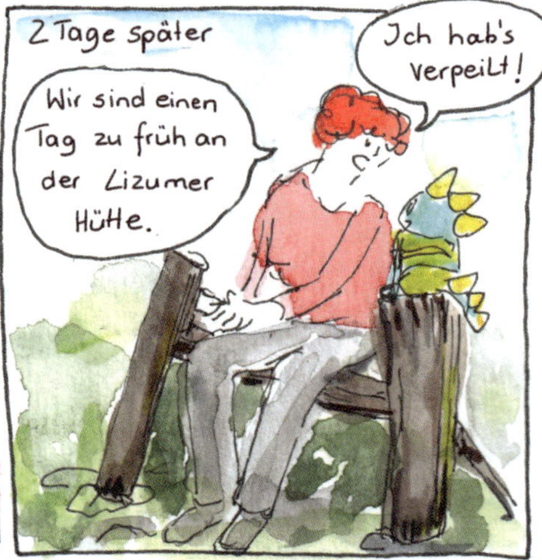
2 Tage später
Ich hab's verpeilt!
Wir sind einen Tag zu früh an der Lizumer Hütte.

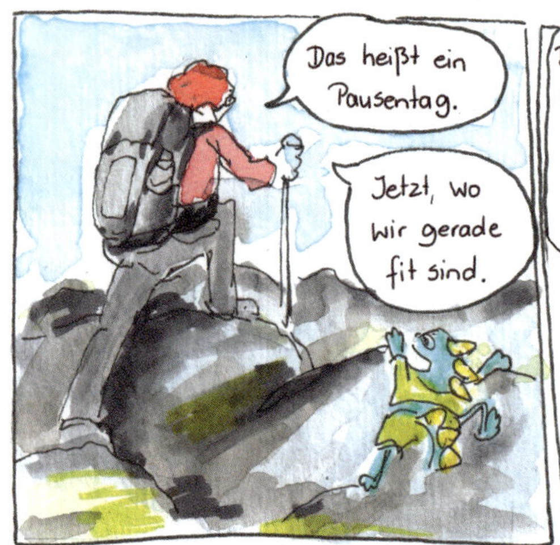
Das heißt ein Pausentag.
Jetzt, wo wir gerade fit sind.

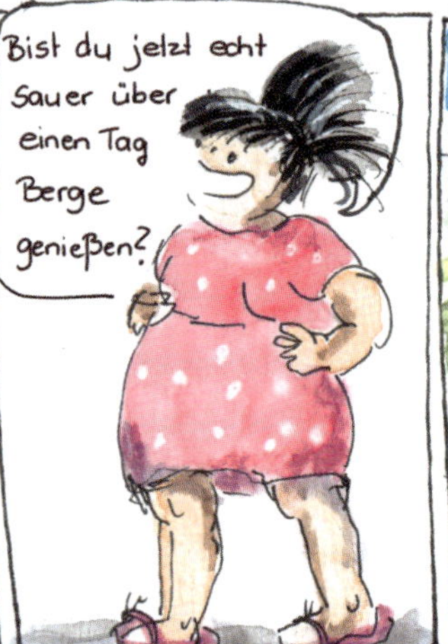
Bist du jetzt echt sauer über einen Tag Berge genießen?

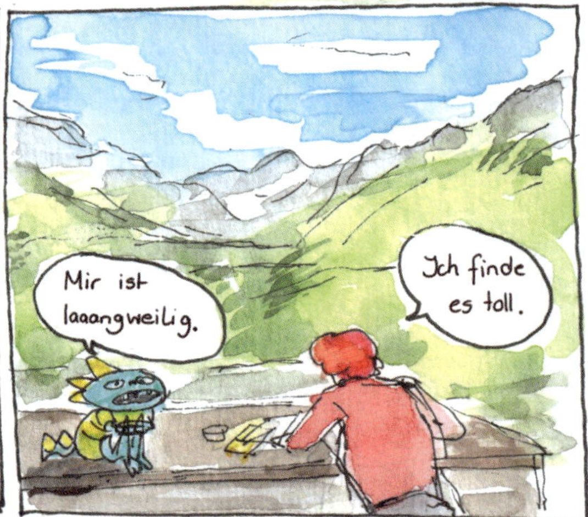
Mir ist laaangweilig.
Ich finde es toll.

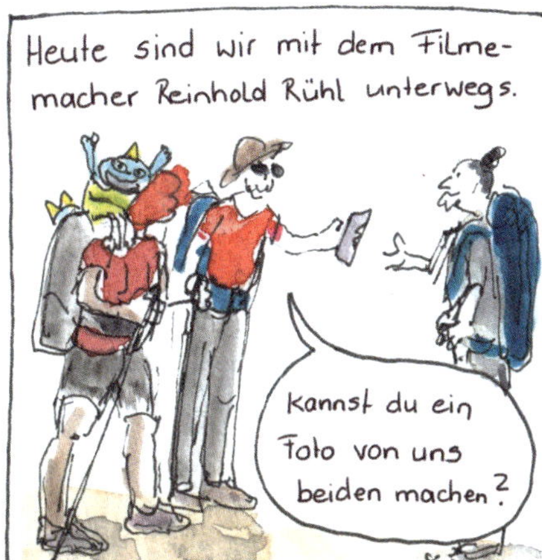
Heute sind wir mit dem Filmemacher Reinhold Rühl unterwegs.
Kannst du ein Foto von uns beiden machen?

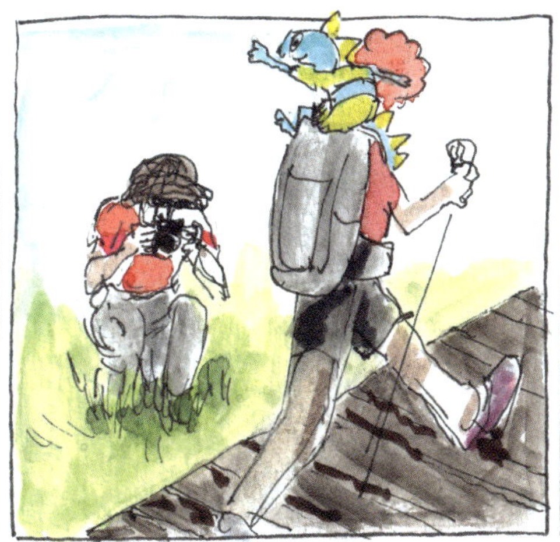

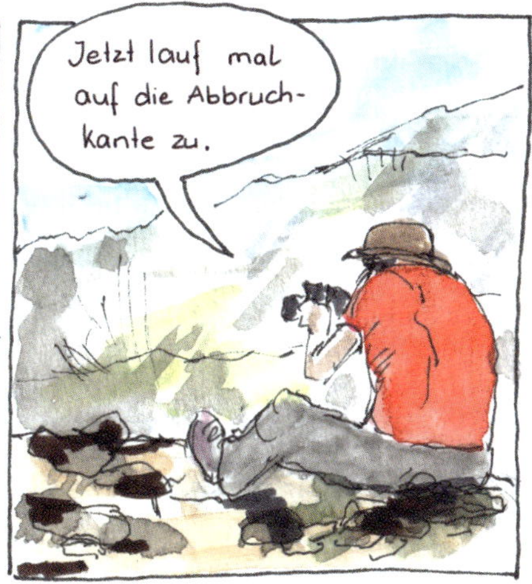
Jetzt lauf mal auf die Abbruchkante zu.

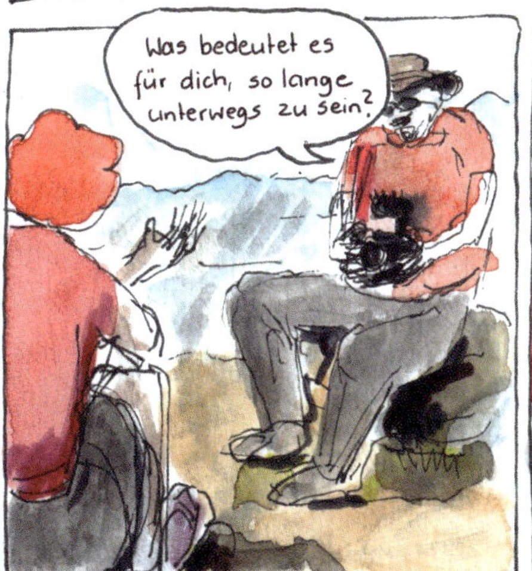
Was bedeutet es für dich, so lange unterwegs zu sein?

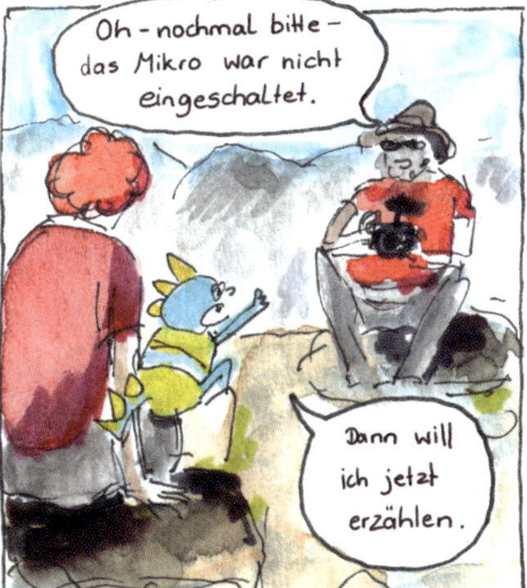
Oh - nochmal bitte - das Mikro war nicht eingeschaltet.
Dann will ich jetzt erzählen.

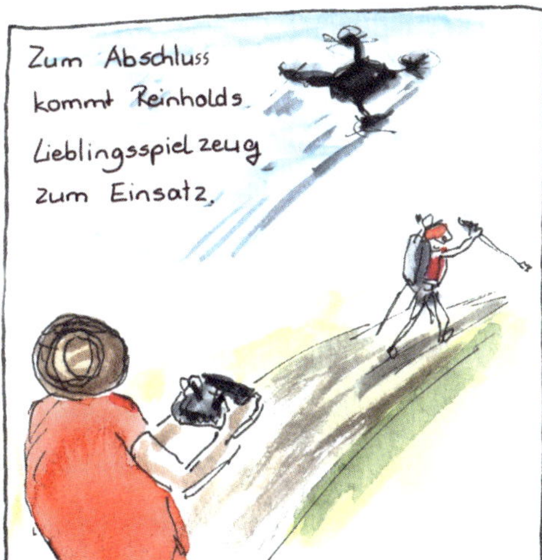
Zum Abschluss kommt Reinholds Lieblingsspielzeug zum Einsatz.

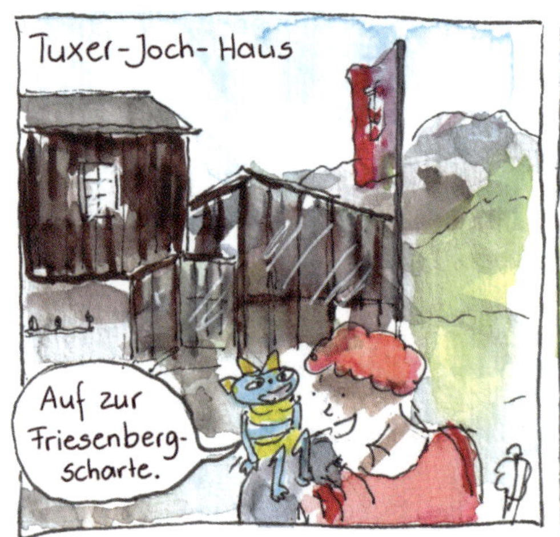
Tuxer-Joch-Haus
Auf zur Friesenberg-scharte.
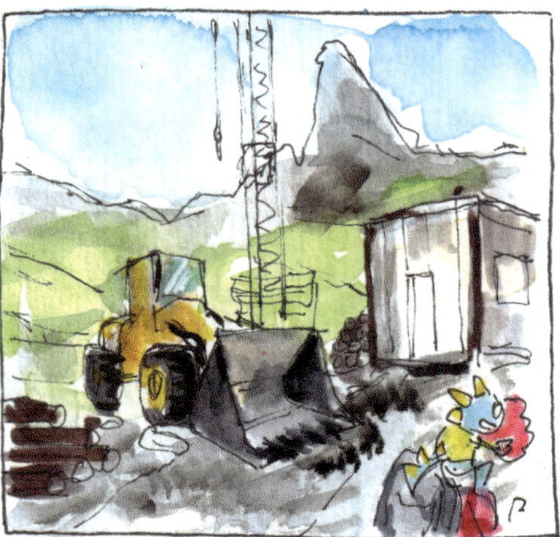
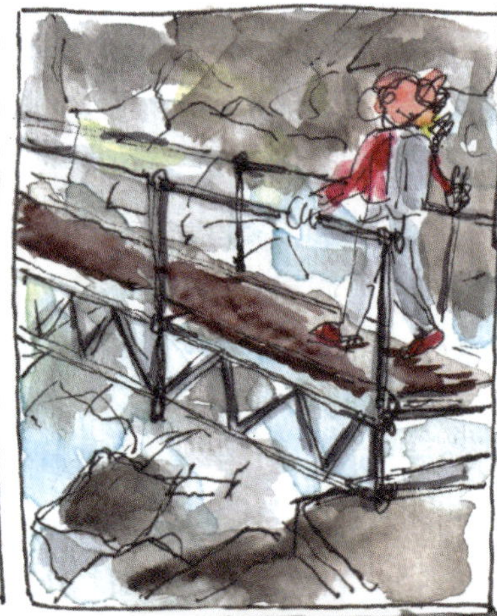
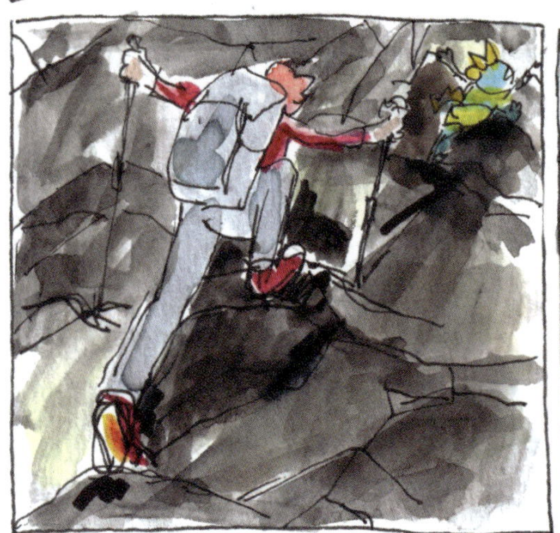
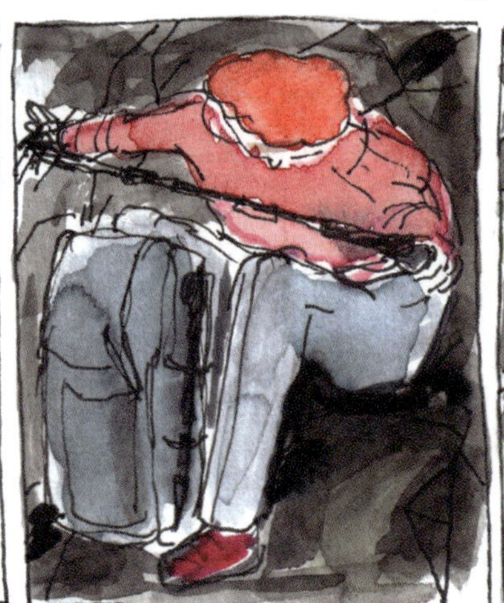
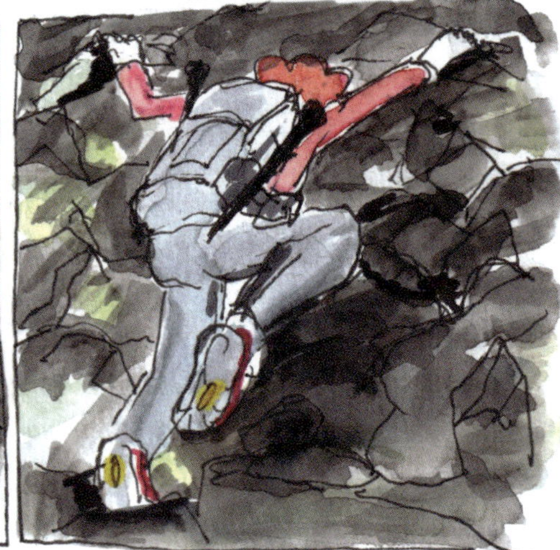

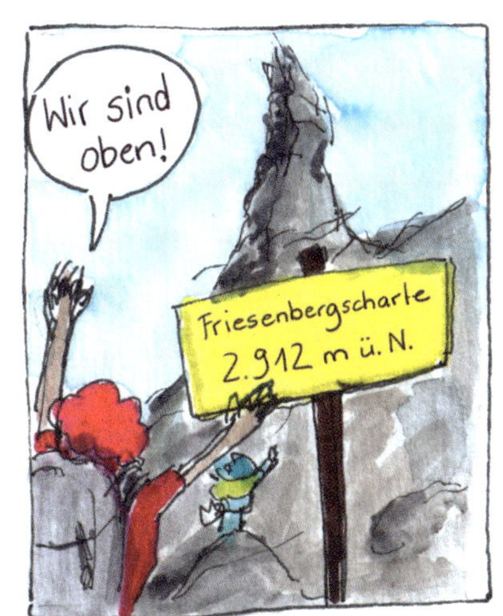
Wir sind oben!
Friesenbergscharte
2.912 m ü. N.

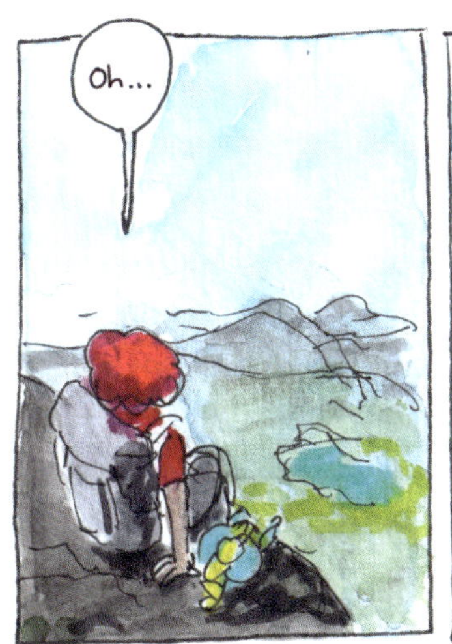
Oh...

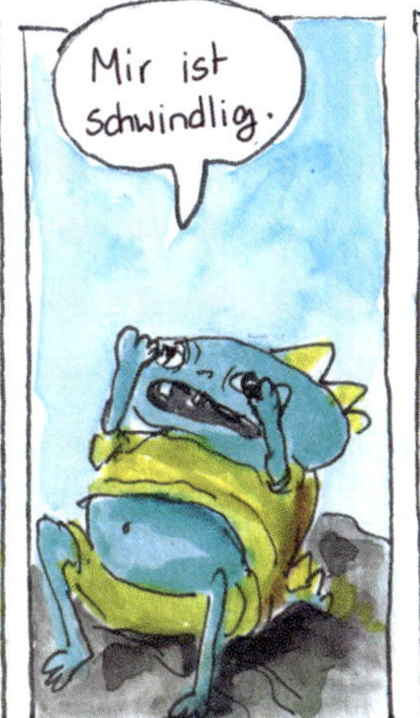
Mir ist schwindlig.

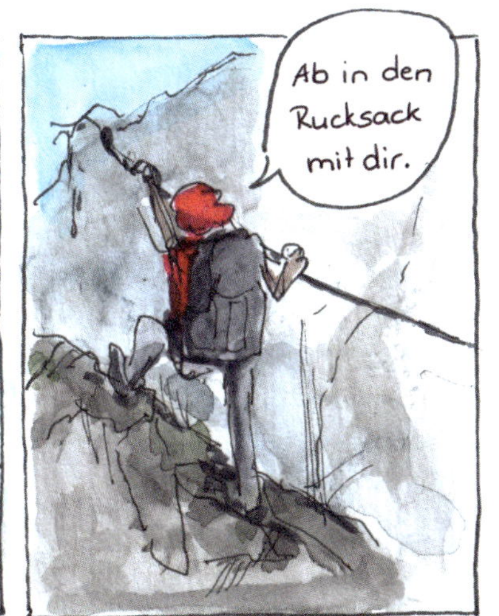
Ab in den Rucksack mit dir.

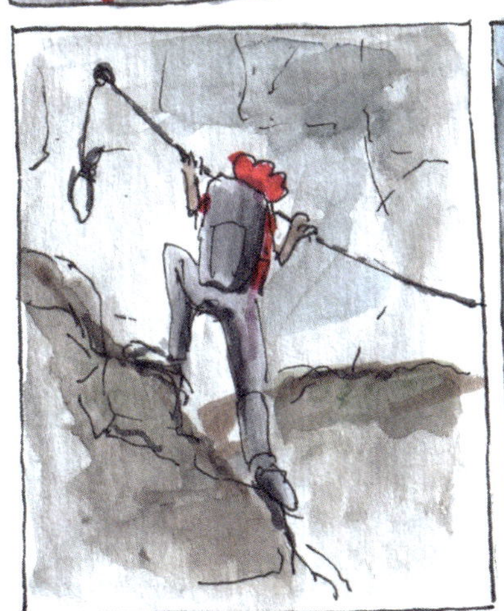

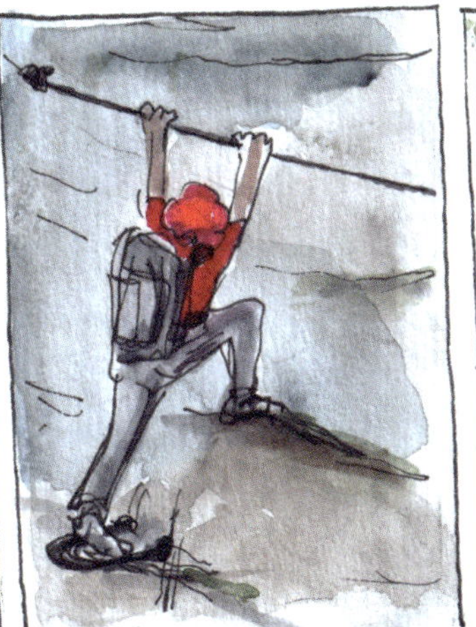

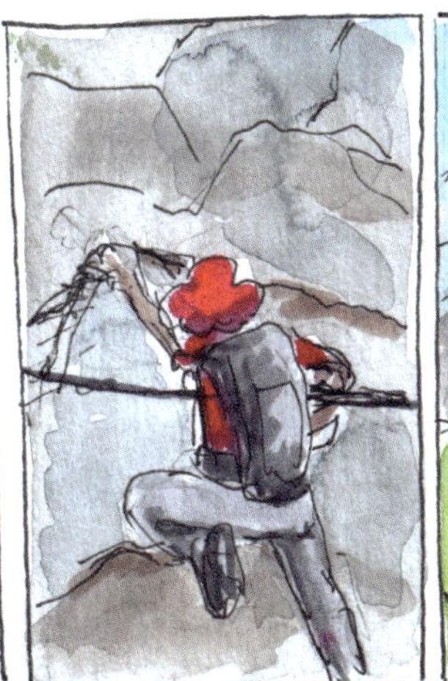

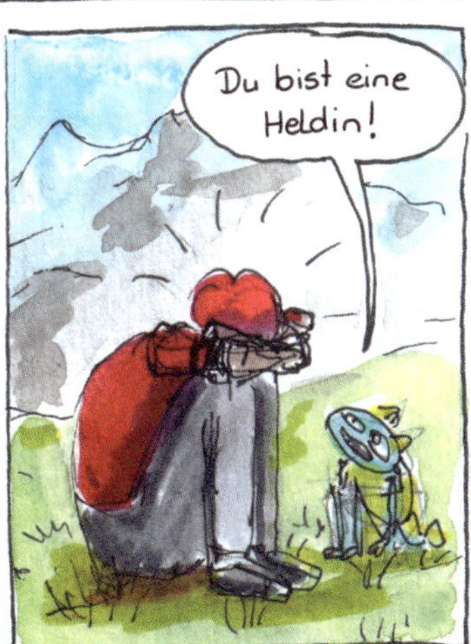
Du bist eine Heldin!

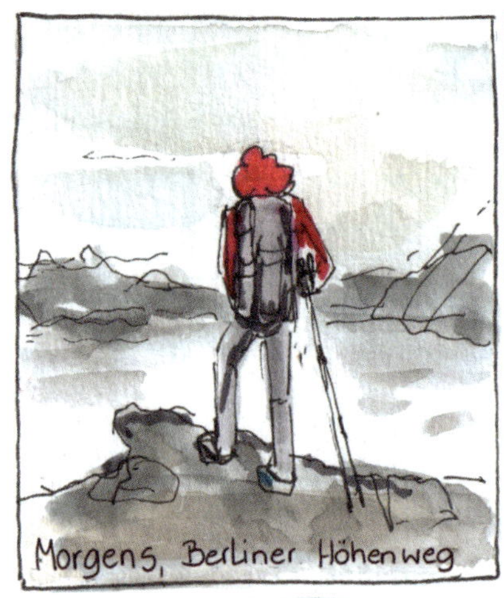
Morgens, Berliner Höhenweg

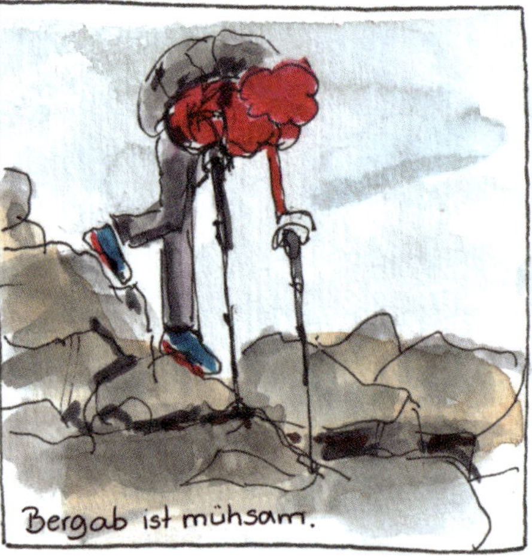
Bergab ist mühsam.

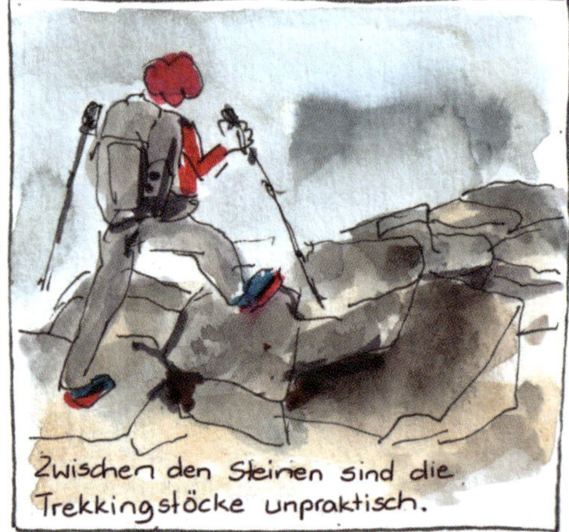
Zwischen den Steinen sind die Trekkingstöcke unpraktisch.

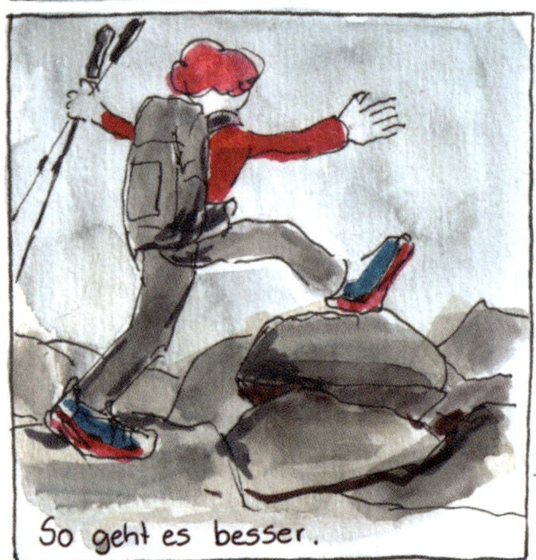
So geht es besser.

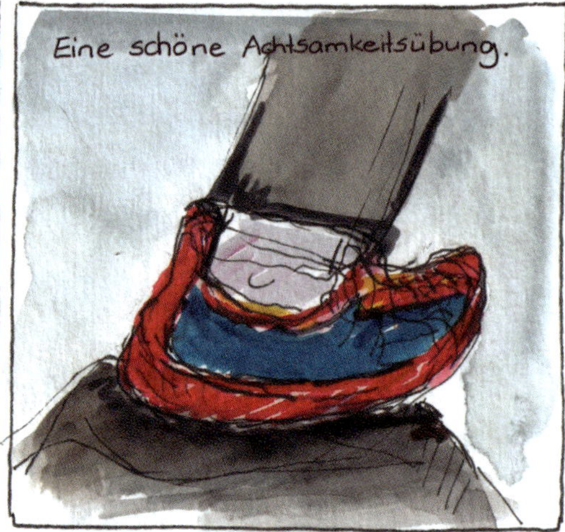
Eine schöne Achtsamkeitsübung.

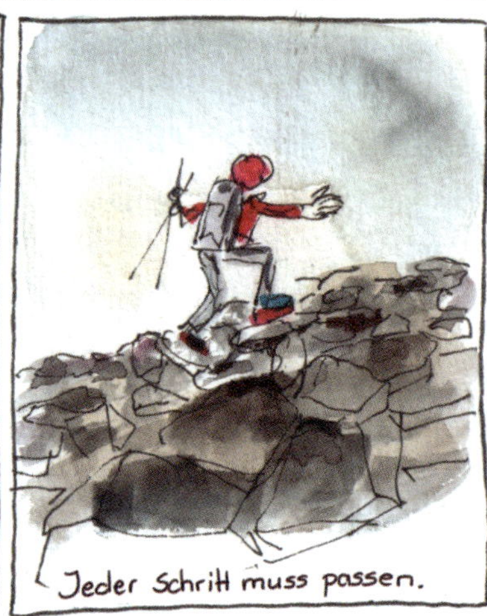
Jeder Schritt muss passen.

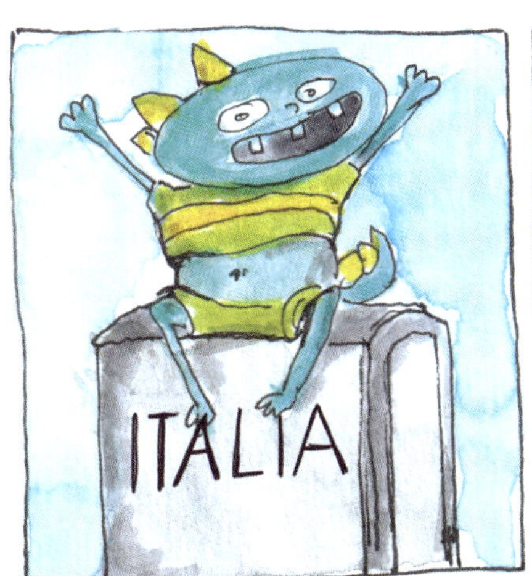
ITALIA

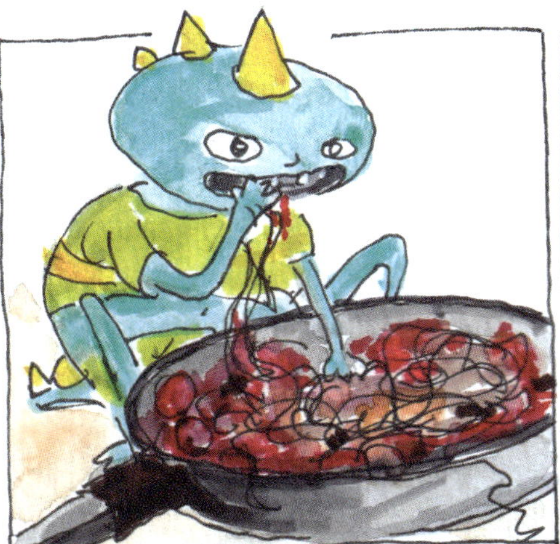

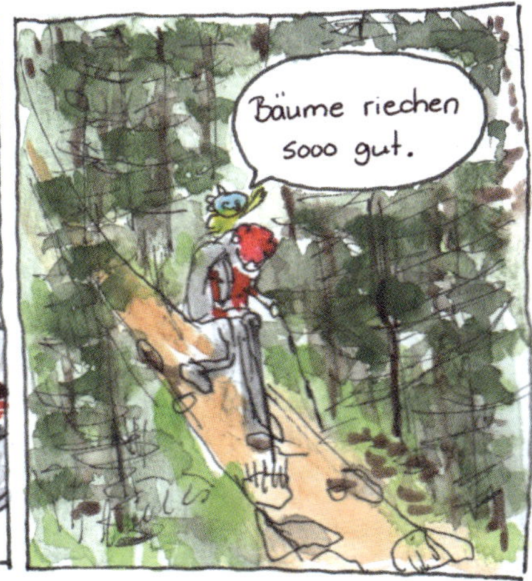
Bäume riechen sooo gut.

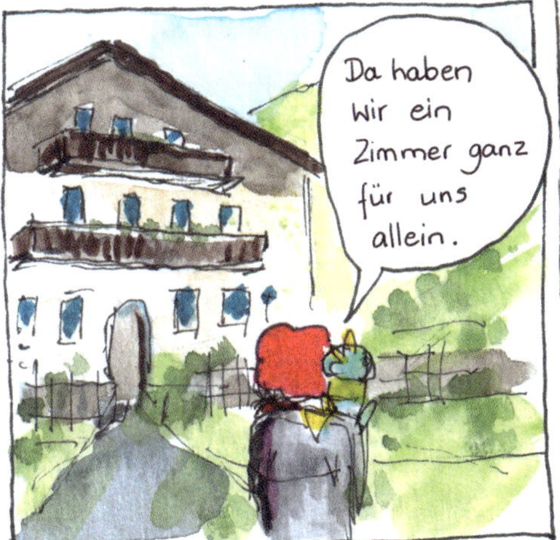
Da haben wir ein Zimmer ganz für uns allein.

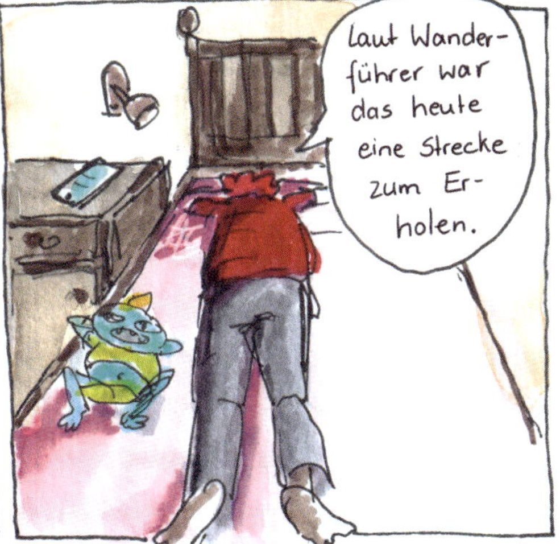
Laut Wanderführer war das heute eine Strecke zum Erholen.

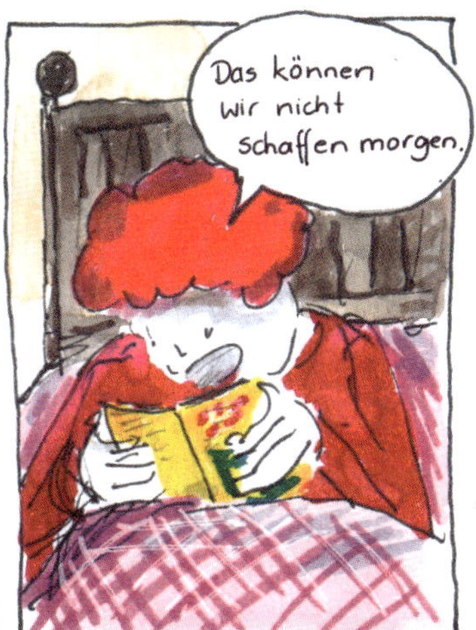
Das können wir nicht schaffen morgen.

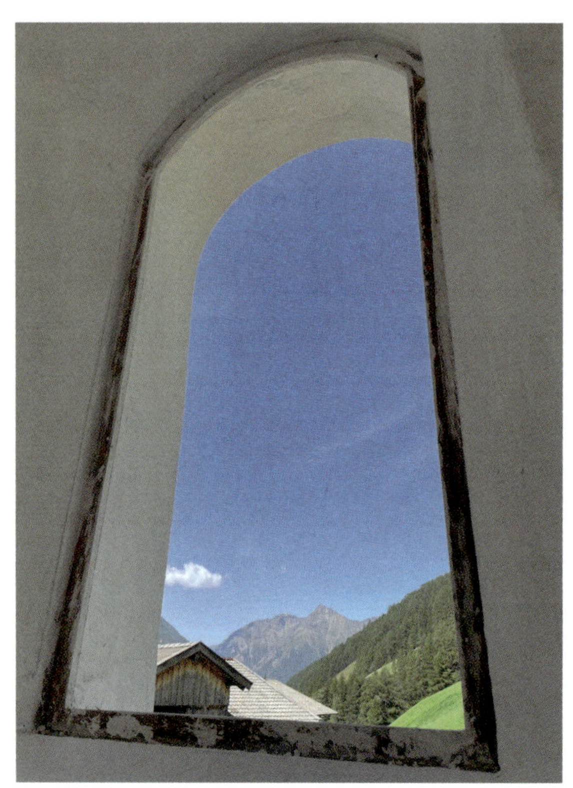

Kapelle in Stein

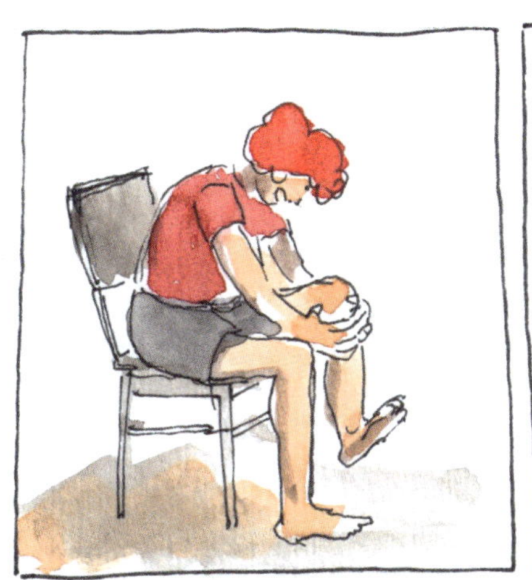
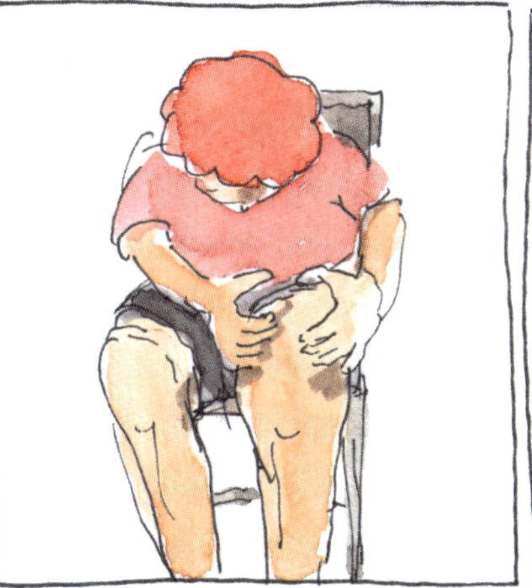
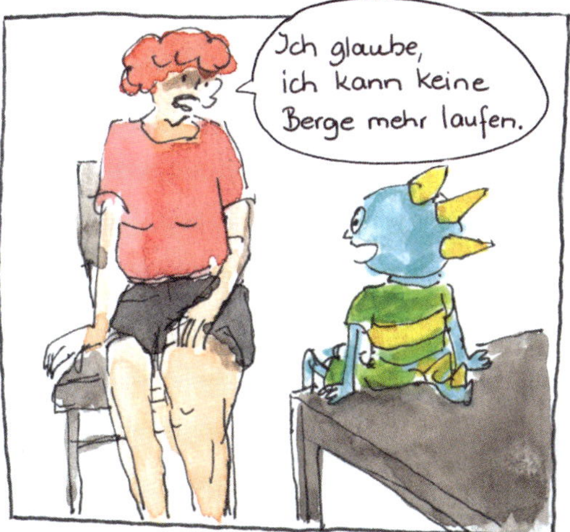
Ich glaube, ich kann keine Berge mehr laufen.
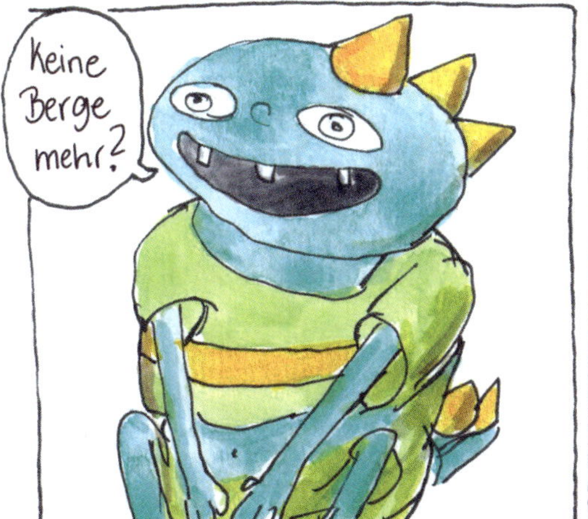
Keine Berge mehr?
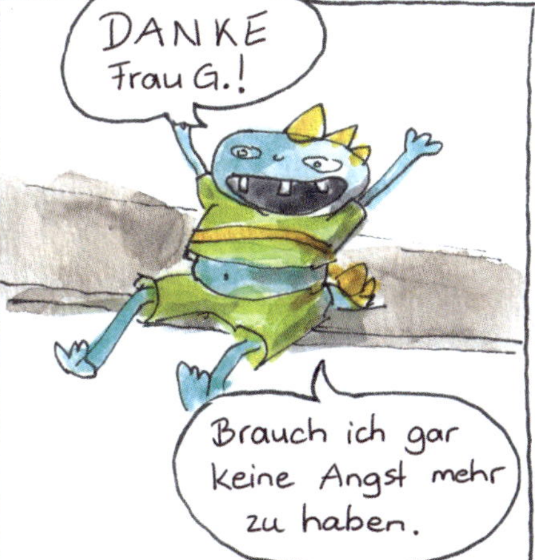
DANKE Frau G.!
Brauch ich gar keine Angst mehr zu haben.
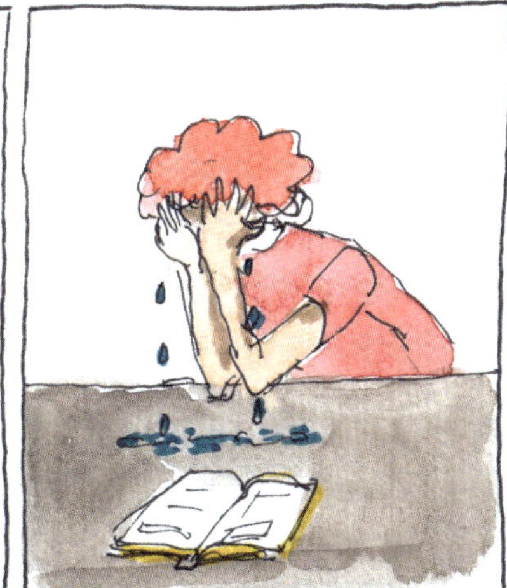

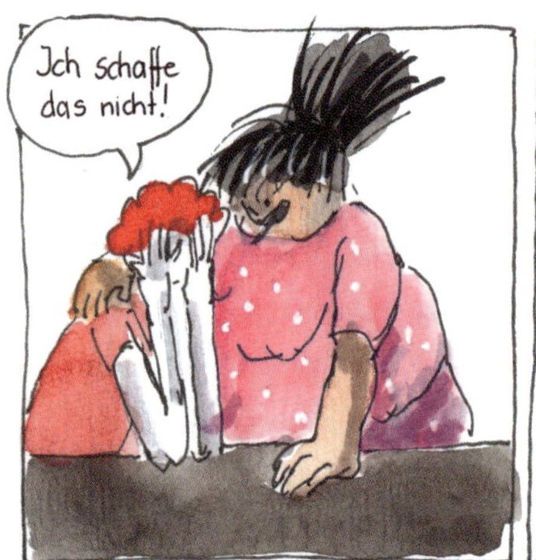
Jch schaffe das nicht!

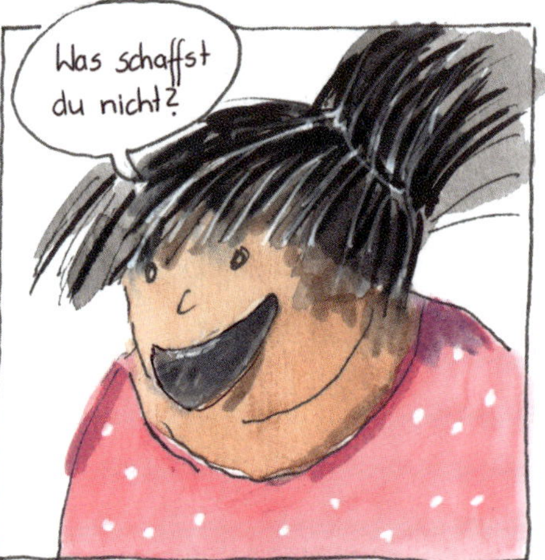
Was schaffst du nicht?

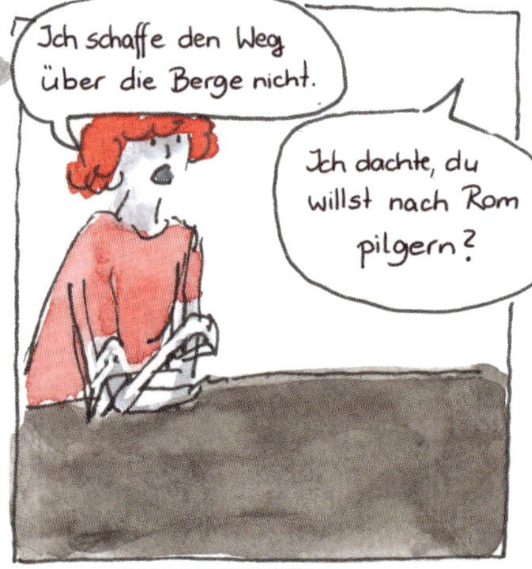
Jch schaffe den Weg über die Berge nicht.
Jch dachte, du willst nach Rom pilgern?

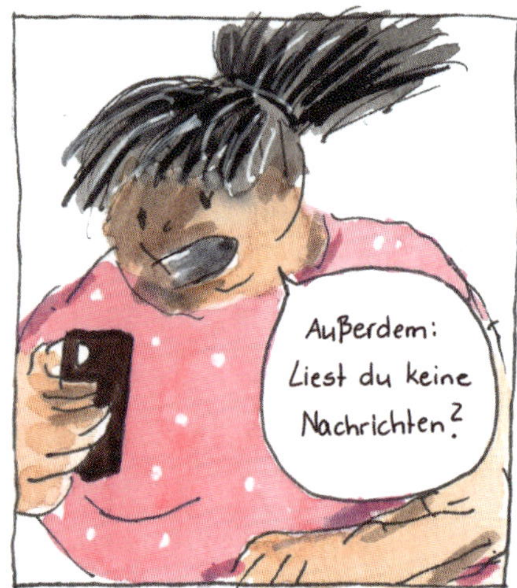
Außerdem: Liest du keine Nachrichten?

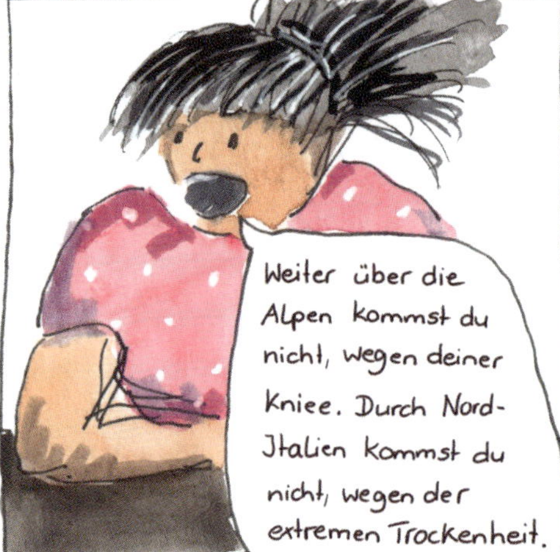
Weiter über die Alpen kommst du nicht, wegen deiner Kniee. Durch Nord-Jtalien kommst du nicht, wegen der extremen Trockenheit.

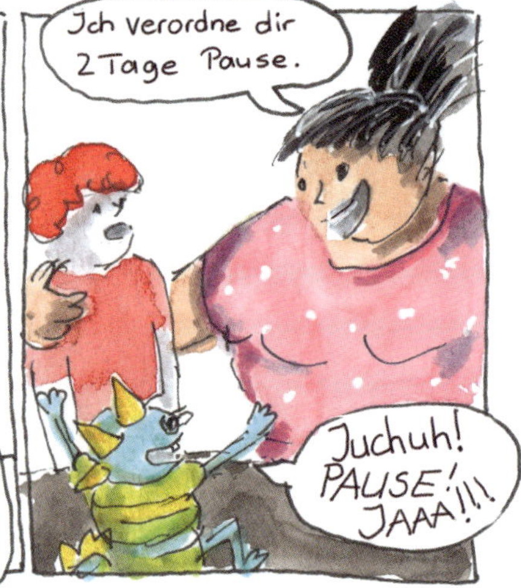
Jch verordne dir 2 Tage Pause.
Juchuh! PAUSE! JAAA!!!!

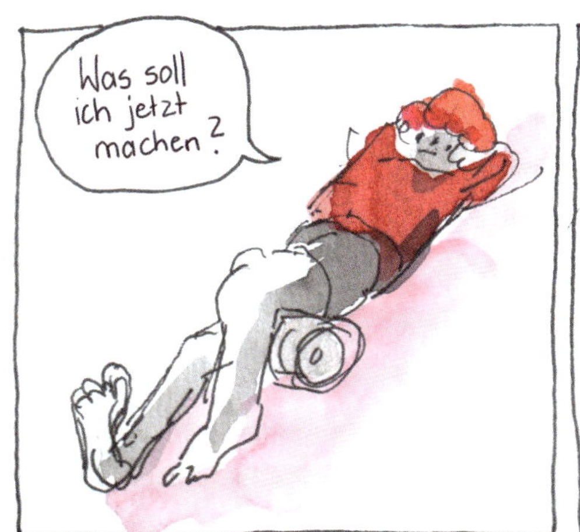
Was soll ich jetzt machen?

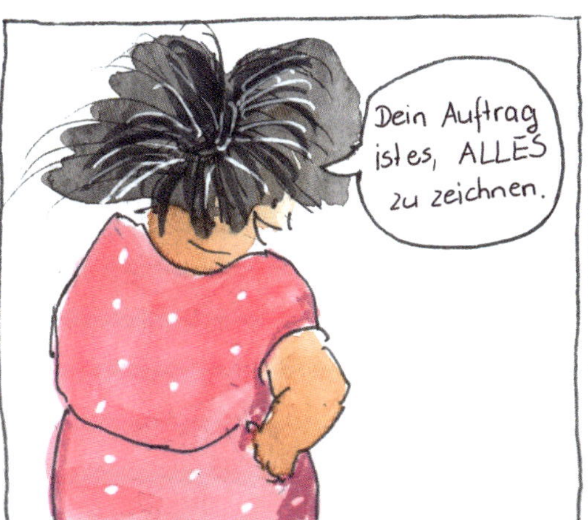
Dein Auftrag ist es, ALLES zu zeichnen.

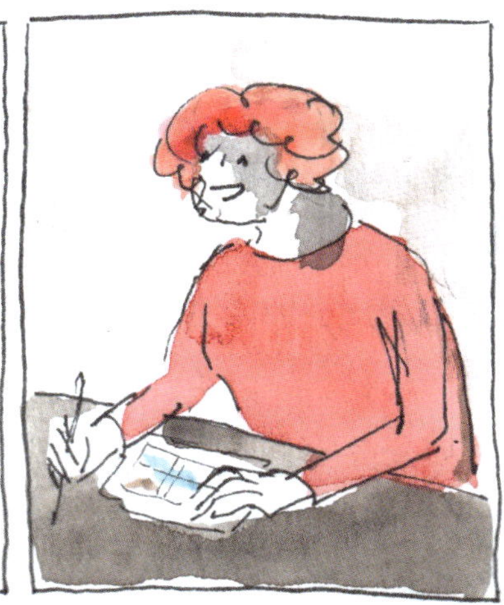

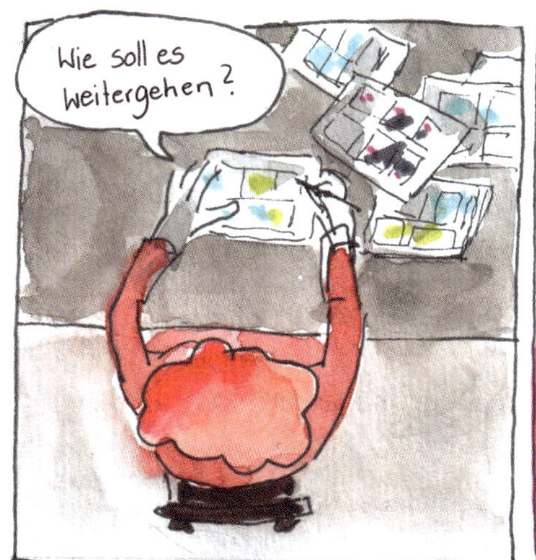
Wie soll es weitergehen?

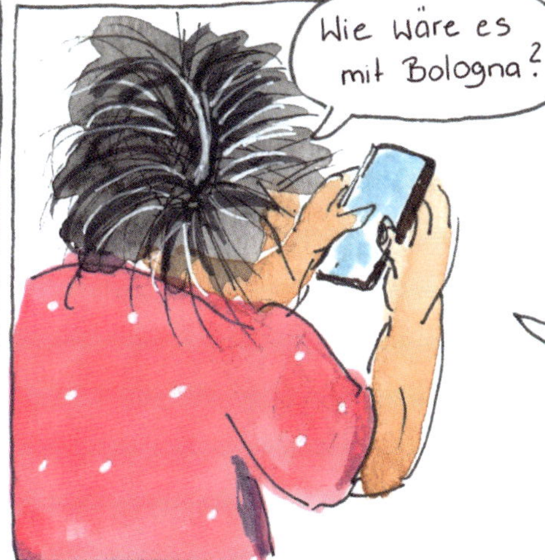
Wie wäre es mit Bologna?

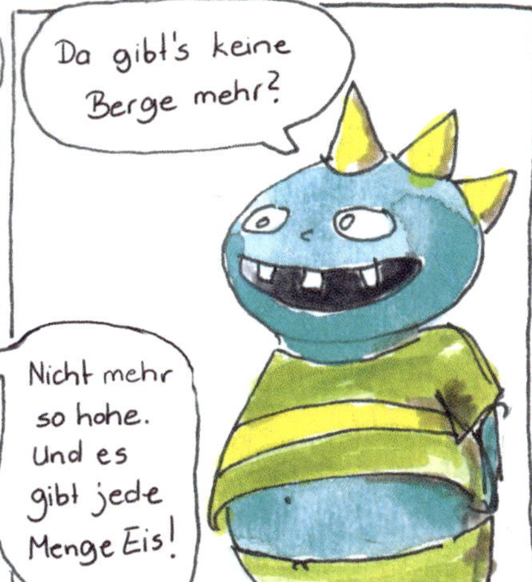
Da gibt's keine Berge mehr?
Nicht mehr so hohe. Und es gibt jede Menge Eis!

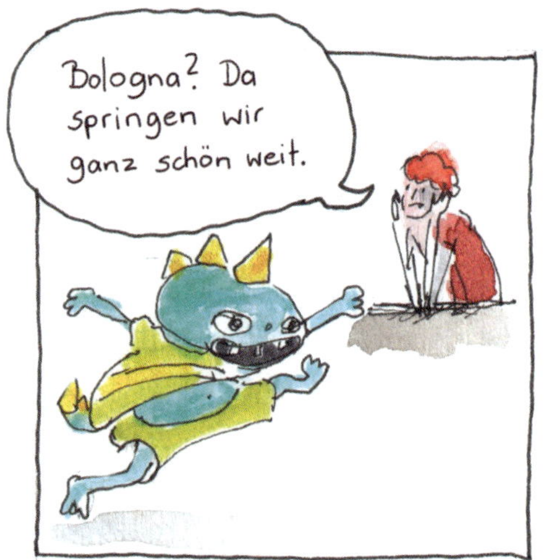
Bologna? Da springen wir ganz schön weit.

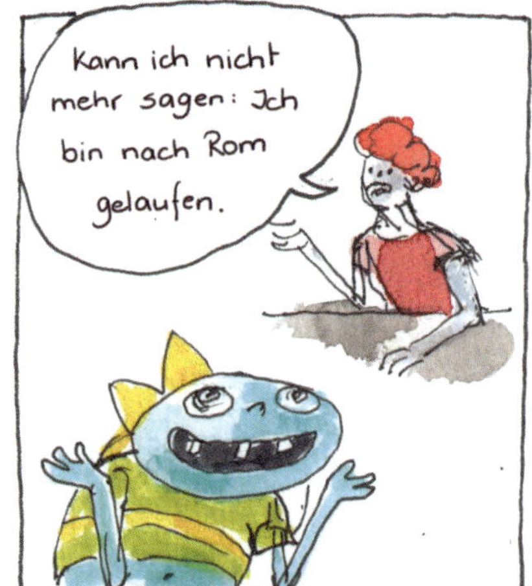
Kann ich nicht mehr sagen: Jch bin nach Rom gelaufen.

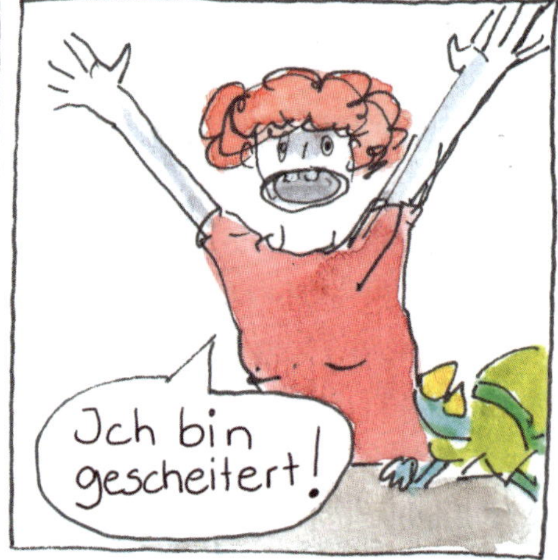
Jch bin gescheitert!

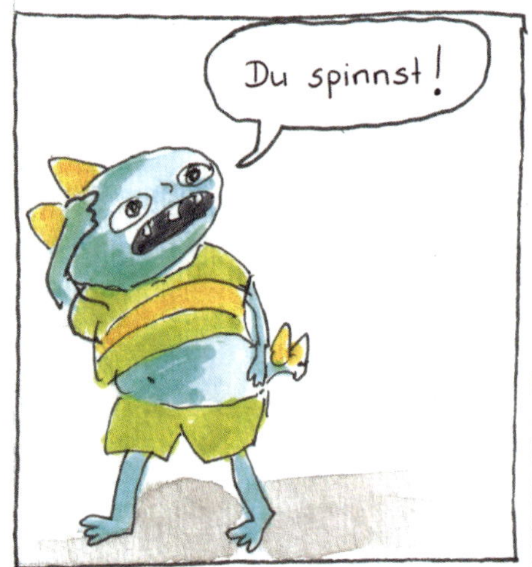
Du spinnst!

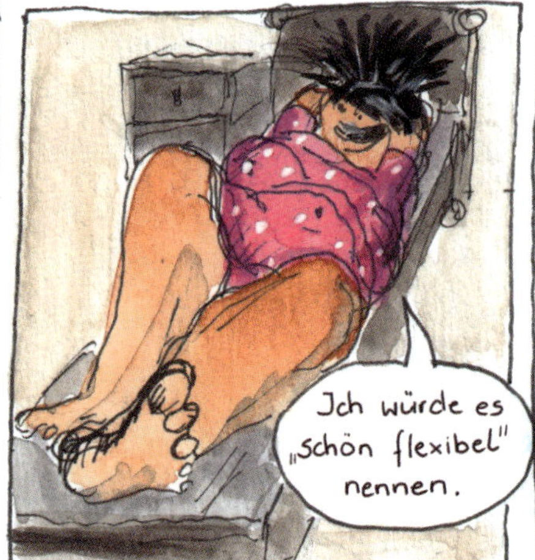
Jch würde es „schön flexibel" nennen.

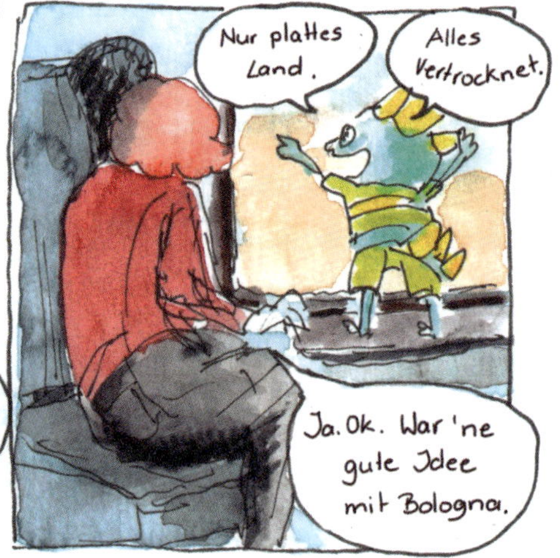
Nur plattes Land.
Alles Vertrocknet.
Ja. Ok. War 'ne gute Jdee mit Bologna.

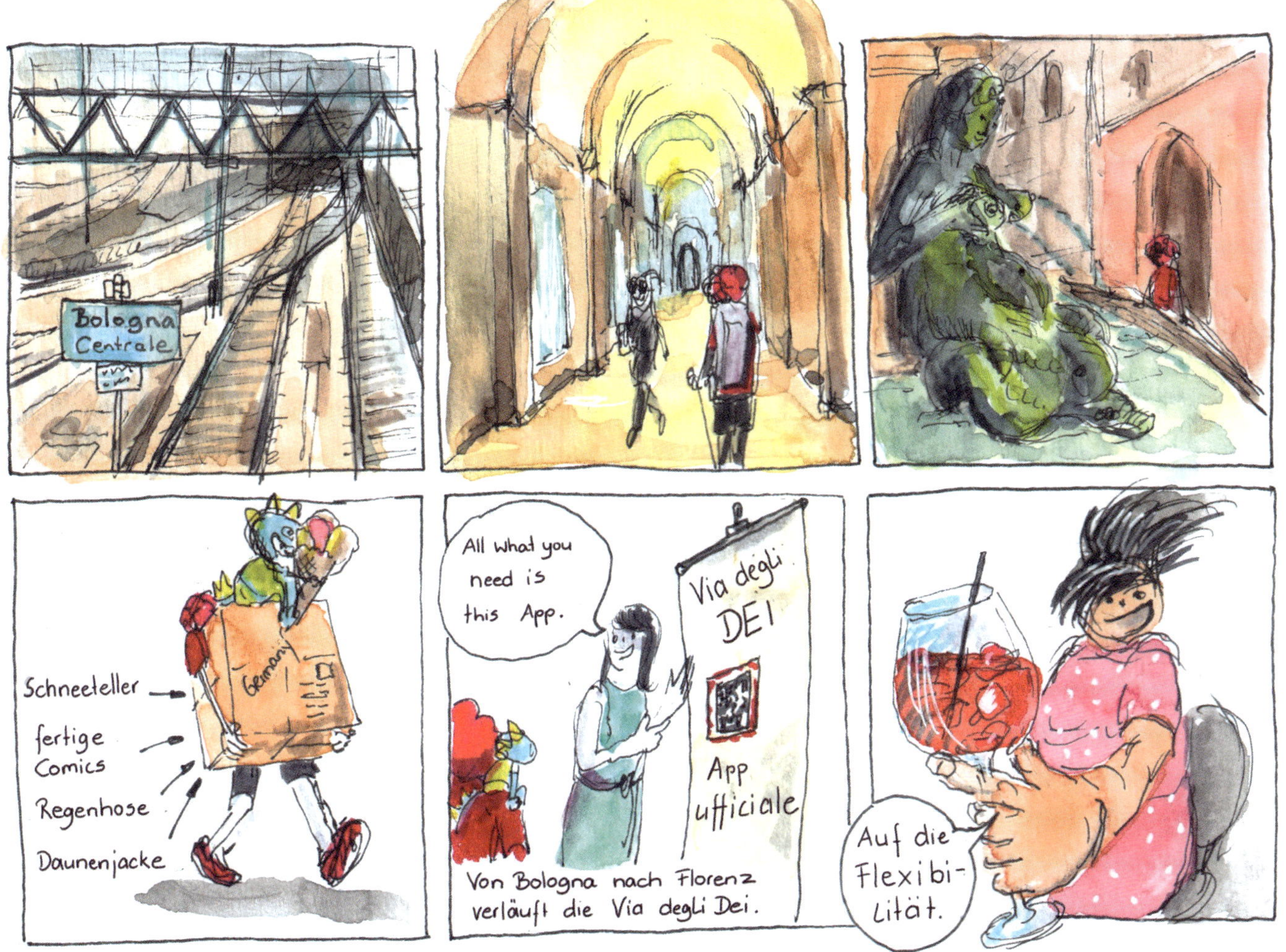

Alles, was Sie brauchen, ist diese App.

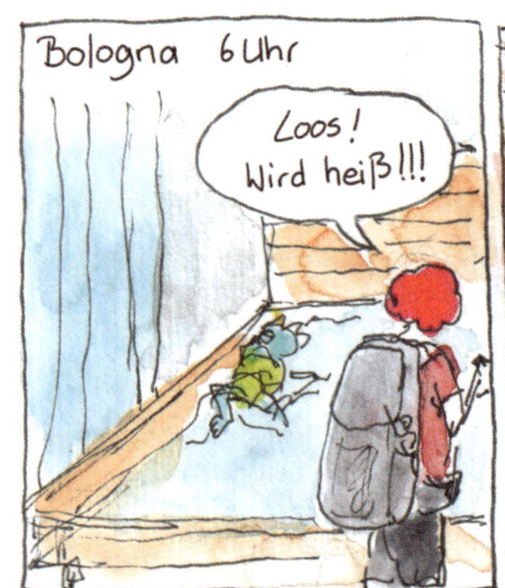
Bologna 6 Uhr
Loos! Wird heiß!!!

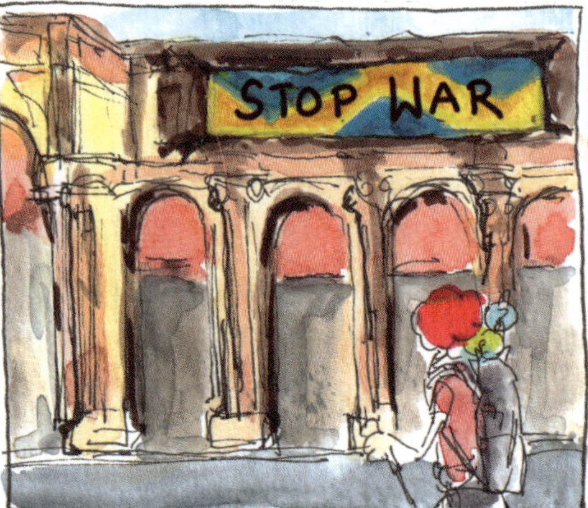
STOP WAR

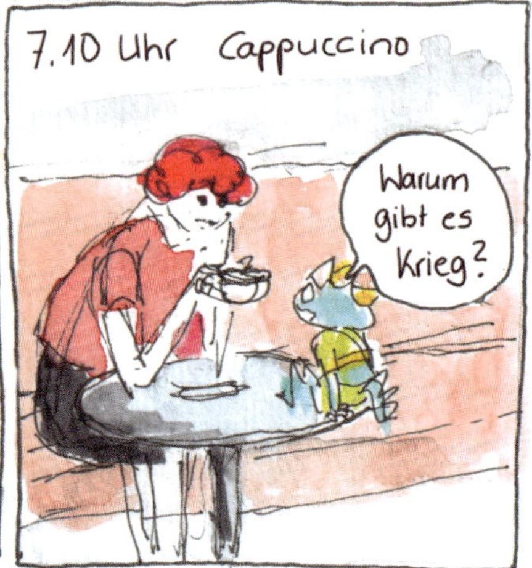
7.10 Uhr Cappuccino
Warum gibt es Krieg?

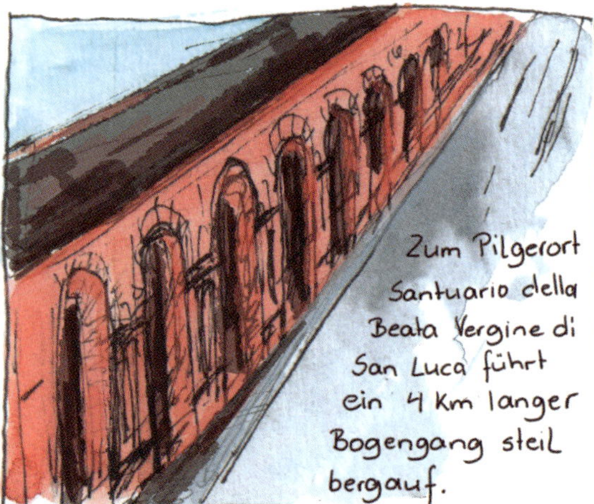
Zum Pilgerort Santuario della Beata Vergine di San Luca führt ein 4 Km langer Bogengang steil bergauf.

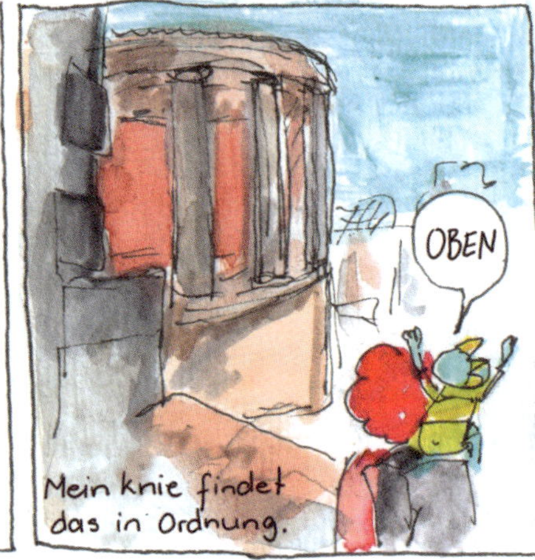
OBEN
Mein knie findet das in Ordnung.

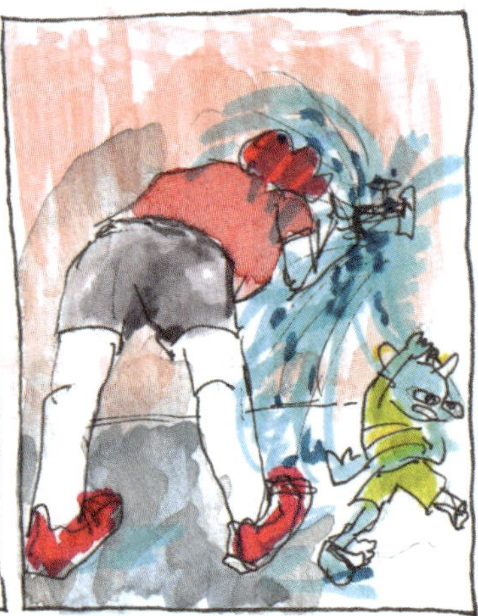

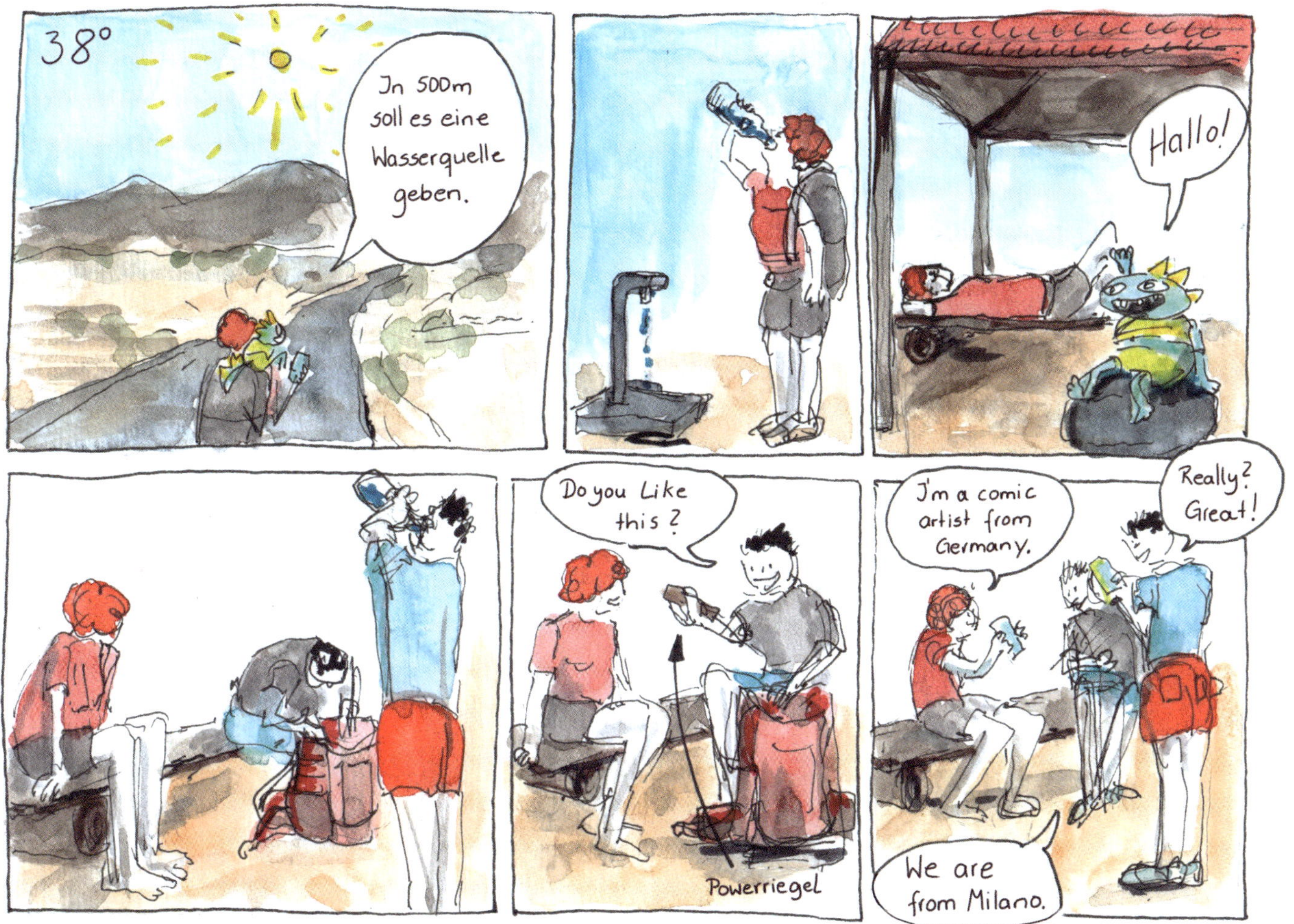

Magst Du sowas? | Ich bin Comiczeichnerin aus Deutschland. | Wirklich? Toll! | Wir sind aus Milano.

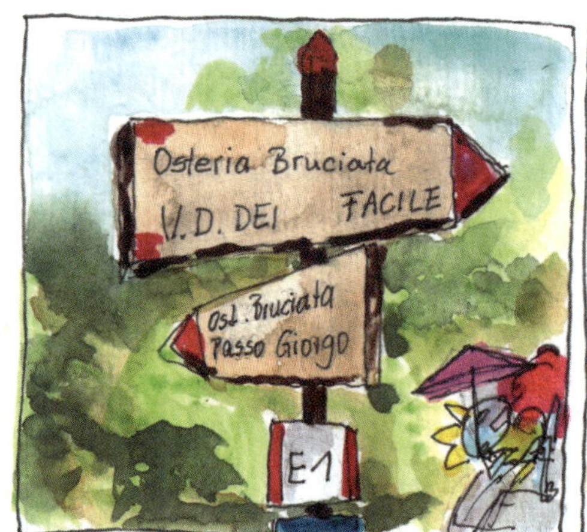
Osteria Bruciata
V. D. DEI FACILE
Ost. Bruciata
Passo Giogo
E1

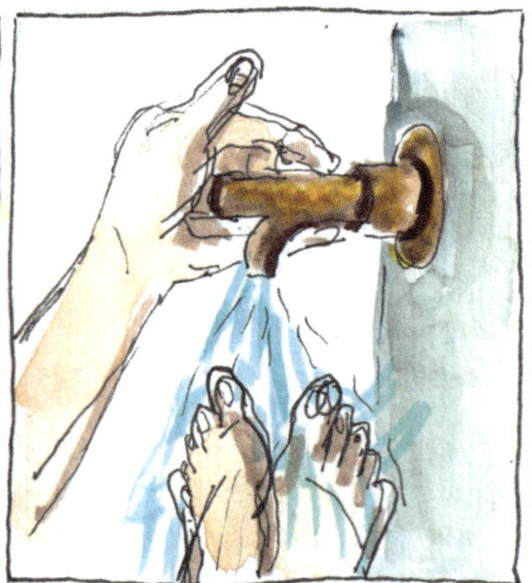

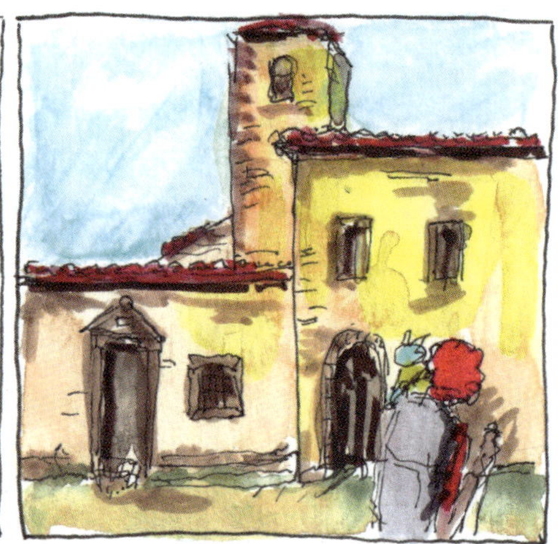

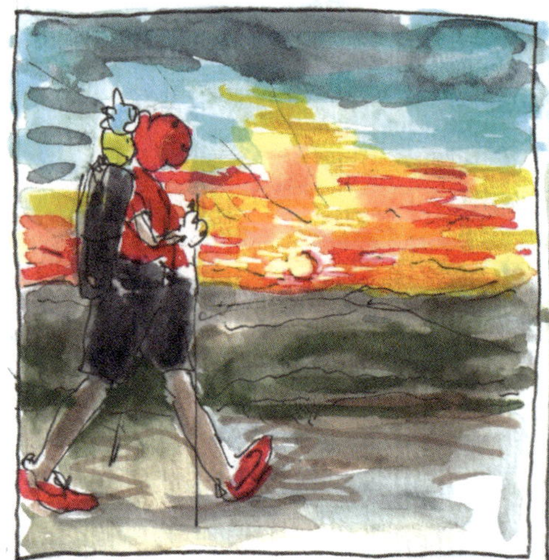

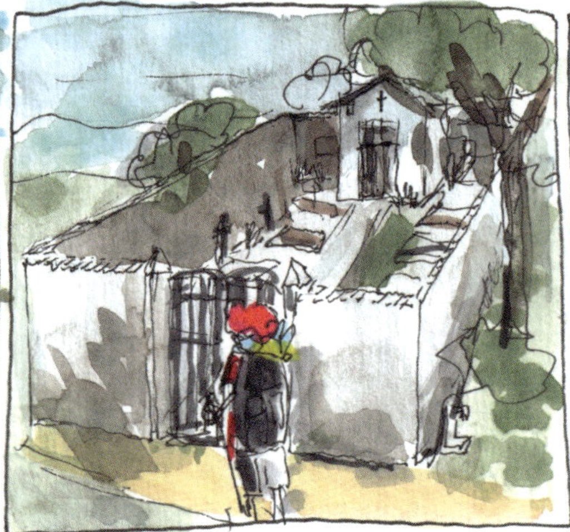

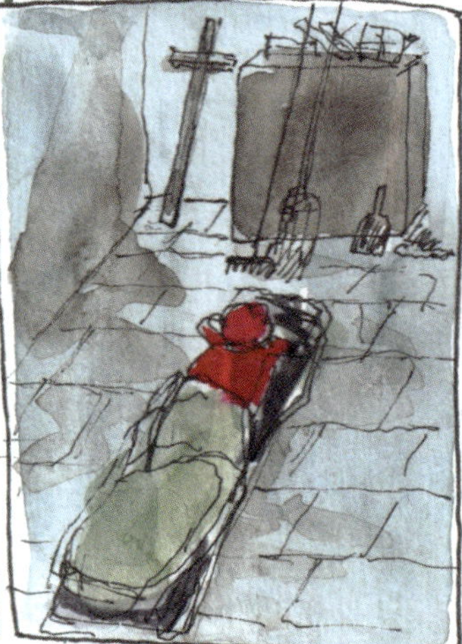

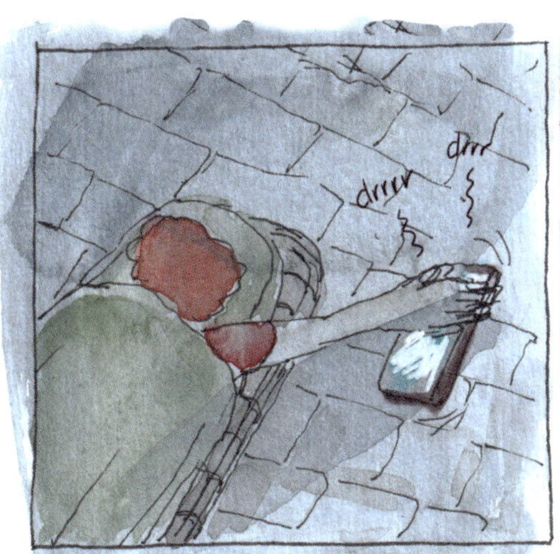
drrrr
drrr

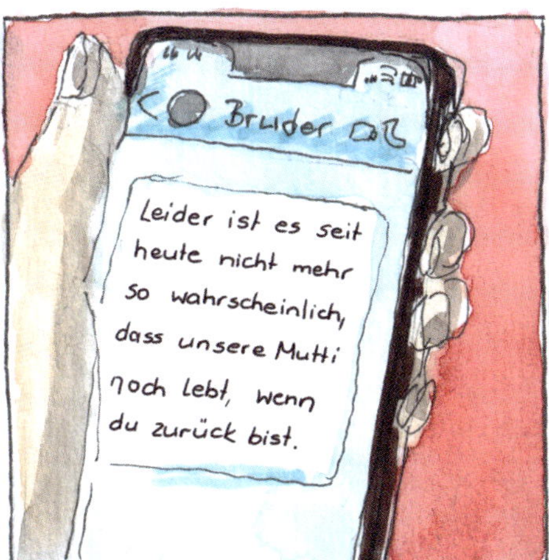
Bruder
Leider ist es seit heute nicht mehr so wahrscheinlich, dass unsere Mutti noch lebt, wenn du zurück bist.

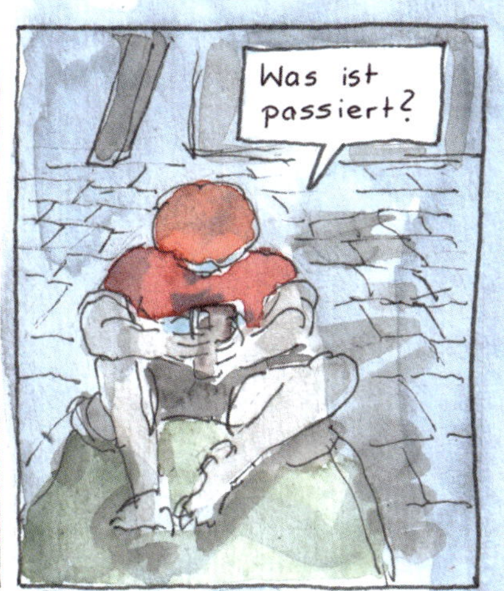
Was ist passiert?

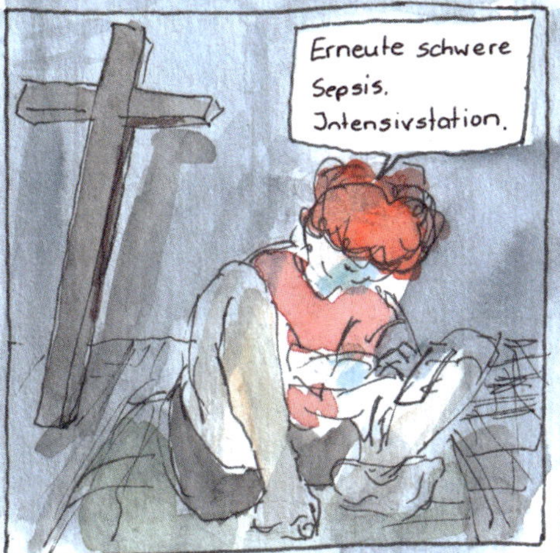
Erneute schwere Sepsis. Intensivstation.

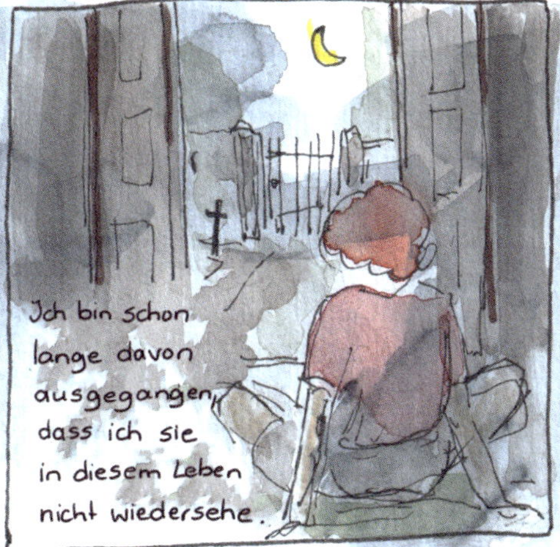
Ich bin schon lange davon ausgegangen, dass ich sie in diesem Leben nicht wiedersehe.

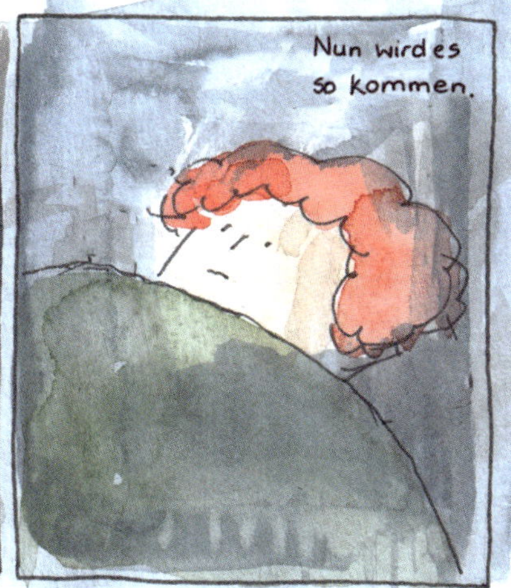
Nun wird es so kommen.

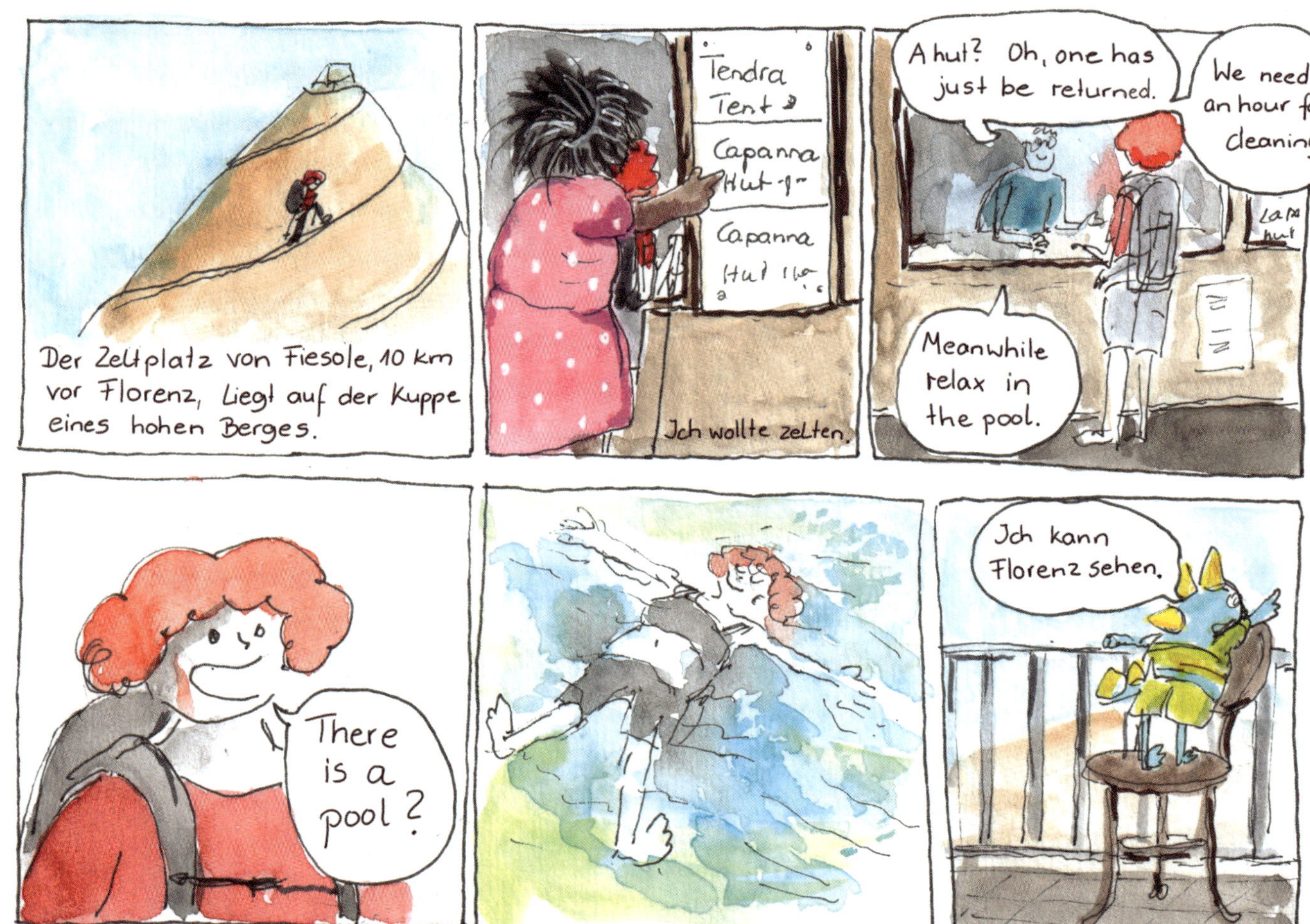

Eine Hütte? Oh, es ist gerade eine zurückgegeben worden. | Wir brauchen eine Stunde für die Reinigung. | Sie können sich in der Zeit im Pool entspannen. | Es gibt einen Pool?

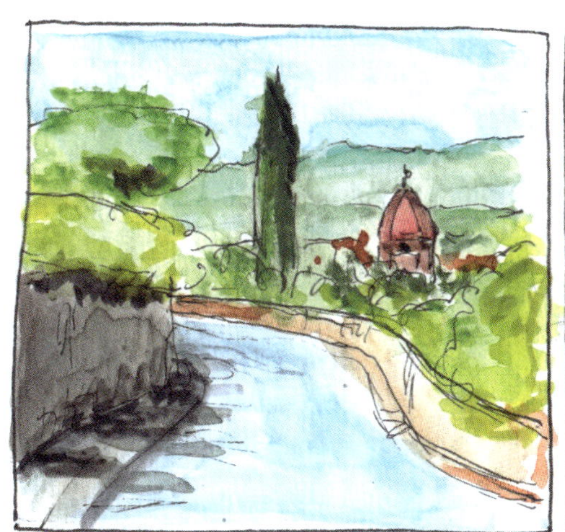
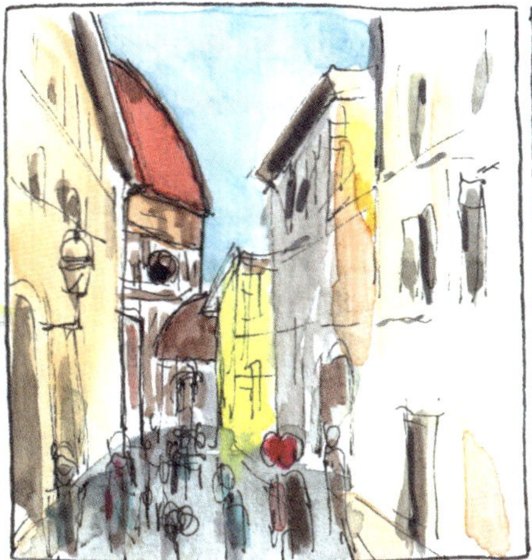
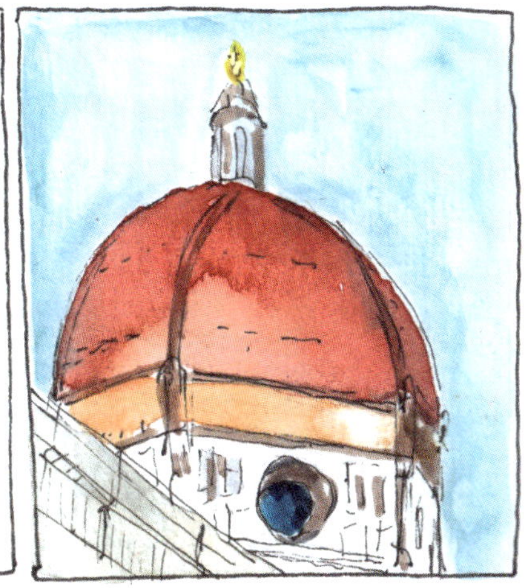
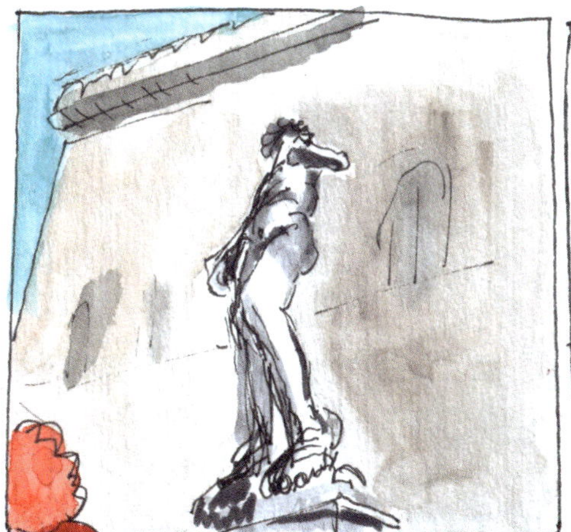
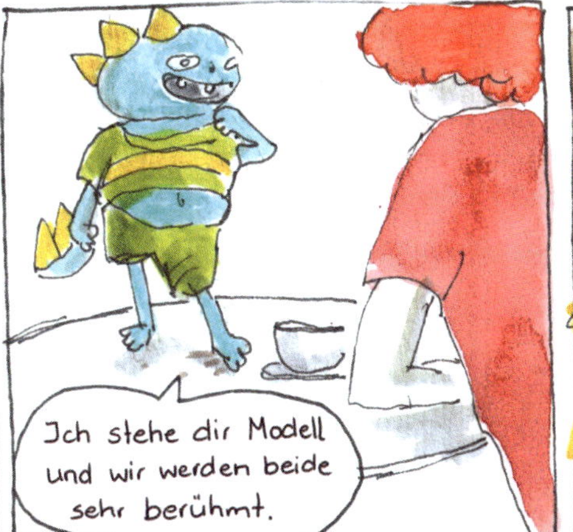
Ich stehe dir Modell
und wir werden beide
sehr berühmt.
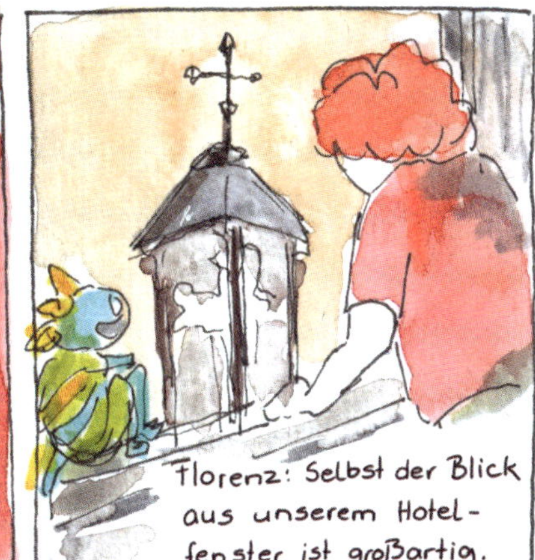
Florenz: Selbst der Blick
aus unserem Hotel-
fenster ist großartig.

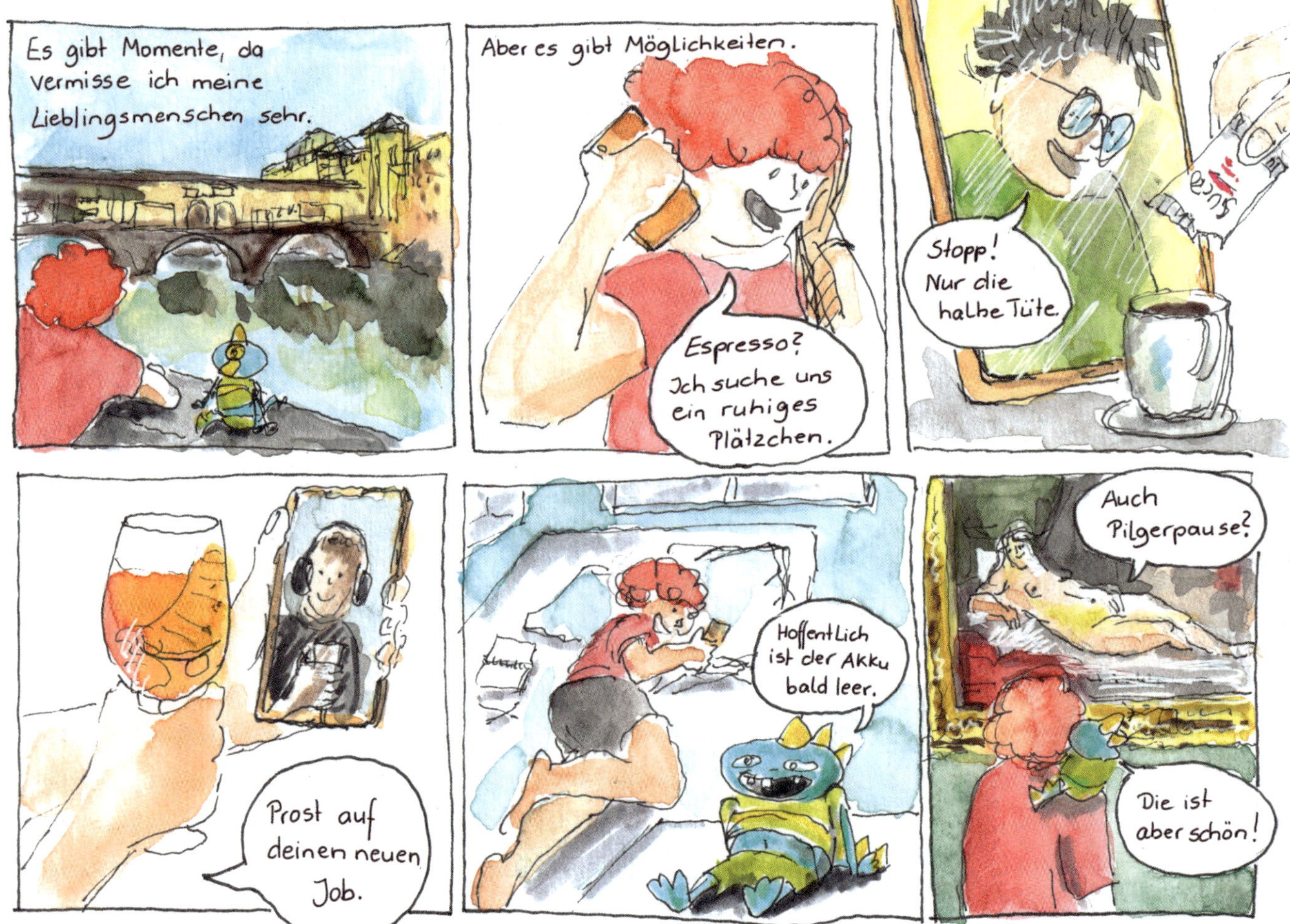
Es gibt Momente, da vermisse ich meine Lieblingsmenschen sehr.
Aber es gibt Möglichkeiten.
Espresso? Jch suche uns ein ruhiges Plätzchen.
Stopp! Nur die halbe Tüte.
Prost auf deinen neuen Job.
Hoffentlich ist der Akku bald leer.
Auch Pilgerpause?
Die ist aber schön!

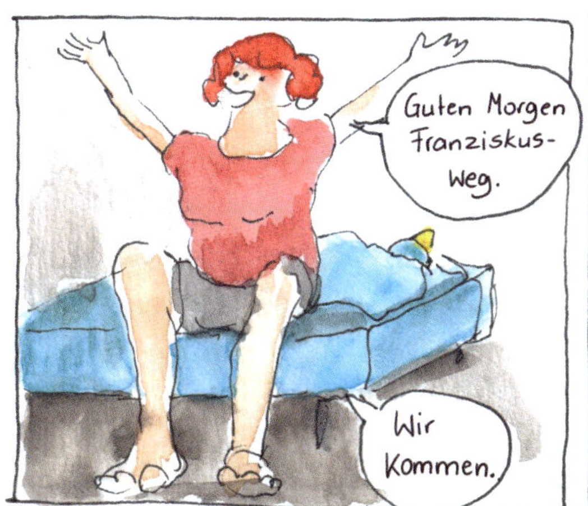
Guten Morgen Franziskus-Weg.
Wir Kommen.

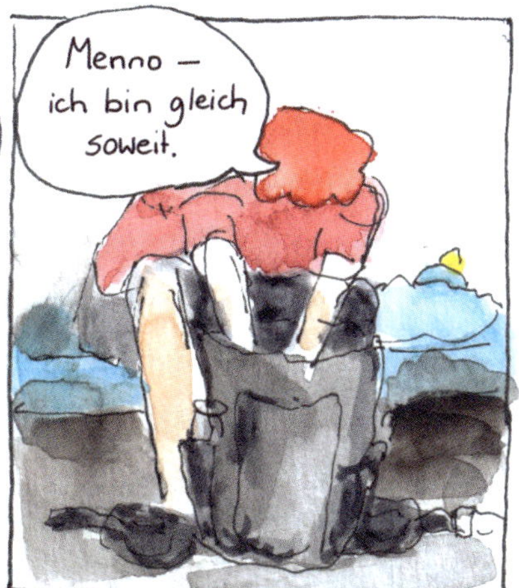
Menno – ich bin gleich soweit.

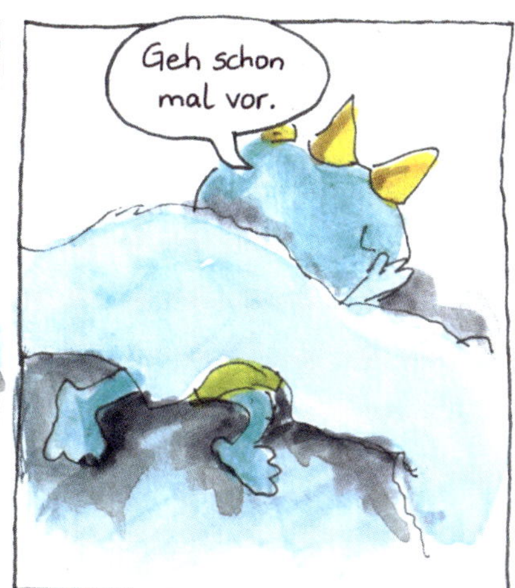
Geh schon mal vor.

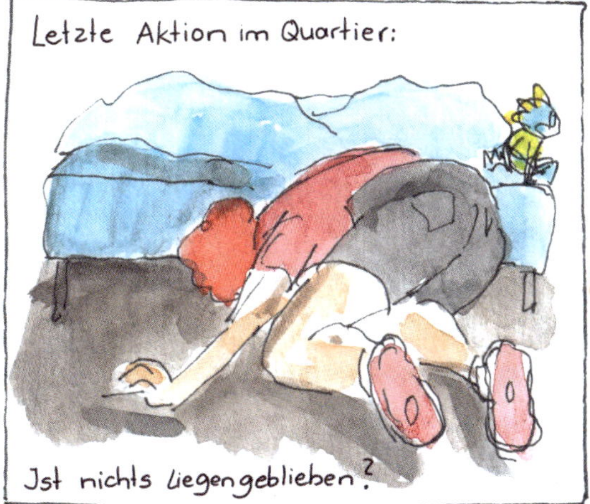
Letzte Aktion im Quartier:
Jst nichts liegengeblieben?

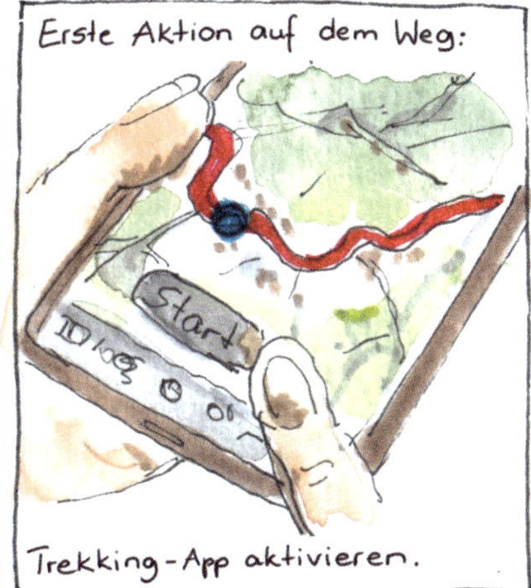
Erste Aktion auf dem Weg:
Start
Trekking-App aktivieren.

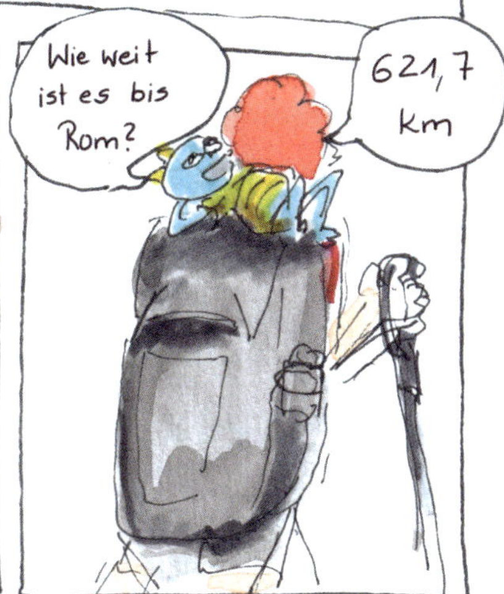
Wie weit ist es bis Rom?
621,7 km

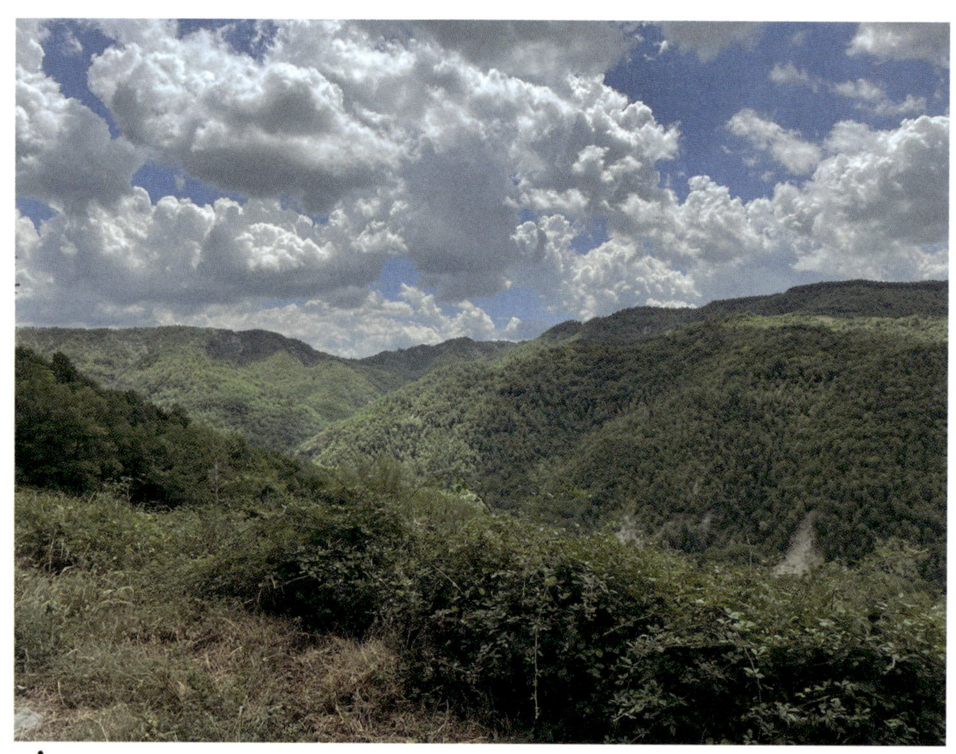
Arezzo

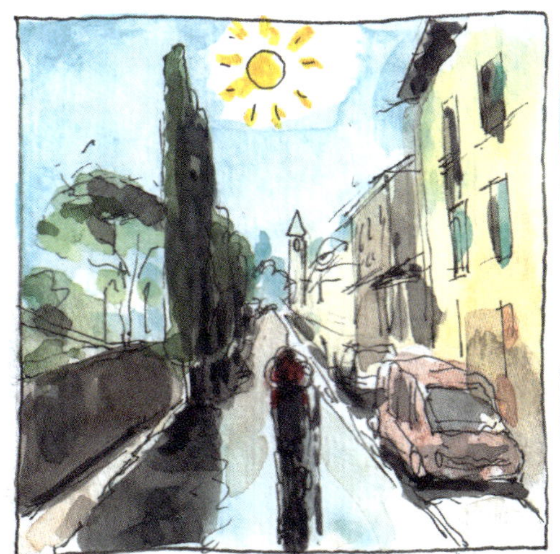
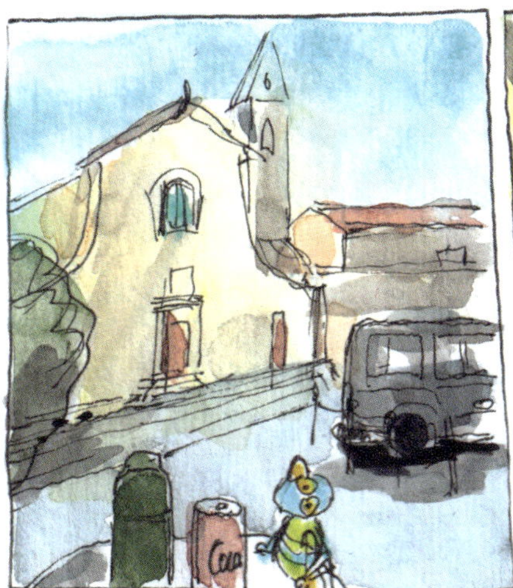
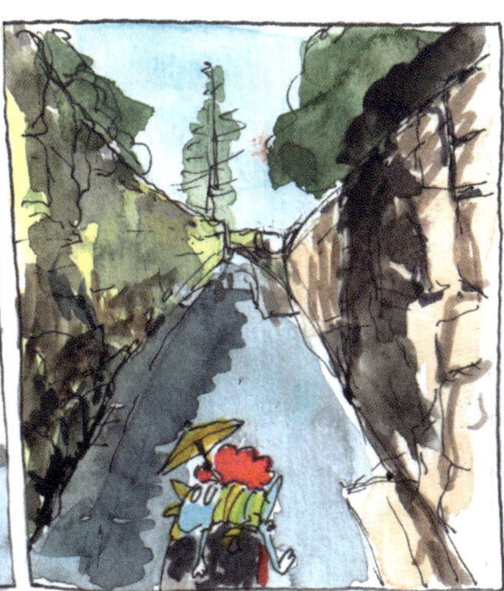
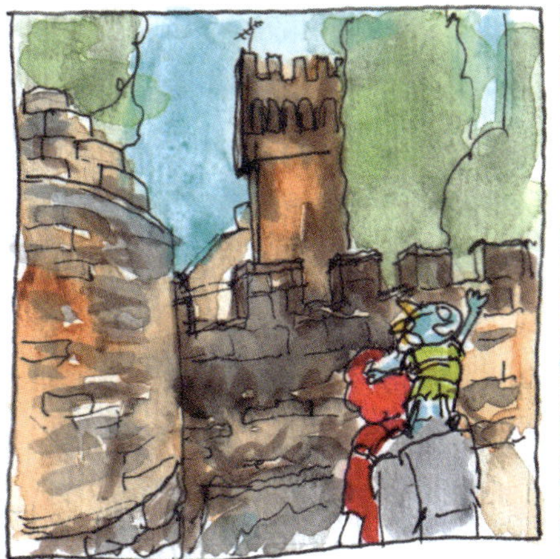
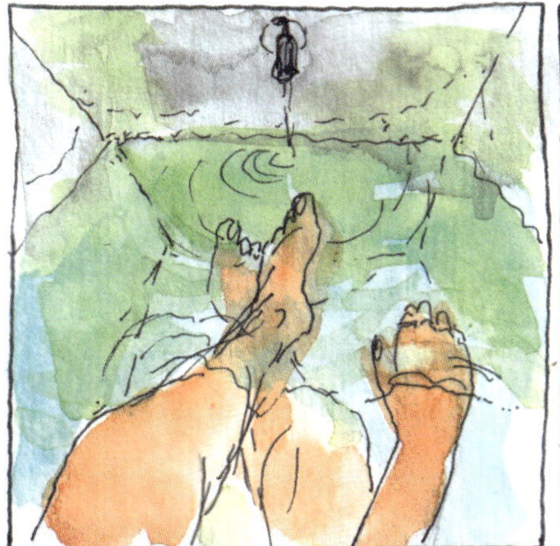
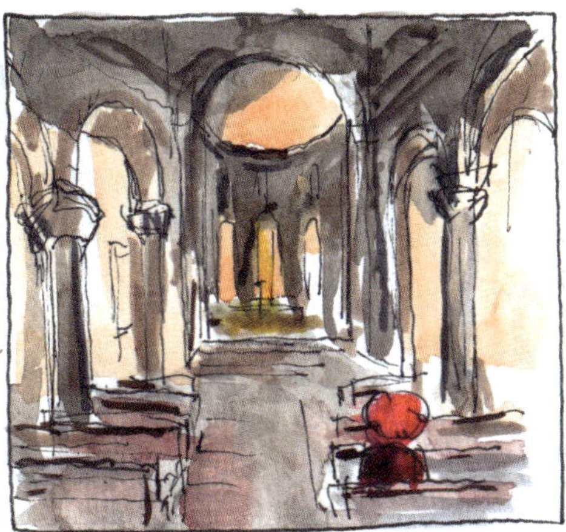

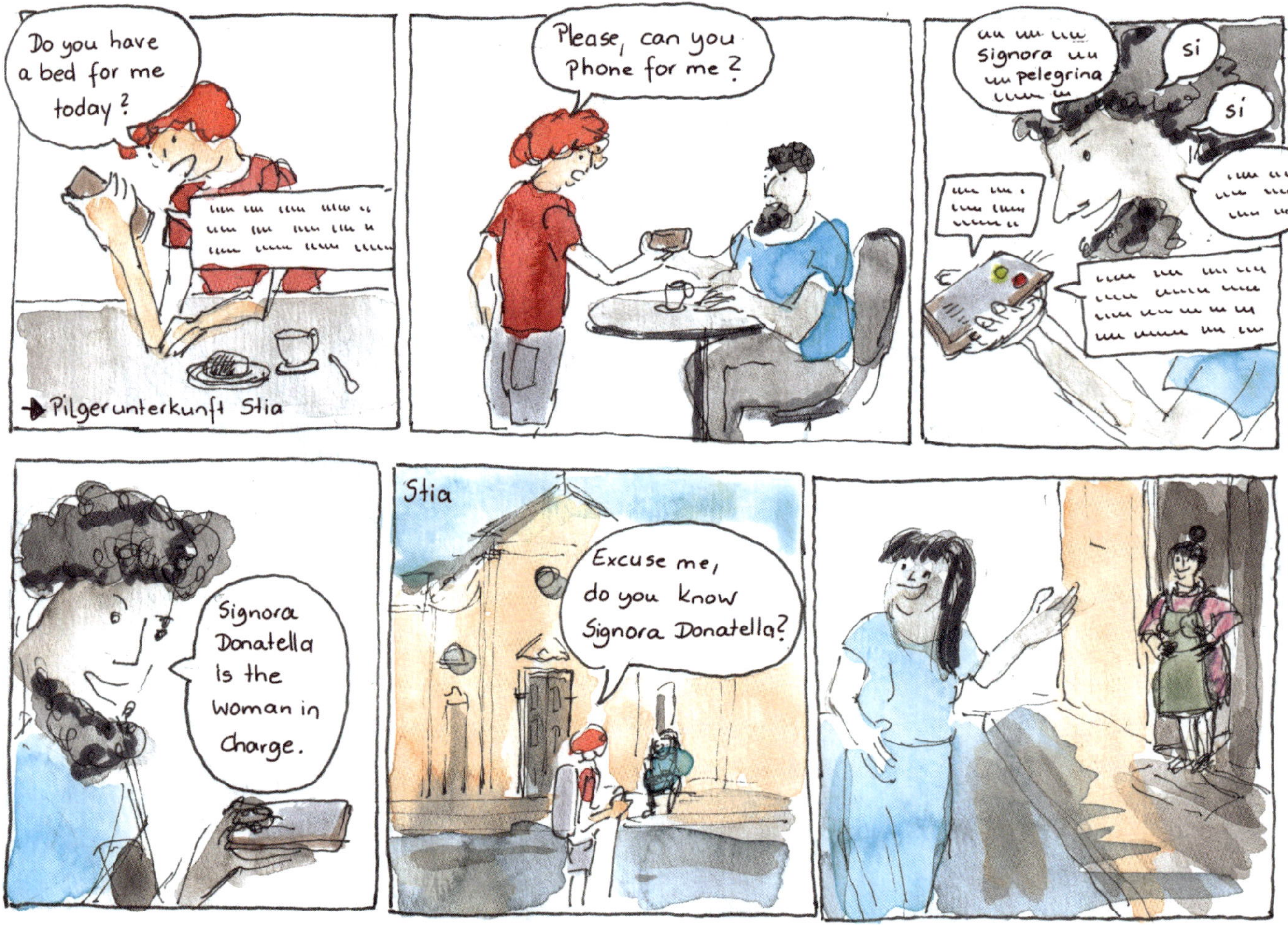

Do you have a bed for me today?

→ Pilgerunterkunft Stia

Please, can you phone for me?

signora
pelegrina

si

si

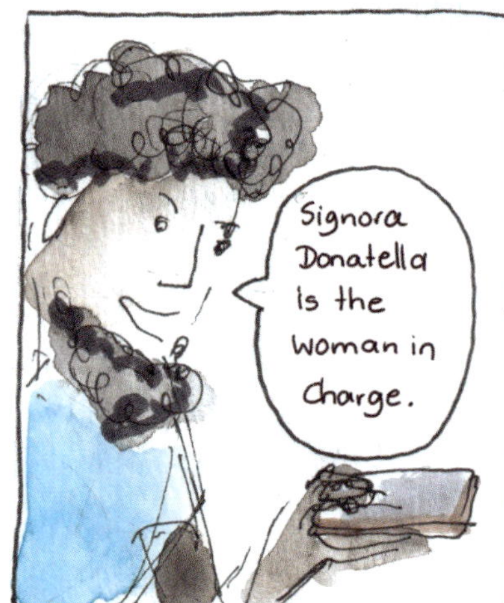

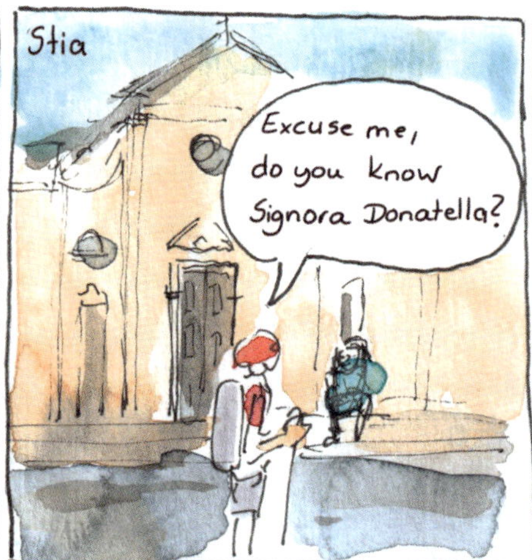

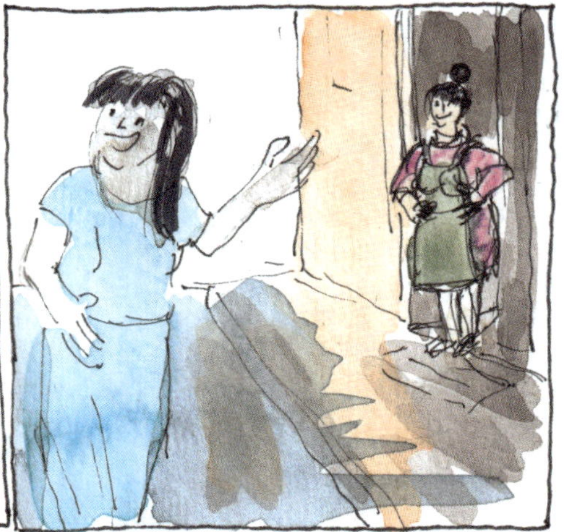

Haben Sie ein Bett für mich heute? | Können Sie für mich telefonieren?
Signora Donatella ist die Verantwortliche. | Entschuldigen Sie, kennen Sie Signora Donatella?

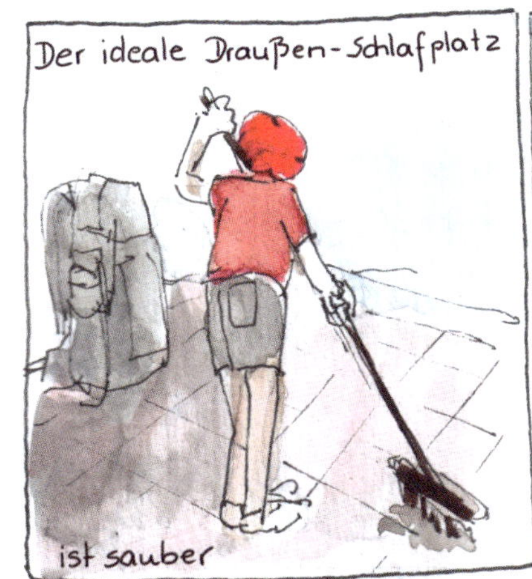
Der ideale Draußen-Schlafplatz
ist sauber

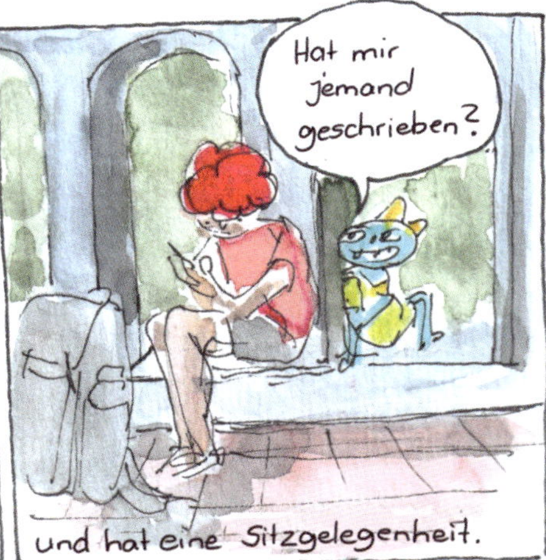
Hat mir jemand geschrieben?
und hat eine Sitzgelegenheit.

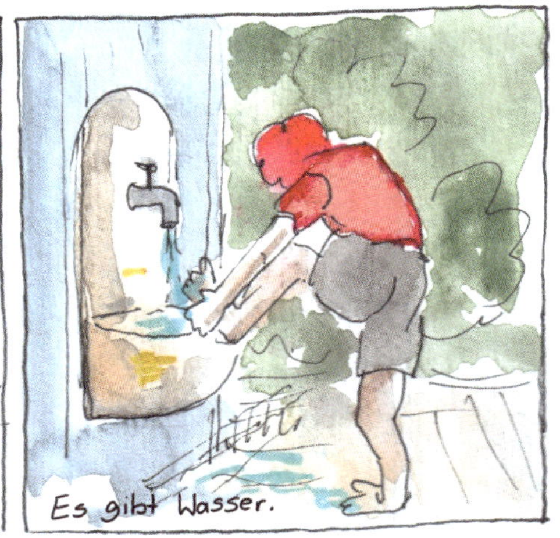
Es gibt Wasser.

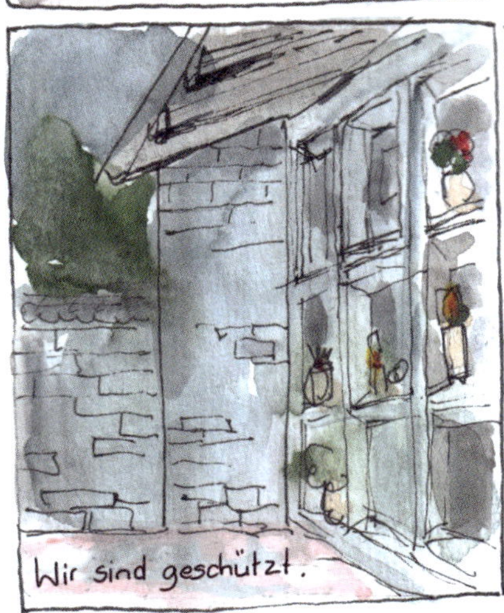
Wir sind geschützt.

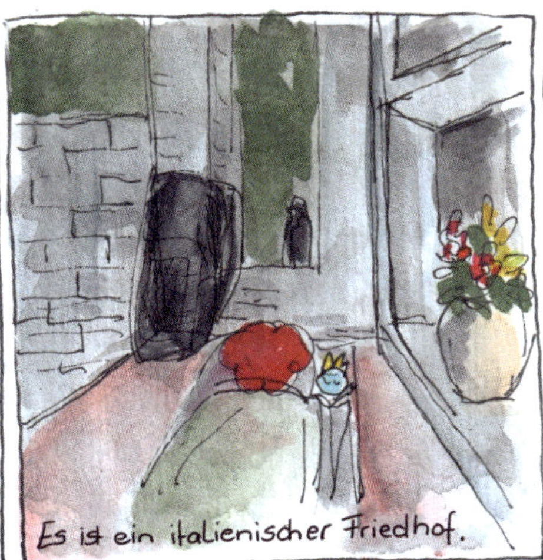
Es ist ein italienischer Friedhof.

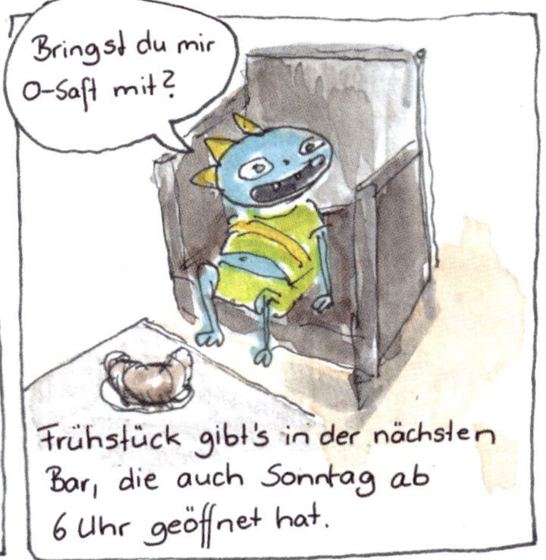
Bringst du mir O-Saft mit?
Frühstück gibt's in der nächsten Bar, die auch Sonntag ab 6 Uhr geöffnet hat.

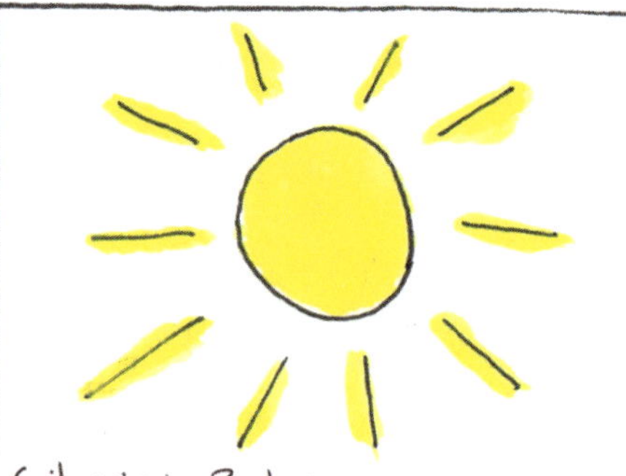

Seit wir in Bologna angekommen sind, laufen wir bei Temperaturen von 30° - 37° im Schatten.
Wie geht das?

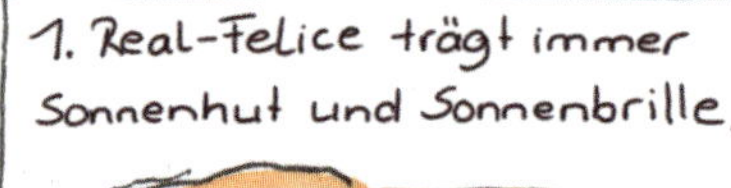

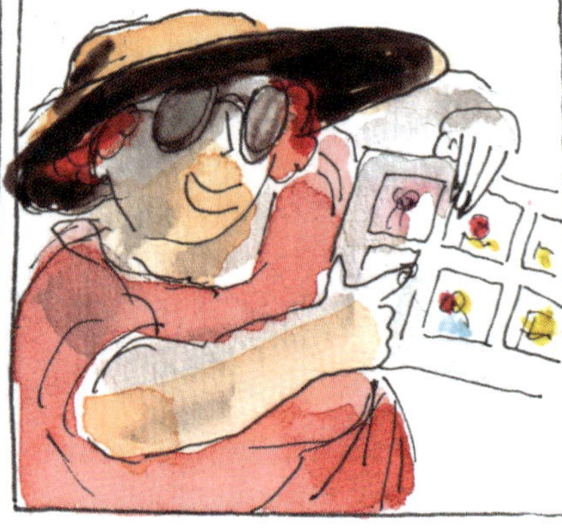

2. Den Hut mache ich bei jeder Gelegenheit nass.

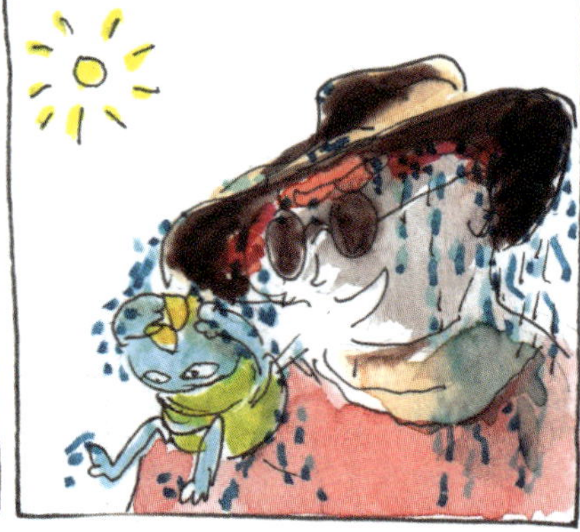

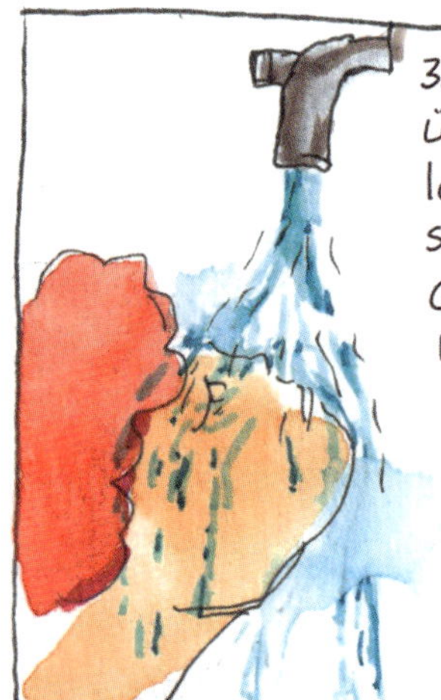

3. Sich Wasser übers Gesicht laufen lassen suggeriert dem Gehirn: Ich war im Pool.

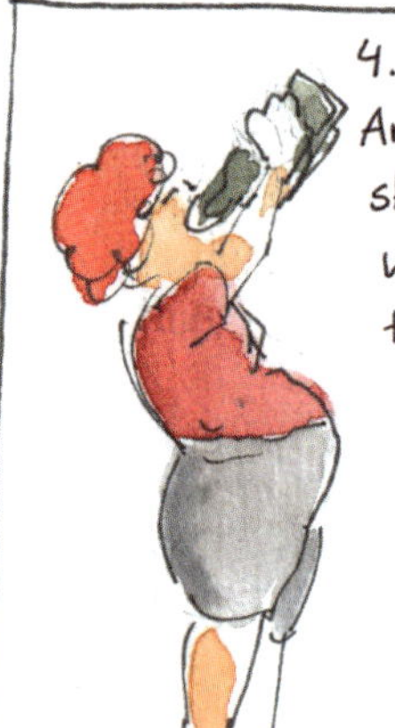

4. Kameltechnik: An jeder Wasserstelle so viel wie möglich trinken.

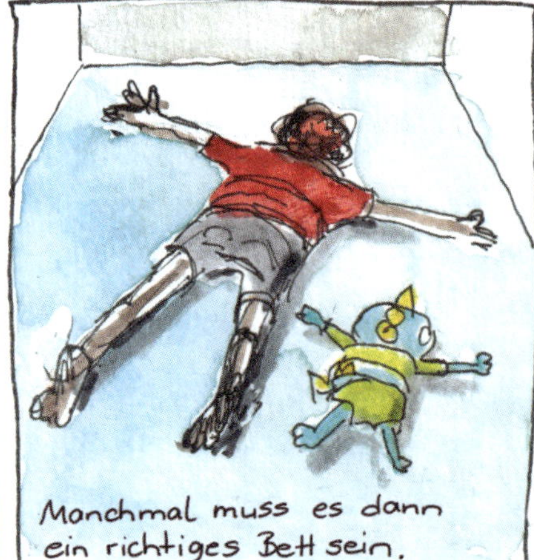

Manchmal muss es dann ein richtiges Bett sein.

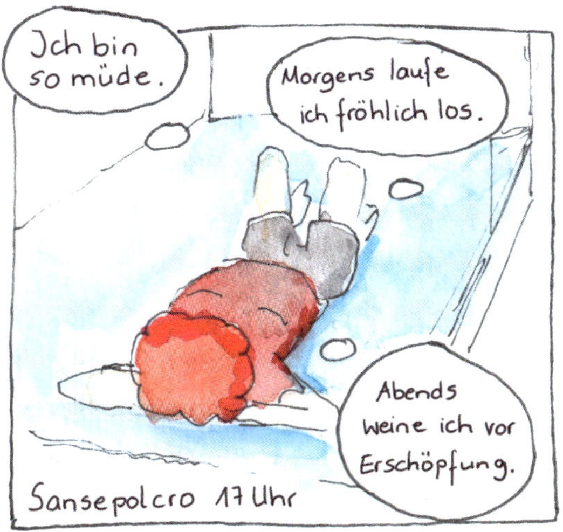
Ich bin so müde.
Morgens laufe ich fröhlich los.
Abends weine ich vor Erschöpfung.
Sansepolcro 17 Uhr

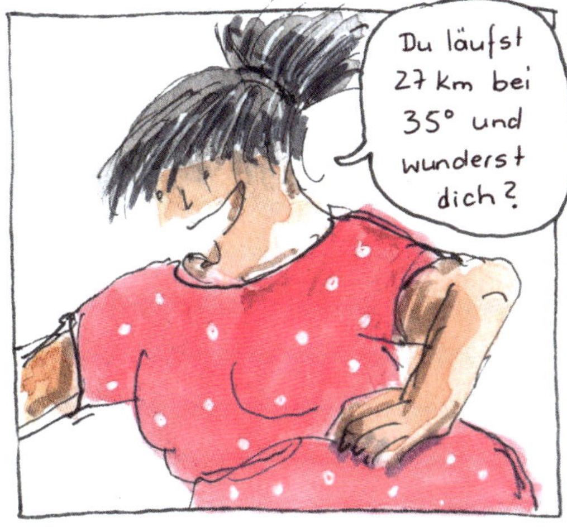
Du läufst 27 km bei 35° und wunderst dich?

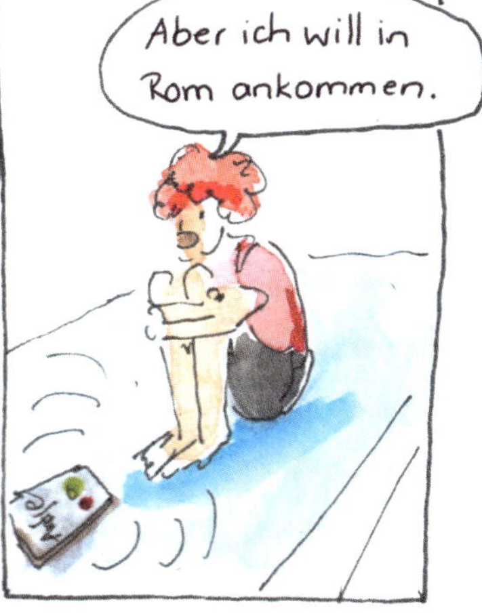
Aber ich will in Rom ankommen.

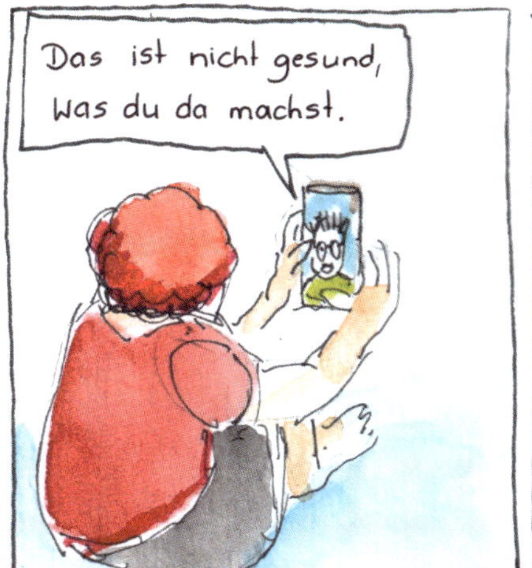
Das ist nicht gesund, was du da machst.

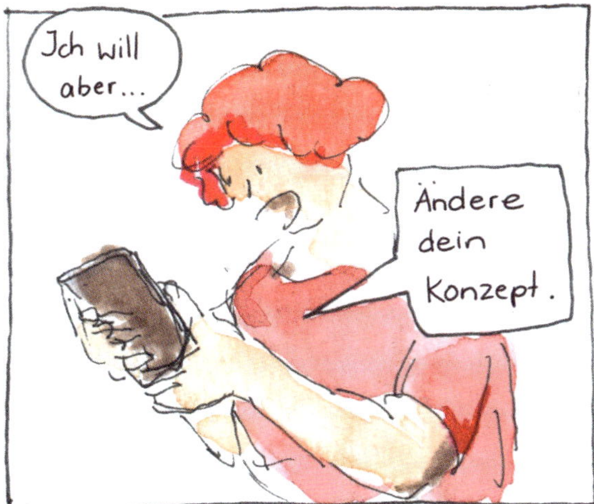
Ich will aber …
Ändere dein Konzept.

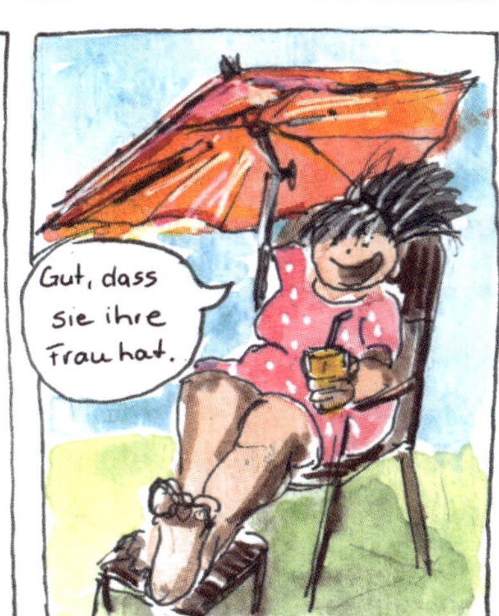
Gut, dass sie ihre Frau hat.

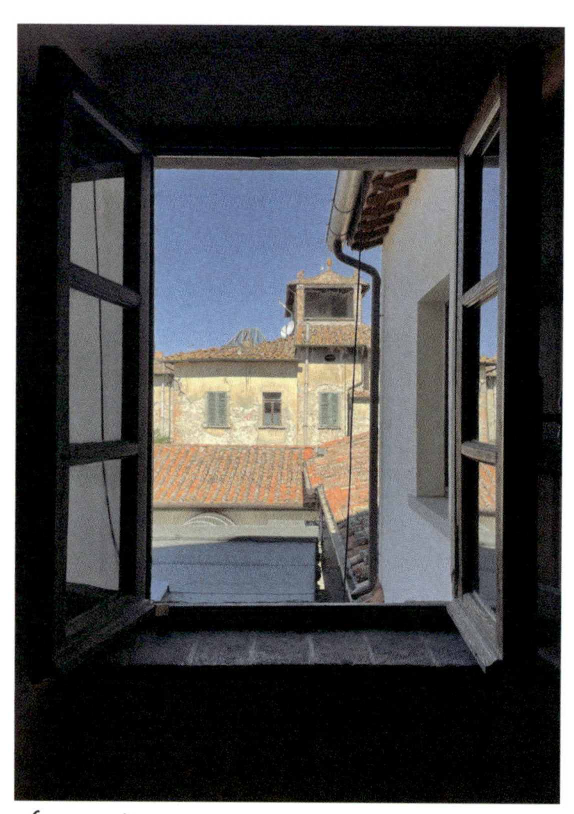

Sansepolcro

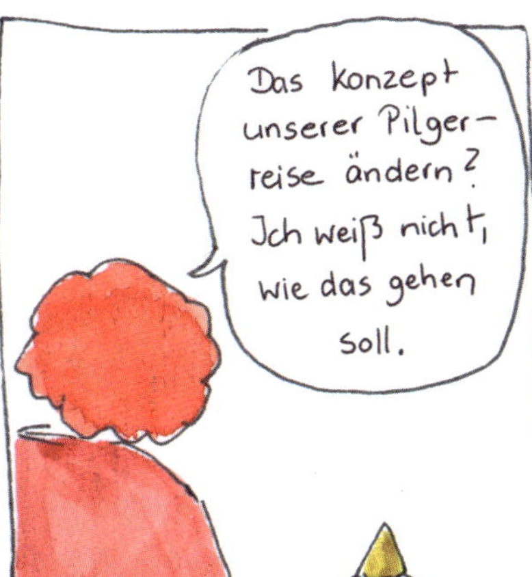
Das konzept unserer Pilger-reise ändern? Jch weiß nicht, wie das gehen soll.

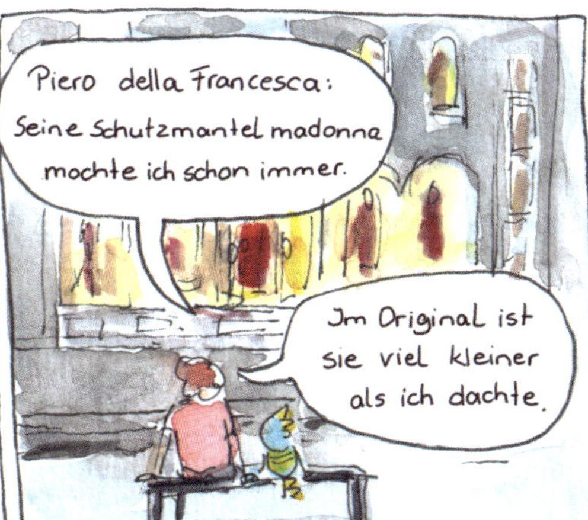
Piero della Francesca: Seine Schutzmantelmadonna mochte ich schon immer.
Jm Original ist sie viel kleiner als ich dachte.

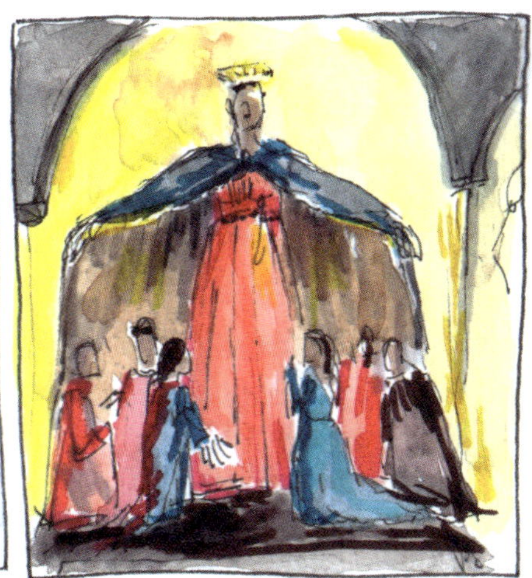

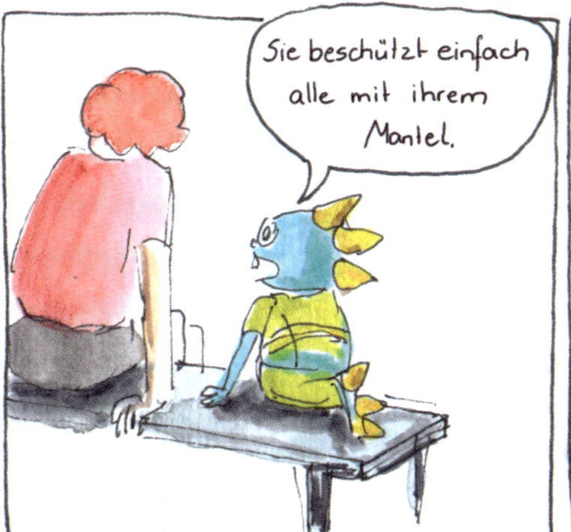
Sie beschützt einfach alle mit ihrem Mantel.

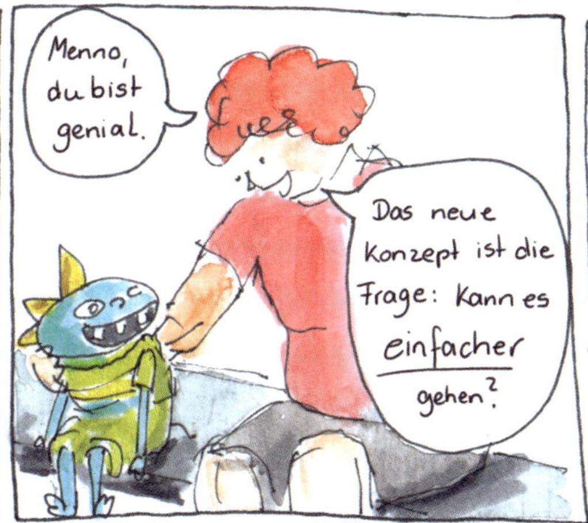
Menno, du bist genial.
Das neue Konzept ist die Frage: Kann es einfacher gehen?

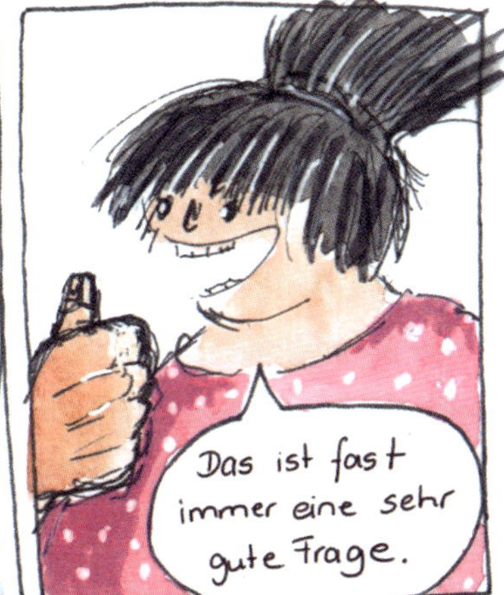
Das ist fast immer eine sehr gute Frage.

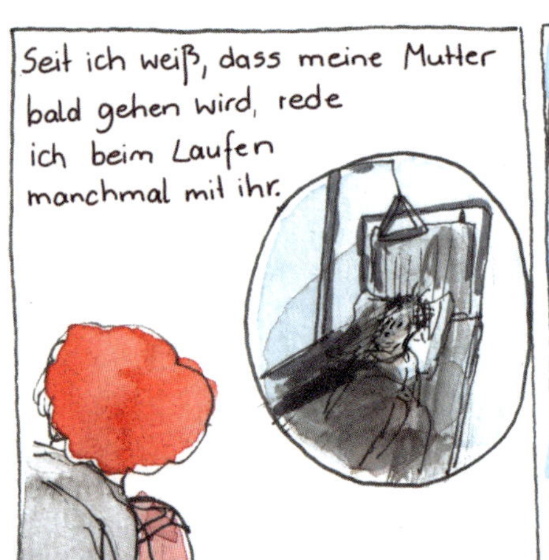

Danke, dass du mir damals die Pastellkreiden gekauft hast.
Erinnerst du dich? DA hätte ich was anderes gebraucht. Und ja. Jch weiß. Du konntest es nicht anders.
Deine Gradlinigkeit ist mir noch immer ein Vorbild.

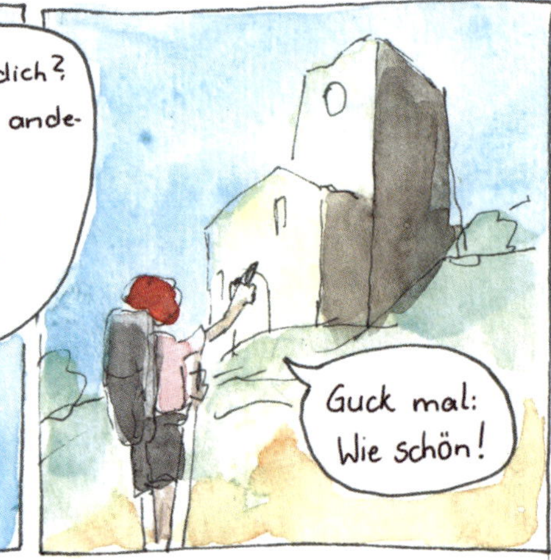

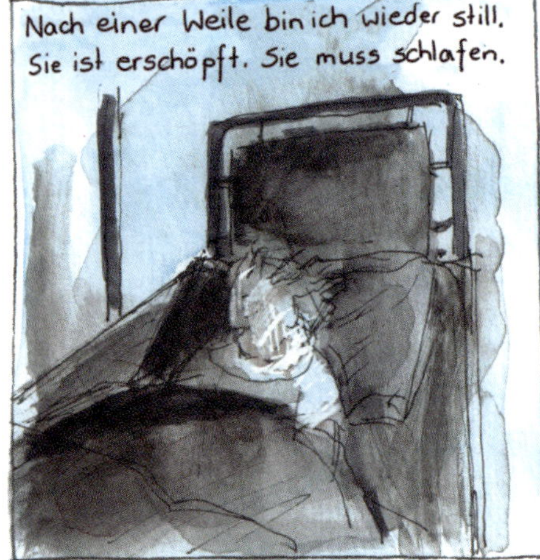

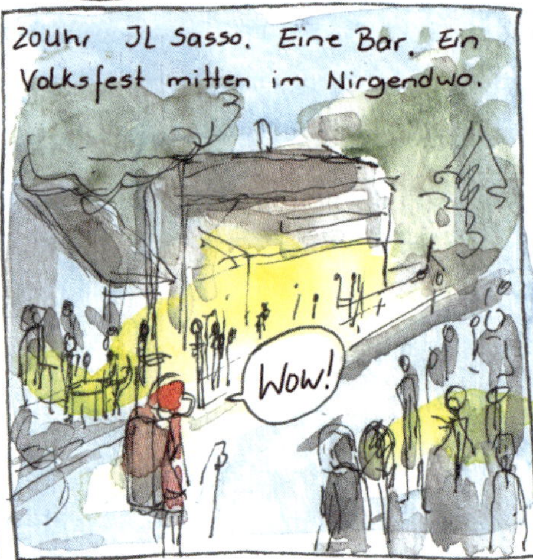

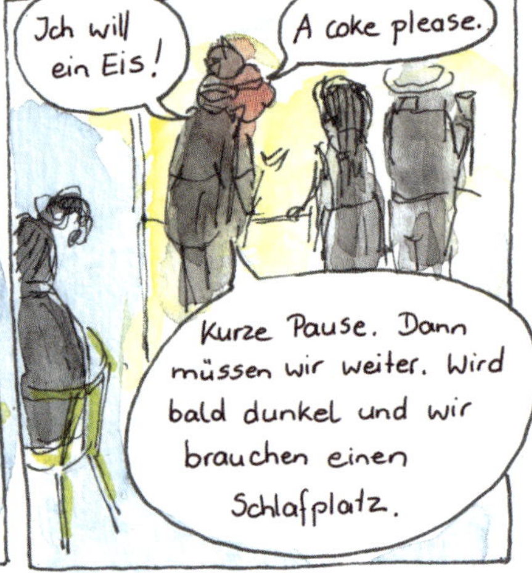

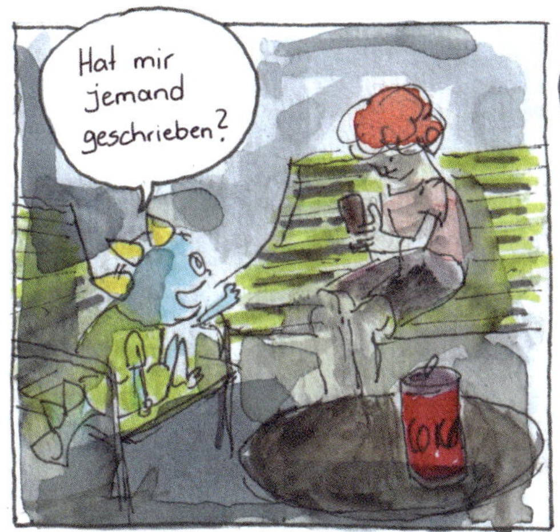
Hat mir jemand geschrieben?
COKA

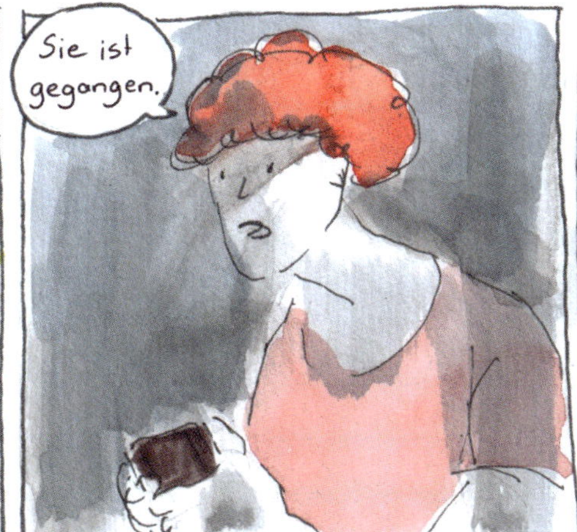
Sie ist gegangen.

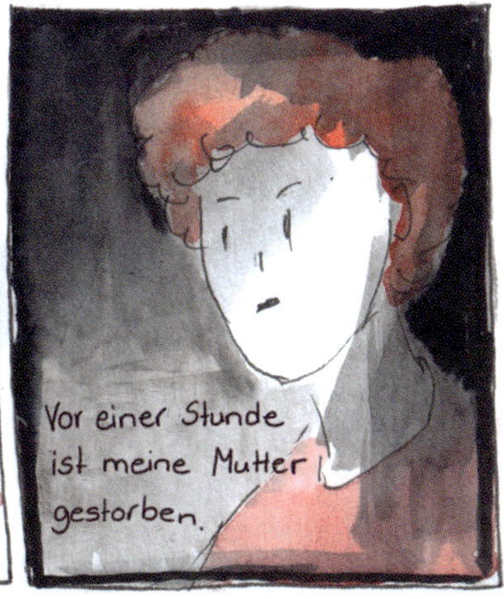
Vor einer Stunde ist meine Mutter gestorben.

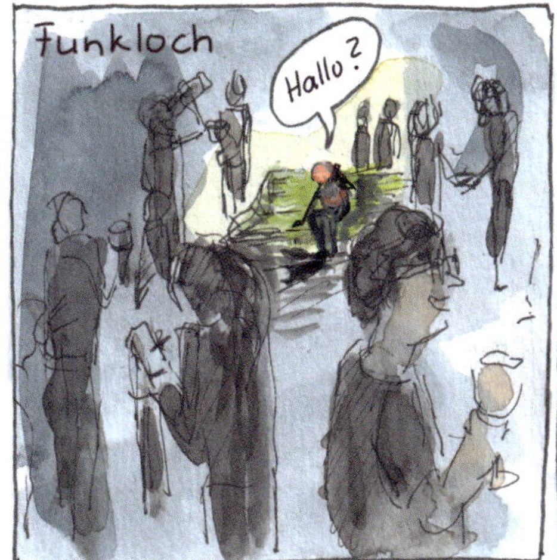
Funkloch
Hallo?

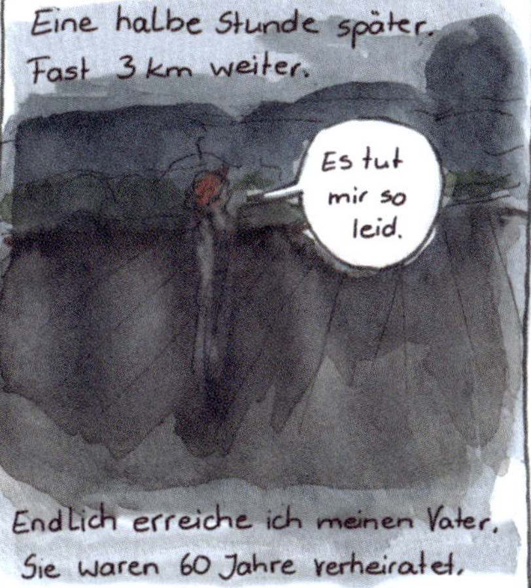
Eine halbe Stunde später. Fast 3 km weiter.
Es tut mir so leid.
Endlich erreiche ich meinen Vater. Sie waren 60 Jahre verheiratet.

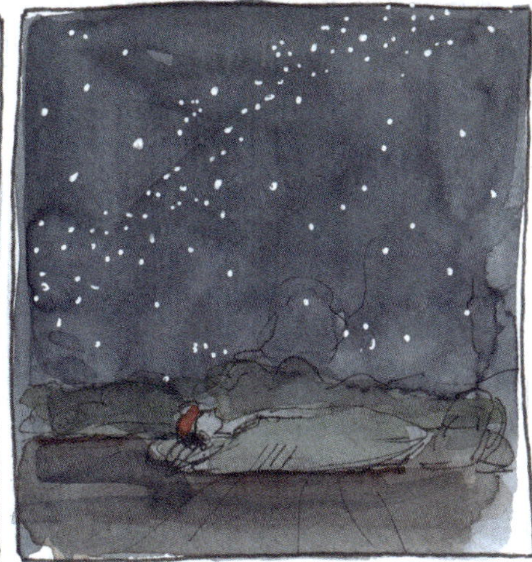

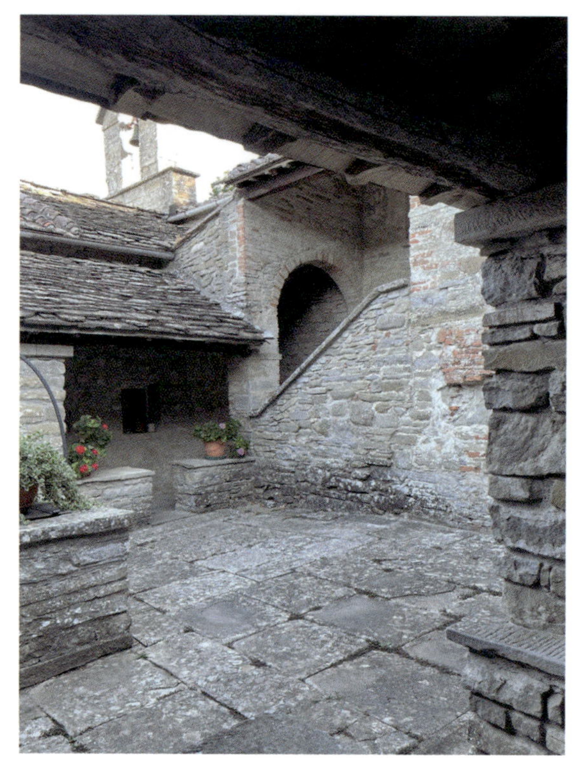

Kloster Montecasale

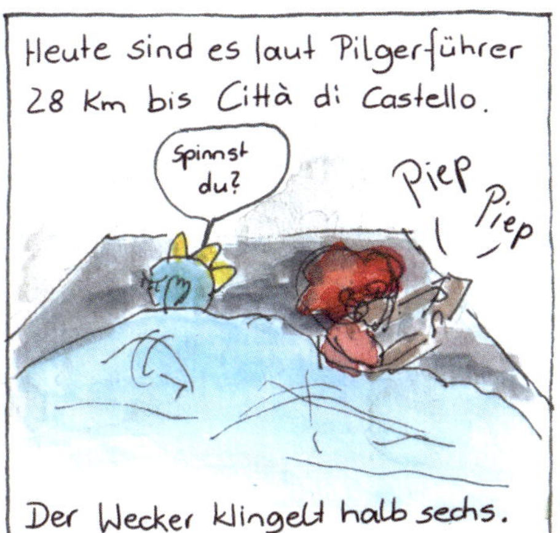
Heute sind es laut Pilgerführer 28 Km bis Città di Castello.
Spinnst du?
Piep Piep
Der Wecker klingelt halb sechs.

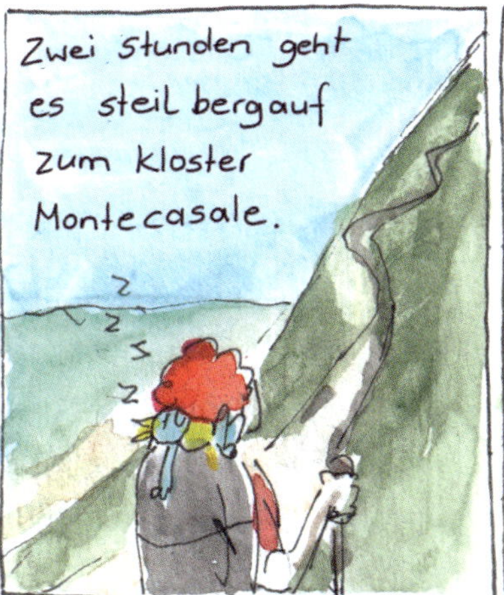
Zwei Stunden geht es steil bergauf zum Kloster Montecasale.
Z Z Z Z

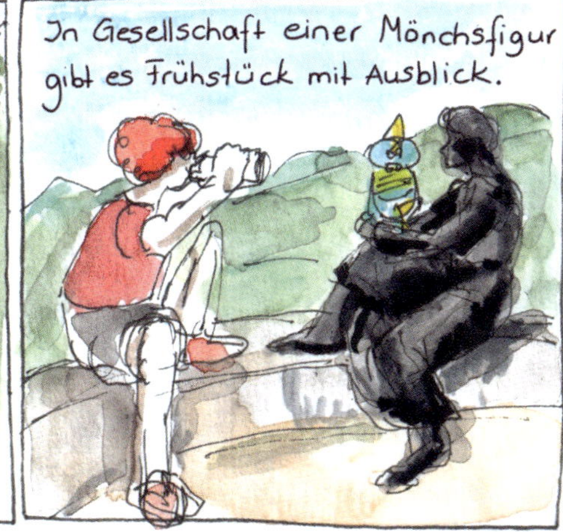
In Gesellschaft einer Mönchsfigur gibt es Frühstück mit Ausblick.

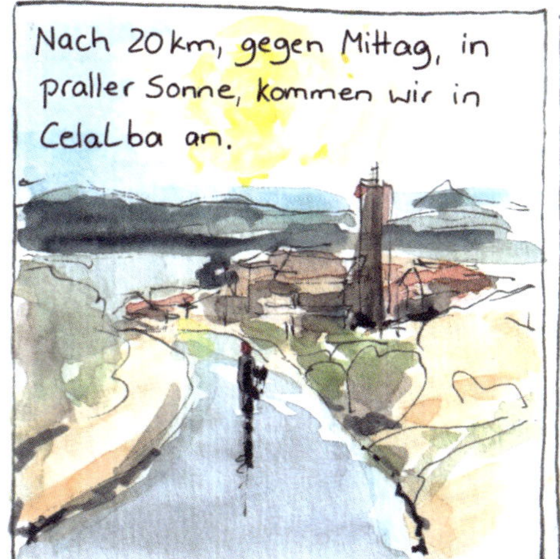
Nach 20 km, gegen Mittag, in praller Sonne, kommen wir in CelaLba an.

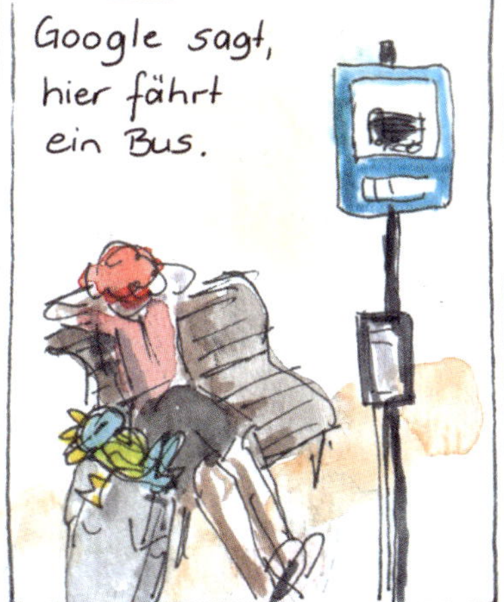
Google sagt, hier fährt ein Bus.

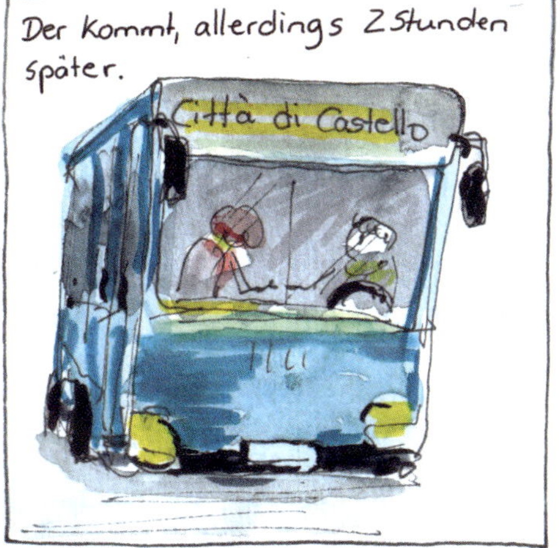
Der kommt, allerdings 2 Stunden später.
Città di Castello

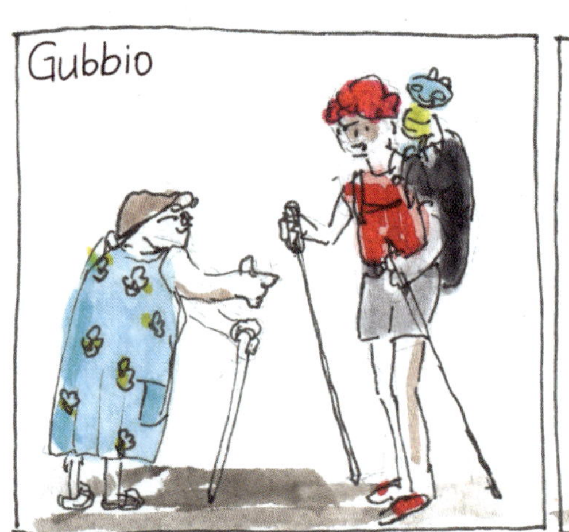

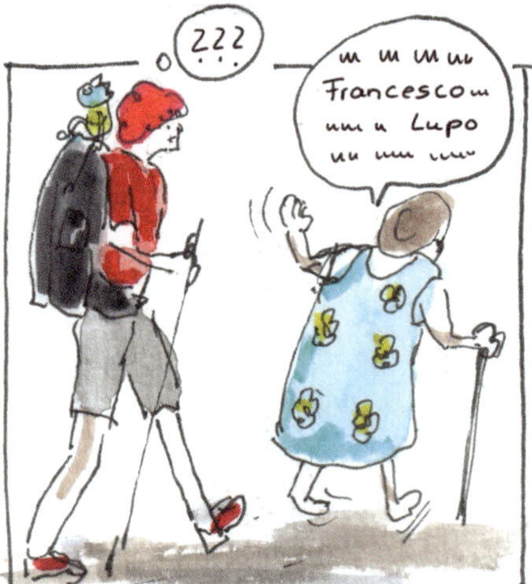

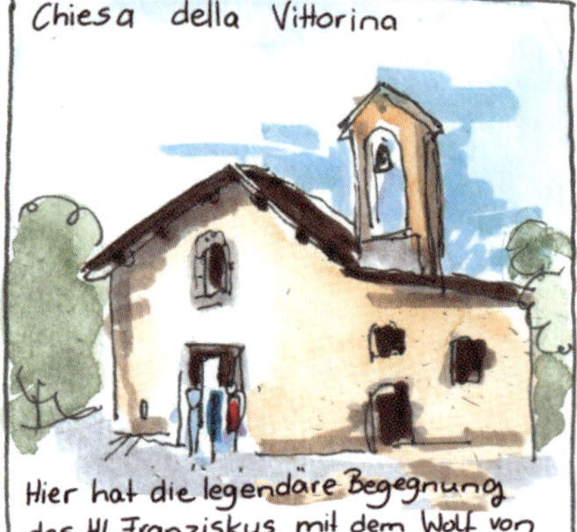

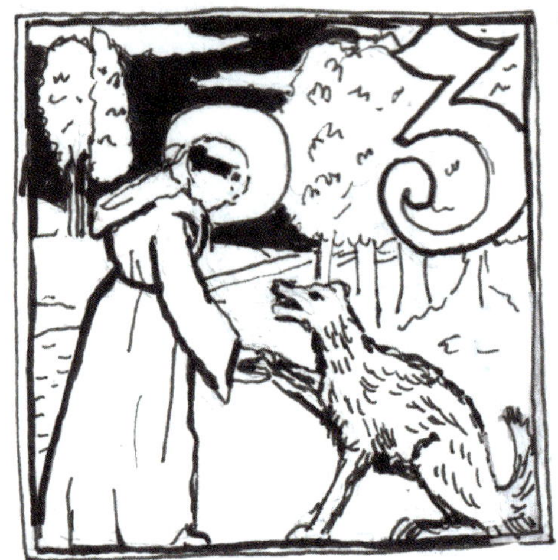

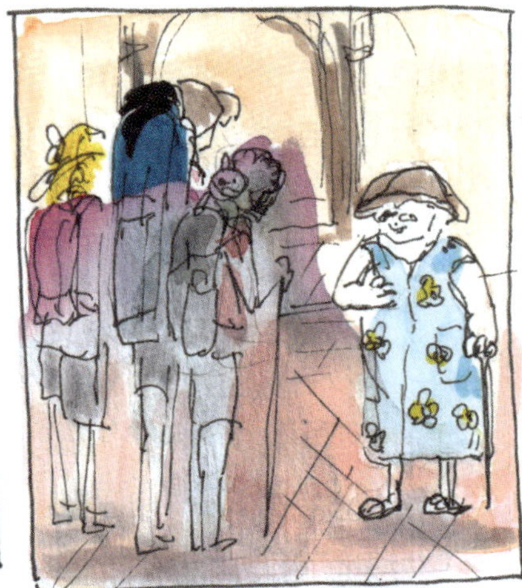

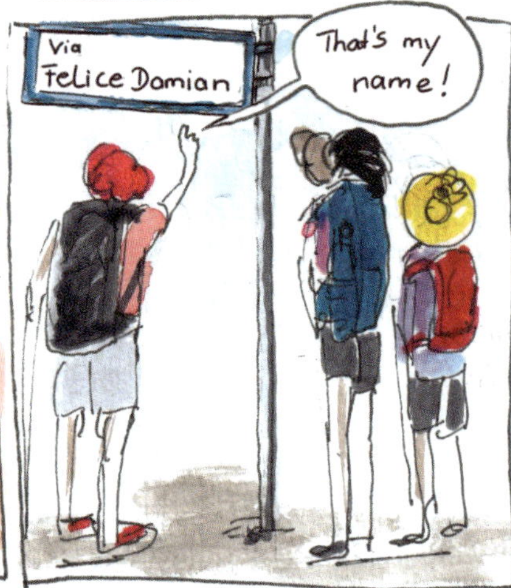

 Das ist mein Name.

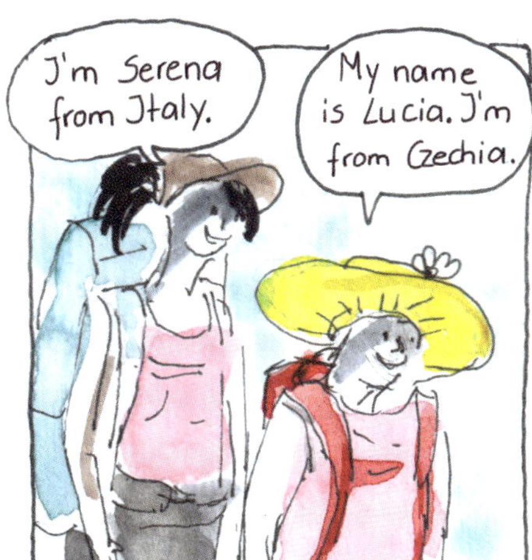

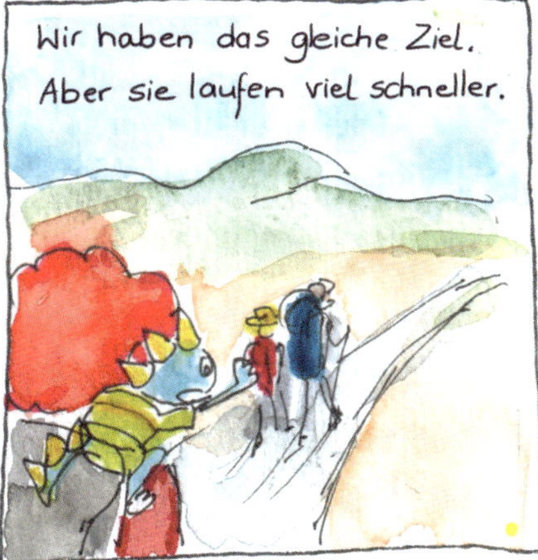

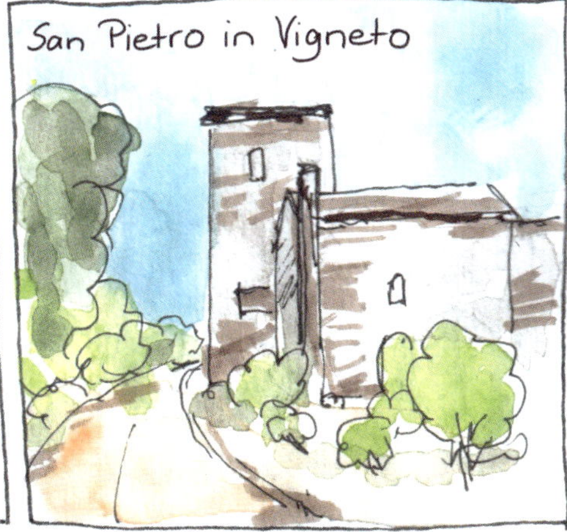

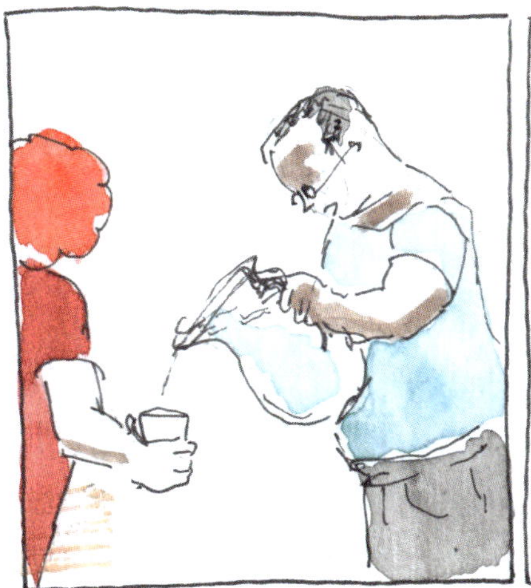

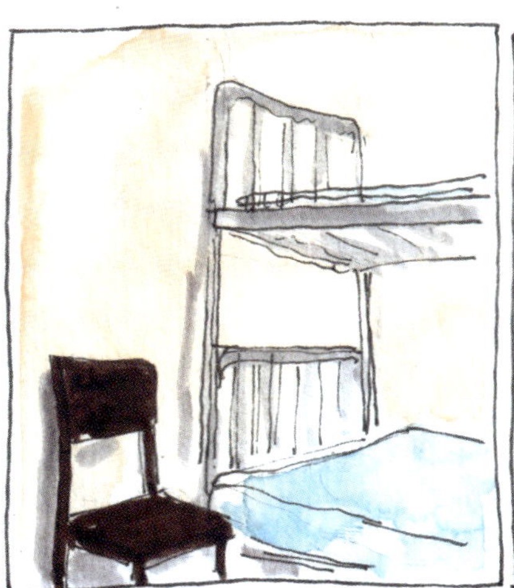

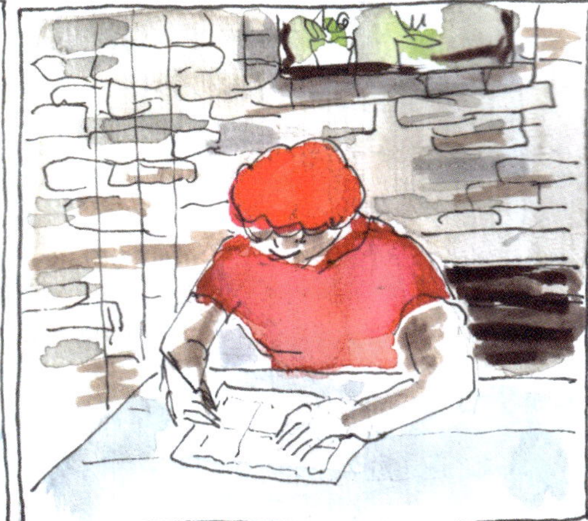

Ich bin Serena aus Italien. | Ich heiße Lucia. Ich komme aus Tschechien.

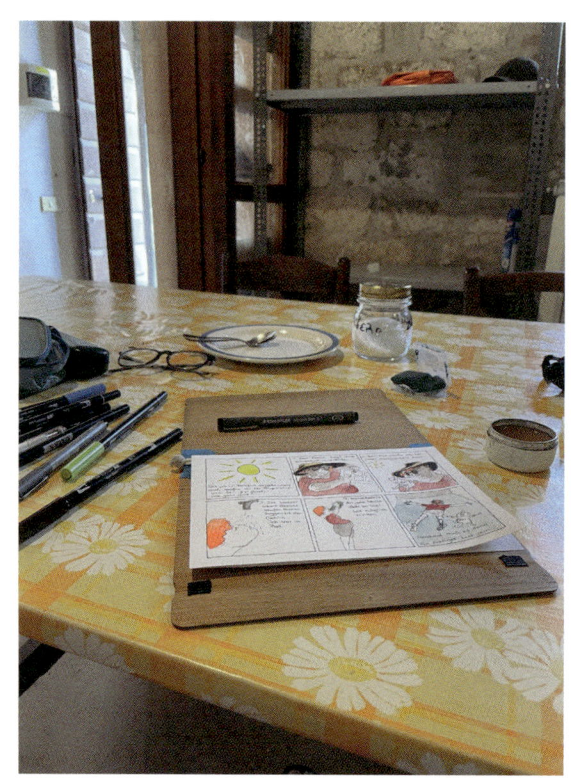

Zeichenplatz in San Pietro

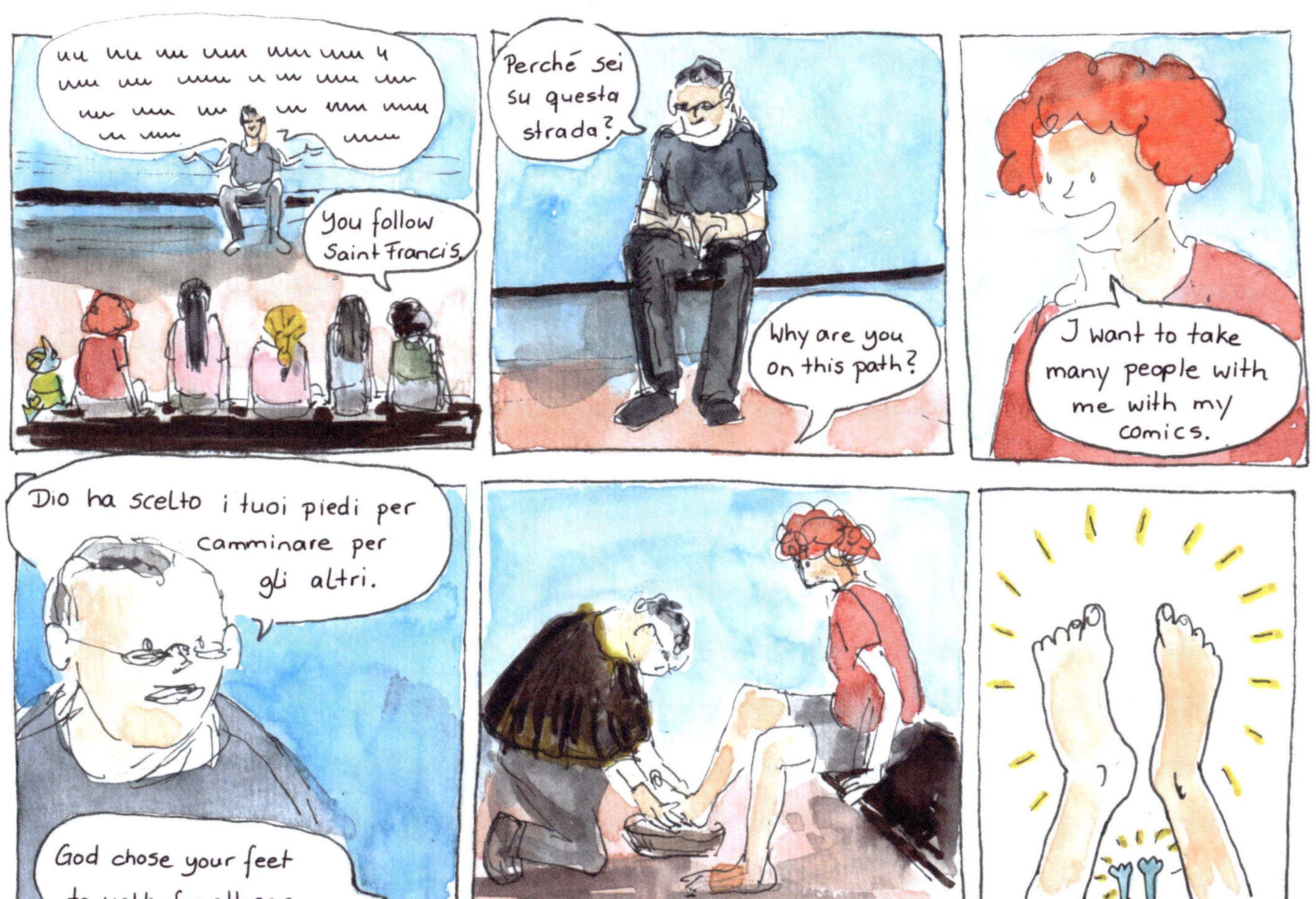

Ihr folgt dem Hl. Franziskus. | Warum seid ihr auf dem Weg? | Ich will viele Menschen mitnehmen mit meinen Comics.
Gott hat Deine Füße erwählt, für andere zu laufen.

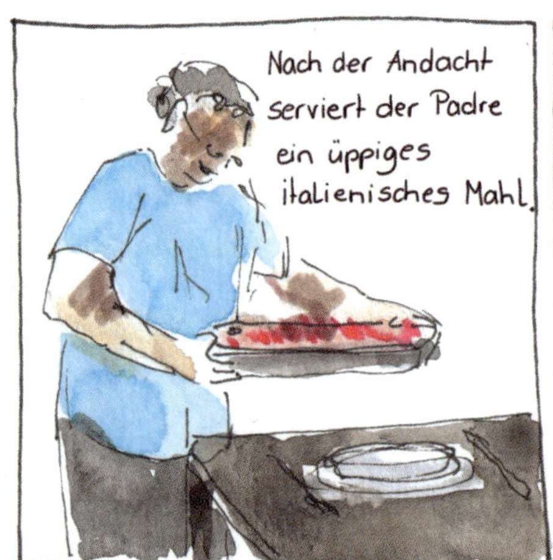

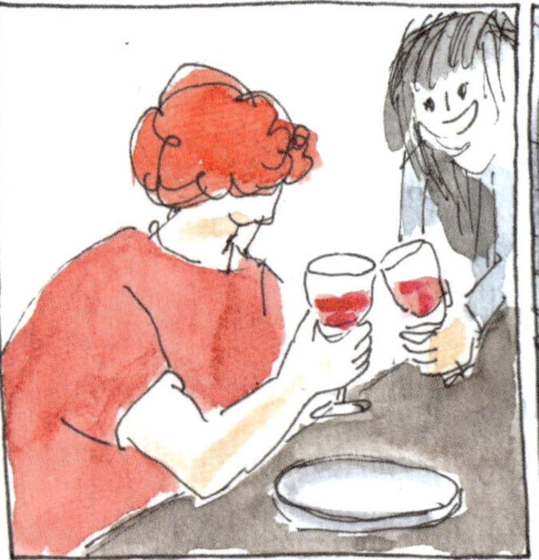

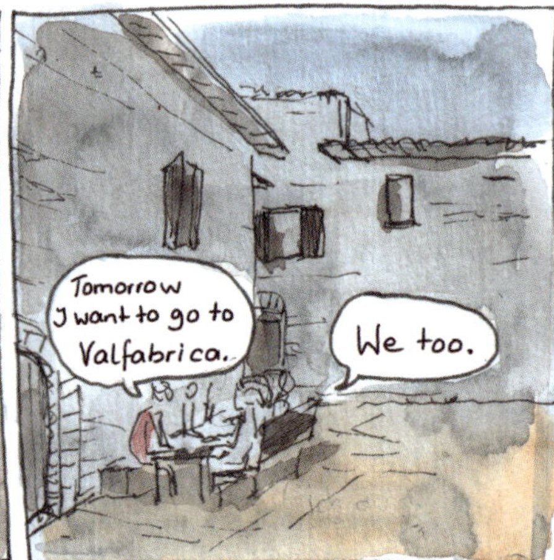

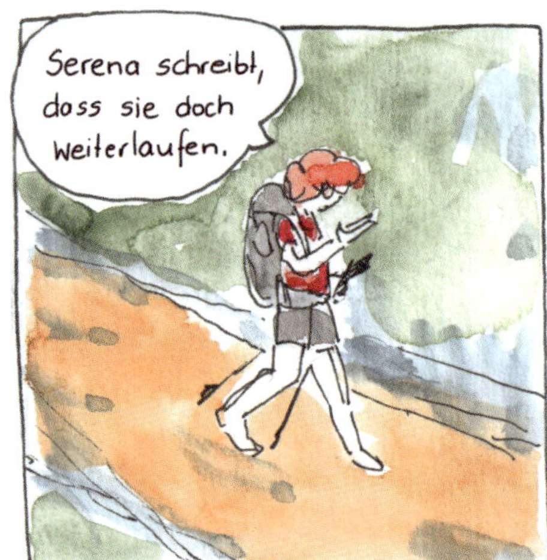

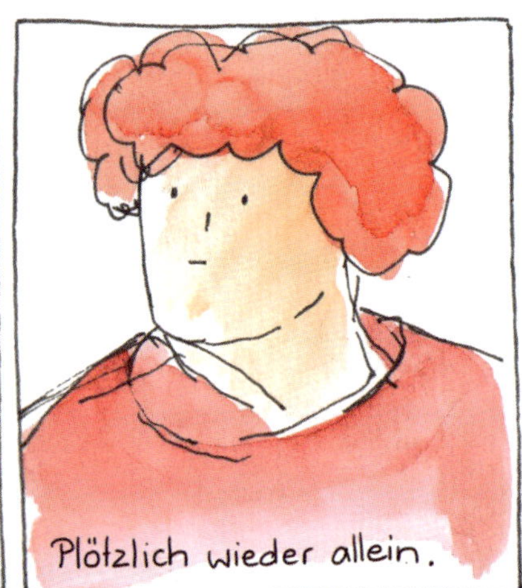

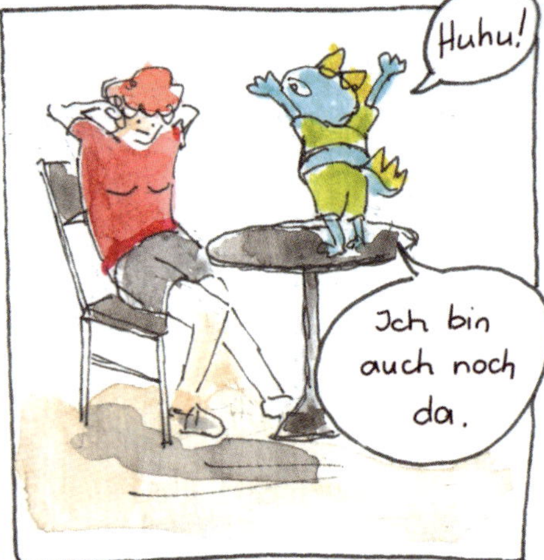

 Morgen will ich nach Valfabricia laufen. | Wir auch.

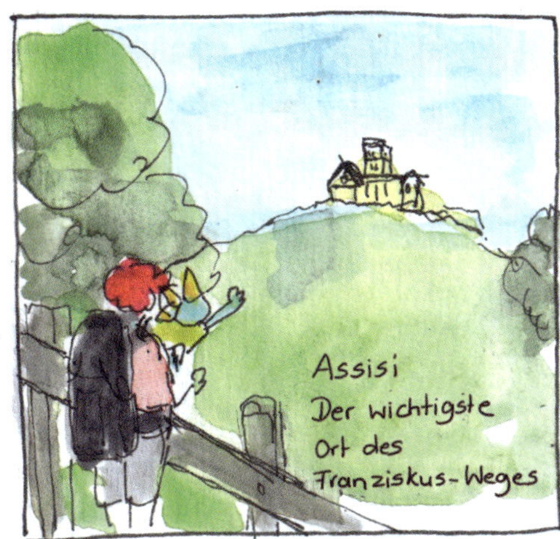
Assisi
Der wichtigste
Ort des
Franziskus-Weges

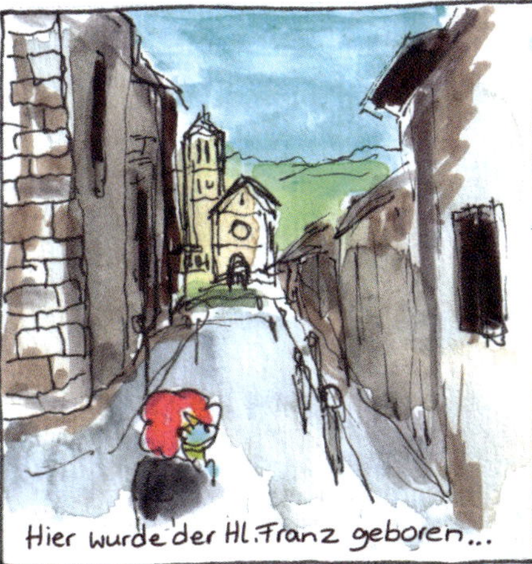
Hier wurde der Hl. Franz geboren...

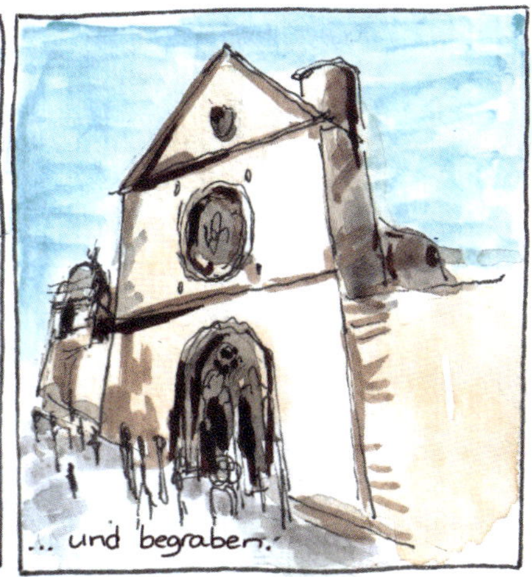
... und begraben.

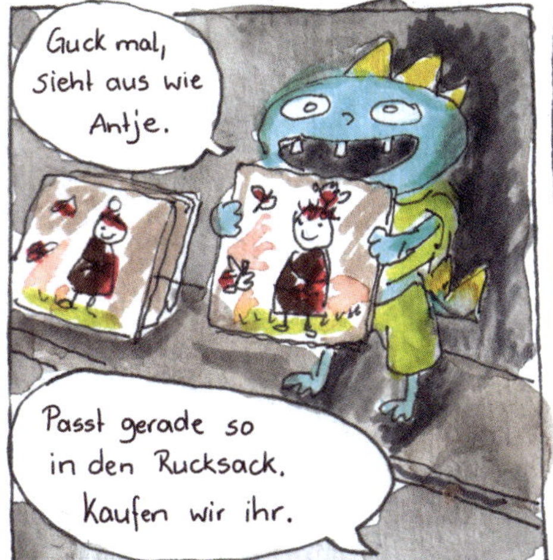
Guck mal, sieht aus wie Antje.
Passt gerade so in den Rucksack. Kaufen wir ihr.

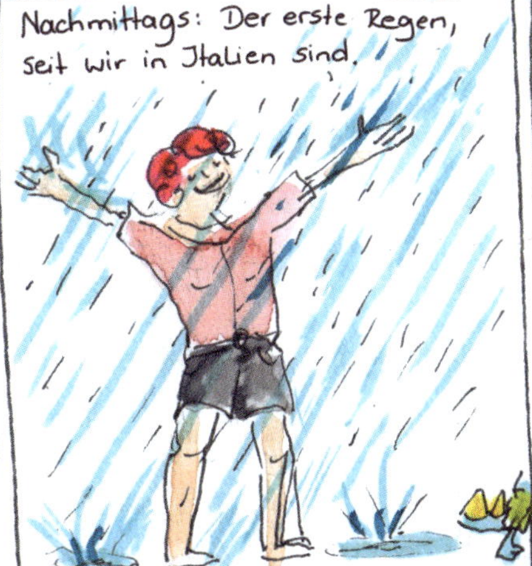
Nachmittags: Der erste Regen, seit wir in Jtalien sind.

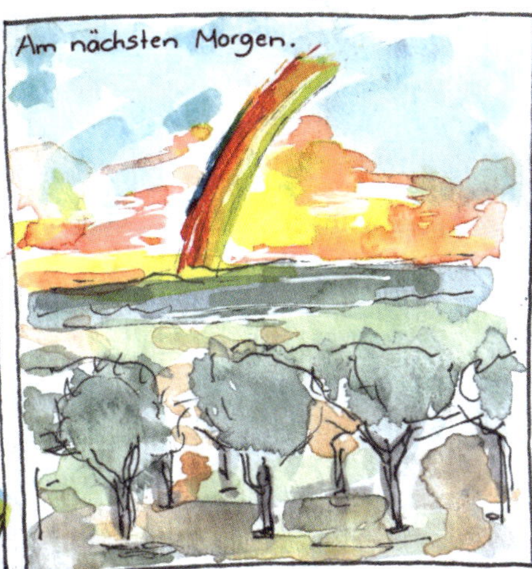
Am nächsten Morgen.

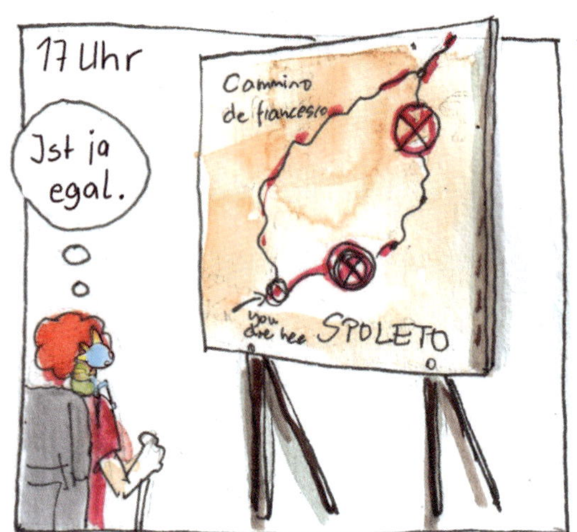
17 Uhr
Jst ja egal.
Cammino de francesco
you are here
SPOLETO

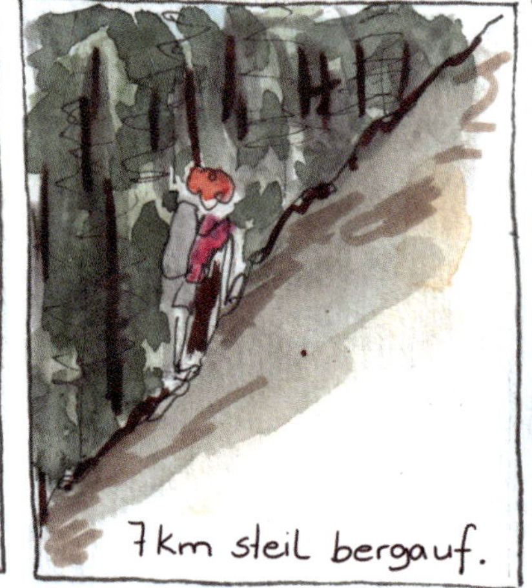
7 km steil bergauf.

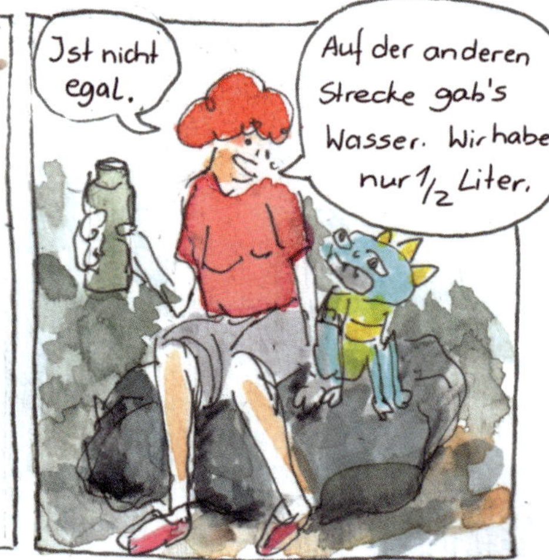
Jst nicht egal.
Auf der anderen Strecke gab's Wasser. Wir haben nur 1/2 Liter.

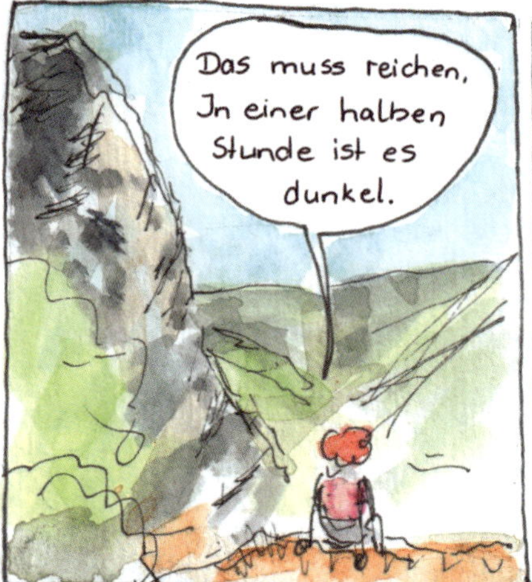
Das muss reichen, Jn einer halben Stunde ist es dunkel.

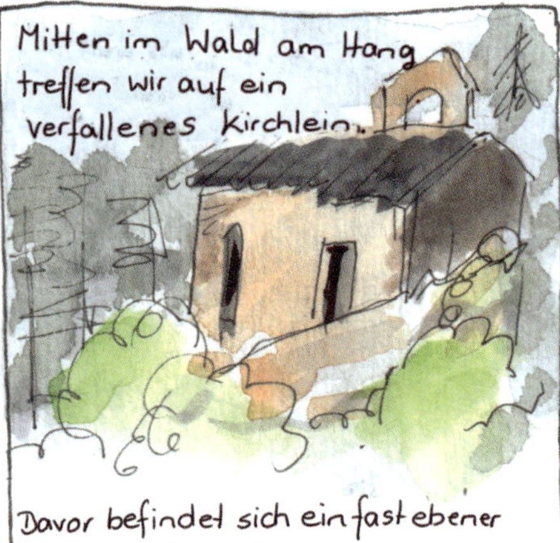
Mitten im Wald am Hang treffen wir auf ein verfallenes Kirchlein.

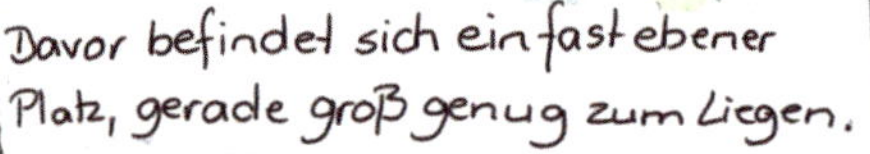
Davor befindet sich ein fast ebener Platz, gerade groß genug zum Liegen.

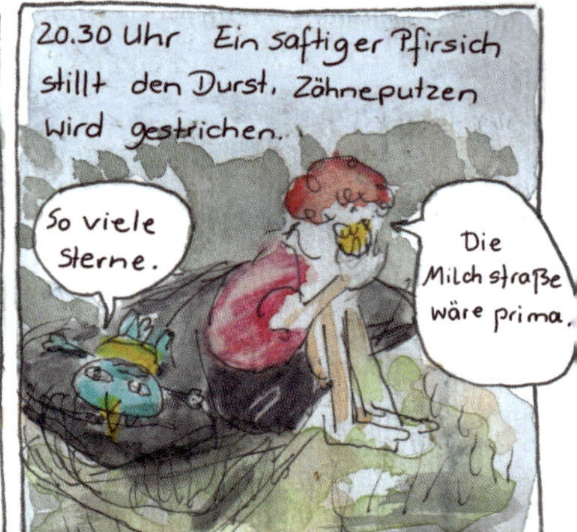
20.30 Uhr Ein saftiger Pfirsich stillt den Durst. Zähneputzen wird gestrichen.
So viele Sterne.
Die Milchstraße wäre prima.

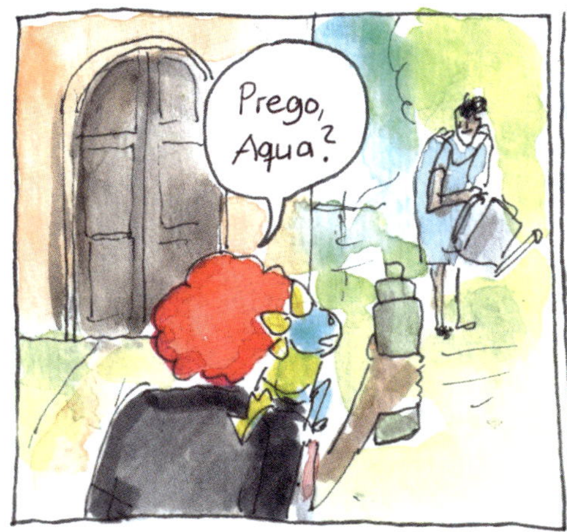

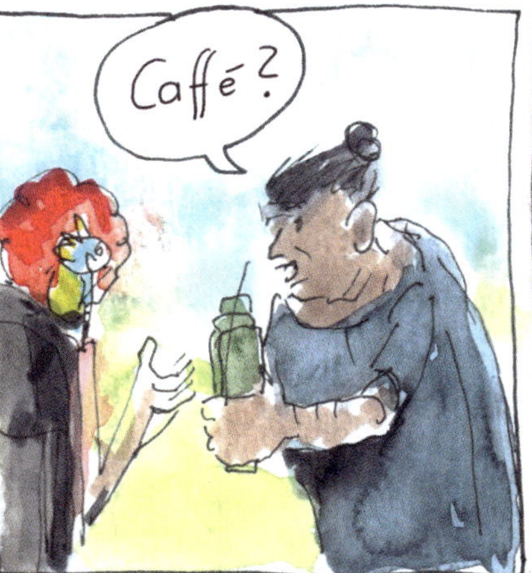

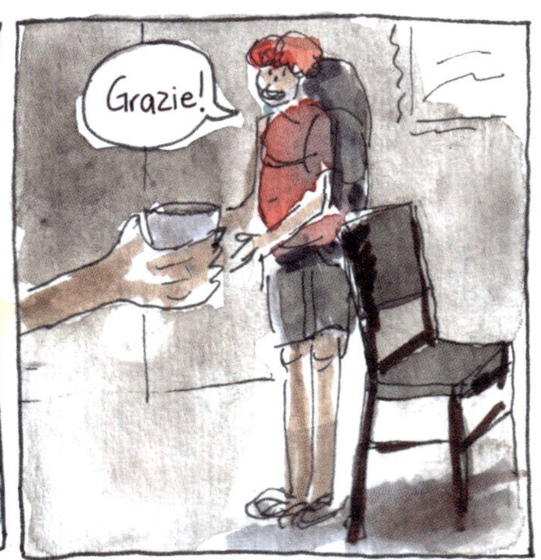

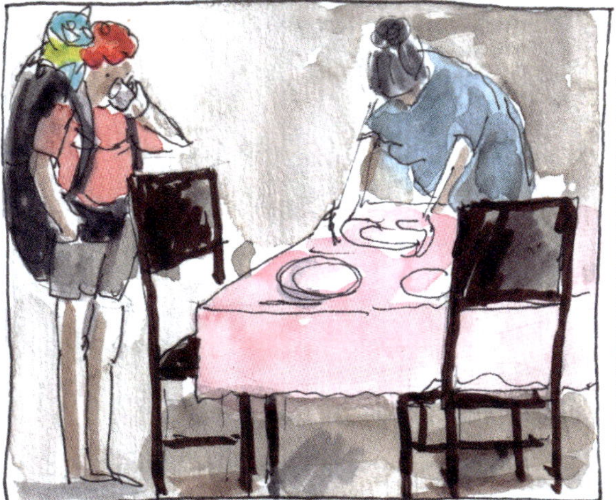
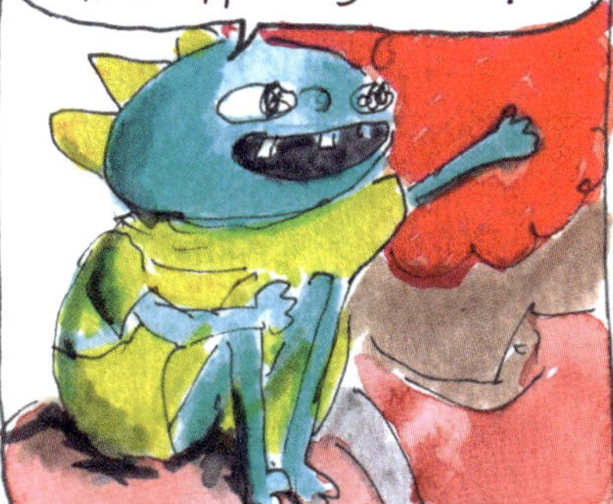

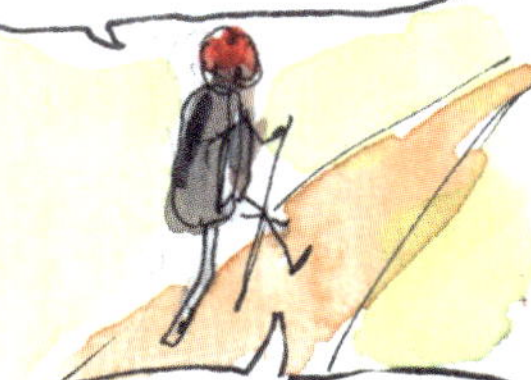

Bitte Wasser? | Kaffee? | Danke.

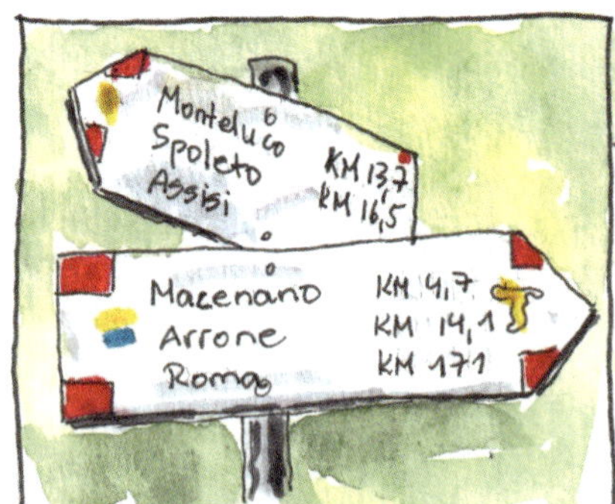

Die Wege sind super ausgeschildert. Sogar die Entfernungsangaben sind korrekt.

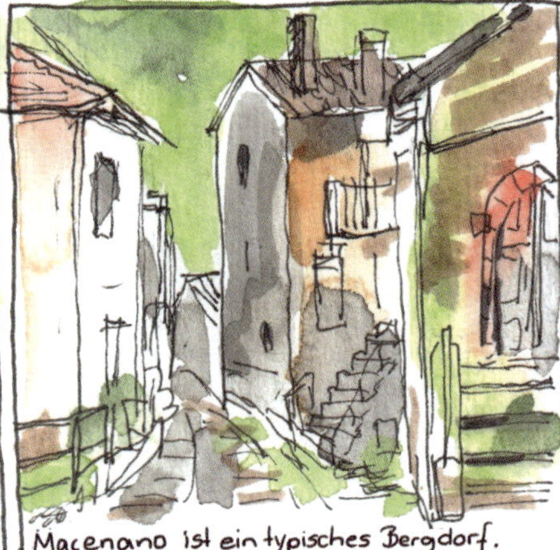

Macenano ist ein typisches Bergdorf.

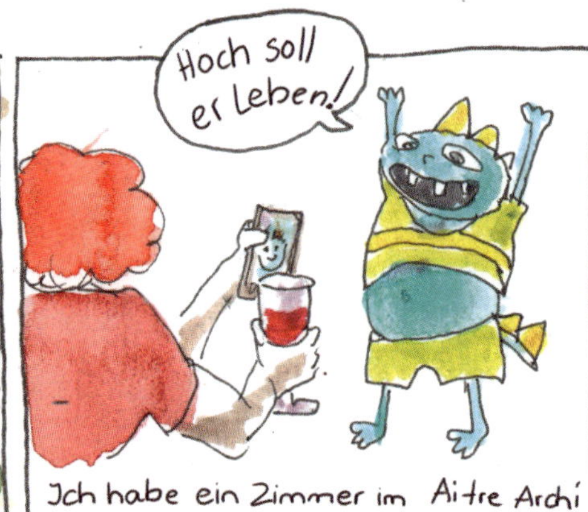

Ich habe ein Zimmer im Aitre Archi und stoße mit meinem Sohn auf seinen Geburtstag an.

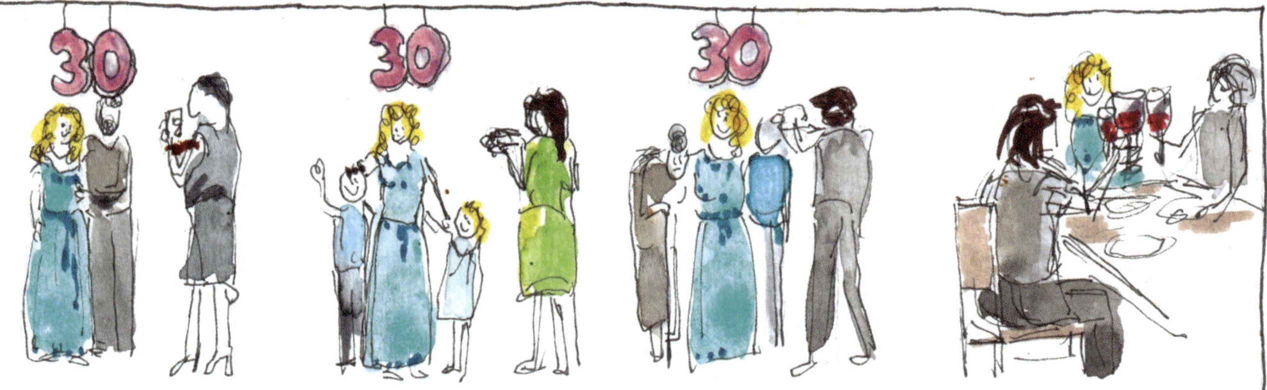

Am Nachbartisch wird auch Geburtstag gefeiert. Obwohl es nur zwölf Gäste sind, brauchen sie eine ganze Stunde, bevor sie am Tisch sitzen.

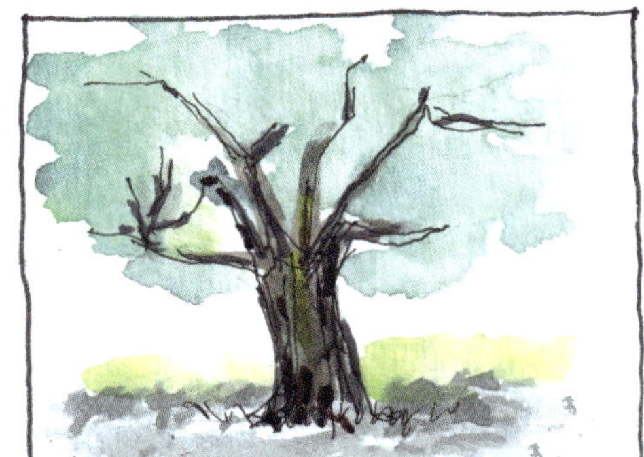
Meine Frau ist Holzbildhauerin und wünscht sich, dass ich ihr ein Stück Olivenholz mitbringe.

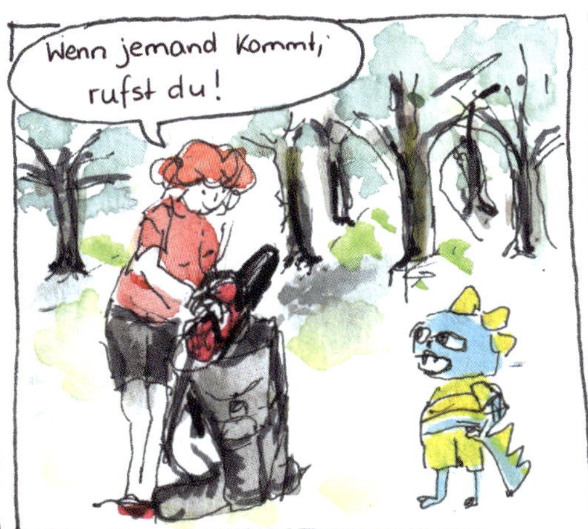
Wenn jemand kommt, rufst du!

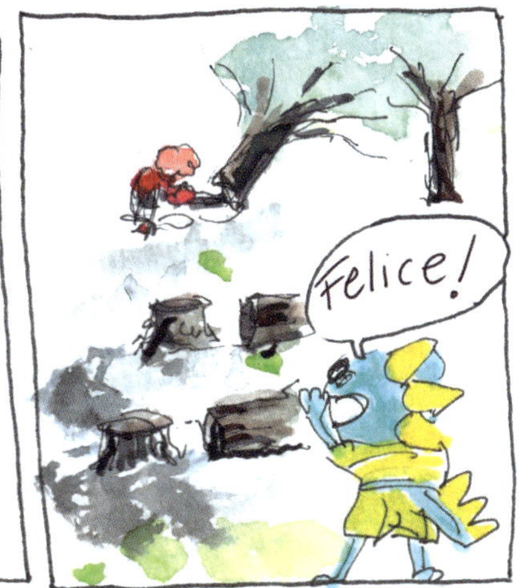
Felice!

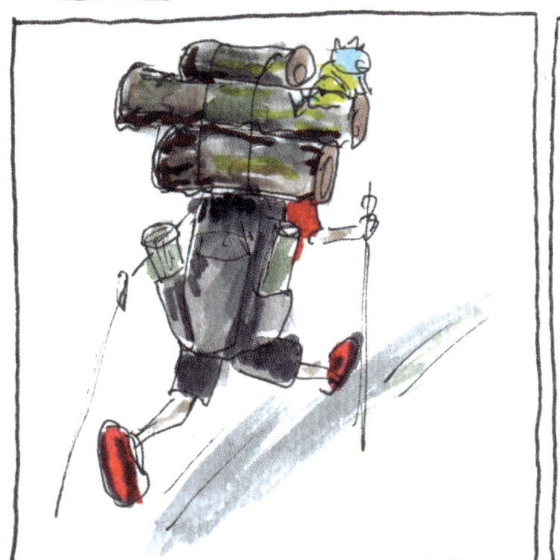

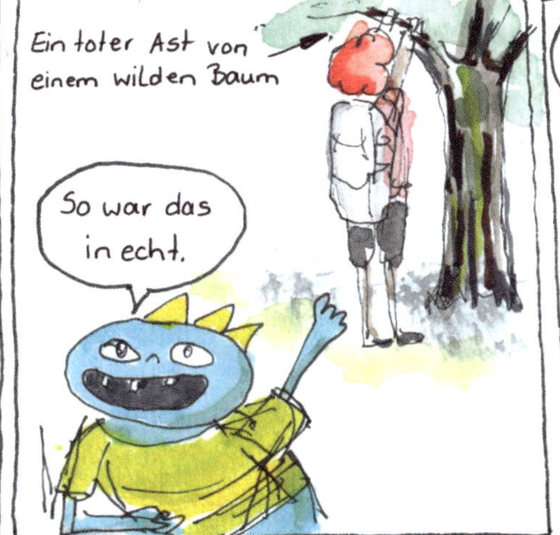
Ein toter Ast von einem wilden Baum
So war das in echt.

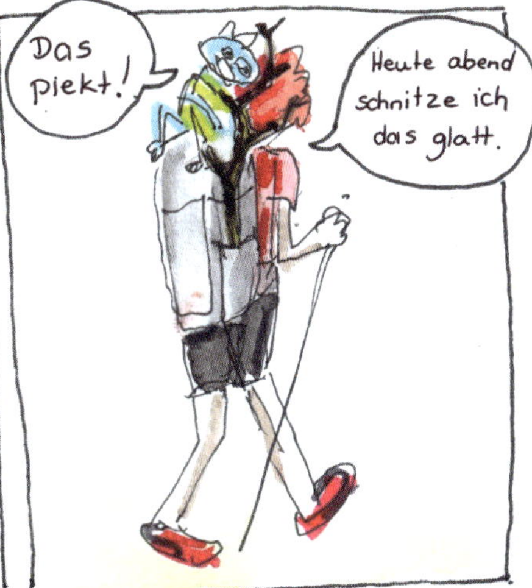
Das piekt!
Heute abend schnitze ich das glatt.

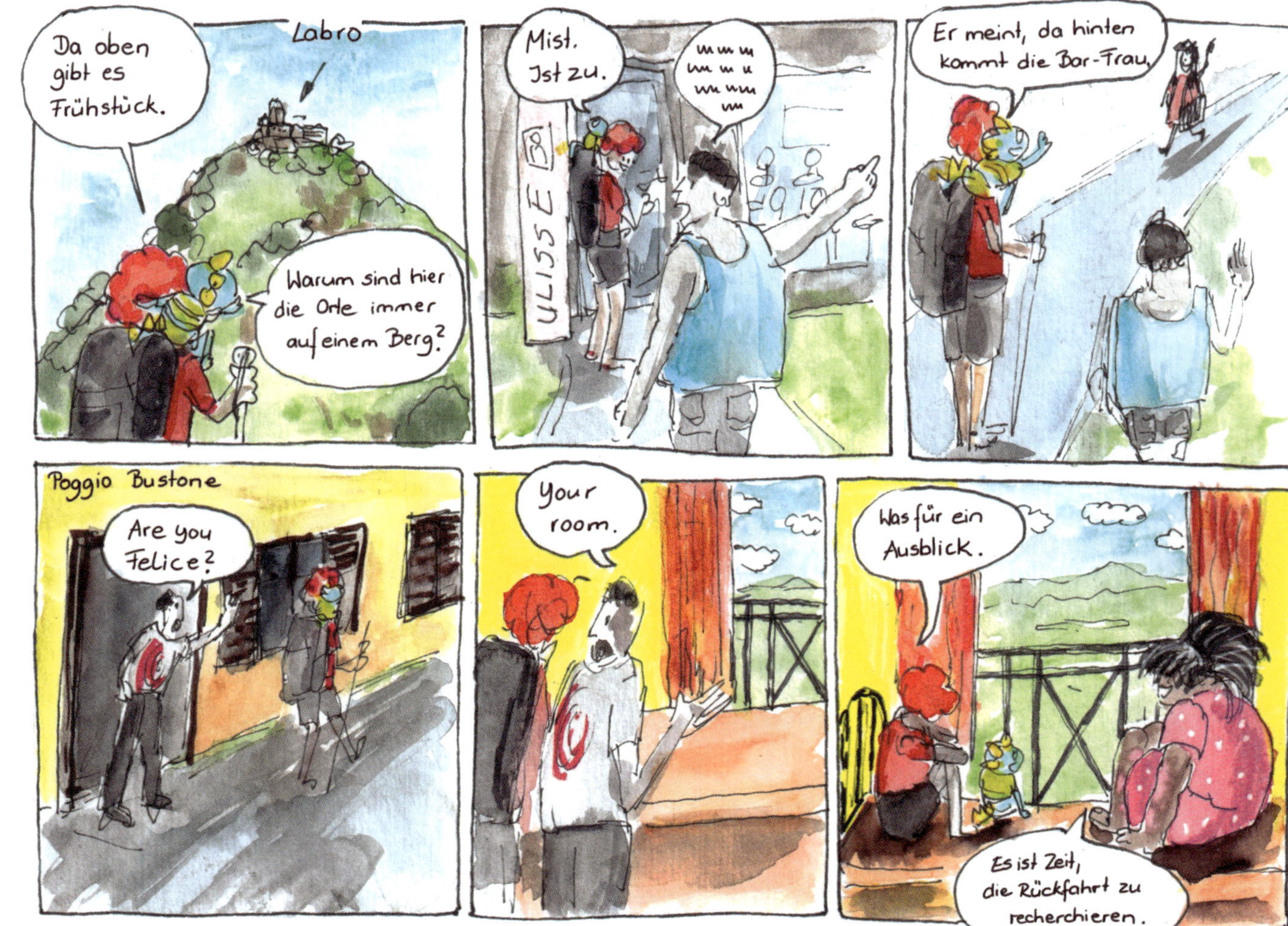
Labro
Da oben gibt es Frühstück.
Warum sind hier die Orte immer auf einem Berg?
Mist. Ist zu.
ULISSE
Er meint, da hinten kommt die Bar-Frau.
Poggio Bustone
Are you Felice?
Your room.
Was für ein Ausblick.
Es ist Zeit, die Rückfahrt zu recherchieren.

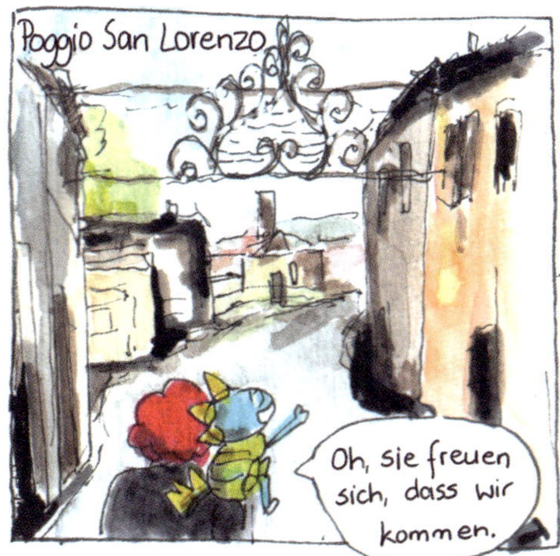

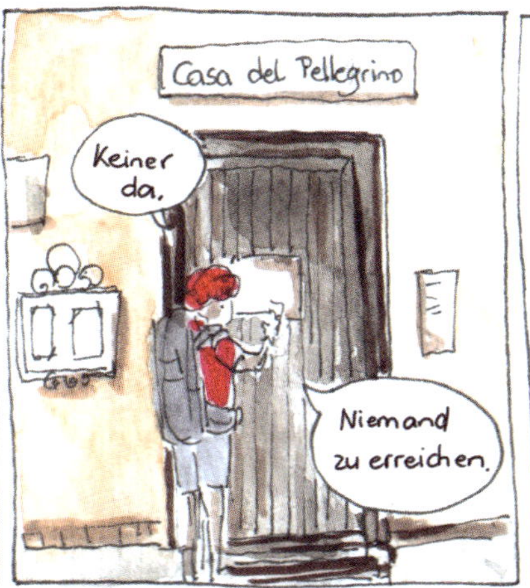

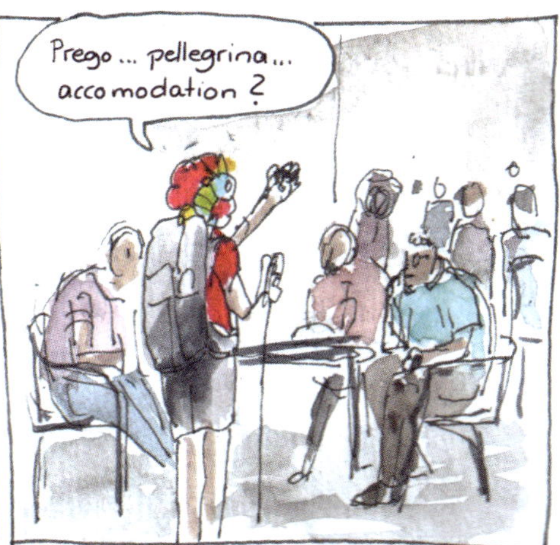

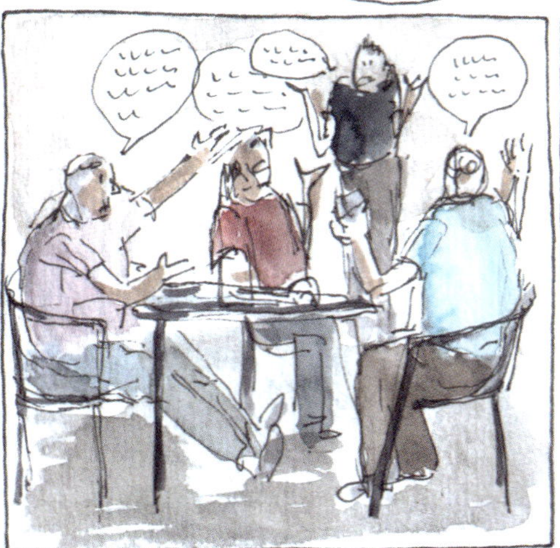

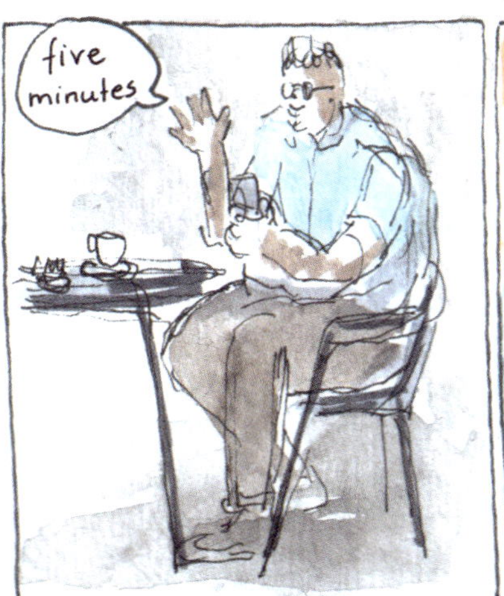

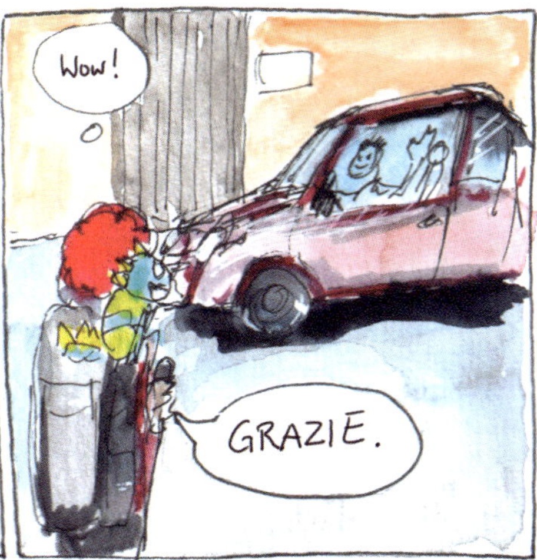

Bitte ... Pilgerin... Unterkunft? | Fünf Minuten. | Danke.

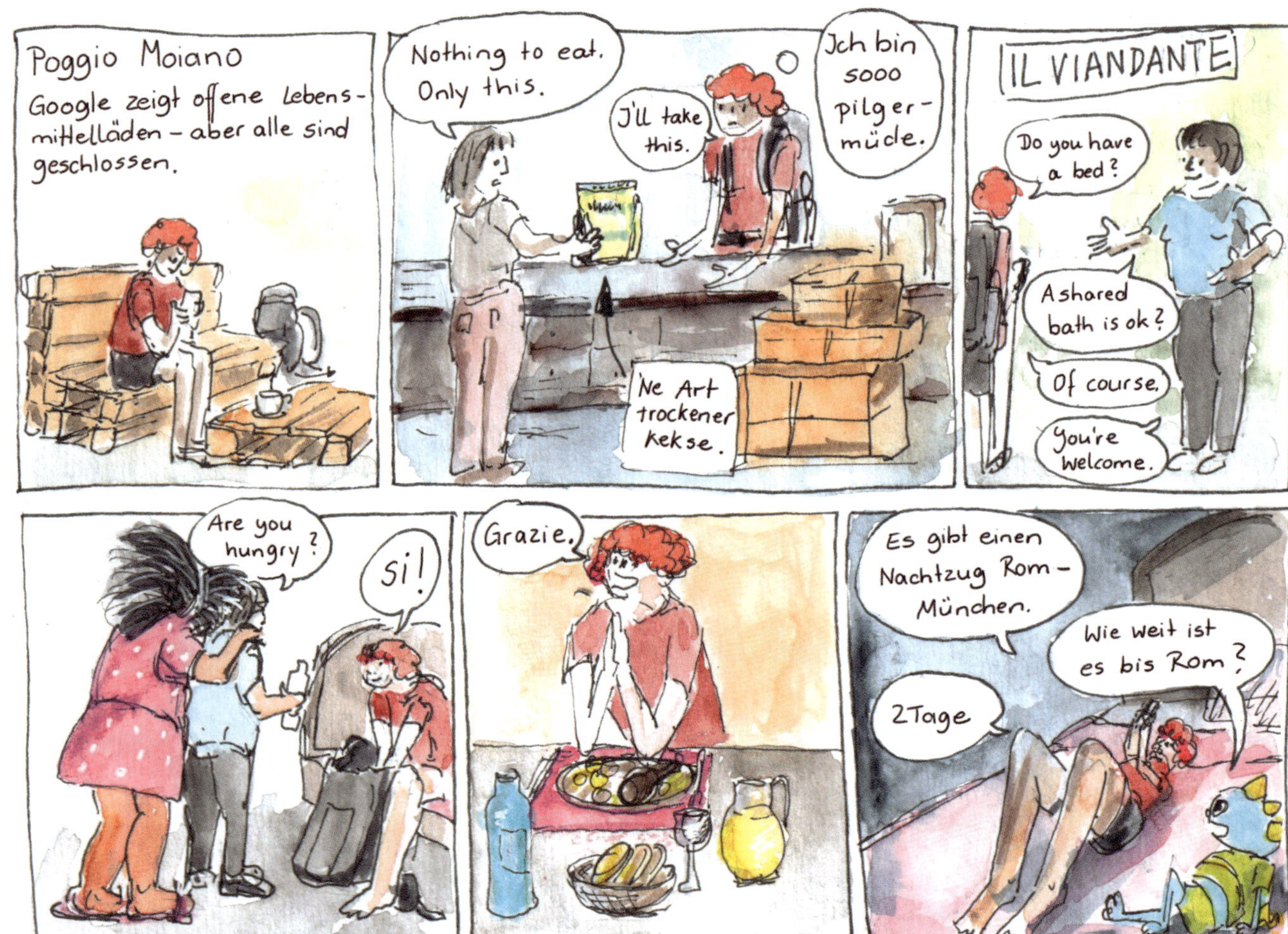

Es gibt nichts zu essen, nur das. | Ich nehme es. | Haben Sie ein Bett? | Wenn ein geteiltes Bad ok ist? Natürlich. | Herzlich willkommen. | Sind Sie hungrig? Ja. | Danke.

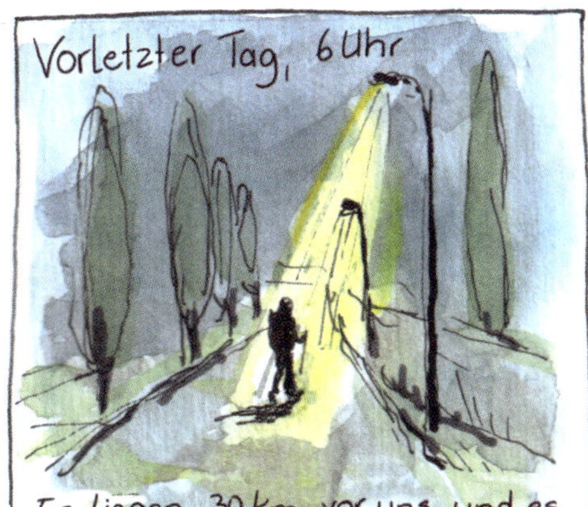
Vorletzter Tag, 6 Uhr
Es liegen 30 km vor uns und es soll wieder richtig heiß werden.

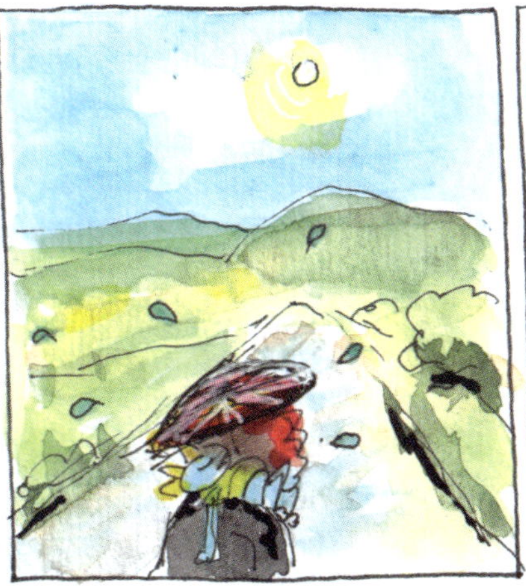

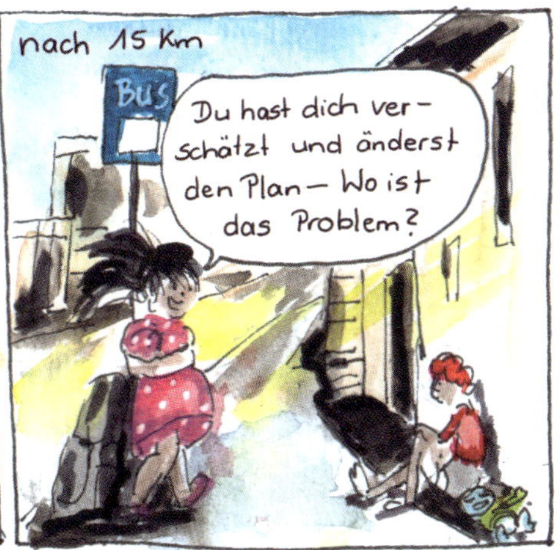
nach 15 Km
Bus
Du hast dich verschätzt und änderst den Plan – Wo ist das Problem?

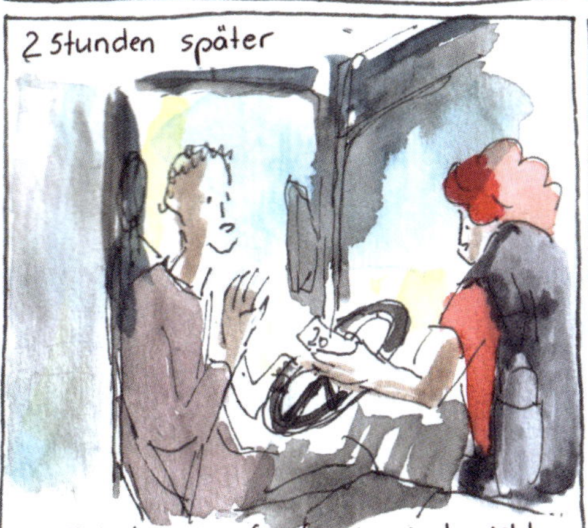
2 Stunden später
20
Ein Ticket zu kaufen funktioniert nicht, weil der Busfahrer nicht wechseln kann.

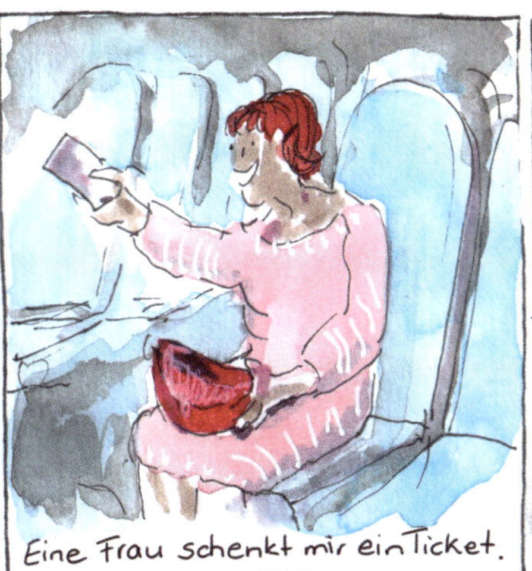
Eine Frau schenkt mir ein Ticket.

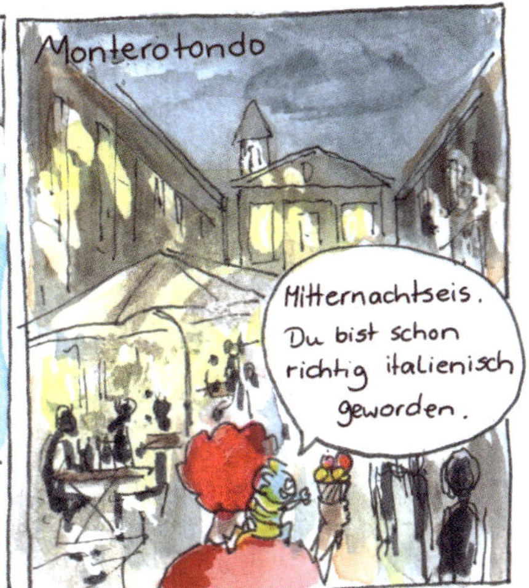
Monterotondo
Mitternachtseis. Du bist schon richtig italienisch geworden.

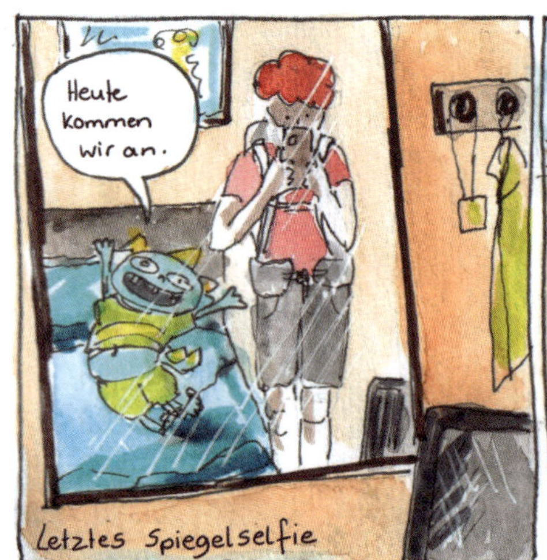
Heute kommen wir an.
Letztes Spiegelselfie
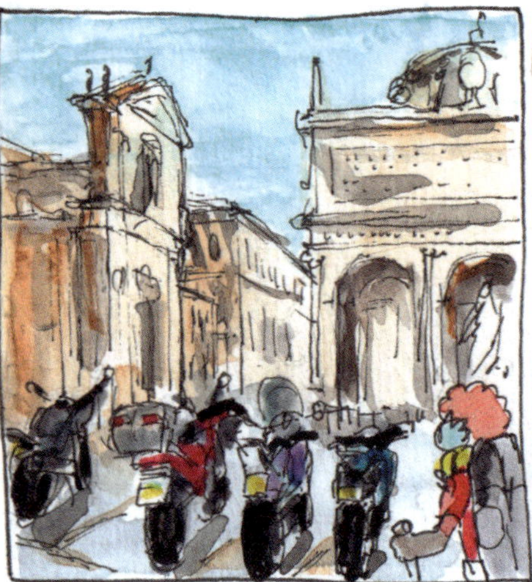
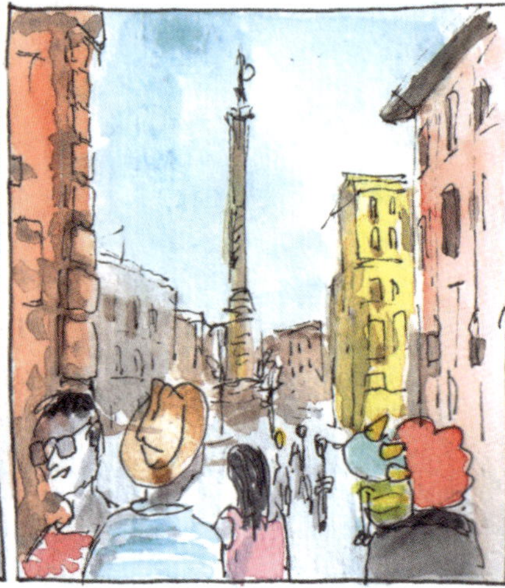
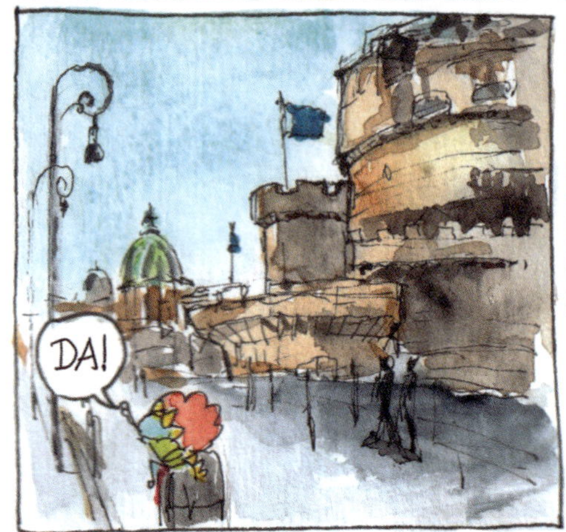
DA!
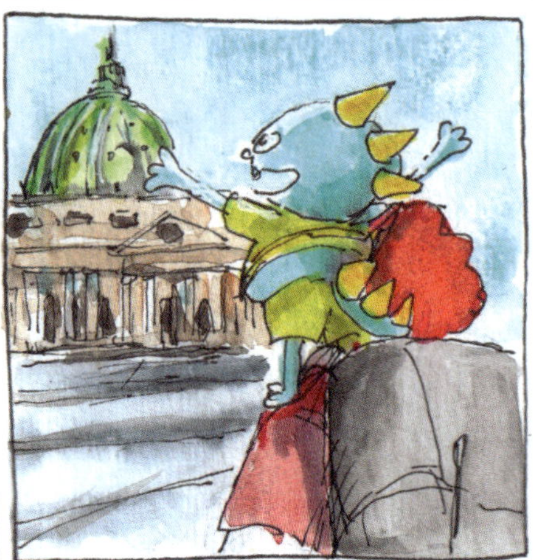
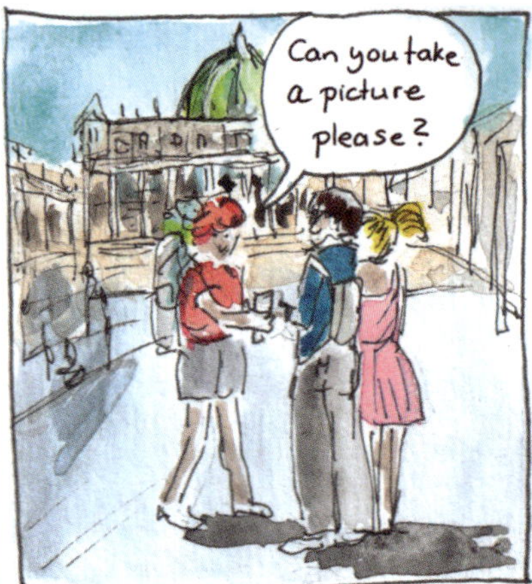
Can you take a picture please?

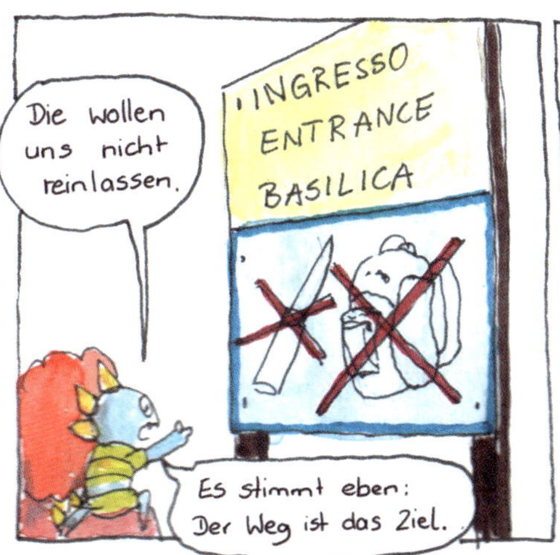
Die wollen uns nicht reinlassen.
INGRESSO
ENTRANCE
BASILICA
Es stimmt eben: Der Weg ist das Ziel.

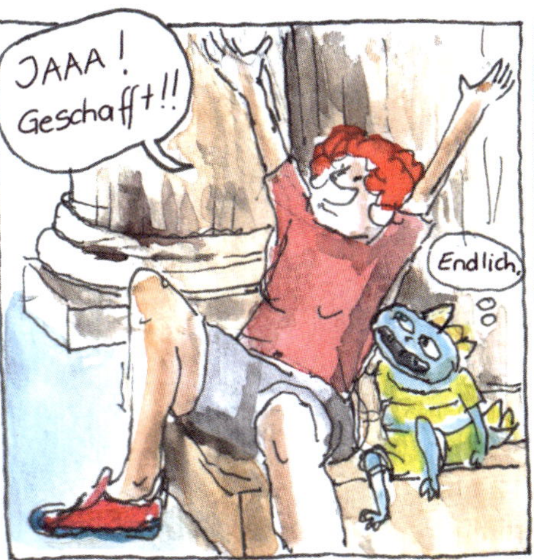
JAAA! Geschafft!!
Endlich.

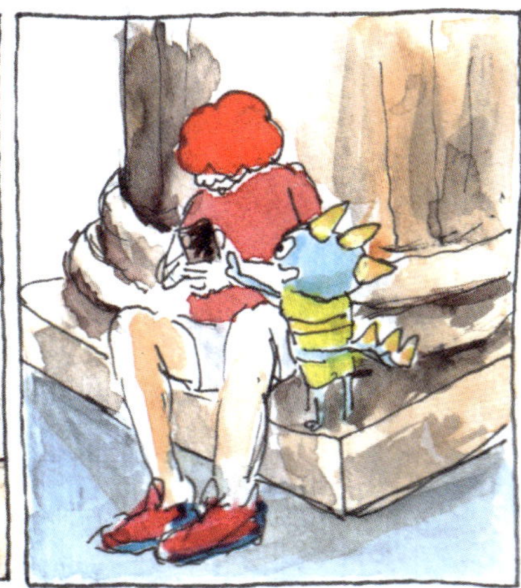

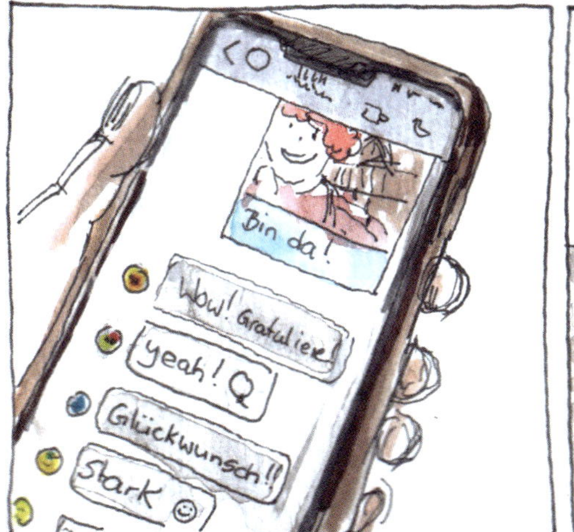
Bin da!
Wow! Gratulier!
yeah!
Glückwunsch!!
Stark

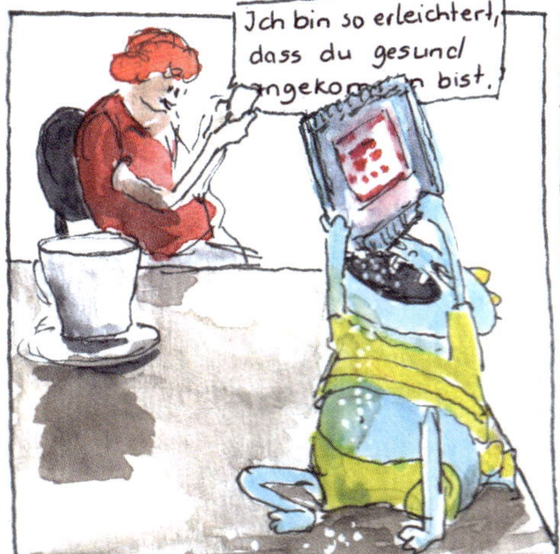
Jch bin so erleichtert, dass du gesund ngekom n bist.

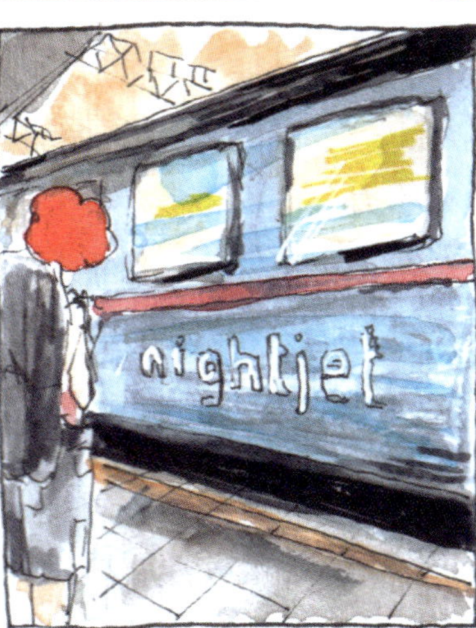
nightjet

For all the people we met along the way:
Pour toutes les personnes que nous avons rencontrées en cours de route:
Para todas las personas que conocimos en el camino:
Til alle de mennesker, vi mødte undervejs:
För alla människor vi träffade på vägen:
For alle menneskene vi møtte på veien:
Per tutte le persone che abbiamo incontrato lungo la strada:

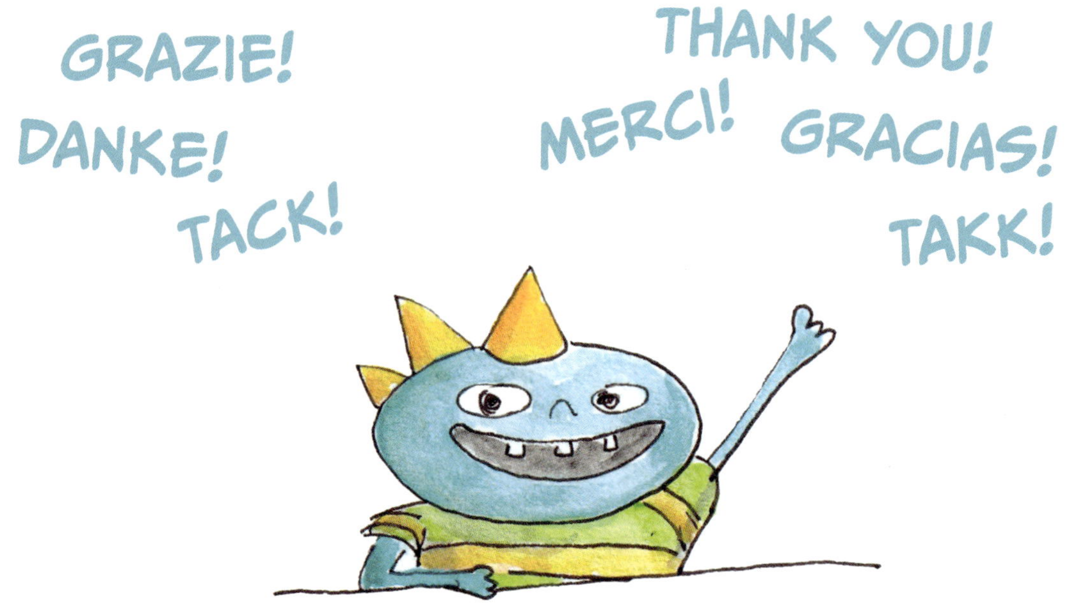

DANKE!

Danke sagen Menno und ich allen, die uns auf den langen Pilgerwegen begleitet, ermutigt und erheitert haben mit Nachrichten, Kommentaren und Likes.
Danke an alle, die uns so großzügig finanziell unterstützt haben. Euer regelmäßiges Engagement auf Steady hat mich jeden Abend zeichnen lassen, egal, wie meine Füße schmerzten. Es hat Menno mit Eis bei Laune gehalten, wann immer das nötig war. Ihr wisst ja: Ohne Mennos gute Laune wäre ich definitiv nicht angekommen in Santiago, Trondheim oder Rom!
Mit besonderer Dankbarkeit denke ich an Situationen zurück, in denen Menschen mit Überweisungen und gefüllten Umschlägen in meinem Briefkasten bei mir zuhause z.B. den Kauf neuer Schuhe in Norwegen oder eine Übernachtung in einem Wellnesshotel ermöglicht haben. Oder an den Auftrag zweier Fans, mein Ankommen in Trondheim mit einem Essen ausgiebig zu feiern: „Bitte die Rechnungssumme dreistellig!“
Danke an all die Menschen, die ich unterwegs treffen durfte: Ein Kaffee, eine Dusche, die Möglichkeit, mich zwei Nächte im Wohnwagen zu erholen oder schlicht der Hinweis, dass ich schon vorher hätte abbiegen müssen: Danke!

Danke Frau G., dass ich drei Mal gesund und munter angekommen bin.

Der vierte große Pilgerweg ist dieses Buch:
Ein langer Weg, auf den ich neugierig war, den ich mit Freude gegangen bin, aber auch ein Weg mit Hindernissen und den Mühen der Ebenen.
Gelernt habe ich auf meinen Wanderungen: Jeden Tag ein Stück zu gehen ist nur ein Aspekt, der es möglich macht, ein Ziel zu erreichen. Mindestens genauso wichtig: Andere Menschen.
Dieses Buch konnte entstehen dank der Großzügigkeit, mit der Menschen ihr Wissen und ihre Zeit mit mir geteilt haben.
Danke!

Ich würde anders durch die Welt laufen, wenn es Antje nicht geben würde, meine Frau.
Meine ersten Comics waren Liebesbriefe an sie in einer Zeit, in der ich zuhause und sie auf Tour war – ganz old school im Briefumschlag mit Marke drauf verschickt! Das hat sich geändert. Geändert hat sich auch, dass sie nun nicht mehr die einzige (aber immer noch wichtigste) Leserin meiner Berichte von unterwegs ist.
Danke, dass es dich gibt.

IMPRESSUM

Bibliografische Informationen der Deutschen Nationalbibliothek:
Die Deutsche Nationalbibliothek verzeichnet diese Publikation in der Deutschen Nationalbibliografie; detaillierte bibliografische Daten sind im Internet über http://dnb.dnb.de abrufbar.

Felice Meer
Pilgern in Bildern
Eine Comiczeichnerin auf Abwegen

Edition White Fox im Verlag Monika Fuchs • www.edition-whitefox.de

Fotos: Antje Eickmeier • S. 14 (Jakobsmuschel aus Lindenholz) • www.holzkunstwerte.de
Oliver Dietze • S. 18, 30, 44, 54, 70, 74 • www.oliverdietze.de
Christa Riglsperger • S. 116
Jochen Quast • S. 138, 146 • www.jochenquast.de
Olaf Malzahn • S. 150, 154, 160, 174, 184 •www.fotoexperience.de
Übrige Fotos: Felice Meer
Lektorat: Lea Hübner • www.huebner-uebersetzungen.de

Kontakt: Felice Meer • Höver 22 • 29599 Weste
kontakt@chordesign.de • www.chordesign.de
Instagram: /FeliceMeer • Steady: www.steadyhq.com/de/felicemeer

ISBN: 978-3-947066-71-1

Printed in Croatia • www.denona.hr

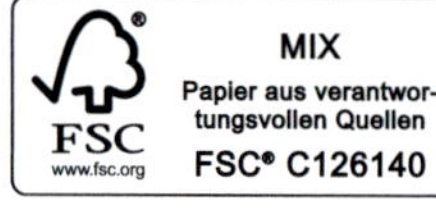

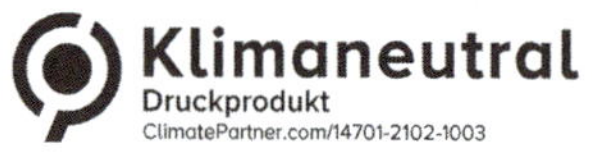